기독교 교육 원리

벤톤 이비 지음
박 영 호 옮김

기독교문서선교회

Principles of Teaching for Christian Teachers
&
The Art of Effective Teaching

By
C. B. EAVEY, Ph. D.

Translated by
YOUNG-HO PARK

2003
Christian Literature Crusade
Seoul, Korea

머 리 말

　교사 훈련에는 학생, 교사, 학습내용 그리고 학교라는 네 요소가 있다. 이러한 요소들을 연구하고자 할 때, 우리가 고려해야 할 점은 누구를 가르치는가, 어떻게 가르치는가, 무엇을 가르치는가 그리고 어디서 가르치는가 하는 것들이다. 기독교 교육에 있어서 이러한 연구에 대한 과목들은 일반적으로 아동심리학, 교육학, 성경 그리고 교회학교 행정론이라는 제목으로 알려져 있다. 물론 교사 훈련의 과정에서는 다른 과목들도 강의된다. 말하자면, 성경지리, 개인전도, 선교지도 및 특수 연구 등이 그러한 과목들이다. 그러나 이러한 과목들은 그 위치나 중요성으로 보아 모두 다 부차적이다.

　복음주의 교사훈련협회는 성경과목에 대해서는 어떠한 교재도 준비하지 않는다. 왜냐하면 "성경, 오직 성경만이 신교의 신조이다"라는 개혁주의적인 슬로건을 채택하는 데 있어서 중요하다고 느껴지는 사실은, 기독교 교육에 있어서 무엇보다도 먼저 교사가 갖추어야 하는 것은 성경에 관하여 써놓은 어떤 다른 서적보다도 성경의 내용에 익숙해야만 한다는 것이기 때문이다. 아동심리학과 교회학교 행정론에 관한 교재들은 이미 준비되어 있으며 수년 간 사용되고 있다. 그러나 교육학에 관한 만족할 만한 교재를 발견하는 데에는 다소 어려움이 있어 왔다. 연구의 연계성을 이루기 위한 아주 중요한 징검다리를 제공하기 위해 벤톤 이비(C. Benton Eavey) 교수가 바로 이 책을 저술하게 된 것이다.

　이비 박사는 휫튼 대학에서 교육심리학 과장으로 봉직하고 있으며, 한편 동 대학은 최근에 기독교 교육에 관한 특별 과정을 신설한 바 있다. 동 대학은 복음주의 교사훈련협회의 창설 멤버이며, 이비 박사는 교재위원회의 위원장이다. 휫튼 대학과 이비 박사가 본 협회의 발전된 교재 간행에 공헌하게 되어 매우 기쁘다.

복음주의 교사훈련협회 회장
콜레런스 밴슨

······················· 기독교 교육 원리 ·········

역자서문

본서는 복음주의 교사훈련협회(Evangelical Teacher Training Association)의 교사훈련 프로그램 시리즈로 기획된 저서이다. 벤톤 이비(C. Benton Eavey) 박사가 『그리스도인 교사들을 위한 교육의 원리』(Principles of Teaching for Christian Teachers)와 『효과적인 교육의 기술』(The Art of Effective Teaching)을 저술하였는데, 이 두 권을 번역하여 『기독교 교육 원리』라는 단행본으로 묶었다.

본서는 개혁주의 신학의 입장에서 영적이며 성경적인 측면을 강조하면서 성경적인 교육 원리를 제시하고 있다. 그리고 기독교 교육의 원리와 기초를 다지며 효율의 극대화를 위하여 방법론적인 면을 많이 다루었다. 그리고 현대의 심리학과 교육학이 교육 및 학습 부분에 제시해 주어야 하는 것들을 포함하였다.

본서는 살아계신 하나님, 창조주, 계시자, 구속주를 출발점으로 삼고 성령, 피조물, 섭리 안에 있는 하나님의 계시에 간절하게 귀를 기울이며, 성경의 하나님이 모든 실재의 원천이며, 모든 진리의 척도가 됨을 강조한다. 모든 진리는 하나님 안에서 하나로 통일됨을 가르친다. 나아가서 기독교 교육에 대한 합리성을 명확하게 기술하고 입문서로 탁월한 내용들을 담고 있다.

기독교 교육은 성경을 배우도록 하는 것이다. 교육은 학습을 자극하고 이끌고 북돋우는 것이다. 교육은 가르치며 배우는 것이며 학습되는 것이다. 학생에 의해서 이루어지는 배움이 없이는 교사에 의한 가르침이 없다. 학생의 배움과 교사의 가르침은 동시에 성립되는 것이다.

본서가 기독교 교육에 종사하는 교사와 교육학을 전공하는 학생들에게 올바른 기독교 교육관을 정립하도록 도움을 주리라 확신한다.

한국성서대학교 교수
박 영 호 識

목 차

머리말 / 3
역자서문 / 5

제1부 그리스도인 교사를 위한 교육의 원리 ·········· 13

제1장 교육이란 무엇인가? ·········· 15

1. 지존자이신 하나님
2. 인격적인 구주가 필요한 인간
3. 성경은 기독교 교육의 교재이다
4. 기독교 교육이란 무엇인가?

제2장 교육의 중요성 ·········· 25

1. 성경의 교육
2. 초대교회 교육의 효과
3. 근대의 교회에서의 교육
4. 신성한 소명인 교육
5. 교육과 교회의 번영
6. 현대 사회에서의 기독교 교육의 필요성
7. 인간의 필요성에 부응하는 성경의 가르침

제3장 기독교 교육의 목표 ⋯⋯⋯⋯⋯⋯⋯⋯⋯⋯⋯⋯⋯⋯⋯⋯⋯ 41

1. 목표의 필요성
2. 목표의 성격
3. 교육에서의 목표의 기능
4. 그리스도인 교사의 총괄적인 목표
5. 성경 이외의 총괄적인 목표
6. 예수님의 총괄적인 목표
7. 총괄적인 목표에 부속되는 목표들
8. 영적 성장의 방편

제4장 그리스도인 교사 ⋯⋯⋯⋯⋯⋯⋯⋯⋯⋯⋯⋯⋯⋯⋯⋯⋯⋯⋯⋯ 65

1. 교육이란 무엇인가?
2. 그리스도인이란 무엇인가?
3. 그리스도인 교사
4. 교육은 생활과의 문제이다
5. 교회 학교에서의 그리스도인 교사
6. 참 그리스도인 교사의 본질적인 특징
7. 인격의 원천
8. 좋은 교육적 인격의 구성 요소
9. 어떻게 인격이 개선될 것인가?

제5장 그리스도인 교사의 준비 ⋯⋯⋯⋯⋯⋯⋯⋯⋯⋯⋯⋯⋯ 87

1. 교사의 준비의 필요성
2. 준비를 위해 필요한 지식
3. 교육 준비로서의 관찰
4. 교육 준비에서의 실습
5. 교사의 준비에 유용한 방편

제6장 학생은 어떻게 배우는가? ········· 111
1. 학습의 신체적 기초
2. 정신은 어떻게 작용하는가?
3. 학습은 어떻게 성립되는가?
4. 학습 조건의 요소

제7장 학습은 학생 자신이 한다 ········· 133
1. 품행의 본성과 그 교육적 함의
2. 학습은 항상 자발적 행위의 문제이다
3. 이상과 태도 학습에 있어서의 자발적 행위
4. 교사는 자발적 행위의 원리를 파악해야 한다
5. 학습은 다른 단계에 연관된 자발적 행위이다
6. 교사의 행위와 그 기능

제8장 동기부여와 학습 ········· 155
1. 동기부여의 성격
2. 조직 욕구들에 기초한 근원적인 욕망
3. 그 외의 근원적인 욕구
4. 여러 가지 동기
5. 이상(Ideal)
6. 동기부여에 관한 마지막 고찰

제9장 과거의 경험 위에 세움 ········· 175
1. 정신 자세의 기원과 여러 단계
2. 실제적인 적용

제10장 교육의 방법(Ⅰ) ······ 195
1. 방법의 문제
2. 방법 선택의 요소
3. 이야기 방법
4. 질문과 대답의 방법

제11장 교육의 방법(Ⅱ) ······ 227
1. 강의 방법
2. 토론의 방법
3. 구안 교수
4. 극화 방법
5. 실습
6. 방법에 관한 최종적 고찰

제2부 효과적인 교육의 기술 ······ 255

제12장 효과적인 교육 ······ 257
1. 교수의 본성
2. 규칙과 절차
3. 교사와 교수
4. 학습과 성장
5. 학습자의 인격

제13장 학과 교수 계획 ······ 283
1. 학과 계획의 중요성
2. 학과 계획의 종류

3. 학과 계획의 여러 단계
4. 학과 계획에 관한 고찰

제14장 교수법 ·········· 303
1. 교사의 기능들
2. 예술로서의 교수
3. 예술의 자료
4. 예술가의 기교
5. 상상과 예술
6. 예술의 주관성
7. 예술에의 심취
8. 예술과 기독교 교육

제15장 교수법의 개선 ·········· 321
1. 교수법의 개선은 가능하다
2. 개선은 계속적이어야 한다
3. 교육의 기본 활동
4. 자기관리를 통한 개선
5. 연구를 통한 개선
6. 다른 사람을 통한 개선
7. 최고의 모범
8. 성령의 인도

제16장 원리들과 방법 ·········· 335
1. 교수원리
2. 효율적인 교수에 대한 기초적 원리들
3. 원리들과 방법
4. 기독교 교육에 대한 함축

제17장 효율적인 학습을 위한 여건의 조성 ····· 349

1. 학습의 세 가지 종류
2. 조정되어야 할 여건
3. 목적과 목적설정
4. 학습의 계획하는 양상
5. 교사에 의한 계획
6. 단원의 계획
7. 계획을 넘어서서
8. 여건조성의 방법들

제18장 학습 에너지 동원 ····· 389

1. 동기부여
2. 교사와 동기부여
3. 학생과 동기부여
4. 몇 가지 실제적인 절차

제19장 개인지도 ····· 405

1. 학생은 자신의 학습을 수행한다
2. 지도와 자유
3. 창조적인 학습
4. 학생을 돕는 몇 가지 방법

제20장 학생들과 함께 하는 생활과 학습 ····· 427

1. 정서적 분위기
2. 교사의 건강
3. 학생 품행의 이해
4. 교실의 사회적 환경

5. 학생들과 함께 일하는 것과 학생들의 지도
   6. 집단작업의 지도방법들

제21장 학습의 통합 ······ 457
   1. 통합의 의미
   2. 경험들의 통합에 대한 기초
   3. 통합을 위한 교수 방법들

제22장 학습평가 ······ 485
   1. 평가의 유형과 대리자 및 프로그램
   2. 협동적인 평가에 대한 학생지도
   3. 평가의 계속적인 활용
   4. 학생들이 평가 기교를 사용하는 것을 돕는 것
   5. 기독교 학습의 평가

제23장 교수에 관한 교사의 자기 평가 ······ 507
   1. 교수 방법의 방법
   2. 성과의 평가
   3. 기독교 교수 절차

참고문헌 / 519

제 1 부 그리스도인 교사를 위한 교육의 원리
Principles of Teaching for Christian Teachers

본 저자는 다음 세 가지 목적을 염두에 두고서 제1부를 썼다.

(1) 복음적인 관점에 완전히 일치할 수 있는 교육관을 제시한다.
(2) 교사가 학급에서 효율적인 학습을 시키기 위해 필요한 교육과 학습, 양자의 본질과 의미를 이해시킨다.
(3) 올바르고 지적인 교육방법의 기초원리를 설명한다.

성경 연구소나 신학교 및 여러 대학들 등 그리스도인 교사들을 훈련시키기 위한 과정을 두고 있는 곳에서는 그들이 사용하기에 적합한 교육에 관한 교재들을 상당 기간 동안 숙원해왔다. 이에 관한 일반 분야에는 상당수의 서적들이 있긴 하나 기독교 교육에 관심을 지닌 많은 사람들은 그러한 서적들이 적어도 두 가지 중요한 관점에서 부족한 점을 내포하고 있다고 느낀다. 즉 그 서적들은 너무 기초적이거나 아니면 교육 학습 과정에 관해 알려진 것에 비추어 보아 너무 시대에 뒤떨어져 있다는 것이다. 물론 본서가 그리스도인 교사들을 수련하는 데 요구되는 사항들을 한꺼번에 만족시키고 있다고 주장하는 것은 외람된 추측일 것이다. 그러나 본 저자는 영적이며 성경적인 측면을 강조하면서 현대의 심리학과 교육학이 교육 및 학습 부분에 제시해 주어야만 하는 최선의 것을 표현하고자 했다. 그리고 진정으로 유능한 성경교사가 되고자 열망하는 독자들의 최선의 노력을 불러일으키는 방법을 아울러 강구하였다.

교육과 학습은 가려낼 수 없을 정도로 상호 연관되어 있다. 학생이 배우지 않는 이상, 결코 교사는 가르칠 수가 없다. 물론 그와 마찬가지로 모든 교육을 떠나서는 결코 배우는 학습이 있을 수가 없는 것이다. 교육이란 교사가 어떻게 가르칠 것인가를 알고 있지 않는 한 잘 이루어질 수가 없으며, 교육에 대한 올바른 이해는 학습 과정에 대한 올바른 이해에 달려 있다. 그러므로 교육의 본질을 완전히 제시하고자 한다면 학습과 관련하여야 할 것이며, 학습의 본질을 철저히 제시하고자 한다면 교육의 본질과 연관하여야 할 것이다.

  방법(方法)이란 바로 행하는 방식이다. 교사들이 방법에 큰 비중을 둔다는 것은 그러기가 쉬우며 또한 당연한 처사이다. 방법이 중요하긴 하지만, 원리(原理)는 훨씬 더 중요하다. 왜냐하면 이해와 인식은 지적 행동에 항상 본질적이기 때문이다. 그 어떠한 방법이라 할지라도 교육과 학습에 기초가 되는 원리들에 부합되지 않게 사용된다면 좋은 방법이 될 수 없는 것이다. 그러므로 좋은 교육을 위하여서는, 교사가 교육방법보다는 교육 원리들에 훨씬 많은 관심을 가져야 할 필요가 있는 것이다. 그리하여 본서는 제목이 암시해 주듯이 방법보다는 원리를 강조하고 있다. 독자들이 원리를 이해하여 방법을 올바르게 선택하고 효율적으로 사용할 수 있는 바람직한 기반을 갖추게 되기를 바라 마지않는다.

  본 저자는 앞서 교육에 관해 논의해준 너무나 많은 저자들에게 크게 힘입음으로 하여 그들의 이름을 열거하는 것이 지루할 정도이다. 기억과 입수된 실제적인 자료들이 원용(援用)된 곳마다 각주를 이용하여 그 출처를 기록했다. 그러한 출처의 확인은 기재된 출판인에 의해 그 원용된 자료의 사용 허가를 인정받았음을 또한 의미한다.

  쿠크(Robert L. Coooke), 프라이스(Rebecca R. Price) 그리고 스토퍼(Clarence F. Stauffer) 제 교수님들이 수고(手稿) 전체를 읽어주셨으며, 고무적이며 유용한 조언을 주셨다. 이 모든 도움에 힘입었다는 사실을 밝히며 심심한 사의를 표하는 바이다.

일리노이 주 훳튼 대학에서
벤톤 이비

제1장 교육이란 무엇인가?

　인간의 사고는 대체로 암암리에 자명(自明)한 것으로 여겨지는 어떤 공리(公理)나 진리에 기초하고 있다. 사려깊은 정신은 항상 기초적이라 할 수 있는 여러 원리들에서 출발점을 얻는다. 상부상조(여기서는 사회 경제학적인 의미의 역어가 아님-역자주)는 어느 것이든 간에 기초를 지니기 마련이다. 건축물이 기초적인 어떠한 기반을 근거로 해야만 하는 것과 마찬가지로 정신 역시도 어떤 기반이 되는 출발점이 있어야만 한다. 또한 어떠한 건축물도 그 기초보다는 튼튼할 수 없는 것과 마찬가지로 기독교 교육에 관한 인간의 생각도 기초적인 사실의 관점에서 일관성 있게 이루어지지 않는 한 건전할 수가 없는 것이다. 따라서, 본 장(章)에서는 기독교의 진리를 선포하는데 있어서 교육이 차지하는 위치가 어떠한가에 대한 논의를 할 때 염두에 두어야 할 몇 가지 진리들을 강조하고자 한다.

1. 지존자(至尊者)이신 하나님

　기독교 교육의 과정에 있어서 필수 불가결한 요소는 하나님이다. 교사가 최선으로 일을 한다는 것은 정원사의 경우와 너무나 흡사하다.[1] 정원사 자신이 할 수 있는 모든 노력을 경주한다 하더라도 씨앗이나 식물을 자라게 할 수는 없을 것이다.

---

1) R. S. Smith, *New Trails for the Christian Teacher* (Philalelphia: The Wesminster Press, 1934), p. 236.

물론 그는 정원에 씨앗을 가득히 뿌릴 수도 있으며 그 정원의 모양을 가꿀 수도 있을 것이다. 그러나 습기가 부족하다면 최소한의 성장 결과도 얻지 못하는 것이다. 심지어 그가 그 씨앗에 많은 물을 줄 수 있다 하더라도 하나님께서 태양의 열을 거두신다면 그 씨앗은 자라지 않을 것이다. 하나님 이외의 어느 누구도 한 톨의 씨앗이라도 자라게 하지 못한다. 하나님께서는 토양과 습기와 태양과 비 및 생명과 성장에 대한 당신 자신의 법칙들을 통하여 분명히 생명이 없는 씨앗과 구근(球根)으로 하여금 싹이 트고 자라며 만발하게 하며 급기야 열매를 맺게 하는 것이다.

정원사와 마찬가지로 교사도 하나님과 함께 일하는 것이다. 하나님께서 심어주신 생명이 성장하는데 필요한 자양분을 공급하며, 지도하는 자료를 제공하며, 합당한 도구들 및 지도 방법들을 사용한다는 것은 바로 교사가 해야 할 일들이다. 참된 기독교 교사는 그 자신의 중요성에 관하여 미망에 사로잡히지 않는다. 왜냐하면, 그는 자신이 할 수 있는 일이란 다름이 아니라 하나님께서 당신 홀로 행하실 수 있는 그 일을 이루실 수 있도록 하나님이 쓰시는 도구가 되는 일이라는 사실을 알고 있기 때문이다. 심는 자로서의 바울과 물주는 자로서의 아볼로는 그들을 통하여 하나님께서 키우시는 일을 행하시는 수단 이상이 결코 아닌 것이다. 심는 자나 물주는 자는 그저 아무 것도 아니며 오직 하나님만이 중요하신 것이다.

(1) 생명은 많은 영향을 받아 이루어진 산물이다

한 생명을 형성하는 데에는 많은 힘들이 결합된다. 모든 그리스도인들은 수많은 선생님들에 의하여 교육받아 왔다. 씨뿌린 자와 물준 자는 성장의 결실을 가져오는 데에 그들의 결합된 노력이 함께 했다는 점에서는 하나이다. 전자의 공헌이 어디에서 끝나며 후자의 공헌이 어디에서 시작하는가를 어느 누구가 말할 수 있는가? 둘 다 모두 하나님과 함께 한 노동자였던 것이다. 그러나 생명을 태동(胎動)시키며 그 생명의 성장을 가져오는 일은 하나님께 속한 것이다. 어느 목사가 개종한 신도에게 묻기를 어느 예배 때에 설교의 어떠한 강조점이 그로 하여금 결심하도록 하였는가고 물었다. 그러자 그 개종한 신도의 대답인즉, "내가 그리스도를 영접하게 된 데에는 당신이 말한 것은 어떠한 것도 관계가 없습니다. 내가 그리스도께로 나아갔던 것은 항상 나와 함께 지내는 어떤 이의 일상 생활에서 그리스도의 생명이 예시되는 사실들을 보았기 때문입니다. 그의 일상 생활에서 내가 배운 바는 그리스도와의 연합이 지닌 가치와 중요성입니다"라는 것이었다고 한다. 자기가 행한 일에 대해 영

예를 얻고자 하는 교사의 처지는 바로 이 목사와 같은 것이다. 하나님은 당신의 지고한 목적을 성취시키는데 있어서 인간의 수고나 인간의 계획을 필요로 하지 않으신다. 그러나 하나님은 사람들의 마음을 움직이며 당신의 왕국을 위한 생명들을 정립시키는 당신의 사역에 사람을 불러 당신 자신과의 협력을 하게끔 하신 것이다. 인간으로서 할 일은 하나님에 의하여 자신에게 주어진 과업을 행하는 데에 충실한다는 것이다. 그 결과는 하나님의 주문(注文)에 속한 것이다.

2. 인격적인 구주(救主)가 필요한 인간

기독교 교육 사상(思想)의 기초가 되는 두번째 진리는, 인간은 구원이 필요하다는 사실이다. 인간은 선천적으로 선하다라는 사실을 강조하는 것이 오늘날 종교 교육의 일반적인 추세이다. 그러므로 인간이 유일하게 필요로 하는 교육인 것이다. 이러한 교육관을 지닌 대표적인 인물들은 말하기를, 갓 태어난 어린 아기 때부터 올바른 도덕 및 종교적 교육을 실시한다면 그 아이는 자연적으로 성자(聖者)로 성장할 것이라고 한다. 조금이라도 신중하게 숙고한 사람이라면 누구든지 교육이 아무리 내용과 방법에 있어서 완전하다 할지라도 그것 자체만으로 인간 본성에 자리잡고 있는 악을 근절시킬 수 없다는 사실을 부인하지는 않을 것이다.

(1) 행위와 성장을 통제하는 교육

교육은 한 인간의 경험에 통제를 가하는 그 이상의 것이 아니다.[2] 삶은 행위를 의미하며, 행위는 성장을 가져온다. 모든 아동은 교육을 받는 것에 상관없이 자라고 발달한다. 그러나 어떤 외부적인 통제가 가해지지 아니한 발달은 정해진 목표, 방향 또는 목적이 없는 것이 되고 말 것이다. 전혀 교육과 동떨어진 아동은 뒤죽박죽이 되어 버리고 말 것이다. 교육은 아동의 행위를 통제하는 것이다. 그럼으로써 그 아동이 성장하면서 바라는 어떤 목표를 성취시킬 수 있게 하는 것이다. 아동이 교육을 받을 때에는, 교사가 그 아동에 관해 지니고 있는 이상(理想)이나 이념(理念)의 관점에서 그 아동의 경험을 자극하고 지도하는 시도가 이루어지는 것이다.

---

2) W. S. Athearn, *The Minister and the Teacher* (New York: the Century Co., 1932) p. 1ff.

(2) 종교 교육과 기독교 교육의 대비

　종교 교육은 종교적인 이상과 이념의 관점에서 목표를 설정한다. 종교 교육은 이러한 목표를 성취시키는 것에 관련하여 학습자의 행위를 지시하고 지도하는 것으로 이루어진다. 설정된 목표나 목적은 행위를 통제하는 데에 사용되는 내용과 과정 둘 다에 영향을 미친다. 기독교를 일종의 종교라고 칭하는 것을 싫어하는 사람들이 있는데 그들의 말에 의하면 기독교는 단순한 종교가 아니라 바로 삶이라는 것이다. 분명히 그것은 사실이다. 그리고 기독교를 신앙과 실천의 유기적인 체계 이상의 다른 무엇으로 여기게 될 때, 기독교는 분명코 종교 이상의 그 무엇인 것이다. 따라서, 기독교 교육은 종교 교육을 훨씬 뛰어넘는 것이다.

　기독교 교육은 인류의 구주이신 예수님의 가르침에 준거(準據)하여 경험을 통제하는 것이다. 인간은 범죄와 죄악 안에서 죽어 있다. 어떠한 교육 체계도 인간에게 생명을 부여할 수는 없다. 오직 하나님의 능력만이 구주의 구속으로 공로에 대한 믿음을 통하여 효력을 지닐 수가 있는 것이다. 하나님이 죄에 대한 중보자(仲保者)로서 보내신 그분이 인간에게 영적인 생명의 성장 가능성은 전혀 없다. 왜냐하면, 성장이란 생명이 시작될 때 비로소 시작될 수 있는 경험이기 때문이다. 그러므로 그리스도인 교사가 해야 할 우선적인 임무는 그리스도가 구주라는 사실을 밝힘으로써 피교육자로 하여금 그 사실을 믿고 받아들여 사망에서 생명으로 나아갈 수 있게 하는 것이다. 그럼으로써 진정으로 기독교적이라 볼 수 있는 교육은 그리스도를 개인적인 구주로 받아들이게 하는 것과 그리스도의 내주(內住)함과 능력과 사랑을 깨닫게 하는 것과 아울러 일상생활에서 그리스도의 영을 재생하게 하는 상호 관계를 의미하게 되는 것이다. 이러한 세 가지 발전을 가능케 하는 것이 바로 그리스도인 교사의 임무(任務)이다. 그러나 언제든지 성장을 일으키는 분은 교사가 아니라 하나님이신 것이다.

3. 성경은 기독교 교육의 교재이다

　종교 교육은 기독교 교육과는 달리 그 자료(資料)를 어디에서나 얻는다. 종교적인 찬양, 기도, 시(詩), 회화, 조각, 자연 세계의 미적(美的)인 여러 대상들, 인격적인 문제, 직업적인 문제, 모든 종류의 사회 문제, 정치 문제, 경제적인 문제, 윤리적인 문제, 종교적인 문제, 그 외 상상할 수 있는 모든 종류의 문제들을 교육을 생활 중심적으로 한다는 관점에서 종교 교육의 교육과정에 넣고 있는 것이다. 테니슨(Thennyson)의 시작(詩作)들이 성경과 마찬가지로 영감적이다라고 말한 바 있는 옥스포드 박사의 이야기는 종교 교육에서 널리 받아들여지고 있는 태도를 전형적으로 드러내고 있다. 인간 정신의 산물(産物)이라면 그것이 어떠한 관심의 영역을 드러낸다 하더라도 종교 교육의 내용을 이루는 적절한 자료가 된다는 것이다.

(1) 종교 교육에 미친 세속 교육의 영향

종교 교육이 채택하는 자료가 상기한 바의 성격을 지니게 된 데에는 몇 가지의 일반적인 원인이 있다.[3] 아마 그중에서 첫번째 가장 중요한 원인은 세속교육이 종교 교육에 미친 영향이다. 오늘날의 교육 철학과 교육 심리학은 학습의 본성과 과정에 대하여 훨씬 좋은 이해를 교사들에게 제시해주고 있다. 특히 학습에 있어서 기초가 되는 자발성(自發性)의 원리와 단순한 지식의 무가치성에 대해 주의를 환기시켜온 셈이다. 학습에 있어서 가장 중요한 일은 많은 양의 정보(情報)의 수집에 있는 것이 아니라, 피교육자가 만나게 될 새로운 상황과 조건에 적응할 수 있는 능력을 얻는 수단으로서 경험을 발전시키는 것이라는 사실은 주지하는 바이다. 종교 교육은, 세속교육이 역사가 짧아 신뢰할 만하여 원용할 수 있는 원천이 되지 못한다는 사실을 생각하지 않고서 세속교육으로부터 많은 것을 원용하고 있다. 종교 교육이 결코 적당하다고 할 정도로 연구되어진 적이 없는 감정과 정서(情緒) 및 이념에 주로 관심을 두고 있는 반면에, 세속교육은 거의 예외없이 지성(知性)을 다루고 있는 것이다. 더군다나 항상 인식되지 못하고 있는 사실은 종교 교육은 자체적으로 독특한 기술(技術)을 지니고 있으며 뿐만 아니라 내용도 지니고 있다는 사실이다. 기독교 교육에 있어서는 기술이 내용 대신에 쓰여질 수는 없다. 왜냐하면, 복음이라는 메시지가 있기 때문이다. 비록 기독교 교육이 인간을 구원하는 데에 막대한 도움이 된다 할지라도, 세상이 교육에 의해서 구원받을 수는 없는 것이다.

(2) 인격 교육에의 강조

전술한 바와 같은 자료들이 사용되는 두 번째 이유는 종교 교육을 받는 사람들

---

3) P. H. Lotz and L.W. Crawford, *Studies in Religious Education*(Nashville: Cokesbury Press, 1931) p.206 ff.

의 사회적인 생활과 명성에서의 바람직한 결과를 얻기 위한 추구가 있기 때문이다. 여러 가지 시험을 해본 결과로서 주일학교에 참석하여 얻은 성경의 지식이 기독교적인 인물로서의 덕성을 실행하는 주춧돌이 되지 못한다는 사실이 드러났다. 성경의 많은 내용을 알고 있는 사람에게서 아주 비기독교적인 특성이 발견되는 것도 사실이다. 예를 들면, 세상에 속한 과격한 이교도나 무신론자들은 그들 나름대로 성경을 상당하게 잘 알고 있는 것이다. 그리고 때때로 성경에 관하여 실제로 전혀 알고 있지 않는 사람들에게 아주 건전한 기독교적인 특성이 발견되기도 하는 것이다. 그러므로 결론적으로 말할 수 있는 것은 기독교 교육에서 중심이 되는 성경구절의 선택에 있어서 잘못되었거나 성경을 가르치는 방법이 잘못되었거나 아니면 둘 다 잘못되었을 것이라는 사실이다. 성경의 진리를 가르치는 옛 방식의 결과에 대해 이와 같이 불만은 가짐으로써 최근에는 인격 양성을 강조하는 상당한 압력이 교회에 작용하고 있는 것이다.

교육가들은 미국의 교육이 도덕적인 생활을 산출하는 점에 비추어 보아 놀라운 정도로 부적합하다는 사실을 갈수록 더욱더 뼈아프게 인식하고 있다. 그 결과로 학교 교육에서 인격 양성에 중점을 두게 되는 많은 영향이 있게 될 것이다. 그리고 교회도 그러한 효과에 영향을 받게 되었던 것이다. 그리하여 바람직한 결과를 낳을 수 있는 내용을 추구한 나머지 기독교적인 자료보다는 오히려 도덕적이며 종교적인 자료를 더 채택하게 되는 전환이 있어 온 것이다.

비성경적인 자료들이 널리 쓰이게 된 세번째 이유는 성경의 권위가 감소되며 성경이 인간과 사고와 생활에 미치는 영향력이 약해진 사실에서 발견될 수 있다. 물론 이러한 현상은 오늘날의 역사적 연구 및 해석이 빚은 필연적인 결과이다. 이러한 오늘날의 연구들은 성경을 단순한 유대 민족의 인간사(人間史)로부터 발전된 산물로 취급하게 하며, 유대 민족이란 수세기를 거쳐 신(神)과 종교에 대한 개념을 계속적으로 발전시키며 전개함으로써 고차적인 신 개념 및 종교 개념을 형성한 민족이라고 본다. 또한 이러한 발전 과정의 절정이 다름 아니라 "고양(高揚)된 예수의 영적인 통찰력과 그의 초기 제자들의 신앙"에서 발견된다고 한다. 이러한 견해에 의하면 성경의 모든 부분들이 역사 혹은 경건 문학으로 동일한 가치를 지닌 것은 아니다. 성경에는 신화, 건설, 설화가 나타나며 역사적인 사실과 고상한 영적인 진리 사이에 모순이 있다는 것이다. 이러한 견해를 지닌 연구는 기적을 상상력을 동원해서 쓴 자연스러운 이야기로 해석하며, 성경의 권위를 초자연적(超自然的)인 기반(基盤)으로부터 인간적인 경향에 비추어 보아 용인할 수도 거부할 수도 있는 그 무엇으로 변경시켜 놓았다. 이처럼 성경의 권위가 떨어지자 성경의 내용을 인간 정신의 모든 다른 저작들에 비추어 동일한 수준에 놓거나 그 이하의 수준에 놓게 되는 것은 당연한 것이다.

(3) 성경 외적 자료의 위치

성경 외에서도 영적인 감동과 지도(指導)를 위한 자료를 구할 수 있다는 사실을 기독교 교육이 인식하긴 하지만, 성경을 지고(至高)의 위치에 두는 한에서이다. 기독교 교육에 있어서 성경은 영원하신 하나님이 인간에게 인간이 나아갈 길과 구원의 계획, 구세주 그리고 하나님의 뜻을 나타내기 위하여 주신 무오하며 영감된 말씀이다. 성경에 의하면 인간의 사고가 판정을 받으며 인간의 행위가 평가되면 인간의 생활이 인도된다. 자동차 운전기사에게 신호 등이 주는 의미와, 항해사에게 나침반이 주는 의미와 또한 비행사에게 방향 지시 전파가 주는 의미와 마찬가지로 하나님의 계시(啓示)가 인간에게 주는 의미는 너무나 중요한 것이다. 그러므로 비록 그리스도인 교사가 성경 외적인 자료들을 사용한다 하더라도 성경이 항상 기준이 되어야 하며, 그러한 성경 외적인 자료는 성경의 진리를 더욱 명료하게 할 수 있는 가치가 있는 한에서만 사용되어야 하는 것이다.

4. 기독교 교육이란 무엇인가?

교육을 정의(定義)하기보다는 더욱 쉽게 그리고 아마도 더욱 적절하게 그저 기술(記述)할 수가 있을 것이다. "가르친다"는 영어의 "teach"는 앵글로 색슨어인 "taecean"에서 유래한 것인데, 이 말은 "할 바를 보여주다"라는 뜻을 의미한다. "가르친다는 것은 배우는 것을 도와주는 것이다"라는 간단한 문장이야말로 교육을 가장 잘 정의한 것이라 하겠다. 기독교 교육이란 주제를 놓고서 하게 되는 모든 생각의 근본이 되는 네번째 기초 원리는 기독교 교육의 본질을 강조하는 것이다. 지적한 바와 같이, 기독교적인 교육은 분명하게 하나님과 인간의 관계(關係)를 중시한다. 그러므로 기독교 교육은 세 가지의 필수 불가결한 요소에 관심을 가진다. 첫째, 학습자에게 구주로서의 예수 그리스도가 개인적으로 필요하다는 의식을 불어넣어 성령의 힘을 통하여 회심(回心)하게끔 확실히 이끈다는 것. 둘째, 학습자를 그리스도를 고백하며 살아가도록 인도하며 학습자가 "온전한 사람을 이루어 그리스도의 장성한 분량이 충만한 데까지 이를" 수 있는 여건을 조성한다는 것(엡 4:13). 셋째, 학습자를 하나님께 봉사하는 삶을 영위하게끔 인도하는 것 등의 요소가 그것이다. 진정으로 기독교적인 모든 교육은 이 세 가지 필수불가결한 요소를 교육 과정에 상호 연관적으로 포함시켜야만 한다. 첫째 요소가 없이는 나머지 두 가지도 불가능하며 나머지 두 요소는 첫째 요소의 필연적인 결과로서 연이어지는 것이다.

(1) 준비를 요하는 기술

모든 교육과 마찬가지로 기독교 교육도 준비를 요하는 일종의 기술이다. 교육 능력은 실제적인 경험을 통하여 얻어짐에 틀림 없다. 교육은 기술이자 하나의 학문이다. 학문으로서의 교육은 교육 기술에 근본이 되는 원리들의 체계를 지닌다. 학문적인 사실이나 원리를 모두 다 안다고 해서 기술을 발휘할 수 있는 것은 아니다. 실제적인 교육을 통해서만이 가르치는 법을 배울 수가 있는 것이다. 그러나 교육원리에 관한 지식을 유용하기 때문에 이러한 지식을 갖춘 교사는 여타 조건이 동일하다면 이러한 지식을 갖추지 아니한 교사보다 훨씬 더 유능한 교사가 될 것이다.

기독교 교육에 있어서 시급히 요구되는 것은 교육철학 및 교육학의 뛰어난 내용들을 교회학교의 교사들에 의해 이해될 수 있고, 또한 그들에게 적합한 용어로 번역하는 일이다. 잘못된 견해들은 수정할 필요가 있으며, 전문적인 표현들은 익숙한 형태로 바꿀 필요가 있으며 또한 건전한 방법들은 기독교 교육에 적용되어야만 하는 것이다.

성경 교사들은 모든 기독교적 해석을 도외시하는 철학에 얽매임이 없이 교육 과정에 대한 이해를 지녀야만 한다. 학습은 생활과 연관되어 있어야만 한다. "새로운" 원리들을 그토록 강조하고 있는 현대 교육이 있기 오래 전에 예수님이 행하셨던 교육이 바로 그러했던 것이다. 그리스도인 교사들은 학습과 교육에 근본이 되는 원리들을 실천적으로 숙달하여 그러한 원리들을 기독교를 위하여 사용할 수 있어야만 하는 것이다.[4]

교사란 타고나는 것이지 억지로 만들어지는 것이 아니다라는 말은 종종 이야기

---

[4] G. S. Dobbins, *Source Book in the History, Theory, and Practice, of Religious Education*, 제4장: "교육의 원리와 방법" (복사본).

되어 왔다. 이러한 진술은 한편으로 일리가 있다. 교사들은 타고난다. 그러나 누군가가 지적한 것처럼 만들어져 타고나는 것은 아니다. 천부적(天賦的)인 자질은 모든 생활에 영향을 미치게 된다. 그것은 현실화될 수 있는 출발점과 잠재력을 지닌 것이다. 그러한 천부적인 자질이 쓰인다는 것은 환경과 인격과 독립된 그 무엇은 아니다. 타고난 재능이라고 알고 있는 것이 사실상 획득된 습관인 경우가 종종 있다. 교사로서의 성공은 대부분 자신의 임무에 대한 열성과 그의 학생들에 대한 사랑과 철저한 준비에 의존해 있다. 지식과 노력과 자기 희생 및 더없이 열성적인 수고의 힘만 있으면 누구든지 교사가 되는 것이다. 교육 실시에 있어서의 영감은 주로 땀흘린 준비의 결과이다. 참된 어떠한 교사에게든지 그가 타고난 교사인지, 아니면 노력하여 이루어진 교사인지를 물어보라. 참된 교사는 현재의 그가 되기까지에는 끈기있는 연구와 길고 닦는 노력과 자기 검토와 자기 비판, 그리고 시행착오가 어느 정도로 가해졌는가를 알고 있다. 그러한 교사라면 어느 누구도 타고 난 재능이 어떠한 것이든지 간에 그것을 성공적으로 사용하기 위해서는 필연적으로 요구되는 바람직한 열성적인 노력이 얼마나 값진가를 모르는 사람은 아무도 없을 것이다.

(2) 성공을 위한 요소들

교육에서의 성공은 잘 알려진 교육 원리를 익히며 적절한 준비를 하기 위하여 기꺼이 그 대가를 지불하고자 하는 거의 모든 사람들에게 보장되어 있다고 할 수 있다. 교육은 학문이자 기술이기도 하며, 심리학적인 과정이며, 사회적인 행위이며, 또한 복잡한 행위이긴 하지만 한편 단순한 행동이기도 하다. 농업과 마찬가지로 교육에 있어서도 연구를 위해 소비해야만 하는 시간의 양은 한정이 없다. 그러나 또한 농업과 마찬가지로 교육 역시도 전 영역에 걸쳐 대가(大家)가 되어야만 꼭 성공하는 것은 아니다. 땅에 씨를 심고 식물이 성장하는 데에 필요한 조건들을 충족시켜 준다는 것은 근본적으로 단순한 일들이다. 아동의 정신에 생각을 심어주고 계속적인 성장을 위하여 영양을 준다는 것은 그 영역에 있어서 가능한 모든 지식을 갖추지 아니한 사람에 의해서도 효과적으로 실행될 수 있는 것이다. 교육에는 한 시기에 한 걸음만이 요구되는 것이다. 상식을 겸비하고 있는 사람에게는 아무런 어려움이 없는 것이다.

(3) 교육과 영적 지도의 여러 법칙들

교육 원리의 준수가 성령의 사역과 대립되지는 않는가? 교육 외의 주변 생활을 영위하는 모든 교사들이 성령에 의하면 인도되고 지도받아야만 하지 않는가? 교육 법칙에 따라 나아가고자 하는 교사가 성령을 무시하지는 않는가? 성령은 무시받지 않는다. 식물 생태의 법칙을 좇는다고 해서 성령이 무시되지는 않는다. 더군다나, 인간 정신의 활동을 지배하는 법칙에 익숙해지는 것이 성령을 무시하는 것은 더욱 아니다. 우리 주 예수 그리스도만큼 성령에 충만하게 이끌림을 받은 교사는 결코 없었다. 예수 그리스도보다 더욱 일관성있게 교육의 법칙을 준수한 이도 아무도 없는 것이다. 우리가 주지하는 바와 같이 그 시대에는 교육 기술에 관한 어떠한 교재도 없었으며 그 자신도 어떠한 논문도 쓴 적이 없다. 그러나 명백한 사실은 그는 교육의 방법이나 실제에 있어서 대가였다는 사실이다. 하나님을 위하여 부르심을 받아 쓰임을 받는 오늘날의 그리스도인 교사가 예수님이 준수했던 교육 법칙을 그 자신의 작업을 통하여 발견하고 실제에 옮겨 적용하는 것이야말로 가장 바람직한 것이다.

제2장 교육의 중요성

 시카고와 그 인근에 거주하는 1,200명의 목회자들에게 설문지를 주어 지방 교회의 일을 그 중요성에 따라 13가지를 열거하도록 요구하였다. 그런데 그 답변들은 교회학교에서 아동들을 가르치기 위한 설비의 문제가 그 수위(首位)를 차지하고 있었다. 목회자로서의 소명이 더 높은 비율을 차지하고 있었으나 설교, 선교의 지원, 가정예배의 유지 그리고 수요기도회와 같은 일들은 덜 중요한 것으로 여긴다는 사실이 드러났다.

1. 성경의 교육

(1) 구약에서의 교육

 그러나 하나님이 자신의 말씀과 뜻을 인간에게 알리고자 하는 계획에 있어서 교육이 점하고 있는 위치는 오늘날에만 발견되는 것은 아니다. 전 역사를 통하여, 교육은 인간에게 진리를 전하는 주요 수단이 되어 왔다. 독자가 성경 용어 사전을 펴 "가르치다"라는 단어에 대한 사항을 조사해 보면, 가르친다는 것에 성경이 얼마나 큰 중요성을 부여하고 있는가를 알게 될 것이다. 하나님이 모세에게 이집트에 내려가 이스라엘의 백성을 해방시키라고 했을 때, 하나님 자신은 모세에게 말하기를 "내가 너의 행할 일을 가르치리라"(출 4:15)고 하셨다. 이스라엘 백성을 해방시키고 하나님이 바울이 말한 바 "우리를 그리스도에게로 인도하는 몽학선생이 되어 우리로 하여금 믿음으로 말미암아 의롭다 함을 얻게 하려 함이니라"(갈 3:24)는 법을 그들에게 준 후에, 하나님은 모세에게 백성들을 모아 자신의 말씀을 듣게 하여 "그들이 그들의 자녀를 가르치도록 하라"고 명령하셨다(신 4:10). 나아가서 하나님은 그의 백성들이 그들의 자녀에게 "율법을 성실하게 가르치도록" 명령하였으며(신 6:7) 그리고 하나님 자신의 말씀과 행하신 일을 심중에 두고 그들이 하나님으로부터 받은 것이 무엇인가를 그들의 자녀에게 충분하고 명확하게 제시할 수 있도록 하라고 명령하셨다. 350년 후 이스라엘 백성들이 이러한 하나님의 말씀을 주의하지 않고서 하나님으로부터 멀리 떠나게 되었을 때 마지막 사사이자 최초의 선지자인 사무엘은 그들에게 말하기를, "나는 선하고 의로운 도로 너희를 가르칠 것인즉" 이라고 했다(삼상 12:23). 이스라엘 백성에게 상황이 아주 어렵게 주어졌을 때 하나님의 신(神)의 영감을 받은 아사랴는 이스라엘 백성에 대하여 "이스라엘에는 참 신이 없고 가르치는 제사장도 없고 율법이 없은지가 이제 오래였느니라"(대하 15:3)라고 말하였다. 의롭게 고통당하던 욥은 엘리바스에게, "내게 가르쳐서 나의 허물된 것을 깨닫게 하라 내가 잠잠하리라"(욥 6:24)고 하는 적극적인 호소를 하였다. 그리고 욥의 친구인 엘리후는, "하나님은 그 권능으로 큰 일을 행하시나니 누가 그같이 교훈을 베풀겠느냐"(욥 36:22)라고 외쳤다. 시편 기자는 하나님께, "주의 길을 내게 가르치소서"(시 25:4)라는 기도를 드리는가 하면, 그는 하나님이 "그 도(道)로 죄인을 훈계하시리라"고 말했다(25:8). 그와 같은 기원을 시편에서 두 번 더 볼 수 있다(27:11; 86:11). 그리고 시편 기자는 하나님께서 그에게 구원의 기쁨을 회복시켜 준 후에 그 자신이 "범죄자에게" 주의 도를 "가르쳐" "죄인들이 주께 돌아오는" 결과를 낳겠다고 말했다.

　율법서와 역사서 그리고 시편과 마찬가지로 예언서에도 교육에 관한 많은 진술들이 포함되어 있다. 예를 들면, 이사야가 예시(豫示)하고(2:3), 미가가 거의 문자 그대로 반복하고 있는(4:2) 위대한 요청이 있는데 그 내용은 마지막날에 하나님께서, "그 도로 우리에게 가르치실 것이라 우리가 그 길로 행하리라"는 사실을 민족들이 알 것을 말하고 있다. 선지자들의 일은, "대저 경계에 경계를 더하며 경계에 경계를 더하며 교훈에 교훈을 더하며 교훈에 교훈을 더하되 여기서도 조금, 저기서도 조금하는구나"(사 28:10)라는 구절에서 나타나는 바와 같이 모든 시대의 모든 교사들의 하는 일과 같다. 그러나 그 중에서도 가장 중요한 임무는 백성들에게 하나님의 도(道)를 가르치는 것이었다. 하나님의 전언(傳言)이 당신 자신으로부터 직접 내려오든지 혹은 당신께서 당신의 진리를 가르치고자 선택하신 사람들을 통하여 간접적으로 행해지든지 간에 사람들의 귀는 항상 듣기는 우둔하였다. 따라서 사람들에게 하나님의 도를 가르치고자 하는 사람에게는 무한히 견딜 수 있는 역량이 항상 필요했었다.

(2) 신약에서의 교육

교육에 관한 강조는 구약에서보다 신약에서 훨씬 더 두드러짐을 알 수 있다. 유대인들에게는 랍비라는 명예로운 칭호보다 더 높은 칭호는 없었다. 그들은 어떤 다른 민족보다도 교사에게 더욱 높게 고양된 지위를 부여하였다. 유대인들은 스승을 존경하는 법을 배웠다. 랍비와 논쟁을 벌이거나 랍비에 대해 중얼거리는 것은 하나님에 대해 중얼거리는 것과 거의 같을 정도로 죄된 행위였다. 교육을 받아 담당한 사람이 있다면 그는 바로 교사였다. "목사"와 "설교자" 대신 예수님 당시에 두드러진 칭호는 "랍비" 또는 "교사"였다. 교사는 신분을 나타내는 복장에 의해 뚜렷이 구별되었고 회당의 상석에 앉았으며 시장과 같은 장소에서는 "랍비여!"라는 소리를 들으며 환영을 받았다.

예수님은 종종 "랍비" 또는 "교사"라고 불렸다. 복음서에 기록된 바에 의하면 주님은 아흔 번 정도 호명(呼名)되고 있는데 그중 예순 번 정도는 "랍비"라고 불리고 있다. 더군다나 나머지의 서른 번 정도의 경우에도 주님을 부르는 사람은 그분을 교사로 생각하고 있다. 왜냐하면 "하나님의 일과 인간의 의무에 관하여 가르치는 자"[1]를 의미하는 헬라어 디다스칼로스라는 단어는 때때로 "교사" 또는 "대가"(大家)라고 번역되기 때문이다. 복음서를 연구해보면 주님을 불렀던 거의 모든 사람들은 그들이 이방인이든지 제자들이든지 간에 주님을 교사로 생각하였다는 사실이 드러난다. 산헤드린의 의원인 니고데모는 주님을 일컬어 "하나님이 보내신 교사"라고 했다. "이웃"이라는 말의 정의를 알고자 했던 뛰어난 율법사이자 지배자인 부자 청년은 주님을 교사라고 일컬었다. 제자들은 계속적으로 이 말을 사용했으며 심지어 적의를 품고 있던 바리새인들도 그렇게 하는 것이 분명히 달갑지 않음에도 불구하고 주님께 이러한 칭호를 부여했다.

주님이 행하신 가르침은 예수님 자신이 스스로를 교사라고 여겼다는 사실을 암시적으로 시사하고 있는데, 이에 대해 주님 자신도 전혀 반대를 표명하지 않았다.

---

1) H. H. Thayer, *A Greek-Englilsh Lexicon* (New York, American Book Co., 1889).

"그가 회당에서 가르치셨다"라는 표현이나 이와 비슷한 표현들이 복음서 전역에 걸쳐 반복적으로 계속 나타나고 있다(마 9:35; 막 6:6; 눅 4:15; 요 6:59). 산상설교를 들었던 사람들이 놀랐는데 "이는 그 가르치시는 것이 권세있는 자와 같고 저희 서기관들과 같지 아니하기 때문"이었다(마 7:29). 또한 예수님이 그의 제자들에게 직접 행한 진술 중에는 "너희가 나를 선생이라 또는 주라 하니 너희 말이 옳도다 내가 그러하다"라는 구절도 있다(요 13:13).[2]

(3) 예수님이 그의 사역을 행하신 두 가지 수단

예수님이 그의 사역을 행하시는데 사용한 두 가지 큰 수단은 기적과 교육이었다. 이 둘 중에 교육이 훨씬 더 중요했다. 스토커(Stalker) 박사는 말하기를, "그가 행하신 기적은 사람들로 하여금 그의 말씀을 듣게 하기 위하여 울린 종소리에 불과했다. 그 기적들은 미미한 영향에는 마음이 움직이지 아니하는 사람들을 감동시켰으며 그들을 말씀의 영역 안으로 이끌었다"라고 한다.[3] 예수님이 설교보다 교육을 더욱 중요하게 여겼다는 사실은 약간의 연구에 의해서도 알 수 있다. 설교는 단지 한 두개만이 예수님에 의하여 행해진 것으로 기록된 반면에 예수님의 가르침은 많은 기록을 통하여 나타난다. 그가 사역을 시작할 무렵 그는 개개인을 교육하기 위하여 상당한 시간과 힘을 기울였다. 그는 공생애의 중반기에 이르러서야 군중들에게 설교했다. 그는 철저한 교육을 행하는 것으로 그의 사역을 마쳤다. 이 마지막 작업은 처음에는 다른 사람들과 마찬가지로 평범한 제자에 불과했던 열 두 사도들에게 중점적으로 행해진 것이었다. 그는 그들을 사도로 임명함으로써 그들을 그 자신과 밀접한 관계를 맺도록 했다. 그는 제자들을 자신의 보조자(보조자)들로 정하고 그 제자들로 하여금 이전에 그가 철저한 교육을 통하여 가르쳐준 그의 사상 중에서 간단한 것들을 가르칠 수 있도록 하였다. 그리하여 그는 자기 자신을 확장시켜 나갔던 것이다. "그가 그들을 교육시킬 때에, 그는 가장 애정이 넘치는 인내를 다하여 그들의 세속적인 소망과 그의 의도를 우둔하게 오해하는 것 등을 견디어 냈다. 한 순간이라도 장차 그 제자들이 맡을 역할을 잊는 적이 없이, 그는 그들을

---

2) 국제 종교교육 협의회의 허락을 얻어 인용됨.
3) James Stalker, *The Life of Jesus Christ* (New York, American Tract Society, 1909), p. 64.

훈련시키기 위하여 계속적인 노력을 최대한 경주하였던 것이다."[4] 일주일에 30분 정도에 그치는 교육이 아니라 거의 전 시간이라고 할 정도로 많은 시간을 통하여 날마다 교육을 실시했던 것이다.

(4) 지상 명령

예수님께서 지상에서의 사역(事役)을 끝마쳤을 때, 그는 그의 제자들에게 교육의 임무를 주셨다. "그러므로 너희는 가서 모든 족속으로 제자를 삼아 아버지와 아들과 성령의 이름으로 세례를 주고 내가 너희에게 분부한 모든 것을 가르쳐 지키게 하라 볼지어다 내가 세상 끝날까지 너희와 항상 함께 있으리라"(마 28:19, 20). 이 성구가 말하는 바는 다름이 아니라, 예수님께서 교육을 하나님의 왕국을 건설하는 최고의 방법으로 여기셨다는 사실과 교육은 주님의 제자들 안에서 기독교적인 인물을 세우는 방편이라는 사실과 주님께서 그의 교육의 임무를 신실하게 그리고 충성스럽게 받아들이는 모든 사람들과 함께 성령의 인격으로 거하신다는 사실을 포함하고 있다. 그 임무에 대한 유대인들의 이해와 주님의 그 명령은 곳곳에 성경을 가르치기 위한 학교를 세워 기독교회의 기초로 삼으라는 것이었다. 하나님의 말씀을 연구하기 위하여 숙련된 교사들이 학습자들을 모아서 반(班)을 나누는 것은 그리스도께서 의도한 바인 출발점인 것이다.

그리고 이러한 것이 바로 사도들과 그들의 계승자들이 이해한 지상명령의 내용인 것 같다. "저희가 날마다 성전에 있든지 집에 있든지 예수는 그리스도라 가르치기와 전도하기를 쉬지 아니하니라"(행 5:42). 그 결과로 하나님의 말씀이 왕성(旺盛)하여 제자들의 수가 아주 많아져서 "허다한 제사장의 무리도 이 믿음에 복종하게 될"(행 6:7) 정도가 되었다. 사도들과 다른 제자들은 가르치는 법을 배웠었다. 그들이 교육과 설교의 차이점을 깨닫고 있었다는 사실은 그 두 가지 용어를 서로 대비시켜 사용하고 있다는 사실에서 확실히 드러난다. 초대 교회의 그리스도인들에게는 예수님의 경우와 마찬가지로 교육의 직무가 설교의 직무에 우선했다. 성경에서 "설교하다"라는 단어는 143번 나타나는 반면, "가르치다"라는 단어는 207번 사용된다. 기독교 신앙이 시작될 때부터 오늘 이 시간에 이르기까지 끊임없는 교사들의 계승이 있어 왔다. 베드로, 스데반 및 바울이 행한 설교에서처럼 최상의 설교

---

4) Ibid., p. 79.

는 어느 것이든지 상당한 양의 교육적인 내용을 포함하고 있다.

(5) 교사인 바울

바울은 당대의 뛰어난 교사였다. 그는 언약된 유대의 청년으로서 유복했던 부모의 슬하에서 교사로서의 역할을 위한 최상의 훈련을 받았다. 그가 그리스도인이 되었을 때, 이러한 훈련을 그리스도와 그의 왕국을 잘 설명하기 위한 것으로 전환했다. 이 도시에서 저 도시로 옮기며 복음운동을 일으키는 것을 떠나서 그의 위대한 선교여행은 바로 교육선교였던 것이다. 그는 고린도에 일 년 반, 로마에 이 년 그리고 에베소에 삼 년 간 체류했다. 그리고 그가 오랜 기간 동안 머물지 못했던 다른 도시들을 다시 방문하곤 했는데 그것은 처음 방문 때보다 더 많이 하나님의 말씀을 가르침으로써 교회들을 건실하게 하기 위함이었다. 바울이 공적인 강연을 한 것은 몇 번 되지 않으나, 광장에서 군중들에게 전도하지 않고 집에서의 조그만 모임을 지도하는 데에는 그의 대부분의 시간을 바쳐 일했다.

그의 행적을 간단하게 설명하는 대목에서도 그는 탁월한 교사의 모습을 보인다. 모든 사도들 중에서 교육적으로 가장 잘 훈련받은 그는 어느 누구보다도 더 많은 성경을 썼으며 또한 그가 교육을 강조한 사실은 모든 서신서에서 나타나고 있다. 예를 들면, 로마서의 처음 여덟 장(章)은 바울이 반복해서 직접 접한 바 있음에 틀림없는 교육적인 상황을 전개하고 있다. 멀리 로마에 있는 교회에게 '이신득의'(以信得意)의 주제를 전하는 것을 보면, 사도 바울은 마치 그 자신이 적대자와 마주한 것처럼 생각하는 것 같으며, 실로 그 과정은 숙련된 교사가 하듯이 질의와 응답의 연속임을 알 수 있다.

2. 초대교회 교육의 효과

초대교회의 중심적인 인물이 교사였다는 사실에는 의문이 전혀 없다. 수많은 서적들이 출판되어 전파매체의 사용이 많은 오늘날의 우리가 사도들과 그들의 후계자들이 구어(口語)를 방편으로 하여 어떻게 성공적으로 일을 수행하였는가를 충분히 평가한다는 것은 쉽지 않다. 알려진 교재라곤 없었으며 심지어 주 예수님의 말씀이나 행적의 기록마저 그의 부활 후 삼십 년 동안이나 씌어지지 않았다. 그러나 사도들의 교회는 예수 그리스도 안에서 새 피조물이 된 자들과 어디에 가서든지 복음을 가르치고자 했던 사람들의 맹렬한 열정이 표현되어 나타난 것이었다. 뛰어난 교회사가(敎會史家)인 필립 샤프(Phillip Schaff)는 초대교회에서의 교육의 위치와 중요성에 대해 다음과 같이 찬동하고 있다. "사도 시대 이후부터 중세가 시작되기까지 위대한 선교사가 전혀 언급되지 않았다는 사실은 주목할 만한 사실이다. 니케아 종교회의가 열리기 전에는 선교모임이나 선교기구 또는 조직된 선교적 노력은 전혀 없었다. 그러나 사도 요한은 죽은 후 삼백 년이 못되어 당시에 문명 세계로 여겨졌던 로마 제국의 전 국민이 명목상으로는 기독교화되었다."

클레이 트럼블(H. Clay Trumbull) 박사는 이에 대해, 그것은 첫 세기에 살았던 그리스도인들이 기독교적 행위방법론에 있어서 아동 접근과 아동 교육이라는 종교적으로 안정되고 종교적으로 구성된 계획을 고수했기 때문이라고 결론짓고 있다. 계속해서 그는, "그리고 교회사를 통해서 나타나는 사실은 교회에서 교인들의 질적인 성장을 위한 과정이 실행되는 정도는 그 교회가 주께서 자신의 교회를 위해 세운 원계획에서 성경 학교의 중요성에 두고 있는 비중에 접근하는 정도에 비례한다는 것이다"라고 말하고 있다.

3. 근대의 교회에서의 교육

교사의 행위가 과거에도 있었고 현재까지 계속되고 있으며, 로마 카톨릭교회의 보루였다는 사실은 너무나 명백하다. 예수회가 종교개혁의 반동적인 운동의 일환으로 설립한 종교 교육기관이 종교개혁의 승리에 넘친 전진을 저지했다는 사실은 신구교의 사가(史家)들이 함께 동의하는 것이다. 신교가 유럽의 지면(地面)에서 카톨릭교회를 쓸어낼 정도로 위협적일 때 이그나티우스 로욜라(Ignatius Loyola)와 프란시스 사비에르(Francis Xavier)는 아동들에게 접근하는 것과 로마교회의 교리를 사랑하고 옹호하는 새로운 세대를 양육시키고자 하는 계획을 생각했다. 예수회가 가졌던 효율적인 도구들은 종교재판소들이 아니었고 그들의 학교들이었다. 그리고 최상의 교육에 의하여 카톨릭교회는 잃었던 전 교인 수를 곧 회복할 수 있었다. 카톨릭교회는 그 교훈을 결코 망각하지 않았다. 오늘날에 이르기까지 카톨릭교회는 전도의 직무보다는 교육의 직무에 더 많이 중점을 두고 있다. 실제로 카톨릭교회는 종종 그들에게서 진술되고 있는 "아이가 여섯 살이 될 때까지 나에게 맡기시오. 그리고 나면 당신은 그 아이를 가져도 좋소"라는 말의 진리에 대해 일반적으로 아주 확신하고 있다.

교육의 위치와 중요성을 인식했던 신교의 여러 교파들도 역시 현저하게 성공했다. 루터교회는 항상 교육하는 교회였으며, 그리하여 현저한 질적인 성장을 가져왔다. 정부의 통계에 의하면, 1926년 말에 십 년 간에 걸쳐 남침례교회를 제외하고는 루터교회가 어떤 교파들보다도 더 많은 비율로 주일학교 학생들의 수를 늘렸다.

1900년 이전에는 남침례교회협의회는 교육의 직무를 결코 강조하지 않았다. 당시에 그 협의회의 회원 중의 한 사람은 말하기를, "우리들은 조직을 이루었습니다. 우리들은 복음을 선포하고 전도했습니다. 그러나 우리는 결코 가르친 적은 없었습니다"라고 하였다. 그 협의회의 회장인 갬버럴(J. B. Gambrel) 박사가, "우리가 교육의 직무를 증강시켜야 할 때가 왔습니다. 저는 현대의 모든 운동 중에서 가장 중요한 것은 교사양성이라고 믿습니다"라고 선포한 해가 바로 1900년이었다. 이러한 그의 권고에 힘입어 남침례교회는 "모든 교사의 자격화"라는 표어를 채택했다. 그리고 모든 힘을 모아 주일학교 교사들이 그들의 임무 수행을 위해 준비하는 일을 지원했다. 그 이후로 교사양성의 문제는 모든 강단과 논문에서 강조되었고, 그 결과로 주일학교 재단에서는 현재 해마다 십만 개 이상의 자격증을 발부하고 있다. 이러한 정도의 교사양성에 대한 열의는 수적인 성장의 관점에서 그와 마찬가지 정도의 성공을 수반해 오고 있다. 정부의 통계에 의하면, 남침례회는 1916년부터 1926년 사이에 백만 명의 주일학교 학생들을 확보했는데 이것은 다른 주요 교파들을 합한 것보다 훨씬 더 큰 성장이었다. 그리고 1931년에 이르러서는, 남침례회는 모든 다른 교파들의 교인들을 다 합한 것과 거의 같은 정도의 많은 교인 수를 증가시켰다. 이 교회야말로 교육의 직무를 회복함으로써 교회활동에서 차지하는 교육의 최상의 중요성을 진정으로 증명하고 있는 것이다.

4. 신성한 소명인 교육

교사에 대한 신성한 소명은 전도자(傳道者)의 소명과 목회자의 소명과 마찬가지의 수준에 놓을 필요성이 있다. 승천하신 그리스도께서 그의 교회에 속한 사람들에게 선물(膳物)을 주시어 급기야 "온전한 사람을 이루어 그리스도의 장성한 분량이 충만한 데까지 이르게" 하셨다. 그리고 "혹은 사도로, 혹은 선지자로, 혹은 복음 전하는 자로, 혹은 목사와 교사(敎師)로 주셨으니 이는 성도를 온전케 하며 봉사의 일을 하게 하며 그리스도의 몸을 세우려 하셨던"것이다(엡 4:11~13). 열거된 직무들 중에서 오늘날의 교회에 있는 것은 복음 전하는 자와 목사와 교사의 일이다. 유형적으로 보아, 복음 전하는 자는 교회를 세우며, 목사는 교회를 목회하거나 다스리며, 교사는 교회의 질을 높이며 증진시킨다.

교회는 전도자의 역할이 필요하나, 전도자는 교회를 위한 하나님의 계획 안에서 중요한 비중을 차지하고 있다. 참 목사의 일 중에는 참된 교회 안에서라면 연중 무휴로 계속되는 복음 선포가 들어 있다. 그러나 일 년 중에는 목사가 그의 자리를 전도자에게 양보하는 때가 당연히 있기 마련이다. 그때에는 전 교회의 힘과 일 년 동안 축적한 노력이 한 사람의 지도하에 집중된다. 그러면서 그 한 사람의 불타오르는 설교의 내용이 여러 사람들이 여러 달 동안 해온 과업의 결실을 가져올 것이 기대되는 것이다. 그러나 복음 운동의 성공은 전도자가 오기 전에 이루어 놓은 교육의 충실성과 그가 떠난 뒤의 교육의 충실성에 상당한 정도로 의존해 있는 것이다.

교회에서 목사의 일이 필요한가의 여부는 질문이 있을 수 없다. 목사는 그의 일의 중요한 부분을 형성하고 있긴 하나 오늘날에 와서는 너무나 종종 그의 유일한 일로 되어버리는 경향이 있는 설교라는 고급한 소명을 위해 특별히 구별된 사람이다. 목회한다는 것은 설교 이상의 것을 포함한다. 개개인을 믿음 안에서 성장시키기 위한 목회적인 소명과 개인적인 일은 참된 목사의 직무에 가장 핵심적인 것이다. 목사는 단지 그의 직무를 수행할 수 있도록 준비하는 목적을 위해 존재하는 학교에서 훈련받는다. 또한 그는 아주 엄숙하고 의미깊은 의식(儀式)을 거쳐 성직(聖職)에 임명된다. 그는 생(生)에 있어서의 그의 처지를 알려주는 칭호를 받는다. 그의 강단은 그의 보좌이며 그가 맡은 교구(敎區)는 그의 왕국으로 여겨진다. 그는 마땅히 그래야 하는 것처럼 교회적인 왕국의 목자(牧者) 또는 치리자(治理者)로서 인식된다.

그러나 교회의 질을 높이며 증진시키는 교육의 직무에 대해서는 그와 같은 합당한 준비나 명예로운 인식이 전혀 없다. 동시에 가르치는 일이 하나님의 거룩한 계획이라는 사실은 성경에서 명확하게 가르치고 있다. 분명히 신교가 각성해야 할 것은 이같이 영향이 큰 교육의 직무가 지닌 중요성에도 불구하고 교육은 실상 몰이해의 상황하에 있다는 사실과 교육이라는 거대한 과업을 소홀히 하면 비극적인 결과가 초래된다는 사실이다. 왜 교사의 일은 전도자나 목사의 일과 마찬가지로 인식되지 못하는가? 왜 교육의 직무에 대한 주장을 젊은이들에게 하지 않는가? 왜 교사의 직책은 확장되지 않는가? 왜 교사라는 영웅적인 귀한 소명은 하나님이 당연지사(當然之事)로 분명하게 의도한 만큼 강조되지 않는가?

5. 교육과 교회의 번영

교회의 번영에 있어서 교육이 지니는 중요성은 이제까지 행해진 통계적인 연구에서 밝혀진 두 부류의 사실에서 드러난다. 그 첫번째 사실은 교회의 양육자 역할을 하는 주일학교와 관계가 있다. 수년 간에 걸쳐서 주일학교는 실질적으로 미국 사회에서 성경을 가르치는 유일한 기구로써 존속해 왔다. 주일학교가 교회의 활력을 보강하는 기반이 된다는 사실은 벤슨(Benson) 박사의 진술에서 드러나고 있다. 그는, "신중한 평가에 의하면 모든 교파들의 전 회원의 75퍼센트는 주일학교를 거쳐 양육된 사람들이며 교회 일꾼의 85퍼센트와 성직자들과 선교사들의 95퍼센트가 한때 주일학교에서 공부하던 학생들이다"라고 말하고 있다.[5]

두번째 통계적인 연구는 스콰이어스(Squires)가 보고한 것인데 그것에 의하면, 가장 줄기차게 교인을 증가시키는 것은 교육이라는 것이다. 그는 말하기를, "습관적으로 행해지는 부흥회의 방법에 의해 신자들의 공동체에 영입(迎入)된 회심자들 중에서 87퍼센트가 5년 이내에 떨어져나간다. 그리고 주일학교와 목사가 이끄는 친목회를 통해서 교회에 다니게 된 회심자들 중에서는 40퍼센트가 5년 이내에 떨어져나간다.

전자의 경우에는 100명의 회심자들 중에서 30명만이 5년 후에 까지 교회에 남아 있었고, 후자의 경우에는 100명 중에서 60명이 같은 기간이 지나도록 신앙을 유지한 것이다. 확고하게 기독교의 신앙에 접붙이는 일에 있어서는, 교육적인 방법이 부흥회적인 방법보다 네 배나 더 효율적인 것이다"[6]라고 하고 있다. 이러한 진술은 복음 전도가 필요없다는 사실을 의미하고자 하는 것이다.

아마도 오늘날의 부흥회의 방식은 회심자들에게 더욱 심도 깊은 성장교육을 함께시키는 형태로 변형되는 경우가 많은 모양이다. 어쨌든, 이 두 가지 방식이 지닌 상대적인 가치의 진상이 어떠하든지 간에 교육이 너무나 중요하다는 사실은 확실하다.

---

5) C. H. Benson, *The Sunday School in Action* (Chicago: The Bible Institute Colportage Association, 1932), p. 37.

6) W. A. Sanires, *The Week Day Church School* (Philadelphia: Presbyterian Education, 1929), pp. 22, 23.

6. 현대 사회에서의 기독교 교육의 필요성

교육이 성경에서 차지하는 비중과 교인의 증가와 유지를 위해 지니고 있는 가치를 다루는데 있어서, 오늘날의 교육 및 사회적인 조건에 비추어 기독교 교육을 고찰하는 단계로 접어드는 것은 당연하다고 하겠다. 미국의 선조들은 교육과 신앙을 건전한 생활을 위한 두 주춧돌로 여겼다. 그들은 정의(正義)의 원리들은 소년소녀들에게 가르칠 필요가 있다고 여겼기 때문에 공립학교에서 성경을 가르쳤다. 그들의 입장은, 만약에 소년소녀들에게 그들이 걸어가야 할 길이 무엇인가를 가르친다면 성장한 신사숙녀들이 그들이 걸어가야 할 길을 준수할 것이라는 것이었다. 필립스 브룩스와 함께 그들은 민족의 흥망성쇠는 아이들의 걸음걸이에 달려 있다고 믿었으며 또한 그들은 성경 연구를 통하여 민족이 흥왕(興旺)해 가는 것을 보는 것은 그들에게 맡겨진 책임이라고 여겼다. 그들에게는 교육과 신앙훈련이 불가분리의 것이었다. 그들은 신앙적인 가르침을 포함하지 않는 교육은 어떠한 것이든지 가치가 없는 것으로 생각했다. 학교 교사는 바로 성경 교사였던 것이다.

(1) 가정과 교회 생활에서의 변화

더군다나 초기의 미국의 생활방식은 가족의 신앙 및 영적인 생활을 최상의 것으로 여겼다. 부모는 아이들의 성경 지식을 처음 터득하는데 있어서 최초이자 가장 중요한 스승이었다. 가정 제단은 가정에서 아주 실감나는 현실이었다. 그리하여 모든 자녀들은 가정예배를 통하여 하나님의 말씀을 자녀들에게 가르치라는 이스라엘 백성에게 내렸던 하나님의 그 명령이 아주 문자 그대로 실행되었던 것이다. 학교와 가정과 함께 초기의 교회도 교육의 직무를 수행했다. 종종 목사는 바로 학교 교사이기도 했다. 비록 그렇지 않다 하더라도 목사가 지니고 있는 임무에 대한 생각은 말씀을 "가르치고자 하는 경향이 있는" 사람의 생각 그것이었다.

그러나 오늘날에는 어떠한 형태의 의미에서든지 간에 목사가 교사인 경우는 거의 없다. 자녀들의 교육을 위하여 교구 내에 있는 학교들과 친분을 지니고 있는 신교의 교회들은 거의 없다. 산업 교육 및 오락의 분야에 쏠리는 가족들의 관심이 가정 밖의 행동을 요구하는 방향으로 상당히 작용하고 있기 때문에, 그 결과로 자녀들이 부모들과 집안에서 함께 한다거나 길을 함께 걸어가는 기회가 너무나 드물게 되어 버렸다. 바꾸어 말하면, 부모들 특히 아버지들은 그들의 자녀와 접촉할 시간이 거의 없기 때문에 비록 그들이 성경 지식에 관한 이야기를 하고자 한다 하더라도 그들이 할 수 있는 경우가 많지 않은 것이다. 그리고 그와 같이 성경 공부를 기피하는 경향이 너무나도 많다. 왜냐하면 교회가 가정에 대해 영향력을 훨씬 더 발휘할 수 없게 되어 그 결과로 자녀들의 생활 발전에 지대한 영향을 미치는 종교적인 관심과 종교적인 실천 등이 그러한 관심 및 실천이 행해지지 않는 상황에 의해 더욱 미심쩍은 것으로 의심을 받고 있기 때문이다.

(2) 학교 생활의 변화

학교에서의 교육은 반신앙적(反信仰的)인 경향을 띨 뿐만 아니라 많은 부분이 실제로 반신앙적이다. 현대 공립 학교에 있어서 성경이 차지하는 비중은 실로 전혀 없는 상태이다. 학교 교육의 세속화(世俗化)는 아주 위험한 상황으로 노정되고 있다. 공립 학교의 교육과정에서 신앙적인 성경을 지닌 것이 발견되는 경우는 비교적 거의 없는 것과 같은 정도에 그치고 있다. 그러나 모든 사람들의 자녀들은 신앙 이외의 모든 일에 대한 오늘날의 요구에 부응(符應)하는 교육을 위하여 아주 정교하게 준비를 갖추고 있는 공립 학교에 입학한다. 어떻게 자녀들이 신앙을 중요하지 않은 것으로 무시하거나 오늘날의 생활의 여러 가지 사실들에 전혀 영향력을 행사하지 못하는 것으로 여기지 않을 수가 있겠는가? 더 큰 문제는 공립 학교의 동기(動機)가 무엇이든지 간에 교육의 세속화의 필연적인 결과로써 교육이 신앙에 악영향(惡影響)을 끼친다는 것이다.

그 결과는 도대체 무엇인가? 성경이나 성경이 나타내고 있는 구세주를 접할 기회를 전혀 가진 적이 없는 젊은이들의 정신이나 마음이 비진리(非眞理) 보급의 기름진 토양의 역할을 함으로써 비교파적인 고등학교나 대학은 물론 교파에 속한 고등학교 및 대학에서까지 무신론적인 단체가 있을 뿐만 아니라 번성하고 있는 것이다. 오늘날 미국에는 모든 주일학교에 등록된 아동이나 젊은이들보다 어떠한 종류이든지 간에―신교나 카톨릭 또는 유대교 등―종교적인 가르침을 받지 않는 아동이나 젊은이들의 수가 더 많다. 십대의 청소년의 오십만 명 정도가 해마다 주일학교를 떠난다. 교회 안에 발을 들여본 적이 없는 젊은이나 성인들이 수백만 명이 된다. 한 해 동안 예수 그리스도를 고백하며 신앙생활을 하게 되는 초신자를 한 명도 얻지 못하는 교회가 수천 개나 된다. 이십 세 이하의 범죄 조직이 이 나라에 존재한다는 사실은 우리에게 경종을 울린다. 타락과 폭력이 전국적으로 만연하고 있는 것이다.

(3) 시대의 요청

이러한 상황에 직면하여 로저 뱁손(Roger Babson)이 다음과 같이 말하는 것은 당연하다 하겠다. 그는 말하기를, "시대가 요청하고 있는 것은 더 많은 공장과 자원이나 철도와 기선이 아니며 육군이나 해군이 아니다. 시대가 요청하고 있는 것은 바로 명백한 예수님의 가르침에 기반한 교육의 확충이다"라고 한다. 지난 세기 동안 두드러진 발전이 있었던 분야는 물질 세계에 대한 인간의 통제의 영역이었다. 그야말로 놀라울 정도로 인간은 물질 세계에 대한 통제를 획득했던 것이다. 기계류의 발명, 조업 방법의 개선, 그리고 수송과 대중매체의 용력의 증가 등은 사회를 백 년 전의 상태와는 판이하게 다른 것으로 만들어놓았다. 인간의 천재성(天才性)은 물질적인 분야에서 급상승하여 높이 비상(飛翔)했다. 그러나 그와 같은 자연을 지배하는 능력의 발전은 많은 사회적인 문제들을 가져왔다. 그 결과로, 사회생활을 위한 사회의 개혁이 시도되는 것이다. 사람들은 사회생활에서 놀라운 변화를 일으키기 위하여 힘껏 노력한다. 그러나 그들은 성경이야말로 옛날의 단순했던 생활에서도 그랬던 것처럼 현대 생활의 복잡한 문제들을 해결하기에 너무나 적합하다는 사실을 인식하지 않고 있는 것이다.

(4) 시대의 문제

윌리엄 엘트 글래드스톤(Willam Ewart Gladstone)은 큰 소리로 말하기를, "시대적인 문제에 대해 이야기하라고 한다면 단 한 가지가 있을 뿐이다. 어떻게 하나님의 말씀의 진리를 모든 계층의 사람들의 정신에 생명력있게 접촉시키느냐는 것이다"라고 했다. 미국이 필요로 하는 것은 물질적인 측면의 발전도 아니며 사회 개혁의 진전도 아니다. 그것은 바로 성경에 대한 더 많은 지식이며 이러한 성경 지식이 가져오고야 말 정신과 생활의 변화이며 성경의 진리를 일상 생활에 적용하는 일이다. 성경 보급을 위해 일하는 각양 각색의 기구와 단체들의 작업은 아주 막대하다. 전세계에서 성경 보급에 종사하고 있는 다양한 기관들은 해마다 삼백만 부 이상을 보급하는 것으로 추산(推算)되고 있다. 그러나 성경 연구가 이루어지지 않는 성경의 보급이란 거의 의미가 없다. 단순히 성경을 사거나 소유한다는 사실은 아무것도 의미하지 않는다. 성경은 읽어야만 하며 그리하여 성경의 진리가 경험과 실천에 환원되어야만 비로소 소용있는 것이 되는 것이다. 우리는 도처에서 테오도르 루스벨트가 말한 진리가 드러나는 것을 본다. 그는, "지식적으로 교육받지 않은 국민은 국가의 위협이 될 것이다"라고 말했던 것이다. 또한 우리는 그가 강조한 사항의 필요성을 절감하는데 그는, "각 방면에서 자신의 몫을 다하고자 진실로 열망하는 태도로 삶을 대하는 모든 사람들에게 나는 성경 연구를 하라고 호소하고자 한다. 사람의 전체의 삶에 그처럼 영향을 끼친 책을 아무것도 쓰여진 적이 없기 때문이다"라고 힘주어 말했던 것이다.

7. 인간의 필요성에 부응하는 성경의 가르침

성경을 올바로 읽고 연구한다면, 성경은 누구에게든지 바로 하나님의 말씀으로서 작용할 것이다. 왜냐하면 성경을 읽는 자는 성경 안에서 그 자신의 심령과 자신의 필요한 사항과 자신의 행복 및 의무에 대한 열쇠를 발견할 것이기 때문이다. 정작 필요한 것은 성경을 전혀 알지 못한 채 자라고 있는 수백만의 젊은이들을 가르치는 과업을 맡아 수행할 교사들이다. 교사가 없이도 혼자 성경을 읽고 연구하는 것만으로 충분하다고 여기는 사람은 사실 그러한 독자적인 방식으로 성경을 읽어서는 결코 많은 것을 얻을 수가 없다는 것을 기억해야만 한다. 젊은이들은 특히 그러하다. 성경에서 무언가를 얻은 사람과 얻지 못한 사람 사이에서 경험을 교류한다는 것은 거의 모든 생활에서 그러하겠지만 특히 성숙으로 발전하는데 있어서 본질적이다. 얻지 않고서 가질 수 있는 것이 도대체 무엇인가? 자신이 가지지 않은 것을 가지고 있는 다른 사람에게서 도움을 얻지 않고서는 그 누구도 많은 것을 이룰 수가 없다.

이러한 사실은 영적인 영역에서 강한 설득력을 가진다. 왜냐하면, 하나님은 그 자신이 선택한 사역 방식으로써, 자신을 알게 된 사람들을 매개로 하여 자기 자신과 자신의 말씀과 교제하게 하기 때문이다. 전술한 바와 같이, 예수님이 쓰신 주요한 방법은 열두 사람을 불러내어 그들로 하여금 하나님의 진리를 다른 사람들에게 나타내는 것을 가르치는 그것이다. 그리고 지상에서의 그의 임무가 완성되었을 때 그는 그 열두 사람 및 다른 제자들에게 가서 모든 족속을 가르치라고 명령하셨다. 사도 바울은 고린도인들에게 그가 받은 것을 그들에게 나누어주었다고 말한다. 이디오피아 내시(內侍)가 하나님의 말씀을 읽고 있을 때에, 성령이 많은 지역의 시민들에게 복음을 전하고자 하던 빌립을 이끌어 그 내시에게 하나님의 말씀을 해석해

주도록 하였다. 이 구도자(求道者)가 던진 질문은 오늘날의 숱한 사람들의 마음과 마음을 울리는 것이다. 즉, 그 "인도하는 자가 없이 내가 읽은 말씀의 뜻이 무엇인지 내가 어떻게 알겠습니까?"라고 했던 것이다.

성경은 살아계신 하나님의 영이 성경의 저자(著者)와 친교하게 된 사람의 마음과 생활과 입술을 통하여 읽은 그 내용에 작용하기 전에는 그 독자에게 전혀 의미 없는 책에 불과하다. 학생의 정신이 교사의 정신과 상응(相應)해야만 하며 성경이 다른 사람을 매개로 하여 영원한 진리를 나누어주어야만 한다. "교사의 특권은 얼마나 좋은 것인가! 그리스도인이라는 이름을 지닌 모든 사람들에게 교육의 직무를 행하는 일에 도전하는 것은 얼마나 위대한가! 아동에게 있어서 영적인 생활보다 더 중요한 것은 분명히 아무것도 없다. 그리고 성결된 생활을 인도하는데 헌신한 교사들보다 더 긴요한 것은 아무것도 없는 것이다."

기독교 교육 원리

제3장 기독교 교육의 목표

 인간의 많은 행위를 무산시키고 마는 저주 중의 하나는 무목표성(無目標性)이다. 베짱이와 개미의 우화는 목표의 필요성을 생생하게 묘사하고 있다. 개미는 성실하게 사업에 임했다. 예정된 목표의 성취를 위하여 계속적으로 일했던 것이다. 베짱이는 목표도 없이 시간을 보냈다. 특별히 어떤 것을 성취하고자 하는 의도도 없이 그저 스스로 움직이는 기동력으로 허공을 가르고 지나가는 긴박감만 즐겼던 것이다. 개미는 자기가 성취하고자 했던 결과에 도달했다 그러나 베짱이는 목전에 아무 목표도 지니지 않았기에 그것에 당연한 결과를 당하고 말았는데, 그것은 그 자신의 목표없는 행위의 결과로써 죽고 말았기 때문이다. 세상에는 동분서주하며 뛰어다니면서도 이렇다 할 아무것도 이루지 못하는 활동적인 사람들이 너무나도 많다. 왜냐하면 그들은 만약에 그들이 취하는 행위의 가능한 목적이나 목표에 대한 주의깊은 생각도 없이 행동에 착수한다는 것은 어디로 가야 할지를 알지도 못하면서 여행을 떠나는 것과 같다. 그렇게 되면 특별히 도달할 수 있는 곳은 아무데도 없는 것이다.

1. 목표의 필요성

 삶은 무목표성에 의해서 뿐만 아니라 목표의 명료성이 부족함에 의해서도 화를 당한다. 자기가 걸어가고 있는 길이 어떠한 길인가에 대하여 막연한 생각만으로 삶의 길을 걸어가고 있는 사람들이 많이 있다. 그러한 사람들은 자신의 행위의 목표에 관해서는 다소 안목(眼目)을 지니고 있다. 그러나 그 목표를 마음속에 뚜렷하게 지니고 있지 못한 것이다. 종국에 가서는 두 경우 모두 동일한 결과를 낳고 마는 것이다. 그러나 어렴풋이나마 다소 목표에 대한 안목을 지닌 자의 경우에는 그 목표가 우연히 달성될 수도 있다는 점은 다르긴 하다. 랜틀(Rantoul)이란 곳을 찾아가고자 할 경우를 생각해보자. 그 곳이 대체적으로 어떤 방향의 도로를 따라가야 한다는 사실을 알게 되면 그저 랜틀이라는 곳이 있다는 사실만을 아는 것보다는 더 쉽게 그곳에 도착할 수 있을 것이다. 전자의 경우는 그가 가고자 하는 길을 찾아갈 것이나 후자의 경우에는 그저 맴돌고 말 것이기 때문이다. 만약에 총잡이가 목표를 겨냥하고 실제로는 몇 피트 떨어져 있는 물건을 맞히고 말았다면, 그가 겨냥은 할 수 있었다고 할 수 있을지 모르나 정확하게 겨냥했다고는 할 수 없을 것이다. 또는 다른 조건이 동일하다면 그가 그 목표물을 맞추었다고 할 수 없을 것이다. 자신의 노력에 성공의 왕관을 확실하게 씌울 수 있었던 사람은 그가 일을 시작하기 전에 분명하고 결정적인 목표를 지니고 있었음에 틀림이 없다.

그러나 이러한 진술이 기독교 교육에 적용이 되는가? 하나님의 일이 인간의 노력에 달려 있기 때문에 인간의 목표가 성공을 결정하는 요소가 된다는 사실을 불가피하게 지닐 수밖에 없는가? 하나님이 일하신다면, 일꾼이 목표에 관하여 관심을 가질 필요가 있겠는가? 일꾼은 그저 하나님이 자기에게서 쓰시기에 합당한 점을 보았기 때문에 하나님이 쓰시겠지 하고서 쉽게 자신을 하나님께 방임해버릴 수는 없는가? 단적으로, 그 목표들은 인간의 것이 아니라 하나님의 것이 아닌가? 개미는 바쁜 행위를 영위해가면서도 어떠한 목적이나 목표를 의식하지 않는다. 마찬가지로 베짱이는 목표가 없다는 사실을 의식하지 않는다. 그러나 두 곤충은 모두 다 사물계(事物界)의 계획에 있어서 자기의 몫을 다하고 있다. 개미가 자신을 움직이는 어디에 있는지도 모르는 단순한 메카니즘의 맹목적인 지배하에 있으면서도 종국에 가서는 거대한 세계에 완전히 성공적인 결과를 수행하는 것을 자연히 지향(指向)해 있는 것처럼, 그리스도인 교사도 하나님의 보이지 않으며 이해할 수도 없는 지도하에 있는 것이 아니겠는가?

(1) 인간은 기계가 아니고 하나님의 협력자이다

만약에 인간이 단순한 기계적 존재라면, 이러한 질문에 긍정적인 대답은 주어질 수가 없을 것이다. 그러나 인간은 의식, 의지 및 사유 능력을 타고난 소위 인간적 존재이기 때문에 그 대답이 부정적일 수 밖에 없는 것이 틀림없는 것이다. 기계는 단지 굴대, 톱니바퀴 및 기계를 이루는 여러 부속품에 의하여서만 기능(機能)한다. 본능(本能)의 지배하에 있는 개미는 목표에 관한 의식이 없이 자신이 지니고 있는 기계적 존재 상태가 이끄는 대로 할 뿐이다. 개미는 다르게 행동할 수 있는 의지(意志)적인 선택이나 능력이 전혀 없다. 땅 위에 그저 놓여 있고 물리적인 힘의 지배하에서 능력이 전혀 없다. 땅 위에 그저 놓여 있고 물리적인 힘의 지배하에서 구르기도 하는, 또는 심지어 던져지기도 하는 돌멩이가 어떠한 목적이나 목표를 지녔다고 말할 수는 없는 것이다. 돌이 어디에 놓여 있으며 어디에서 안정을 지니게 되며 허공 속을 뚫고 지나갈 때에 어디로 가게 되는가 하는 것 등은 모두 다 돌멩이 자체와는 상관없는 외부적인 힘에 의해 결정적으로 규정되며, 무게, 모양 및 돌이 지니고 있는 다른 특징들이나 둘러싸고 있는 환경의 제한적인 요소에 달려 있는 것이다. 그러나 하나님은 인간들을 기계나 돌처럼 사용하지 않으신다. 하나님은 인간을 창조하실 때에 인간의 코에 생기(生氣)를 불어넣으셨다. 그리하여 인간은 생령이 되었던 것이다. 그리하여 인간은 의지와 의식적인 통제력과 하나님이 인도하시는 삶을 영위할 수 있는 능력 등을 부여받은 것이다. 지존하신 하나님께서는 그 일을 당신의 대리인(代理人)인 인간을 통하여 하시는 것 또한 사실인 것이다. 이 인간은 단순히 작대기나 돌멩이로서 사용되는 방식과는 전혀 달리 하나님 자신의 협력자로 하나님 자신에 의하여 고양(高揚)된 것이었다(고전 3:9).

(2) 신약에서의 목표

분명히 심는 자는 목표를 위하여 심으며, 기초를 놓는 자는 머리 속에 그 기초 위에 세워질 건물을 그리게 마련이다. 많은 무리가 정해놓은 목표나 목적도 없이 예수님을 무리지어 따를 때에, 예수님께서는 자신을 따르는 자는 뚜렷한 목표를 지니고 있어야만 한다는 사실을 가르치시기 위하여 그들이 하고 있는 짓이 어떠한가를 생각해보도록 하셨다(눅 14:25~33). 바울은 자신의 개인적인 영적 생활을 언급하면서 말하기를, "그러므로 내가 달음질하기를 방향 없는 것같이 아니하고"(고전 9:26)라고 하고 있다. 그리하여 그는 정해진 목표를 성취하기 위한 방향으로 움직이고 있었다는 사실을 강조하고 있는 것이다. 개인적인 생활을 통해서 본 바울의 모습이 사실이라면 마찬가지로 봉사의 생활에서 나타나는 그의 모습 역시도 진실된 것이다. 그는 바로 이 고린도인들에게 말했다. "내가 너희 중에서 예수 그리스도와 그의 십자가에 못 박히신 것 외에는 아무것도 알지 아니하기로 작정하였음이라"(고전 2:2). 그는 데살로니가인들에게는, "너희 가운데서 유순한 자 되어 유모가 자기 자녀를 기름과 같이 하였다"고 했다(살전 2:7). 농부나 건축자와 마찬가지로 유모(乳母)는 어떠한 목표를 지니고 있어야만 한다. 그렇지 않으면, 유아의 성장이나 교육이 너무나도 불완전한 것이 되고 말 것이다. 목회서신에서는 거듭거듭하여 목표를 뚜렷이 할 것을 전도하며 훈계하고 있다. 바울은 디모데에게 "선한 싸움을" 싸우는 것에 관하여(딤전 1:18), "본(本)이 되는" 것에 관하여(딤전 4:12). "의와 경건과 믿음과 사랑과 인내와 온유를" 좇는 것에 관하여(딤전 6:11), "바른 말을 본받아" 지키는 것에 관하여(딤후 1:13), "부끄러울 것이 없는 일꾼으로" 인정되는 것에 관하여(딤후 2:15), 그리고 "근신하여 고난을 받으며" 자기 직무를 다하는 것 등에 관하여(딤후 4:5) 썼던 것이다. 이러한 몇몇의 인용은 대교사(大敎師)인 바울이 젊은 교사인 디모데와 디도에게 직무를 수행함에 있어서 목적 설정이 지니는 중요성과 필요성을 강조한 훨씬 많은 구절 중에서 임의로 채택한 것에 불과하다.

2. 목표의 성격

겨냥한다는 것은 어떤 목표를 성취하기 위하여 질서있게 지향되는 행위를 의미한다. 이 말은 보통 화살이나 총이 어떤 것을 맞추기 위하여 목표를 향하여 겨누고 있는 방향과 같은 것을 가르킨다. 활이나 총이 허공에다 아무렇게나 하여 발사된다면 화살이나 총알은 어디엔가에 떨어지게 될 것이다. 그렇게 되면 어떠한 결과가 생길지는 모르지만 목표가 성취되는 것은 아니다. 목표가 성취된다는 것은 결과 이상의 그 무엇이다. 개미는 그들의 집을 짓기 위하여, 그들의 음식을 모으기 위하여 그리고 그들의 본능적인 기계적 작동이 의도적인 생각이 없어도 모든 복잡한 행동을 하도록 하는 질서가 있는 태도로써 살아간다. 이때 그 개미가 이루어놓은 것은 결과 이상의 그 무엇이다. 일종의 목표의 성취인 것이다. 각각의 행동은 다른 행동에서부터 파생된다. 그리하여 진행되는 사건들은 어떤 것을 이루기 위한 끊이지 않는 연쇄(連鎖)의 연결 요소가 된다. 개미가 단순한 목적의 성취가 아니라 어떤 목표를 구체적으로 성취하기에 부족한 것은 충분히 생각해볼 수 있는 것이다. 목표를 성취하는 것은 예견된 목적을 향하여 행동을 맞추어 나가는 것이다. 목표를 성취하고자 하는 자는 행동해가면서 그가 하고자 하는 일이 무엇인가를 보고 마음속에 간직하고 있는 것을 성취하기 위하여 자신의 행동을 일률적으로 맞추어야 한다.
 그러므로 목표는 큰 일을 수행하는 과정을 조정하는 데에 영향력을 행사하는 주된 요소인 것이다. 목표를 지니지 않은 교육은 비록 많은 좋은 질적인 요소를 겸비했다 하더라도 형편없는 교육이 된다. 한정된 목표를 지니지 않은 교육은 형편없는 교육이다. 왜냐하면 목표가 한정되어 있지 않을 경우에 그 목표는 나쁜 목표이기 때문이다.[1] 너무나 많은 교육들이 목표없이 행해져 왔다. 인간이 행하는 주된 행동 중에서 교육만큼 규정된 목표를 결(缺)한 것은 거의 없다. 그러나 교육은 본질적으로 볼 때 목표가 첫째이고 그 다음에야 과정이 있는 일이다. 교사가 원리들과 방법들을 올바르게 사용하기 전에 명확하게 그리고 합당하게 이루어야 할 목적을 염두에 두어야만 하는 것이다. 어디로 가고 있는가를 잘 알면 알수록 그곳에 도착할 수 있는 방법을 더욱더 현명하게 제시할 수 있는 법이다. 교사가 자신의 행동에 대한 목표를 확신한다면, 그는 그 목표를 지향(志向)하여 진리와 학생들과 원리 및 방법에 대해 자기가 가지고 있는 지식을 십분 잘 활용할 수 있을 것이다. 학습이라고 하는 것은 그것 자체를 위하여 행해지는 활동이 결코 아니다. 학습은 항상 어떤 목표를 위한 방편인 것이다. 그러므로 그 목표에 대한 생각이 명확하면 명확할수록 그 목적의 실현을 위하여 채택된 수단은 그만큼 더 좋을 수 있는 것이다.

3. 교육에서의 목표의 기능

전술한 논의에서 목표가 지니고 있는 몇 가지 기능들이 고찰되었다. 그러나 이러한 기능들을 더욱 독특한 방법으로 진술하고 각각의 기능들에 연관하여 몇 가지 구체적인 사항들을 고찰하는 것이 도움이 될 것이다. 교육에서 목표를 올바르게 설정하려면 적어도 여섯 가지의 중요한 목표에 부합해야 할 것이다.[2]

(1) 방향 제시

목표는 바람직한 변화를 가져오는 데에 필요한 생각이나 행동, 또는 과정에 대

---

1) S. L. Roberts, *Teaching in the Church School* (Philadelphia: The Judson Press, 1927), p. 31.
2) Ibid., pp. 40-44.

해 방향(方向)을 제시해준다. 여기에서 주목하여야 할 점은 변화 자체가 결코 좋은 것은 아니지만 교육의 핵심적인 본질은 교육받은 학생들에게 변화를 일으키는 것이라는 사실이다. 단순한 변양(變樣)은 학습이 아니다. 변화란 옳을 수도 있고 잘못될 수도 있기 때문이다. 학생에게 생겨난 변화는 반드시 주어진 바람직한 방향 안에서 이루어져야만 한다. 교육이 어떤 목표를 지니고 있다는 사실은 교사가 그 자신의 행위와 학생의 가능한 행위 둘 다를 염두에 두고 있는 규정된 목표를 고려하여 반성하였다는 것과 신중하게 계획을 수행했다는 것과 출발점에 근거하여 과정의 한 걸음 한 걸음을 결정하고 숙고했다는 것과 또한 주어진 교과 내용 또는 일련의 교과 내용들의 방향을 완성할 수 있도록 결정하였다는 사실 등을 의미하는 것이다.

그와 같이 목표를 설정하였을 때는 그 당연한 귀결로서 교육의 전체적인 상황이 풍부해지고, 그렇게 시행된 교육은 효율적인 교육의 참된 결과의 실현이라는 관점에서 수확을 얻게 되는 것이다. 좋다고 하는 많은 그리스도인 교사들도 그들의 목표가 무엇인가를 사실상 모르고 있을 수가 있으며, 그리하여 동시에 그들이 가치있는 결과를 성취하였는지를 모를 수가 있다. 그러나 목표가 없이 그렇게 가치있는 결과를 성취한다 하더라도 그것은 우연한 일이거나 은혜로운 하나님의 강력한 능력에 의한 것이다. 그들이 가장 철저한 기독교적인 목표를 명확하게 그리고 합당하게 염두에 두고 있었더라면 훨씬 더 많은 바람직한 결과를 성취할 수 있었다. 올바른 결과를 얻고자 한다면, 우선 나아가서 있는 방향이 올바른가를 알아야만 하는 법이다. 목표를 설정하지 않은 교사는 청사진(靑寫眞)이 없는 건축가나 나침판 없는 선장과 같은 것이다. 그러한 교사는 "그가 가려고 하지 않은 곳에 가고 있는 상황"에서 쉽게 벗어날 수가 없는 것이다.

(2) 일률적인 연속성을 제공한다

올바른 목표는 교육과정에 연속성을 부여한다. 올바른 목표는 교사가 직무의 다양한 부분들을 적절하게 체계화하게 하며, 강조점의 높낮이를 분별하는데 도움을 주며, 세부 사항에 현혹되어 몰입함으로써 문제의 적절한 해결점을 찾지 못하게 되거나 참을 수 없이 지루한 억측에 빠지는 일이 없도록 경계심을 준다. 올바른 목표야말로 중요한 것을 중요하게 여길 수 있게 하는 필요충분한 것은 아니지만 도움이 되는 것이다. 학습이란 항상 아는 것에서 모르는 것으로 가며, 앞선 것을 기초로 삼아 건축해 나가는 연속적인 과정이다. 목표가 없는 교사는 이러한 과정을 역행해 가게 되며, 그 교육은 마치 전혀 연계성(連繫性)이 없는 단위로 나뉘어진 교과 내용을 교육하는 것과 같은 것이 되고 만다. 그 반면에, 잘 규정된 목표를 설정하였을 때에는 연관된 경험과 정신 생활의 통일성과 학생의 인격의 총체성이 성립된다. 그렇게 설정된 목표는 교사로 하여금 진리와 진리를, 행동과 행동을 일률적으로 연결시켜 예정된 목표점을 향하여 일사불란하게 전진하는 운동을 가능케 한다.

(3) 자료와 행동의 선택에 있어서 기초를 제공한다

적절한 목표는 더욱 좋은 형태의 자료들과 행위들과 선택을 가능하게 한다. 모든 형식을 갖춘 교육은 주제에 관계하며 이러한 주제에 연관된 학생의 경험을 자극하고 지도할 수 있는 방법에 관계한다. 전혀 목표가 없을 때에는 교사가 내용 및 그 내용에 대한 학생의 반응을 취택(取澤)할 수 있는 방편을 잃게 된다. 목표가 명확하지 않거나 한정되어 있지 않을 때에는 편견이나 학생의 요구 및 그 요구에 응하는 방법에 대해 불완전한 분석이 있다 하더라도 점검할 수가 없게 된다. 자료의 선택은 전적으로 무엇을 행할 것인가에 따라 결정된다. 오로지 올바른 목표가 명확하게 생각되어야만 올바른 자료의 선택이 가능하게 되는 것이다. 학생의 행동은 그 학생이 주어진 상황에서 행동한 결과, 다르게 나타날 수도 있는 개연적(蓋然的)인 상태를 고려함으로써만이 적절한 학습으로 연결되는 것이다.

(4) 측정의 바른 기준을 제공한다

설정된 목표는 과정의 측정을 합리적인 방법으로 할 수 있게 한다. 목표가 유지된 정도에 따라서만, 즉 어떤 표준의 관점에서만 평가를 할 수가 있는 법이다. 목표는 바람직한 행동이 얼마나 효율적으로 수행되었나를 결정하는 규준(規準)을 제공한다. 목표를 설정하고 있는 교사는 그가 어디로 가고 있는가를 모르고 그저 가고 있는 그러한 사람이 아니다. 그의 움직임은 그가 지닌 목적이나 의도에 따른 방향으로 행해지는 것이다. 그는 어떤 것에서 어떤 것으로 움직여 간다. 그러나 그는 그저 움직이는 것이 아니라 전진해 가는 것이다. 진보(進步)가 이루어졌는가의 여부를 확인하기 위하여서는 도달된 결과와 예견했던 결과를 비교해야만 한다. 명확한 목표 없이는, 측정의 기초가 전혀 성립되지 않는다. 뿐만 아니라 계속적인 진보가 결코 있을 수 없는 것이다. 올바른 목표야말로 합리적으로 측정하는데 있어서 가장 중요한 것이다.

(5) 학생들이 올바른 목표를 설정하도록 북돋워준다

교사의 편에서 올바른 목표를 설정하는 것은 학생이 자신의 목표를 설정하는데 도움을 준다. 그가 어디로 가고 있는지를 알지 못하는 교사는 분명히 학생에게 바로 그 동일한 장소에 갈 수 있게끔 하는 동기(動機)를 유발시키지 못한다. 침착하지 못한 교사는 덤벙대는 학생들을 만들어내게 된다. 만약에 교사가 자신이 학급에서 가르치고자 하는 것이 무엇인지를 알지 못한다면, 그 학급의 학생들은 무엇을 배워야만 하는가를 어떻게 알 수 있겠는가? 그리고 만약에 그 학생들이 그들에게 기대되는 것이 무엇인가를 알지 못한다면, 어떻게 그들이 규정된, 그리고 효율적인 성취를 이루는 방향으로 행동해갈 수 있겠는가? 목표가 올바르게 설정되었는가의 검토는 교사가 지닌 목표의 가치에 있는 것이 아니라 그 목표에 비추어 보아 학생의 개인적인 생활에서 성취된 결과의 적합한 정도에 달려 있는 것이다. 모든 교육의 가장 근본적인 원리들 중의 하나는 교사가 학생을 위해 올바른 동기 부여를 해야만 한다는 사실이다. 즉 교사는 학생을 지도하고 방향을 정해줌으로써 학생이 자신의 자발적인 행위를 위해 올바른 목표를 설정할 수 있게 하는 것이다. 교사가 자신의 목표를 확실하게 파악하는 정도가 크면 클수록, 학생은 자신의 학습 행위를 위한 명확하며 규정된 효율적인 목표를 더욱더 발전시켜 갈 것이다.

(6) 교사를 계속적으로 북돋워주어 활동적이도록 한다

올바른 목표는 일꾼에게 생기(生氣)를 준다. 고상하고 심원한 목표의 성취를 위해 행한 가장 열성적인 노력의 결과로 이루어진 성공보다 더 진정한 성공은 없으며 그만큼 긴박감을 가져다주는 성공도 결코 없다. 목적의식이 있는 자는 바라는 것과 성취된 것과의 간격이 성공적으로 메꾸어지기까지에는 계속적으로 부족함을 경험하기 마련이다. 목표는 합목적적(合目的的)인 행위의 단계를 설정해준다. 그렇기 때문에, 이 행위 단계가 완성되면 일하는 자는 잘 이루어진 성공에 대해 만족감을 느끼는 것이다. 부수적인 목표가 달성되고 총괄적인 목표의 성취를 위해서는 훨씬 더 많은 노력이 요구될 때에도 교사는 어려움과 낙담과 혼란에도 불구하고 그 최종적인 목표가 달성되기까지 계속 노력할 수 있도록 격려해주어야 하는 것이다. 등산가가 자기의 시선을 그가 정복하고자 하는 먼 정상(頂上)에 계속 고정시킬 때, 그는 장애가 되는 고도(高度)의 산등성이를 오를 수 있는 마음을 갖게 되는 것이다. 그와 같이 교사가 총괄적인 목표에 관심을 집중시켜 모든 과정과 포함되는 요소들뿐만 아니라 다른 모든 목표들을 그 총괄적인 목표에 부속시키는 것이 가능할 정도로 정신적으로나 시간적으로 그 목표에 대한 강조의 심도를 더할 때에, 그는 가장 큰 난관에 봉착하여서도 최종적인 성공의 면류관을 쓸 때까지 밀고나갈 수 있는 용기와 힘을 가지게 되는 것이다.

4. 그리스도인 교사의 총괄적인 목표

교육에 있어서 목표 설정의 본질과 필요성 및 그 기능에 대하여 이처럼 비교적 긴 논의를 한 결과 명백하게 드러난 사실이 있다. 그것은 바로, 교사는 목표의 달성이 완전하게 실현될 때까지 명확하며 잘 규정된 목표를 설정해야 하며, 또한 그 목표를 집요하게 견지해야만 한다는 사실이다. 그러면 그리스도인 교사는 당연히 이렇게 질문할 수가 있을 것이다. 즉 이 명확하고 잘 규정된 목표는 무엇으로 구성되는가 하는 질문이다.

(1) 목표의 발견에 사용되어온 원천

이 질문에 답하고자 할 때 불가피하게 일어나는 두번째 질문이 있는데 그것은 우리가 적절한 목표를 어디에서 구할 것인가 하는 질문이다. 목표 설정의 문제를 취급하는데 있어서 사람들은 다양한 많은 원천에 눈길을 돌렸다. 어떤 사람들은 철학으로 돌아가 논리적인 합리성과 사회적인 권리 및 의무에 관한 신중한 숙고를 바탕으로 목표를 설정하고자 했다. 어떤 사람들은 "현재의 모습에서 이루고자 하는 모습에로의 과정에 포함되어 있는 변화와 조건"이라는 관점하에서 심리학에서 그 해답을 찾으려고 하였다. 그리고 그 둘은 행복, 봉사, 도덕성, 완전한 생활, 자연적인 성숙, 지식, 훈육, 문화 등과 같은 목표를 강조했다. 어떤 사람들은 사회의 개선(改善)이 궁극적인 목표라고 말하기도 한다. 그런데 그들은 당면한 실제적인 문제를 더욱 고려함으로써 그 해결점을 모색하는 자들이다. 즉 삶의 조건 모두가 동의해야만 하는 관습 및 현재의 삶을 통하여 걸러내야만 하는 최대한의 이 필요성을 고려하여 그들의 목표를 확립하려 하는 것이다. 그리고 많은 개인적 및 사회적인 시도에 의하여 풍부해진 각성된 인격의 자율성(自律性)을 목표 설정의 가장 중요한 것으로 여기는 사람들도 있다.

(2) 목표에 관한 몇 가지 구체적인 진술

목표에 관한 모든 이러한 원천을 검토해본 지성적인 그리스도인 교사는 물론 그것들에서 가치있는 것들을 발견하기는 하나 동시에 적절하지 못하다는 것을 깨닫는다.[3] 그는 자기 나름대로의 탐색을 계속하면서 결국 목표에 관한 뛰어나면서도 구체적인 진술들을 발견하게 될 것이다. 헤르만 해럴 호온(Herman Harrell Horne) 박사는 말하기를, "목표는 모든 학생들이 바르게 행동하고 바르게 생각하고 그리고 바르게 느끼도록 하는 것인데 그 모든 것이 하나님 앞에서 바르게 그리스도 안에서 올바라야만 한다는 것이다"라고 한다. 딘 굳리치 화이트(Dean Goodrich C. White)는 목표는 세 가지 내용의 목적을 포함해야만 한다고 말한다. 즉,

① 학생에게 하나님의 뜻을 알게 하는 것
② 학생들이 예수 그리스도를 개인적인 구주로 영접하도록 하는 것
③ 그리스도인의 특성, 즉 예배, 정당한 생활, 효율적인 봉사를 통하여 표현되어질 그러한 기독교적 특성을 발전시키는 것 등이다.

카르낙(H. E. Carnack) 박사도 삼중적(三重的)인 목표를 말한다.
① 학생을 그리스도께로 인도하는 것
② 학생을 그리스도 안에서 양육하는 것
③ 학생을 그리스도를 위하여 일하도록 내보내는 것

교육을 "학생을 하나님의 말씀과 그리스도인이 알아야만 하는 일들 안에서 지도하는 것"이라고 정의하고 있는 테오도로 쉬마우크(Theodore E. Schmauk) 박사는 "교사의 임무는 하나님의 말씀을 명확하게 밝히며 변증하는 것이다"라고 하면서

---

3) G. S. Dobbins, *How to Teach Young People and Adults in the Sunday School* (Nashville: Sunday School Board of the Southern Baptist Convention, 1930), p. 77.

성경이 말하고 있는 정확한 지식이야말로 교사와 학생에게 있어서 가장 중요한 것이라는 중요한 사실을 강조하고 있다.[4]

(3) 성경은 목표에 관한 참된 원천이다

그리스도인 교사는 교육 목표에 관한 여러 가지 진술들의 가치를 인식하면서도 자신의 입장을 조심스럽게 지키면서 그 진술들이 말하는 바를 새긴다. 그리하여 그는 교육 목표가 성경의 연구 및 용도에 긴밀하게 연합되어 있어야 한다는 것이 아주 명법적(命法的)이라는 사실을 깨닫는다. 우리는 성경에서 어떠한 시험에도 타당함이 보증될 수 있는 그 유일한 목표를 발견할 수 있다. 모든 사람, 모든 부류의 사람들이 개인적이거나 사회적인 생활에서 생기는 모든 요구를 충족시켜줄 수 있는 일련의 목표를 설정하고자 할 때, 바로 성경에서 그러한 일이 가능한 것이다. "인간의 길은 자기 자신에 있는 것이 아니다." 인간이 고안한 것은 어떠한 것이든지 간에 인간 자신이나 타인에게 길을 제시하기에는 부족하다. 성경에 나타나 있는 진리만이 생활을 변형시키며 기독교적 인격을 양성하는 능력인 것이다. 그리스도인 교사의 교육 목표는 성경, 즉 인간의 상태와 욕구, 구원 및 운명에 관한 하나님의 계시에서 발견된다.

(4) 성경 지식이 총괄적인 목표는 아니다

"기독교 교육의 목표가 무엇인가?"라는 질문을 주일학교 교사들이나 다른 그리스도인 교사들에게 할 경우에 가장 흔하게 들을 수 있는 대답은 아마도 "성경을 가르치는 것"라는 대답일 것이다. 그러나 주된 업무는 그러한 것이 결코 그 목표 자체는 아니다. 그것은 항상 목표를 위한 방편일 뿐이다. 학생들은 그들이 성장하고 발전하기 위한 행동의 기반으로서 주된 제재(題材)를 사용한다. 그러므로 학생이 배운 것을 사용한 결과로서 나타난 그 학생이 상태는 학습된 지식의 내용보다 훨씬 중요하다. 심지어 성경 역시도 목표 성취를 위한 수단에 불과한 것이며, 그 자체로 목표는 결코 아니다. 그리스도인 교사의 가장 큰 목표는 단순히 성경을 가르치는

---

4) C. H. Benson, *A Guide for Pedagogy, a Student's Manual* (Chicago: The Evangelical Teacher Training Association), p. 17.

것이 아니라 성경을 가르침으로써 가르쳐진 그 성경 내용이 그가 가르친 사람들의 생활에 그 성경이 의도하는 효과를 나타내는 것이다. 지식이란 효율적인 방식으로 응용되고 사용될 수가 없는 이상 아무 가치가 없는 것이다. 성경이 말하고 있는 지식 자체가 그 지식을 소유한 자가 그 지식을 그의 생활과 요구에 적용할 것이라는 사실을 보증하지는 않는다. 그러므로 성경을 가르치는 것은 기독교 교육의 목표가 될 수 없는 것이다. 예수님 당시의 바리새인들은 성경을 잘 알았다. 과거 및 현재의 경건하지 못하며 불가지적이며 무신론적인 많은 사람들이 성경 내용에 대해서는 거장(巨匠)들이었던 것이다. 그리고 많은 주일학교 학생들도 성경을 많이 알고 있으면서도 그들의 생활에 결코 적용하지 못하고 있다.

(5) 온전한 하나님의 사람의 양성이 총괄적인 목표이다

그리스도인 교사는 그리스도 예수 안에서 새로운 피조물이 된 사람이다. 그가 가장 열중해 있는 목표는 바로 하나님을 영화롭게 하는 일이다. 또한 그것은 바로 그의 인생관에 있어서 목표가 된다. 그의 가르침과 그가 행하는 모든 일은 이 목표를 달성하기 위한 것들이다. 그에게 성경은 영감된 하나님의 말씀이다. 그리하여 그는 지적인 확신을 가지고서 성경에서 총괄적인 교육 목표를 찾고자 하는 것이다. 교사로서 그는 그리스도인의 총괄적인 목표, 즉 하나님을 영화롭게 하는 것에 부속되는 몇 가지 목표들을 지니고 있다. 그러나 교사로서 또한 그는 그러한 부속되는 목표들을 포괄할 수 있는 하나의 총괄적인 개념을 가지고 있기도 한 것이다. 이제까지 언급되어진 모든 진술들의 결과로서 남게 되는 실제적인 질문은 다른 모든 목표들이 부속적인 것으로서 그 안에 충분하게 포함될 수 있는 기독교 교육의 명확하고도 한정된 목표는 무엇인가 하는 것이다. 이 질문에 대한 올바른 답변은, 바로 기독교 교육의 총괄적인 목표가 "하나님의 사람으로 온전케 하며 모든 선한 일을 행하기에 온전케 하는"것이라는 대답이다(딤후 3:17). 기독교 교육은 모든 것을 하나님의 사람으로 온전하게 교육받은 자를 양성한다는 최종적이며 유일무이한 목표를 지향하고 있다.

5. 성경 이외의 총괄적인 목표

이러한 총괄적인 목표에 부속되는 많은 하위(下位)의 목표들이 있다. 또한 이러한 목표들을 성취함으로써 그 최종적이며 총괄적인 목표의 달성을 이룰 수도 있다. 그러나 이러한 총괄적인 목표와 보수적인 목표의 문제를 고찰하기 전에 이 총괄적인 목표를 다르게 표현된 목표들과 관련해서 검토하는 것과 우리 주님의 목표와 관련해서 검토해보는 것이 유용할 것이다. 오늘날의 다른 목표들과의 관계에 관해서는 무엇보다도 먼저 인간은 하나님의 피조물이며 그 자신에게서 존재의 목적을 결코 발견할 수 없다는 사실을 고려하는 것이 고무적(鼓舞的)일 것이다. 인간의 본성상 나타나는 최고의 이상(理想)이나 야망 및 그 성취는 하나님 안에서만 온전함을 발견한다. 그러므로 다른 원천에서 비롯된 모든 목표들은, 그것이 철학적인 것이든, 심리학적인 것이든, 교육적인 것이든, 사회적인 것이든, 윤리적인 것이든, 또는 그 어떠한 것이든지 간에 마찬가지로 나타나는 현상이 있다. 참되며 진실되며 온전한 사람이긴 하지만 역시 사람임에는 틀림없는 하나님의 온전한 사람을 깊이 생각하면서 그 목표들을 검토해볼 때에 다같이 부적당하다는 느낌을 준다는 사실이다. 그리고 인간인 이상에는 "교훈과 책망과 바르게 함과 의로 교육하기 위하여" 하나님의 말씀을 항상 필요로 하는 것이다. 바꾸어 말하면, 이 땅에 사는 사람인 한에 있어서는 절대적으로 온전함과 완전히 갖춘다는 궁극적이며 총괄적인 목표는 결코 실제적인 현실태(現實態)로 나타날 수가 없다는 것이다. 이러한 사실은 바로 인간은 항상 기독교 교육에 임할 필요가 있다는 말과 등가적(等價的)인 것이다.

6. 예수님의 총괄적인 목표

사복음서를 면밀하게 검토하여 드러난 예수님의 목표의 관점에서 이 총괄적인 목표를 고찰해보면 예수님의 목표가 이 총괄적인 목표 안에 포함되는 것을 알 수가 있다. 그의 교육 목표는 다음과 같다.[5]

(1) 예수님을 영접하는 모든 이들을 위한 하나님의 은혜롭고도 영광스러운 계획을 드러내는 것이다

그는 선언했다. "내가 온 것은 양으로 생명을 얻게 하고 더 풍성히 얻게 하려는 것이라"(요 10:10). "적은 무리여 무서워 말라 너희 아버지께서 그 나라를 너희에

---

5) Ibid, pp. 18-20.

게 주시기를 기뻐하시느니라"(눅 12:32). "내 아버지 집에 거할 곳이 많도다 그렇지 않았으면 너희에게 일렀으리라 내가 너희를 위하여 처소를 예비하러 가노니"(요 14:12).

그가 관심을 지녔던, 그리고 그가 가르쳤던 바로 그 생명은 일시적인 것이 아니라 영원한 것이었다. 그에게 있어서 문제가 된 것은 기독교적 인격의 성취에 있었던 것이 아니라 죽음에서 생명으로 옮기는 것이었다. 그는 결코 그의 제자들에게 세속적인 지식이나 문화, 또는 개인적인 발전에 있어서의 이익을 인식시키고자 하지 않았으며 항상 무시간적(無時間的)인 영원성을 그들의 뇌리에 심어주었다. 그리고 그 영원의 나라에 들어가기 위하여서 준비가 필요하다는 사실을 일깨워주었다. 그에게는 교육받는 것, 재능을 연마하는 것 그리고 세련되는 것 등이 문제가 아니었다. 새로운 피조물로 중생하여 다른 왕국에 들어가는 것이 그에게 문제가 되었던 것이다. 세속적인 인생은 그 모든 문제와 관심에도 불구하고 예수님께서 두 말할 것 없는 질문으로써 제시해주었던 아버지 하나님의 자기 자녀들에 대한 영원한 계획에 비교해보면 너무나도 중요하지 않을 것이었던 것이다. "사람이 만일 온 천하를 얻고도 제 목숨을 잃으면 무엇이 유익하리요 사람이 무엇을 주고 제 목숨을 바꾸겠느냐"(막 8:26, 37).

또한 예수님께서 관심을 가지고 가르쳤던 그 생명은 물질적(物質的)인 것이 아니라 영적(靈的)인 것이었다. 결코 그는 사회적인 개혁을 기도하지 않았다. 더 좋은 입법(立法)을 확립하지도 않았으며 더 나은 주택 환경을 이룰 것을 주창하지도 않았다. 그는 더욱 만족한 물질적 환경이라는 관점에서 노인들의 복지제도를 결코 주창하지도 않았다. 그는 그의 제자들이 사람들에게 전적인 영향력을 행사할 수 있는 세속적인 지위를 그들에게 부여하고자 한 적이 결코 없었다. 왜 그는 자연인(自然人)이 그토록 높게 평가하는 일들을 전혀 행하지 않았을까? 그것은 그의 강조점이 훨씬 더 중요한 일에 주어졌기 때문이다. 영혼은 육체에 비교해보면 비교할 수 없을 정도로 더 가치를 지니고 있다. 천국은 지상의 나라보다 훨씬 더 가치가 있다. 그는 그의 제자들에게 현재에도 미래에도 이 세상에서는 주리기도 하고 감옥에 갇히기도 하며 핍박과 처벌을 받기도 하며 급기야 순교하기도 한다는 사실을 말했다. 그는 그들에게 물질적인 안녕과 일시적인 만족을 약속한 적은 결코 없었다. 오히려 그는 하늘에서 받을 상을 기뻐하라고 권고하셨다(마 5:10~12).

(2) 예수님 자신을 인류의 구주로서, 언약된 메시야로서 그리고 오실 왕으로

서 받아들이는 적극적인 믿음을 주는 것이다

　하나님이 영생(永生)을 부여하는 것은 믿음으로 그의 독생자를 영접하는 것에 의존되어 있었다. 그는 인간들의 구원을 위해 죽기 위하여 세상에 왔다(요 3:16). 예수님은 이러한 진리를 그의 사역의 처음부터 끝까지 그의 가르침의 중심으로 삼았다. 그리하여 그는 그 진리를 고백하는 것 위에 자신의 교회를 세울 것이라고 베드로에게 말했다. 그의 가르침의 핵심은 바로 그 자신이었다. 그는 종종 자신이 세상에 와서 하고자 하는 일에 대해 언급했다. 모든 그의 가르침의 실제적인 요지(要旨)는 그에게로 와서 그를 배우고 그를 따르라는 초대 그것이었다. "수고하고 무거운 짐진 자들아 다 내게로 오라 내가 너희를 쉬게 하리라"(마 11:28)는 것은 비록 말로 나타내지는 않았지만 영적으로 종종 발화한 환영사였던 것이다. 그의 가르침에서 가장 일반적인 말은 "하나님의 나라"라는 어구였다. 그는 자신이 왕으로서 통치하는 그 나라가 어떠한 것인가를 설명하기 위하여 많은 비유를 행했던 것이다.

　이러한 그의 교육은 어떠한 것이었는가? 여러 선지자들이 예언하였으며 오랫동안 성도들이 갈구했던 바로 그 나라를 소개하며 그 나라를 도래(到來)케 하는 자는 바로 약속된 메시야이 오실 왕이라는 사실을 밝히는 것이었다. "그의 설교의 내용은 주로 하나님의 나라(하나님의 사랑하는 심정과 그를 믿는 생명들의 순종하는 의지로써 통치하는 나라), 그 나라의 백성의 특징, 천국에서 아버지와 나누는 사랑과 친교의 축복 및 내세의 영광된 전망 등의 개념을 설명하는 것이었다." 가장 비천한 자에서부터 가장 지체높은 자까지 그 모든 사람들이 그 나라에 초대되었다. 예수님은 애정에 찬 호소와 매력적인 태도로써 사람들을 설득하기를 헛된 부(富)와 화려한 환경 및 세속적인 만족의 환영(幻影)을 버리고 먼저 하나님의 나라와 그 의를 구하라고 했다. 그렇게 하면서 그는 자기 자신을 죄에서 해방시키는 구주로서, 그리고 생명의 주로 영접하는 모든 사람들은 너무나도 큰 영광을 얻을 것이라고 약속했다.

(3) 생기없고 무미건조한 신학적인 체계와 상반되는 기독교적 생활방식을 가르치는 것이다

　그의 산상설교는 그가 어떠한 것을 진정으로 가치있게 여겼는가를 힘주어 나타낸 대표적인 예이다. 그의 가르침에는 사소한 진술이라곤 일절 찾아볼 수가 없다.

단순히 사상(思想)을 반복하는 대신에 그는 성경을 활력을 불어넣는 권세로써 상술(詳述)한다. 의식(儀式)을 설명하는 대신에 성경에 나타나 있는 참다운 하나님을 제시한다. 또한 생기없는 지도자들의 미신적인 행사 대신에 생명과 능력의 근원이신 하나님을 그의 청중들에게 제시해주신다. 기독교는 생명의 길을 우리에게 제시해준다. 사랑의 아버지인 하나님은 아주 현재적이며 실제적인 존재이시다. "사람들이 그의 가르침에 놀라더라"는 사실은 거의 놀랄 바가 못되는 것이다.

(4) 그의 제자들을 그 자신의 증인이 되도록 준비하시며 훈련하신다

예수님은 자주 그를 영접한 사람들에게 그들이 받은 복음을 다른 사람들에게 가서 증거하라고 명령하였다. 그러나 모든 제자들 중에서 열두 사람을 선택하여 그들의 일상적인 생활을 포기하고 계속하여 그와 같이 지내도록 했다. 그는 이 열두 사람을 소위 그의 동역자(同役者)들로 임명했던 것이다. 그는 최초로 그들을 자신과 아주 가까이 있게 하면서 훈련시킨 뒤에 그가 감독하는 가운데서 그들이 다른 사람들에게 가서 가르치고 복음을 전하게 하였다. 그리하여 그렇게 하지 않았다면 결코 예수님의 가르침을 접할 수 없었음을 많은 사람들이 예수님의 가르침을 접하게 된 것이었다. "그는 가장 애정에 넘치는 인내로써 그들의 세속적인 바램이나 자신의 의도를 너무나도 이해하지 못하는 것을 참으면서 그들을 교육시켰다." 그는 엄청난 대부분의 추종자들과 일반인들이 받을 수 없었던 교육을 그들에게 시켰다. 그리하여 그는 자신이 떠나간 뒤에 그의 사역을 그들이 수행할 수 있게끔 예비하였던 것이다.[6]

① 목표 성취를 위한 확고한 헌신
대스승이신 예수님께서 어느 정도로 확고하게 자신의 목표에 집착했는가를 파악하는 것은 그리스도인 교사들에게 용기와 훈계의 근원이 될 것이다. 어떠한 유혹이나 어떠한 협박 및 어떠한 호소도 그를 잠시라도 포기하게 하기에는 부족했다. 사람들이 그를 왕으로 삼고자 하였을 때, 그는 그들에게 하나님의 일이란 "그가 보내신 자를 믿는 것"이라는 사실과 따라서 세속적인 가치를 중히 여겨서는 안된다는

---

6) James Stalker, *The Life of Jesus Christ* (New York: American Tract Society, 1909), pp. 77ff.

것을 가르쳤다. 유대인들이 그를 죽이고자 위협하였을 때, 그는 말하기를 "나는 스스로 온 자가 아니며 나를 보내신 이가 참되도다 너희들은 그를 알지 못하나 나는 그를 아노니 그것은 내가 그에게서 왔으며 그가 나를 보내심이라"고 했다. 청중 중의 한 사람이 나아와 자신의 권리를 말하면서 유산(遺産)의 분배를 심판해달라고 요청했을 때, 예수님께서는 사람의 생명이 지상의 것들을 소유하는 데 있지 않다는 사실을 알게 된 어리석은 부자의 이야기를 들려주었다. 값비싼 향유를 돈으로 바꾸어 가난한 자들에게 나누어주지 않고 예수님 자신을 기름바르는 데 사용한 사실을 비판하는 것에 답변하기를 그렇게 기름을 바르는 행위는 그를 믿는다는 증거이며 그를 인류의 구주라는 것을 믿는다는 증거가 된다고 함으로써 그 행위를 인정하셨다. 그가 마지막으로 예루살렘에 들어갈 때에 그를 따르는 자들이 그를 왕으로서 환영하였다. 그러자 어떤 사람들이 예수님께서 그들을 나무라기를 요구하였다.

이에 대해 그리스도께서는 만약에 사람들이 조용하면 돌들이라도 자신의 권위를 증거하기 위하여 소리쳤을 것이라고 언명했다. 그가 부활하신 후에 이제 그가 자신의 메시야적 왕국을 세울 때가 성숙되었다고 여겨지고 있을 때, 하나님의 계획은 제자들이 그의 증인이 되어 땅 끝까지 나아가는 것이라는 사실을 반복하여 말하였다.

7. 총괄적인 목표에 부속되는 목표들

우리 주께서 교육에 있어서 어느 정도로 위대한 목표들을 가지고 계셨으며 그 목표들을 어느 정도로 집요하게 견지하셨는가를 고찰하였다. 따라서 이제 그러한 목표들을 그리스도인 교사의 총괄적인 목표에 적용하는 것이 당연한 일이겠다. 물론 예수님의 이러한 목표들은 기독교 교육의 총괄적인 목표에 부속되는 것이라고 여기는 것도 당연할 것이다. 왜냐하면 이러한 각각의 목표가 실현될 때의 그 실현 과정은 총괄적인 목표를 지향하여 구성되기 때문이다. "하나님의 사람으로 온전케 하며 모든 선한 일을 행하기에 온전케 하기" 위하여 그리스도인 교사는 다음과 같이 해야만 한다.

(1) 학생들이, 하나님이 그의 자녀들에 대해 가지고 계신 은혜롭고 영광된 목표를 이해하도록 해야만 한다

"하나님이 자기를 사랑하는 자들을 위하여 예비하신 모든 것은 눈으로 보지 못하고 귀로도 듣지 못하고 사람의 마음으로 생각지 못하였다"(고전 2:9). 성령의 인도하심과 도우심하에서 학생들의 눈을 열어보이지 않는 존재자의 꿈에도 생각하지 않았던 영광을 보게 한다는 것은 그리스도인 교사의 특권이다. 예수님께서 제자들에게 가르쳤던 더욱 풍요한 생활은 모든 그리스도인 교사의 진귀한 주제(主題)인 것이다. 하나님께서 무한한 지혜로써 과거에 드러내기에 적합하지 않다고 여기신 일들이나 천사들이 알고자 했던 그러한 일들이 주님의 가장 비천한 종에게 이제 나타날 수 있는 것이다. 헤아릴 수 없는 하나님의 방법들, 깊이를 알 수 없는 하나님의 전지(全知)하심의 풍요함 및 한 때 베일에 싸여 보존되었던 측량할 수 없는 하나님의 지혜 등이 그리스도인 교사에 의해 보여질 수 있고 이해될 수 있는 것이다. 그리스도인 교사에게 불멸(不滅)하는 한 영혼의 무한한 가치와 모든 하나님의 자녀에게 돌아갈 한없는 행복의 환상의 참된 모습을 하나님의 지혜로써 알게 될 때에, 그가 이제 그의 학생들에게 가르쳐야 할 것은 악의 길을 버리고 용서와 깨끗함을 얻고자 하나님께 돌아오는, 죄로 저주받은 사람들을 위해 하나님께서 무엇을 준비하여 두고 계신가 하는 것이다.

(2) 모든 학생들이 개인적으로 예수 그리스도를 구세주와 하나님으로 영접하고 고백하도록 이끌어야만 한다

한 인간이 하나님의 영광스러운 섭리(攝理)와 하나님 보시기에 무가치한 자신의 모습을 보게 될 때, 그는 베드로가 예수님께 한 것과 같이 당연하게 "주여, 나를 떠나소서 나는 죄인이로서이다"라고 말하게 될 것이다. 학생이 하나님의 의로우심과 인간의 죄됨을 깨닫게 될 때, 바로 그때에 교사는 그리스도와 죄인이 의로우신 하나님의 의해 용납될 수 있도록 하기 위하여 행하신 그의 놀라운 구속(求贖)의 역사를 제시해줄 수 있다. 성령에 의하여 자신의 무력감을 확신하게 될 때, 그리스도의 온전함을 파악할 수가 있는 것이다. 그리스도인 교사가 이와 같은 진리들을 제시할 수 있을 때에 그는 하나님의 말씀 안에 나타나 있는 구원의 도(道)를 밝히는 것과 각각의 학생을 위하여 열심히 기도하는 것과 학생들이 그리스도를 개인적인 구주로 확실하게 영접하게 할 수 있는 현명하고 감동적인 방편을 찾는 일에 실패하지 않을 것이다. 그리스도를 구주로 영접하는 일은 자발적으로 그리고 능동적으로 결정되어야만 한다. 말하자면, 그러한 결정이 신중한 준비 기간의 완결시에 종종 일어나고 있는 것이 바람직한 것이다. 의도적인 자극이나 심한 압박의 방법은 그러한 결정을 하는 데에서 제외되어야만 하는 것이다.

그리스도를 구주로 영접하는 것은 첫 단계에 불과하다 할 것이다. 그리스도인 교사는 학생이 그리스도를 자신의 삶의 주님으로서 받아들여 그분 앞에 완전히 굴복할 때까지 그 학생을 계속적으로 인도해야만 할 것이다. 죄에게 구원받는 것과 죄의 세력에서 구원받는다는 것은 서로 다른 일이다. 기독교는 전자나 후자를 마찬가지로 중히 여기지만, 죄에 대한 형벌을 사해주신 그 분이 또한 그 죄 사함을 받은 자가 자기를 위해 죽으신 그분을 위해 자유롭게 삶을 헌신할 수 있게 하기 위하여 돌아가신 것도 사실이다. 그러므로 그리스도인 교사는 학생 개개인이 자기 자신, 즉 몸과 혼과 영 전체를 모든 이의 주님이심에 틀림이 없는 그분에게 바치게 할 때까지 만족해서는 안되는 것이다.

(3) 학생 개개인이 기독교적 생활을 영위하게끔 하나님의 세계 안에 확고히 서게 하고 그의 성장을 지도해야만 한다

학생이 그리스도에게로 인도된 다음에 필요한 기독교적인 교육이 학생이 그리스도인이 되기 전에 필요했던 기독교적 교육보다 훨씬 더 중요하다 하겠다. 왜냐하면 이제 그리스도인이 된 학생은 계속해서 성장하고 유지되어야만 하는 새로운 삶을 가지게 되었기 때문이다. 그는 그리스도 안에 있는 자신의 위치를 철저하게 그리고 정확하게 이해하고 그가 맺은 관계를 철저히 이해함으로써 기독교적인 삶을 성장시키고 발전시킬 필요가 있는 것이다. 성령의 목적과 역할을 잘 이해함으로써 그는 날마다 그리스도 안에서 승리의 생활을 영위할 수가 있다. 젊은 그리스도인을 건전하고 균형잡힌 기독교적 삶을 영위할 수 있게 하기 위해서는, 성경이 가르치는 전반적인 교훈과 건강한 기독교적 삶을 위한 성경의 규칙과 표준과 이러한 규칙과 표준에 어긋나지 않기 위한 준비 및 여러 시대들을 통하여 역사하는 하나님의 섭리의 이해 등이 긴요하다. 교회에서의 생활뿐만 아니라 정부(政府), 정치적 생활, 사회 문제 및 다른 종족에 관련한 그리스도인으로서의 사회적인 태도가 발전되어야만 하는 것이다. 참으로 진정한 의미에 있어서의 그리스도인 교사는 심령을 건지는 자로서 뿐만 아니라 "내 양을 먹이라"는 주님의 명령을 염두에 두어 바로 삶을 일구는 자가 되어야만 한다. 학생들은 성경의 교훈에 따라 양육될 때에만 영적으로 성장할 수 있는 것이다.

8. 영적 성장의 방편

영적 성장은 다음의 몇 가지를 통하여 드러나고 진전할 수 있다.

(1) 예배

그리스도인은 예배를 통하여 하나님의 가까이 하시는 실재하심을 경험하고 그분과의 친교를 깨닫는다. 예배는 하나님을 향한 심령의 태도를 발전시키며 동료들에 대한 태도를 성숙시킨다. 예배는 영적인 분위기를 형성해주며 그러한 영적인 분위기에 안정성을 부여한다. 예배는 위대한 삶의 결단들을 내릴 수 있는 환경을 조성해준다. 간단히 말하자면, 예배는 하나님께서 생활 속에 더욱 결정적으로 역사하실 수 있게끔 한다. 그러므로 교사의 핵심적인 임무는 학생의 헌신적인 생활을 일구는 것이다. 수업과 교회 예배는 다같이 존경심과 감사와 사랑과 신앙을 일구어주는 것을 목적으로 훈련시킬 수 있는 기회를 준다. 바람직한 훈련을 위한 기반으로서의 찬송과 예화의 여러 계층과 분야 및 여러 경우에 적합한 형태의 기도를 사용함으로써 교훈이 이루어져야만 한다. 효율적인 훈련은 학생이 예배할 수 있는 기회들을 가질 것을 요구한다. 예배와 기도에 참여하고 실제로 행하는 것이 이러한 경건한 행위를 성숙시키는 견인차(牽引車) 역할을 한다.

또한 교사는 날마다 행하는 경건한 독서와 개인 기도의 가치를 가르쳐 주어야만 한다. 학생 개개인은 교사의 자극과 지도 아래서 성경을 매일 읽는 습관과 하나님과의 교통(交通)을 이루는 습관을 형성해야만 한다. 이러한 습관을 형성할 때에 학생들은 성경을 경건한 목적으로 어떻게 읽으며 기도를 어떻게 효과적으로 할 것인가를 배워야만 한다. 예배의 테두리를 벗어나서도 영적인 문제는 고려된다. 그러므로 일상적인 경건한 습관을 강조해야만 하는 것이다. 확정된 서약(誓約)과 보존된 기록 및 상품 수여 등은 바람직한 결과를 얻는 데에는 거의 효용이 없지만 그러한 것을 사용함으로써 예배와 경건에 있어서의 영적인 성숙을 촉진시킬 수가 있는 것이다.

예배에 있어서 이러한 훈련은 예배 자체와는 별도로 주어져야만 한다. 그러므로 그러한 훈련을 행하는 것은 분명히 교회의 교육적인 업무에 속하는 것이다. 종교 생활에 있어서 가정이 차지하는 비중이 이전보다 훨씬 미약해졌기 때문에 기독교 훈련의 다른 많은 단계에서는 물론 이 예배의 단계에서 맡게 되는 그리스도인 교사의 짐은 훨씬 더 커졌다. 예배의 최선을 다하여 참여하는 일에 익숙해지고, 또한 감사하는 마음가짐이 날로 더해가고 있는가를 교사는 지켜보아야만 한다.

하나님의 말씀은 예배 지도를 위한 최선의 내용을 담고 있다. 심령, 형식들 및 기도의 원리는 성경 안에서 연구될 수가 있다. 주께서는 그의 제자들에게 기도에 있어서의 모범된 생활뿐만 아니라 바로 규정적(規定的)인 기도도 가르쳐주었다. 성경에는 기도에 관한 많은 진술들 뿐만 아니라 다른 여러 가지 성경적인 특징을 띤 기도들이 기록되어 있다. 특히 시편에는 경건의 행태를 지닌 가장 공감이 가는 표현들이 가득 포함되어 있다. 가장 아름답고 경건한 성경의 구절들은 연구되고 기억될 뿐만 아니라 이해되어야만 한다. 하나님의 말씀을 적절하게 가르치는 것은 바로 예배와 가장 강력한 연관을 지니고 있다. 반면에 참 예배를 드리는데 익숙한 심령은 그 바탕이 되는 하나님 말씀의 그러한 훈계 위에서 성숙할 수가 있는 것이다.

(2) 인격

그리스도인 교사의 항구적인 목표는 기독교적 인격의 양성, 즉 하나님의 사람으로 선한 일을 행하는 데에 온전케 하는 것이다. 가르쳐진 진리가 학생들의 마음과 일상 생활과 행동 안에 자리잡지 않은 이상, 교육은 헛된 것이다. "행함이 없는 믿음은 죽은 것이다." 학생들이 믿음을 소유하고 있다면 그 믿음이 있다는 증거는 확실할 것이다. 가르쳐진 진리가 학생들의 일상 생활과 맥락을 잇게 됨으로써 학생들이 "그저 듣는 자만이 아니라 말씀을 행하는 자"가 되도록 하는 것은 교사의 책임이다.

어쨌든, 만약에 기독교가 실천적(實踐的)인 종교가 아니라고 한다면 전혀 가치가 없는 것이다. 그러므로 학생들은 "열매없는 자가 되지 않게 하기 위하여 필요한 것을 예비하는 좋은 일에 힘쓰기를 배우는 것"이 필요한 것이다(딛 3:14). 대부분 그리스도인들은 다른 사람들을 대하는 방법에 의해 평가된다. 그러므로 그리스도인 교사는 학생들에게 다른 사람들을—그들이 그리스도인이건 비그리스도인이건 간에—어떻게 대하여야 하는가를 가르쳐주기 위해 힘써야 한다. 그러한 교육에 대해서는 완벽한 형태가 있다. 그것은 바로 주 예수 자신이시다. 성경에는 어떻게 행해야 하며 무엇을 행치 말아야만 하는가에 대한 많은 모범적인 인물들이 나타난다. 그리고 명령과 권고(勸告)로써 많은 것을 보여주고 있다. 한 사람의 믿음이 그의 행위에 의해 일관(一貫)되게 확립될 때까지는 거의 증거로서의 가치가 없다. 왜냐하면 세상에서는 변덕은 바로 불성실(不誠實)로써 드러나기 마련이기 때문이다. 만약에 그리스도인들이 진리를 고백할 뿐만 아니라 소유한다면, 세상은 그들의 생활에서 그들이 진리를 소유하고 있다는 증거를 보게 될 것이다.

"한 가지 행위를 씨뿌리는 자는 한 가지 습관을 열매맺게 되며, 한 가지 습관을 씨뿌리는 자는 한 가지 인격을 열매맺게 된다." 기독교적인 습관은 기독교적인 훈계에서 비롯된다. 갖가지 암송과 교육 내용은 그리스도인 교사들이 기독교적 인격을 양성하는 토대가 된다. 만약에 학생들이 주의와 관심과 적절한 행동 및 정중함을 잘 습관화시키지 못하게 되면, 그들은 교사를 만날 때마다 기필코 무관심과 부주의와 잘못된 행동과 무례함을 드러내는 악습관을 지니게 될 것이다. 학교는 습관을 만들어내는 일종의 공장(工場)이다. 그리고 성경공부 시간에 학생들이 떠들고 말을 잘 듣지 아니하고 예의가 없을 뿐만 아니라 불손하도록 내버려둔다면 오히려 그 학생들에게 해가 될 것이다. 생활의 모든 행동은 좋던 나쁘던 어떤 습관을 형성하는 기초가 된다. 그리고 인격이란 습관의 다발 이외의 아무것도 아닌 것이다. 교사는 학습 내의 모든 사항이 학생들에게 나쁜 습관을 형성하게 하지 않고 올바른 습관을 형성할 수 있게 하는지의 여부를 점검하는 것이 그의 의무이며 책임이다.

(3) 봉사

성장하는 그리스도인은 그의 주님을 봉사하고자 하는 열의와 준비를 항상 갖추고 있는 적극적인 그리스도인이다. 그러한 그리스도인은 먼 미래의 봉사망을 너무 그리다가 주어진 현재의 기회를 놓치는 그러한 자가 아니다. 학생이 기독교적인 인격을 온전하게 이루고 선한 일을 쌓음으로써 효과적인 봉사에 대비하도록 지도하고 가르치는 것은 교사의 특권이며 의무이다. 그러므로써 교사는 학생의 행위가 봉사로 연결될 수 있는 기회를 학생에게 주어야 한다는 확장된 책임을 지게 되는 것이다. 그러한 기회는 가정에서, 학교에서, 교회에서 그리고 생활의 어떠한 현장에서든지 발견될 수 있는 것이다. 학생이 교회의 일원이 되면, 그는 이러한 기구(機構)들에서 주어지는 많은 봉사의 기회들을 선용할 수 있어야만 한다. 잘 조직된 주일학교는 많은 사람들을 사무원이나 교사 및 보조 교사로서 쓸 수 있다. 젊은이들로 구성된 단체는 아주 적극적인 봉사를 할 수 있는 광범한 영역을 담당할 수 있다. 전도지 보급, 교도소에서의 일, 환자 방문, 선교집회, 병원 및 가두 캠페인 등은 많은 교회에서 실행하고 있으며, 적극적인 봉사를 위한 많은 기회를 제공하는 활동 형태이다. 교회가 봉사의 기회를 포착하기만 하면 모든 사람들이 무엇인가를 할 수 있는 것이다.

봉사 훈련은 시간과 힘을 제공하는 것뿐만 아니라 돈을 제공하는 것도 포함해야만 한다. 모든 그리스도인은 즐거운 마음으로 자유롭게 그리고 체계적으로 주님께 드려야만 한다. 주님은 바로 우리를 위해 자기 자신을 주셨던 것이다. 일찍이 주는 습관을 익힌 그리스도인은 행복하다. 그리고 그러한 습관을 형성하도록 가르치고 지도한 교사의 봉사는 위대한 것이다.

다른 사람들을 그리스도께로 인도하여 그와 접할 수 있도록 하려는 봉사의 이상(理想)이 전혀 없는 그리스도인은 쉽게 "정체"(停滯)되며 하나님의 나라로 나아가는데 있어서 무거운 짐이 되기 쉽다. 하나님의 사람으로서 모든 선한 일을 행한다는 것은 세상 가운데서 다른 사람들에게 화해(和解)의 메시지를 전해야 한다고 하는 이념(理念)을 본질적으로 지니고 있다. 그러므로 그리스도인 교사는 그리스도의 가르침과 구원받지 못한 자에게 필요한 것과 아울러 믿는 자가 주님께 사랑과 감사의 빚을 지고 있다는 사실을 밝힘으로써 잃은 자들을 찾으시어 구하시는 하나님의 사랑에 학생이 사로잡힐 수 있도록 해야만 한다. 그리스도를 알려야 하는 책임이 모든 신자들에게 있다. 모든 그리스도인 그리스도를 모르는 자들에게 보냄받은 사자(使者)들이며 이러한 사실은 모든 그리스도인의 일상적인 만남에서 발견된다.

기독교 교육 원리

제4장 그리스도인 교사

　아주 참된 의미에서 있어서, 신약성경은 모든 그리스도인들이 받은 복음의 교사들이 될 것을 기대하고 있다. 하나님의 계획에 따르면 구속의 은혜를 받은 사람은 그 영광스러운 이야기를 다른 사람에게 전해야만 한다. "그러므로 너희는 가서 모든 족속들을 가르치라"는 말씀은 우리 주님께서 모든 그리스도인들에게 내린 항구적인 명령이다. 그리고 더 확대된 명령은 그리스도를 구주로 영접하도록 가르침을 받은 사람은 계속적인 교육을 받아 주께서 명하신 모든 일들을 지킬 수 있도록 하라는 것이다. 그러므로 교육은 위대하고 도전적이며 항구적인 과정으로써 그리스도 교회의 모든 교인들이 그 능력에 따라 필요로 하는 것이다. 모든 그리스도인들은 그의 주님에 대한 개인적인 의무 관계를 지니고 있다. 그것은 다름이 아니라 복음을 가르치는 의무이다. 그리고 하나님은 그 가르치는 방법을 보여주셨다. 따라서 그리스도인은 복음을 가르치되 하나님이 가르쳐 주시는 방법을 찾아 그 방법들을 기꺼이 사용하여 복음을 가르쳐야 하는 의무를 지니고 있는 것이다. 그리스도인이 된다는 것은 곧 그리스도인 교사가 됨을 의미한다. 사람이 깨끗함을 받았을 때에 주께서 행하신 일을 집에 돌아가서 친구들에게 말하고 보여주는 것은 피치 못할 의무이다.[1]

---

1) E. M. Fergusson, *Teaching Christianity* (New York: Fleming H. Revell Co., 1929), p. 31.

1. 교육이란 무엇인가?

그러나 가르친다는 것은 무엇인가? "그리스도인 교사"라는 표현은 정작 무엇을 의미하는가? 트럼블(Trumbull) 박사는 말한다. "참 교사가 되지 않고서도 '교사' 라고 불리어질 수 있는 것은 명백한 사실이다." 그는 계속해서 교육 당국에 의하여 교사직에 임명되었다고 해서 그 자신이 교사가 되는 것은 아니라고 말한다. "서류에 의해 '교사'를 만드는 것이 사실상 교사를 만드는 것도 아니다."[2] 바꾸어 말하면, 교사라고 불리는 것과 교사가 만드는 것은 너무나 별개의 것이라는 사실이다. 교사라고 불리는 것과 교사가 되는 것은 너무나 별개의 것이 무엇이며, "가르치다"는 용어를 명확하게 이해하다는 것이 쉽지 않다는 사실을 아는 것이 우선 필요하다. 사전적(辭典的)인 정의(定義)들은 애매하고 흡족하지 못하다. 전문적인 논문들은 그 의미가 이해된다는 가정하에 아주 일반적으로 그 용어를 사용하는 것을 그 특징이라고 꼬집을 수가 있을 정도이다.

기껏 좋은 사전적 정의라 하더라도 아마 "연관된 지성을 주는 것" 정도에 불과할 것이다. 야시톳(Jacetot)은 "가르치는 것은 배우게끔 하는 것이다"라고 말했다. 이러한 진술은 "교육"이란 학습을 자극하고 이끌고 북돋우는 것이라고 정의하는 최근의 경향과 조화를 이루고 있는 것이다. 그러므로 가르치는 것은 배우는 것이며 어떠한 가르침도 무엇인가가 학습됨이 없이는 있을 수 없다는 것이 사실인 것처럼 여겨진다. "학습자에 의해 이루어지는 배움이 없이는 교사에 의한 가르침도 결코 있을 수 없다." "학습자의 배움과 교사의 가르침은 동시에 성립하는 것이다." 이러한 진술에 따르자면, 교사란 학생들이 그에게서, 그를 통하여, 그와 함께 배우는 사람이라는 결론이 도출된다. 특히 그에게서, 그를 통하여, 그와 함께라는 세 가지 문구가 가장 좋은 표현이라 하겠다. 왜냐하면, 나중에 고찰하게 되겠지만 참다운 교사는 그의 학생들과 함께 항상 배우는 태도를 가지기 때문이다.

2. 그리스도인이란 무엇인가?

이제 "그리스도인"이라는 낱말이 뜻하는 바가 무엇인가를 고찰한 순서이다. 왜

---

[2] H. C. Trumbull, *Teaching and Teachers* (Philadelphia: John D. Wattles and Co., 1897), p. 7.

냐하면, 너무나 명백한 사실은 그리스도인 교사가 되기 위해서는 교사이자 동시에 그리스도인(또는 기독교적)이어야만 하기 때문이다. 이 용어를 객관적인 방식으로 정의하기는 쉽지 않지만, 그리스도인은 그리스도를 따르는 자라는 고찰과 함께 출발하는 것이 당연한 듯하다. 그리고 행위와 진리에 있어서 그리스도를 따르는 자가 되기 위해서는 한 사람의 죄인으로서 그리스도를 만났어야만 하며 그에 의한 죄의 사유(私有)함을 받아야 하며 사망에서 영생으로 옮기워야만 한다. 범죄와 죄악에서 죽어 가고 있는 자연인(自然人)은 비록 그가 자율적인 방식으로 그리스도를 한 사람의 본받을 자로 알고 따른다 하더라도 진정으로 그리스도인으로서 그리스도를 따를 수는 없는 것이다. 그리스도는 인간들의 구주이시며 따라서 그리스도를 따르는 자는 이미 구원받은 자인 것이다. "교사"의 경우와 마찬가지로 "그리스도인"이라는 용어의 경우에 있어서도 누군가가 또는 개인적으로 그는 그리스도인이라고 말한다고 해서 그 사실이 그리스도인이라고 불리운 그 사람을 그리스도인으로 만드는 것은 아니다. 그리스도인이라고 불리우는 것과 그리스도인이 되는 것은 전혀 별개의 문제인 것이다. 요약해서 말하자면 그리스도인이란 그리스도를 개인적인 구주로 만나고 영접하며 그 은총의 경험의 결과로서 그리스도를 따르는 자라고 할 수 있겠다.

3. 그리스도인 교사

그러므로 그리스도인 교사는 다음과 같이 정의될 수 있겠다. 즉, 그리스도인 교사란 구주이신 그리스도의 속죄의 공로를 믿는 믿음으로 하나님과의 개인적인 관계를 경험한 자로서 다른 사람들에게 새롭거나 묵은 것들을 전하되 그가 보고 들은 일들을 말할 때에 그 사실을 그 다른 사람들이 부정할 수 없는 방법으로 전하는 사람이라 할 수 있다. 그가 직접 체험한 것이기 때문에 그의 삶에 있어서 진실되며 중심이 되는 바로 그것을 다른 사람에게 나누어 주는 것이다. 가장 경건하게 말하자면, 그리스도인 교사가 전하는 말은 예수님의 말씀을 듣는 자가 그랬던 것처럼 듣는 이를 놀라게 할 수 있을 정도로 권위를 가져야만 한다고 하겠다. 진정으로 기독교적인 교육은 개인적인 체험의 권위와 아울러 주어지고 학생들이 그 가르치는 내용이나 가르치는 자들을 어떻게 여기든지 간에 학생들에 의해 그러한 권위의 방식으로 받아들여져야 한다.

4. 교육은 생활과의 문제이다

　교육이 서적, 수업, 학급 및 학교와 맺고 있는 관계는 너무나 인위적(人爲的)이다. 교육은 책에서 배우는 그 무엇으로 성립되는 것이 아니다. 교육은 전적으로 배우는 학생이 행한 그 무엇에 의해 성립되는 것이다. 또한 학급에서의 일들과는 동떨어진 것으로서 가르치는 자가 학생들이 자신의 생활에서 생겨나는 어떤 결과를 체험할 수 있게 하는 실제적인 행위에 종사하는 것을 의미한다. 교육은 생활의 어떠한 곳에서도 필수적인 것이다. 가정에서의 부모들, 상점에서의 상인, 가게에서의 점원, 사무실에서의 사업가, 공장에서의 기술자, 연구소에서의 전문가 등 일정한 표준에 따른 일의 수행을 요구하며 동시에 한 사람 이상의 일꾼을 필요로 하는 일에 종사하는 사람이라면 누구든지 교육이 필수적인 것임을 알게 된다. 그리고 진정한 교육이 이루어지는 정도는 가르치는 자의 일차적인 관심이 배우는 자가 사실을 설명할 수 있는 관점에서 보아 무엇을 알고 있느냐는 것에 있지 않고, 학생의 요구와 문제가 무엇인가, 그리고 그러한 요구와 문제와 관련해서 그 학생을 위해 해줄 수 있는 것이 무엇인가 그리고 교육 목표에 비추어 보아 학생이 변화하도록 도와준 것이 어느 정도의 가치가 있느냐 하는 등에 달려 있다. 단적으로 말해서 참된 교육은 항상 가르침을 받은 학습자에게 바람직한 변화를 어떻게 일으키느냐에 관심을 두고 있다 하겠다.
　일반적으로 사람들의 생각과 정신 상태를 보면, 일반인들은 물론 교육자들마저도 교육은 학교 사회의 형식적인 일에 달려 있다라는 폭좁은 학문적 견해에 영향을 받고 있다. 그런데 사실상 학교 사회의 일들은 너무나도 자주 학생들의 욕구를 충족시키지 못하고 있는 것이다. 교육 과정을 생각하기 위해서는, 어떠한 필요를 느끼는가, 어떠한 상황에 직면하고 있는가 그리고 학습자의 성숙을 위하여 함께 할 수 있는 체험은 어떠한 것이 좋은가 등을 생각해보아야만 한다.
　기독교 교육에 의할 것 같으면, 생활이란 상황의 연속이며 모든 상황은 그때 그때 새로운 교육과 새로운 학습이 이루어질 수 있는 기회를 제공한다. 그러므로 그리스도인은 자기가 교회나 세상이나 고향이나 외지(外地)나 가정이나 들이나 학교나 공장이나 병원이나 감옥이나 어디에 있든지 간에 다른 사람들과 접촉할 수 있는 곳이면 어디에서든지 그는 예수 그리스도에 관한 교사가 될 수 있는 것이다. 그리스도인에게는 접근할 수 있는 다른 사람이 존재하는 이상, 항상 일할 기회가 끊이지 않는 것이다.

(1) 예수님은 계속적으로 가르치셨다

우리 주님의 지상에서의 생활은 그러한 계속적인 가르침으로 특징된다. 그의 지상에서의 사역을 가장 생생하고도 정확하게 기술하고 있는 문장은 이렇게 이야기하고 있다. 그는 온 지경을 돌아다니면서 개인적으로 또는 집단적으로 사람들을 가르쳤다. 그는 사람들과 접촉할 수만 있다면 어디서든지 어느 때든지 간에 하나님의 나라에 관한 일들을 가르쳤던 것이다. 그의 가르침에 감명받은 한 바리새인이 밤중에 그를 방문하지 않았던가? 그는 그 바리새인에게 새로 태어나는 것이 필요함을 가르쳤다. 그가 우물가에서 죄많은 여인을 만나지 않았던가? 그는 그녀에게 거룩한 하나님을 참으로 경배할 수 있는 요소들이 어떠한 것인가를 가르쳤다. 그의 제자들이 그가 음식이 필요하다고 느끼지 않았던가? 그때 그는 그 제자들에게 하나님께 봉사하기 위하여 헌신한 삶이 주는 참다운 만족감에 대하여 가르쳐주었다. 절름발이에게 행한 기적을 비난했을 때, 그는 혹평하는 그 유대인들에게 그들이 비난하고 있는 자기 자신을 통하여 사랑하시는 하늘에 계신 자비하신 아버지의 사랑을 가르쳤다. 군중들이 배고플 때, 그는 그들에게 먹을 빵을 주면서 그들의 영혼을 먹이기 위하여 하늘에서 내려온 생명의 떡을 가르쳤다. 어디서든지 어느 때든지, 그는 그의 아버지의 일에 연관되었다. 모든 사회적인 사건, 모든 일시적인 일, 표명되었거나 표명 안된 모든 요구를 및 모든 생활의 체험들을 통해 그는 기독교 생활의 진리를 사람들에게 전할 수 있는 기회를 포착했던 것이다.

5. 교회 학교에서의 그리스도인 교사

모든 그리스도인들이 복음을 드러내는 여러 가지 일이나 그 복음 내용을 받은 자들의 믿음을 양육시키는 일에 있어서 어떤 방식으로든지 모두 다 교사가 된다고 말하는 것은 타당하다. 그러나 여기에서의 관심은 다소 더 구체적이며 실제적인 의미에 있어서의 교육과 교사들인 것이다. 에베소서 3장에 기록되어 있는 바울의 진술로부터 부활하신 그리스도께서 특별한 교육의 직무를 위하여 따로 몇몇 그리스도인들을 부르신다는 사실을 알게 된다. 본 논제(論題)가 특별히 더욱 관심을 가지고 있는 것이 바로 그러한 사실이다. 그러므로 그리스도인이 주일학교 교사나 주말 성경학교 교사나 방학 수련회 교사 및 어떠한 다른 형태의 기독교적인 봉사에서의 교사가 되려면 어떠해야만 하는가를 검토해야 할 것이다. 기독교적인 봉사에서 특별한 역할을 맡은 사람이라고 해서 보통 그리스도인보다 두드러진 특성이나 인격 및 생활이 더욱 많이 요구되는 것은 아니다. 다만 특별한 일을 맡았다는 책임감이 더 있는 것일 뿐이다. 그 일을 떠나서도 그는 기독교적인 인물로서의 자질을 드러낼 정도로 모범적으로 보여주어야만 한다.

6. 참 그리스도인 교사의 본질적인 특징

"그리스도인 교사는 어떠해야 하는가?"하는 질문에는 아주 간단하게 "그는 온전한 사람 및 온전한 그리스도인이어야 한다"라고 대답할 수 있을 것이다. 그러한 유한한 인간에게는 온전한 사람됨이나 온전한 그리스도인이 되는데 있어서 항상 부족할 수밖에 없으므로 그러한 대답은 아주 만족할 만한 것은 못된다. 더군다나, 온전함은 어떻게 성립하는가 하는 질문을 연이어 할 수 있는 것이다. 그래서 인간적인 온전함이나 기독교적인 온전함에 대해 기술해보고자 하는 것이 위험하긴 하지만, 그러한 몇 가지 생각들은 그리스도인 교사가 지녀야 할 특징들에 관하여 계속 생각해나가는데 기초로서 작용할 수 있을 것이다.

(1) 지도자로서의 특징

교사는 가르치는 것 외에 그보다 훨씬 더 많은 일을 해야만 한다. 사실상, 가르친다는 것이 항상 교사의 가장 중요한 일은 아니다. 교사라는 직분이 의미하는 것은 교사가 말하는 것보다 훨씬 더 많은 것을 담고 있다. "당신이 말하는 것은 내 귀에 너무나도 큰 소리로 계속 윙윙거리기 때문에 당신이 말하는 것이 무슨 말인지 알아들을 수가 없소"라는 진술은 그리스도인 교사에게 생생한 힘을 가지고서 적용된다. 교사의 인격이나 성경의 감동과 그의 생활의 영향이 학생들의 생활에 전달되어 베어들면, 그것은 그가 말한 것이나 그가 가르친 것의 효과가 영원히 사라지고 난 뒤에도 지울 수 없을 정도로 아주 강하게 학생들에게 남게 된다. 성경강의를 하는 것과 생활에 영향을 미친다는 것은 별개의 것이다. 어느 것 하나가 다른 어느 것 하나 없이도 이루어질 수 있으며 이상적인 그리스도인 교사는 둘 다를 한꺼번에 행한다. 그러나 전자가 행해지지 않을 때라 하더라도 후자는 이루어지는 것이다.

또한 다른 관점에서 보아 그리스도인 교사는 지도자이다. 가장 좋은 학급이란 혼자서는 누구라도 성취할 수 없는 일을 일단의 사람들이 그 일을 성취시키기 위하여 함께 일하는 학급이라 하겠다. 교육은 어떤 목표나 목적을 위하여 나아가는 협력하는 작업이다. 교사가 가르칠 때 학생들은 배운다. 학생들이 배우기 때문에 교사는 가르친다. 단체가 협력하여 일하는 곳이면 어디서든지 지도(指導)라는 것이 마련이다. 책임을 공동으로 맡아 단계에 따라 바꾸어가면서 지도하는 경우도 있을 수 있으나 일반적으로는 작업의 전 과정의 계획이나 현명한 수행을 위하여 필요한 성숙함이나 시작 및 경험을 구비한 어떤 한 사람이 요구된다.

효율적으로 일하는 교사는 때때로 수행자(修行者)나 협력자로서 협동정신과 보조하는 태도를 증명해보여야만 하기도 하나 일반적으로는 단체의 행위를 책임져야 할 것이다.[3] 교사는 연장자(年長者)이고 학생들은 연하(年下)인 것이 보통이다. 교사는 그가 이끄는 학생들에게 느끼게 하고자 하는 그 체험을 이미 가진 사람이다. 교사의 할 일이 단순히 사실이나 사상을 나누어 주는 것은 아니다. 교사는 이전에 그가 경험한 바대로 학생들을 지도하고 인도하며 자극을 주는 지도자인 것이다.

(2) 배우는 자로서의 특징

교육이라고 하는 협력적인 작업은 단체의 모든 구성원들이 다 함께 배운다는 것을 함의(含意)한다. 누군가는 다음과 같이 말했다. "교사가 학급에서 그가 가르치는 것 이상의 것을 배우지 못한다면 그 교사는 형편없는 교사이다." 이 말이 문자 그대로의 진실을 담고 있지 않는다 할지라도 중요한 진리를 포함하고 있다. 왜냐하면, 교사가 학급을 가르치는 것 이외의 아무것도 배우지 않는다면 가련한 교사이기 때문이다.

첫째로, 특별한 준비 없이는 누구라도 수업을 효과적으로 할 수가 없다. 수업 내용을 아무리 오랫동안 가르쳤다 하더라도 또는 아무리 많이 알고 있다 하더라도 그것은 사실인 것이다. 아니면 적어도 가르치기 위하여 특별한 준비를 한다면 그렇지 않은 경우보다 더욱 효과적으로 가르칠 수가 있다는 것은 사실이다. 그러므로 교사는 연구함으로써 배우는 것이다.

둘째로, 건전한 책임감을 지니고 있는 교사는 단순히 계속 이어지는 학년에게 일년의 교과 내용을 가르치는 것에만 만족하지 않는다. 오히려 계속적으로 책을 읽

---

3) N. L. Garrison, *The Technique and Administration of Teaching* (New York: American Book Company, 1933), p. 19.

고 연구하며 진리와 생활에 관한 더 넓은 이해를 함으로써 계속적으로 더 유능한 교사가 되고자 하는 것이다. 바울이 디모데에게 한 명령은 문자 그대로 참 그리스도인 교사의 실천적인 모범을 보여주고 있다. "네가 진리의 말씀을 옳게 분별하며 부끄러울 것이 없는 일꾼으로 인정된 자로 자신을 하나님 앞에 드리기를 힘쓰라"(딤후 2:15). 소명을 신중히 여기는 자에게 있어서 교사로서의 소명을 받는다는 것은 그가 학생들에게 가르치고자 하는 내용을 항상 더욱더 배우고자 노력해야 한다는 사실을 의미한다.

셋째로, 참된 교사는 그가 가르치는 학급에서 지식을 얻는다. 그의 학생들이 개인적으로 반응하는 것, 그들의 대답, 그들의 질문 및 그들의 해석은 수업 자료들의 의미를 더욱 넓게 이해하게 하며 더욱 깊게 통찰하게 한다. 심지어 아주 조그만 어린이의 우연한 지적에서 성숙한 어른이 이전에 결코 보지도, 이해하지도 못했던 진리의 모습을 얼마나 자주 발견하게 되는가! 신중한 교사는 가장 나이어린 학생들에게 조차도 많은 것을 배운다. 왜냐하면, 각각의 학급은 지나간 모든 학급의 학생들과는 다르게 자리를 인식하는 여러 개인들로 구성되어 있기 때문이다.

넷째로, 교사는 자신의 불충(不充)함을 느끼고 계속하여 개선하고자 하기 때문에 배우는 자이다. 자기가 알고 있는 것에 자족(自足)한다는 것은 진정으로 좋은 교사에게 분명코 찾아볼 수 없는 일종의 특성이다. 자신이 너무나 많이 알고 있다고 자부하는 것과는 거리가 먼 사람은 그가 알고 있는 것은 너무나 적다 할 정도로 아주 겸손하다 하겠다. 자신의 불충함을 느끼는 사람은 계속적으로 개선하고자 노력하면서 일해나간다. 소명에 대해 좋은 생각을 가지고 있는 그리스도인 교사라면 모든 가능한 자원(資源)에서부터 즉, 개인적인 연구, 연구하고 있거나 연구했던 사람들에게서 배우는 것, 학생들의 도움, 독서, 사색, 기도 등에서부터 그가 학생들의 마음에 심어주고자 부름을 받은 바로 그 사실과 진리에 대하여 더욱더 배우게 된다.

마지막으로, 효과적인 교육 행위 자체가 사람으로 하여금 배우지 않을 수 없게 하기에 교사는 배우는 자이다. 배우는 자의 태도로써 그리고 그 내용을 효과적으로 그리고 적절하게 다른 사람에게 전하고자 하는 책임감을 갖고서 어떤 내용을 연구한다면, 어느 누구도 아주 만족할 정도로 내용을 통달할 수는 없을 것이다. 책임감, 인간관계를 보고자 하는 노력, 어떻게 하면 이 사실 또는 진리를 가장 도움이 되게끔 제시할 것인가 하는 생각, 학생들이 각각 어떻게 반응할 것인가에 대한 고려, 진실로 가르치고자 하는 자가 연구할 때에 행해야만 하는 많은 여러 일 등은 교사에게 진리에 대한 조망(眺望), 높은 이상 및 깊이있는 파악 등을 가능케 한다. 교사가 된다는 것은 배우는 자가 됨을 의미하는 것이다.

(3) 성장하는 인격으로서의 특징

교사가 그리스도인으로서 어떠한가는 물론 한 사람으로서 어떠한가 하는 것은 교사의 교육 효과를 결정하는데 있어서 가장 큰 힘을 지니고 있다. 필립스 브룩스 (Phillips Brooks)는 기독교 교육에도 마찬가지로 적용될 수 있는 설교에 관한 진술을 하고 있다. "설교"라는 말 대신에 "교육"이라는 말을 바꾸어 쓰면 다음과 같다. "교육은 사람과 사람 사이의 진리의 소통(疏通)이다. 거기에는 두 가지 본질적인 요소, 즉 진리와 인격이 있다. 이 두 가지 중 어느 것도 빠뜨릴 수 없다. 그래야만 교육이 성립되는 것이다. … 진리는 그저 입술로만 표출(表出)되어서는 안되며 인격을 통하여 진실되게 표출되어야만 한다. … 진리는 성격과 호의와 지성 및 도덕 등을 통하여 전인격적으로 표출되어야만 한다. 지능(知能)과 연구를 등가적(等價的)으로 보면서도 하나님의 말씀을 가르치는 두 부류의 교사들의 큰 차이가 여기에 있다고 생각한다. 복음은 지능을 능가하는 것이다. … 복음은 연구를 통하여 드러난다."

교사의 성공에 연관되는 가장 중요한 단 한 가지 인간적 요소가 있다면 그것은 바로 자기 자신이다. 왜냐하면, "인격"이라고 하는 애매한 그것은 인간으로서의 됨됨이 이상의 것이 아니기 때문이다. 인격이란 용어는 인간됨에 있어서 다른 사람들에게 영향을 끼칠 수 있는 모든 요소들을 의미한다. 기독교 교육은 본질적으로 인격과 인격의 상호교류이며, 예수 그리스도에 의해 감동받아 변형된 인격을 갖춘 다른 사람을 통하여 어느 한 사람에게 하나님과 의로움에 대하여 영향을 끼치는 것이다. 그러므로 모든 기독교 교육에 있어서 필수불가결한 요소를 지적한다면 바로 인격인 것이다. 물론 이때의 인격은 그리스도가 소유했던 것이며 성령의 능력과 지시 하에 있는 것이며 아울러 그리스도를 닮은 모습으로 변형된 인격인 것이다. 지도역량, 학습 능력, 내용에 관한 지식, 장비 및 방법들은 교육에 있어서 본질적인 것들이다. 그러나 그것들은 가르침을 받은 자의 인격을 변형시킬 수 있도록 교사가 자신의 인격을 통하여 진리의 전달을 위한 방편으로 사용하지 않는 이상 아무 쓸모가 없는 것이다. 교사는 그가 말하는 것으로써 다소 가르칠 수는 있다. 그러나 그가 행하는 바로써 더 많은 것을 가르칠 수 있으며, 나아가서 자신의 모습으로써 가장 많은 것을 가르칠 수가 있는 것이다.

  교육의 승패(勝敗)를 가름함에 있어서 인격이 차지하는 중요한 위치를 깨달은 그리스도인 교사는 즉시 자신의 인격의 개선 문제에 관심을 가질 것이다. 강조된 바와 같이, 교사는 그가 도달하고자 애쓰는 개인적인 목표를 가지고 있다. 교사는 결정적인 체험을 통하여 주님을 만났다 하더라도 고양된 영적인 상태와 관계에서 느껴지는 우월적 힘의 영향하에 안주(安住)해 있는 자가 되어서는 안된다. 오히려 사도 바울이 그랬던 것처럼 "그리스도 예수 안에서 하나님의 높은 부르심의 상급을 위하여" 매진하는 자가 되어야 하는 것이다. 자신이 "이미 온전한" 자가 된 것이 아님을 알고서 "앞에 놓여 있는 것들을 획득하고자" 하며 그가 다른 사람들을 가르쳤을 때 어떻게든지 자기 자신을 "버림받은 자가 되지" 않도록 주의하는 것이다. 그러므로 가장 진지한 교사에게 일어나는 문제는 어떻게 나 자신을 개선할 수 있는가 하는 것이다.

  이 질문에 실제적인 답변을 얻기 위해서는 다른 세 가지 질문을 고찰할 필요가 있다. (1) 인격의 원천은 무엇인가? (2) 좋은 교육적 인격의 구성 요소는 무엇인가? (3) 이러한 요소들을 어떻게 자기의 것이 되게 할 것인가? 하는 세 가지 질문이 그것이다.

7. 인격의 원천

  많은 사람들은 인격이란 세상에 태어날 때, 아직 아무것도 행해진 것이 없을 때 이미 갖고 나오는 그 무엇이라고 생각한다. 태어날 때 그것을 가지는가 그렇지 아니한가 하는 것은 궁극적인 문제가 안된다. 물론 그러한 생각에도 일리는 있다. 왜냐하면 천부적인 것이 인격의 한 원천이며 인격적으로 타고난 것이 있다면 키를 더 할 수 없는 것만큼이나 더 할 수 있는 것이 아니기 때문이다. 모든 사람들은 신체와 정신에 있어서 많은 특징들을 지니고 있다. 왜냐하면, 사람은 어떤 가계(家系)에서 어떤 종족에서 태어났으며 일정한 성별에 속해 있기 때문이다. 그러나 타고난 것은 전체 인격에 있어 극히 일부분만을 차지할 뿐이다. 환경에 의해 다소간에 변형되지 않을 수 있는 타고난 특징이란 거의 없다. 사람이 타고난 것을 증가시킬 수는 없지만 생각과 올바른 노력에 의하여 타고난 것의 효과 자체를 현저하게 더할 수가 있는 것이다. 즉 가지고 있는 것을 발전시킬 수는 있다. 따라서 인격은 타고난 것이 자신에게 부여해주는 재능으로 할 수 있는 것에 크게 의존하는 것이다. 인격은 계속적으로 형성 과정에 놓여 있는 것이다. 인격은 키움에 따라 완숙해지는 것이며 개인이 겪게 되는 경험에 따라 변화되는 것이다.

그러므로 인격 개선의 첫걸음은 인격이 기본적으로는 타고나는 것이며 이어받는 것이긴 하지만 또한 획득되는 것이라는 사실을 지적(知的)으로 인식하는 것이다. 인격은 상당한 정도로 획득의 성질을 띤 것이며 개발과 개선에 달려 있다. 사람은 자기 자신을 사실 그대로 받아들여야만 한다. 말하자면, 자신의 장점과 약점들을 그것의 출처에 관계없이 고스란히 인정해야만 하는 것이다. 자기가 원래의 타고난 것에서부터 가지고 있는 경향이 무엇인가에 대하여 될 수 있는 한 구체적으로 발견하는 것이 좋다. 그리고 아주 어릴 때부터 지금 이 순간까지 자기의 성질이 주위의 영향을 받아 어떻게 변형되어 왔는가를 될 수 있는 한 잘 설명할 필요가 있다. 이러한 자기 연구를 할 때에는 초기에 받았던 영향을 가장 주의깊게 살펴야만 한다. 왜냐하면 이 시기에 깊게 받은 인상들은 원래 타고난 것이라는 믿음을 갖게 되기가 쉽기 때문이다. 기반이 되는 이러한 세심한 연구와 사려깊은 조사의 결과를 가지고 자기 수련과 강한 노력을 함으로써 인격의 개선이 가능한 것이다.

8. 좋은 교육적 인격의 구성 요소

이상적인 그리스도인 교사란 인간됨과 그리스도인됨에 있어서 마찬가지로 온전한 사람이라는 사실은 이미 언급한 바이다. 좋은 교육적 인격의 구성 요소는 무엇인가 하고 이모저모로 생각하는 데에는 바로 이러한 진술의 진리가 인상깊게 작용을 한다. 좋은 교육적 인격의 구성요소에 대한 완전한 목록을 작성한다는 것은 인간에게서 발견될 수 있는 모든 바람직한 성격을 열거하는 일이 될 것이다.

결코 매거(枚擧)된 것은 아니지만 추정적인 목록은 인격(Personality)이라는 단어 자체의 글자 형식에 맞추어 이루어질 수 있겠다.

P—인내(patience), 평화(peace), 감내(perseverance), 용모(personal appearance), 체격(physique), 공손(politeness), 자세(poise), 태도(posture), 실천력(practicalness), 신속성(promptness), 시간의식(punctuality), 순수성(purity), 목적(purpose).
E—열성(earnestness), 교육(education), 능률(efficiency), 참음(endurance), 힘(energy), 융통성(elasticity), 열정(enthusiasm).

R—신임성(reliability), 기략(resourcefulness), 존경(respect), 책임감(responsibility), 대응력(responsiveness), 공경(reverence).
S—희생(sacrifice), 학식(scholarship), 자기통속(self-control), 분별력(sense), 감성(sensibility), 섬세함(sensitivity), 침착(serenity), 봉사(service), 신실함(sincerity), 영성(spirituality), 힘(strength), 순종(surrender), 동정(sympathy).
O—객관성(objectivity), 개방성(openmindedness), 낙관(optimism).
N—단정함(neatness), 민감함(nerve), 품위(nobility), 요령(knack), 지식(knowledge).
A—정확성(accuracy), 행동(action), 성취(achievement), 응용성(adaptability), 진술(address), 주의력(alertness), 이타심(altruism), 야망(ambition), 붙임성(approachableness), 소질(aptness), 매력(attractiveness).
L—지도력(leadership), 자유(liberty), 자상함(little things), 사랑(love), 충성(loyalty).
I—생각(ideas), 이상(ideals), 사상력(imagination), 공평함(impatiality), 창의력(initiative), 통찰력(insight), 영감(inspiration), 지성(intelligence), 관심(interest), 직관(intuition).
T—재치(tact), 절제(temperance), 친절함(tenderness), 사상(thought), 시간과 금전과 힘의 절약(thrift), 관용(tolerance), 진실됨(truthfulness).
Y—최선을 다함(youself at your best).[4]

개선책을 더욱 명확하게 하기 위하여 인격의 서로 다른 단계들을 생각하는 것이 좋겠다.[5] 광범하게 말하자면, 많은 특질(特質)들을 구분하는 데에는 여섯 단계가 있다. ① 육체적 생활, ② 정신적 생활, ③ 기질(氣質), ④ 행동 또는 사회적 행위, ⑤ 성격, ⑥ 영적 생활 등이 그것이다. 전인격을 발전시킨다는 것은 분명히 각 단계의 것들을 다른 단계의 것들과의 조화로운 균형의 관계를 이루면서 발전시키는

---

4) W. E. Raffety, *The Smaller Sunday School Makes Good* (Philaelphia: The American Sunday School Union, 1927), p. 160.
5) G. S. Dobbins, *How to Teach Young People and Adults in the Sunday School* (Nashville: Sunday School Board of the Southern Baptist Convention, 1930), pp. 19-26.

것이다.

(1) 그리스도인 교사에게 가장 필요한 신체적인 특징과 형태는 무엇인가?

다음 몇 가지 대표적인 사항을 지적할 수 있겠는데 아마도 모두 다 동의할 성질의 것들이라 하겠다.

① 좋은 인간적 외모　　⑥ 육체적인 힘
② 육체적인 끈기　　　 ⑦ 좋은 자세와 태도
③ 건강　　　　　　　 ⑧ 육체적인 자제력
④ 풍부한 에너지　　　 ⑨ 올바른 습관
⑤ 육체적인 활기　　　 ⑩ 좋은 목소리

놀라울 정도로 좋은 육체적인 외모를 갖춘 교사는 행복하다. 좋은 체격을 갖춘 사람은 나중에 어떻게 될지언정 아주 처음에는 다른 사람들의 주의를 끌며 관심을 불러일으킨다. 그러므로 체격에 있어서 매력적인 교사는 다른 조건이 동일할 때 크게 효과를 더할 수 있는 이득을 한 몫 보고 시작하는 것이다. 이러한 것은 거의 개선이 불가능하다. 왜냐하면, 일반적으로 육체적인 외모에 관한 한 타고나기 때문이다. 키가 작은 사람은 작을 수밖에 없으며 체중이 많이 나가는 사람은 그럴 수밖에 없다. 그리고 체격적으로 빈약하고 가진 것이 없는 사람은 그것에 관해서 만큼은 어쩔 도리가 없는 것이 태반이다.

그러나 체격 때문에 오는 역효과는 옷맵시나 용모에 대해 구체적으로 관심을 가짐으로써 감소될 수 있다. 모든 교사들이 육체적으로 보아 완전한 남성상(男性像)이나 여성상(女性像)의 전형(典型)이 될 수는 없으나 매력적으로 옷을 입는다거나 맵시를 낼 수는 있는 것이다. 단정하지 못하거나 극단적인 의상은 초라하거나 너무나 단조로운 의상과 마찬가지로 피하는 것이 좋겠다. 모든 사람들은 자기뿐만 아니라 다른 사람들을 위하여 깨끗하고 좋은 옷맵시를 함으로써 합당한 존경심을 바탕으로 한 용모의 세밀한 부분까지라도 존중할 수 있는 합리적인 근거를 마련해줄 수 있는 것이다. 체격에 볼품이 없다고 하여 실망할 필요는 없다. 자기 용모에 관하여 적당한 관심을 가짐으로써 교사의 인격은 크게 그 효력을 더할 수 있는 것이다.

나아가서 육체적 생활에 있어서 또 다른 요소들을 개선함으로써 일반적으로 부족한 데서 오는 악영향을 현저하게 극복할 수가 있다. 모든 관점에서 보다 건전한 육체적인 건강은 교사의 업무에 가장 큰 중요성을 지니고 있다. 건강이 없이는 젊은이들과 함께 일하는 데에 필수적이라 할 수 있는 정신의 건강함을 유지할 수가 없다. 교사의 육체적인 조건에서 결함이 있을 때에는 형편없이 연약하여지고, 일에 대한 관심의 부족 및 교사와 학생들간의 애정의 부족과 같은 많은 문제가 생겨나게 된다. 육체적으로 양호하지 못한 교사가 정신 생활과 영적인 생활에서 최선을 다한다는 것은 너무나 어려운 일이다. 그리고 모든 교사는 구체적인 레크레이션의 프로그램을 따라 행하고 조심스러운 습관을 유지하면서 자신의 최상의 건강을 유지하기 위하여 계속적으로 노력함으로써 좋은 육체적인 건강을 증진시킬 수가 있는 것이다.

그러나 완전한 건강을 지녔다고 해서 교사가 열정과 힘과 활기를 다하여 일할 수 있는 것이 보장되지는 않는다. 건강과 힘 중에서 겉으로 나타나게 되는 것은 인격적인 영향이 미치는 것과 아주 관련이 많은 것들이다. 결코 미소마저 띠지 않는 사람의 무감각한 표정과 학생들의 느낌에 결코 동정의 반응을 보이지 않는 얼굴은 교육에는 불리하다. 학생들에게 무의식적인 동정적 반응을 불러일으키는 실제적인 것이든 비실제적인 것이든 피로한 기색을 보이는 것은 학습에 유익이 되지 않는다. 좋은 자세와 몸가짐은 모범을 보인다는 점에서도 중요하지만 육체적으로나 정신적으로도 자제를 하고 있다는 암시를 준다는 점에서 너무나도 중요한 것이다. "똑바른 자세와 주의깊은 움직임에서 나타나는 확실하고도 자신에 찬 육체적인 조절은 정신적인 힘과 신중함을 암시하며 그와 마찬가지로 꾸부정한 자세와 느릿하고 불확실한 움직임은 게으른 정신을 암시해준다. 갑작스럽고 신경질적이며 불필요한 움직임은 당황하거나 '경박한' 정신적 형태를 암시한다. 비록 그 암시가 잘못된 것이라 할지라도, 그 효과는 자못 실제적이다. 그러므로 건강을 최상으로 유지하는 것 외에 교사는 육체적인 표출을 최선으로 유지할 수 있도록 조심하는 세련됨을 자기 것으로 하여야만 한다. 이를 위하여 자신의 행동이 학생들에게 미치는 영향을 신중하게 관찰한 것을 바탕으로 계속적인 자기 점검을 하는 것이 개선의 기반이 될 것이다.

인격의 육체적인 형태 중 아주 중요한 또 하나의 요소는 교사의 목소리이다. 좋은 목소리는 주의와 연습을 통해서 크게 개선될 수 있는 여러 가지 자질들에서 비롯된다. 너무 높거나 너무 낮거나 목쉰 것 같거나 불분명하거나 귀에 거슬리거나 걸걸거리거나 헐떡거리거나 불평조이거나 개성이 없는 목소리는 심각한 방해가 된다. 교사의 목소리의 질은 학급의 정신 상태에 큰 영향력을 행사한다. 교사의 목소리는 그 질에 있어서 명랑하고 분명하며 깊이가 있고 명확해야만 한다. 많은 교사들이 너무 크게 말하거나 너무 낮게 말하거나 너무 빠르게 말하거나 또는 분명하게 발음하지 못하는 경우가 많다. 혀 짧은 목소리는 집중적인 노력에 의해 상당한 정도로 개선될 수 있다.

(2) 교육의 성공을 위해 중요한 정신적인 요소들은 무엇이 있는가?

많이 지적될 수 있겠으나 그 중에서 가장 중요한 것들을 열거하면 다음과 같다.

① 진정한 관심   ⑥ 배우고자 하는 학구적인 태도
② 정확한 지식   ⑦ 앞을 내다볼 수 있는 능력: 예견력
③ 명료한 사고   ⑧ 집중력
④ 건전한 판단   ⑨ 정신적인 신중함: 개방성
⑤ 결정력   ⑩ 구성적인 상상력

이미 강조한 바와 같이 배우는 자가 못되는 교사는 바람직하지 못하다. 그러므로 배우고자 하는 진정한 관심은 좋은 교사의 정신적 생활의 두드러진 특질이다. 알고자 하며 이해하고자 하는 노력은 좋은 서적이나 잡지 등을 읽는 것으로 나타난다. "엄격한 정신적 생활은 어쩌다가 신문을 읽거나 값싼 소설류를 열심히 읽는 것에 형성되지 않는다." 정신적으로 신중한 사람은 구체적인 계획에 따라 구체적인 목표를 가지고 독서하며 사색하고 비교하며 상상하며 질문한다. 진정으로 독서한다는 것은 저자의 사상을 파악하거나 심지어 저자와 함께 생각한다는 것보다 훨씬 더 많은 것을 포함한다. 진정으로 독서하는 사람은 저자의 생각을 넘어서서 자기 자신의 경험으로부터 더 많은 것을 참가시킨다. "하나님 나라에 관하여 배운" 교사는 단순히 그가 읽는 것을 다른 사람들에게 전달하는 것과는 관계없이 "자신의 보물 상자에서 새롭거나 묵은 것들을 보여 주는" 자인 것이다.

그렇게 볼 때, 정신적 생활의 개선을 위한 열쇠는 지적으로 계획하고 작성한 계획을 끈기있게 수행하는 것이다. 어떠한 독서를 해야만 하는가, 효율적으로 책을 읽는 방법은 무엇인가, 잘 생각하는 방법은 무엇인가, 결론의 건전함을 어느 정도로 신뢰할 수 있는가, 정확하게 결정을 한 것일까, 그리고 내린 결정을 얼마나 확

고하게 수행할 것인가 하는 등의 문제를 자문(自問)해보아야 한다. 이러한 질문에 대한 자신의 해답을 기반으로 삼아 정신생활의 구체적인 성장을 위한 계획을 세울 수가 있는 것이다. 그리고 그 계획을 수행해나갈 때 약점은 극복이 되며 강점은 더 강건해질 것이다. 이러한 여러 사항들을 항상 견지해 나가는 교사라면 상승되는 만족감 속에서 잘 행한 일에 대해 구체적인 보상을 받게 될 것이다.

(3) 교육적 인격에 영향을 미치는 기질 및 성향의 요소들은 어떠한가?

다음과 같이 대략 제시할 수 있을 것이다.

① 일반적인 좋은 건강　　　⑥ 유우머 감각, 열정
② 바람직한 활기, 기쁨 및 낙관　⑦ 자제, 평화, 주의력
③ 동정심, 친절, 사랑　　　⑧ 인정, 예의바름, 정중함
④ 인내, 관용, 객관적 타당성　⑨ 평정, 매력, 목적
⑤ 감수성, 감동, 침착　　　⑩ 의욕, 겸손, 의기양양함

기질은 인간의 감성적 자질의 총합을 일컫는다. 그것은 각 사람의 인간됨과 주위 환경 사이에 놓여 있는 것이다. 각 사람은 자신의 개인적인 기질을 통하여 자기를 둘러 싼 세계를 경험한다. 어떤 사람은 우울한 시각(視角)을 가질 수도 있고 또 어떤 사람은 쾌활하고 흥겨운 시각을 가질 수도 있다. 어떤 사람은 주어진 자극에 민감할 수도 있고 또 어떤 사람은 동일하거나 비슷한 자극을 받고서도 둔감할 수도 있다. 그 외 여러 가지 현상이 색다르게 나타날 수가 있다. 또한 다른 경우에 동일한 사람의 감정 상태를 보면 동일한 느낌에도 불구하고 다르게 반응하는 것을 알 수 있다.

육체적으로나 정신적으로 다같이 일반적인 좋은 건강 상태를 이룬다는 것은 올바른 성향과 기질을 위한 제1요소가 된다. 육체적 또는 정신 건강에 유해한 방식으로 작용하는 것은 아주 감정 생활을 방해하기 쉽고 나쁜 성향과 잘못된 종류의 기질을 형성하게 된다. 그러므로 기질상의 특징에서 최선을 다하고자 하는 사람은 자신의 육체적인 신체와 정신 생활의 건강을 위한 조건들을 잘 유의해야만 한다. 과식하거나 필요한 휴식을 취하지 않거나 걱정, 근심 및 정상에서 벗어난 모든 종류의 과도함은 건강한 정신적 및 육체적인 생활에서 금기(禁忌) 되어야만 할 것이다.

그러나 이 단계의 인격적인 개선은 부정적인 것보다 긍정적인 것의 강조를 훨씬 많이 요구한다. 쾌활한 정사, 즐거운 시각, 침착성, 사랑, 다정함, 동정심, 예의바름 등을 구체적으로 개발하는 것이 바람직하지 못한 성질들을 계속적으로 줄여나가고자 하는 것보다 훨씬 많은 것을 가져다줄 것이다. 그러나 우선 필요한 것은 자신의 좋은 가치뿐만 아니라 자신의 성향들을 받아들임으로써 자기 자신을 정직하게 대면(對面)하는 일이다. 그리고서 결점을 보면서 그 반대되는 성격을 발전시키는 일에 정신을 집중시켜야만 한다. 맡은 과업에 지적으로 대하고 하나님의 은총을 신뢰하면서 끈기있게 계속해 나가는 사람은 어느 누구도 좋은 기질을 성숙시키는 일에 실패하지 않을 것이다.

그리고 그러한 성장을 기독교 교육에서 가장 중요한 것이다. 왜냐하면, 인격 중에서 감정적인 자질이 가장 유력하게 영향을 미치기 때문이다. 가장 훌륭한 지적인 준비를 갖추고서도 기질상의 어려움 때문에 실패하는 교사가 있을 수도 있다. 반면에 비록 지적인 측면에서는 부족한 것이 많다 하더라도 균형잡힌 그리고 효과적인, 감성적인 생활을 가지고 있다면, 아주 평탄이 좋은 결과를 가져올 수도 있다. "지성은 다소 화려하다. 그리고 고도의 지성은 억센 심장, 즉 "행동의 원천"인 힘이 있고 균형잡힌 그리고 조화로운 실제적인 생활보다 중요하지 않다."

(4) 능률적인 그리스도인 교사에게 필요한 사회적 행위는 어떠한가?

① 진술, 이해
② 재치, 동정심
③ 지도력, 매력
④ 기략이 풍부함
⑤ 시간의식, 실천력, 책임감
⑥ 신임성, 신실함
⑦ 진실성, 정직
⑧ 관용, 존경
⑨ 이타심, 자기부정
⑩ 야망, 신빙성

사람을 대하는 방법은 좋은 교육적 인격에서 가장 중요한 요소이다. 타인의 관점에 대한 진정한 이해에 바탕을 둔 예의바름, 복종 및 신실한 관심은 좋은 대화를 하는데 있어서 본질적인 점이다. 사람을 정중하게 그리고 반갑게 대하는 능력을 키워나가는 것은 교사의 의무이다. 이러한 능력은 다른 사람들을 주의깊게 호의적으로 관찰함으로써 그리고 실제로 사람을 만남으로써 생겨날 수 있는 것이다. 인정받을 만한 사고를 하는 것과 꼬집거나 빈정거리는 말을 피하는 것과 아울러 좋은 문학을 광범하게 독서하는 것도 역시 발전을 추구하는 사람에게 가치를 발휘할 것이다. 사회의 각계 각층의 사람들과 교류하는 것도 자못 도움이 될 것이다.

자기 발전의 기반으로서, 사회적 행위에 관한 여러 가지 질문을 스스로 해볼 수 있을 것이다. 나는 어느 정도로 신뢰받을 만한 사람인가? 나의 관심은 나 자신의 동기(動機)들 중에서 어느 정도의 비중을 차지하고 있는가? 나는 학생들에게 요구되는 사항들을 이해하는가? 나는 그러한 요구 사항들을 올바르게 다룰 수 있는데 필요한 재치를 가지고 있는가? 나는 학생들의 관점을 파악하고 있는가? 나는 법적인 것은 물론 도덕적으로 참여해야만 하는 모임에 시간을 엄수하는가? 나는 항상 솔직한가? 내가 말하는 것을 학생들이 믿는가? 아니면, 내가 진실을 말할 때에 그들이 모른다고 종종 말하지는 않는가?

단적으로 말한다면, 교사가 자기의 사회적인 자질들을 철저하고도 완벽하게 자기 점검 방식으로 검토하면 학생들이 자신을 보는 것과 똑같은 모습의 자기 자신을 투명하게 드러내어 볼 수 있다는 것이다. 그리고 자신이 보지 않았으면 하는 것들이 있다면, 그러한 관점에서 개선할 준비를 하게 되는 것이다. 그러면 교사는 학생들 및 다른 사람들과의 갖가지 사회적인 만남을 통하여 성공적인 기독교 교육에 필요한 사회적인 능력이나 자질들을 실천할 수 있는 기회를 얻게 된다. 이러한 능력이나 자질들은 오로지 계속적이고 열성적인 연습에 의해서만 개발될 수 있다.

(5) 그리스도인 교사가 지녀야만 하는 성격 또는 도덕적 생활은 어떠한가?

몇 가지 열거하면 다음과 같다.

① 순수성　　　　　　　　　　⑥ 정당함
② 공경심　　　　　　　　　　⑦ 공평함
③ 높은 도덕적 표준　　　　　⑧ 충성심
④ 감수성　　　　　　　　　　⑨ 열성
⑤ 정의로운 것에 대한 단호한 헌신　⑩ 품위(品位)

그리스도의 일꾼이 도덕적으로 흠이 없어야 한다는 것은 말할 필요도 없는 것 같다. 그러나 "불행하게도 너무나 많은 좋은 사람들마저도 도덕성에 있어서 많은 결점을 지니고 있다"라는 진술과 두 번째로, "왜 어떤 사람들은 그렇게 나쁜가 하는 사실은 우리가 왜 그렇게 되어서는 안되는가를 증명하지 않는 한 이해할 수가 없다"라는 진술은 다같이 그리스도인들에게 언제나 도덕적 표준 또는 도덕적 실천이 있는 것이 아니라는 사실을 지적하고 있다. 앞 장에서 표현된 목표는 성경이 하나님의 사람이 "모든 선한 일을 행하기에" 온전케 하기 위하여 주어졌다는 사실을 강조했다. 그리고 다른 곳에 나타나 있는 성경의 명령은 믿는 자들이 "선한 일을 계속 하도록" 힘쓰라고 권고하고 있다. 그리스도의 일꾼이 도덕적으로 잘못된 경우에 빠져 그리스도의 이름을 더럽히는 것은 슬픈 사실이다.

성경 교육이 어떤 사람을 그리스도인으로 만들 수는 없다. 단지 하나님의 은총의 작용만이 그리스도인을 만들 수 있다. 그러나 그리스도인 특히 그리스도인 교사는 모범적으로 영향력을 행사하기 때문에 도덕적으로 선한 사람이 되어야 한다. 불순함, 불의와의 타협, 분별력의 부족, 천한 도덕적 표준 및 애매한 행동에 빠져드는 것 등은 기독교 지도자의 생활에서 도외시되어야만 한다. 여기에 적합한 또 다른 성경의 경고가 있다. "모든 악은 모양이라도 버려라." "이같은 너희 빛을 사람 앞에서 비춰게 하여 저희로 너희 착한 행실을 보고 하늘에 계신 너희 아버지께 영광을 돌리게 하라."

신실하고 진지한 그리스도인 교사는 이 세상의 악의 미로(迷路)를 조심스럽게 걸어가야만 할 것이다. 그리스도인 교사는 하나님과 사람 앞에서 잘못됨이 없는 양심을 견지하도록 항상 노력해야 할 것이다. 그는 모든 악을 삼가해야 할 것이며 자신을 엄격히 하여 지켜야 할 도덕적 의무를 기피하지 않도록 해야 할 것이다. 또한 최선을 다하여 좋은 일꾼의 모범을 보임으로써 학생들이 자신감과 확신을 가지고 그를 본받을 수 있도록 해야 할 것이다.

품성(品性)은 옳고 그른 것에 대한 태도와 관련을 가지게 마련이다. 도덕성은 이웃과의 올바른 관계에 연관되며, 경건은 하나님과의 올바른 관계에 연관을 맺고 있다. 만약에 도덕성과 품성이 종교적인 인정을 받지 못한다면 그것은 아주 부적당한 기반을 가졌다고 볼 수밖에 없다. 기독교적인 관점에서 보면 도덕성과 하나님과의 개인적인 관계는, 불가분적(不可分的)이다. 하나님과의 개인적인 관계는 우리들 인격의 영적인 단계에 관한 물음에 직면케 한다.

(6) 그리스도인 교사가 소유해야만 하는 영적 생활의 자질은 어떠한가?

너무나 많은 것들이 있겠으나 중요한 것들을 열거하면 다음과 같다.

① 하나님에 대한 절대적인 의뢰
② 하나님의 실재(實在)와 현전(現前)을 생생하게 느끼는 것
③ 하나님께 나아가는 유일한 길로서 예수 그리스도를 확신함
④ 전심으로 성령께 의존함
⑤ 다른 사람들의 구원과 영적인 복지에 대해 예민하며 깊은 관심을 가지는 것
⑥ 이기심, 세속성 및 겸손하면서도 날로 더해가는 죄에 대한 승리감
⑦ 위대한 기초적인 진리에 관한 지적이며 참다운 확신
⑧ 머뭇거리지 않고 기꺼이 봉사하며 베푸는 것
⑨ 매달리는 효과적인 기도
⑩ 하나님과 학생들에 대한 깊고도 진실된 사랑

이 목록은 무엇보다도 영성(靈性)이야말로 그리스도인 교사의 인격에서 주도적인 특질이 된다는 사실을 강조한다. 그의 신뢰와 생활이 하나님의 능력과 예수 그리스도의 사랑과 성령의 능력 및 역사하심에 깊이 스며들어 있고 집중되어 있음으로써 그에게 산다는 것은 물질적인 것들에 점령당한 것이 아니라 영적인 것에 점령당해 있는 것이 된다. 그리스도인 교사는 자신이 하나님께 속해 있음을 인식하고 자신의 일이 성령의 힘으로 행해지고 있음을 깨닫고 자신의 목표는 주 예수 그리스도를 통하여 하나님의 은혜 안에서 학생들을 온전하게 하는데 있음을 깨닫는다. 교사로서 봉사와 희생과 간단(間斷) 없는 기도에 자신의 생활을 쏟아부어 이루고자 하는 최상의 바람은 그의 학생들의 영혼이 번성하는 것이다.

그러한 영적 상태는 아주 깊이 자신을 살피고 하나님과 아주 가까이 동행하는 일에 달려 있다. 시편 기자처럼 교사는 기도할 때에, "하나님이여 나를 살리사 내 마음을 아시며 나를 시험하사 내 뜻을 아옵소서 내게 무슨 악한 행위가 있나 보시고 나를 영원할 길로 인도하소서"(시 139:23, 24)라고 할 것이다. 그리고 그의 태도는 사도 바울의 태도가 되어야 할 것이다. "너희에게나 다른 사람에게나 판단받는 것이 내게는 매우 작은 일이라 나도 나를 판단치 아니하노니 내가 자책할 아무 것도 깨닫지 못하나 그러나 이를 인하여 의롭다 함을 얻지 못하노라 다만 나를 판단하실 이는 주시니라"(고후 4:3, 4).

교사가 자기 자신을 점검하고 성령의 감찰(鑑察)하시는 능력에 엎드릴 때, 자신의 부족함과 필요한 것은 깨달아 은혜와 자신에게 필요한 것을 공급해주시는 하나님의 능력을 원하여 하나님께 자신을 드리게 될 것이다. 그의 믿음은 "내 은혜가

네게 족하도다 이는 내 능력이 약한 데서 온전하여짐이라"(고후 12:9)고 말씀하신 하나님께 있을 것이다.

9. 어떻게 인격이 개선될 것인가?

인격의 여섯 단계 안에 속하는 구성 요소들을 다소 고찰함으로써 개선을 위한 몇 가지 기반은 이미 지적되었다고 하겠다. 이에 더욱 구체적이며 독특한 방법으로 개선을 본질들을 강조해보고자 한다.

의심할 것 없이, 그리스도인 교사들 대부분은 유능하게 일할 수 있는 타고난 능력들을 충분히 가지고 있다. 그러나 많은 사람들이 자신의 인격의 힘을 느끼지 못하고 용서할 수 없는 나약성이나 나쁜 습관 및 불필요한 태도를 지님으로써 그들의 업무의 능률을 파괴시키고 있다. 마찬가지로 그리스도인 교사에게도 자신이 형편없는 인상을 남겼다거나 다른 사람들과 함께 한 작업에서 성공하지 못하였을 경우에, "정말, 그의 뜻대로 되겠어." 또는 "그것은 바로 그의 방법이 적중한거야"라는 등의 이야기를 듣게 된다. 더군다나 더욱 자주 보는 것은 교사가 자신은 과거에 의해 어찌할 수 없게끔 결정되어버렸다는 생각으로 자신을 변명하는 일이다. 인격이 주로 생득적(生得的)인 것과 초기의 훈련에 의해 성립된다는 것은 아주 맞는 말이다. 본성(本性)과 초기 훈육(訓育)은 성숙한 상태가 될쯤이면 쉽게 변경할 수 없는 유형으로 고착된다. 수년 간의 생활을 통하여 "형성된" 것이 단 시간에 변경될 수는 없는 일이다. 사람들은 아주 다양한 인격을 지니고 있다. 어떤 사람들은 거의 모든 자질들이 강하고 매력적인 인격으로 나타나 아주 자연스럽게 보이기도 한다. 그리고 다른 사람들, 대부분의 사람들이 여기에 속하겠지만 그들은 뚜렷한 결점들을 지니고 있다. 그러나 인격이란 개발되어지고 발견될 수 있는 것이다. 자기 개선을 위하여 결단력을 가지고 주도 면밀하게 그리고 지적으로 자기 자신을 다루어나가는 사람은 기필코 진전을 볼 것이다. 행하는 방향대로 성장해간다는 것은 인생의 법칙이다. 좋은 태도와 자세, 정신적인 신속함, 솔직성, 예의, 믿음 및 기도 그 외에 온전한 사람이 되는 데에 필요한 다른 많은 특질들을 반복해서 연습할 때에 기필코 인격의 완성을 지향한 성장이 있을 것이다.

그러므로 자신의 약점들을 보완하고 타고날 때부터 정립되어 온 바람직한 자질들을 더욱 개선시키기 위하여 자기 자신을 연구한다는 것은 바로 교사의 임무이다. 자기 점검이 필요하다. 모든 교사는 때때로 자신을 분석하는 일을 해야 한다. 그러나 자기 분석이라는 작업을 그 반대되는 방향, 즉 자기를 긍정하는 방향으로도 수행하여 "과거의 자신의 태도"는 잊어버리고 자기 자신을 나름대로 바라보면서 생활하는 것도 필요하다. 사람은 자신의 모습을 있는 그대로 바라보아야만 한다. 그리고 그 있는 그대로의 모습을 바탕으로 자신의 구체적인 인격 개선을 목표로 한 그 방향으로 매진하는 것이다. 도빈스(Dobbins) 박사는 자신의 인격적인 장점과 약점을 발견하고서 열성적으로 인격 개선을 하고자 하는 그리스도인 교사에게 가치가 있을 법한 아주 실제적인 교훈을 나열하고 있다. 그 교훈과 가치가 너무나 크므로 본문 그대로 인용하고자 한다.

(1) 장점들에 대해 용기를 가질 것—장점을 의지하라. 장점을 이용하라. 장점을 응용하라.
(2) 결정적인 결점에 관해서는 기도로써 하나님께 나아갈 것. 구하면 주실 것이요, 찾으면 찾을 것이요, 두드리면 열릴 것이니라는 하나님의 약속을 주장하라.
(3) 이러한 약점들을 보완해주는 하나님의 말씀에게 나아갈 것. 그리고 아주 신중하게 연구할 것. 성경의 인물들이 하나님의 도움을 받아 비슷한 약점들을 어떻게 극복했는가를 보라.
(4) 엄한 자기 훈련과 끊임없는 연습으로 자신의 약점을 보완할 수 있도록 단호하게 임할 것. 좋은 책들을 읽고 목사님과 가까운 신뢰할 만한 친구들의 조언을 구하라. 그리스도와 그리스도의 이름을 위한 자기 완성의 계획을 세워 실천하라.
(5) 결코 낙망하지 말 것. 승리하기 위하여 자신이 아니라 그리스도를 바라보라. 바울처럼 단언하라. '나를 소생케 하시는 그리스도를 통하여 모든 것을 할 수 있도다.' 예수님의 약속을 생각하여 주장하라. '내가 너희와 함께 있노라.' 육체의 가시가 계속되면 그것을 겸손하게 받아들이고 '너의 은혜가 충분하도다' 라고 말하면서 계속 임하라. 그리스도가 바로 함께 계신다는 사실이 당신의 인격을 통하여 빛날 것이며, 당신을 빛나고 유능하고 능률적인 하나님의 말씀의 증인과 교사로 만들 것이다.

이처럼 도움을 주는 훈계를 조심스럽게 그리고 일관되게·계속적으로 실행에 옮기는 자는 결코 실망하지 않을 것이다. 왜냐하면 그는 하나님의 일꾼으로서 자기 자신이 효과적으로 봉사할 수 있게 하는 능력 안에서 자라나는 것을 발견할 것이기 때문이다.

제5장 그리스도인 교사의 준비

　본서의 첫 번째 과제는 모든 기독교 교육에서 근본적(根本的)인 것으로 여겨져야 할 원리들을 제시하는 것이었다. 다음은 기독교 교육의 중요성과 필요성이 강조되었다. 그리고 그리스도인 교사에 있어서의 목표 설정의 문제를 논의하였다. 그리고 앞 장에서는 그리스도인 교사는 어떠한 자이어야 하는가, 특히 한 인간으로서 어떠하여야만 하는가를 고찰했다. 이제 목전에 두고 있는 본서의 과제는, 교사의 교육 준비에 관한 문제를 고찰해 나가는 것이다. 어떤 의미에 있어서 이러한 과제는 앞 장의 주제에 연관된 것으로서 연계성을 지니고 있다 하겠다. 왜냐하면, 좋은 교육적 인격의 발달은 기독교 교육을 위해 마련될 수 있는 가장 중요한 준비 형태의 한가지이기 때문이다.
　그러나 효율적으로 가르치고자 하는 사람이라면 반드시 수행해야만 하는 다른 형태의 준비가 있다. 교육 과정이 이중성(二重性)을 띤다는 것, 즉 학습과 교육을 모두 포함한다는 사실을 반드시 염두에 두어야 한다. 따라서 언제 교육이 행해지든지 간에 배우고자 하는 자가 반드시 있으며, 배우고자 하는 자가 누구이며 그에게 가르칠 것이 무엇이며 또한 어떻게 가르쳐야 할 것인가를 알 필요가 있다는 사실은 당연지사(當然之事)라 하겠다. 그리고 논리적으로 보아 올바로 가르치고자 하는 자는 자신이 가르치고자 하는 학교에 대해 알 필요가 있다 하겠다.
　이러한 것은 좋은 교육을 위한 본질적인 정보(情報)를 제공한다. 이 미묘한 작업인 교육이 최상으로 수행되기 위해서는 다른 사람들이 교육을 어떻게 수행하는가를 관찰하는 것이 중요하다. 따라서 관찰이 두번째로 본질적인 것이다. 그리고 실습(實習) 없이는 교사가 얼마나 알고 있든지 그리고 어느 정도로 관찰했든지 간에 높은 수준의 성공을 기대하기는 거의 불가능하다. 그러므로 실행(實行)이 세번째로 본질적인 것이 되겠다. 능률적인 교사는 알아야만 하며 관찰해야만 하고 실행해야만 한다.[1] 명백하게 교육 준비는 교사들의 훈련을 위해 필요한 유용한 방편이 그러한 것과 마찬가지로 중요하다. 이 장에서 논의될 주제들은 다음과 같다.

1. 교사의 준비의 필요성
2. 준비를 위해 필요한 지식
   (1) 학생 (2) 주제 (3) 가르치는 방법 (4) 학교
3. 교육 준비로서의 관찰
4. 교육 준비로서의 실습
5. 교사의 준비에 유용한 방편

1. 교사의 준비의 필요성

교사는 어떠한 학교에서든지 가장 중요한 요소이다. 아주 명백한 사실은 한 학교 안에서 학생들에게 연관되는 모든 개별 요소들이 교육의 질(質)에 영향을 미친다는 것이다. 그리하여 건물 형태, 장비와 자료들, 학교의 조직과 행정, 가정 생활의 형편, 공동체의 이상(理想) 및 여타 학생들의 생활에 영향을 미치는 모든 것들이 교회 학교에서 기독교의 진리를 가르치는 일에 영향력을 행사하는 것이다.

(1) 교사는 학교에서 가장 중요한 요소이다

그러나 중요성에 있어서 가장 높게 확대되어 오는 요소는 바로 교사이다. 학교가 최상의 자료를 갖춘 가장 좋은 건물을 지니고 있다고 하더라도 교육이 제대로 이루어지지 않는다면 도대체 무슨 소용이 있는가? 좋은 교육 내용과 전문적인 행정력을 구비하고 있다 하더라도 학급에서의 교사가 가르치는 방법을 모른다고 한다면 도대체 무슨 가치가 있는가? 이상적인 가정 생활과 좋은 사회적인 정서(情緒)를

---

1) W. E. Rsaffety, *The Smaller Sunday School Makes Good* (Philadelphia: The American Sunday School Union, 1927), p. 154.

지니고 있다 하더라도 학급 일에 관한 한 학교에서의 교사가 너무나 형편없이 준비함으로써 효율적으로 가르칠 수가 없다고 한다면 그러한 좋은 요소들이 무엇을 이룰 수 있는가? 사실상 앞 장에서 지적되었던 바와 같이 학급 내에서 형편없는 업무수행은 학생들에게 잘못된 태도와 습관들을 가르치는 결과를 쉽게 가져올 수가 있다. 반면에, 가르칠 것을 진정으로 완전하게 준비한 교사는 바람직한 결과를 이루는데 가치를 발휘할 수 있는 외부적인 이점이 없이도 아주 효과적으로 업무를 수행할 수가 있다.

(2) 교사 수련이 필요하다

교육의 효율성은 주로 준비의 적합성에 달려 있다. 잘 훈련된 교사는 학생들이 배울 것을 배울 수 있는 좋은 학교를 만든다. 그러나 준비가 피상적이거나 아무렇게 또는 잘못된 방향으로 이루어졌을 때는 도대체 학생들이 제대로 배울 수가 없는 것이다. 이러한 사실은 세속교육에서도 나타난다. 자신이 해야 할 특수한 업무를 위하여 특별한 준비를 하지 않고서 자신의 임무에 임하는 교사는 일반 공립학교에는 아무도 없다. 그리고서 모든 공립학교 교사들은 효율적인 교육 성과를 위해 필요한 모든 장치와 자료들을 갖춘, 말하자면 교육 목적에 적합하게 고안된 건물 안에서 교육을 수행하는 것이다. 그리고 공립학교 교사는 교육을 구체적으로 개선해 갈 수 있게끔 의도된 상황하에서 일하는 것이다.

(3) 그리스도인 교사들의 수련은 충분해야만 한다

왜 오늘날의 아동들은 그들이 공립학교에서 배우는 역사, 과학, 산수 및 다른 과목들을 배우는 것만큼 성경을 배울 수 있는 권리가 거절당해야만 하는가? 그리고 아동들이 성경 지식을 배울 권리를 지니고 있다고 한다면, 성경을 효과적으로 배울 권리는 없는 것인가? 세속교육에서는 오로지 고도로 훈련된 교사들만 가르치는 것이 허용되는데 성경 지식을 가르치는 데에는 훈련을 받은 것에 상관없이 어느 누구라도 당연히 가르칠 수 있다는 것은 진실된 것인가? "학교"라는 말 앞에 "주일", "안식일", "성경" 또는 "교회"라는 명칭을 덧붙인다는 것은 그 학교에서 교사들이 준비하는 것을 불필요하게 만드는 어떤 신비적인 역사(役事)가 일어난다는 것을 의미하기라도 하는가? 분명히 아동의 최고의 복지에 전적으로 관심을 가지고 있으며 상대적인 가치와 영원한 진리가 무엇인가를 알고 있는 사람이라면, 지체없이 "하나님의 말씀을 가장 효율적인 방법으로 드러낼 수 있는 성경 교사들을 모시는 것은 모든 아이들이 권리이죠"라고 말할 것이다.

  자신의 특수한 업무를 준비하지 않고 임하는 오늘날의 그리스도의 교사들은 너무나 불리한 입장에 있다. 그리고 그러한 불리한 입장은 자신뿐만 아니라 자신의 기반의 되는 것에도 불신임을 노정(露呈)시킨다. 일주일에 5일을 아주 잘 훈련된 교사에게 최상의 교육을 받던 공립학교에 다니는 소년 소녀들이 준비하지 않거나 형편없이 준비한 교사들에게 그나마 주일날 한 시간 가량의 질서없는 내용으로 교육받고서 어떻게 주일학교 교사들을 존경할 수 있겠는가? 주일학교 교사가 가르치고자 하는 것에 소년 소녀가 집착한다는 것이 도대체 얼마만큼 가치가 있는 일인가? 그리고 뻔뻔스럽게 자신의 일을 "기독교 교육"이라고 칭하면서 학생들에게 난폭함을 행하는 교회에 대하여 그 소년 소녀들이 어느 정도로 가치를 두겠는가? 정상적인 소년 소녀라면 일반 공립학교에서의 사태와 교회학교에서의 사태를 비교할 것이고, 그 결과는 마치 현대의 수송 수단의 관점에서 황소를 타고 가는 것과 최신형 자동차를 타고 가는 것을 비교한 결과와 같이 명약관화(明若觀火)한 것이다. 그러한 비교가 제대로 의식적인 것이 아니기 때문에 그렇게 치명적인 것은 아닐 것이라는 사실이 성립된다 하더라도 가장 불행한 결과를 가져 올 태도를 형성하지 않는 것은 아니다.

  월터 아더른 (Walter S. Athearn) 박사는 이러한 관계에 대하여 모든 사람에 의해 당연히 고려되어야만 하며 중시되어야 할 진리를 말했다. 그 내용은 다음과 같다.

> 사회는 미숙한 소작인의 늑달로부터 자신의 영토를 보호한다. 사회는 정의가 미숙한 심판관들에 의해 훼손되어서는 안 된다고 주장한다. 사회는 시민권을 가진 자들의 몸을 훈련받지 않은 "가짜 돌팔이"들로부터 보호한다. 사회는 우리 자녀들의 마음이 미숙한 일꾼에 의해 상처받고 불구가 되지 않도록 하기 위하여 교실에서 협잡군을 축출한다. 그러나 자녀들의 심령들은 뜻은 좋으나 훈련받지 않은 종교 교육의 일꾼들의 손아귀에서 나오는 비행(非行)으로부터 보호받지 못하고 있다. 이상하게도 사회가 보존하고자 하는 자원 중 마지막이 아동들의 영적인 생활이 되고 있다. 영적인 비행이 있다는 사실과 경건하고 좋은 뜻을 지녔다는 교회학교 교사들이 무식하게도 심령이 영적인 열매를 맺을 수 있게 하는 핵심적인 요소들을 뿌리채 뽑아 근절시키고 있다는 사실이 이제 그리스도인에 의해 서서히 주지되기 시작했다.
>
> 우리는 최선을 다하여 자신을 생활 자체보다 그들이 사랑했던 근원 그것에 더 많은

정성을 쏟아부었던 신실했던 사람들에게 모든 영광을 돌린다. 그러나 새로운 시대가 왔다. 그리고 주님의 집에서 봉사하는 사람들에게 새로운 사항들이 요구되어야만 한다. 신실함, 헌신, 고귀한 기독교적 특성에 이어 교육과 훈련에서 나올 수 있는 기술적인 숙련을 첨가해야 한다.

(4) 준비를 통하여 획득해야만 하는 의무

따라서 양심적인 그리스도인 교사는 무엇보다도 먼저 하나님에 대한 의무를 아주 깊이 느끼게 될 것이다. 왜냐하면, 그 독특한 명령은 바로 "너 자신을 하나님께 부합하는 자로써 보이기를 연구하라"는 것이기 때문이다. 양심적인 그리스도 교사는 그러한 하나님에 대한 의무는 또한 학생들에 대한 의무가 됨을 느낄 것이다. 왜냐하면, 그리스도인 교사로서 그는 학생들의 영적인 영원한 복지에 대한 책임을 지고 있기 때문이다. 단 한 사람 교사의 무책임하고 부주의하며 피상적인 행동이 한 학생 또는 여러 학생들의 불행한 미래의 운명을 결정할 수도 있다. 마지막으로 교사는 최상의 가능한 방법으로 자신의 위대한 과업을 위하여 준비해야만 한다는 바로 자기 자신에 대한 빚을 지고 있음을 느낄 것이다. 모든 다른 일과 마찬가지로 교육 역시도 가장 신중하게 책임을 지고 일을 잘 수행하기 위하여 가장 근면한 노력을 경주(傾注)하는 사람들에게 가장 큰 보상이 있다. 따라서 고된 연구 작업을 기꺼이 수행하고 더욱 깊이 헌신하며 어려운 일을 완성하려는 결심을 가지고 있는 교사는 자신의 교육 행위에서 큰 만족감을 실현할 것이다. 그러한 사람은 자신이 "부끄러워 할 필요가 없는 일꾼"임을 알게 될 것이다.

2. 준비를 위해 필요한 지식

언급된 바와 같이 지식은 좋은 교육 준비에 본질적이다. 그것은 다른 두 본질적인 요소에 대해서 기본이 된다. 왜냐하면, 사람을 지적으로 관찰하거나 효율적으로 행하기 전에 먼저 알아야만 하기 때문이다. 그러므로 더욱 완벽하게 더욱 정확하고 충분하게 알면 알수록 더 잘 관찰할 수 있고 더 잘 행할 수 있는 법이다. 잘 준비하고자 하는 교사는 네 가지 종류의 지식에 정통할 것을 목표로 삼아야 한다. (1) 학생들에 관한 지식 (2) 가르칠 내용에 관한 지식 (3) 교육 기술에 관한 지식 (4) 교육 현장인 학교에 관한 지식 등이 그것이다.

(1) 학생들을 알기 위하여 배우는 교사

얼마나 좋은 교사가 되는가는 차치(且置)하고서라도, 교사가 그 학급의 학생들에 대해 알지 못하고서는 가르칠 준비를 했다고는 할 수 없다. 교사가 그 수업 내용을 배울 사람들이 누구인가를 알지 못한다면, 그 수업내용을 적절하게 연구할 수도 없으며 교육 목표나 방법을 지적으로 결정할 수가 없는 것이다. 교사가 학급 또는 아동들을 일반적으로 연구한다는 것은 충분하지가 못하며 그가 가르칠 소년 소녀들을 개인적으로 한 사람씩 알아야만 한다. 물론 이 두 가지 유의 지식은 다소 중첩된다. 교사가 아동들 일반에 대하여 더 잘 알면 한 아이에 관해서 더 쉽게 이해할 수가 있는 것이다. 그리고 교사가 개인적으로 한 아이를 알고자 할 때, 아동 일반에 관해서도 더 잘 이해할 수 있는 것이다.

① 학생의 성격에 관한 특별 연구

그러므로 교사가 가르침을 시작할 때, 학생들에 관한 모든 것을 배워야만 한다. 그는 학생들의 발달 단계에 있어서 요구되는 사항과 그들의 본성을 이해해야만 한다. 그는 학생들의 역량과 성취의 가능성, 학생들의 관심과 정상적인 경험, 그들의 태도와 그들의 사유양식, 그들의 문제 및 그들의 곤란을 알아야만 한다. 만약에 초등부의 아동들을 가르친다면, 만약에 청소년을 가르친다면, 청소년에 관한 가능한 모든 것을 배울 필요가 있는 것이다. 바꾸어 말하면, 배우게 될 학생들의 특수한 연령층의 특징들을 특별히 연구한다는 것이 좋은 교육의 본질적인 준비가 된다는 것이다.

② 신체적 생활의 연구

이러한 연구를 바탕으로 하여 효율적인 그리스도인 교사가 되기 위해서는 자기 학급 학생들에 대한 특수한 연구를 할 수 있어야 한다. 학생들을 올바르게 이해하기 위해서는 학생들의 선천적 요소와 환경에 관하여 알아야만 한다. 교사는 환경이 아동이 선천적으로 가지게 된 것을 변경시키면서 계속적으로 영향력을 행사한다는 사실을 이해하여야만 한다. 교사는 학생 개개인의 신체적인 특징을 연구하게 될 것인데 그 때에는 학생의 신체 발육의 정도를 파악하고 성장과 신체적인 발달에 영향을 미치는 요소들이 무엇인가를 관찰한다. 교사는 학생이 효과적인 학습을 방해하는 결점들을 가지고 있지 않는가를 확인하게 될 것이며 학생 개개인의 신체적인 생활에 영향을 미치는 특수한 조건들이 무엇인가를 사정(査定)하게 될 것이다.

③ 정신적, 사회적 및 인격적 생활
 철저한 교사는 학생 개개인의 정신적(精神的) 생활을 연구함으로써 학생의 정신적 능력의 수준과 학생에게 독특한 반응 방식의 종류를 판별하게 될 것이며 학생의 정신적 생활의 방식의 귀결로서 드러나는 그 학생의 시각(視角)이 어떠한가를 알게 된 것이다. 교사는 학생 개개인의 주된 관심과 신체적, 정신적, 영적 및 사회적 생활을 알게 될 것이다. 교사는 학생 개개인의 친구와 취미와 가정 생활과 종교관 등을 알아야 할 것이다. 또한 교사는 학생 개개인의 문제와 고민거리가 무엇인가 하고서 관심을 기울여야 할 것이다. 교사가 그와 같이 주의깊게 그리고 일관성있게 개별적인 연구를 한다면, 학생들의 문제와 고민거리를 알아낼 수 있을 뿐만 아니라 그 문제의 올바른 해결책과 고민거리의 적절한 해결책을 재빨리 알아내어 필요한 경우에 조치할 수가 있는 것이다.

④ 학생들간의 상이점 파악
 신중한 교사라면 자기가 맡은 학생들간의 개인차(個人差)를 파악할 것이다. 어느 교장 선생님은 말하기를, 만약 그가 오십 명의 학생으로 구성된 학급의 담임이라면 이 학생에서 저 학생으로 옮겨갈 때마다 그들을 올바르게 지도할 수 있기 위하여 오십의 다른 교사가 되기 위하여 노력할 것이라고 했다고 한다. 아주 성공적으로 남학생들을 가르친 어느 교사는 자기는 한 순간에 단지 한 남학생만을 가르쳤다고 주장했다고 한다. 말하자면 그가 한 학생에게 관심을 집중시키는 동안 학급의 다른 모든 학생들을 한쪽에 내버려두었다는 이야기이다. 이 교사는 모든 교사가 해야만 하는 방식, 즉 개인 교수(教授)를 행했던 것이다. 다르게 가르치는 방법은 아예 없다고 할 것이다. 학생들은 결코 학급 단위로 배우는 것이 아니기 때문이다. 교사가 학생 개개인이 서로 어떻게 다른가를 모르고서는 결코 지적인 교육을 행할 수가 없다.
 교사가 학생 개개인의 개성을 이해하지 않고서는 주제나 기술(技術)을 현명하게 적용한다는 것은 전적으로 불가능하다. 친절하고 애정이 넘치는 학생과 차분하고 까다로운 성격을 지닌 학생 모두에게 동일한 방식의 설득이란 있을 수 없으며 당연히 다르게 설득해야만 하는 것이다. 한 학생은 심원한 사상을 좇아 깊이 파고드는 것을 좋아하는가 하면, 다른 어떤 학생은 나름대로 약간의 자기 생각을 요하는 것이라도 그저 예화나 삽화를 좋아하는 것이다. 어떤 학생은 자기의 감정 안에서 생활하고 어떤 학생은 모든 것을 합리적으로 캐묻는다. 어떤 학생은 하나님과의 관계와 친교를 의식하면서 생활하는가 하면, 또 어떤 학생은 의심과 공포를 갖고서는 반항한다. 각자는 자기의 개성을 지니고 있으며, 따라서 교사는 학생 개개인에게 봉사하고자 하기 전에 먼저 학생들의 반응 방식을 이해하여야만 한다.

⑤ 학생들의 말뜻을 안다는 것

올바른 가르치기 위해서는 교사와 학생이 공통된 말뜻으로 이야기해야만 한다.[2] 바꾸어 말하면, 교사는 학생들이 이해할 수 있도록 말할 수 있어야 한다는 것이다. 교사와 학생 간의 연령차가 크면 클수록, 학생이 교사의 말을 이해하기 어렵게 되기 쉽다. 어떤 분야 또는 주제에 그리고 그 분야에서 쓰는 단어들에 제대로 익숙하게 될 때, 다른 사람들이 자기를 잘 이해한다라는 사실을 쉽게 추정할 수가 있다. 예를 들면, 성숙하고 열성적이며 헌신적인 그리스도인 교사가 "주님을 알게 됨," "구원받음," "주님의 임재" 등과 같은 용어들을 기독교나 성경적인 용어에 익숙하지 않은 학생들에게 함으로써 그 의미를 제대로 전달하지 못하는 수가 있다. 그럴 경우에는 꼭 설명이 필요한 것이나 교육에서 사용되는 언어는 교사와 학생 간에 그 말뜻이 공유된 것이어야 한다는 목적을 위해서는 교사가 학생들의 대화를 끊임없이 그리고 주의깊게 연구함으로써 가능한 한 학생들에게 이해되기 쉬운 용어들로써 내용을 표현할 수 있도록 하여야 한다.

학생이 어떻게 교사의 말을 이해하는가에 대해 교사가 함부로 추정하는 것 외에도 교사는 아동의 지식 상태에 관해서도 너무 많이 추측할 수도 있다. "단과 브엘세바는 소돔과 고모라와 같이 남편과 아내의 명칭이다"라고 항상 생각하였기에 "단과 브엘세바가 지역 이름이다"라는 것을 배우고서 놀라는 학생을 가르치는 교사는 그 학생이 그렇게 잘못 생각하고 있는 한 구약성경의 지리(地理)에 관한 사실을 가르치는 것이 너무나 비효율적일 것이다. 아마도 "우리는 다른 사람의 무지에 대해 알고 있지 않는 한 그에게 우리의 지식을 이해시킬 수는 없다"라고 말한 사람은 바로 코울리지(Coleridge)였을 것이다. 교사가 학생이 실제는 모르고 있는 것을 그 학생이 알고 있다고 추정하고 있는 한, 그것에 관한 한 그 학생을 가르치는 데에는

---

2) H. C. Trumbull, *Teaching and Teachers* (Philadelphia: John D. Wattles & Co., 1897), p. 38.

심하게 장애를 지니고 있는 것이 된다. 준비를 갖춘 교사는 학생 개개인의 일반적이거나 특수한 성취 정도를 알고 있으며 그리하여 그 학생들이 이미 알고 있는 것을 바탕으로 하여 그들에게 새로운 지식을 전수(傳授)해줄 수 있는 것이다.

(2) 자신의 주제를 알기 위하여 배우는 교사

교사가 학생, 그의 본성, 요구 사항, 관심, 특징, 성취 등을 알 때, 내가 그에게 무엇을 가르칠 것인가 하는 문제가 생기게 된다. 이 질문에 관한 대답을 찾는 데에는 학생이 무엇을 배우는가 하는 것이 결코 그 자체로 목적이 되지는 않는다는 사실을 아주 확실하게 염두에 두어야만 한다. 그가 무엇을 아느냐가 아니라 알고난 뒤의 결과로서 그가 어떠한 자가 되었는가가 교육의 시금석(試金石)이다. 교사는 학생의 생활에 어떤 결과를 빚어내기 위한 목적 성취를 위한 방편으로서 주제(subject matter)를 사용한다. 우리의 목표에 관련하여, 기독교 교육은 학생을 그리스도에게로 인도하고 그리스도 안에서 그를 양육시키고 그리스도를 위하여 그를 파송시키기 위한 목적을 지닌 내용을 사용한다라고 말할 수 있겠다. 그러므로 그리스도인 교사의 일의 효율성의 여부는 학생들이 성경 및 연관된 것에 대해 얼마나 많이 알고 있는가에 달려있는 것이 아니라 이러한 지식이 학생들의 생활에 어느 정도로 충분하게 효과를 발휘하느냐에 달려 있는 것이다.

① 그리스도인 교사의 주제인 성경
마지막 문장은 그리스도인 교사의 주제가 무엇인가를 암시한다. 즉, "성경 및 연관된 주제들"이 그것이다. 성경은 인간으로 하여금 자신이 어디서 와서 어디로 가는가를 알도록 하나님께서 인간에게 주신 계시된 하나님의 말씀이다. 또한 사랑의 하나님이 인간에게 의도한 영원한 길에 온전히 따를 수 있도록 그리고 인간이 하나님이 바라는 삶을 완전하게 영위할 수 있도록 하는 하나님의 말씀이 바로 성경인 것이다. 그러므로 성경은 기독교 교육의 근간(根幹)이 되는 내용인 것이다. 그리고 성경은 그저 한 권의 책으로서의 성경이 아니며 역사적 문헌이나 근본적인 사회적 기독교의 표상(表象)으로서의 성경이 아니다. 바로 하나님의 말씀으로서의 성경이며 생명의 말씀으로서의 성경인 것이다. 참된 그리스도인 교사가 성경에서 발견하는 것은 '단순한 한갓 기록이나 멋진 문학과 좋은 도덕의 보배함도, 일련의 문서도, 진리의 보고(寶庫)도 아니다. 그것은 강력하게 생동하는 하나님의 말씀으로서

영혼을 헤집고 들어가 회개와 신앙을 심어주며 그리스도 안에서 영혼을 변형시켜 양육시키게 하는 것이다."

"연관 과목들"은 교사가 성경의 내용을 명확하게 이해시키기 위하여 알 필요가 있는 것들을 포함한다. 교사는 교재에 대한 철저한 지식뿐만 아니라 성경 지리, 고대 역사, 성경에 나오는 고대의 기물(器物)과 습관 및 선교 원리와 선교 과정 등에 익숙해야만 합니다. 아주 철저할 교사라면 당연히 구비하고 있어야만 하는 다른 분야의 지식이 있다. 즉, 교회사의 지식 특히 자기가 속한 교회의 역사에 관한 지식, 교회의 원리가 되는 교리의 이해, 오늘날의 사회적이며 역사적인 거대한 운동 및 일상 생활의 사건들에 대한 상식 등이 필요한 것이다. 문학, 음악 및 미술 등의 거장(巨匠)들을 아는 것도 아주 유용한 도움이 될 것이다.

② 교사의 두 가지 연구

주제를 파악하기 위하여 배우는데 있어서 교사가 하는 연구는 두 가지 형식이 있다고 하겠다. ㉮ 일반적인 것으로서 그가 가르치고자 하는 내용에 관하여 자신을 완전하게 그리고 전반적으로 접근시킨다는 것, ㉯ 특수한 것으로서 개별 수업 준비를 철저히 한다는 것 두 가지가 바로 그것이다. 그리스도인 교사에게 주어져 있는 엄청난 자료는 성경이기 때문에, 그리고 교사는 다른 어떤 책보다도 성경을 더 잘 알아야 하기 때문에 이 대목의 나머지는 교사가 성경을 어떻게 연구해야만 하는가를 고찰하는 데 주어지겠다.

A. 성경을 알기 위하여 배우는 교사

효율적인 교사는 항상 자신의 가르치는 것에 대해 한 사람의 학생이 된다. 어떤 분야의 과목이든지 간에 지적으로 그리고 실감나게 가르치기 위해서는 그 과목의 내용 전체에 숙달되어야만 한다. 과목 전체에 대한 철저한 이해가 없이는 자료를 구성할 수도 없고 구성된 자료라 하더라도 학생들의 요구 사항을 만족시키지 못한다. 과목이 어떠한 것이든지간에 교사는 계속적으로 자신의 축적된 지식의 내용을 신선하게 보존하고 자신의 영역을 확장시킴으로써 연구를 해나가야만 한다. 이것이야말로 좋은 교사가 되기 위하여 지불해야만 하는 대가이다.

a. 진정한 연구는 무엇인가?

그러므로 모든 교사는 연구의 의미와 목적을 이해하고 자신을 부추겨 연구, 조사, 숙고 및 문제를 해결하는 데에 애착을 가져야 할 필요가 있는 것이다. "모든 참된 연구는 천착(穿鑿)해가는 사고를 지니고 있다. 즉, 문제를 해결하고 정신을 다하여 발견하며 진리를 향한 물음을 던지는 것 등을 포함하는 것이다. 다른 사람의 사고를 어떤 사람의 생각 속에 무비판적으로 주입하는 것, 이미 알고 있는 것을 명상하는 것, 다른 사람이 말한 것을 암기하는 것 등은 연구에 필요한 보조 역할을 하는 데에는 가치가 있을지 모른다. 그러나 그러한 것들은 본질적인 연구가 아닌 것이다. 참된 어의(語意)에서 볼 때, 연구란 정신이 어려움과 문젯거리 또는 신기한 상황에 직면할 때라야만 생겨난다. 연구 과정의 첫걸음은 어려운 상황을 파악하고 그것을 규명(糾明)해 나가는 것이다. 그런 연후에 해결의 가능성이 경험에 근거한 합리(合理)에 의해 암시되는 것이다. 이 때 기반이 되는 경험은 자기 자신의 경험과 아울러 종족(種族)의 경험도 포함한다. 그리하여 도달된 결론들은 조심스럽게 관찰과 확증에 의하여 검토되어야 하는 것이다.[3]

자신을 효율적인 연구를 위한 방향으로 부추겨 가기를 원하는 사람에게는 몇 가지 실제적인 조언(助言)이 있겠다. 좋은 신체적인 조건을 유지한다. 빛, 기온, 통풍, 정신적인 쾌활 등을 연구에 맞도록 조절한다. 연구할 수 있는 규칙적인 시간과 장소를 가진다. 연구의 체계적인 습관을 형성한다. 관심 및 주의하는 태도를 유지한다. 연구의 목적을 결정한다. 문제해결적인 태도를 취한다. 소중하게 기록을 남기고 밑줄을 친다. 그리고 연구를 위한 충분한 동기를 지닌다. 이상이 그러한 조언이 되는 것이다.

b. 왜 그리스도인 교사는 성경을 연구하는가?

그리스도인 교사가 성경을 연구하는 동기는 성경 전체에 대한 일괄적인 지식을 얻되 그 지식으로 성경 학자가 되고자 하는 것이 아니라 학생들에게 진리를 올바르게 해석해주고자 하는 것이다. 교사의 성경 연구의 목적은 성경을 주경학적(註經學的)으로 이해하자는 것이 아니라 성경의 내용을 올바르게 이해하자는 것이다. 세밀한 구체적인 지식이 가장 큰 도움이 되겠지만, 성경의 실제적인 지식을 얻기 위하여 갖가지 교묘한 것을 통달할 필요는 없는 것이다. 어느 누구도 66권의 성경책에 대한 지식이 없이는 성경의 어느 부분도 뛰어나게 가르칠 수가 없는 것이다. 전체

---

3) G. S. Dobbins, *How to Teach Young People and Adults in the Sunday School* (Nashville: Sunday School Board of the Southern Baptist Convention, 1930), p. 64.

에 대한 포괄적인 이해가 없이는 부분적인 내용을 가르치기 위하여 준비한다 하더라도 그 준비는 아주 짐스러울 것이며 결국 성과를 얻지 못하고 말 것이다. 그러므로 교사는 성경을 소량만 또는 단편적으로 따로 따로 연구할 것이 아니라 한 권의 책으로서 연구해야만 하는 것이다.

c. 효과적인 성경 연구의 조건

성경을 가장 적절하게 연구하는 데에는 어떤 기본적인 조건들이 있다. 이러한 조건을 만족시키는 사람은 비록 가장 형편없는 방법을 쓴다 하더라도 가장 좋은 연구 방법을 쓰지만. 이러한 조건들을 만족시키지 못한 사람보다 더 많은 것을 성경에서 얻을 것이다. 첫째로, 진정으로 성경을 알고자 하는 사람은 거듭나야만 한다. 자연인(自然人)은 성령의 인을 받지 못한다. 학생을 이해하고 유능한 성경 교사가 되기 위해서는 영적인 사고를 할 수 있어야만 한다. 둘째로, 성경을 알기 위해서는 성경을 사랑하여야만 한다. 그저 의무감에서가 아니라 진정한 욕구를 지니고 연구하여야만 하는 것이다. 셋째로, 성경을 알고자 하는 사람은 기꺼이 어려운 작업을 할 수 있어야 한다. 성경의 은폐(隱蔽)된 보화는 파헤침이 없이는 발견될 수가 없다. 연구는 근면한 노력으로 경주(傾注)함을 의미한다. 넷째로, 성경 학도는 절대적으로 하나님 앞에 뜻을 드리는 자가 되어야 한다. 그러한 복종이 없이는 명료한 시각(視角)과 성령이 주는 진리의 계시를 위해 필요한 정신적인 온순함을 결하게 되며, 또한 이러한 계시가 없이는 어느 누구도 성경을 이해할 수가 없다. 다섯째로, 드러난 빛에 따라 복종해야만 한다. "그저 말씀을 듣는 자가 되지 말고 그 말씀을 행하는 자가 되라." 해야만 하는 모든 의무를 하나 하나 실행하지 못할 때, 알아야만 하는 진리가 흐려지는 법이다. 여섯째로, 아이와 같은 정신적 상태가 핵심적이다. 성경을 알고자 하는 자는 단순하게 신뢰하는 믿음, 온순함 그리고 진리를 편견없이 받아들이는 태도 등을 특징적으로 지니고 있어야 한다. 일곱번째로, 성경은 하나님의 말씀으로서 연구되어야만 한다. 여덟번째로, 성경은 기도의 정신으로 연구되어야만 한다. 하나님을 단순하게 믿고 찾는 것과 하나님께 당신의 뜻을 밝혀달라고 요청하는 것이 진지하게 성경의 내용을 알고자 하는 자에게 지적인 노력에 수반되어야만 하는 것이다.

성경을 전체로서 일반적으로 숙지하기 위해서 연구의 몇 가지 효과적인 형식을 사용할 수가 있겠다. 성경 내용을 최선으로 그리고 실제적으로 파악하고자 하는 그리스도인 교사는 어느 때에든지 이러한 여러 조건들과 방법 안에서 연구하는 것이

제5장 그리스도인 교사의 준비 99

바람직하다는 것을 알게 될 것이다. 그러나 개인적으로는 자신의 개인적인 성격과 과거의 경험으로 보아 가장 호감이 가는 특별한 연구 방법으로 택하여 주로 그 방법을 따르고자 할 수도 있겠다.

  d. 성경 연구의 종합적 방법
  우리는 창세기에서 시작하여 요한계시록에 이르기까지 그 전체를 일관하는 어떤 성경관(聖經觀)을 지닌다. 그러한 형태의 연구는 통일성(統一性)을 주며 진리에 대한 일면성이나 부분적인 견해를 방지하는데 도움이 된다. 또한 그러한 종합적인 연구는 어떤 관점을 형성함으로써 특별한 교육이나 분야를 과도하게 강조하는 것을 용납하지 않는다. 지루함과 자칫 흥미를 잃게됨을 방지하기 위하여 한번에 동일한 형태의 내용을 너무 오랫동안 읽거나 연구하지 않도록 하여야 할 것인데, 위에서 제시한 종합적인 방법을 사용함으로써 구약과 신약을 동시에 연구할 수가 있는 것이다. 매일 여섯 장씩 읽으면 일 년 만에 성경을 통독할 수 있다. 간단한 계획으로는 세 가지 부분을 매일 두 장씩 읽는 방법이 있다. 창세기와 시편과 신약의 세 부분에서 시작하는 것이 그 일례가 되겠다.

  e. 한 권씩 성경을 연구하는 것
  이것은 아주 좋은 방법이다. 초보자는 짧은 성경책을 선택하되 비교적 쉬우면서도 내용이 풍부한 것으로 하는 것이 좋다. 그러한 연구의 첫걸음은 그 성경의 일반적인 내용을 숙지한다는 것이다. 쉬지 않고 자리에 앉아 어려운 문제들을 다루면서 그 성경을 읽는 것은 초보자에게 좋은 방법이다. 이러한 연구 방법을 아주 효과적으로 사용했던 어느 설교가는 말하기를 한 성경책을 초보 단계에서부터 심층적인 단계에까지 백 번을 통독했다고 한다. 책의 소개가 되는 개괄을 하고 책의 윤곽을 파악하고 중요한 구절을 특별히 새겨두는 것 등은 그 다음의 작업이 될 것이다. 마지막으로, 각 절들은 분류되어 있는 전체 연구의 결과와 명상 과정에서 발견된 것 등을 바탕으로 하여 연구되고 고찰되어야만 한다. 이러한 종류의 성경 연구는 정신 및 마음에 아주 풍부하고도 만족한 결과를 가져다 준다.

  f. 주제별 성경 연구
  이것은 아주 체계적이며 철저하고 또한 정확한 방법이다. "하나님", "믿음", "구원", "기도", "그리스도", "성령" 그 외 여러 가지 주제들은 좋은 성경용어사전이나 관주 성경을 보조로 사용함으로써 연구될 때 흥미있고 아주 적절한 훈련이 될 것이다. 성경을 연구할 때 종종 도움이 되는 것 중의 하나는 주제별 색인이다. 그러한 주제별 색인에는 많은 중요한 주제에 관한 참조사항이 개괄적인 형식으로 나타나 있다. 그러한 요점의 도움으로 중요한 주제들은 심층적으로 연구할 수 있게 된다.

g. 인물 중심의 성경 연구

이 방법을 사용하기 위해서는 위대한 인물들을 차례로 선정하여 그 인물에 관한 모든 구절들을 모으고서 그 인물을 분석해야 한다. 장점과 약점을 기록하고 교훈이 될 만한 사항을 요약해두어야만 한다. 그리하여 하나님에 대한 인간의 옳고 그른 태도 및 인간을 직접 다루시는 하나님에 대한 일면을 배울 수가 있다. 그러한 모든 교훈은 학생들의 생활뿐만 아니라 교사 자신의 영적인 발전을 위해 적용될 수가 있다. 이러한 연구 방법은 아주 바람직한 결과를 가져오는 흥미있는 방법이다.

h. 유형별 성경 연구

이러한 방법을 사용하면 성경의 내용에 대한 좋은 이해를 얻을 수 있다. 구약성경은 신약성경이 나타내고 있는 사실을 암시적으로 말하고 있다. 율법은 "장차 오는 좋은 일의 그림자요 참 형상이 아니므로"(히 10:1). 유형별로 연구하는 데에는 명칭과 지역에 대해 충분히 그 뜻을 밝히고 있는 모든 성경에 관한 참고서들을 조사할 필요가 있다. 이러한 방법을 사용하는 사람은 성경에 의해 보증을 받지 못하는 해석이나 가공적(架空的)인 것은 항상 경계해야만 한다. 그 방법은 올바르게 그리고 주의깊게 사용될 때 비로소 성경이 담고 있는 교훈을 정확하게 이해하는 데에 대단한 도움이 될 수 있는 것이다.

i. 실제적인 효용성을 위한 성경 연구

이 방법은 풍부한 대가를 얻는 방법이다. 성경은 일종의 문화적인 서적으로 사용하라고 쓴 것이 아니라 영적인 지도를 위한 책으로 사용하기 위하여 기록된 것이다. 성경을 실제적인 목적을 위해 연구한다는 것은 학생에게 성경이 인간의 요구사항에 얼마나 완전하게 적용되는가를 알 수 있게 한다. 이러한 연구 방법을 사용하는 교사는 계속적으로 다른 사람을 위한 양식을 추구하는 가운데 자기 자신도 양식을 먹게 되는 것이다. 직면해 있는 문제와 어려움, 짐 또는 혼란된 상태가 어떠한 것이든지 간에 성경은 그러한 것들에 빛을 던지고 안전과 쉼을 제공하는 내용을 지니고 있다.

B. 교과 내용을 알기 위하여 배우는 교사

배우는 학생들에 대한 지식과 이러한 학생들에 가르쳐지는 성경에 관한 일반적인 지식은 교사가 알아야만 하는 두 가지 지식이다. 그 다음으로 가르쳐지는 특수한 진리에 관한 지식이 온다. 가르침을 준비하기 위하여 교과내용을 연구하는 것은 모든 그리스도인 교사가 철저히 숙달해야만 하는 상항이다. 메리온 로렌스(Marion Lawrance)는 말하기를, "오늘날 교회에서 가장 절실히 요구되는 것은 정성을 다하여 준비하고 영혼을 부어 넣어 표현하고 전 생명력을 바쳐 설명하고자 하는 훈련된 교사들이다"라고 했다. 성공을 중히 여기고 학생들에 대한 책임감을 지니고 있는 교사라면 어느 누구도 내용에 관한 개별적인 지식에 의존하거나 몇 분간의 성급한 교육 준비를 믿고서 교실에 들어가 가르치려고 하지는 않을 것이다.

a. 연구자료

교과 준비에 중요한 요소의 하나는 자료의 원천이다. 분명히 성경은 기독교 학교의 주교재이므로 성경이 교과의 첫 연구 자료가 되어야 한다. 좋은 보충 교재가 상당한 도움이 될지라도 교사가 그러한 보충 교재에 우선적으로 의존해서는 안된다. 보충 교재는 항상 성경과 함께 사용되어야 하며, 결코 동떨어져서는 안된다. 나아가 보충 교재는 성경이라는 주교재의 의미를 조명해주는 목적으로 사용되어야만 한다. 참 교사는 보충 교재를 사용하기 전에 성경 본문과 성경의 문맥을 연구할 것이다. 왜냐하면, 그는 성경이 최선의 자기 해석자라는 사실을 알기 때문이다. 불명료한 구절을 밝히는 최선책은 성구와 성구를 비교하는 일이다.

이러한 맥락에서 여러 가지 종류의 성경이 있다는 사실이 당연히 인식되어야 할 것이다. 예를 들면, 뒷부분에 유익한 역사적, 지리적, 사전적 및 여러 다른 종류의 도움란이 부가되어 있는 성경이 있는 것이다. 이러한 도움란은 상당히 가치가 있으나 그 대부분은 다른 책에서 발견할 수 있는 것들이다. 또한 여러 구절에 주(註)나 기록을 단 성경도 있다. 말하자면, 일종의 주석이 본문에 부가되어 있는 것이다. 그러한 설명들이 특히 초보자에게는 어떤 목적으로 볼 때에는 가치가 있지만, 자칫 독자적인 사유(思惟)를 감소시키는 위험성이 있다. 왜냐하면, 학생들은 주석가의 의견을 그 기초도 고찰해보지도 않고서 자신의 것으로 받아들이는 자연스러운 경향이 있기 때문이다. 교사가 사용하기에 가장 좋은 류의 성경은 연쇄적으로 된 관주(貫註)를 단 성경인데 그것은 구절들을 독립적으로 연구할 수도 있고 구절과 구절을 비교해서 연구할 수도 있다. 교사가 자기 학생들을 위해 해야만 하는 중대한 일 한 가지는 학생들이 독자적인 진리의 탐구가가 되도록 하는 것인데 교사 자신이 참 탐구가가 되지 않는 한 그 일은 불가능한 것이다. 교사가 성경을 연구하는데 도움이 되는 한 가지는 좋은 지도이다.

교사가 가지고 있어야만 하는 다른 자료를 들자면 영어 사전, 좋은 성경 사전 그리고 스트롱(Strong), 영(Young) 또는 크루덴(Cruden)의 완벽한 성경용어 사전 등이 있겠다. 난해한 구절들에 대하여 성경 학자들이 어떠한 해석과 설명을 하고 있는가를 확인하기 위하여 당연히 좋은 성경주석을 사용할 수 있다. 예를 들면, 그레이(Gray)의 『그리스도 일꾼의 주석』(Christian Vorlcer' Commentarx)은 좋은 저작이라 할 수 있을 것이다. 더욱 세밀한 주석을 원하는 사람은 제미슨(Jamieson) 포셋(Fausset) 및 브라운(Brown)의 완전히 한질로 된 주석이 좋을 것이다.

b. 연구 계획

교사의 수업 준비에 있어서 두번째로 중요한 요소는 연구 계획이다. 성공적인 연구를 하려면 체계적으로 연구를 해야만 한다. 많은 시간을 쓰고서도 제대로 수업 준비를 하지 못한다면, 그렇게 그저 많은 시간을 소비한다는 것은 결코 무모한 짓이다. 계획되지 않은 연구는 잘 준비될 수가 없지 않겠는가? 그러므로 모든 교사들은 최선의 결과를 성취할 수 있는 계획을 세워 준수해야만 할 것이다. 모든 교사들에게 다같이 바람직하면서 또한 도움이 되는 그러한 통일된 계획이란 결코 있을 수 없다.

성경에 나타난 교훈을 연구하고자 하는 교사는 우선 낱말들의 의미를 이해하는 것이 필요하다. 그리고나면 그 낱말들에 연관된 의미를 확인하는 것이 필요하다는 사실을 알게 될 것이다. 그 연후에 교사가 그렇게 파악된 의미들이 어떻게 실제로 적용되는가를 알고자 할 것이다. 바꾸어 말하면, 첫째는 교훈이 들어 있는 단순한 본문이 중요하고 둘째는 그 본문을 가르치고자 하는 계획이 중요하며 마지막으로는 가르쳐진 진리의 적용이 중요한 것이다. 교사가 말하고 있는 것이 무엇인가, 말하는 바의 의미가 무엇인가, 그리고 이 모든 것이 학생들에게 무슨 관계가 있는가 등을 알고자 하는 것이다.

c. 학생들에게 요구되는 사항에 연관된 연구

교사가 연구할 때에는 당연히 자기 학급의 학생 개개인을 염두에 두어야 한다.

교사가 학생 개개인을 계속 살피고 그들에게 요구되는 사항을 연구하면 성령의 인도 하에 도움을 줄 수 있는 길이 열릴 것이다. 그렇게 할 때, 교사는 교과 내용 중에서 학생 개개인에게 유익한 특별한 부분을 찾게 될 것이고 또한 파악하게 될 것이다. 이렇게 학생에 관해 연구하거나 학생이 개인적으로 무슨 일을 할 때에 지도 및 안내를 하는 데에 가치를 발휘할 것이다. 그리스도인 교사는 모든 연구에 있어서 자신의 삶을 풍성하게 하는 저수지(貯水池)의 문을 열어야 할 것이다. 초오서(Chaucer)의 목사와 같이 교사는 자기 자신이 먼저 따라갔던 그 길 안으로 다른 사람들을 가르치고 있을 것이다.

d. 가르칠 수 있는 것 이상을 안다는 것

열심인 교사에게 유익이 될 수 있는 아주 건전한 한 가지 경고는 모든 교과에는 교사 자신이 가르치고자 기대하는 것보다는 훨씬 많은 내용이 들어 있다는 사실이다. 가장 철저하게 준비하는 사람은 때때로 그가 수집한 자료들을 모두 다 전달하기에는 시간이 너무나 짧다는 것을 발견하게 될 것이다. 그가 알고 있는 것의 변죽만 울리는 식으로 강의하는 교사는 형편없는 교사이다. 모든 사람은 자신이 제시할 수 있는 것보다 훨씬 많은 것을 알아야만 한다. 괴테(Goethe)는 말하기를, "학생들에게 알리고자 하는 양만큼만 알고 있는 교사보다 더 나쁜 것은 없다"라고 한다. 참된 교육을 위해서는 교사가 교과 내용에 대해 얼마나 알고 있는가 하는 문제는 교사가 학생들에게 얼마만큼의 변화를 일으키고자 하는가 하는 문제 못지 않게 중요하다. 가르칠 수 있는 것보다 훨씬 많은 것을 알고 있는 교사는 배우는 사람들에게 요구되는 사항에 적합한 것을 저장한 내용 중에서 이것 저것 선택할 수가 있다. 교사가 무엇을 가르칠 수 있었느냐가 아니라 교사가 가르쳤기 때문에 학생에게 어떠한 일이 일어났느냐 하는 것이 교육의 가치를 평가하는 시금석이다.

e. 기도에 의존하는 것

끝으로, 모든 그리스도인 교사의 연구는 성령의 능력과 인도함에 의존하여 행해진다고 하겠다. 교사는 기도 안에서 교과내용을 대하고, 기도를 통하여 교과내용을 이해하고, 나아가서 기도에 의하여 그 교과내용을 학생들의 삶에 담을 수 있도록 해야 할 것이다. 열성적인 기도는 교사가 아주 큰 장애를 극복할 수 있게끔 도움을 준다. 그리고 기도로서 그는 그리스도를 위하여 정복해나가는 것이다. 교사가 훈련에 의하여 어떠한 것을 지니게 되든지 간에 그리고 그가 연구하는 노력으로서 무엇을 행하는지 간에 하나님에 의하여 취하여져 사용되는 것으로서 학생들의 생활에 영적인 결과를 낳게 하는 도구적(道具的)인 힘은 한 가지뿐이다. 기독교 교육은 인간적인 노력의 능력이나 힘 안에서 행해지는 것이 아닌 것이다.

(3) 교육 방법에 관한 지식

학생들을 알고 성경도 알고 교과내용에 관한 지식도 잘 구비했지만 효과적으로 가르칠 수 있는 것은 아니다. 수행되는 모든 것은 어떤 방법에 의해 행해져야만 한다. 경험과 관찰에 비추어 보아 다른 것들보다도 더욱 효과적인 시행 방법이 있음을 알 수 있다. 어떤 종류의 방법이든지 간에 방법이 없이는 어떠한 가르침도 있을 수가 없는 법이다. 다른 것에서와 마찬가지로 교육에서도 어떻게 하는가를 알고 있는 자가 최선의 결과를 얻게 되는 것이다. 기독교 교육이라고 해서 일을 행하는 자가 그 일을 어떻게 하는가를 알아야만 한다는 사실이 덜 중요하다는 사실을 수반할 수는 없다. 무엇을 가르칠 것인가를 알기까지는 어느 누구도 가르치고자 할 수 없는 노릇이지만 그것과 아울러 가르치고자 하는 자를 반드시 어떻게 가르칠 것인가를 알아야만 하는 것이다.

주제에 관한 지식과 지식을 실제적으로 그리고 효과적으로 다른 사람들에게 소용이 닿게 하는 것은 전혀 별개의 것이다. 의학에 관하여 많은 것을 알고 있다 하더라도 그 지식을 개개의 경우에 응용할 수 없는 의사에게 육체의 질병을 치료하기 위하여 몸을 맡길 사람이 누가 있겠는가? 주택을 원하는 사람에게, 다양한 건축 모형에 관한 모든 것을 알고는 있지만 건축 재료를 요소 요소에 정돈할 수 없는 건축가나 도급자(都給者)가 무슨 소용이 있겠는가? 그와 마찬가지로 아무리 학생들을 잘 알고 가르칠 내용을 통달했다 하더라도, 아는 것을 올바로 사용하여 학생들의 생활에 변화를 가져올 수 없는 교사는 아직 준비를 갖추지 못한 상태이다. 그리스도인 교사에게 있어서 성경을 학생들의 생활 속에 살아 움직이게 하지 못한다면 그 성경까지라도 죽은 책에 불과한 것이다.

① 모든 교육은 행해지는 방법이 있다

모든 교사들은 어떠한 교육 방법을 사용한다. 그 방법은 잘못이 있거나 부주의하거나 비효과적이거나 심지어 나약하거나 해로울 수도 있다. 한편, 강력한 장점을 지니고 있어 아주 효과적일 수도 있다. 성공적으로 교육을 행하려면 교육을 맡은 교사가 학습 방법과 그 기초가 되는 사항들을 이해하여야만 한다. 그 기초적인 사항이란 학생들의 요구와 관심과 능력에 부합되는 내용과 자료와 행위 등을 조직하고 제시하고 취급하는 것을 일컫는다. 자신의 업무에 수련이 되어 있고 헌신적으로 임하는 그리스도인 교사는 두 가지 위험을 주의할 필요가 있겠다. 부주의하고 위험한 방법인데도 그러한 방법에 의존하는 것은 성령의 역사(役事)를 방해한다. 그러나 신중하게 잘 계획하는 교사의 행위와 성령의 역사 간에는 아무 충돌이 있을 필요가 없다. 오히려 합리적이라고 여겨지는 것은 성령께서 신중하게 그리고 지적으로 준비하지 않고서 학급을 가르치고자 하는 교사보다도 정당한 방법을 선택하고 좋은 계획을 세우는 교사를 더 잘 사용하신다는 생각이라 하겠다.

② 원리와 방법

교육의 방법에는 여러 가지가 있다. 그리고 완전히 일치하는 교육적 상황이란 결코 있을 수 없다. 더욱 정확하게 말하면, 일괄적인 교육 방법이란 결코 없으며 성공적으로 교육하고자 하는 교사라면 누구든지 숙달해야만 하는 교육의 원리라고 할 수 있는 기초적인 다양한 "방법들"이 있을 뿐이다. 그러므로 교사가 가르칠 때에 그는 심중에 두고 있는 목표를 최선으로 성취하기 위한 과정으로서 임의의 형태를 취할 수 있는 것이다. 모든 교과 내용이 동일한 방법으로 교수(敎授)될 수는 없다. 동일한 결과를 가져오는 데도 불구하고 어떤 학생은 이러한 방법으로, 어떤 학생은 저러한 방법으로 다루어질 수 있는 것이다. 또한, 어느 교사가 다른 동료 교사가 절망적인 결과를 초래한 방법을 동일하게 사용하는 데도 불구하고 성공적인 결과를 가져올 수도 있는 것이다. 그러나 어떤 목표를 성취하기 위해서는 그 목표와는 전혀 다른 결과를 가져온 바 있는 방법보다는 다른 방법을 사용하는 것이 바람직하다 하겠다. 학생들의 연령과 성숙도, 학급의 태도와 관심, 연구를 위한 장치와 설비 및 자료 등은 교사가 교육자료를 최선으로 표현할 수 있는 방법을 결정하는 데에 한 부분을 차지하는 요소들이다.

그러나 반복해서 말하건대 방법을 선택하는 일을 위해서는 좋은 교육의 기초가 되는 원리들을 교사가 알아야만 하는 것이다. 이러한 원리들은 어떠한 것들인가? 여러 저술가들이 다양하게 기술해왔다. 그러나 가르치는 방법을 알고자 하는 교사라면 다음 일곱 가지 원리들은 연구해야만 한다 하겠다. 이 일곱 가지 원리들 중에서 몇 가지는 본서의 앞 부분에서 다루어진 바 있으며 그중 몇 가지는 많은 지면을 할애하여 기술하게 될 것이다. 간단하게 말하자면 다음과 같다.

A. 학습없는 교수(敎授)란 없다

따라서 교사는 학습이 어떻게 이루어지며 학생들의 행위들은 어떻게 지도할 것인가를 알아 바람직한 성장과 적응이 결과되도록 해야만 한다. 학생들이 무엇을 배우는가 하는 것은 사용된 교육 기술(技術)의 효율성을 측정하는 시금석이다.

B. 학습은 학생들의 소관(所管)이다

모든 학습은 자율적인 행위를 통해 이루어진다. 교사의 행위가 아무리 잘 이루어진다 하더라도 그 자체로 학습을 배태(胚胎)하지 않는다. 말하는 것은 교육이 아니다. 강의하는 것이 교육이 아니다. 행함이 교육은 아니다. 교사가 전적으로 어떤 상황하에서 학생 개개인에게 어떤 사항들에 관한 반응을 일으켰을 때에만 그들은 배우고 그러한 교사의 일들을 상기할 것이다.

C. 학생의 동기부여는 자신의 학습내용을 결정한다

관심은 추구되고 유지되어야만 하며, 주의는 환기되고 지속되어야만 한다. 학습의 행위들은 적절하게 유발되어야만 하며 구체적으로 작정된 학습 효과를 위하여 지도되어야만 한다.

D. 개별 시기의 학습자의 정신적 상태는 학습 반응의 성격을 결정하는 데에 가장 유력한 역할을 한다

교사는 신체적, 정신적 및 감정적 조건들을 최선으로 확보하기 위하여 능력이 닿는 한에서 모든 조치를 취해야 한다.

E. 다양한 학습 방법들은 다양한 교육의 필요성을 구성한다.

과정의 형식적인 양태에 현혹되지 않는 지적인 교사는 어떠한 종류의 도구를 사용하느냐는 문제보다는 어떻게 일을 해나갈 것인가 하는 문제에 보다 먼저 관심을 가질 것이다. 주제(主題)와 마찬가지로 도구(道具)는 목적을 위한 수단이다.

F. 교사는 각기 구분된 교과내용의 교수(敎授)를 위하여 가장 신중하게 그리고 철저하게 계획할 필요가 있다

목표는 가장 명료하게 작정될 필요가 있으며, 주제는 학습 단계에 따라 설정될 필요가 있으며, 준비는 학습 과정의 매단계마다 따로 이루어질 필요가 있다.

G. 모든 교사는 자신의 방법을 계속적으로 개선해 나가야만 한다

교사는 전교수 과정을 분석하며 끊임없이 자신을 평가할 필요가 있다. 교사는 모든 교육 상황에서 신중하면서도 실험적인 태도를 견지해야만 한다. 자기 비판이 없이는 성장이 있을 수 없으며, 성장하지 않는 교사는 바로 형편없는 교사인 것이다.

(4) 학교를 안다는 것

최대한으로 효과를 올리기 위해서, 교사는 자신이 가르치는 학교를 이해할 필요가 있다. 모든 학교는 일종의 기관(機關)이다. 자신의 위치를 제대로 충족시키기 위해서는 기관에 소속되어 있는 어느 누구든지 그 기관이 기능하는 방식이 관한 것들을 알아야만 한다. 교회 학교는 기독교 교육을 시행하기 위하여 존재한다. 학생들을 하나님의 일에 관하여 또한 그 안에서 가르치고 훈련시킴으로써 종국에는 성숙한 그리스도인이 되게 하는 것이 바로 교회 학교의 기능이다. 그러므로 교회 학교도 하나의 학교임에 틀림이 없다. 교회 학교는 학교와 같이 행정이 이루어져야 한다. 기관에 속한 모든 구성원은 전체 업무에 관한 책임간을 가지고 있으며, 각자는 자신의 위치를 알아 고수해야 한다.

어느 학교에서든지 교사는 그 중심에 위치한다. 왜냐하면, 학교가 아무리 크고 잘 조직되어 있다 하더라도, 학교의 기능이 충분하게 발휘되느냐 안되느냐의 여부는 교실 안에 있는 교사의 업무에 달려 있는 것이기 때문이다. 교사가 실패하면, 학교가 실패하는 것이다. 외관(外觀)과는 상관없이 학교는 그 안에서 이루어지는 교육의 상태에 전적으로 의존해 있는 것이다. 좋은 교사들은 좋은 학교를 만드는 것이다. 그러므로 교사의 위치는 학교에서 가장 중요한 위치인 것이다.

그러나 교회 학교는 학생에서부터 교사, 교사에서부터 교장, 교장에서부터 성직자에 이르기까지 모든 위치의 책임이 적절하게 배분된 상태에서 행정이 이루어져야 한다. 교장은 교육의 직무를 보호하고 신장(伸張)시키는 것이 자신의 주무(主務)임을 인식해야 한다. 교사는 기관 내의 다른 구성원들과의 연관하에서 자신의 책임을 이해함으로써 학교가 존속하는 대전제가 되는 목적의 성취를 위하여 모든 사람들과 더불어 조화가 되게끔 일할 수 있어야 한다. 교회 학교 내의 각자가 자기의 업무를 효과적으로 수행함으로써 전체의 업무가 성공적인 결과를 지향하여 진행될 수가 있는 것이다.

3. 교육 준비로서의 관찰

　단순한 지식의 획득은 그것이 아무리 완벽하고 철저하다 하더라도, 교육 준비의 완성을 위해서는 부적절하다. 사람은 어떠한 종류의 행위를 수행하든지 간에, 자신이 하고자 하는 바를 표출하는 어떤 모델 또는 정신적인 유형에 의해 한다. 그리스도인 교사에게 있어서 그러한 유형을 갖추기 위한 최선의 방책은 교육을 관찰하는 것이다. 교회 학교에 자기나 다른 교사들이 가르치고 있는 학생들과 동일한 연령의 학생들에 대한 공립학교 교사들의 좋은 교육을 예리하게 관찰함으로써 특수한 교육적 상황들을 연구하며 바람직한 어떤 독특한 반응을 어떻게 확실히 유발시킬 수 있는가를 설명할 수 있는 기회를 얻을 수 있다.

　가장 효과적으로 관찰을 하기 위해서는 어떤 조건들이 만족되어야만 한다. 첫째, 관찰자는 우선 관찰하고 있는 것이 효과를 지적으로 판단하기 위하여 그 관찰되는 일의 단계를 충분히 연구하여야 한다. 둘째, 경험이 없는 관찰자는 관찰의 주제를 몇 개로 한정시켜 그 각 주제의 본질적인 면을 예비적으로 연구해야만 한다. 너무 많은 것들을 기록해두고자 하면 혼란이 야기될 것이다. 셋째, 관찰자는 그가 보고 있는 교육의 현황에 관하여 개방된 태도를 견지해야만 한다. 사람들은 자기가 배운 교육을 편견적으로 선호(選好)하는 아주 강한 경향을 지니고 있다. 학급 내의 학생의 관점은 너무도 상이하기 때문에 학생이 학급에서 가장 잘 이루어진 것이 무엇인가 하는 것, 특히 가르침에 관해서 그럴듯한 것을 지적으로 모을 수는 없다. 그리고 심지어 오늘날의 최상의 학교에서 유행하는 교육 방법으로서 완전하게 평가되고 있다 하더라도 그 방법들이 안전하게 모방할 수 있을 만큼 그렇게 좋지 않을 수도 있다. 관찰자는, 실제로 무엇이 행해지고 있는가 그리고 추천할 만한가 또는 비난할 점은 없는가 하는 관점에서 보아 받아들여도 좋을 것인가 거부해야 할 것인가를 파악할 수 있을 정도로 마음이 개방되어 있어야만 한다.

4. 교육 준비에서의 실습

　어느 누구도 실습이 없이는 교육의 기량을 개발할 수는 없을 것이다. 해봄으로써만 행하는 법을 배울 수 있는 것이다. 그러나 단순한 연습은 결코 완전할 수가 없다. 연습이 올바른 과정을 따라 행해지지 않는 한, 그 연습은 요령없고 낭비가 심하고 불완전한 것이 되고 말 것이다. 정확한 지식을 기반으로 하여 연습을 함으로써, 언제, 어디서든지 계속적으로 수정하고 개선할 수 있는 적절한 준비와 더불어 건전한 이론과 폭넓은 관찰을 확장해갈 수 있는 것이다. 특별히 교육에 경험이 있는 사람에게는 더하겠지만 다른 사람들로부터 받은 비판을 종합적으로 구성함으로써 연습의 가치를 더욱 크게 할 수 있을 것이다. 그러나 연습을 하는 개개인은 정보와 아울러 자기 비판에 필요한 표준을 알고 있어야만 한다. 최후의 분석에 있어서 모든 비판은 자기 비판이 되어야만 한다. 왜냐하면, 자신이 가지고 있는 표준에 비추어보아 그 비판을 수용하고 그 비판에 의미를 부여함으로써만 그 비판을 자신에게 효과가 있기 때문이다.

5. 교사의 준비에 유용한 방편

뜻이 있는 곳에 길이 있다고 한다. 좋은 훈련을 확실히 쌓고자 하는 교사는 어떻게든 그리고 어떠한 방식으로든지 그 뜻을 이룰 수가 있는 것이다. 종합대학을 비롯한 여러 대학들과 신학교 그리고 몇몇 성경 연구소는 종교교육의 다양한 단계를 강조하는 과정을 개설하고 있다. 그러한 기관에 참여하는 특권을 누릴 수 없는 사람들에게는 다른 여러 가지 기회들이 주어진다. 여러 회합이나 캠프, 모임 등에서 열흘 또는 이 주일, 때때로는 오랜 기간에 걸쳐서 집중적인 연구를 할 수 있는 기회를 종종 마련한다. 교사 수련회 교실은 지방 교회나 단체에서 조직할 수도 있다. 그러한 교실은 일주일에 한번씩 모여 열 주일 또는 열두 주일 동안 하거나 일주일에 두 시간씩 다섯 내지 여섯 주일 동안 하거나 하루 저녁에 두 시간씩 연 닷새 내지 엿새 동안을 할 수 있겠다. 보통 일주일에 한번씩 모여 열 주일 내지는 열두 주일 동안 하는 것이 제일 좋다.

수련의 필요성을 느끼는 한 사람 또는 몇몇 교사들이나 그 필요성을 먼저 자각한 교장은 몇몇 관심있는 일꾼들을 모을 수도 있고 학급을 형성하여 교사를 선정하고 모이는 시간을 배정할 수 있는 것이다. 이러한 모임이 핵심이 되어 다른 교사들과 관계원들이 학급에 가입될 수 있는 것이다. 기독교 교육을 위해 유용하리라고 기약되는 적극적인 봉사에 참여하지 않은 사람들도 흥미를 느낄 수 있고 앞으로의 할 일에 준비할 수가 있는 것이다. 교육 원리들의 연구와 아울러 여러 교실에 자주 드나드는 것이 관찰의 목적을 위해 좋다 하겠다. 현직에서 교수하고 있는 그 교실의 구성원들은 자신들의 수업의 상태를 점검할 수 있는 기회를 갖는 게 되며 다른 사람들은 비록 경험이 없어 낙심하지 않게끔 너무 과중한 책임은 맡을 수 없지만 경험이 많은 교사를 도우거나 대신하여 일할 수 있는 것이다.

모든 주일 학교는 미래의 교사가 되고자 훈련받는 젊은이들로 구성된 정상적인 교실이나 교사 수련 교실을 당연히 지니고 있어야 한다. 이러한 교실은 정규적인 주일 학교 시간 동안에 이루어질 수 있으면 교육을 위해 모인 그 교실의 구성원들에게 적합한 어떤 구체적인 일을 할 수가 있겠다. 그리하여 젊은이들이 자기들도 교육 봉사를 할 수 있는 가능성이 있다고 확신할 수 있는 것이다. 이러한 교실에서 맺어지는 인간관계를 통하여 과거나 지금이나 시대에 따라 요구되는 교사진(敎師陣)을 보충할 수 있는 것이다.

교사 준비를 원하거나 효율적인 교육을 실시하고자 하는 한 사람 한 사람은 비록 이러한 준비에 필요한 방편들을 잘 이용할 수 없다 하더라도 실망할 필요는 없다. 그러한 사람들을 위하여 좋은 책들과 부문별로 잡지가 간행되고 있다. 모든 교사들은 자신의 교수 영역에 관한 책들을 해마다 몇 권씩 읽어야만 한다. 잡지는 매달 신선한 자료들을 제공하고 있다. 교사에게 개인적으로 개방되어 있는 또 다른 형태의 수련으로서 많은 교파들이나 여러 대학에서 개설하는 통신과정이 있다. 교사 개개인은 봉사에 임하면서 계속적으로 자신의 업무를 기록하고 자기 자신을 객관적으로 평가함으로써 자기 감독을 할 수 있다. 그리하여 자신의 교육을 크게 개선할 수 있는 것이다.

간단하게 말해서, 하나님과 타인에 관한 책임감을 지니고서 필요한 준비를 하고자 하는 심정이 간절한 자는 그 준비를 확실히 할 수가 있다는 것이다. 그러한 사람은 자기 자신이나 자신의 힘과 시간을 바쳐서 얻을 수 있는 다른 여러 유익들을 몰락시키지 않을 것이며, 그가 섬기는 하나님에게 부당한 처신을 하지도 않을 것이다. 다음과 같은 말은 모든 그리스도인 교사에게 감동적인 도전을 해올 것이다.

우연도 운명도 숙명도 결코 없으니 단호한 자의 확고한 결심을 방해하거나 완화시키거나 조절을 할 수 없으리. 재능은 사소한 것. 뜻만이 홀로 위대하도다. 어느 누구도 자신의 능력을 한정지을 수 없으리니 이는 당신이 당신의 창조주와 당신 자신을 믿기만 한다면 모든 산정(山頂)이 다 당신 것이기 때문이다. 급기야, 아직 도달되지 못한 몇몇 산정을 누군가의 발길이 딛고 서야만 하리니 어찌 그 발길이 당신 자신의 것이 아니어야 하는가? 길을 재촉하라. 그리고 이루라.

제6장 학생은 어떻게 배우는가?

가르친다는 것은 학습을 자극하고 북돋우고 나아가서 지도하는 것이다. 학습되는 무엇이 없이는 어떠한 것도 교수(敎授)될 수가 없는 법이다. 교사는 주제를 알아야만 한다. 왜냐하면, 주제가 어떤 것이냐에 따라 가르치는 데에 사용될 자료가 선정되기 때문이다. 또한 교사는 교육 원리와 교육 방법을 알아야만 한다. 왜냐하면, 그것들은 교사가 학습을 유발시키고 북돋우기 위하여 지적으로 원용(援用)할 것들이기 때문이다. 주제의 숙지나 교수 방법의 기술적 이해(技術的 理解)와 아울러 교사는 학생들의 정신 작용을 알 필요가 있다. 교사는 주제를 올바르게 사용하기 위하여 학생이 어떻게 배우는가를 알아야만 하며, 또한 교사가 학습 과정을 이해할 때에만 오로지 그 학습의 방향에 적절한 방법을 선택할 수가 있는 것이다.

(1) 방법 없는 교수는 없다

모든 좋은 가르침은 경험과 연구에 비추어 보아 좋다고 할 수 있는 어떤 방법을 수반하고 있다. 방법없는 교육, 방법에 무심한 교육 또는 나쁜 방법에 의한 교육 등 세 가지는 실패로 연결되는 확실한 첩경이다. 지식없는 열심, 이해를 떠난 열정, 올바른 과정이 무엇인지도 모르는 채 의무에만 매달리는 것, 심지어 올바로 지향된 노력을 수반하지 않는 하나님께의 봉헌 등 이 모든 것은 어떠한 것도 기독교 교육에서 바람직한 결과를 가져오는 데에 아무런 역할도 하지 못할 것이다.

(2) 기술(技術)의 기초가 되는 원리들

기술 밑에는 원리가 가로 놓여 있다. 방법을 올바르게 선택하고 선택된 방법을 적절하게 사용하기 위하여서는 교사가 학습의 원리들을 알아야만 한다. 이것에 관해서 올바로 파악해보면, 이러한 학습의 원리들이 정신 자체에 내재(內在)해 있는 법칙에 근거해 있음을 알 수 있다. 그러므로 정신이 어떻게 작동하는가, 정신 생활의 법칙이 학습의 원리 안에서 어떻게 나타나는가 그리고 이러한 원리들이 학습의 방법을 어떻게 결정하는가 등에 관한 지식은 교육의 성공에 핵심이 되는 것이다. 학생들의 정신이 어떠한 요소로써 구성되었는가를 무시한 채 학생들에게 사념(思念)을 흩뿌리는 것은 우둔하고도 무식한 방법을 사용하는 것이다. 교과 과목뿐만 아니라 학습 과정을 이해한 사람은 그 이해한 사항들이 어떻게 사용되어야만 가장 효과적인 결과를 가져올 수 있는가에 대한 통찰력을 지니고 있는 것이다.

(3) 지식만으로는 충분하지 못하다

앞 장에서 강조된 바와 같이, 그리스도인 교사의 총괄적인 목표는 하나님의 말씀을 가르쳐 학생들이 그리스도의 일을 행하는 데 필요한 기독교적인 인격을 온전히 갖추도록 하는 데 있다. 이러한 사실은 단순한 삶 이상의 것을 포함한다. 정신에게 정보를 제공하는 것과 영혼을 풍요롭게 한다는 것은 전혀 별개의 것이다. 그리스도인 교사는 어떻게 하면 영혼을 풍요롭게 할 수 있는가를 알아야만 한다. 그의 가르침은 학생의 생활의 세 단계 안에서 학생을 파악해야만 한다. 안다는 것, 느낌 그리고 실행이 바로 그 세 단계이다. 단순히 사실(事實)을 안다는 것으로써 기독교적인 인격을 형성할 수 없으며 어떤 방법으로 어떤 일을 느낀다고 해서 그리스도인이 되는 것도 아니다. 그리스도인이란 하나님의 진리를 알며 하나님의 능력을 느끼며 하나님의 뜻을 실행하는 자이다. 교사가 가르쳐서 학생들이 올바로 알고 생각하고 느끼며 그가 아는 것을 실행에 옮길 때에 비로소 그 교육은 효과적인 것이라 할 것이다.

(4) 교사는 학생이 어떻게 배우는가를 알아야만 한다

학생이 기독교적인 인격과 선한 일에 온전하게 되는 일이 가르침과 학생들의 계속적인 학습에 달려 있는 한에서는, 학습의 본성(本性)을 명확히 이해한다는 것은 거의 명법적(命法的)일 정도이다. 교사는 학생의 학습을 출발시키고 지향시키고 변화시키고 또한 정지시킬 수 있는 통제 수단의 대가가 되어야만 한다. 이것을 통달할 때, 교사는 학생들로 하여금 적시(適時)에 그리고 가장 효과적인 방법으로 최상의 것을 행하도록 할 수 있는 것이다. 학습이 어떻게 이루어지는가를 앎으로써 교사는 학생의 행위를 바람직한 성과를 가져올 수 있는 방법으로 지도할 수 있는 것이다. 물론 바람직한 성과란 기독교적인 행동에서 문제가 되는 기독교적인 인격이 되겠다. 그리스도인 교사가 인간의 정신의 본성을 탐구하고 학습의 원리에 맞게 일한다는 것은 마치 정원사가 그의 식물들을 알고 그 식물들의 본성에 맞추어 일하는 것과 같다 하겠다. 식물 생활의 법칙에 어긋나게 일하는 정원사는 목적없이 힘을 낭비하는 자가 될 것이며 학습의 원리를 무시하는 교사는 그의 교육에 있어서 아무 목적지도 없는 여행자가 되고 말 것이다.

1. 학습의 신체적 기초

학습의 본성은 기술하는 데 있어서 아무리 많은 논의가 있을 수 있다 하더라도, 신경계(神經系)가 학습의 신체적 기반을 구성하고 있다는 사실에 대해서는 아무 이의가 없을 것이다. 갓 태어난 아기는 잠재성의 덩어리이다. 그 아이는 아무것도 모르며 거의 아무것도 할 수가 없다. 그러나 그 아기가 정상이라면, 학습의 핵심이 되는 신체 구조학적인 기제(機制)를 지니고 있다. 신경계는 놀라울 정도의 다양한 기능을 해내는 수십 억 개의 뉴우런, 즉 신경계로 구성되어 있다. 학습의 핵심적인 역할을 하는 기제는 다음과 같다.

1. 감각기관—외부에서부터 자극을 받아들이는 말단 감각기관. 가장 중요한 감각으로서는 시각, 청각, 미각, 후각 및 촉각이 있다.
2. 전달기관—신경 또는 신경세포로서 신경의 자극을 전달하는 것.
3. 실행기관—보내진 전류를 받아 사용하는 근육.

(1) 신경계의 활동

자극의 수용에 의해 야기되는 신경의 자극들은 전신(全身)에 산재(散在)해 있는 감각기관들로부터 중추신경계에까지 전달이 되는데 중추신경계에는 뇌, 중뇌(中腦) 그리고 척수(脊髓)가 포함된다. 중추신경계의 기능은 신경의 자극을 실행기관으로 이어지는 운동 신경세포에 접속시키는 것이다. 실행기관들은 받아들여진 신경 자극의 특성에 따라 큰 행위로 유발될 수도 있고 더 적은 혹은 전혀 미미한 행위로 유발될 수도 있다. 신경계의 작용은 전화 장치의 기능과 닮은 점이 많다. 감각기관에 의해 수용된 자극은 가정이나 사무실의 전화기에 걸려온 호출에 대비되고 자극에 의해 발생된 신경류(神經流)가 신경을 따라 흐르는 것은 전류가 전화선을 따라 흐르는 것에 대비된다. 신경중추와 뇌 또는 척수에 의해 수납된 전달내용은 전화 호출 "전화국"에 도착된 것에 대비되며 그리고 전달내용이 실행기관을 통해 나가는 것은 전화 내용이 전화국의 교환대에 연결이 되어 있는 수화기를 통해 나오는 것과 비슷한 것이다.

교환대는 양쪽 모두에게 가장 필수적인 것이다. 전화 장치에서 "전화국"이 없다면, 그 전화 장치는 불가능하다. 만약에 인체에 "교환대"가 전혀 없다고 한다면, 자극에 의해 발생된 신경류는 동일한 근육에 항상 가게 되며 따라서 주어진 감각기관을 통하여 들어오는 모든 자극들에 대한 반응도 항상 동일한 것이 될 것이다. 현미경에 의해 신경중추를 관찰해 보면, 작은 섬유가 한없이 엉켜있는 것처럼 보이는 막대한 신경 다발을 볼 수가 있다. 그러나 그 혼란은 단지 외관(外觀)에 불과하다. 왜냐하면, 자극을 중심으로 보내는 신경의 말미(末尾)들은 그 신경류를 최종적으로 사용하는 근육에 연결되어 있는 신경으로 자신들의 자극을 아주 편리하게 보낼 수 있게끔 위치해 있기 때문이다.

(2) 신경계의 구조

신경계가 이루어지는 방식에 관한 지식이 신경작용을 이해하는 데에 요구된다. 그 구조의 단위는 뉴우런이다. 뉴우런은 돌기들을 가지고 있는 신경세포이다. 돌기에는 두 가지 종류가 있다. 즉, 수지상돌기와 축색돌기가 있다. 수지상돌기는 많은 나무가지와 같은 돌기로 뻗쳐 있는 짧은 돌기이다. 축색돌기는 그 끝에 수용기라고 불리는 많은 미세한 돌기로 된 다발로 나누어져 있는 길고 가느다란 돌기이다. 축색돌기의 수용기는 항상 다른 뉴우런의 수지상돌기와 밀착되어 있다. 신경은 수많은 축색돌기로 구성되어 있는데 그 중 어떤 것은 몇 피이트나 되는 것도 있다. 뇌의 "백질"(白質)과 척수는 축색돌기로 구성되어 있다.

제6장 학생은 어떻게 배우는가? *115*

축색돌기는 신경중추와 감각기관 사이 그리고 실행기관과 감각기관 사이 및 한 신경중추와 다른 신경중추 사이의 의사전달을 할 수 있는 장치를 지니고 있다. 축색돌기와 수지상돌기가 만나는 부분이 연접부(連接部)이다. 명백하게 축색돌기의 수용기가 실제적으로 수지상돌기의 여러 돌기 안으로 성장해 들어가는 것은 아니다. 그러나 두 돌기는 접촉이 가능할 정도로 충분히 인접해 있는 것이다. 수지상돌기는 수용한 신경자극을 연접부를 거쳐 세포체로 전달한다. 그리고 축색돌기는 그 신경자극을 세포체에서부터 다른 연접부로 전달하는데 이 연접부에서는 다른 뉴우런의 수지상돌기에 의해 그 자극이 받아들여진다. 바꾸어 말하면, 축색돌기가 수지상돌기를 자극할 수는 있으나 수지상돌기가 축색돌기는 자극할 수는 결코 없는 것이다.

(3) 작용의 세 단계

하나의 자극이 뉴우런에서 뉴우런을 거쳐 신경계에 돌입할 수 있느냐 없느냐는 것은 연접부에서 생기는 저항에 달려 있다. 그 다양한 통로들은 세 단계로 구분될 수 있겠다. 첫째 단계는 반사적 단계이다. 연접부에서의 관계 정도가 너무나 밀착되어 있어서 어떤 뉴우런의 특수한 수용기에 주어진 자극이 항상 동일한 수지상돌기로 갈 때, 그 결과로 이러한 최하위의 반응이 일어나는 것이다. 대체로 척수의 연접이 이에 포함된다. 이러한 단계의 반응의 예를 들면, 어떤 물체가 눈 앞에 갑작스럽게 다가올 때 자기도 모르게 눈을 감는 것을 들 수 있겠다. 두번째 단계는 소위 본능적인 반응이라는 것이다. 이러한 형태의 작용은 연접부에서의 관계가 그렇게 밀접하지 않거나 아주 단순하지만 자동적으로 반응한다는 일반적인 성격은 항상 동일하게 생겨날 수 있을 정도로 충분한 밀착 생태를 이루고 있는 경우에 일어나는 것이다. 이러한 연접은 중뇌에서 더욱 복잡하게 이루어진다. 배가 고플 때 먹이를 찾는 경향은 이러한 단계의 반응을 나타낸다. 연접 관계는 문자 그대로 수백만 가지의 가능성이 있다. 그러나 아마도 이 두 가지 단계의 반응에 속한 연접 관계는 모두 다 타고나는 것이 확실 것이다. 그러나 세번째 단계의 반응들은 주로 뇌를 통하여 학습되거나 획득되어진 것들이다. 이 최상의 단계에서의 반응들은 대체로 덜 신속하고 이 사람에서 저 사람으로 쉽게 옮겨갈 수 없는 것이며 수정하기에 더욱 용이한 것들이다. "역량"이란 이러한 약한 연접 관계에 대한 일반적으로 주어진 명칭이며 그렇게 하도록 훈련될 때에만 기능하는 것이다. 신경 조직에 관하여 교사가 관심을 가져야 할 대부분의 것이 바로 이러한 것들이다.

하나의 신경 자극이 어떤 수용기에서부터 어느 특별한 수지상돌기에로 전해질 때, 동일한 종류의 두번째 자극이 동일한 통로를 지나가려는 경향이 확립되는 것이다. 이러한 연접이 강하게 이루어져 주어진 자극은 거의 이러한 방식으로 확실하게 전해지고 어떤 구체적인 반응의 결과를 낳게 될 때, 그 사람은 그 반응을 학습했다고 말해진다. 그러므로 학습은 신경계 특히 뇌의 연접은 밀접한 관계 안에서 이룸으로써 바람직한 외부 자극으로부터 생긴 그 자극이 연접부를 가로질러 바람직한 통로를 취하게 되고 결국 바람직한 반응을 산출해낼 수 있게끔 하는 작업인 것이다. 그리고 가르침이란 본질상 적절한 자극을 선택하고 바람직한 방향으로 행위를 안내하고 어떤 구체적인 반응을 야기할 수 있는 연접 또는 결합의 힘을 산출해내는 작업인 것이다. 그리하여 아기의 신경 조직의 수백만 잠재성 중에서 일부가 그의 삶을 통하여 현실화(現實化)되는 것이다.

이 모든 것들이 비교적 단순하긴 하지만, 신경 조직의 기능은 실제로 아주 복잡한 활동인 것이다. 모든 행동들은 감각 기관에 미친 자극의 결과이다. 그러나 이러한 자극도, 감각기관의 활동도 행동의 성격을 결정하지 않는다. 그러한 자극이나 감각기관의 활동도 해내는 모든 것이란 뉴우런의 활동을 야기시키는 것이 그 전부다. 그러한 것들이 생겨난 자극을 중추 신경계에 있는 다른 뉴우런으로 옮겨준다. 또한 이러한 활동은 근육과 선(腺)으로 옮겨진다. 그리하여 우리는 감각적 운동 반응이라고 알려져 있는 일련의 과정을 가지는 것이다. 그러나 유기적 기관(有機的機管)이란 너무나 복잡하기 때문에 단 하나의 감각 기관을 자극시킨다는 것은 실제로 불가능할 정도이다. 더구나 뉴우런 간의 상호연접성은 자극이 경험될 때마다 언제든지 일어난다. 그러므로 가장 단순한 반응이라 할지라도 감각기관도 실행기관 간의 직접적인 연접이라고 할 수 있는 정도로 단순한 것은 결코 없다.

2. 정신은 어떻게 작용하는가?

반응 또는 반작용은 생리학적인 과정 이상의 무엇이다. 전 반응이 신체의 세포 조직 안에서 일어나는 어떤 물리적 그리고 화학적인 과정을 포함하는 것은 사실이다. 이러한 물리적 그리고 화학적 과정들은 때때로 반응의 생리학적인 부분이라고 불리어진다. 그러나 물리적, 화학적 과정에 아울러 의식적(意識的)인 반응이 있는데 이러한 반응은 단순한 물리화학적 반응 또는 과정 이상의 것이다. 의식적인 반응은 의식되어 있음을 포함한다. 의식이 반응의 일부분을 차지한다면, 물리적이며 물질적인 것 이상의 무엇이 현존하는 것이다.

(1) 지식은 정신에만 존재한다

　신경 조직은 한편으로는 물리적, 혹은 물질적인 것 사이의 연접 매체이지만 다른 한편으로는 정신적 및 영적인 것 사이의 연결 매체이다. 아주 다양한 출처로부터 수없이 많은 감각들이 감각기관에서부터 뇌로 전달된다. 여기에서 그 감각들은 변화를 이행한다. 생리학적인 차원에서 경험해보면 그 감각들은 물리적인 힘이며 단순히 물리적인 영역의 사건에 불과하다. 그러므로 그 감각들은 물리적 또는 물질적인 다른 사물들과 마찬가지로 모든 본질적인 측면에서 측정될 수 있고 다루어질 수 있다. 그러나 잠시 후에 그 감각들은 급진적인 변형을 겪게 되는데 그 변형을 통하여 그 감각들의 모든 본질적인 측면마다 변화가 생긴다. 그 감각들은 이제 더 이상 물질적인 질적 요소를 갖지 아니하고 의식 연관에서 스스로 의미(意味)를 지니게 되는 것이다. 감각들은 이제 신경과 뇌의 사건이 아니라 정신의 사건이 되는 것이다. 감각들은 물리적인 영역에서 정신적인 영역으로 전환된 것이다.

　이러한 변형의 신비는 대단하다. 그 변형이 어떻게 이루어지는가는 아무도 모른다. 한순간 여기에 생경한 감각의 자료와 많은 곳에서 유기적 기관에 촉발된 자극만이 있었는데, 바로 그 다음 순간에 의미깊은 학습의 산물이 있는 것이다. 아주 신비한 방식에 의해 전자가 후자로 되는 것이다. 지식이 들어갔다라는 말은 할 수 없다. 지식은 뇌에도 신경에도 존재하지 않는 것이다. 책에도 결코 지식이란 없다. 발화(發話)된 말 안에도 지식은 전혀 없다. 정신 이외의 어떤 곳에서도 결코 지식은 없는 것이다.

　정신 밖에서 존재하는 것이 있다면 그것은 오직 자극뿐이다. 특별한 감각의 영역 안에 하나의 사물이 들어온다. 그 사물은 다른 매개체에 의해 보아지고 느껴지고 들리거나 경험된다. 경험된 감각으로부터 생겨난 내적 자극은 신경 조직을 거쳐 뇌에까지 전달되는데 이 뇌는 계속적으로 다량의 감각을 수용하고 있는 것이다. 그 많은 감각들 중에 일부만이 학습의 산물로 변형되는 것이다. 특수한 경험이 신비한 변형을 이행하게 되면, 정신에서의 결과는 지식이나 학습의 다른 산물인 것이다. 어떤 것이 감각에 주어졌을 때는 아직 학습된 것이 아니며 그 감각이 뇌에 의해 수용되었을 때도 아직 학습된 것이 아니다. 학습은 뇌에 의해 받아들여진 것이 정신에 의해 작동되어 의식이 일부를 이룰 때에 비로소 성립되는 것이다.

(2) 가르침은 안내이다

생경한 감각 자료가 정신 생활의 요소로 변양되어지는 과정에서 교사가 할 임무는 무엇인가? 분명한 것은, 감각 기관의 구조가 대부분 타고난 것이기 때문에, 그 감각 기관의 기능 방식에 관해서는 교사가 거의 할 일이 없다. 감각은 극히 한정된 정도를 제외하고는 개발될 수 없는 것이다. 그러나 교사는 자극이 주어지는 환경을 조절하고 주어져야 할 자극들을 선택하는 방법으로 많은 일을 할 수는 있다. 더군다나, 교사는 준비하는 과정에서 감각을 촉발시키고 유도하는 방법이나 도구들을 사용함으로써 많은 일을 할 수가 있다.

그러나 교사는 학습자의 감각적 경험을 선택하고 유발하고 지도하는 것보다 훨씬 더 중요한 일을 할 수가 있는 것이다. 앞서 지적된 바와 같이 세계의 물질적인 자료들이 인간에게 의미있는 것으로 되는 그 과정은 의식 존재인 정신에서 이루어지는 과정이다. 인간이 감각을 지니고 그 감각을 정신적 산물로 변화시키는 능력을 지각(知覺)이라고 부르며 정신적 산물 자체를 지각 표상(知覺表象)이라 부른다. 하나의 지각 표상은 의식 존재의 자아 활동을 통하여 그의 의식에 의미를 취하는 일종의 감각으로 규정될 수도 있다. 개별 감각에 주어진 의미는 경험에 의존한다. 최초의 감각만이 순수 감각이 될 수 있고, 그 순수 감각은 계속적인 감각 작용이 없이는 결코 지각이 될 수가 없다. 따라서 교사가 하는 더욱 큰 일은 학생의 정신에 주어지는 경험과 감각에 대한 해석을 지도하는 일이다. 해석 능력의 개발은 거의 무한정이다. 학습자가 자신의 뇌에 주어진 감각의 의미를 볼 수 있도록 인도된다면, 지각의 형태는 감각적이며 운동적인 반응을 크게 촉진시키고 감각기관의 가치를 증진시키는 방향으로 이루어질 것이다.

(3) 학생의 학습되지 않은 성향들

이 장의 첫 부분에서 신경 조직이 가능하는 세 가지 단계의 작용이 있다는 사실이 지적되었다. 즉 반사적 단계, 소위 본능적 단계 그리고 획득된 연접 또는 의식적 반응의 단계가 그것이다. 교육은 주로 세 번째 단계에 연관되어 있다는 사실도 지적했었다. 교사가 환경을 정비하고 자극을 선별하며 들어오는 감각의 해석을 지

제6장 학생은 어떻게 배우는가? *119*

도하고 안내한다면, 교사는 최상의 단계의 작용을 다루고 있는 셈이 된다. 최하의 단계의 작용에 관련된 교육의 업무는 정말 거의 없거나 아예 없다. 그러나 학습자의 본능적인 장치를 인식하고 사용하지 아니하고는 어떠한 교육도 있을 수가 없다.

모든 아이들을 본성상 가장 동적(動的)인 행동으로 이끌리는 타고난 성향이 있다. 그러한 것이 바로 어떤 방향으로 행동하고자 하는 학습되지 않은 성향인 것이다. 아이의 거의 대부분의 힘이 이러한 행동에 다 소모되는데 그러한 주도적인 행동들은 초기에 그 형태가 고정된다. 정신이 이러한 내적인 기제(機制)의 반응을 지도하지 않는 동안, 정신 작용은 반응의 반복적인 표현을 통해 생겨난 습관에 의해 아주 심하게 영향을 받는다. 왜냐하면 습관은 교육적 성장 과정에서 기초가 되기 때문이다.

그러므로 교육은 지식과 경험을 수용하는 개개인의 지성뿐만 아니라 기초가 되는 성향이나 충동의 관점에서도 개개인을 각성시키기 위하여 바람직한 성장의 결과를 가져올 수 있는 일들을 선택하는 일에 관련되는 것이다. 바꾸어 말하면, 학습이란 자극의 선택 및 해석은 물론 타고난 성향이나 충동까지도 수정하는 것을 포함한다. 그러므로 교육은 학습자를 사실에서부터 당위(當爲)의 상태로 변화시키는 자아 활동을 야기시키도록 환경을 정비하는 기술인 것이다.

정신이 이러한 충돌에 의해 영향을 받으면서 작동하는 한, 교육에 있어서 그러한 충동적 요소가 무시될 수 없는 것이다. 어떤 충돌적 요소는 응용될 수도 있지만 어떤 다른 충동적 요소는 그 기능을 통제해야 할 것이다. 또한 어떤 충동적 요소는 다른 표출의 통로로 인도될 필요가 있기도 할 것이다. 따라서 학생들이 어떤 방향으로 행동하려는 학습되지 않은 성향들에 관한 교사의 임무는 세 가지가 있겠다.

① 그러한 성향들을 습관 형성, 관념의 이식(利殖) 및 이상(理想)의 설정에 사용하는 것.

② 어떤 성향은 신장시키고 어떤 성향은 제거함으로써 그러한 성향들을 통제하는 것. 첫번째 임무는 유쾌한 결과를 가져올 수 있는 연습에 의해 성취된다. 한편, 두번째 임무는 학습자의 환경을 통어(統御)하여 그 내적인 충동이 표출될 기회를 박탈하고 계속 사용하지 않은 결과 도태(淘汰)될 수 있도록 함으로써 성취된다.

③ 그러한 성향들을 설정해놓은 목표를 향하여 재지향(再指向)시키는 각각의 내적 자극은 조야한 인간 본성에 근거하여 나름대로 하나의 출구를 지닌다. 바람직한 목표를 성취하기 위하여서는 자연적인 통로보다 더 나은 포출 통로를 따라 행위가

이루어지게끔 지도되어야 한다.[1]

3. 학습은 어떻게 성립되는가?

(1) 지식 습득

학습은 상이한 여러 관점에서 연구될 수도 있고 다양한 방식으로 정의될 수도 있다. 가장 일반적 정의에 의하면 학습이란 지식 습득이다. 어느 누군가가 다양한 여러 영역의 사실들을 많이 알고 있거나 특수한 영역에 관한 광범위하고도 정확한 지식을 알고 있다면, 그는 학식있는 사람이라고 생각될 것이다. 이러한 정의가 바람직한 면을 제시해주는 것은 확실하다. 왜냐하면 사람이란 많은 것을 알 수도 있고 아는 것에는 차별이 없기 때문이다. 예수님은 말씀하셨다. "너희가 이것을 알고 행하면 복이 있으리라"(요 13:17). 바울은 사랑이 없으면 아무것도 아니라는 사실을 강조하기 위해 언급하고 있는 그 모든 소유에 "모든 지식"을 포함하고 있다. 그리고 야고보는 말하기를, "듣고 잊어버리는 자"가 아니라 "실행하는자"가 "그 행하는 일에 복을 받을" 자라고 했다(약 1:25). 예수 당시의 서기관과 바리새인들은 하나님의 교훈에 관하여 많이 알고 있었다. 그러나 그들은 하나님의 방식에 관해서는 아무것도 배우지 못하였다.

학습이 단순히 아는 것 훨씬 이상의 것을 포함하지만, 그 아는 것을 구성 요소로 포함하고 있다. 사람은 어떻게 할지를 모르고서는 그 일을 할 수가 없다. 응용하지 못하는 사실적인 지식을 갖는다는 의미에서의 단순히 아는 것과, 그 아는 것을 생활의 실천에 옮길 수 있는 방식으로, 아는바 그 내용의 힘을 느끼기 위하여 아는 것은 별개의 것이다. 습득과 통달로서의 지식은 가치가 없으나 생활 속에 바람직한 변화를 가져오는 지식은 그 가치가 엄청나다. "가치를 지닌 유일한 지식은 생의 중요한 문제들을 해결하는데 사용될 수 있는 지식이다. 다른 모든 지식은 잉여물(剩餘物)이다."[2] 그러므로 지식의 사실적 자료들을 연구하고 지적으로 통달하는 것으로서의 학습은 그 안에 포함된 진리들이 학습자의 존재 내의 행동 원천을 파악하여

---

1) J. M. Price, *Introduction to Religious Education* (New York: The Macmillan Co., 1932), pp. 108, 109.

2) H. N. Wieman, *Methods of Private Religious Living* (New York: The Macmillan Co., 1929), p. 96.

학습자가 이러한 진리들을 구체적인 생활 속에서 표현하게 할 때에만 가치가 있는 것이다.

(2) 정신 발달의 양상

두번째로 학습은 정신 발달의 한 양상(樣相)이다.[3] 학습에서 두 가지 두드러진 특징은 내적인 변화와 외적인 진보이다. 학생이 배울 때에 그의 존재 내에는 어떠한 일이 일어난다. 앞 소절에서 강조된 바와 같이 물리적 및 감각적 생활의 생생한 자료는 정신적 생활의 자료가 된다. 말하자면, 정신적 활동을 통하여 자의식적(自意識的) 존재의 소유가 된다. 정신적 활동이 없는 학습이란 있을 수 없다. 정신적 활동에서부터 학습이 이루어질 때마다 학습자는 그만큼 정신적으로 많이 발전하는 것이다. 중요한 정신적 활동은 물리적 자극을 학습 요소로 변화하게 하는 것을 이용하여 변형(變型)의 기초를 구성하는 바 생리학적 과정이겠다. 이 변형에 속해 있는 정신적 과정의 기능은 전 정신적 발달의 한 양상을 구성한다. 배우는 자는 그가 배우기 전에는 할 수 없었던 일을 성취하는 능력을 갖춘 자라 하겠다.

(3) 적응

학습에 관한 세번째 관점은 학습이 일종의 적응 형태라는 것이다. 일상적으로 학습의 출발점은 변화와 개선과 어떤 장애의 극복과 어떤 상황을 더욱 완전하게 이해하고 조절할 수 있는 능력을 필요로 하는 것이다. 그리하여 학습은 개인이 특수한 상황에 반응함으로써 자신의 환경에 적응하고자 하는 노력에 관련된다. 그 과정은 개인이 그가 알고 있는 바가 자신의 상태로서는 적응할 수 없는 상황에 직면하였을 때 생긴다. 그러한 상황에 직면했을 때, 그는 반응하고 적응하려고 애쓰는 것이다. 그렇게 애씀으로써 그는 배우고, 배움으로써 상황의 요구에 만족되는 행동의 형태를 갖추는 것이다. 학습이 경험 내의 정신적 변화의 관점에서 성립할 때, 그 결과로 지식과 통찰력이 생긴다. 변화가 행동에서 생길 때에, 학습은 기술(技術)과 과정과 태도 등의 발달을 가져오는 것이다.

---

3) W. D. Commins, *Principles of Educational Psychology* (New York: The Ronald Press, Co., 1937), pp. 306, 307.

(4) 수정(修正)

학습에 관한 네번째 관점은 학습을 경험과 행동과 행위의 수정으로 본다는 것이다. 학습이 있는 곳에는 어디에서든지 학습자에게 어떠한 변화가 생긴다. 학습자는 배우고난 뒤에 과거의 그를 벗어버리고 과거에 그가 할 수 없었던 일을 할 수 있게 된다. 그는 학습하기 전에는 하지 않았던 것을 행동하고 생각하고 느낀다. 그러므로 학습의 과정은 개인의 행동과 정신적 과정의 수정을 포함하는 것이다. 그러나 학습이란 수정 이상의 것이다. 석탄을 내려보내는 강철 낙하 장치는 시간이 흐름에 따라 부드러운 낙하 장치 판이 된다. 그리고 구두끈은 묶은 채로 계속 그대로 있지 않는다. 강철 낙화 장치와 구두끈은 변화를 겪는 것이다. 그러나 그 어느 것도 학습이 이루어졌다고 하지 않는다. 그와 비슷하게 어떤 행동을 단순하게나마 계속 반복하면 연습 전보다 더 신속하게 그 행동을 할 수 있는 변화가 유기체 내에 생긴다. 어느 누구도 학습이라는 용어를 낙하 장치나 구두끈의 변화에 적용하지 않듯이 이러한 단순한 반복의 결과로 나타난 변화에도 적용하지 않을 것이다.

과거의 기능이 변화하여 현재의 행동에 변화가 일어나는 경우 이 외에도 전체 상황이 주는 자극에서 이미 결과된 것과 동일한 경험이나 행동을 그 상황의 일부만으로도 일으키게 되는 변화가 있을 때에 실제적인 학습이 이루어지는 것이다. 그럴 때에, 학습은 경험과 행동의 형태가 생활의 요구에 더 잘 적응하는 방향으로 점진적으로 변화가 일어난다는 관점에서 정의될 수 있는 것이다. 킬패트릭(Kilpatrick)은 말하기를, "완전한 학습이 되기 위해서는 두 가지 기능을 수행해야만 한다.

첫째, 학습자로 하여금 현재 주어져 있는 방해가 되는 난점을 성공적으로 파악할 수 있게 하는 것이며, 둘째, 그 결과로 학습자를 변형시켜 난점에 관련하여 후속(後續)되는 경험을 할 수 있도록 해야 한다는 것이다"라고 한다. 그는 이러한 경험의 방향 수정은 그 변화하는 정도에 따라 세 가지 과정 또는 활동을 포함한다고 말한다. 즉 가능성에 대한 새로운 통찰력, 이러한 새로운 통찰력에 근거한 새로운 성향 그리고 새로운 성취력이 그것이라고 한다. 계속해서 그는 "학습은 경험 안에서 그리고 경험으로부터 생겨난다. 학습은 후속되는 경험을 재창조하고 재형성하려는 강한 경향성의 강도에 따라 가장 잘 측정되는 것이다"[4]라고 말한다.

---

4) W. H. Kilpartrick, "Subject Matter and the Educative Progress", *Journal of Educational Method*, February, 1923, Vol. 2, p. 233.

(5) 생활 내의 변화

그와 같이 학습은 지식을 얻는 것과는 달리 학습자에게 이루어지는 어떤 것으로 성립된다. 개개인의 학습자가 지식의 관점에서 무엇을 배우는가는 이차적이다. 그 자신에게 무엇이 일어났는가 하는 것이 주된 관심거리인 것이다. 지식의 연습 과정과는 동떨어진 것으로서, 교육은 학습자의 잠재적인 능력들을 발견하고 그 방향을 제시해주는 작업인 것이다. 학생의 요구사항과 문제가 무엇인가, 어떠한 인격적인 경험을 하게 할 것인가, 그리고 학생이 자신의 가능성을 충분하게 발휘하도록 돕는데 사용할 수 있는 방법과 기술은 어떠한 것들인가 등을 탐구하는 것이 교사의 일인 것이다. 기독교 교육은 그저 성경 내용에 관한 기계적인 학습체계가 아니다. 기독교 교육은 모든 선한 일을 행하는 데에 하나님의 사람으로 온전하게 한다는 목표에 따라 학생의 생활을 그러한 목표의 성취에 맞는 형태로 이끌어가는 것이다.

학생 자신은 기독교 교육의 중심이다. 그리스도인 교사는 가르치기 위한 모든 유의 자료들을 선택하고 학생에게 총괄적인 목표에 관련하여 더욱더 건전한 후속 경험을 일으키기 위하여 이러저러한 교육 기술을 사용한다. 참된 그리스도인의 생활에서 본질적인 것은 "인간의 심령 안에서 하나님의 생명"을 경험하는 일이다. 앞 장에서 강조된 바와 같이 모든 기독교 교육의 기초적인 목적은 학생들로 하여금 자신의 심령 안에서 하나님의 생명을 경험하게끔 하는 것이다. 그리고서 기초가 되는 이러한 경험에서 계속적으로 학생의 심령 안에 있는 하나님의 생명을 북돋우고 발전시켜 "온전한 사람을 이루어 그리스도의 장성한 분량이 충만한 데까지 이르게" 하는 것이 바로 기독교 교육인 것이다(엡 4:13).

4. 학습 조건의 요소

배운다는 것은 외부에서 주어지는 지식을 습득하는 것으로 이루어지는 것이 아니라 잠재 능력을 발휘할 수 있는 길을 열어주는 것으로 성립된다. 학습자 자신이 우선되는 관심의 대상이며 학습자가 책에서나 어떤 다른 방식에 의해 배운 것은 이차적인 중요성을 지닐 뿐이다. 학습은 결코 우연히 이루어지지 않는다. 어떠한 것도 "바로 생겨나는 것은" 아니다. 왜냐하면, 모든 결과에는 그에 상응한 원인이 있기 마련이기 때문이다. 학습은 인간 본성의 법칙에 따라 이루어진다. 그리고 성공적으로 교육하기 위해서는 그 교육이 이러한 법칙에 따라 이루어져야 하는 것이다. 모든 다른 것들과 마찬가지로 학습은 학습 자체에 선행하거나 수반되는 요소들에 의해 성립된다. 학습 과정에서 가장 중요한 세 가지 요소는 (1) 타고난 본성, (2) 환경, 그리고 (3) 목적 등이다.

(1) 타고난 본성

모든 아이는 어떤 자질(資質), 즉 통용이 가능한 자본을 가지고서 삶을 시작하는데 이러한 자질은 앞으로 그 아이가 이룰 모든 현실태(現實態)를 위한 출발점이 된다. 타고난 본성은 환경이 그 영향력을 행사하기 전의 어떤 상태이다. 그것은 타고날 때에 생기는 것이 아니라, 두 개의 세포가 연합하여 한 개인의 존재가 태동(胎動)하는 바로 그 순간에 이루어지는 것이다. 한 생명을 형성하는 모든 자질들은 양친에게서 각각 나온 두 개의 세포가 연합함으로써 생긴 수정란에 어떠한 방식으로든지 잠재적으로 존재한다.

타고난 본성은 선한 것도 악한 것도 아니다. 그러나 그것은 악하거나 선할 수 있는 잠재성을 띠고 있는 것이다. 최상의 그리고 가장 품위있는 행동의 가능성과 마찬가지로 최하의 그리고 가장 천한 행동의 가능성이 그 안에 내재(內在)되어 있는 것이다. 인간이 타고나는 본성에 내재되어 있는 자질은 동물의 것과 크게 다른 것은 아니다. 사실상 인간은 가장 잔인한 동물보다 더욱더 야만적일 수도 그리고 비정할 수도 있는 것이다. 인간은 실제로 동물 사이에서도 결코 볼 수 없는 정도의 타락에 빠져들 수가 있다. 인간의 본성은 종종 서로간의 충돌 상태에 돌입하는 동물적인 경향을 많이 가지고 있다.

그러나 인간에게 있어서 이러한 동물적인 특성의 존재를 부인할 수 없지만, 인간이 단순히 이러한 특성들의 총합이라는 사실은 합리적으로 주장될 수가 없다. 부정할 수 없는 것은 타고난 본성 안에 하나님의 능력에 의해 주어질 수 있는 특성이 포함되어 있다는 사실이다. 이러한 위로부터 오는 능력이 인간을 장악할 때 그 능력은 인간의 본성이 지닌 동물적인 경향을 변형하며 인간으로 하여금 더 이상 육체의 노예가 되지 않도록 하는 것이다. 자연적으로 발생된 타고난 본성은 단순한 동물적 경험의 법칙에 따라 가능한다. 그러나 하나님의 능력에 의한 영적인 출생은 이러한 타고난 본성을 더 높은 법칙에 따라 기능하게 하며 그럴 때에 인간은 하나님의 자녀로서 사는 것이다.

학습은 타고난 본성 자체보다는 타고난 본성의 성향이나 충동에 우선적으로 의존한다. 앞서 지적된 바와 같이 이러한 성향의 기본은 신경조직에서 발견되어질 수 있다. 아주 일반적으로, 이러한 성향들은 본능이라고 불리어지나 본능이라는 이 단어는 동물들의 타고난 기제(機制)에 연관하여 사용할 경우를 대비하여 보류해두는 것이 좋겠다. 주로 동물들은 항상 수행할 필요가 있는 대부분의 행동을 위해 필요한 신경 및 근육의 적응력을 완전히 타고난다. 그 결과로 나중에 행위를 수정할 필요가 거의, 혹은 전혀 없는 것이다. 따라서 동물들은 학습하지 않는 것이다.

그와는 달리 인간은 동물의 본능과 달라 거의 만족할 만한 적응을 이루지 못하는 수많은 성향을 타고난다. 어떠한 성향이 하나 존재하면 그 성향에 맞는 특별한 형태의 행위를 하고자 하는 욕망이 함께한다. 인간은 타고날 때부터 만족스러운 적응을 할 수 없음으로 말미암아 경험과 학습을 통하여 자신이 지닌 수많은 욕망을 만족시키기 위한 수단을 찾아야 할 필요가 있는 것이다. 학습의 가능성은 바람직한 적응의 필요성과 그 역량에 달려 있다. 본능이 재촉하는 모든 일을 할 수 있는 장치를 모두 갖추고 있는 동물은 학습이 필요하지도 않으며 가능하지도 않다. 충동에 의해 이끌리기는 하나 그 충동을 만족시킬 수 있는 장치를 갖추지 못한 인간은 배워야만 하는 것이다. 획득된 모든 품행은 이러한 성향과 충동을 기반으로 하고 있다. 학습이 이루어질 때, 다른 학습 효과에 의한 습관의 통제는 개인의 생활 안에서 이러한 성향들을 조정하게 되는 것이다.

많은 권위있는 전문가들이 인간의 타고난 성향에 대해 각기 서로 다른 목록들을 작성해왔다. 어떤 저술가는 그 목록을 한 두세 개의 기초적인 충동, 말하자면 자기보호, 성(性) 또는 자기확정 등으로 한정시키는가 하면, 다른 저술가는 훨씬 많은 수의 충동들을 열거하고 있다. 단 몇 개라도 이러한 성향과 학습과정의 관련성을 논의하기 위해서는 많은 지면이 필요할 것이다. 그러나 학습과정 내에서 기능하는 보다 중요한 성향 몇 가지와 타고난 본성의 총동에 관련하여 교사가 행해야만 하는 일이 무엇인가라는 일반적인 고찰 몇 가지는 충분히 열거해야만 한다. 학습의 기초가 되는 기본적인 충동 요소들은 다음 몇 가지가 있다. 신체적인 행위와 조작, 정신적 행위와 호기심, 경쟁심과 투기심, 자기 확신, 표현과 의사 전달, 모험심, 소유욕과 수집욕, 사회적으로 인정받고자 하는 욕망, 성취욕, 그리고 성공하고자 하는 충동 등이 기본적인 것들이다.

① 타고난 성향의 교육에의 적용

앞서 지적되었던 바와 같이 교육은 이러한 성향들을 교육 및 학습과정의 목표에 맞추어 사용하고 통제하고 지시하는 세 가지 작업이 합해진 것이다. 교사는 정상적인 충동은 분명히 표출구를 얻고 만다는 사실을 기억해야만 한다. 그 자체로 나쁜 충동이란 있을 수 없다. 모든 충동은 광범위한 행동 반경 안에 포섭될 수 있다. 그러나 어떠한 것은 받아들일 만하고 어떤 것은 그렇지 못한 것이다. 교사가 성공하기 위해서는 학생들의 자연적인 욕망의 성향들을 바람직한 행동으로 표현할 수 있도록 해야 한다. 이 작업은 올바른 행동을 발견하는 것과 바람직하지 못한 표현방식 대신에 바람직한 표현방식을 자주 대치하는 이중적인 일을 포함하고 있다. 행동이 좋지 않다고 해서 단순하게 억압하는 것은 현명하지 못하다. 그 이유는 두 가지가 있다. 첫째, 억압은 바람직한 결과를 성취할 수 있는 방향으로 유도되어져야 할 정력과 행위의 가능성을 적절하게 사용하지 못했다는 것을 의미하기 때문이다. 둘째, 충동이란 기어코 표출구를 찾기 때문에 한쪽 방향을 방해하면 처음보다 훨씬 더 바람직하지 못한 결과를 불가피하게 초래하게 된다. 간단히 말해서 성공적인 교사는 타고난 본성의 충동을 방해적인 요소로만 파악하지 않고 그 충동들을 학습에 있어서 긍정적인 성취의 기회로 삼을 수 있도록 사용하는 것이다.

(2) 환경

학습에 포함되는 두번째 요소는 환경이다. 학습자는 항상 어떠한 환경을 지닌다. 생의 출발점에서부터 타고난 본성은 외부 실재의 영향을 받는다. 그러므로 환경이란 생이 시작되는 순간부터 발달에 영향을 미치는 모든 요소들을 포함하는 용어이다. 환경이 없이는 어떠한 성장이나 발달도 결코 있을 수 없을 것이다. 왜냐하면 환경으로부터 성장과 발달을 가져오는 요소들이 나오기 때문이다. 출생시 또는 그 뒤의 어느 시점을 환경과의 모든 접촉을 박탈당한 어린이가 있다면, 그 어린이는 성장을 중지하게 되고 결국 죽고 말 것이다. 따라서 여타 조건이 동일하다면 주어진 방향에 따른 환경적인 자극이 풍부하거나 비약한 정도에 따라 그 환경에 의하여 나타나는 가치의 관점에서 볼 때 삶의 질적 상태는 더욱 풍요하거나 더욱 빈약해질 것이다.

개개인을 둘러싸고 있는 환경에는 세 가지 형태가 있다. 그 첫째는 물리적인 측면의 환경, 즉 자연계의 많은 일들, 즉 기온의 변화, 음식량, 기후 조건, 유기체의 관계하는 모든 대상들, 땅과 하늘과 바다의 아름다움 등이다. 간단히 말해서, 물리화학적인 모든 요소들이 물리적인 환경을 형성하는 것이다. 학생들의 성장과 학습은 그들이 살고 있는 물리적인 조건에 의하여 크게 영향을 받는다. 적절한 영양섭취가 부족한 학생은 좋은 학습을 할 수가 없다. 주어진 시간에 편재해 있는 기후는 효과적인 학습에 영향을 미칠 수가 있다. 호화로운 황혼, 찬란한 구름의 장관, 또는 아름다운 산과 풍경 등은 미래의 행동을 결정하는 데에 결코 적지 않은 역할을 하게 될 지울 수 없는 인상을 삶에 남겨 놓을 수도 있는 것이다.

환경의 또 다른 단계의 심리학적인 것이다. 여기에는 정신적 또는 심리학적인 형태의 반응을 야기시킬 수 있는 능력을 지니고 있는 대상이나 사건들이 속한다. 예를 들면, 두 권의 책을 구별하는 능력은 심리학적인 기능이다. 사람이 물건들을 독특한 의미를 지닌 개개의 대상들로 볼 때 그 대상들은 그 사람에게 있어서 하나의 새로운 상태, 즉 심리적인 상태를 지니는 것이다.

환경의 세번째 측면은 사회적 환경이다. 자신이 접촉하게 되는 사람들은 자신의 생활에 깊은 영향을 미친다. 어머니의 영향을 측량할 수 있는 자가 있겠는가? 아버지가 끼친 영향은 얼마나 깊은 것인가? 학생이 그 안에 살고 있는 사회의 문화적, 정치적, 경제적 및 도덕적 여건들뿐만 아니라 형제들과 놀이친구, 이웃, 학교 친구, 선생님, 동료들이나 경쟁자들 등 이 모든 사람들이 학생의 학습의 질과 방향을 결정하는 데에 많은 연관을 맺고 있다. 어느 아이가 높은 수준의 문화생활 및 윤리적 생활이 이루어지는 공동 사회의 그리스도인 가정에서 태어나 자란 경우와 그 아이가 상반되는 환경에서 태어나 자란 경우와는 분명히 아주 다를 것이다.

"나는 내가 이제까지 만난 모든 사람들의 부분이다"라고 한 테니슨(Tennyson)의 말은 환경이 사람을 만든다는 견해를 지지하는 때에 종종 인용된다. 그 견해가 전적으로 옳은 것은 아니다. 왜냐하면, 사람이란 항상 자기가 태동될 때의 상태와 환경이 자신에게 미친 영향을 합한 소산(所産)이기 때문이다. 바꾸어 말하자면, 타고난 본성과 환경이 함께 작용하여 한 인간을 형성하는 것이다. 어느 누구도 그렇게 만들어져 태어난 자는 없다. 모든 성질도 발달된 산물이다. 타고난 본성이 줄 수 있는 것이란 오직 잠재성뿐이다. 또한 환경이 줄 수 있는 것이란 오직 그 잠재성이 생활 가운데서 현실성이 될 수 있는 기회를 부여하는 일 뿐이다. 개개인이 발달하여 어떠한 상태가 산출되느냐 하는 것은 타고난 본성과 환경의 상호작용에 달려 있다. 간단히 말해서, 모든 학습과 성장은 개개인의 타고난 본성과 환경적인 발달 여건 둘 다의 산물인 것이다.

첨언하고 싶은 것은 학생의 생리학적인 상태가 그의 학습과 많은 관계가 있다는 것이다. 앞서 보여준 바와 같이 몸의 안뿐만 아니라 표면에는 자극에 의해서 만들어진 인상(印象)을 신비한 방법으로 받아들이고 기록하는 복잡한 감각기관의 조직이 있다. 감각은 "지식의 문이다". 왜냐하면, 모든 지식은 감각적 지각에 기초해 있기 때문이다. 효과적인 학습은 감각적 기능의 온전함과 신체의 일반적인 생태 및 조건에 달려있다.

학습이 이루어지는 과정에서는 시각과 청각이 가장 중요한 감각이 된다. 그러므로 시각과 청각의 결함은 좋은 학습을 결정적으로 감소시킨다. 많은 아이들이 근시이거나 원시이며 때로는 난시이기도 하며 그 외의 시각장애를 지니고 있다. 아동들의 10~12퍼센트가 완전히 정상적인 청력을 지니고 있지 못하다고 나타난다. 아이가 학습에 아주 크게 지장을 받을 정도로 아주 심각한 결함을 가지고 있는 데도 불구하고 그 사실을 부모나 교사가 모르는 경우도 있다. 편도선이 아프거나 이빨이 상했거나 공동(空洞)에 문제가 있거나 내분비선이 부었거나 하면 기력(氣力)을 저하시키거나 신경과민이나 두통 등을 일으켜 좋은 학습을 불가능하게 한다. 분비선의 기능이 좋지 않으면 불규칙한 반응을 보이게 된다. 피곤하거나 영양상태가 좋지 않거나 정서적으로 과중한 상태이거나 긴장과 과로를 가져오는 것에 희생자가 된 학생은 좋은 학습을 할 수가 없다. 좋은 교육을 시키고자 하는 교사라면 방의 통풍, 기온, 시각, 의자의 종류, 방의 질서 및 그 외 비슷한 그러한 요소들을 염두에 두어야 한다. 왜냐하면, 학생들은 학습할 때에 생리학적인 기제(機制)의 적절한 기능에 배치(背馳)되는 물리적인 한계나 물리적인 조건이나 상태에 의해 너무나 분명하게 영향을 받기 때문이다.

(3) 목적

학습을 이루는 세번째 요소는 목적이다. 인간은 타고난 본성의 충동이나 환경의 힘에 종속되어 있는 단순한 기계가 아니다. 인간은 단순한 기계적 힘에 좌우되는 막대기나 돌맹이가 아닌 것이다. 삶은 종종 점토나 대리석에 비유된다. "용납하기에는 점토와 같고, 데리고 있기는 대리석과 같다"라는 말은 어린이들의 생활은 쉽게 조형(造形)될 수 있다는 사실을 표현할 때에 종종 쓰이는 말이다. 그러나 어린이의 생활은 점토와 같지도 않고 대리석과 같지도 않다. 왜냐하면 어린이에게는 주어지는 인상들에 반응할 수 있는 능력이 있기 때문이다. 인간은 목적에 의해서 활동하는 적극적인 존재이다. 그리고 그러한 목적이 학습의 열쇠가 된다.
　목적을 가지고 있음을 보이는 어린이들은 너무나 적다. 그러나 점차 커갈수록 그들의 행동은 점점 목적을 띠게 된다. 유년기에는 그들의 놀이나 완구 그리고 여러 행위를 선택하다가 나이를 먹게 되면 책이나 친구 그리고 직업과 이상을 선택하게 된다. 이러한 선택들은 집요한 목적의식에 따라 이루어지는데 심지어 행동하고 있는 방향에 상반되는 끈질긴 자연적인 충동에도 아랑곳하지 않는 경우가 있다. 행동을 야기시키는 자극이 인간 내에 많이 내재해 있다는 사실은 부정할 수가 없다. 그러나 외부의 자극은 인간에게 자신이 원하는 반응을 할 수 있는 기회를 준다. "행동은 자극과 반응이라는 형식으로 유기체 자체 내에서 생겨나며 환경 내에서 생겨나지 않는다. 우리는 행동을 유기체 내에서 생겨나는 열망의 표현으로서 보아야 하며 자극에서 유용하게 쓰일 수 있는 특별한 만족의 형태를 발견하여야만 한다.[5]
　만약에 어떤 심리학자가 말하는 것처럼 인간이 단지 외부 세계로부터 인상들을 받아들이는 기계에 불과하다면, 학습은 기계적인 과정 이상의 아무것도 아니며 아주 단순한 것이다. 그러나 학습은 자극에 대한 반응의 문제만이 결코 아니다. 인간은 환경으로부터 필요한 요소들을 선택하여 그것들에 반응한다. 자신 속에 내재해 있는 능력에 의해, 인간은 경험의 요소들을 창조하고 그의 환경에 그 요소들을 첨가한다. 인간은 어떤 타고난 충동은 표출하지만, 다른 어떤 타고난 충동은 표출하지 않는다. 인간은 자기의 목적에 비추어 보아 바람직한 방법으로 충동을 표출할 수 있는 것을 추구한다. 인간은 목적에 따라 타고난 본성을 이끈다. 인간의 자신의 삶을 통합하는 그 목적에 의해 서로 충돌되는 성향들을 조화시켜 나가는 것이다.
　본질상, 인간은 영적 존재이다. 영혼은 어떤 물질적인 형태나 실체를 지니고 있지 않다. 영혼은 본성적으로 영적인 것이다. 목적은 인간의 영적인 부분의 영혼의 능력이다. 기독교 교육의 목표는 모든 목적들을 그리스도 안의 풍성한 삶을 지향한 생활 목적으로 혼합시켜넣는 것이다. 그리스도인 교사에게 있어서, 학생은 물리적인 요소들로 구성된 단순한 유기체가 아니라, 시간과 영원에서의 자신의 운명을 결정짓는 선택 능력과 의지를 지닌 영혼인 것이다. 이 영혼은 어떠한 단계에서도 완전할 수가 없다. 단지 완전한 사람으로 향한 학습과 성장이 가능할 뿐이다. 그리스도인 교사의 업무는 영혼의 성장을 증진시키는 일로서 그는 학생들의 영혼을 번영시키는 데에 관심을 둬야 한다.

---

[5] L. L. Thurstone, *Psychological Review*, 1923, Vol. XXX, pp. 368.

그런데 기독교 교육은 전적으로 영적인 경험으로 대치되는 것도 아니며 책에서 배울 수 있는 그러한 것도 아니다. 기독교 교육은 그리스도를 통해 하나님께 대한 생생한 경험을 불러일으키는 것이다. 기독교 교육의 중심 원리는 개개인의 인격적인 영적 경험의 원리이다. 하나님과의 영혼의 관계는 의식 내에 새겨지고, 그 영혼이 하나님과 구속적(救贖的)인 관계를 맺고 있나 맺고 있지 않나 하는 것은 성령의 증거에 의해 인간의 심령에 그 표시가 생겨난다.

인간에게 타고난 충동이나 성향이 있다는 사실은 부정할 수 없다. 그러나 인간은 단순히 이러한 동물적인 특성의 총합 그 이상인 것이다. 인간에게는 생물학적인 경험으로 보아 자신을 동물적 수준보다 훨씬 상위의 영역에 속한 존재로서 파악하는 고도의 능력이 있다. 인간 밖에 계시는 하나님의 영이 이러한 타고난 성향을 붙드시면, 그분께서 그 성향들을 변형시켜 육체의 지배에서 삶을 해방시키고 자유와 통제력을 그 삶에게 부여하시는 것이다. 그리스도인 교사의 임무는 성령의 역사하시는 능력에 삶을 열어놓게 하는 신중하고도 적극적인 영적인 양분은 주어 하나님께서 점차적인 변형에 의해서든지 갑작스러운 변형에 의해서든지 그 삶을 변화시켜 살아계시는 하나님의 참 자녀로 삼으시도록 하는 것이다.

① 학습은 세 가지 요소의 상호작용의 결과이다

모든 학습은 타고난 본성, 환경, 목적이라는 세 요소의 상호작용을 통하여 성립된다. 많은 충동과 성향들이 포함되어 있는 타고난 본성을 소유하고 있는 개개인은 환경과 접촉하게 된다. 아주 예민한 신경 조직이라는 매개체를 통하여 이러한 환경들로부터의 자극들이 반응을 일으킨다. 단순히 기계적인 측면에서가 아니라 하나님이 주신 개인적인 능력에 따라 그러한 반응이 일어난다. 모든 반응은 변화를 일으키고 그 이후에 동일한 방식으로 동일한 자극이 올 때에는 더욱 쉽게 반응을 일으키게 된다. 바로 이러한 현상은 행동의 습관이 형성되기 시작함을 의미한다.

인간은 학습 과정에 있어서 결코 수동적인 존재자가 아니라 능동적인 존재자이다. 그러나 목적적인 행위는 갈수록 더 두드러진 특징을 드러낸다. 또한 유아기는 가장 유연성이 큰 시기이다. 그러므로 좋은 습관을 형성하는데 있어서 가장 중요한 시기인 것이다. 날마다 물리적이거나 사회적인 환경에 의하여 유아는 계속적으로 영향을 받는다. 그 유아의 성격은 날마다 조금씩 형성되어 가며 무엇인가가 항상 그 유아의 삶에 기여를 하게 된다. "일곱 살 때까지 아이를 달리도록 내버려두면, 그 이후는 결코 잡지 못한다"는 옛 속담은 유아기의 습관 형성이 얼마나 중요한가를 보여준다.

이러한 사실이 교육 과정에 어떠한 영향을 미치는가?

교사는 환경을 제공하여야만 한다. 물론, 학생의 환경을 전적으로 결정지울 수 있는 교사는 결코 없다. 왜냐하면, 학생들은 교사가 통제할 수 있는 환경보다 훨씬 광범한 모든 환경의 영향을 받기 때문이다. 그러나 교사가 학생들에게 계속적으로 주어지는 많은 영향력에 대해서는 어찌할 수 없다 하더라도 최소한 교육하는 동안의 환경만은 조정할 수가 있는 것이다. 그러나 교육하는 동안에는 교사 자신이 가장 주된 요소로서 학생들에게 바람직한 반응을 야기시킬 수 있도록 자극의 내용을 결정하는 것이 그 주된 업무이다. 더군다나, 학생들로 하여금 자신이 처해 있는 상황에 속해 있는 요소들이 무엇인가를 알게 하고, 행동의 의미를 알게 하고 그리고 올바른 선택의 능력을 훈련하도록 하는 것도 교사의 업무인 것이다. 이루어진 반응, 획득된 모든 통찰력, 결정된 모든 선택은 적절하게 지향될 때, 직접적인 목표의 성취를 의미하며, 기독교 교육의 총괄적인 목표 성취에 한 발 더 다가선 것이 된다.

간단히 말해서, 이것이야말로 바로 학생이 학습하는 방식인 것이다. 감각적인 인상이 정신적 및 영적인 생활의 한 요소가 되는 방식은 아주 신비하지만, 학습 자체에는 어떠한 술수(術數)나 눈속임이 없는 것이다. 정상적인 성향과 감각적인 생활을 가지고 있는 정상적인 사람이 그에게 진정으로 의미가 있는 환경에 처하게 될 때 그 사람은 바람직한 방식으로 그 환경에 반응할 수 있게끔 지도될 수 있으며, 그가 반응할 때마다 그의 타고난 본성에 수정을 가할 수 있는 것이다. 이러한 방식으로, 기독교 교육은 하나님의 영이 당신의 변형시키시는 능력과 영향력을 행사하시기 위하여 학생들의 정신과 생활에 들어가 간섭하시고자 할 때 그 매개체가 될 수 있는 것이다.

기독교 교육 원리

제7장 학습은 학생 자신이 한다

 앞 장은 학습이 학습자의 신체 기관에 관련하여서 어떻게 일어나는가를 밝혀보고자 했다. 그것에 의하면, 교육은 학습자를 인도하고 자극하는 것이며 교육이 가장 적절하게 그리고 효과적으로 일어날 수 있는 환경을 조성하는 것이라고 결론지을 수 있겠다. 이러한 정의(定義)가 사실이라면, 교육은 단순히 정보를 나누어주는 것 이상임에 틀림없다. 가르친다는 것은 학생들에게 바람직한 교육 상황을 조성하는 것이며, 학생들로 하여금 올바르게 반응할 수 있게 하고, 학습자의 여러 경험들이 더 광범한 기반 위에서 재구성되어 그가 더 많은 요소들을 고려하도록 하는 것이다. 이 모든 것은 학습자로 하여금 자신의 미래의 경험을 더욱 지성적으로 지향해나갈 수 있도록 하는 관점에서 행해진다. 간단히 말해서, 교육은 행위를 올바르게 지향시킴으로써 실제적인 성과를 가져오는 바람직한 학습을 더욱 용이하게 하는 것이라 하겠다.
 앞서 제시된 바와 같이 학습의 본성을 어떻게 보는가 하는 것은 교사로서의 역할을 수행하는데 큰 영향을 미친다. 너무나 자주 학습을 단순히 사실을 숙달하는 정도로만 여기는데 실은 학습이라는 용어는 그보다 훨씬 광범한 의미를 지니고 있다. 학습에 관한 여러 가지 관념들에는 어떠한 것이 있는가에 대해서는 학습은 생활과 행동의 수정이라는 사실을 역설한 앞 장에서 고찰된 바 있다. 학생이 배울 때면, 무언가가 그 자신에게 이루어진다. 그리하여 이제 그는 이전의 그와 동일하지 않은 것이다. 그 결과로 학생의 품행이 달라지는 것이다. "학습은 새로운 반응의 획득이며 옛 반응의 수정이다. 학습은 학습자의 품행과 행동의 변화에 의해 드러난다."[1]

1. 품행의 본성과 그 교육적 함의

이러한 문제는 학습이 너무나 자주 단순한 지식 획득이라고 생각되어지기 때문에 그 학습이라는 용어에 "품행의 수정"이라는 의미가 부가되어질 때 많은 사람들이 어려움을 경험한다는 사실에 있다. 그러한 어려움의 첫째 이유는 "품행"이라는 낱말을 단지 누군가에 의해 파악될 수 있는 행동이라고만 여긴다는 것이다. 그러나 인간은 행동할 수 있는 것 외에 생각하고 느낄 수 있기 때문에 품행이란 정신적, 정서적, 또는 육체적일 수 있는 것이다. 따라서 "학습은 품행의 수정이다"라는 정의는 학생의 느낌, 사고, 또는 행동의 방식에서 일어나는 변화에 연관된다. 그러므로 수정이라는 것은 육체적 행동이나 정신적 행동 또는 정서적 행동의 수정일 수가 있는 것이다.

더욱 정확하게 말하자면 어느 누구의 행동은 대체로 그가 느끼고 생각한 것의 직접적인 결과이기 때문에, 학습이란 느낌과 사고와 행동의 수정을 의미한다라고 할 수 있겠다. 생각과 사실이 정서와 관심과 행동으로 번역되어질 때 비로소 학습이 성립되는 것이다. 단순히 사실을 기억하고만 있는 학생은 학습한 것이 아니다. 사실이란 학습자의 존재 상태에 혼입되어 학습자의 사고와 느낌에 변화를 가져오기 전에는 학습되었다고 말할 수가 없다. 그러므로 교사가 가장 먼저 염두에 두고 자신의 교육 목적의 중심에 두어야 하는 것은 그의 가르침이 학습자의 느낌과 사고에 변화를 일으킴으로써 그 학습자가 올바르게 행동할 수 있는 인격자가 되도록 해야 한다는 생각이다.

(1) 사실 숙달의 가치

그렇다면 사실의 숙달은 전혀 가치가 없는가라고 질문할 수 있겠다. 물론 이러한 질문에는 아주 강력한 부정의 답변이 주어질 수밖에 없다. 우선 어느 누군가가 이전에 기억할 수 없었던 사실을 배움으로써 그 사실을 기억하게 될 때 일종의 변

---

1) W. H. Burton, *The Nature and Direction of Learning* (New York: D. Appleton Co., 1929), p. 14.

화의 증거를 드러내기 때문에 사실을 알게한다는 것은 품행에 다소의 변화를 가져온다. 그러나 품행의 모든 변화가 동일한 중요성을 띠지 않는다는 것은 너무나 명백하다. 어떤 형태의 품행은 아주 쓸모없는가 하면 또 어떤 형태의 품행은 가장 중요한 것이기도 하다. 단순하게 사실을 학습한다는 것은 품행의 변화들 중에 가장 덜 중요한 부류에 속한다. 둘째로, 사실은 느낌과 사고가 적용되어 질 수 있는 자료를 위해 숙지될 필요가 있다. 건축가가 나무와 벽돌 그리고 자갈 또는 다른 건축재료없이 집을 지을 수 없는 것과 마찬가지로 사실이 없이 생각한다는 것은 전혀 불가능한 것이다. 건축가에게 재료가 필요한 것처럼 정신에게는 내용이 필요한 것이다. 사실의 숙달은 필수적이다. 그러나 그 사실들이 사실 자체를 위하여 결코 숙달되어서는 안되는 것이다. 사실은 사고와 느낌이 그것에 작용하는 재료가 될 때에만 비로소 어떤 가치를 지니는 것이다. 이때의 숙달이란 단순히 문자적인 의미에서의 숙달이어서는 안되며 기능적인 의미의 숙달이어야만 한다. 말하자면 숙달된 사실들은 학습자 자신의 존재에 혼입해 들어감으로써 그 학습자 존재의 일부가 되어야만 하는 것이다.

이런 것 때문에 일부러 단수가 사용된다. 말하자면 어떤 사실들은 학습자 개인에게만 의미를 지닌다는 것이다. 모든 사실들이 모든 학습자들에게 동일한 중요성을 지니는 것은 아니다. 어느 학생 개인에게 주어진 사실의 중요성은 그 사실이 그 학생에게 주는 의미와 그 의미가 그 학생의 개인적인 경험에 가져온 변화에 거의 결정적으로 달려 있다. 따라서 유능한 교사가 추구하는 류의 숙달이란 그 사실을 학습자 개인의 경험에 의미있게 함으로써 사실이 실제적인 경험으로 바뀌어지게 하는 학습자의 느낌과 사고의 구체적인 부분이 되도록 한다는 것이다. 사실이 그 자체로는 가치가 없지만 목적을 위한 수단으로서는 엄청난 가치를 지니는 것이다.

그러므로 효과적으로 가르치고자 하는 사람에게 주어지는 질문은 "어떠한 사실을 가르쳐야만 하는가?"가 아니고 "어떻게 하면 교육이 학생들로 하여금 온전한 상태에 도달하게끔 하는 변화를 일으키는 수단이 될 수 있는가?"이다. 교육의 성공여부를 측정하기 위해서는 "이러한 사실들이 얼마나 잘 학습되었는가?"라는 질문이 아니라, "학생들에게 그들이 도달해야 할 상태에 이르도록 도와준 것이 무엇인가?" 그리고 "이 학생들이 배움으로써 어느 정도로 더욱더 효율적으로 생활하는가?"라는 질문에 대한 올바른 해답을 찾아야만 할 것이다. 모든 교육의 가장 큰 관심은 학생의 생활을 어떻게 인도하는가 하는 것이다.

(2) 교육은 현행의 품행을 다룬다

우선 교육이 관심을 두는 생활은 현재의 생활이다. 학생들은 한 사람의 소년 소녀로서 현재 여기에서 바로 실제적인 존재를 지니고 있다. 그들은 단순히 다가올 시간에 되어 있을 신사나 숙녀가 되기 위한 존재로서 있는 것이 아니다. 기독교 교육의 현 목표는 "하나님의 사람으로 모든 선한 일에 미래적으로 온전하게" 하는 것이 아니라 현재의 연관에서 "하나님의 사람으로 모든 선한 일에 온전하게" 하는 것이다.

어느 정도는 교육은 닥쳐올 성인 생활을 위한 준비와 관련된다. 기독교 교육은 소년 소녀들이 신사숙녀가 되었을 때의 그리스도인 생활을 준비하는 일을 내다본다. 그리고 기독교 교육이 공언하고 있는 목표 중의 하나는 기독교 교육을 받고 있는 모든 사람으로 하여금 다가올 시대에서의 영원한 존재를 위해 준비하도록 하는 것이다. 그러나 모든 참된 교육의 경우와 마찬가지로 기독교 교육은 생활 준비 그 훨씬 이상의 것에 관계한다. 기독교 교육은 어린아이가 성숙할 때에 하나님의 사람으로서 더 잘살 수 있는 바로 그 실제적인 삶을 가진 바로 현재의 활동하고 있는 한 개인으로서 그 어린아이를 취급한다. 그리스도인 교사는 어린 아이가 최상의 오늘을 살 수 있도록 하기 위하여 오늘 그 어린 아이를 가르친다. 그렇게 오늘을 살 때, 개개인은 미래의 생활을 준비하게 되는 것이다. 미래의 삶을 가장 잘 준비하는 소년이나 소녀야말로 현재의 삶을 가장 잘 준비하는 자인 것이다.

2. 학습은 항상 자발적 행위의 문제이다

살아간다는 것은 활동하는 것을 의미한다. 생명이 있는 곳이라면 어디든지 행동이 있다. 아주 진정한 의미에 있어서 생명은 행위가 그것의 표현인 내적인 원리이다. 앞 단락에서 진술된 바와 같이, 행위는 신체적이거나 정신적이거나 정서적인 방식으로 표현될 수가 있다. 그러나 그 방식의 형태가 어떠한 것이든지 간에 모두가 행위의 한 표현인 것이다. 교육이란 학생의 행위를 지도하는 것 이상이 아니다. 교사가 책이나 다른 것을 통해서 알지라도 학습자의 정신 안에 지식을 전달해주는 것은 불가능하다. 어느 누구도 사실들, 관념들, 원리들, 기술들, 태도들 또는 이상 등을 다른 사람에게 송두리채 전달시킬 수가 없다. 교사가 학생에게 줄 수 있는 것이라곤 아무것도 없다. 학생은 무엇이든지 간에 그가 가지는 것만을 취할 수 있을 뿐이다. 학습자는 붓는 것을 담아두는 화병 같은 것도 아니며 외부의 압력에 의해 주형(鑄型)된 것들의 비활동적인 집합이 아니다. 학습자는 자신의 성장을 교사가 지도할 수 있을 뿐인 살아있는 존재이다. 모든 학습은 자발적 행위를 통하여 생겨난다. 교육의 과제는 학습자의 행위를 자극하고 지도하고 안내해주는 일이다.

교사는 자극하고 용기를 북돋워주고 지도할 뿐이며, 학습자가 자기 자신의 노력으로 학습해야만 하는 것이다. 자기 자신을 새로운 상황에 적응시키고자 하는 학습자의 정상적인 행위들을 가장 잘 이해하여 그러한 학습자의 행위들을 적절하게 자극하고 지도할 수 있는 자야말로 최선의 교육을 행할 수 있는 것이다. 개인이 반응할 때에만 배울 수 있다. 효과적인 교육의 목표는 적절한 자극과 현명한 안내로써 학생의 행위를 지도하는 것이다. 교사가 학생을 위해 배운다는 것은 그가 학생을 위해 숨쉬고 밥먹어주는 것과 같다. 사람이 신체에 필요한 산소를 공급하기 위하여 공기를 마셔야 하고 필요한 에너지를 만들기 위하여 음식을 씹고 넘겨야 하는 것과 꼭 마찬가지로 자기 자신을 위하여 배워야만 하는 것이다. 어느 누구도 자기를 위해 호흡하고 음식을 먹어줄 수 없는 것과 같이 대신 배워줄 수도 없는 것이다.

바로 여기에 수많은 비효율적인 교육이 생겨나는 원인이 있는 것이다. 모든 구체적인 학습에서 자발적인 행위가 그 본질이 된다는 학습의 기본적인 원리를 교사가 알지 못하면, 학습 과정에서 자신의 역할을 과장하게 되는 것이다. 이미 말한 것을 반복하는 것 같지만, 교육의 성공 여부는 교육 행위의 양에 의해 판단되는 것이 아니라 학습자의 생활에서의 결과로써 판단해야만 하는 것이다. 아무리 교육 행위의 양이 많다 하더라도, 그것이 학습자에게 바람직한 이해와 통찰과 기술과 태도와 이상을 불러일으켜 그 학습자가 교육이 의도한 상태로 되게 하는 수단이 되지 못하는 이상 아무 쓸모가 없는 것이다. 교사들 특히 장래성이 있는 교사들이 이 원리를 잘 적용함으로써 자신의 것들로 삼는 일을 도와줄 목적으로, 다음 단락에서는 자발적 행위를 통한 학습의 원리가 종종 간과되고 마는 대표적인 교육적 상황을 제시하고자 한다.

(1) 말하는 것이 교육은 아니다

세상에서 가장 쉬운 일 중에 한 가지는 누군가에게 뭔가를 말하는 것이다. 교사들의 가장 흔한 실수 중의 한 가지는 학생에게 뭔가를 말하는 것이 바로 그것을 학생에게 가르치는 것이라고 여기는 것이다. 말한다는 것이 교육 과정에서 아주 중요한 부분이 될 수는 있을 것이다. 그러나 학생은 전혀 듣는 것이 없이도 배울 수 있는 것이다. 대체로 확장된 교육과정에 교사가 어떤 말을 하는 것이 포함되는데, 그러나 대부분의 교사들이 너무 많은 말을 하는 것이다. 교사들의 너무 많은 말이 학생이 학습하는 데에 장애가 되는 경우가 많다. 또한 비록 말하는 것이 가르치는 데에 실패했을 경우라 하더라도 관심이나 인상을 남겨놓을 수는 있다. 그러나 말하는 것이 학생들의 관심을 불러일으키고 인상을 남기고 또 지도한다는 방식으로 어떠한 일을 할 수 있다 하더라도, 말하는 것 자체가 결코 교육이 아니며, 교육이 될 수도 없다는 사실은 아무리 강조해도 과하지 않을 것이다.

이러한 언명(言命)의 진실은 너무나 명백한 몇 가지 상황에 의해 진술될 수 있다. 예를 들면, 청각을 소유하지 못한 귀먹은 아이에게 교사가 아무리 좋은 내용을 표현하거나 아무리 효과적인 구술법(口述法)으로 말한다 하더라도 그 아이는 아무것도 배울 수가 없는 것이다. 또한, 전 시간에 자기가 했던 일을 너무 깊이 생각하거나 수업 후에 무엇을 할 것인가를 너무 깊이 생각한 학생은 교사가 말하고 있는 내용을 듣지 않고 있는 자기 자신 마저도 빠뜨리게 되고 교사의 이야기에서 아무것도 배우지 못하게 될 것이다. 어느 여교사가 어떤 학생이 자기가 말하고 있는 것에 깊이 관심을 가지고 있는 것처럼 골똘하게 주의를 기울이고 있는 것을 보고서 더욱 열정적으로 말하였는데 알고 보니 그 학생은 그녀가 말할 때에 그녀의 아래턱이 어떻게 움직이는가라는 사실만을 문제삼고 있었다고 했을 때에 그 여교사는 말하는 것이 교육이 아니다라는 사실을 얼마나 뼈저리게 느끼겠는가. 가르친 많은 내용들이 한 귀로 들어가 다른 한 귀로 빠져나간다는 것은 자주 듣는 이야기이다. 그러나 더욱 정확한 표현은 그 수많은 교수 내용이 결코 학생들의 귀로 들어가지 않는다는 것일 것이다.

만약에 말하는 것이 가르치는 것이라면, 듣는 자는 모두 다 배우게 될 것이다. 그리고 교육은 비교적으로 거의 노력을 요구하지 않는 아주 단순한 업무가 되고 말 것이다. 자동차를 어떻게 운전하는가를 전혀 모르는 사람을 가르치는 자라면, 그 사람이 어떻게 운전하는가를 말할 수 있기만 한다고 해서 자신의 생명을 그 사람에게 맡기는 경우는 결코 없을 것이다. 그 사람이 운전을 할 수 있기 위하여 알 필요가 있는 핸들, 기어, 클러치 그 외 다른 모든 것들에 대해 말할 수 있다는 사실이 그를 안전한 운전기사로 만들 수는 없는 노릇이다. 어떻게 수영하는가, 어떠한 운동을 해야 하는가, 그리고 스트룩을 어떻게 하는가 등에 관한 말을 들었다고 해서 물가로 헤엄쳐나올 수 있을 정도로 멀리 수영하는 법을 결코 배울 수가 없는 것이다. 미술가는 그림을 어떻게 그리는가를 말할 수 있을 것이다. 그러나 그림을 어떻게 그리는가를 말할 수 있다는 사실만으로는 어느 누구도 실제로 그림을 그릴 수 없는 것이다.

이 모든 경우에서 뿐만 아니라 모든 다른 경우에 있어서도 어떤 일을 하는 법을 배운다는 것은 단순히 그것을 어떻게 한다고 말할 수 있는 것이 아니라 그 일을 실제로 하는 행위를 포함하는 것이다. 말한다는 것은 효과적으로 행해진다면 어떻게 하는가를 배우는 데에 도움이 될 것이다. 그러나 그것이 그 자체로서는 결코 학습을 이룰 수는 없는 것이다.

교사는 말하고 학생들은 듣는다. 학생들은 자신이 오로지 듣고 있을 때에만 귀를 기울여 교사의 말에서 배우고 이해하고 또 내용에 반응한다. 통상적인 생각과는 반대로 학습이 단순히 귀를 기울여 듣는 것에서 결과되지 않는다. 학습이 발생하기 위해서는 모든 단어들이 우선 사유(思惟)의 형태로 반응을 일으켜야 할 것이며, 단어와 사유 내용으로 결합된 그 무엇은 실제적이고도 의미가 충분하도록 할 수 있었던 경험을 환기시킬 수 있어야만 할 것이다. 더군다나, 학생 개개인은 모두 다 그가 이해하는 새로운 것과 그가 되새기게 된 옛 것을 포함한 더 광범위한 전체 안으로 포섭될 수 있어야만 한다. 이러한 것이 이루어질 때에만, 학생은 학습했다고 말해질 수 있는 것이다. 이같은 학습의 결과를 이루게 되면, 학생은 자신의 느낌과 사고와 행위의 변화를 이행하게 되어 그 학습 없이는 결코 행동할 수 없었던 행동을 할 수 있게 되는 것이다.

교사의 말이 아무리 명료하고 간단한 것 같다 하더라도 학생들이 그들의 부적당한 그리고 왜곡된 경험으로 인하여 그 말에 교사의 생각과는 완전히 다른 방향으로 반응하게 할 때, 학습이 조금이라도 이뤄졌다 하더라도 그것은 그 학습 교사가 의도한 것과는 어긋날 것이다. 용의주도한 교사가 되기 위해서는 학생이 취하고 있는 정신적 반응의 방향의 징후를 계속적으로 주시해야만 할 것이다. 표정의 변화를 연구하는 것도 교사의 말에 대한 내적인 반응을 체크하는 한 방법이 될 것이다. 학생에게 질문을 던지고 어떠한 생각을 응용하거나 설명하라는 식으로 요구하는 것도 숙달된 교사라면 학생의 정신이 어떠한가를 이해하기 위해 사용할 만한 한 방편이 될 것이다. 학급을 토론식으로 이끌어보는 것도 상당한 도움이 된다. 때때로 학생들의 정신적 행위를 올바르게 유도하기 위하여 도표(圖表)에 의한 설명을 사용할 수도 있겠다.

(2) 암기 능력이 결코 학습의 증거가 아니다

　교사의 또 다른 일반적인 잘못은 기억에서부터 뭔가를 재생해낼 수 있는 학생의 능력이 그 학생이 학습했다는 것을 의미하고 여기는 것이다. 구술(口述)과 마찬가지로 암기가 학생의 학습을 도와줄 수는 있으나 그 자체가 학습은 아니다. 레코오드 녹음기는 녹음된 내용을 아주 정확하게 재생할 수가 있다. 그러나 그 녹음기가 학습했다고 말하는 사람은 아무도 없다. 학생들은 기억 속에 단어들과 구절들과 문장들을 담아둘 수는 있다. 그러나 그러한 기억상태는 레코드에 기입된 단어와 마찬가지로 기계적인 의미 이상의 것은 아니다. 또한 아이들은 단어들의 뜻을 전혀 모르는 채로 곧잘 이러한 단어들을 유창하게 되풀이한다. 학습의 성립 상태를 더 구체적으로 규정지을 수 있는 경우는 어떤 것일까?

　심리학 계통의 어느 저술가는 마취의 효과가 있는 상태하에서 히브리어로 된 긴 단락을 암송하는 문맹(文盲)인 여인에 관한 이야기를 하고 있다. 그녀가 그 언어를 연구할 수 있었던 적이 결코 없었다는 사실을 알고서 그 여인의 암송을 듣고 있던 자들은 신기해 했다. 그녀의 과거를 조사해 본 결과 그녀의 이러한 능력은 그녀가 어느 교양있는 목사의 가정에 심부름꾼으로 있을 때 그 목사가 설교를 준비하면서 히브리어로 된 단락들을 암송하곤 하던 것을 들었던 그 어릴 적의 경험에서 나온 것이었다. 이 여인은 그 히브리어의 문장을 암송할 수는 있었으나 그 뜻은 전혀 이해하지 못했던 것이다. 암송이 그녀에게 히브리어의 의미를 결코 주지 않았다. 그리고 학생들이 이해하지도 못하는 단어들을 그저 암기한다고 해서 결코 학습이 생겨날 수는 없는 것이다.

　사유 내용을 받아들인다는 것과 그저 기억한다는 것은 전혀 다른 작업이다. 물론 그 두 과정은 동시에 일어날 수도 있고 그렇지 않을 수도 있다. 그러나 결코 동일한 것은 아닌 것이다. 학습은 항상 경험을 확대시키고 재생해낸다. 그러나 암기는 이전에 학습한 내용을 반복하는 것 이상의 것이 결코 아니다. 그리고 학습할 때에 아무런 사유 내용도 얻지 못했다고 한다면, 단순히 암기해낸다고 해서 어떤 것이 산출될 수는 없는 것이다. 사람들은 성경적인 것이든 그렇지 않은 것이든 간에 그 내용의 연관성이나 결합 그리고 의미를 전혀 알지 못한 채, 바꾸어 말하면, 기억된 단어들의 내용을 전혀 모르는 채 많은 것을 암기해낼 수는 있는 것이다.

　기억한다는 것이 가치가 있다는 사실은 너무나 확실하다. 기억 속에 단어들을 저장함으로써 많은 소득이 있을 수 있다. 그러나 기억한다는 것은 기껏해야 단지 정신이 사용할 자료를 모은다는 것뿐이다. 기억이 없다면, 정신적인 방식으로는 거의 가치있는 것을 이룰 수가 없을 것이다. 왜냐하면, 행동할 수 있기 위하여서는 많은 일들을 기억한다는 것이 필요하기 때문이다. 그러나 어떠한 교사도 단순한 암기가 학습을 이룬다는 생각을 하는 잘못을 저질러서는 안될 것이다. 암기의 형태로 종종 드러난다고 생각되는 학습은 암기를 위한 기억함이 없이도 도달될 수 있었을 것이다.

유능한 교사는 과도하게 암기를 강조하는 일을 하지 않을 것이며 학생들이 기억하고 있는 내용들에 대해 학생 자신이 어떻게 반응하는가를 이해하려고 노력한다. 그러한 교사는 비록 암기를 도외시하지는 않지만 학생들로 하여금 그들이 기억하고 있는 것들의 의미를 가능한 한 많이 통찰할 수 있도록 주의를 기울일 것이다. 그는 또한 이러한 의미는 단지 과거의 경험에 비추어서만 생겨날 수 있다는 것과, 과거의 경험이 새로운 자료에 가해질 때 일종의 암기의 기초로써 새로운 것과 옛 것의 통합작용이 학생들에 의해 이루어져야만 한다는 것을 인식하고 있다. 그럼으로써 그는 암기가 때때로 바람직할 뿐만 아니라 중요하다는 것을 알고서 그러한 암기를 적절하게 그리고 합리적으로 사용할 수 있는 것이다. 개명(開明)된 교사라면 학생들이 뭔가를 암기해내는 것을 보면서 자신이 교육을 행하고 있는 중이라고 생각하지는 않을 것이다.

(3) 객관적 자료의 적절한 사용

교수에 있어서 아직 제시되지 않은 또 다른 흔한 실수는 객관적 수업이나 구체적인 도해적(圖解的)인 자료의 사용에 대한 의식에서 생겨난다. 말이란 자주 학생들의 학습 행위를 자극하지 못하는 경우가 많기 때문에, 교사들은 흔히 더욱 직접적인 자연의 경험을 위한 기회를 제공한다. 생생한 개인적인 경험을 주기 위하여 사용될 수 있는 실제적인 행동이나 자료에는 물건이나 모형, 그림, 도형, 지도, 환등기, 활동사진, 연극적인 표현 및 수학여행 등이 포함된다.

그러한 자료와 행위를 사용함으로써 정당한 행위의 기초를 형성할 수는 있지만, 성공한 교사는 단순하게 시청각적 자료를 제시하는 것이 바람직한 학습을 보증해 주지 않는다는 사실을 항상 염두에 두고 있다. 그러한 자료를 그저 쳐다보거나 어떤 보조적 행동에 적극적으로 참여하지 않고 건성으로 하거나 전체 상황에 관계없는 측면만을 집중적으로 주시해본다거나 해버릴 경우에는 의도된 목적을 성취할 수 없는 것이다. 예수님 당시의 집의 모형이나 그림을 어느 아이에게 보여준다 하더라도 그 아이가 그것을 어떤 대상적 물건이나 그림으로서만 본다면 아무 의미가 없을 것이다. 그러한 집을 종이판으로써 만든다 하더라도 아이가 그러한 공작(工作)을 단지 여느 공작과 동일하게 취급하거나 사용되는 자료를 어떻게 다루는가만을 집중적으로 주의를 기울인다면, 그러한 단적인 의미 이상의 의미는 거의 나올 수 없을 것이다. 시청각적인 자료에서 학생들이 어느 정도의 학습을 이루느냐는 것은 전적으로 학생 자신의 행위와 그러한 자료들에 대한 반응이 어떠하냐에 따라 결정되는 것이다.

 그러므로 학습의 참된 목적으로 실현하기 위해서는 설명 자료들의 사용을 아주 조심스럽게 계획하고 아주 숙련되게 하는 것이 필요한 것이다. 이러한 자료들을 목적없이 비체계적으로 사용할 때에는 나중에 있을 학습을 위한 효과적인 기반이 되는 적절한 학생들의 행위를 확보할 수도 없으며 학생들의 그러한 경험을 결코 일으킬 수도 없다. 목재에 관한 것을 많이 배웠으나 성막(聖幕)의 모형을 만드는 등의 영적인 형태에 관해서는 거의 아는 것이 없는 학생은 그와 같이 성막의 모형을 만드는 일에서 신약의 중대한 진리를 이해하기 위한 기반을 거의 갖지 못하고 있는 것이다. 반면에 교사가 학생들에게 전형적인 중대한 영적인 진리를 이해시키기 위하여 아주 구체적으로 그러한 모형 만들기를 계획하여 주고 학생들은 자신들의 사고와 이해력을 공작 과정의 이러한 영적인 측면에 집중시킨다면 그 학생들은 그러한 작업에서 참 학습의 관점에서 그들에게 많은 것을 의미하는 인상과 진리를 얻을 수 있는 것이다.

 이러한 교육에 있어서의 일반적인 잘못들을 고찰한 결과, 학생들이 자기 자신의 반응이나 반작용을 통하여 배운다는 사실이 더욱더 명백해졌다. 교사가 학생 개개인에게 바람직한 반응을 나타내도록 한다는 것 정도가 학습을 이루는데 교사의 행위가 나타낼 수 있는 효과이다. 아주 구체적으로 말하자면, 학생을 교육하는 주된 작용자는 바로 학생의 행한 사실 바로 그것인 것이다. 교사는 학습 과정에서 단지 학생의 입장에서 올바른 학습 행위를 유발시키는 요소가 될 뿐이다. "가장 많이 가르치는 교사는 가장 적게 가르치는 교사이다"라는 말은 교육이 넘치는 지식과 수행 능력 또는 아주 깊은 감정 등을 확고하게 보여주는데 있는 것이 아니라 학생의 행위와 반응을 자극하고 지도하는데 있다는 중요한 진리를 표현한 것이다.

3. 이상과 태도 학습에 있어서의 자발적 행위

"학습"이란 용어는 단순하게 사실을 기억하는 것이라는 아주 좁은 의미로써 종종 사용되는 사실에도 불구하고 광범위한 의미를 지니고 있다. 정확하게 말하자면 학습은 학생의 사고나 느낌 또는 행위의 방법이 변화하는 것과 연관된다. 일상적인 용법을 보면 우리는 수영하는 것이나 자동차를 운전하는 것이나 진실을 말하는 것이나 복종하는 것이나 시를 즐기는 것이나 심지어 문학을 멀리하게 되는 것, 접시 씻기를 싫어하는 등에까지도 학습한다는 말을 쓴다. 따라서 앞서 진술된 바와 같이 학습이란 운동적이거나 정서적일 수가 있으며 학습에 포함되는 행위는 신체적이거나 정신적이거나 정서적이거나 달리 말하면 행동이거나 생각이거나 느낌일 수가 있는 것이다.

이 세 가지 영역 중에서 참된 학습을 위한 기반으로서 적절한 자발적 행위가 필요하다는 사실을 가장 강조해야 될 영역은 마지막 영역인 것 같다. 학생이 다른 누구로부터 숙련된 기술을 직접 건네받을 수 없다는 것은 너무나 명백하다. 사람들이 좋은 모범된 행동이 주어지는 데도 불구하고 연습에 의하여 일하는 법을 배운다는 사실은 통상적인 일상적인 관찰로도 명확히 드러난다. 공부하는 법이나 올바른 판단을 내리는 법이나 합리적으로 생각하는 법을 배우는 것과 같은 정신적 학습에 있어서는 학습이 행동함으로써 배운다는 사실은 별반 논의가 없더라도 명백하다. 학생 개개인은 최선의 방법으로 공부하는 법을 배우고자 하며 지적인 지도가 숙련되게 적용되어 짐으로써 큰 도움이 될 수는 있지만, 실제적인 연습이 없이는 판단하는 법이나 합리적으로 행하는 법을 결코 배울 수 없다는 것은 명백하다. 그러나 학습자 자신의 행위가 그의 정서적 학습의 본성을 결정한다는 사실이 그렇게 명백하지 않기 때문에 이러한 형태의 학습, 말하자면 정서적 학습에서 차지하는 자발적 행위의 중요성은 더 철저히 고찰될 필요가 있다.

(1) 세속 교육의 경우

정서적 학습의 성과는 반응의 정서적 측면이 우세한 학습 행위의 결과이다. 이러한 성과를 기술하기 위하여 사용되어지는 많은 용어들 중에는 이상, 태도, 기질, 관심, 기호, 편견 및 감정 등이 있다. 이러한 것들이 삶에 있어서 지니는 중요성은 모든 사람에게 명백하다. 성격 형성을 일종의 학교의 책임이라고 인식하는 세속 교육은 학생의 생활에 있어서 이러한 것들을 형성함이 없이는 성격 형성이 전혀 불가능하다는 사실을 인식한다. 이러한 분야의 한 저술가는 말하기를, "우리의 청소년들은 변화 가운데서도 그들의 길을 견지할 수 있도록 하는 동적인 안목과 통찰과 습관과 태도 등을 형성하여야만 한다"라고 하고 있다.[2]

또 다른 저술가는 그러한 것들의 중요성을 다음과 같이 강조하고 있다. "모든 사람들은 앞으로 있을 모든 반응들을 규정하고 조건짓는 다소 일반화된 많은 태도들을 개발한다."[3] 도덕성과 관계되는 모든 일에 있어서는 윤리적인 의무를 지향한 좋은 행동과 적당한 태도의 가치를 평가하는 일은 필수적이다. 이러한 일반적인 전형적 형태가 생활 속에서 존재함과 동시에 기능하지 않는다면 어느 누구도 올바른 도덕적 행동의 습관을 위한 기반을 지니지 못할 것이다.

(2) 종교 교육의 경우

"성장하는 사람들에게 그리스도를 닮은 성격을 점진적으로 그리고 계속적으로 발달시키는 것"을 그 목표의 하나로 삼고 있는 종교 교육은 종교를 모든 생활 영역의 핵심적인 위치에 놓여 있는 것이라고 강조한다. 종교 교육자들은 자신들이 종교적으로 교육되어지지 않고서는 결코 완성될 수 없는 전적인 교육을 다룬다고 주장한다. 종교 교육은 "아동을 단순히 정신적 존재로 보거나 단지 잠재적인 시민 가장 그리고 생계권자로 여기지 않으며 오히려 성결된 자질을 소유하고 있으며 자신의 삶 속에 하나님과 모든 인류를 포함하고 있는 광범위한 사회적 생활을 하도록 규정되어 있는 존재로 여긴다. 종교 교육에 있어서 아동은 개발된 지성 이상의 존재이며 인격의 최우위성을 기반으로 하여서만 설명될 수 있는 우주적 생명으로 가득차게 될 한 사람의 인격자인 것이다."[4]

그러므로 종교 교육에서 아동은 적절한 영양 공급으로써 자신 내에서 성장하고 개발되는 성격을 지닌 한 사람의 인격인이다. 그러므로 종교 교육의 과제는 학생이

---

2) W. H. Kilpatrick, *Education for a Changing Civilization* (New York, The Macmillan Company, 1926), p. 85.

3) T. H. Briggs, *Curriculum Problems* (New York, The Macmillan Company, 1926), p. 33.

4) H. F. Cope, *Religious Education in the Church* (New York, Charles Scribner's Sons, 1918), p. 42.

기독교 단체의 생활에 참여함으로써 가져올 수 있는 성장의 법칙에 따라 그 학생을 지도함으로써 영적인 성격의 성장을 신장시키는 일이다. 개발되어져야만 하는 내적인 생활은 성장과 연관되어야만 하는데, 이때의 성장은 "상대적인 가치간의 그리고 목적과 수단 간의 구별과 그리고 건전하고 광범한 사회적 행동의 시초가 되는 평가 판단의 건전함과 폭넓음의 변화를 의미한다."[5]

(3) 기독교 교육의 경우

기독교 교육은 "하나님의 사람으로 모든 선한 일에 온전하게 하는 것"을 그 목표로 삼는다. 그러나 기독교 교육자는 이 궁극적인 목표의 달성을 위한 첫 걸음을 인간의 영혼을 하나님의 영으로써 중생시키는 것이다. 우선 인간은 죄인이다. 교육이 학생을 하나님과 접촉하도록 하지 못한다면 학생에게 기독교적인 도움은 전혀 줄 수가 없다. "고통스럽긴 하지만 죄가 인간 생활에 실재한다. 기독교는 구원의 종교이다…죄의 사실과 의미를 이해하지 않는 그리고 실제적으로 이루어진 죄로부터의 희생의 수단에 대해 이해하지 못하는 종교 교육은 기독교 복음에 진실되지 못한다."[6] 그러므로 기독교 교육의 기본적인 과제는 학생들로 하여금 죄가 존재할 때 그 죄를 인식할 수 있을 뿐만 아니라 기꺼이 인식하도록 하며, 예수 그리스도를 구주로 영접할 수 있을 뿐만 아니라 기꺼이 영접하도록 하는 통찰과 분별력을 가지도록 하는 것이다.

이러한 과제를 완수하기 위하여 그리스도인 교사는 죄가 무엇인가에 관한 아주 명료한 이해를 지니고 있어야만 한다. 죄라는 용어는 너무나도 자주 사회가 죄인이라고 말하는 사람들의 삶의 행태(行態)를 통하여 드러나는 바를 지시할 때 사용된다. 이 단어의 원래의 의미는 "과녁을 빗나가다"라는 것이다. "죄에 관하여 안다는 것"과 "나는 죄인이다"라는 사실을 의식한다는 것에는 엄청난 차이가 있다. 어쨌든 하나님의 영의 인도하심과 그리고 성령의 회개의 사역에 의존하여 죄의 의미를 중생하지 않은 모든 학생들의 경험에 현전(現前)시키는 것이 효과적인 기독교 교육을 위하여 필요하다. 이러한 일이 이루어지고 그리스도가 학생에게 제시됨으로써 그

---

5) G. A. Coe, *A Social Theory fo Religious Education* (New York, Charles Scribner's Sons, 1917), pp. 72, 73.
6) P. H. Vieth, *Objectives in Religious Education* (New York, Harper & Brothers, 1930), p. 157.

학생으로 하여금 그리스도를 죄에 대한 유일한 치유자로 믿게끔 할 때 기독교 교육은 자신의 과제를 그럴듯하게 시작할 뿐만 아니라 계속적으로 살아있는 사람을 인도하는 기능을 행하여 그 살아있는 사람이 영적인 경험 안에서 성장하고 발전할 수 있도록 하는 것이다.

회심의 경험은 성령의 사역이다. 중생이 갑작스럽게 일어나긴 하지만 그러한 중생에는 보통 많은 교육이 선행된다. 따라서 새 생명을 양육시키기 위해서는 많은 교육이 필요하다. 그리고 이때의 교육은 항상 지식과 통찰력과 이상과 태도 그리고 습관과 기술 등과 관련된다. 지식을 과도하게 강조하는 것도 위험하지만 지식을 과소평가하는 것 역시 위험하다. 사도 베드로는 이와 같이 신자들을 훈계하고 있다. "갓난 아이들같이 순전하고 신령한 젖을 사모하라 이는 이로 말미암아 너희로 구원에 이르도록 하려 함이라"(벧전 2:2). 교사는 학생이 지식을 획득하는 일을 지도해야만 한다. 그러나 기독교적 품행을 가르친다는 것은 그 기독교적 품행이 무엇인가를 학생들에게 이해시키는 것 훨씬 이상의 것을 포함한다. 이러한 이해에 행동에 관한 평가, 태도 및 이상을 제시함으로써 역동적인 힘을 부가하지 않는 한 생활의 결과가 기독교적 품행의 습관이 될 수가 없다.

(4) 모든 학습은 행위에 의한 것이다

기독교 교육에서 학습의 정서적 성과가 차지하는 비중을 살피고자 하는 목적으로 이야기가 빗나갔지만 이제 그 방향을 돌려 이상과 태도에 관한 학습에서 자발적 행위가 어떻게 필요한가를 더욱 직접적으로 고찰해보고자 한다. 학생은 항상 행함으로써 배운다. 걷는 것을 배우기 위해서는 걸어야만 한다. 생각하는 것을 배우기 위해서는 생각해야만 한다. 그리고 느끼는 것을 배우기 위해서는 느껴야만 한다. 걷는 일에서도 느끼는 일에서와 마찬가지로 적지 않은 결과가 뒤따른다. 학습자의 행위 자체는 그 학생의 이상과 태도의 성격을 결정짓는 요소를 형성하는 것이다. 정서적 반응은 다른 형태의 반응들과 마찬가지로 학습 성과를 가져온다. 학습자는 어떠한 방식으로든지 간에 행동함으로써만 외부의 자극에 대한 즐거움을 경험하거나 또는 다른 정서적 반응을 경험한다. 그리고 그 결과로써 반응을 일으켰던 대상 또는 사물에 대한 자신의 태도 또는 이상을 형성하게 된다. 교사가 평가, 태도 또는 이상에 관하여 표현하는 것은 이러한 자발적 행위를 자극하거나 진작시킬 수는 있으나 그 이상은 할 수 없다. 이상과 태도는 오직 학습자 자신의 행위를 통해서만 획득되어지는 것이다.

4. 교사는 자발적 행위의 원리를 파악해야 한다

모든 다른 학습과 마찬가지로 정서적 학습의 출발점은 아동의 본성에서 발견된다. 아주 다양한 기호와 혐오, 또한 만족과 곤혹(困惑) 등을 수반하는 아동의 타고난 정서적 생활은 그 자체로서 이루어져야 할 상태로 되기 위하여 교사의 지도를 기다린다 하겠다. 교육의 문제는 아동의 정서적 생활을 바람직한 표현의 통로 안으로 안내함으로써 그 아동이 적절한 만족과 감사를 경험하게 하며 결과적으로 올바른 태도와 이상을 형성하도록 하는 문제이다. 바꾸어 말하면, 교사는 학생이 바람직하게 느낄 수 있도록 하기 위한 일종의 수단으로서 그 학생이 수행할 필요가 있는 행위가 정작 무엇인가를 결정하여야만 한다는 것이다.

(1) 필요한 접촉점

어떠한 형태의 학습이든지 간에 학습에는 새로운 것과 옛 것을 연결하는 접촉점이 학습자의 경험 내에서 성립되어야만 한다. 그러므로 평가를 발전시키기 위해 필요한 예비적인 선행 조건은 사용되는 자료에 대한 지적인 이해이다. 학생은 직접적인 개인적 경험에서나 간접적인 상상적 경험에서 정서적 행위를 통하여 실제적으로 생활하여야만 한다. 따라서 상황의 구성 요소들은 과거의 맥락에서 보아 의미를 지니지 않는 것은 있을 수 없다. 예를 들면, 하나님을 전혀 알지 못했던 학생이 어떻게 그 하나님에 대한 경외심을 확정해보일 수 있겠는가? 또는 진리와 오류에 관하여 아무것도 모른다면 어떻게 참될 수가 있겠는가? 만약에 학생이 지식과 통찰력을 지니지 않고 있다면 그 학생은 평가할 수 있는 기반을 가지고 있지 않은 것이다.

(2) 적당한 정신 상태의 개발

평가의 교육을 위한 기반으로서 준비 작업을 개발해나가는 것은 아주 중요하다. 심층적인 느낌은 쉽게 통제될 수 없기 때문에 정신 상태는 신중하게 확립되어야만 한다. 인간의 느낌 또는 정조(情調)의 상태가 어느 정도로 상황에 대한 반응의 색채를 결정하는가는 누구든지 알고 있다. 신중한 교사라면 학생으로 하여금 교사 자신이 제시하는 자료에 관한 관심을 불러일으키고, 그 자료에 대한 학생들의 열성과 열의를 야기시키기 위하여 그리고 바람직한 정서적 반응을 쉽게 받아들일 수 있는 분위기를 그 학생들에게 형성하기 위하여 많은 사려깊은 노력을 기울여 연상법을 발견하고자 할 것이다. 이것은 평가 교육에서 가장 중요한 단계이다. 이러한 연상법을 무시한다면 작업의 초기 단계에서 실패했음을 의미한다. 반면에 학생들이 앞선 자신들의 정서적 경험으로부터 바람직한 감정적 반응을 향한 정신 상태를 엮어 나갈 때 교사의 나머지 작업은 아주 용이하여 거의 저절로 이루어질 것이다.

(3) 평가를 수반한 자료 제시

의미있는 내용과 그리고 학생들의 입장에서 호의적인 정신적 태도에 대해 평가적인 제시가 있어야만 한다. 교사 자신이 학생들이 경험할 만한 감정적인 경험을 가지고 있지 않는 한, 그가 자료를 제시할 때 적절한 평가를 내리는 것은 실제로 불가능하다. 때로는 교사보다는 학생이나 외래인이 평가하는 것이 더욱 좋다. 누구가 평가를 하든지 간에 그는 자신의 정서적 생활의 경험 안으로 들어가야만 한다. 그러는 동안 학생의 입장에서는 학생 자신이 상상적으로 행위에 참여할 수 있고 그럼으로써 만족과 즐거움을 느낄 수 있는 적극적인 반응이 있어야만 한다.

(4) 학생의 표현

끝으로 학생의 표현이 필요하다. 감정이 일어날 때에, 가중된 만족과 연이은 반응의 보충과 아울러 그 감정이 표현될 수 있는 다소 확충된 행위가 있다는 것이 중요하다. 학생들로부터 이러한 반응을 유도해내는 것과는 상관없이 유능한 교사라면 상황을 잘 조절하여 자연스럽고도 자발적인 표현이 이루어질 수 있게끔 할 것이다. 표현하고자 하는 학생들의 노력을 확실히 인정하면서 열성적이며 유쾌하고 기대를 거는 교사 자신의 태도는 학생들로 하여금 자연스럽게 반응하도록 할 것이다. 이 점에서 모든 표현이 언사(言事)나 노래 또는 아주 명백한 근육의 운동 등의 공공연한 형태로 이루어지는 것은 아니라는 사실을 재차 강조하는 것이 필요하다. 때때로 표정이나 집중적으로 주의하는 태도는 학생이 자신의 평가적 태도를 아주 구체적으로 표현한다는 강력한 시사이다.

5. 학습은 다른 단계에 연관된 자발적 행위이다

이와 같이 학습자 행위의 원칙을 논의하려면 학습자의 행위에 강력한 연관을 지니고 있는 학습 과정의 몇몇 다른 단계를 고찰해야 한다. 여기서는 단순히 이러한 단계들을 열거함으로써 만족하자고 한다. 왜냐하면, 단지 몇 가지만 언급할 필요가 있고 다른 것들을 계속될 장에서 더욱 완전하게 취급될 것이기 때문이다.

(1) 교육 목적을 지향한 노력의 일치

효과적인 학습은 개인적인 힘들이 결합되어 구체적인 성취를 목표로 하여 일치될 때에 생겨난다. 품행은 각각 독립적으로 기능하는 어떤 단편적인 것이 아니라 전체적인 유기적 사항이다. 학생 개개인에게는 신체적인 운동이나 정신적인 탐구나 또는 어떤 것을 즐기는 것 등에 관하여 계속적으로 바쁘게 행동하고자 하는 내적인 욕구가 있다. 좋은 교육은 학생들의 전 에너지를 교육 목적에 맞게끔 표출시키는데 있다. 결코 단순한 상황이란 없다. 학생들은 순간 순간 자신이 수많은 자극에 의하여 충격받고 있음을 발견한다. 많은 다양한 감각적 자극 또는 행동의 실마리, 수많은 시공간적인 사물들 그리고 유사성과 상이성과 속성들과 아주 다양한 경험의 의미 등이 학생이 주의와 관심, 주의에 들끓는 것이다. 보충해서 말하자면 상황 자체는 일반적으로 동일하게 어느 정도 지속되지만 그 상황을 이루는 순간 순간은 많은 특수성을 드러낸다. 학생의 전체 행위가 구체적인 성취를 향하여 집중되어질 때에만, 그 행위가 교사의 목적을 무너뜨릴 방향으로 이루어지는 것을 막을 수 있는 것이다.

(2) 목표를 추구하는 학생의 행위의 본성

학습자는 항상 어떠한 목표를 성취하고자 한다. 행위는 결코 무목적적일 수가 없다. 아동은 행위 자체를 위해서만 행동하지 않고 어떤 목표를 성취하기 위하여 행동한다. 그러므로 좋은 교육은 학습의 욕구를 파악하거나 이러한 욕구를 창조하여 학습자의 행위를 그 욕구에 적절히 만족될 수 있도록 지도하는 것으로 성립된다. 학생들의 가장 신중한 행위는 타인에 의하여 자신들에게 부과된 과업이 아니라 자기 자신들에 의하여 선정된 과업의 결과로 나타난 행위이다. 이 문제는 다음 장에서 더욱 구체적으로 다루게 될 것이다.

(3) 다양한 노력들

또한 학습자의 행위는 행동 방식의 변화에 의하여 특징지워진다. 첫째, 설정된 목표가 노력의 성격을 결정한다. 그러므로 바람직한 특별한 학습을 가져올 수 있는 행위를 확실히 하는 것이 필요하다. 그저 이루어지는 행위로서는 아무 성과도 가져올 수 없다. 이스라엘 백성의 생활에 관한 정보를 얻기 위해서는 학생이 이러한 주제에 익숙해질 수 있는 독서와 청취를 해야 한다. 학생이 충성하는 태도를 진전시키고자 할 때에는 충성의 가치를 경험해야만 한다. 교육의 중시 문제는 학습자를 지도하여 바람직한 종류의 학습에 연관되는 노력을 선택하여 할 수 있도록 하는 것이다. 둘째로, 학습에 의해 생겨나는 행동은 이중적인 행동이 아니다. 학습자가 고정된 목표에 도달하기 위하여 반복적으로 노력할 때, 그의 행동은 다소 광범한 영역 내에서 다양하게 나타난다. 학습자는 최종적인 승리의 면류관을 쓸 때까지 목표에 도달하고자 하는 자신의 바램의 관점에서 일관성있게 이러저러한 방법들을 바꾸어가며 노력한다. 단순한 반복은 학습을 이루지 않지만 계속적으로 행위를 반복적으로 변화시키는 것은 필요한 것이다.

그러나 일상적으로는 한 행동의 반복이 아주 효과적인 학습을 위하여 필요하다. 보통, 한번 목표를 달성한 것이 학습을 바라는 점까지 이끌지는 못한다. 많은 지식의 획득, 높은 수준의 기술의 발달 그리고 일관적인 태도의 형성은 언제나 자주 행동을 반복함으로써 생겨난 결과인 것이다. 학습은 "경계에 경계를 더하며 경계에 경계를 더하며 교훈에 교훈을 더하며 교훈에 교훈을 더하되 여기서도 조금 저기서도 조금" 하는 것이다(사 28:10). 좋은 교사는 구절을 반복하거나 노래를 부르는 것이나 학습자들을 정당하게 대하는 것이거나 계속 되풀이해서 행한다. 그러나 앞 단락에서 지적된 것에 비추어 볼 때, 그러한 좋은 교사는 항상 그러한 반복을 행동의 변화를 가져올 수 있는 조건하에서 행함으로써 구태의연(舊態依然)한 방법이나 작업이 되도록 하지는 않는다.

(4) 현재의 구체적인 문제를 해결하는 것이 최상의 학습을 만든다

학생들은 실제적인 문제를 해결할 수 있는 방향으로 자신들의 행위를 영위해 나갈 때 최상으로 배우는 것이다. 특히, 아동들은 주어진 구체적인 실제적 사건의 관점에 서서 생각한다. 아동들이건 성인들이건 간에 나중에 적용할 목적으로 일반적인 진리를 배워 소유하는 학습을 하는 사람은 거의 없을 것이다. 비록 그들이 황금률(黃金律)을 잘 안다 하더라도 그것이 다양한 구체적인 상황에서의 특수한 학습을 통하여 의미를 지니지 않는 이상 그들의 사고 속에서 무의미한 진술로 그저 있을 가능성이 아주 높은 것이다.

(5) 과거의 경험이 현재의 학습을 결정한다

아무리 개별적인 것을 학습한다 하더라도 그것은 학습자의 과거의 전 경험에 의하여 영향을 받는다. 개개인은 자신의 행위를 창조해낼 뿐만 아니라 학습을 성립시키는 행동을 수정(修正)하기도 한다. 인간은 순간 순간의 자신의 과거의 총합이다. 그리고 어떤 순간에 서있는 인간의 모습은 현재의 학습에 아주 결정적인 영향을 미치는 것이다. 아동의 인격 발달에 반영된 모든 과거의 영향의 결과가 총합된 것이 바로 그 아동이 새로운 상황에 직면하여 적응하기 위하여 지닌 정신상태, 기질 및 태도인 것이다. 이와 같이 학습자의 행동은 이러한 과거의 영향들에 의해 그 길을 정하게 된다. 그럼으로써 그의 학습은 수동적인 인상 수용의 과정이 아니라 인격적인 성취의 과업이 되는 것이다. 학습에서 정신상태가 차지하는 비중은 다음 장에서 더욱 세밀하게 고찰하게 될 것이다.

(6) 학생들은 그들이 경험한 바를 배운다

학생은 어떤 일을 그가 사용할 수 있는 방식으로 배워야만 한다. 개개인으로 오로지 자기 자신의 행위를 통해서만 배울 수 있기 때문에 그 당연한 귀결로써 개개인은 그가 경험한 바를 배울 수밖에 없다는 사실이 뒤따른다. "네 이웃을 네 몸과 같이 사랑하라"라는 말을 암송해보라고 지시하거나 요구했을 때에 그 구절을 암송하는 것 이상의 어떤 일을 결코 할 수 없는 사람은 진정한 어의(語義)에 있어서 학습했다고 말할 수가 없다. 그 계명을 일상 생활에서 접하게 되는 다양한 상황 안에서 사용할 수 있을 때 훨씬 더 가치가 있을 것이다. 첫번째의 경우는 기억과 연습에 의하여 어떤 사실을 학습한 것이다. 그리고 두 번째 경우는 그가 그 계명을 생활 속에서 사용하고 다양한 생활의 상황들에 접할 때 그 상황의 요구에 따라 올바르게 반응할 수 있도록 진리를 학습한 것이다. 다시 말하면 첫번째의 경우는 암기와 연습을 경험하여 그것만을 배운 것이고, 두 번째 경우는 동료들에 대한 사랑을 경험하여 동료에 대한 사랑을 배운 것이다.

(7) 학생들은 그들이 반응할 수 있는 사항만을 배운다

끝으로 학생들은 그들이 반응할 수 있는 것들만 학습한다. 개개인이 접하는 모든 상황들은 너무나 많은 자극들을 가지고 있으므로 그 개개인이 그 모든 자극에 대하여 반응한다는 것은 문자 그대로 불가능하다. 학생 개개인은 과거의 경험과 정신 상태와 현재의 목적이 자신의 관심의 중심에로 끌어들이는 사항들에 대해서만 반응하는 것이다. 만약에 한 학생이 교사가 말하는 내용에 대해 반응하고, 다른 학생은 그 내용을 말하는 목소리의 음조에 반응하고, 또 어떤 학생은 교사의 언행의 버릇에 반응한다면 결국 한 가지가 아니라 세 가지가 학습될 것이다. 그러므로 전 학급의 가르침에 있어서 학습 행위를 방향짓고 지도하는 하나의 공통된 목적이나 목표가 있어야만 하는 것은 너무나 당연하다. 이러한 목적이나 목표가 있을 때에만 학급이 그 주위와 노력을 중요한 측면에 기울이게 될 것이다. 교사와 학생들이 공통된 하나의 지도 목표를 가지고 있을 때 관심과 노력은 행위의 목표에 밀접하게 연관하여 집중될 것이며, 학생들은 개개인으로서 본질적인 요소들에 대해 반응하게 될 것이므로 그 본질적인 요소들을 학습하게 될 것이다.

6. 교사의 행위와 그 기능

그러므로 모든 학습은 자발적 행위의 결과이다. 학생은 자기 자신의 반응이나 행동을 통하여 학습한다. 그는 다른 사람이 자신을 위하여 생각하거나 느끼거나 행하는 것에 의하여 학습할 수 없다. 스스로 생각할 때에만 생각하는 법을 배울 수 있으며 계속적으로 자기 자신을 완전히 파악해 나감으로써만 자기 억제를 배운다. 그리고 반복적으로 존경하는 느낌을 경험함으로써만 존경하는 태도를 익힐 수가 있는 것이다.

교사의 행위는 학생 개개인이 바람직한 반응을 보일 수 있도록 하는 정도의 효과만을 지닌다. 학생의 행위에 관련하는 한 교사는 단지 전체 상황의 한 요소일 뿐이며 또한 교사의 행위는 수많은 자극들 중의 한 형태에 불과하다. 방이나 가구나 책들이나 동료 학생들이 다른 자극의 원천이 된다. 아동은 때때로 교사에게서보다 다른 학생들에게서 훨씬 많은 것을 배운다. 학생에게 가장 많은 반응을 야기시키는 것이 가장 많은 학습을 만들어낸다. 다른 학생들의 자극적 행위와 노트 필기와 그림을 그리는 것, 독서하는 것 그리고 일반적인 정신적 방황 등이 교사의 어떠한 행위보다 훨씬 더 많은 학습 반응을 일으킬 수 있는 행위들이다. 그리하여 학생들은 한정된 교사의 역할에도 불구하고 많은 것을 배울 수 있는 것이다.

교사들은 종종 너무나 많은 말을 함으로써 학생들에게 반응의 기회를 거의 박탈해버리는 경우가 있다. 또는 학생들이 간단하게 대답할 수 있는 물음을 아주 길게 하는 경우도 있다. 주어진 문제에 대한 해답이나 질문에 대한 답변을 애써 생각하고자 하는 학생들을 조급하게 여기는 교사들은 학생들에게 적절한 자발적 행위를 위한 기회를 전혀 주지 않는 수가 많은 것이다. 숙달된 교육은 때때로 다소 긴 침묵의 순간을 만듦으로써 학생들이 지나간 생각을 회상하고 옛 것과 새로운 것을 종합하고 그들 나름대로의 해결점을 찾을 수 있도록 하는 것으로 특징될 수 있다. 학생들의 실재적 사유는 학습의 관점에서 볼 때 교사가 당연히 강력하게 바라는 어떤 객관적인 결과이기보다는 훨씬 더 그 이상의 것이다.

이 장 전체를 통하여 자발적 행위란 신체적이거나 정신적이거나 정서적일 수 있다는 사실에 계속적으로 역점을 두어왔다. 자발적 금지와 자발적 억제가 종종 아주 바람직한 자발적 행위의 형태가 됨을 계속 강조할 필요가 있다. 손다이크(Thorndike)는 말하기를, "행위는 생각과 느낌과 움직임을 만들어낼 수 있는 것과 마찬가지로 그러한 것들을 금지시킬 수도 있다…당치 않은 바보스런 생각을 하지 않는 것이 합리성의 본질이며, 그릇된 충동을 따르지 않는 것이 인격의 본질이며, 목적이 없고 조야한 행동을 하지 않는 것이 기술의 본질이 됨을 망각해서는 안된다. 성공은 상당한 정도로 실패를 하지 않는 것을 의미한다. 인간이 어떠한 행위를 하는가는 어떠한 충동을 무시하거나 극복하는가에 달려 있다. 우리는 우리가 아닌 바에 의해 우리인 바인 것이다. 즉, 우리 자신으로 삼기를 허락치 아니한 바에 의해 우리인 바인 것이다. 행위는 충동적임은 물론 억제적이다. 학습자가 스스로 생각하고 행하고 느낄 때 그는 그 자신의 지나간 노력이 아주 조야한 것임을 발견할 수 있지만 그러한 지나간 노력들은 계속적인 시험을 통하여 개선될 수 있는 것이다. 그러므로 학생이 자신의 경험 안으로 주어진 내용을 받아들이려 하는 동안 교사는 인내와 억제를 자신에게 가할 필요가 있는 것이다. 왜냐하면 학습자가 눈에 보이는 행동으로 하지 않은 것이 때때로 가장 실제적인 행동이 되기 때문이다.

학생의 행위를 교사가 지도하는 것은 그 지도로 인한 결과가 객관적일 때 비교적 용이하다. 예를 들면, 어느 학생이 브엘세바가 사람이라고 말하거나, 의분 때문에 동료 학생에게 주먹을 행사할 수밖에 없었다라고 말하거나, 또는 고칠 수 없을 정도로 악한 동료에게 재난이 임하게 해달라고 기도한다면, 교사는 학습으로 변화를 가져올 기반으로서 잘못된 자발적 행위에 대한 객관적 증거를 지닌 셈이 된다. 그러나 심지어 그러한 경우라 하더라도 학생이 입장에서 올바른 반응을 가져올 수 있는 지도를 한다는 것은 항상 쉬운 일만은 아니다. 하물며 학생 개개인이 객관적인 반응이 아니라 주관적인 반응을 일으킬 때는 그 학생이 올바른 반응을 일으켰는지를 결정한다는 것은 훨씬 더 어려운 것이다. "언어의 횡포"는 아동의 진술이 그 아동의 생각을 크게 바꾸어 놓을 수 있을 정도다. 때때로 아동이나 성인들은 아주 유창한 말을 하면서도 그 말의 의미는 전혀 이해하지 못하는 경우가 있다. 신념과 태도가 발전하는 중에는 이루어진 행위가 올바른 것인가를 확인한다는 것은 특별히 어렵다.

그러므로 교사가 숙달된 교육은 시행하기 위해서는, 아동들의 생각하는 법이나 느낌 또는 행동하는 법에 관한 이해를 개발할 필요가 있다. "교사는 학생의 말과 외부적인 태도로부터 그 학생의 내적인 상태가 무엇인가를 노련하게 파악할 수 있어야만 한다. 학생의 정신적 조건을 파악한 연후에 교사는 학생의 정신적 반응을 바람직한 방향으로 유도하기 위하여 어떠한 실마리를 부여하며, 어떠한 질문을 하며, 어떠한 정보를 부과하며, 어떠한 칭찬이나 비판을 해야 할 것인가를 바로 알아야만 한다. 그러기 위해서 교사는 상황에 직면한 학생의 반응을 결정하는 조건이 무엇인가를 이해해야만 한다."

제8장 동기부여와 학습

　어느 활동을 막론하고 그 활동의 배후에는 원인이 있게 마련이다. 인간사나 물질세계에서 "우연히 발생하는 것"이란 아무것도 없다. 즉 결과가 있으면 원인이 있게 마련이어서 "목적 없이 진행해 나가는 것이란 아무것도 없다." 인간이 행동하고, 또 어떤 것을 경험하는 감정에는 반드시 그 원인이 있는 것이다. 그 원인은 대개 추적할 수는 없지만 반드시 존재한다. 인간의 행위와 행동은 예언할 수 없는 것이라고 여겨지기 때문에, 사태들을 당연한 것으로 생각하고, 그 사태들이 우연적 환경이나 하나님에 의해서 진행된다고 쉽게 믿어버린다. 그러나 우연적 환경이란 것도 원인과 결과의 견지를 떠나서는 아무것도 산출해내지 못한다. 즉 "천성적으로 선하거나" "천성적으로 악한" 행위는 결코 나타나지 않는다. 또 하나님에 의해 사물들이 진행된다고 하는 생각에 있어서는, 곧 기독교 교육에서 하나님만이 인간 본성에 변화를 초래할 수 있다는 확신 아래 확고하게 하나님을 신뢰하는 것이다.
　그러나 그리스도인 교사가 갖는 신뢰란 하나님이 역사하시는 방식을 아예 이해하려고도 하지 않고 단지 맹목적으로 따르는 믿음이어서는 안된다. 그 반대로 그리스도인 교사는 하나님께서 역사하실 때 그분과 보조를 맞추어 지혜롭게 일하기를 모색해야 하는 것이다. 가장 위대했던 그리스도인 교사 중 어느 한 사람의 말을 들어보면, "우리는 하나님의 동역자들이요 너희는 하나님의 밭이요 하나님의 집이니라"(고전 3:9).고 했다. 정원사가 하나님을 의지하여 나무를 자라게 하는 것과 마찬가지로 교사도 한 생명을 자라게 하기 위해서는 하나님을 의지한다. 그리고 나무를 기를 때 그 나무의 성장법칙들에 따라 나무를 관리하는 정원사가 훌륭한 정원사이듯이 하나님이 세워놓으신 법칙들에 따라서 생명이 잘 자라도록 지도하고 양육하는 교사가 지혜로운 교사인 것이다. 다시 말하면, 나무를 기를 때와 마찬가지로 생명을 양육하는 데에도 엄연한 법칙이 존재한다.

모든 학습은 학습자의 활동에서 유래하고, 또 모든 활동에는 원인이 있다. 따라서 교사는 학습자의 활동에 영향을 미치는 것이 무엇인가를 이해할 필요가 있다. 이와 관련해서, 사람들이 왜 그와 같은 행동을 하는가, 혹은 인간에게 있어서 기본적인 동기부여는 어디에서 오는가 등의 의문이 생기게 된다. 또한 학습자는 학습에 임할 때에 활동적으로 그리고 목적의식을 갖고 임해야 한다. 그러므로 교사는 학생들이 새로운 학습목적을 갖도록 할 책임이 있는 것이다. 이에 교사가 직면하게 되는 실제적인 문제들이 있다. 즉 다음과 같은 것들이다. 적절한 동기를 제시해주기 위해서 무엇을 할 수 있을 것인가? 어떻게 학습자의 활동을 그 동기에 따라 지도하겠는가? 그리고 어떻게 하면 학습자로 하여금 활동과 그 활동의 결과로 나타난 것과의 관계를 이해하도록 하여 계속해서 학습동기와 활동을 변화시켜나갈 수 있는 적절한 기초 지식을 제공할 수 있을 것인가?

학생은 목적이나 동기를 가질 때만 관심을 갖고 열심히 노력하는 것이다. 결론적으로, 적절하고 타당한 동기부여는 효과적인 학습의 열쇠이다. 아마 이와 같은 적절하고 타당한 동기부여를 하는 일은 교사가 해야 하는 일 중에 가장 어려운 문제이다. 또한 이는 동시에 교사가 학습을 효과적으로 이끌 수 있는 절호의 기회가 되는 것이다. 아동은 교사에게 교육을 받기 전에도 이미 많은 행동들을 통해서 여러 가지의 동기들을 발달시켜 왔었다. 그리고 교사는 학습을 촉진시키기 위해서 이와 같이 이미 발전되어 있는 목적들을 이용할 수 있다. 그러나 학습지도는 새로운 목적들의 계속적인 개발을 포함하고 있기 때문에 그러한 목적들이 처음 형성된 방법에 관한 지식은 교사에게 반드시 따라야 할 절차를 어느 정도 이해하게 해주는 근거를 주는 것이다. 따라서 동기부여의 성격을 먼저 고려하고, 그 후에 인간의 유기체의 기본 자극과 충동들을 고려해보기로 하겠다.

1. 동기부여의 성격

모든 학습의 출발점은 욕구감이다. 개인은 무언가 부족함을 느끼고 그 부족함을 해결하기 위해서 힘을 쓰거나 그 부족의 조정을 필요로 한다. 그리고 혼란된 형세를 처리하기 위하여 노력한다. 그러는 와중에서 그는 학습을 해나가는 것이다. 그러한 혼란은 낙천적인 사람에게 있어서는 보다 적을 것이다. 특별히 아주 어린 아동들에게 있어서는 그 혼란은 거의 의식되지 않는다. 학생이 자기의 욕구의 중요성을 평가하지 못하는 일은 아주 흔히 있는 일이다. 그러다가 나이가 들면 욕구의 존재를 예리하고 지혜롭게 깨닫게 되는 의식을 가질 수 있다. 그러나 욕구의 존재를 인식하든 인식하지 않든, 그 중요성을 평가하든 평가하지 못하든 간에 욕구는 욕구감의 만족을 얻을 때까지 계속하여 존속해 있는 것이다. 학습이 존재하는 곳에서는 항상 욕구감이 존재한다.

(1) 욕구를 느끼지 않으면 어떤 학습도 있을 수 없다

학습은 욕구를 만족시키기 위해서 투입한 활동의 결과인 것이다. 요구감은 학생으로 하여금 그러한 욕구와 그것을 만족시키는 데에 관계되는 목적들을 발달시키게끔 한다. 그런 여러 가지 목적들은 그로 하여금 노력을 경주하게 한다. 즉 활동을 열심히 하게 하는 것이다. 욕구감을 충족시키거나 여러 가지 어려움에 부딪쳤을 때에 다시금 원상복귀시켜 조화를 이룩하려는 활동들은 아주 잘 의식되어 지능적인 활동이 될 수도 있으나 반드시 그렇지만은 않다. 학습을 지도해야 할 입장에 있는 교사가 해야 하는 첫번째 일은 학생에게 욕구감을 자극해주는 일인데 그것은 학생이 욕구를 느낄 때라야만 그가 여러 가지 목적들을 발달시키고 의미있는 경험의 견지에서 활동적이게 되기 때문이다.

(2) 교사는 학생의 여러 가지 욕구들을 이해해야만 한다

교사가 학생들로 하여금 요구를 의식하도록 해주기 위해서는 학생들의 여러 가지 욕구들을 알아야만 한다. 그런 지식이 없이는 교사가 학습자를 도와 그가 직면해 있는 갖가지 상황들을 깨닫게 할 수 없으며 그 학습자의 일단의 활동들을 목적있는 궤도를 따라 안내할 수 없다. 아동이 표현한 욕구와 욕망과 문제는 그의 실제적인 진정한 욕구와 아주 다를 수 있다. 피상적으로만 관찰하는 교사는 실제적인 욕구가 결코 명백하게 나타나 보이지 않는 곳에서는 어떤 외부적이고 외견상으로만 나타나는 욕구를 근본적인 욕구라고 생각할 수 있다. 이와 같은 내적인 욕구를 손대지 않는 한 학생을 가르치려는 모든 시도는 그 학생의 문제를 진정으로 해결하는 데는 아무런 소용이 없을 것이다. 왜냐하면 그와 같은 시도는 욕구를 충족시키게 하기보다는 더 심화시킬 것이기 때문이다. 그러나 아동의 여러 가지 욕구들을 이해하고 있는 교사는 그 욕구들을 아동의 의식 표면으로 떠올려 그 아동 자신이 깨달아 알게 할 것이다. 그런 다음에 그 교사는 아동으로 하여금 여러 가지 활동을 하게 하는데, 그 활동들은 아동이 그 활동들과 관계하여 발전된 여러 가지 욕구와 관심들의 견지에서 받아들일 수 있는 것들이다. 그래서 그 교사는 아주 효과적인 교육을 위한 기초를 다지게 되는 것이다.

(3) 욕구가 있으면 관심을 가지게 되고 주의를 기울이게 된다

교육학 서적들은 학생들의 주의력을 집중시키고 사로잡는 것에 대해서 상당히 강조해오고 있다. 주의한다는 것은 학습에 있어 필수불가결한 것이다. 그러나 주의력을 집중시키게 하기 위한 최선의 방법은 학생의 관심을 획득하는 일이다. 한 개인이 어떠한 욕구를 충족시키기 위한 활동의 가치를 느끼지 않는 한 어떠한 효과적인 활동도 나올 수 없다. 이와 같은 가치, 혹은 어떤 것에 부여하는 값어치에 관한 느낌이 관심을 형성한다. 인간들은 관심을 가질 때 주의를 기울이며 노력하게 된다. 다른 것들도 마찬가지다. 관심이 깊으면 깊을수록 학생은 더욱더 주의를 기울이게 될 것이고 그의 노력도 그만큼 더 투입되게 될 것이다. 관심은 자기활동의 동기능력을 제공해준다. 만일 교사가, 어떠한 활동에 대해서 학생의 관심이 확보된 상태에서 그 관심을 만족시킬 수 있도록 상황을 만들어 준다면, 그 학생은 성공적인 학습의 성과를 위해서 필요한 모든 일에 온갖 관심을 기울여서 할 것이다. 물론 그러기 위해서는 학생의 관심이 계속 유지되어야만 한다.

(4) 관심의 두 종류

관심에는 두 가지 종류가 있다. 그 하나는 긍정적인 관심이고, 다른 하나는 부정적인 관심이다. 긍정적인 관심은 학습자의 자발적인 활동을 유발하는 종류의 관심이다. 그는 가치가 있는 어떤 것을 획득할 목적으로 행동한다. 그는 자기가 행하기를 원하는 것을 행하는데 이는 그가 그것을 하기를 원하기 때문이다. 부정적인 관심의 특징은 어떠한 원치 않는 결과를 피하고자 하는 데에서 온다. 학습자는 얻으려는 대신 회피하려는 목적으로 행동한다. 그는 원치 않는 것을 행하는데 이는 그가 어떤 나쁜 것을 피하기를 바라기 때문이다. 최선의 교육의 비결은 긍정적인 관심을 북돋아주는 교사의 능력에 있다. 학습이 부정적인 관심으로 일관된다면, 그 학습은 집중된 주의력이나 온 마음을 다하는 노력을 유발시키지 못하는 종류의 학습이 될 것이다. 최선의 학습을 산출하는 동기유발의 형태는 학습자 개인이 외부의 압력을 받지 않고 일을 직접 행하려는 의도이다. 만일 학생이 어떤 일을 간절히 행하려고 한다면 그 일을 성취시키기 위해서 모든 노력을 기울일 것이다.

(5) 관심과 관련된 여러 가지 욕구와 목적들

최선의 학습은 감지된 여러 가지 욕구들로부터 커나온 여러 내적 목적들 위에 근거한 관심에서 유래한다. 일반적으로, 어떤 때에 나오는 학생들의 활동은 그들에게 있어서 그들이 이미 수납하였을 여러 가지 목적들의 실현과 직접적으로 관련되는 것으로 여겨지는 활동이다. 아동들은 교사에게 학습을 받아 그의 영향을 받을 수 있는 나이가 되기 전에도 어떤 일반적인 목적들과 관심들을 발전시켜왔다. 지혜로운 교사는 학습활동에 동기를 부여해주고 그 활동을 조정하는 데 있어서 학생들이 이미 가치있게 여기고 있는 관심들을 이용한다. 그는 이러한 관심들을 여러 가지 더 가치있는 목적들이 그 관심들로부터 커나올 수 있는 방식으로, 앞으로 해나가야 할 작업과 관련시킬 것이다. 결론적으로 말해서, 동기부여의 조정은 항상 개인의 문제이다. 왜냐하면 자극을 주는 상황은 어떤 상황이라도 각각의 학생들의 개성에 의존하여 여러 다양한 결과들을 끼치게 될 것이기 때문이다. 그러나 인간의 본성은 그 근본적인 특성에 있어서는 항상 동일한 것이다. 그러므로 학생들의 동기를 유발시키기 위한 출발점은 인간들의 근원적인 제자극과 충동들을 이해하는 일이다. 인간들의 근원적인 제충동과 자극들은 목적과 관심의 기본 원천이다.

2. 조직 욕구들에 기초한 근원적인 욕망

각 개인들이 어떻게 여러 가지 관심을 가지게 되고 어떻게 여러 가지 목적들을 발전시키는가를 이해하려면, 몸의 여러 기호(嗜好)가 최초의 삶에 기능을 하기 시작하며 개인이 생존하는 전체 기간에 걸쳐서 그에게 영향을 행사한다는 사실을 인식해야 한다. 비록 인간은 그 본질이 몸이 아니라 영인 존재자이지만 그럼에도 불구하고 그가 실제로 존재하는 것은 몸의 형태이다. 비록 그의 경험은 현세적이고 육체적인 존재의 한계를 초월하지만 이 세상의 생활에 있어서는 근본적으로 생리학적인 욕구들의 작용의 지배를 받는다. 그 생리학적인 제욕구의 작용은 하나님의 경영에서는 인간이 할 수 있는 일과 될 수 있는 인간상을 결정하는 데 있어 어떤 역할을 한다. 매일의 일상 생활에서 이루어지는 제행위와 개인의 성격과 인격은 그가 인간이기 때문에 본성, 혹은 그의 인간성에서 오는 경향, 혹은 자극들에서 시작된다.

이 자극들은 유아를 거의 자기생식(self-generating)적 작인(作人)같이 여기게 할 정도로 강력하다. 새로 태어난 아이는 거의 전적으로 자신의 육체 안에서 발생하고 있는 것들에 의하여 행동하게끔 자극을 받는다. 영아, 혹은 매우 어린 아동의 행동에 여러 가지 의향과 태도와 이상, 혹은 의식적인 목적들이 있다는 것을 아무도 밝혀내지 못하였다. 유일하게 할 수 있는 가능한 한 가지 설명은 바로 그 육체의 본성 가운데는 생명 자체와 같이 기본적인 욕구들이 내재되어 있으며 어린 아동의 활동은 이런 여러 가지 욕구들에 의해서 자극된 반응의 결과라는 설명이다. 기본적인 충동은 동기가 부여된, 혹은 목적있는 행동의 시초를 구성하면서 일생을 통하여 지속된다. 그 충동들은 경험과 학습을 통하여 생생한 관심, 이상, 태도 그리고 강한 흥미를 돋구는 목적들의 형태를 띤 여러 가지 복잡한 동기들로 조직되게 된다. 그 동기들은 더 고상한 수준의 동기에 근거하여 행동에 동기를 부여해준다.

생득적이고, 인간이기 때문에 본래부터 소유하게 되는 욕구는 근원적인 욕구이다. 그런 욕구, 혹은 충동은 태도와 이상들에서 발견되는 욕구와 같이 다른 충동들과 결합되어 복잡한 동기들을 구성하지 않는 단순한 것이다. 근원적인 욕구들로 말미암아 야기된 반응들은 경험과 학습을 떠나 만들어진 반응들인데, 이는 개인은 인격적 존재이기 때문이다. 모든 근원적인 욕구들의 가장 기본이 되는 것 가운데는 조직욕구들(tissue needs) 가운데 그 기원을 두고 있는 행동을 유발시키는 충동들이 있다.

강력한 내적 충동은 배고픔이다. 음식을 찾는 욕구는 위벽의 수축으로 유발되지만 그 욕구는 몸에 있는 모든 세포를 관련시킨다. 그리고 배고픔이 심하면 전체 유기체는 그 욕구의 만족을 구할 때까지 안정을 하지 못한다. 목마름도 거의 조직 욕구이다. 비록 배고픔과 같이 전적으로 강렬하지는 않지만 조직 욕구에 속한다. 산소의 계속적인 공급을 바라는 욕구와 쓸모가 없는 생산물을 제거하려는 욕구도 행동을 유발하는 매우 강력한 기본충동들이다. 모든 조직 욕구들 가운데서 가장 강렬한 욕구는 성욕이다. 성욕은 인간의 여러 관심과 활동들 가운데서 매우 큰 역할을 하는데 사춘기 이후로부터는 그 역할이 특히 큰 역할을 하게 된다. 휴식과 노역에서의 탈피를 바라는 유기체의 요구는 상당한 양의 활동을 설명해주는 또 하나의 조직 욕구이다. 고통과 그 고통을 피하려는 욕구도 많은 행동을 하게끔 자극한다. 물론 외부적 자극인 극도의 추위와 더위는 충동의 형태를 띤 조직 상태들(tissue conditions)을 야기시킨다.

방금 묘사한 조직 욕구들에 버금가는 것처럼 보이는 또 하나의 몸의 조건은 활동을 하기 위한 욕구이다. 생명이 있는 곳에서는 에너지가 있고, 에너지가 있는 곳에서는 활동을 하려는 욕구가 있다. 보통의 인간은 오랜 기간 동안 활동을 하지 않는 상태로 머물러 있을 수 없다. 바로 생명의 시작이 있는 때로부터 활동은 명백하게 존재해 있는 것이다. 아주 어린 유아도 허우적거리고 꿈틀거리며 발을 오므렸다 폈다 하고 팔을 흔든다. 외적인 자극과 이미 소비된 에너지의 양과 식량과 종류와 그 질과 다양한 에너지 조직의 평형상태는 모두 활동을 유발시키는 욕구의 요소들인 것은 아주 확실하다. 그러나 그 욕구는 확실히 그 근본을 불가피하게 활동을 하게 하는 여러 조직들 속에 있는 제상태에 두고 있다. 물리적인 측면에서는 이 욕구가 임의의 행동과 농간(manipulation) 가운데서 표현된다. 그리고 정신적인 측면에서는 그 욕구가 새로운 것을 발견하면서 나타나는 호기심과 관심으로 표현되는 것이다.

3. 그 외의 근원적인 욕구

이와 같은 일반적인 몸의 여러 가지 상태에 덧붙여서, 교사가 학생들의 관심을 끌려고 시도할 때, 비록 그 이상은 아니지만, 그에게는 앞서 설명한 욕구들과 마찬가지로 기본적으로 중요하다고 여겨지는 다른 욕구들이 있다. 초기의 계발은 육체로부터 나오는 제자극들에 효과적으로 반응하는 방법을 배우는 학습과 관련이 있다고 하는 것은 그럴듯한 말이다. 아동이 교사에게 와서 학습으로 영향을 받을 때쯤이면 그 아동은 조직 욕구들에서 기원하는 대부분의 자극들을 다루는 습관적인 많은 방법을 이루어놓고 있다. 이러한 욕구들은 인간의 행위를 이해하고 지도하기를 원하는 이들이 일생 동안 모르고 지나칠 리는 없겠지만 교사가 가장 관심을 가지는 학생들의 여러 목적들은 이러한 근본적으로 물리적인 욕구들과 간접적으로 관련돼 있을 뿐이다. 명백하게 근원적인 다른 욕구들은 교사의 더 직접적인 주의를 요한다. 그러므로 이런 욕구들은 이미 고찰한 욕구들보다 좀더 상세하게 다루도록 하겠다.

(1) 적극적이려고 하는 욕구

아마 앞의 문단에서 한 진술들에 가장 큰 예외가 되는 한 가지 조직욕구는 앞절에서 마지막에 다루어진 것, 즉 적극적이려고 하는 욕구이다. 이 욕구는 효율적인 학습을 시키려는 교사에게 언제나 직접적인 관심거리가 되어야 한다. 보통의 인간은 그 나이가 얼마든지 간에 일을 하기를 좋아한다. 교육은 이러한 성향을 항상 동기부여의 영향력으로써 고려해야만 한다. 지혜로운 교사는 학생들에게 두 손을 포갠 채 앉아서 수수방관하기를 명하는 대신에 할 일을 부여해준다. 일은, 어른들이 일에 대하여 취하는 태도에 물들지 않은 아동들에게는 불유쾌하다기보다는 유쾌한 활동이다. 아동들은 본질상 가만히 있지를 않는다. 그들은 끊임없이 여러 가지 일을 하고 있으며 활동 자체에서 기쁨을 발견하고 있는 것이다. 성공적인 교육은 항상 인간 본성의 이러한 근본적인 충동을 적절하게 사용할 것이다.

(2) 새로운 경험을 획득하려는 욕구

활동하고자 하는 욕구와 밀접하게 관련이 있는 욕구는 새로운 경험을 하려는 충동이다. 인간들은 바울 시대의 아테네 사람들과 마찬가지로 끊임없이 "새로운 어떤 것"을 찾고 있다. 인간의 본성은 단조로움을 싫어하고 새롭고 변화해가는 여러 가지 경험을 요구한다. 아주 어린 아동은 자기 세계를 끊임없이 조사하고 탐구하며 실험하는 가운데서 이 충동을 나타낸다. 그에게 있어서—모든 사람의 생활에서도 마찬가지지만—그러한 충동에는 다음과 같은 위험이 뒤따를 수 있다. 즉, 상처와 그릇된 행동들과 그릇된 행위 등이 나타날 수 있다. 교사는 새로운 경험을 하도록 해주고, 그와 동시에 그 경험에 뒤따르는 여러 가지 위험들에서 안전하게 해주는 적당한 방위수단이 있다는 것을 알도록 해주어야 한다.

(3) 성취에의 욕구

활동하려는 욕구와 밀접하게 관련을 맺고 있는 또 하나의 욕구는 성취에의 욕구이다. 단순히 활동으로만 만족할 사람은 아무도 없다. 각 개인은 누구라도 그가 하고 있는 일에서 성공하려고 한다. 학생은, 그가 진보를 하고 있으며, 어떤 일들을 바르게 해나가고 있고, 몇 가지 그의 잘못들을 시정해 나가고 있음을 인식할 필요가 있다. 그는 기대된 결과들이 자기 활동의 산물일 때 쾌감을 경험한다. 이 욕구를 바르게 사용하기 위해서는, 교사가 주의깊게 학생이 성취할 수 있는 한계 내에서 목표들을 정해야 한다. 초기의 성공들은 사실상 학생이 쉽게 실행해서 얻을 수 있는 작은 것일 필요가 있다. 그 다음에 점점 숙달이 되면서 더 어려운 작업을 감당할 수 있게 되는 것이다. 만약 그가 성공적인 성과를 거둘 수 없을 정도로 과도하게 요구받는다면, 그 학생은 자신의 노력이 결국 쓸모없게 되었다는 실망과 실패 의식을 느끼게 될 것이다. 학생은 자기가 힘써 행하는 것에 만족해야 한다.

(4) 자아를 표현하려는 욕구

아주 강한 인간의 욕구 중의 하나는 잔소리를 늘어놓기를 좋아하는 욕구이다. 보통 사람들은 비상한 어떤 것을 누구보다도 먼저 말하는 자가 되는 것을 좋아한다. 이 성향 때문에 수많은 잡담과 악의가 있는 험담을 하게 되는 것이다. 우리는 이 욕구가 매우 작은 아이들의 집단 가운데서 끊임없이 표현되는 것을 본다. 이 욕구가 교실 안에서 유익하게 이용되기 위해서는, 교사는 이야기하려고 하는 개인의 말을 음미하며 들어주어야 한다. 그러나 모든 학생들이 동일한 작업을 끝마쳤고 그래서 결과적으로 똑같이 연구한 내용에 익숙할 때는 그렇게 하면 안될 것이다. 효과적인 교육은 각각의 학생들이 그 자신이 한 연구와 조사로 전체 그룹에 흥미를 줄 어떤 것을 공헌할 수 있도록 기회를 주어야 한다.

(5) 인정받기를 바라는 욕구

다른 사람들의 인정을 받기를 바라는 욕구는 모든 인간들에게 있는, 가장 강한 동기를 부여하는 요소들 중 하나이다. 어릴 때에는 가장 크게 구하는 것이 부모나 교사의 인정이다. 그러나 아동이 커서 나이를 먹어감에 따라 그가 속한 사회집단의 인정을 더욱더 구하게 된다. 나이가 적은 아동들을 가르치는 교사는 칭찬을 해준다든지 그 칭찬을 해주지 않고 보류해 둠으로써 활동을 자극하거나 억제할 수 있으며, 필요한 곳에서는 고쳐줄 수도 있고 아주 효과적으로 똑같이 노력하게 할 수도 있다. 어떤 나이의 학생들은, 교사와 학생 간에 학생들의 교사에 대한 자발적인 존경심이 있을 경우에는, 칭찬을 받으려는 욕구와 비난에 대한 두려움으로 다른 경우보다 훨씬 많은 영향을 받게 된다.

교사는 인정을 받으려는 학생의 욕구를 지나치게 이용하기가 아주 쉽다. 많은 교사들이 그들 자신의 권위와 탁월함을 나타내고 싶은 욕망에 따른다면, 그 학생들을 너무 그 교사들에게 의존하게 하는 심각한 위험에 빠지게 된다. 교육은 학습자가 지니고 있는 독립심과 능력을 계발시킬 목적으로 행해진다. 그리고 교사에 대한 학생의 관계에 관한 한, 자신에 만족하도록 해주는 것이 교사의 최종적인 목적이다. 다른 말로 표현하면, 진실한 교사에게 항상 있어야 하는 목적은 자신을 소용없이 만드는 것이다. 그러한 교사는 항상 학습자가 교사의 도움을 더 이상 필요로 하지 않고 자기 스스로 할 수 있는 수준에까지 이르도록 계발시키려고 노력한다. 그러므로 교사가 학생들이 교사의 인정을 얻으려는 목적으로만 노력하려고 하는 정도로까지 지배할 때는, 그에게서 학습받는 학생들은 의존적이 되고 약하게 된다. 현명한 교사는 교사의 인정을 받으려는 욕망에 직접 호소하도록 하는 일은 거의 없고 그 대신 그 자체로 더 영구히 가치있는 기초 위에 학습자의 관심이 있도록 일깨우려고 노력하는 것이다.

삶이 전개되어 나감에 따라, 인정을 구하는 것에 관련해서 이상들을 점점 더 높일 필요성이 있다. 아기는 처음에 그의 아버지와 어머니에게서 인정받기를 원한다. 그 후에 그 아이가 더 넓은 사회적 접촉을 가지게 되면 집단으로부터 인정을 받기를 원하게 됨으로써 이제 집단이 그가 얻기를 구하는 인정의 원천이 된다. 교사는 발전 과정에서 집단의 인정을 끊임없이 더 크게 심화되어가는 관심을 위한 기초로 사용하여야 한다. 그러나 학생들이 자기 자신의 의견을 반영되지 않은 채로 단순히 다수를 따라가도록 해서는 안된다. 그들을 그들 스스로 생각하고 올바른 입장을 취할 수 있도록 해줘야 한다. 비록 이렇게 하는 것이 집단의 인정을 상실하는 결과를 초래한다 하더라도 그렇게 하여야 한다. 어느 누구도 집단이 그에게 어떻게 평판을 내릴까 두려워한다는 그 이유만으로 다수를 따라가면 안된다. 그리스도인 교사는 자기가 가르치는 학생들로 하여금 무엇보다도 먼저 하나님의 인정을 갈망하도록 가르칠 것이다.

(6) 소유에 대한 욕구

근원적인 것이라고 여겨지는 또 하나의 욕구는 소유하고자 하는 욕구이다. 이 욕구는 주로 두 가지 형태로 표현되는데, 그중 하나는 소유권이고, 다른 하나는 수집이다. 아동은 어려서부터 "이것은 내 것이다"란 태도를 취하거나 그런 말을 한다. 그는 대부분의 우리들과 같이 사물들을 소유하기를 원한다. 비록 그 아동이 자기 것이라고 부를 수 있는 것은 얼마 되지 않더라도, 그는 그것들을 소유함으로써 즐거움을 삼는다. 인간은 자기 시대나 다른 환경의 풍조에 따라 물건들―애완 동물들과 집과 땅과 정원과 차와 새로운 옷 등―을 항상 자기 소유로 삼기를 원한다. 아동들이나 어른들 중 어떤 것이든 수집을 하지 않는 사람은 거의 없다. 어떤 사람은 돌을 수집하고, 어떤 이는 대리석 조각을 수집하고, 어떤 사람은 우표를 수집한다. 우편엽서를 수집하는 사람도 있고, 장서를 수집하는 사람도 있거니와 그 외에도 사람들이 수집하는 물건들이란 수도 없이 많다. 집단의 수집 경향은 수집 대상들을 모아서 박물관과 도서관과 화랑을 만드는 데서 표현된다. 교사는 이 경향을 학급에서 이루어지는 다양한 작업단계에서 이용할 수가 있다. 아마 인간 존재자의 한 부분인 지식에 대한 욕망의 일부는, 정보를 소유하고 사실들을 수집하려는 경향으로 구성되어 있을 것이다. 학생들이 가지고 있는 다양한 종류의 수집은 때때로 교육에 있어서 직접적이거나 간접적으로 사용할 수 있는 많은 가능성을 제공해 왔었다. 학생들이 간수할 수 있는 스크랩북을 만든다든지, 혹은 다른 것들을 만드는 것은 성과가 있는 학습을 위한 기회를 제공한다.

(7) 시합과 경쟁

여기에서 주목해야 할 마지막 근원적 욕구는 경쟁하고픈 욕구이다. 이 욕구는 매우 어린 아동들에게서는 나타나지 않는다. 그러나 그들이 나이를 더 먹게 되면 경쟁이라는 말이 붙은 활동이면 어떤 것이라도 그들의 노력을 경주케 하고 관심을 끌게 할 것이다. 인간이 관계된 일이 있는 곳에서는 어디에서나―레크레이션을 하는 곳에서나, 사회적인 국면에서나, 정치적인 국면에서나, 산업적인 국면에서나―경쟁이 표현되게 마련이다. 교사는 이 경향도 잘 이용할 수 있다. 그러나 그 경향을 그릇되게 사용하거나 과도하게 사용하는 것은 항상 경계해야 한다. 학생들로 하여금 너무 과다한 행동으로 말미암아 자신들에게 상처를 내게 할 정도로 경쟁을 하는 운동을 계속하게 하기가 아주 쉽다. 그리고 덜 유능한 학생들은 이길 수 있는 기회를 가질 수 없는 그런 원리에 근거를 둔 경쟁적인 일을 세우기가 아주 쉽다. 이것은 흔히 학생을 상심케 만들어 그 일생에서 파괴적인 요소로 작용할 수 있는 좌절과 열등감과 사회적 부적응 등으로 나타날 수가 있다. 게다가 이기는 학생은 그의 일생에서 생산적인 결과도 가져오겠지만, 그와 동시에 무서운 결과들을 빚어

놓을 수 있는 우월감과 편협함과 자기중심의 감정 등을 품을 위험에 직면한다.
　학급에서 이루어지는 작업에서 경쟁하고픈 충동을 제거하는 것은 불가능할 뿐만 아니라 바람직하지도 못하다. 그러므로 교사는 모든 학생들이 인생을 살아가면서 최선의 결과들을 산출하게 할 수 있는 방법으로 경쟁의 충동을 이용하여야 한다. 경쟁하고픈 욕구를 이용하는 아주 좋은 방법은, 다른 학생들과 경쟁하게 하는 대신에 자기 성적과 경쟁하도록 하는 것이다. 이것은 사회적 경쟁으로부터 기인하는 많은 위험들을 배양하지 않고, 그 경향을 관심을 위한 원리로서 유용하는 것이다. 교사는 또한 동등하게 경쟁하도록 하기 위한 원리로서 더 우수한 학생이 핸디캡을 안고 경쟁하게 계획할 수 있다. 그러나 그렇게 하는 데도 위험은 도사리고 있다. 그 위험이란 이 우수한 학생이 자기는 부당한 차별의 희생물이란 감정을 가지게 되는 위험이다. 또한 이외에 바람직한 방법은 각 개인이 경쟁하게 하는 대신에 그룹으로 경쟁을 시켜서 모든 학생이 활동할 수 있도록 경쟁심을 이용한다는 것이다. 그러면 개인주의적이고 비사회적인 경향들이 저지될 것이다.

(8) 근원적인 욕구들을 사용하는 방법

　위에 든 것은 인간 본성에 내재하는 모든 근원적인 욕구를 전체적으로 추려놓은 목록은 아니다. 이것들은 가장 중요한 근원들 중 몇 개를 뽑아놓은 것에 불과하다. 그리고 이렇게 열거한 근원적인 욕구들은 인간의 행위 배후에 놓여있는 여러 가지 영향력 중 얼마를 보여줄 수 있을 것이다. 인간의 행동에 동기를 부여하기를 원하는 사람은, 이와 같은 근원적인 경향들이 서로 다른 것과 구별되어 독립적으로 작용하는 것이 아니며, 또한 동기를 부여하는 것도 처음에는 이 경향이었다가 그 다음에는 차례대로 다음 경향이 되는 것이 아니라는 사실을 기억하여야 한다. 그리고 인간에게 동기부여를 하는 것은 여러 가지 충동들이 단독적으로 하나로 모여서 단순히 기능을 작용시키고 있는 것 이상임을 기억해야 한다. 모든 학습은 인간 본성의 근원적인 충동에서 출발한다. 학습이 그 조직에 있어서 아무리 정교하고 아무리 훌륭한 방법을 채택하였다 하더라도 이런 근원적인 충동들은 항상 고려되어야 한다. 그러나 결국 이 근원적인 충동들은 동기부여와 학습의 원리일 뿐이다. 인간 존재자를 움직이는 동기들은 어떤 일정한 수의 맹목적인 충동들이나 자극들이 작용하는 것보다 더 복잡한 문제이다.

4. 여러 가지 동기

교사는 가공하지 않는 재료보다 훨씬 더한 것을 다루고 있다. 아동은 교사가 처음에는 이런 방법으로 다루고 다음에는 저런 방법으로 다루어 감에 따라서 변해질 수 있는 기계장치는 아닌 것이다. 아동의 생활은, 가해지는 영향을 쉽사리 받는 점토와 가해진 영향을 영구히 보존하는 대리석에 비유돼 왔었다. 그러나 아동은 점토나 대리석과는 달리 그에게 가해지는 자극에 대해 자신의 방법으로 반응할 수 있는 능력을 가지고 있다. 아동에게는 물리적인 조직보다 훨씬 우수한 자아, 혹은 영혼이 있다. 인간은 기계적 필연성에 묶여서 그 필연성에 의해 좌지우지되지 않으며 행동의 여러 가지 노선을 목적을 가지고 선택한다. 그러므로 교사는 여러 가지의 목표와 목적을 가지고 있고 살아있는 존재에게 학습을 시켜야 한다.

"동기부여의 성격"을 다룬 부분에서는 동기부여의 요소로서 학습자의 목적을 강조했었다. 거기에서는 최선의 교육이, 감지된 여러 욕구들로부터 나오는 내적 목적들에 근거한 관심에서 기인한다고 진술하였다. 마지막 두 단락에서는 인간의 본성에 내재하는 여러 기본적인 충동과 자극을 주목하였다. 그리고 이와 같은 근원적인 충동들과 자극들은 인간의 행동에 동기를 부여하기 위해 시도하려면 어떠한 경우에라도 항상 고려해야 한다는 것을 지적하였다. 학습자의 내적인 목적들이 행동의 여러 동기들과 목표들 가운데서 표현될 때 그 내적인 목적들을 다루는 것이 현재의 과업이다.

(1) 근원적인 욕구들의 불충분성

교사는 관심의 원리로서 학생들의 근원적인 욕구들을 이해할 필요가 있지만 그렇다고 해서 근원적인 욕구들의 이해만이 그들 모두의 학습을 위한 추진시키는 동기들을 제공해줄 것이라고 기대할 수는 없다. 동기들은 복잡한 삶의 여러 행동 가운데서 시작되고, 감지된 욕구들로부터 일어나는 내적 목적들을 표현한다. 욕구는 학습을 위한 동기를 공급한다. "아동 자신의 목표(end)는 그 목표의 성취를 위한 수단을 소유하도록 그를 이끈다." 이 말은, 문제는 학습을 위한 동기이며, 이상은 행동을 위한 동기라고 강조한 듀이(Dewey)의 말이다. 그리고 또 다른 사람은 다음과 같은 말을 한다. "관심을 가지고 있지 않거나 욕구를 가지고 있지 않은 일은 하지 않는다."

그러므로 학습에 동기를 부여하는 실제적인 경험 가운데서 교사가 관심을 갖는 것은 동기와 근원적인 욕구의 관계가 아니라, 학습자로 하여금 어떤 욕구와 문제와 의문을 생생하고 직접적인 방법으로 직면하게 하도록 하는 그런 요소들을 조직하고 지도하는 일이다. 학습자가 어떤 실제적인 욕구를 느끼고 어떤 흥미있는 문제를 만나고 어떤 문제에 대답하려는 욕구를 가지게 되면, 그는 노력을 한다. 그는 그렇게 하는 가운데서 많은 기본적인 충동들을 발산시킨다. 감지된 욕구를 적절하게 충족시키고 다루는 학생의 활동을 지도하고 힘을 북돋아주는 것은 동기부여의 근원적 문제이다.

(2) 동기의 관심의 관계

예전에는 관심을 가진 학생은 누구든지 그의 관심이 유지되는 한 충분한 노력을 할 것이라는 주장이 있었다. 동기, 즉 감지된 욕구에 기초한 내적 목적을 가진 학생은 관심을 나타낼 것이다. 어떤 학생은 관심은 가지고 있으나, 동기를 가지고 있지 않을 수도 있다. 그러므로 일을 하게 하는 동기는 일에 대해 가지는 관심보다 더 크다. 동기가 존재하면 관심도 있게 된다. 그러나 동기없는 관심도 있을 수가 있다. 어떤 사람이라도 관심은 많이 가지고 있다. 행동을 하게 하는 동기의 소산이 되는 경우를 제외하고는 그 관심들은 일시적이다. 어떤 학생이, 지나가는 자동차들의 소음이나 홀에서 사람들이 나누는 대화나 벽에 걸려 있는 그림—스쳐지나가는 것들을 차례차례—에 관심을 갖고 주목할 수도 있다. 그러나 그의 반응이 단순한 관심으로만 그친다면 아무런 목표도 실현되지 않을 것이다.

그러나 동기가 현존(現存)하면 그 목적을 성취시키기 위해서 활동을 할 것이다. 동기가 부여된 활동은 명확하게 목적을 가지는 활동이다. 그 활동은 관심을 유발시키고 주목하게 하고 현재의 목표의 성취를 향해 수렴되는 노력을 하게 한다. 효과적인 교육은 학생이 문제나 욕구에 부딪칠 것을 요구한다. 그는 작업을 하는 데 대한 동기를 가지고 있어야 한다. 그는 자기가 하고 있는 일에 대한 충분한 이유를 알아야 한다. 그가 그렇게 하는 한에 있어서, 그의 관심은 가치있는 결과들을 중요하게 여길 그러한 방법으로 유지될 것이다. 해야겠다고 정한 일에서 진정한 용도를 깨달으면 그 학생은 동기를 잘 부여받은 것이며, 활동이 그가 감지한 어떤 욕구를 만족시킬 때 그는 관심을 갖게 될 것이다.

(3) 동기와 활동

동기로부터 분리된 단순한 관심은 그것이 비록 강렬한 것이라 하더라도, 학습으로 이어지지는 못할 것이다. 동기가 관심과 학습과 관련되어야 한다는 것은 아주 중요하다. 어떤 학생은 학습을 위한 동기는 가지고 있지 않고 관심을 위한 동기는 가지고 있을 수가 있다. 어떤 사람은 개선의 결과도 없이 여러 번 활동을 수행토록 할 행동을 위한 동기를 가질 수도 있다. 어떤 학생은 그 학급에서 전혀 변화가 없는 판에 박힌 작업을 할 수도 있다. 역으로, 배우고자 하는 동기는 있으나 실행할 동기는 없는 경우도 있다. 그런 경우는 학습자가 학급에서 배운 것을 학급 바깥에서는 결코 행하지 않는다는 결과를 초래한다. 학생이 행하기를 좋아하는 것은 학습이 없어도 적당한 동기가 부여되면 실행된다. 그럴 때에도 그가 행해야 하는 것은 성취라는 동기가 부여되지 않고서도 유발되는 학습을 받고자 하는 마음이 일어나게 한다.

교사는 동기부여의 두 양상에 관심을 가질 필요가 있다. 학생은 학습을 받아야 할 뿐만 아니라 그가 배운 것을 학습상태 밖에서 행할 욕망도 발전시켜야 한다. 교육에 있어서 아주 흔히 있게 되는 실수는 성취라는 동기부여가 결여된 학습을 아주 강조한다는 것이다. 그렇지만 활동의 동기부여가 지나치게 강조될 수 있다. 활동을 위한 활동은 중요하지 않다. 배운 것들을 가지고 생활의 여러 가지 문제들을 부딪쳐 나가는 데 사용할 수 있을 정도로 성취의 동기가 부여되어야 할 것이다.

어린 아동기 동안에는, 계획적인 학습보다 목적있는 활동이 더 설득력있다. 학습은 항상 나이에 상관없는 적극적인 과정이지만 어린 아동이 하게 되는 대부분의 학습은 학습보다는 여러 가지 이유들을 위해서 행해진 활동에 부수된 것이다. 어린 아동을 가르치는 교사는 그들의 학습은 활동을 위해서 행해지는 활동에 부수되는 것이기에, 활동이라는 동기부여에 관심을 가진다. 그러나 학습을 위한 활동에의 관심은 가능한 한 초기에 발전시켜야 한다. 결론적으로 말하면, 학습의 효과를 거두는 교사는 아동들이 점점 나이가 들어감에 따라 학습의 동기를 강조하게 될 것이고 활동이라는 동기부여에 대해서는 강조하지 않게 될 것이다.

5. 이상(Ideal)

이 토론 전체에 걸쳐서 여러 가지 내적 목적을 자주 언급하였다. 앞부분에서는 인간은 단순한 기계적인 반응을 하는 물건이 아니라 목적을 가진 창조물임을 보이려고 하였다. 다른 동물과 마찬가지로 인간도 행동에의 경향, 즉 행동이 필요한 곳에서 그 상황 가운데로 나아가고 이러한 상황들에 반응하려는 경향을 가지고 있다. 그러나 인간은 그것에 더하여 동물들이 가지고 있지 않은 한 가지 특징을 가지고 있다. 그 특징은 인간과 동물을 구별시켜준다. "인간은 여러 가지 목표들을 계획할 수 있으며 그렇게 계획한 목표에 의하여 그의 반응을 수정할 수 있다. 그리고 이렇게 계획된 목표들에 의해서 목적있는 선택을 할 수 있다."[1] 동물의 행동은 연결되어 있는 세 가지 반응의 연쇄이다. 감각기관이 받은 어떤 자극은 뇌로 전해지는 흐름(current)이 된다. 뇌에서는 그 흐름이 감각중추로부터 운동중추로 가는 미리 설치된 길로 나가 운동중추에 이른다. 그리고 운동중추에서 운동 섬유조직(motor fibers)을 따라나가서 어떤 특별한 행동을 일으키는 것이다. 그 결과로서, 동물들은 매우 적은 범위 내에서가 아니면 자기들이 변화시킬 수 없는 본능적 행동의 지배를 받게 된다.

인간은 자극을 받는데 그 자극은 신경의 중심조직으로 가는 흐름으로 출발한다. 이 신경의 중심조직에서 그 자극은 이미 설치된 길을 따라서 감각중추에서 운동중추로 가로질러 가지만 필연적으로 그렇게만 되는 것은 아니다. 인간은 의식을 가지고 있어서 그 의식이 소유하는 지식의 내용과 정서적인 태도와 의지를 사용할 수 있다. 인간은 의지의 이런 지식내용과 정서적인 태도와 의지에 의하여 생각하고 느끼고 여러 가지 이상들을 형성시키는 것이다. 그리고 그것은 신경의 흐름이 행동으로 나올 때에 그것이 취할 길을 선택하게 되는 것이다. 인간은 자기를 기계적인 방법으로 추진시키는 맹목적인 본능의 지배하에 있다기보다는 자기가 할 것을 선택하는 원리인 이상들을 형성시키는 능력을 가지고 있는 인격체인 것이다. 학생은 지식을 요하는 사고생활, 지향해야 할 감정의 생활, 바른 행동의 이상들을 발전시킬 목적을 위해 발전시켜나가야 할 의지를 가지고 있는 영적인 인격체인 것이다.

(1) 인간에게 있어서의 이상의 필요성

단순히 근본적인 충동들에 반응하고 욕구가 생길 때에 목적있는 행동으로 반응

---

1) W. W. Charters, *The Teaching of Ideals* (New York: The Macmillan Co., 1928), p. 20.

하는 것으로 만족하는 것은 인간의 본성이 아니다. 인간은 반드시 다른 모든 목표들이 부속하게 되는 단 하나의 궁극적 목적을 가지고 살도록 구성되어 있다. 수십 세기에 걸쳐서 도덕적 행동의 궁극적 목적을 한마디의 말이나 개념으로 진술하려는 시도가 많이 있어왔다. 그 이유는 인간 존재의 진정한 목표는 어쨌든 인격과 관련되어 있다는 것이 보편적으로 인정을 받고 있기 때문이다. 그러나 윤리 철학자들이(moral philosophers: 혹은, 도덕 철학자들이) 열심히 찾았지만, 완전히 만족할 만한 진술은 찾아내지 못하였다. "행동의 수많은 목표들은 쾌락, 최대 다수의 최대 행복, 자아실현, 법과 관습의 준수, 혹은 양심을 만족시키는 것 따위와 같이 어느 하나의 목표를 가지고서는 표현될 수 없다. 궁극적인 목적은 아직까지도 정확한 규정을 받지 못한 채로 남아 있다. 아마도 궁극적인 목적은 전술한 여러 가지 목적들로 구성되어 있고 그 모든 것을 능가하는 요소들을 포함하고 있을 수도 있을 것이다."[2]

(2) 성경은 일체를 포함한 그 이상을 진술하고 있다

그러나 인간에게 우주를 통치하시는 최고 인격체이신 하나님의 뜻을 계시해주고 있는 성경은 인간의 모든 사상으로도 할 수 없었던 것을 진술해주고 있다. 즉 성경은 영적인 인격체의 행위 속에서 그 외의 다른 모든 목적들이 종속하고 있는 궁극적인 목적을 진술해주고 있다. 궁극적인 목적은 "모든 선한 일을 하기에 온전한" 완전한 하나님의 사람이 되는 것이다. 이것은 객관적인 목적, 즉 인간 존재의 내부에서 생겨난 산물이 아니라 인간에게 정해져 있는 목적이다. 궁극적인 목적이 그렇게 객관적으로 정해져 있기 때문에 인간의 영혼이 그 활동 가운데서 이 궁극적인 목적을 얻기 위하여 항상 노력하고 있는 것이다. 즉 하나님께서는 계시 가운데서 죄의 지배를 받고 있는 유한한 존재자인 인간이 맹목적으로 모색하는 활동 가운데서 얻으려고 찾는 것을 한 목적으로 주신 것이다.

일체를 포함하는 목적은 최종적으로 총체적인 목적의 성취에 귀착되는 여러 가지 보다 작은 목적들을 그 안에 포함하고 있다. 교사에게 해당되는 것은 학생에게도 해당이 된다. 궁극적인 목적은 그에 부속하는 다양한 목적들이 성취될 때에만 도달될 수 있다. 다른 말로 하면, 학생들을 이상, 즉 모든 선한 일에 온전케 된 하

---

2) op. cit., p. 21.

하님의 사람을 이루는 방향으로 움직이게 하는 활동은, 처음에는 한 가지 목적을 구하고 그 다음에 또 다른 목적을 구하는 가운데서 표현되어야 하고, 그것도 일체를 포함하는 완전이라는 최종적인 목적성취를 노리고 표현되어야 한다. 최종적인, 혹은 궁극적인 이상은 여러 가지 요소를 포함하는 많은 이상들로 구성되는 것이다.

사람은 빵만으로는 살 수 없다. 사람은 유기체를 만족시킬 수 있는 것을 가지고는 만족될 수 없는 영적인 자극들(incentives)을 가지고 있는 영적인 존재자이다. 아동의 초기 생활에 있어서도, 육체의 여러 욕구와 근원적인 여러 욕망들이 행동을 유발시키는 중요한 요소들이지만, 이기적이고 기계적인 동기들이 아닌 다른 동기들이 나타나기 시작한다. 그리고 이 다른 동기들이 근원적인 욕망들과 비슷하다 하더라도, 그 두 가지 동기는 개인의 인격이 계발되어감에 따라서 더욱 다르게 구별된다.

기독교 교육의 과업은 후자의 동기들을 사용하고, 그것들을 배양시키며, 그 동기들이 경건한 품성과 그리스도를 닮은 인격이라는 특성의 형태를 띠고 완전하고도 온전하게 표현되도록 이끄는 것이다. 그러면 인간의 행위를 유발하는 가장 고상한 동기들은 영적인 인격체인 개인이 자기 힘으로 형성시키고 그가 택하는 목적있는 여러 선택들을 결정하는 요소들로서 사용하는 이상들의 영역 가운데서 발견되어야 한다.

다음의 진술은 본 단락이 말하려고 시도했던 내용의 요지를 아주 잘 표현하고 있다. "사람은 자신이나 자연, 그리고 조직된 사회에 관한 지식 이상의 것을 갈망한다. 사람은 의에 주리고 목말라 있다. 인간은 자기 자신의 여러 가지 불완전함을 알고 있기에, 어디엔가 완전함이 있다는 것을 느낀다. 커다란 우주가 그의 영혼을 부른다. 그리고 인간이 무식하거나 고의적으로 귀를 막지 않는다면, 하나님의 음성을 듣게 되는 것이다…각각의 영혼은 우주 가운데서 자기의 위치를 분명하게 알게 되고 일을 하고 휴식을 취하는 가운데서 자기의 위치를 발견하기에 이른다. 이 방향결정(This orientation)이 발생하면, 생활은 평정과 품위와 위풍을 나타내게 된다. 만일 그렇게 되지 않는다면, 영혼의 여러 노력과 그 고투와 성취는 하찮고 중요하지 않게 보이게 된다. 학교가 해야 할 가장 큰 과업은 그 학교에서 배우는 학생들이 하나님을 발견하도록 도와주는 일이다. 이 일을 완성할 수 있는 방법이 가장 큰 문제이다. 우리가 이 문제를 알지 못하면 그것을 해결할 수도 없다."

6. 동기부여에 관한 마지막 고찰

　이 긴 토론은 분명히 독자들로 하여금 일반으로 받아들여지는 사실의 진리, 즉 인간이 자극받는 모든 형태의 동기유발은 아주 복잡하다는 진리를 생생하게 깨닫게 해주었다. 육체적 존재의 단순한 여러 가지 충동으로부터 여러 가지 고상한 그리스도인의 삶의 이상에로 이르게 하는 통로는 긴 통로이며, 헤어날 수 없는 충동들의 참된 미로(a veritable maze)를 통하여 습관과 경향과 욕구와 태도와 동기와 목적과 이상들에 이르게 한다. 동기들은 복잡할 뿐만 아니라 그 수도 아주 많고 정확히 분석할 수도 없다. 인간이 행하는 대부분의 행동은 무의식적인 충동들과 아주 불명확한 동기들로 말미암아 조정된다. 주제는 다음과 같이 제시되었었다. 즉 독자의 마음에 동기부여의 중요성과 어려움을 새겨주고, 모든 교사들과 이 글을 읽는 장래성있는 교사들이 실제로 그들이 아동들을 가르치는 교육에서 학생들의 더 나은 동기부여의 기초를 사용하게 인도를 받게 될 것이라는 희망으로 제시되었다.

　요컨대, 교사는 학습자의 성격을 기초로 하여 동기부여를 해야 한다는 사실이다. 그렇게 하기 위하여 교사는 학생들을 개체로서 그리고 인간으로서 이해하고 있어야 한다. "인간의 성격은 매우 광범위하며, 삶은 매우 많은 것들과 접촉하며, 말들은 기억에서 사라지기가 아주 쉽다." 이 장에서 언급한 동기들의 제근원은 단지 수많은 근원들 중의 몇몇에 불과한 것들이다. 앞에서 진술하였던바, 근원의 수는 대단히 많으며 동기들은 아주 복잡하다. 학습에의 동기부여는 어떠한 교사라도 자기의 최선을 다해 도전해야 하는 과업이다. 그 과업의 복잡성을 깨닫게 되면 더 나은 교육을 위하여 학습을 유발시키는 행위를 더욱 완전하게 하기 위한 부단한 노력을 하게 될 것이다. 각각의 모든 교육 상황은 교사에게 더 나은 동기부여의 기초로서 학생들을 더 잘 이해할 수 있는 기회를 제공한다.

　학습이 효과적으로 이루어지기 위해서는, 학생이 자기에게 의미있는 일에 흥미를 가져야 한다. 그리고 그 일이 그 학생이 개인으로서 경험하는 욕구들을 만족시켜야 하고, 그가 느낀 학습에의 갈망을 채워주어야 한다. 그리고 그가 실제적인 생활에서 부딪친 여러 가지 문제들을 풀어주어야 하고 그의 경험이 그의 마음 가운데 일으키는 여러 가지 의문들에 대답해 주어야 한다. 그리고 효력을 나타내지 않는 삶의 이상들을 일깨워주어야 하며, 최고의 인격자께서 세우신 목적들을 달성할 수 있는, 목적있는 선택을 할 능력을 가진 존재자 안에 잠재해 있는 행동의 근원을 움직여서 그가 영적인 인격체로서의 자기 존재의 목적을 실현할 수 있도록 해야 한다. 동기부여는 학습자나 그가 하고 있는 일에 대한 충분한 이유를 깨닫게 되면 완료된다. 그가 이상을 받아들이고 추구하는 순간, 그 이상은 그의 생활에 있어서 그것을 실현하기 위하여 쏟는 모든 노력을 결정하는 가장 강한 동기가 된다. 동기부여가 없다면, 분명한 목적이 존재할 수가 없다. 동기가 있어야 현재의 여러 목표들을 실현해 나가도록 추진하는 목적이 있게 된다.

그리스도인 교사에게는 학생들로 하여금 그들이 하는 일에서 가치있는 결과들을 얻을 수 있도록 충동을 주는 여러 가지 동기들을 발견할 뿐만 아니라, 그들 안에, 고상한 것을 평가할 수 있고 고상한 것을 선택할 수 있는 기질을 배양시키고, 인간 본성에 가장 깊이 파묻혀 있는 욕구들을 충족시키는 활동으로 이끄는 가장 고귀한 종류의 동기들을 앙양할 과업과 특권과 기회가 주어져 있다. 그의 일에 대하여 올바른 태도를 가지는 교사는 누구든지 다음과 같은 진리에 전적으로 동감할 것이리라. "그는 정보를 단순히 상품화하는 것을 그의 주된 목적으로 여기지 않을 것이다. 그에게는 모든 다른 것보다 의지를 부추기고, 정서를 풍부하게 해주고, 상상력을 길러주고, 학생들로 하여금 예민하게 해주고, 열심을 내게 해주는 것이 더 중요하게 여겨질 것이다."

제9장 과거의 경험 위에 세움

앞에서 한 토론은 다음과 같은 사상으로 발전되었다. 즉 학습은 학습자가 여러 가지 상황들에 반응함으로써 얻은 개인의 경험에 의존하는 복잡한 과정이다. 학습은 학습자가 현재에 닥친 방해되는 어려움을 과단성 있게 해결해 나가려고 힘쓰고 있을 때에만 발생한다는 사실도 강조하였다. 학습은 항상 어떠한 상황에 의해 가해진 상태하에서 학습자가 그 상황에 대하여 목적을 달성하려고 조정을 가할 때 발생한다. 그의 조정하는 행동은 기계적이거나 판에 박힌 진부한 것이 아니라 그 상황에 내포되어 있는 여러 가지 다양한 요소들을 처리하려고 노력함으로써 다양하게 나타난다. 학습자가 조정을 가하고 있는 어떤 상황에 의해 부과된 가장 중요한 상태들 가운데는 그의 과거의 경험에 비춰보아 그에게 의미를 지니고 있는 상태들이 있다.

(1) 학습과 교육에 기초가 되는 학습의 두 가지 기능

완전한 학습 행위는 항상 두 가지 기능을 수행한다. 첫째, 학습은 학습자의 현재 욕구를 충족시켜 준다. 사람이 배우게 되면 어떤 불충분함이 제거되고, 어떤 의문은 풀어지며 어떤 문제는 답변이 된다. 그리고 얼마간의 긴장이 누그러지고, 스트레스도 얼마간은 제거되며, 얼마간의 어려움도 성공적으로 타개된다. 배운다는 의미는 학습자가 어떤 것을 극복하였고 어디에 도달하였으며 전에는 배우지 못하였었는데 이젠 그것을 배운 사람이 되었다는 의미를 가지고 있다. 학습의 두번째 역할은 학습자를 변형시킨다. 경험을 하고 욕구의 충족을 받으면, 사람이 달라지게 되는 것이다. 그는 그렇게 달라지게 되어 미래의 상황들은 다른 방법으로 대처하게 될 것이다. 학습은 한 개인이 느끼고 생각하고 행동하는 방식의 변화를 산출한다. 배운 사람은 학습이 발생하기 전에는 전혀 느낄 수 없었고, 생각할 수도 없었으며, 행할 수도 없었던 것을 느끼고 생각하고 행할 수 있는 것이다.

그러므로 학생의 과거의 경험 위에 세우지 않으면 어떠한 교육도 효과적인 교육이 될 수 없다. 왜냐하면 학생의 과거의 경험이 그가 현재의 어떤 상황에 대해 취하는 반응에 영향을 끼치기 때문이다. 모든 교육은 상황 가운데서 행해진다. 교육 상황의 가장 명백한 요소는 확실히 교사와 학생, 혹은 학생들, 그리고 사용되거나 연구되는 학습자료이다. 어떤 상황 가운데서 교사가 해야 하는 최초의 작업은 활동을 일으킬 수 있을 정도로 관심을 북돋아주는 과업이다. 그러나 모든 활동을 이끌어낼 수는 없을 것이다. 교사는 활동을 분기시켜야 올바른 종류의 반응을 이끌어내야 한다는 미묘한 문제에 직면해 있다.

상황에 포함되어 있는 여러 가지 요소들을 가장 주의깊고도 완벽하게 조정하는 것만 가지고는 교사가 학생이 나타내는 여러 가지 반응을 조정할 수 없을 것이다. 학생 각자는 과거의 여러 가지 경험과 현재의 의식 가운데 있는 여러 가지 반응에 비추어서 이러한 요소들에 반응하는 것이다. 한 특정한 상황 가운데서, 어떤 학생이 보일 수 있는 가능한 반응의 수는 아주 많다. 백 명의 학생을 동일한 상황 가운데 놓아두면 그 상황에 내포되어 있는 요소들은 그 백 명의 학생들 모두에게 정확하게 동일한 것이지만, 그들 각자가 서로 다르게 반응할 수 있는 것이다.

교육의 성공 여부는 학생으로 하여금 교육의 여러 목표에 비추어 바람직한 반응들을 하게 하는 데 달려있다. 교사는 각 학생이 말과 대상과 사건과, 상황에 포함되어 있는 다른 요소들을 각각의 고유한 방식으로 해석한다는 사실을 명심해야 한다. 학생들이 올바른 반응을 나타내게 하려면 교사는 학생의 과거의 여러 가지 경험들을 분명하게 이해하여야 하며 그 과거의 경험들에 근거하여 완전하게 가르쳐야 한다. 학생이 필요한 경험을 하였으면 교사는 그 경험에다 새로운 가르침을 연결시켜야 한다. 만일 학생이 한 경험이 올바른 관념들이나 느낌들을 분기시킬 수 있을 정도에 이르지 못하였다면, 교사는 새로운 교육을 위한 기초로서 여러 가지 경험들을 제공해 주어야 한다.

(2) 교사는, 학생이 자기의 경험을 사용할 준비가 되어있다는 사실을 알아야 한다

학생은 실제적인 경험들을 가지고 있을 뿐만 아니라 그 경험들을 사용할 준비가 되어있음에 틀림없다. 과거의 경험에 새로운 가르침을 연결시키기 위해서는, 교사에게 학생의 과거의 경험들을 새로운 경험에 관계지을 수 있도록 해주는 학생의 명확하고 영리한 마음의 준비가 필요불가결하다. 상황에 부딪치면 학생이 준비하게 될 것이라고 신뢰하는 것으로는 충분하지 않다. 만약 학생이 바로 가까이에 있는 문제를 불충분하게 이해하거나, 잘못 이해하거나, 그 문제에 대해서 무관심하거나, 그 문제에 대해 혐오감을 가진다면 새로운 재료를 파악하는 그의 이해는 불충분한 것이 될 것이다. 새로운 경험의 해석을 위한 유일한 수단은 과거의 여러 가지 경험들이다. 그럼에도 불구하고, 그들의 과거의 여러 가지 경험들을 새로운 경험의 이해력과 동화를 위한 바른 기초로서 삼을 정도로 전적으로 자기들의 일부로 만든 학생들은 거의 없는 실정이다. 그러므로 주의깊은 교사는 학생들에게 현재의 요구들의 견지에서 보아 그들의 과거의 여러 적절한 경험들의 제요소를 상기시켜서 이러한 요소들을 음미하게 할 것이고, 필요하면 학생들을 새로운 학습활동으로 이끌고 가기 전에 이런 요소들을 교정해줄 것이다.

(3) 교육 이외의 활동들 가운데서 나타나는 정신적인 자세

이것은 교육 이외의 다른 여러 활동을 하는 사람들이 이해하고 사용하는 절차이다. 물건을 살 눈치가 보이는 고객에게 가서 "제가 파는 자동차를 사주시지 않겠습니까?"라고 말할 현명한 세일즈맨이 어디 있겠는가? 현명한 세일즈맨은 상품을 팔기 위하여 고객의 예상과 그의 여러 관심과 태도와 취미와 욕구들, 특히 그의 실제적이거나 상상하여 살핀 욕구에 관하여 발견할 수 있는 모든 것을 발견하기 위해 주의할 것이다. 그리고 나서 이 정보의 항목을 제시하고 그 관찰을 계속하여 바랐던 반응을 불러일으키기에 적합한 감정과 생각을 하게 해줄 다른 사실을 강조한다. 숙련된 세일즈맨은 고객으로 하여금 구매를 원하게 하기 위해서는 신속의 원칙, 혹은 자세의 원칙을 이용해야 한다는 것을 알고 있다. 그는 또한 고객들이 그 물건이 좋다는 말을 하지 않는 한 그 구매에서 성공할 수 없다는 것을 아주 확실하게 알고 있다. 그런데 구매를 할 기미가 있는 고객이 그의 과거의 여러 가지 경험에 비추어 반응하도록 이끌림을 받지 않으면, 결코 좋다는 말을 하기가 불가능한 것이다.
　이러한 마음자세의 원칙은 매일의 생활의 실제적인 여러 경험들 가운데서 항상 인지된다. 현명한 부모는, 아동이 정서적으로 과로하게 되었을 때는 그 아동이 일을 하지 못하게 한다. 필요한 지도와 교정을 해주기 위해서 그 부모는 아동이 알맞는 마음의 기분 가운데 있거나 그 아동이 이해할 수 있는 암시에 의해서 그런 마음의 기분을 유발할 때까지 기다린다. 비교적 나이가 적은 아동들도, 자기 부모들이 기분이 좋을 때에 어떤 요구를 하면 그 부모는 다른 때보다 아동이 내놓은 요구나 요망에 아동이 바라는 대로 훨씬 더 잘 반응한다는 것을 알고 있다. 그리고 어린아이들은 자기들의 부모들을 돕는 가운데서 그 부모들로 하여금 호의적인 응답을 할 마음이 내키게 한 과거의 여러 경험들을 상기하여 이용하는 데에 아주 숙달이 되어 있다. 모든 사람은 그의 가장 친밀한 친구에게서라도 그의 현재의 마음의 자세에 관계되지 않는 것들에 접근시키는 일이 전적으로 부적당한 때와 환경이 있다는 것을 안다.

(4) 교사는 학생들의 배경을 고려하여 모든 과업을 정해주어야 한다

　그러나 교사들은 학생들이 준비되어 있는지 되어있지 않은지를 고려하지도 않은 채 그들에게 활동에 열심을 내라고 요구하기가 아주 쉽다. 만약 아동들이 시편 23편을 예로부터 받아온 친숙한 사상을 통하여 해석하는 일도 없이 읽는다면, 그들은 그것을 이해하지 못하기 때문에 학습을 위한 열정을 내지 않을 것이다. 만일 학생들이 연극기간의 묘미와 그것이 주는 유쾌한 기분으로 충만해 있는데, 탕자의 이야기를 즉시 공부하여 마음에 새기도록 요구를 받는다면 그들은 그렇게 하는 것이 불가능하다고 생각할 것이다.
　학생들이 어떤 사회적 활동들을 계획하는 데 대단한 관심을 보이고 있을 때 성경구절을 암기하라는 요구를 부과하면 그들은 분개할 것이다. 잔인한 아버지에 의해 부당한 취급을 당하고 있다는 느낌이 가슴에 맺혀있는 아이는 하나님의 사랑을 공부하는 일에 전심으로 반응하지 않는다. 동료 학생들에 의해서 추방당한 자와 같은 취급을 받고 있는 남자 아이나 여자 아이는 황금률의 의미를 감지하기가 훨씬 더 어렵다는 것을 발견할 것이다. 그럼에도 불구하고 교사들이 하려고 하는 여러 과업에 대해서 학생들을 준비시킬 시도는 전혀 하지 않은 채, 그 활동들에 학생들이 반응하기를 시도하는 일이 얼마나 흔히 있는 일인가!

몇 가지의 배경을 무시한 경우가 초래한 결과를 보여주는 구체적인 실례들을 살펴보면, 새로운 진리의 수용을 위해서는 개인의 충분한 준비가 필요하다는 것을 강조하게 될 것이다. 면도칼을 갈면서 면도하기 위해 비누거품을 바른 고객에게 "선생님, 당신은 죽을 준비가 되어 있습니까?" 하고 퉁명스럽게 물었던 어느 열성적인 이발사의 자주 반복되는 이야기는, 교사에게 학생들이 비누거품을 칠한 얼굴을 한 채로 거리로 달려 내려가지 않는다 하더라도 어떤 일이 일어날 수 있는지를 가르쳐 주고 있다. 아나니아와 삽비라는 도시들이었다고 생각한 주일학교 학생은 성경지리나 성경에 나오는 등장인물들의 이해를 위한 부적당한 배경을 가지고 있는 것이었다. 바로의 압제 밑에서 히브리 백성들이 요구받은 "벽돌의 이야기"를 "벽돌이 꼬리를 가지고 있었다"는 의미로 이해한 어린 소년은 이렇게 만들어진 벽돌로 지은 건물에 대해서 이상한 시각심상(visual image)을 가지게 되었을 것이다.

어머니가, 쥐는 이야기를 하지 못한다는 사실을 깨닫게 해주지 못한 소녀가 있다 하자. 그 소녀는 주일학교 교사가 "쥐가 이야기한다"고 말하면 그 교사가 가르치려고 노력하고 있었던 내용을 올바르게 받아들일 준비가 분명하게 되어있지 않은 것이다. 양과 목자의 일에 대해서는 아무것도 알지 못하는 사람은, 아이가 되었든지 어른이 되었든지 간에, 이사야서 53장과 시편 23편, 요한복음 10장의 의미를 아주 완벽하게 이해할 수 없다. 교사가 하늘에 계신 온유한 아버지의 상을 전달해주려고 노력하고 있을 때, 자진하여 "내 아버지는 종종 어머니를 때리신다"고 말한 매우 어린 아이는 아버지의 온유함을 잘 이해하지 못할 것이다. 주일학교에 가는 것을 반대하고, 교사를 싫어하거나, 혹은 참석하도록 요구되는 활동을 싫어하는 아동은 교육에 도움이 되는 마음의 구조가 되어있지 않다.

교사는 어떤 사람으로 하여금 지도된 방향으로 반응하기를 원하는 여타의 사람들과 같이 학생이 여러 가지 욕구와 관심을 만족시키기 위해 세운 목적에 근거한 내적 충동을 가동시켜야 한다. 이 단계를 무시하면 요망된 학습에 관한 한 큰 불행을 초래하기가 아주 쉽다. 학습활동은 단지 개인이 경험하고 있는 곳에서 시작함으로써, 그들 도와 행해져야 할 과업과 관련하여 이루기를 원하는 관심들과 목적들을 개발시켜주어서 그로 하여금 그 일을 할 준비가 되게 함으로써 시작될 수 있다. 바른 지도와 그릇된 지도의 차이는, 좋은 교육과 서투른 교육의 차이, 효과적인 학습과 효과를 내지 못하는 학습의 차이, 개인의 올바른 성장과 발전과 그 개인의 그릇된 성장과 발전 사이의 차이이다.

1. 정신 자세의 기원과 여러 단계

(1) 학습은 자연발생적이고 불가피한 것이다

학습은 형식교육보다 훨씬 범위가 넓은 문제라는 사실을 기억해야 한다. 즉 아동들은 보통 교육이라고 생각되는 것을 받지 않고서라도 많은 것을 학습한다. 가장 넓은 의미에서 보면, 학습의 과정은 미숙하고 미발달한 유아가 완전히 발달하고 성숙한 성인으로 단계적으로 변화해가는 성장의 과정이다. 성장과 같이, 학습은 생명과 함께 시작된다. 그리고 학습은 개인이 발달함에 따라 급속히 연속된다. 발달을 계속하고 있는 개인이 자기 주변상황과 부딪치는 모든 접촉은 그가 성숙해 가는 과정에 있어서의 성숙의 요소이다. 학교는 단지 아동의 활동이 성숙이란 목적을 향해 가장 완전한 결실을 내도록 아동의 환경을 조직하는 역할을 하고 있을 뿐이다. 진정한 교육이 세울 수 있는 유일한 목표는 학생들이 목표로 하고 있는 인간상을 이루어가기 위해 성장하는 데 도움을 주는 것이다. 아동들은 교사의 도움이 없어도 성장하고 학습할 수 있다. 그러나 그들은 교사의 도움을 받으면 더 훌륭하고, 그리고 더 빨리 성장하고 배우게 된다.

학습의 태도는 아동이 만들 필요는 없다. 학습의 태도는 생명이 시작되면서부터 존재한다. 교사가 학생의 생활에 접촉하기 전에, 아동은 많은 것들을 학습한다. 아동은 탄생 이후로부터 계속해서 확장되어 가는 환경 가운데서 살아가고 있다. 태어난 처음 몇 달 동안에는, 몇 안되는 활동에 열중한다. 그 이유는 그가 아기 침대 안에 누워있을 때는 그의 감각기관이 미칠 수 있는 한계 내에 있는 사물들로부터 그에게 오는 자극들이 제한되어 있기 때문이다. 그러나 이 기간 동안에 그가 한 학습은 의미없는 것이 아니다. 그가 발달해 감에 따라 그의 환경은 계속 넓어져서 그의 집과 마당과 이웃집들의 아이들과 거리와 운동장과 공동체 등이 차례로 그의 환경 안에 포섭되어 들어온다. 끊임없이 확장되는 환경으로 말미암아, 그의 활동은 그 수가 증가하고 더욱더 복잡해진다. 그래서 아동이 교사에게 오게 되는 때에는 학습의 과정이 그와 같은 방법으로 잘 되어있는 것이다.

학습은 필연적인 것이다. 정상적인 능력을 구비한 아동은 배우게 된다. 정신적인 자세들도 필연적이다. 정신적인 자세들도 학습과 같이 회피할 수가 없다. 그것들은, 학습과 같이 각 개인이 경험의 큰 세계 내에서 끊임없이 부딪치고 있는 가지가지의 접촉들로 말미암아 증가된다. 정상적인 아동은 끊임없이 반응하며, 모든 학습의 반응은 정신적 자세를 위한 기초를 구성한다. 한 상황에 대한 반응은 정상적인 상태하에서는 언제나 현존해 있는 세 가지 면을 가지고 있다. 이 각 국면은 개인이 더 나중에 나타내는 모든 반응에 영향을 미치게 된다. 첫째, 반응은 유기체에 인상(印象)을 남기게 된다. 그 결과, 비슷한 상황에 직면하게 되면 그 유기체는 그 반응을 반복하려는 경향을 지닌다. 두번째로, 각각의 반응은 학습자에게 어떤 종류의 느낌, 통상적으로는 만족이나 괴로움을 주는 영향을 미치는 특성을 지니고 있다. 셋째, 학습자가 어떤 경험을 다른 여러 경험들에 관련시킬 때, 그의 의식 안에서 그 경험에 의미가 주어진다.[1]

그러므로 아동이 교사에게 올 때는 이미 그의 과거의 여러 가지 경험들과 학습들에 의해서 여러 가지 마음의 자세들을 형성해 놓은 때이다. 그리고 아동이, 교사의 지도하에서나 다른 방법으로 계속 학습하게 되면 마음의 여러 자세들을 계속 형성하여 나가게 되는 것이다. 아동은 교사에게 오기 전에도 학습을 할 뿐만 아니라 교육의 도움을 받지 않고서도 많은 것들을 학습하게 된다. 그가 반응할 때마다 학습하는 것이다. 그리고 그가 반응할 때마다 반응의 세 가지 면이 나타나는 것이다.

(2) 학습은 어떤 때에는 상대적으로 보다 적극적이지 못하기도 한다

정신적인 여러 자세들이 어떻게 확립되는가를 충분하게 이해하기 위해서는, 여기에서 외관상으로는 일종의 여담인 것처럼 여겨지는 것을 즐기는 것이 필요하다. 이 단락의 몇몇 진술들에서 추론하였듯이, 학습에는 두 가지 종류가 있다. 그 하나는 외부에서 교육시키려는 어떠한 시도도 없을 때, 개인이 얻는 학습이요, 다른 하나는 그로 하여금 학습을 하도록 하려는 분명한 시도의 결실로 이루어지는 학습이다. 즉 모든 사람은 그가 의식적으로 배우려고 노력하고 있지 않은데도 어떤 것들을 학습하게 되는 때가 있다. 그리고 모든 사람은 의식적으로 노력함으로써도 어떤 것들을 학습하게 된다. 다른 말로 표현해보면, 학습은 때로는 수동적이요, 때로는 능동적인 과정이라고 말할 수 있을 것이다.

그러나 이 마지막 진술의 학습은 특징으로서 강조되어 왔었던 자기활동의 원칙을 부분적으로 부정하는 것이 아닌가? 결코 그렇지 않다. 왜냐하면 자기 활동의 원

---

1) F. W. Thomas, *Principles and Technique of Teaching* (Boston: Houghton Mifflin Co., 1927), p. 37.

칙은 모든 학습에 있어 근본이 되는 것이요, 버려질 수 없는 것이기 때문이다. 학습은 항상 개인의 경험을 통하여 획득된다. 학습은 행하는 것이다. 인간은 물론 흡수하는 스폰지와 같지 않고 가해지는 인상은 어떤 것이든지 수동적으로 받아들이는 진흙과도 같지 않다. 학습은 언제나 반응이다.

그러면 수동적인 학습이란 무엇인가? 이것은 학습자의 활동이 최소한의 양만 들어가는 학습을 가리키기 위해서 사용된 용어이다. 나타나는 것들이 극단의 수동성을 나타내는 곳에서도 무엇인가 학습이 되는 것이다. 예를 들어보자. 정보를 한쪽 귀로 듣고 다른 쪽 귀로 내어보내는 듯이 보이는 아동들은 후에 학습한 증거를 나타내보여줄 것이다. 그런 경우, 학습활동은 있었다. 왜냐하면, 정보가 실제적으로 한쪽 귀로 들어가서 지각되었기 때문이다. 바로 그 지각의 과정은 실제적으로 적어도 청각장치를 조정한 것을 함축하는 행위였던 것이다. 그러므로 학습자가 학습의 과정에 적극적으로 참가할 때에 아주 효과적인 학습이 발생하지만 학습자가 그 학습의 과정 중 다소간 태만하다는 의미의 수동적인 학습도 있다.

학습은 언제나 발생하고 있다. 교육은 학습의 더 적극적인 형태에 아주 직접적으로 관련된다. 하지만 교육은 수동적인 학습이나 그 효과를 결코 무시할 수는 없다. 학습자가 학습의 과정 가운데서 적극적으로 참여하면 참여할수록 그의 학습은 그만큼 더 효과를 거두게 된다. 그러나 각각의 모든 개인은 그가 교육을 받든지 받지 않든지에 상관없이, 끊임없이 더 수동적인 방식으로 많은 것들을 학습해가고 있는 것이다. 그리고 지금까지 지적한 바와 같이, 모든 학습은 몇 가지의 마음의 자세들을 수반하는데 그 마음의 자세들은 새로운 교육이 시작될 때 항상 고려되어야 한다.

(3) 마음의 자세들은 두 가지 방식으로 수립된다

마음의 자세들이 두 가지 방식으로 수립된다는 것은 이제 명백할 것이다. 그 하나는 개인이 살고 있는 환경이 그 개인에게 미치는 수동적인 영향을 통해 수립되는 방식이고, 다른 하나는 그 개인이 생활의 여러 가지 경험들에 반응하는 능동적이고 목적있는 반응에 의해 수립되는 방식이다. 우리들 가운데 살고 있는 사람들의 태도와 모범은 우리에게 강한 영향을 행사한다. 종족의 여러 태도들과 정치적인 편견들과 사회의 관습들과 종교적인 신념들은 주로 선대(先代)의 환경이 끼쳐준 미묘한 영향의 결과이다. 그런 관계로, 어떤 사람은 공화당원이든지 민주당원이든지, 혹은 침례교식 성경해석을 신봉하든지 장로교식 성경해석을 신봉하든지 상관없이, 그가 성장해오는 동안 그에게 강한 영향을 끼쳤던 환경에 따라서 흑인들을 좋아할 수도 있고 싫어할 수도 있다. 그렇게 되어서 결정된 마음의 여러 자세들은 단지 한때만 머물러 있는 자세는 아니다. 그 마음의 자세들은, 그와 정반대, 유년기에서부터 사람들의 생활 가운데 아주 확고하게 뿌리를 박는 여러 조립형태를 구성한다.

더욱 적극적인 마음의 여러 가지 자세들은 한 개인의 의식적이고 목적있는 반응들의 부산물로서 발달되나, 우리가 직면해 있는 환경은 끊임없이 우리를 침범해온다. 그리고 인간은 그가 어떤 종류의 조정을 가할 수 있는 환경의 여러 국면들을 항상 처리하려고 노력하게끔 조직되었다. 인간은 이렇게 그의 환경을 조정하려고 노력해나갈 때, 불가피하게 여러 가지 정신적 자세들을 발달시키게 된다. 이러한 여러 정신적 자세들은 대응하는 반응의 종류에 따라 건전할 것일 수도 있고 건전하지 못한 것일 수도 있다. 올바른 정신 자세는 그릇된 반응으로부터 발생할 수 없다. 그와 마찬가지로, 올바른 정신 자세는 올바른 반응으로부터 발생한다. 어떠한 정신 자세가 발달된다 하더라도 그 정신 자세는 자기가 존경하거나 그 견해를 따르기로 작정하는 동료들이 하는 독서나 논쟁과 같은 여러 분명한 경험들, 혹은 다른 적극적이고 목적있는 경험에 따라 발달한다는 사실은 남는다.

여기에 교사의 큰 기회가 있는 것이다. 즉 학습자들 안에 바른 종류의 정신적 자세를 양성시켜놓을 수 있는 것이 교사가 가지고 있는 큰 기회이다. 할당한 학과의 학습, 어떤 과업의 수행, 지식과 기술을 최소한 어느 정도 숙련하는 것이 교육의 성공 여부를 결정한다는 그릇된 억측을 하기가 매우 쉽다. 사실은, 만약 교사가 그의 학생들로 하여금 이것보다 더 많은 것을 획득하게 하는 데 성공하지 못한다면 그는 가치있는 것을 이루지 못한 것이다. 교육의 참된 가치는 그 교육으로 말미암아 산출된 인간형에 있다. 학생이 성경의 각 책들의 이름을 말할 수 있고 예수께서 태어난 곳이 어딘지를 알며 팔레스타인이 어디에 있는지를 찾아낼 수 있다는 것으로는 충분하지가 않다. 이런 것들을 습득하여 안다는 것도 물론 중요하다. 그러나 이런 것들이 아주 중요한 것이 되는 것은 결코 아니다.

훨씬 더 중요한 것은 그 학생이 올바르게 사고하는 방법을 학습하는 것이고 건전한 견해와 바른 태도와 확신과 이상을 발달시키는 것이다. 지식의 가르침과 기술의 훈련에 덧붙여, 교육의 큰 기능은 학생들로 하여금 어떠한 것이 바람직한 태도이며 마음의 자세인가를 확인하도록 하는 것이며 학습상황을 이러한 바람직한 태도와 마음의 자세가 그들의 경험 가운데서 현실적으로 확립될 수 있도록 조정하는 일이다.

(4) 효과적인 교육은, 항상 형성되어 있는 마음의 자세와 새로 형성된 마음의 자세를 취급한다

그러나 어떠한 교육도 이미 형성되어 있는 마음의 자세와 함께 출발하여 교육과 상관이 있어서든지 없어서든지, 발달해나오는 새로운 마음의 자세들을 항상 인식하지 않을 때에는 효과적일 수 없다. 전에 말한 것을 다시 되풀이해보자. 모든 학습의 반응에는 다소간 세 가지의 국면이 항상 나타나 존재한다. 그 세 가지 국면은, 첫째 반응을 반복하려는 경향을 가진 인상과, 둘째 만족이나 괴로움의 영향을 끼치는 요소와, 셋째 그 경험이 다른 여러 경험들과 결합됨으로써 일어나는 의미가 그것이다. 이 세 가지에 대응하는 것은 세 가지 국면의 자세이다. 즉 운동(motor: 혹은 행위)과 감정과 정신, 혹은 관념작용(mental or ideational)이다. 이 책에서는 이것을 각각 분리하여 논의하지만 가장 훌륭한 교육은 세 가지 모두를 시작을 위한 배경으로서 융합시킨다.

① 준비운동 국면
한번 수행된 활동은 비슷한 상황이 발생하면 계속적으로 반복되는 경향이 있다는 것은 보통 매일 관찰할 수 있는 문제이다. 대부분의 습관은 이 경향이 없었더라면 생기지 않았을 것이다. 습관이라는 것은 단순히, 어떤 행동이 그 영향력을 신경의 구조 속에 유형화(embodied)되게 할 수 있을 정도로 여러 번 수행되었다는 것을 의미한다. 그 실례로서 한 옛날 이야기를 들어보겠다. 경험이 풍부한 어떤 사나이가 고참병이 저녁식사를 집으로 가져가는 것을 보고는 갑자기 "차렷"이라고 외쳤다. 그 고참병은 본능적으로 그의 두 손을 내렸으며 그 결과 그의 저녁식사는 하수구로 버려졌다. 그는 특유한 자극이 주어졌을 때 그 특수한 반응을 위해 준비되었던 그의 신경조직 때문에 늘 하던 식으로 반응하였다. 모든 습관은 수행되면 반복할 경향을 가지는 한 행위에서 시작한다. 그렇기 때문에 습관으로 아주 굳어져 있는 것이 반복될 경향이 있는 것처럼 단일한 행동에도 약간은 반복하고자 하는 경향이 있는 것이다.

모든 사람은 동물과 인간에게서 어떠한 특정의 행동을 위해 준비돼 있는 운동자세들을 관찰해 왔었다. 쥐를 덮치려고 웅크리고 있는 고양이와 어떤 소리를 들을 때 귀를 쫑긋 세우는 개와 출발을 알리는 신호를 기다리고 있으면서 긴장된 자세를 유지하고 있는 육상선수는 행동을 개시하려고 준비해 있는 것이다. 그 각 경우에서, 전체 몸은 아주 분명하게 특정한 자세를 취하고 있는 것이다. 그러나 신경조직 안에도 자세(set)가 있어야만 한다. 주변의 자극은 그 자세에 어떤 지배력을 행사한다. 그러나 그 자세는 부분적으로는 내적 자극에 의존해있는 것이다. 외부와 내부의 여러 자극 상태에 의하여 조절되는 전체 자세는 다시 유기체가 특정의 방식으로 반응하도록 미리 배열함으로써, 행동의 과정을 조절하도록 도움을 주는 것이다.

교사가 항상 관계해야 하는 것은 살아있는 유기체이다. 교육은 마음만을 다루거나, 마음에 육체를 덧붙여서 다루는 것만으로는 행해질 수 없다. 교육은 항상 몸과 마음이 구비된 개인과 관련되는 것이다. 행위는 개인의 몸의 구조에 의해서 부단히 제한을 받고, 어느 정도 그 몸의 구조에 의해서 결정된다. 만약 아동들이 교육을 받으러 올 때 그들의 몸을 집에 남겨두고 온다면 교사의 일은 훨씬 쉬워질 것이다. 그러나 그렇게 될 수 없기 때문에, 지혜로운 교사는 각 학생을 육체의 방식과 정신의 방식으로 작용하는 살아있는 유기체로서 인정해야 하는 것이다. 교육은 정신적인 것에 그 활동을 집중시키지 않아야 하며 육체적인 면을 무시하면 안된다. 행동에 있어서 그 두 국면은 항상 분리될 수 없는 관계 안에서 나타난다. 때로는 육체적인 면이 우세하게 되고 때로는 정신적인 측면이 우세하게 되지만 그러나 결코 한 쪽이 다른 쪽을 배제시키고 나타나는 경우는 없다.

모든 운동자세에는 정신이 투여해 이룬 것들이 있다. 그리고 숙련된 교사는 모든 국면들을 함께 이용하려고 꾀할 것이다. 그러나 여러 가지 준비운동 국면을 더 명백한 방식으로 이용하는 것이 다른 때보다 편리한 때가 있다. 예를 들어, 학생들의 주의를 집중시키고자 할 때에 그들로 하여금 몸으로 차렷 자세를 취하도록 하는 것이 도움이 되는 때가 흔히 있다. "집중된 주의"란 표현은 어떤 특별한 과업에 적절한 운동신경의 자세를 의미한다. 주의깊은 학생은 부주의한 학생이 분명한 목적을 가지고 있지 않을 때, 어떤 활동을 향해 분명하게 먼저 자세를 취하게 되는 것이다. 확실히 주의하는 운동신경의 자세가 의미하는 바는, 주의를 기울이는 활동이 실제적인 것이거나 실제적인 것일 수 있다는 의미가 아니라 주의를 기울이게 하는 데 큰 도움이 될 수 있다는 것이다. 그 반면에, 주의깊은 활동을 요하는 운동을 온갖 종류의 몸의 형태를 취하고 있는 학생들에게 갑자기 하라고 시키는 교사가 그 학생들의 관심을 쉽사리 얻을 수 없다는 것은 아주 확실하다.

그리고 습관과 기술을 발달시키는 훈련을 할 때, 학생들이 직접 실습하기 전에 먼저 마음과 행동으로 이미지를 그리는 것이 아주 중요하다. 만일 결과를 유도하는 분명하고 올바른 여러 가지 이미지가 없다면, 그 결과로 작업방법이 올바르지 못하게 될 것이다. 단순히 학생에게 무엇을 해야 할 것인가를 이야기해주고 보여주는 것만으로는 불충분하다. 교사는 각 학생이 자기 자신의 활동을 통하여, 자기 자신의 경험에 비추어서 올바른 이미지를 갖도록 지도해야 한다는 것을 알아야 한다. 심상은 눈으로 보아 생긴 것일 수도 있고, 귀로 들어 생긴 것일 수도 있다. 그런데 눈을 통해 얻는 심상과 들어서 획득하는 심상은 학습활동에 있어서 중요한 역할을 한다. 그러나 운동 이미지는 올바른 실습을 유도하는 데 있어서 또 하나의 극히 중요한 역할을 한다. 떠맡은 활동에 대해서 근육의 "느낌"이 없다면 학생은 실습에서 거의 아무 진전도 할 수 없다. 손으로 하는 일을 가르치고, 학생들로 하여금 많은 단어들을 발음하도록 지도하고, 성경을 암기하게 하거나, 혹은 습관과 기술을 발달시키기 위해 가르치면서 성공하느냐 실패하느냐의 여부는 학생으로 하여금 각각의 과정에 필요한 운동 이미지를 갖도록 도와주는 교사의 능력에 달려있다. 만약 그 학생이 최초의 이미지와 연관하여 적절한 운동자세를 가지고 있지 않다면, 교사가 무엇을 보여주고, 말해주고, 비판해 주어도, 또 그 학생이 무엇을 실행하고 있다 하더라도 거의 소용이 없을 것이다. 반면에, 그 학생이 어떤 어려운 활동에 대한 "느낌"을 미리 가지고 있다면 급속도로 진보할 것이다. 물론, 학생은 교사의 말이나 그가 보여주는 것이 운동 이미지를 가질 수 있도록 하는 데 도움이 된다는 것을 발견할 것이다. 그러나 운동 이미지는 운동학습을 시작하도록 하는 기본이 되는 것으로서 본질적인 것이다. 그리고 실습이 진행되어감에 따라, 운동 이미지들은 없어지는 경향이 있으며 보이거나 들리는 활동의 여러 가지 결과들을 점점 더 주목하게 된다는 것도 주시해야 하는 것이다.

② 정신적, 혹은 관념작용의 준비단계

인간의 관념들은 그가 체험한 많은 경험들을 토대로 형성된다. 아동은 삶을 시작한 처음 몇 해 동안, 눈으로 보고 손으로 만지고 입으로 맛보고 코로 냄새맡고 귀로 듣고 해서 사물들에 대해 첫인상을 갖는다. 그는 개개의 사물들과의 직접적인 접촉을 통하여 지식을 획득하기 시작한다. 그는 또한 각각의 사건과 관계들을 지각하는데 그것들로부터 다른 인상을 받는다. 오감은 정신생활에 있을 수 있는 모든 요소를 제공해준다. 개념과 관념은 오직 개개의 관념과 지각을 통해서만 얻어질 수 있다. 사물들과 사건들과 여러 가지 관계들과의 직접적인 접촉을 통하여 획득되는 지각이 전체 지식을 구성하는 것은 아니다. 그 지각들은 지식이 의거하고 있는 기초이다. 혹은, 더 좋은 비유를 사용한다면, 지각들은 관념들을 산출하는 가공되지 않은 원료이다.

모든 아동들이 접해있는 물질세계는 본질적으로 동일하다. 그러나 그 물질세계가 주는 여러 가지 자극들에 대응하는 그들의 반응들은 감각기관들의 차이에 상응하여 각각 다르게 나타난다. 동일한 사건은 두 아동, 심지어 같은 가족에 속해있는 두 아동에게 동일하게 발생하지는 않는다. 더 나아가, 아동들이 서로서로 다르기 때문에, 그들은 관계들을 동이한 방식으로 지각하지 않는다. 이런 여러 가지 이유들로 인하여, 아동들의 여러 가지 경험은 모두가 똑같지 않으며, 결과적으로 이 경험들로부터 발생되어 나온 관념들은 개인들에 따라 크게 차이가 나는 것이다.

더 나아가, 직접적인 경험에 의한 학습은 일생을 통하여 계속되기는 하지만, 대부분의 사람들은 이러한 종류의 학습을 아주 효과없게 만들만큼 그들이 관찰하는 여러 가지 것에 대해 부주의하고 피상적이다. 더 올바른 관찰과 더 나은 학습을 위해서 그러한 경험을 보충하는 것이 교육의 사명이다. 교사가, 교훈이 있을 것이 분명한 많은 대상들을 학생들로 하여금 직접적으로 경험하게 하기란 확실히 불가능하다. 시간과 장소에 있어서 멀리 떨어져 있으면서도 학생의 마음에 명확하게 제시되어야 할 대상들은 오감에 제공될 수 없는 것이 당연하다. 교사는 그림과 사진과 도형과 스케치와 실물교육과 실물교수와 모델과 개개의 사물이나 사건들에 관한 올바른 관념을 제공해주는 다양한 도해설명(圖解說明)의 수단을 잘 사용한다. 그러나 오감에 나타나지 않는 대상들을 다루는 학습은 적어도 사물과 사건들과의 직접적인 접촉에 의한 학습과 마찬가지로 사람들 사이에서 큰 경험의 차이를 낳게 하는 것이다.

그러므로 각 개인들의 경험이 서로 다른 첫번째 원인은 감각인식(感覺認識)의 산물, 즉 가공하지 않은 지식과 관념들의 본래의 재료의 차이에 있다. 두번째 원인으로서 아주 골치아픈 것은 관념들을 표현하는 수단이 되는 말이다. 단어들은 그 자체로서는 아무 의미도 가지고 있지 않다. 그것들은 관념들의 임의적인 상징 외에 아무것도 아니다. 절대적인 의미에 있어서 어떤 임의의 두 사람에게 같은 의미를 지니는 단어는 없다. "개"와 같이 일상적인 단어도 각각 다른 두 개인의 마음 안에서 각각 다른 두 개의 관념의 다발(the sets of ideas)을 나타내며 그 두 개의 관념의 다발은 서로 현격히 다를 수도 있는 것이다. "말은 단순히 한 개인이 그 말과 연관된 경험에 비추어 자기활동을 한 여러 결과들을 반영한다." 예를 들어보자. 독자는 "어음"(bill)이 자기 자신의 마음에 품게 하는 관념이나 정신의 반응(mental response)을 확인하라. 그리고서 다음에 드는 각각의 사람들의 마음에서 "어음"이라는 동일한 말이 품게 하는 각각 다른 해석들을 생각해보라. 은행의 금전출납계원과 광고업자와 화물운송업자와 국회의원과 갚을 수 없는 채무로 시달리는 사장에게서 나타나는 해석들은, 비록 같은 어음이란 말인데도 각각 다를 것이다.

 동일한 사람에게 있어서조차도, 하나의 말은 다른 환경들하에서는 각각 다른 의미를 가지게 된다. 그러므로 그가 택하게 되는 말의 특수한 의미는 그때그때마다 그가 취하고 있는 정신의 자세에 따라 선택되는 것이다. "못"(nail)이란 말의 의미를 미조업(美爪業)과 목수업과 구두수선업과 연설과 같은 다양한 연관관계 가운데서 생각해 보라. 그와 같이 개인이 보고 듣는 말들은 화자, 혹은 기록자에 의해서 의도된 관념과는 아주 다른 관념이나 그릇된 관념을 제시할 수도 있다. 말 자체로서는 과거의 여러 가지 경험들을 되살리거나 새로운 지식을 전달할 힘이 없다. 그 반대로 말은 아주 확실히 새로운 학습에 방해가 될 수가 있다. 그래서 어느 학자는 말이 할 수도 있는 것, 혹은 할 수 없는 것이 있다는 사상을 표현하기 위하여 "말의 횡포"라는 표현을 사용하였다.

 교육에 있어서, 말의 사용과 관련된 가장 골치아픈 문제는 뚜렷하게 겉으로 드러나는 부적합한 잘못된 해석이 아니다. 왜냐하면 이런 해석들은 쉽사리 고쳐질 수 있기 때문이다. 예를 들어보자. 만일 어느 학생이 우리 구주께서 십자가에 못박혀 돌아가셨던 장소의 이름을 "카발리"(cavalry)라고 발음한다면, 교사는 그 까닭을 쉽게 찾아내어 잘못된 해석을 바로잡아 줄 수 있다. 그러나 해석에 있어서 겉으로 확실하게 드러나지 않은 잘못들은 흔히 발견되지 못한 채 지나가고 고쳐지지 않는다. 그래서 그 후에 점점 더 근본적인 오해를 낳게 되는 것이다. 교사가 많은 심려와 배려로 학생들이 말을 분명하게 이해하도록 지도하고, 올바른 해석에 도움이 되는 정신자세를 가지도록 지도할 때에만 효과적인 학습을 위한 기초가 놓일 수 있는 것이다.

 어떠한 새로운 지식을 이해하기 위해서는, 학생이 그 새로운 지식에 밀접하게 관련된 관념들을 가지고 있어야 한다. 이것은 그 학생이 비슷한 성격을 가진 경험들을 가지고 있어야 한다는 것을 의미한다. 왜냐하면 어떤 사람이 가지고 있는 모든 관념은 경험으로부터 세워졌기 때문이다. 도시에 온 시골아동이나 시골로 간 도시아동은 처음에는 보는 것을 대부분 이해하지 못하여 그것들을 잘못 해석한다. 그 이유는 그가 자기의 과거의 경험에 비추어서 보기 때문이다. 보통의 미국 아동들이 책을 통하여 동양 사람들이 지붕 꼭대기에서 나온다는 글을 읽거나 다른 사람들의 말을 듣게 되면, 자기들은 오직 경사진 지붕이 있는 집들만 경험했기 때문에, 왜 그 사람들이 떨어지지 않을까 하고 의아하게 생각할 것이다. 현대의 전기부품들만이 유일한 인공빛의 원천이라고 생각하는 학생은 열 처녀 비유를 이해할 수 없을 것이다. 어느 누구라도 어떤 부류의 경험을 해보지 않았다면, 그 부류에 속하는 관념들을 해석할 수 없다.

학생들이 교사로부터나 책에서 학습한 말들을 기억하고 그것들을 유창하게 되풀이할 수 있다고 해서 그것이 그 학생이 지식을 가졌다는 증거가 되지 못한다. 많은 교사들은 사실 학생들이 습득한 것은 관념들 자체가 아니라, 관념들의 상징일 뿐일 때에도 자기들이 가르친 학생들이 지식을 얻었다고 믿는데, 그러나 그것은 속은 것이다. 앞에서 되풀이하여 이야기하였듯이, 말은 경험과 관련하여 의미를 가질 때를 제외하고서는 전혀 힘을 가지지 못한다. 한마디의 말은 마음에 경험을 상기시켜주는 상징에 불과하다.

그렇다면, 학생에게 새로운 지식을 얻도록 해주는 첫번째 단계는, 그 학생이 과거의 여러 가지 경험 면에서 그 새 지식을 이해할 수 있도록 새 지식과 충분히 밀접하게 관련된 관념들을 가지고 있는지를 확인하는 일이다. 요약해서 말하면, 새로운 지식과 옛 지식(경험) 사이에는 연결점이 있어야 한다. 마음은 새로운 지식이 과거의 여러 가지 경험과 관련되어 있을 때를 제외하고는 새로운 지식을 수용할 수 없게 구성되었다. 마음에 경험으로부터 형성된 관념들이 있을 때만이 어떤 새로운 것이 수용될 수 있고 파악될 수가 있다. 사물들은 학생들의 지식과 관심의 범위 내에 들어오기 시작하자마자 의미를 가지기 시작한다. 그러나 새로운 지식이 완전히 파악될 수 있으려면, 새로운 지식과 옛 경험 사이의 관계가 매우 밀접해야 한다는 사실을 기억하라.

학습을 올바르게 지도하기 위해서 교사는, 학생이 학습과 관련된 여러 경험들과 관념들의 견지에서 보아 충분한 기초를 가지고 있는지를 알아야 할 뿐만 아니라 학생은 옛 경험과 새로운 지식 사이의 밀접한 연관을 완전히 의식하고 있는지도 확인해야 한다. 만일 학생이 그러한 관계가 존재한다는 것을 알지 못한다면, 그 연관이 밀접하고 실제적인 것이라 하더라도 그에게는 그 관계가 존재하지 않았던 것처럼 되는 것이다. 마음은 수동적이지 않으며 매우 적극적이다. 그리고 그 마음은 어떤 새로운 것이 제시되면 그것을 그의 과거 경험의 견지에서 조사하려는 적극적인 노력을 하게 된다. 관계가 없다고 보이는 것은 무엇이나 무시되며 매우 밀접히 관계되어 있다고 나타나는 것은 무엇이나 수용이 된다. 그러므로 교사가 옛 경험과 새로운 지식 사이의 관계를 주목하는 일은 필수적이다. 왜냐하면 학생이 그 둘 사이에 긴밀한 연관이 있다는 것을 완전히 의식할 때라야 제공되는 것을 받아들이고 제시된 것으로부터 학습을 할 것이기 때문이다.

③ 감정의 준비국면

정신의 자세와 준비는 행동과 정신에 관계되는 것과 마찬가지로 감정에도 많은 관계가 있다. 사실 감정은 모든 인간이 행하는 행동과 사고에 깊고 강하게 뿌리박고 있기 때문에, 감정의 국면은 행동의 국면과 정신, 혹은 관념작용의 국면보다 여러 가지 상황에 대해 대응하는 여러 반응들의 성격에 더 큰 영향력을 행사하게 된다. 모든 학습에 있어서, 가장 필수적인 것은 학습자의 목적있는 활동이다. 목적있는 활동은 언제나 어떤 선택된 목적이나 목표를 노리고 수행이 된다. 학생은 그의 목적을 과단성있게 이루려고 노력할 때, 추구되는 개개의 목적이나 사물은 그것을 성취하거나 이루기 위해서 요구되는 노력을 하는 것이 필요하다는 것을 발견하게 된다. 얻을 수 있는 어떤 것이 있다는 느낌이 없다면, 그 개인은 효과적인 활동을 오래 계속하지 못할 것이다.

그러므로 교사는 학생으로 하여금 학습을 위해 준비하게 하기 위하여, 상황을 설정하여 분명한 목적을 느끼게 해야 한다. 만약 학생이 무관심하거나 혐오감을 가지고 새로운 재료에 접하게 되면, 그 재료를 평가할 수 없거나 계속 냉담한 마음의 자세를 갖게 된다. 반면에, 만약 그가 어떤 분명한 목적을 이루기 위한 강력한 목적을 가지고서 새로운 재료에 접한다면, 그는 평가와 효과적인 학습에 매우 도움이 되는 마음의 자세를 가질 것이다. 그 까닭은 그가 그의 목적에 비추어 자기에게 의미있는 요소들에 적극적인 주의를 기울일 것이기 때문이다. 예를 들면, 하나님께서 소중히 여기시는 사람의 특성에 관한, 어느 순간에라도 유용한 개요를 알기를 원하기 때문에 산상보훈을 암기하는 학생은 싫어하는 정해진 과업으로서 산상보훈을 암기하는 학생보다 그 일을 훨씬 잘 성취할 것이다. 더 나아가, 전자의 학생은 암기되는 내용의 의미를 어느 정도 이해할 수 있으나, 후자는 십중팔구는 전혀 이해하지 못할 것이다.

배우겠다는 의지는 학생의 관심과 노력을 위한, 그리고 학습한 것의 효율성을 위한 열쇠이다. 어떤 사람이 한 학급을 방문한다고 하자. 그는 그 학급의 학생들이 서로 귓속말로 소곤거리는 것과, 태만하게 주의를 두리번거리고 있고, 강요에 못이

겨 차렷 자세로 억지로 주의하고 있는 것과, 그 와중에서 교사는 그들로 하여금 성경의 교훈에 적극적인 관심을 나타내도록 헛되이 노력하고 있는 것을 본다. 그러면 그는 즉시 그러한 성경의 교훈들이 학생들의 의지와 연관되어 있지 않다는 것을 알게 된다. 교사가 가르치려고 시도하고 있는 것이 학생의 근본적인 관심들에 비추어 볼 때 그에게 아무런 의미나 가치가 없는 한에 있어서, 교사가 아무리 압력을 넣어도 깊고 영속적인 학습의 결과들을 산출할 수는 없을 것이다.

반면에, 학생이 학습의 여러 가지 재료들과 그 자신의 근본적인 관심이나 여러 가지 관심들 사이에는 실질적이고 필수불가결한 연관이 있다는 것을 발견하게 지도할 수 있을 정도로 숙달된 예비지도를 하는 교사는 의미와 흥미를 끄는 목적을 위한 기초를 다지게 되는 것이다. 어떤 사람이 이런 종류의 교사가 가르치는 학급을 방문한다고 하자. 그러면 그는 학생들이 열심히 듣고 토론하고 실습하며, 자기들의 목적을 실현하는 데 도움이 되는 요소들을 찾는 것을 발견할 것이다. 그들이 그 과업에 반응을 나타내고 주의를 기울이기 때문에, 그들의 학습은 효과있는 학습이 되고 영구한 효력을 산출하는 학습이 될 것이다. 이는 그들의 관심들과 학과의 과업의 재료 사이에 실제적인 연관이 있기 때문이다. 이 연관이 없다면 어떠한 의지도 있을 수 없으며, 의지가 없으면 어떠한 효과적인 학습도 있을 수가 없는 것이다.

더욱 일반적인 관점에서 미루어 보면 교사는 감정의 배경을 고려하는 것이 좋다. 어떤 특정한 때에 사람의 기분은 그의 관심과 활동의 방향을 결정하는 데 있어서 중요한 요소이다. 아동은 자기 부모를 대하면서 이와 같은 사실을 인식한다. 그는 허락해주지 않을 것이라고 생각하는 부탁을 하지 않을 것이며 부모가 적당한 기분 가운데 있다고 판단한 후에 부탁하거나, 요구를 하기 전에 가장 유리하다고 믿는 기분을 일으키려고 노력할 것이다. 상인은 이러한 기분들을 계산한다. 그는 그의 고객이 요망된 방식으로 반응하도록 할 소지를 주는 분위기에 들어가기 전에 중요한 문제를 끄집어내는 것은 현명하지 못하다는 것을 알고 있다. 확실히 교사는 학생들의 감정적인 경향을 잘 주목해야 한다. 학생들의 감정적인 경향은 항상 공표되지는 않는다 하더라도 모든 상황에 대응하는 반응을 결정하는 데 있어서 어떤 역할을 수행하는 마음자세의 단계이다. 마음의 경향에 따라 나타나는 반응은 분명히 바람직한 인식과 태도의 형성에 도움을 주거나 방해하게 된다.

그러므로 학생을 학습에 준비시키기 위해서 교사는 학습활동에 들어가기 전에 올바른 감정상태를 유발시켜야 한다. 옛날의 감정에 의하지 않고 새로운 감정을 인식할 사람은 아무도 없다. 마음은 감정의 영역에서도 관념의 영역에 있어서와 마찬가지로 아는 것에서부터 모르는 것에로 나간다. 참된 교육을 하기 위해서는 예상된 학습활동 앞에 준비되는 가장 알맞은 마음의 자세를 제공하기 위해 끊임없는 계획을 필요로 하게 된다. 학생은 새로운 상황과 재료에 반응하도록 요구를 받기 전에 기분이 제대로 잡혀야 하며 유도되어야만 한다. 가르치는 내용을 학생이 찬성하는 것은 교육의 성공 여부에 있어서 절대적으로 필수적인 것이다.

만일 학생이 자기가 배우는 것을 인정하는 감정을 가지고 있지 않는다면, 가르친 것을 아주 잘 이해하더라도 그것은 아무 소용이 없게 된다. 아주 흔히, 교사들은 지식을 소유하는 것과 지식을 인정하는 것은 동일한 것이라고 추측하는 것처럼 보인다. 학생들이 성경을 많이 알고 있어도 신앙이 아주 없을 수도 있다. 몇 개의 성경의 사실이나 많은 성경의 사실, 혹은 성경을 아주 철저하게 이해하는 것은, 만약 그러한 사실들과 이해가 학생으로 하여금 성경에 대해서 무관심하게 느끼도록 하고 혐오감을 느끼게 하는 상태하에서 얻어진 것이라면, 하잘것이 없는 것이다. 진리가 학생들의 삶 가운데서 아주 충실하게 영향을 미치게 하기 위해서, 성경을 가르치고 있는 교사는 시편 기자로 하여금 다음과 같은 말을 하도록 자극한 시편 기자의 태도와 감정을 학생들에게서 유발시킬 필요가 있다. "내가 주의 법을 어찌 그리 사랑하는지요"(시 119:97).

2. 실제적인 적용

교육에서는 학생들의 과거의 경험에 근거를 두고 세워나가는 것이 극히 중요하므로, 분명히 실제적인 성격을 띠고 있는 몇 가지 것들을 결론에서 고려해보는 것이 좋을 것이다. 이런 것들은 아주 중요한 것이지만, 그것들은 실제적인 교육작업에서는 아주 흔히 무시된다.

첫째, 교육은 학생의 이해를 근간으로 하여 수행되어야 한다. 교훈은 학습자의 수준에 맞도록 주어져야 한다. 교사는 학생이 이해할 수 있는 언어를 사용하여 학생이 그의 직접적인 경험으로 살펴 이해할 수 있는 내용을 다루어야 한다. 교사가 가장 흔히 저지르기 쉬운 잘못들 중의 하나는 그의 교육을 받는 학생들의 "수준을 넘어서서 말하게 되는" 일이다. 교사가 학생들이 이해를 하면서 따라오고 있는지 어떤지는 알지 못할 정도로 자기만이 아주 명백하게 이해하고 있는 사상과 자기 수준의 사상형성에 몰두하기가 아주 쉽다. 학습활동이 교사의 활동에서만 진행되어서는 안된다. 오히려 학습활동은 학생의 이해수준에 근거하여 수행되는 것이 훨씬 더 중요하다. 만약 그렇지 않다고 한다면 그 교육은 성과를 거두지 못할 것이다. 왜냐하면 그 내용을 학생이 이해하지 못했기 때문이며 더 크게는 학생들이 당혹하게 되고 무관심하게 되는 결과를 초래할 것이기 때문이다.

성경에 대해 매우 많은 것을 교육하여도, 학생 자신들 경험 가운데 성경에 대한 배경이 없기 때문에, 그것은 어느 누구의 경험을 건네주는 것이 된다. 성경의 등장인물들이 체험한 많은 경험들은 학생들의 경험과 관련을 맺고 있지 않기 때문에 그 경험들은 실재성이 없는 것이다. 오직 그 경험들이 학생의 경험 범위 내로 들어오게 될 때에야 실재성을 가지게 되는 것이다. 오직 교사가 학생의 여러 가지 욕구를 이해하고 성경의 여러 이야기들 가운데서 학생의 여러 경험과 같은 영적인 가치들을 발견할 때라야만이 이런 성경의 이야기들이 학생들에게 이해가 되는 의미를 얻게 되고 그에게 유용한 이야기가 되는 것이다.

기독교 교육은 총괄적인 목적의 성취를 위하여 과거의 습관을 새로운 경험의 형성을 위한 기초로서 사용하는 이 원칙을 항상 사용해야 하는 것이다. 온전하게 되어서 모든 선한 일을 할 수 있도록 철저히 구비된 하나님의 사람은, 첫째, 죄인이 영접하면 그 욕구를 충족시켜 주시는 구주의 필요성을 자기가 깨달아 경험한 바의 산물이다. 그런 연후에 하나님과 그 하나님의 길에 관한 교육과 학습이 계속되면, 이 중생한 사람은 하나님을 영접했던 최초의 경험과 그 후에 받게 되는 각각의 학습과 성장결과로부터 획득하게 되는, 앞으로 이끄는 여러 경험의 계속되는 표준들을 기본으로 하여 그리스도 안에서 지어져가는 것이다. 이와 같은 성장과 학습을 지도하는 교사는 성장하는 영혼이 소화시킬 수 있고 동화시킬 수 있는 것을 제시하기 위하여 각별히 주의해야 할 필요가 있다. 우유만 먹고 소화할 수 있는 사람에게 단단한 음식을 주는 것은, 적어도 요망하는 결과들을 산출하지 못할 것이고, 아주 달갑지 않은 결과들을 초래하게 될 수 있다(고전 3:2; 히 5:14).

또 중요하게 고찰해야 하는 것이 있다. 가르침은 가능한 한 구체적이고 사실적으로 해야 할 필요성이 있다. 추상적으로 생각할 수 있는 능력은 매우 어려운 소양이다. 언어를 숙달하지 못하고 경험이 주는 풍부한 심상(心像)이 부족한 아동들과 젊은 사람들은 특히 추상적인 관념들을 이해하는 데 있어서 장애를 받는다. 대부분의 인간의 사고는 관념에 의미와 색조를 부여하는 심상의 도움을 받아서 계속된다. 일반적으로 훌륭한 교육의 특징은 새로운 것을 기지(旣知)의 것에 연관시키는 수단인 말에 의존하기보다는 설명을 돕는 많은 재료를 사용하는 것이다. 사상을 명료화하는 데 도움이 되는 두 가지 중요한 형태가 있다. 첫번째는 학생이 보고 느끼고 손으로 다룰 수 있는 재료들을 포함한다. 그 예를 들어보면, 선광기(選鑛機)와 물체, 실물교수와 자습과제, 활동과 그림과 지도, 그리고 챠트와 도식 등이 있다. 이 형태는 매우 구체적인 재료들과 활동들로 되어있다.

두번째 형의 설명재료는 상징적인 언어로 이야기와 일화, 묘사와 그림을 보는 듯한 문장은 학습자에게 직접적인 경험을 가져다주며 추상적인 관념을 이해하기 위해서는 필수불가결하게 있어야 하는 심상을 제공해줄 수 있다. 성공적인 교육을 하고자 하는 교사는 설명재료를 계속 잘 사용한다. 그는 설명재료를 가지고 학생의 주의를 집중시킬 수 있으며, 생생하고도 실제적인 경험을 하게 하고, 이해를 촉진시키며, 상상력을 자극하고, 행동을 유발시킬 수 있게 된다. 현명한 교사는 항상 여러 가지 예증과 실례를 찾고 있을 것이다. 그리고 학생들의 과거의 경험에 의거한 교육의 목적이 정당화될 수 있을 때 언제든지 몇 가지의 예증과 실례로부터 가장 효과적인 방법으로 선택할 수 있는 준비가 갖추어져 있다.[2]

---

2) 그리스도인 교사는 Mathewson, L. B., *The Illustration*, (New York, Fleming H. Revell Co., 1936).에서 교육에 있어서 예증의 용도를 훌륭하게 제시해주고 있는 것을 발견할 것이다.

# 제10장 교육의 방법(I)

교육은 매우 복잡한 사업이다. 어떤 사람은 "교육은 인간이 운영하는 사업 중 가장 복잡하고 가장 미묘한 사업"이라고 말했다. 이것은 모든 교육에 해당되는 것이다. 그런데 특히 이 말은 어느 다른 교육에서보다 기독교의 진리를 가르치는 교육에 더 크게 작용된다. 그 이유는 기독교의 진리를 가르치는 교사가 다른 어떤 교사보다도 측량할 수 없을 정도로 더 고상하고 영구한 해야 할 일이 있기 때문이다. 기독교의 진리를 가르치는 교사가 해야 할 일은 학생들의 경험을 지도하고 유도하여, 하나님의 은혜가 그들의 생활에 역사하여 그들을 사망으로부터 생명에로 이끌어내게 하고, 그들로 하여금 그리스도 안에서 지어져 가게 하며, 하나님을 위한 일꾼이 되게 하여 보내는 일이다. 그러므로 기독교의 진리를 가르치는 교육은 고정된 일련의 법칙들에 따라서 수행될 수는 없다.

그럼에도 불구하고, 기독교 교육은 매우 명확한 원칙들을 따라야 한다. 마음의 법칙들은 다른 법칙들이 그런 것처럼 고정되어 있다. 그리고 아동은 영적으로 성장하고 발전하면서 다른 종류의 교육에 적용되는 동일한 정신적 과정들을 사용하며 기본적으로 그 정신적 과정들에 좌우된다. 이것이 사실이긴 하지만 진리를 가르치는 기독교 교육은 삶 가운데서 나타나는 하나님의 역사하심을 자연의 법칙이나 교육적인 여러 가지 장치로 대체한다는 뜻을 내포하는 것은 아니다. 하나님은 실재로서 존재하신다. 가르침을 받는 자의 마음과 생활에 성령의 역사가 없다면 아무리 많은 교육을 하여도 아무런 소용이 없다. 그러나 다른 모든 교육과 마찬가지로, 진리를 가르치는 기독교 교육도 인간의 모든 정신과정에 작용하는 동일한 분명한 원칙들과 법칙들 위에 기초를 두어야 한다. 기독교 교육은 하나님을 빼고서는 이루어질 수 없다. 오히려 하나님께서 역사하시지 않으면 아무런 능력도 가지지 못한다는 것을 생생하게 깨달을 정도로 기독교 교육은 하나님을 의지한다. 기독교 교육은 언제나 하나님께서 만드신 자연의 여러 법칙들과 조화를 이루어서 하나님께서 그가 원하시는 일을 하시도록 해드리려고 노력한다. 기독교 교육의 중요한 관심은 진리의 말씀을 효과적으로 제시하여 성령께서 일하실 수 있도록 해드리는 일이다.

지금까지 학습과 교육의 주요한 원칙들을 분명하게 제시하고자 노력하였다. 그래서 목적들을 분명하게 인식해야 하며, 학생들의 여러 가지 욕구, 관심, 학습의 방식 그리고 그들의 동기부여를 이해해야 한다는 것을 강조하였다. 또한 과거의 경험을 기초로 하여 가르쳐야 한다는 것도 강조하였다. 그러나 교사가 이것들을 이해했다면 곧 어떻게 그러한 것에 착수할 것인가를 결정해야 한다. 교육의 실제, 즉 학습의 상황에 있어서는, 인식된 여러 목적들을 실현하기 위하여 어떤 일정한 발전 과정을 따라야 하며, 계획된 여러 가지 결과들을 산출하기 위해서는 획득된 이해를 이용해야 한다. 교사의 목적을 이루어나가는 데 있어서 어떤 수단이 가장 좋은 수단이 될 것인가? 몇 가지 특별한 방법들 가운데서 그것을 분명하게 선택해야 한다.

1. 방법의 문제

교육은 매우 분명한 원칙들에 기초되어 있는 기술이다. 주지한 바대로, 교육은 세 가지 기본 요인을 전제로 한다. 첫째 요인은 성숙되지 못하고 계발되지 않은 채 미숙한 상태에 있는 학생이다. 두번째 요인은 주제, 혹은 교육되는 내용으로서 미숙한 상태에 있는 학생이 본래의 상태로부터 완전하고 성숙하게 계발되는 상태로 나아가도록 하는 잠재적이며 새로운 경험체이다. 세번째 요인은 학생이 한 상태로부터 다른 상태로 이전해가는 동안 주제를 가지고 사용해 나가면 얻게 될 여러 가지 경험을 자극해주고 지도할 교사이다. 학교 때문에 존재하는 것들, 즉 시설, 비품과 여러 가지 공급품들, 학과과정, 여러 활동 프로그램 같은 것들은 그것이 학생들과 재료와 교사를 연결시켜 학생을 실제로 효과적으로 계발되게 할 때에라야 정당성을 가지게 된다. 마지막으로, 교육이 가치있는 것을 성취하는 때는 교육의 기술이 삶의 전개 가운데 내재되어 있는 원칙들에 비추어보아 완전하게 될 때뿐이다.

유능한 교사가 바라는 목적은, 학생들의 생활 가운데서 바라는 변화들이 발생하는 것이다. 훌륭한 교육의 기술은 유용한 모든 수단들과 도구들을 효과적으로 사용하는 데 있으며 도구들 자체에 의해 사로잡히지 않는 데 있다. 교사가 일하고 있는 것을 관찰하게 되는 사람은 가르치는 가운데서 해야 할 것들이 많이 있음을 알게 된다. 모든 일을 하는 데 있어서 기술은 매우 중요하다. 그러나 교육에 있어서 가장 필요한 능력은 각 학습상황의 제요소를 빨리 파악하고 각 요소를 연관시키면서 수행해야 할 것을 정확하고 적절하게 결정할 수 있는 능력이다. 이것은 생각을 필요로 한다. 효과적인 교육은 단순한 기계적인 문제는 아니다. 그것은 모든 사실을 적절하게 고려하면서 여러 가지 문제들을 재빨리 해결할 수 있는 능력을 포함한다. 그러한 사고를 위해서는, 교육의 여러 가지 방법에 대한 지식의 배경이 필요하다.

훌륭한 교육의 특징은 마음속에 있는 특별한 목적을 성취시키는 데 있어서 가장 좋은 방법을 사용하는 데 있다. 방법이 없는 교육은 있을 수가 없다. 사용된 방법이 옳지 못한 방법일 수도 있다. 그럼에도 불구하고 그것도 방법인 것이다. 사용된 방법이 좋으면 좋을수록 그 교육은 그만큼 더 훌륭한 교육이 될 것이다. 똑같은 두 개의 교육상황은 없으며 어떤 교육과정 가운데서 무엇이 발생할 것인지를 정확하게 예견하는 것이 불가능하기 때문에, 학습과정의 기반이 되는 분명한 여러 가지 원칙들 위에 기초를 둔 여러 가지 다양한 방법이 있다. 교육은 학생들과 주제를 함께 연결시키고 학습자에게 닥쳐올 새로운 경험과 학습을 하는 학생 사이를 연관시키는 문제이다. 교육은 학생과 주제를 적절하게 연관시키는 정도에 따라서 효과를 많이 거두기도 하고 효과를 내지 못하기도 한다. 그리고 연관의 종류를 결정하는 문제에 있어서 방법의 선택이 아주 중요한 요소가 된다. 주제와 같이, 사용된 방법은 목적 자체가 아니라 목적을 이루기 위한 수단이다.

그런데도 방법은 단순히 교사가 주제, 혹은 교육의 내용을 아동의 마음의 내용으로 만들기 위해 사용하는 장치만은 아니다. 아동이 스스로 활동하는 존재로서 학습하기 위해서는 그의 자기활동의 여러 욕구들을 만족시켜주며 자극하고 유도하는 환경 가운데 있어야 한다. 방법은 목적성취를 위한 수단으로 사용되지 않을 때는 아무런 가치도 없다. 방법은 목적성취를 위하여 사용되는 것이다. 교육에 있어서의 좋은 방법이란 재료를 순서에 맞게, 효과적인 방식으로 사용하여 학생이 자극을 받고 지도를 받아 적절한 반응을 한 결과로써 그의 생활에서 요망된 성장과 계발을 산출하는 것까지를 포함한다. 다른 모든 것에 있어서와 마찬가지로, 교육에 있어서 가장 좋은 방식으로 가장 좋은 결과를 이루는 사람은 가장 훌륭한 방법을 사용하는 사람이다. 그러나 산출을 이끌어내는 방법보다 산출되는 것이 항상 가장 중요하다.

"방법은 활동과 재료를 활용하는 것이며 그 둘과 구별되거나 그 둘을 떠나서는 세워질 수 없다. 이 모든 것은 학생의 경험이 그리스도인의 여러 가지 목적들을 향하여 개발될 수 있도록 활용된다."[1] 방법은 언제나 이중의 관계를 가진다. 한편으로는 학습자에게 관계가 되고, 다른 한편으로는 사용되는 재료에 관련된다. 방법은 단지 교사가 학생의 생활 가운데 요망되는 목적을 이루기 위하여 주어진 재료를 사용하는 방식일 뿐이다. 방법은 한편으로는 학습자의 필요에 의해서, 다른 한편으로는 여러 재료들의 필요에 의해서 결정된다. 자기 일의 목적을 명확하게 깨닫는 교사는 방법이 첫번째의 중요성을 띠게 하지 않을 것이다. 왜냐하면 그는 방법이란 것이 목적에 수반되는 것에 불과하다는 것을 알게 될 것이기 때문이다. 그러한 사람은 지극히 중요한 것을 빈틈없는 장치로 대체하지는 않을 것이다.

"방법이란 경험을 가장 풍부하게 해주고 조절해주는 상황을 일으키는 데 있다."[2] 유능한 교사가 항상 제기하는 질문을 들어보자. 이 독특한 재료를 어떻게 하면 이 특정한 학생, 혹은 학급에서 그것이 담당하는 목적을 달성할 수 있도록 하기 위하여 가장 잘 사용할 수 있을까? 이러한 교사는 특별한 방법이 아니라 성장을 촉진시키는 기회들과 조건들의 배열에 관심을 기울인다. 교사가 열렬히 소망해야 할 이상은 자기가 가르치는 학생이 영적인 생활과 능력에 있어서 성장하고 발전하는 것이다. 교사가 이런 이상을 가지게 되면 방법은 사고와 실제에 있어서 적절한 위치를 차지할 것이다.

최상의 방법을 시험하는 하나의 큰 시금석은 다음의 질문의 답변 가운데 있다. 즉, 재료들을 이와 같은 방식으로 사용하는 것이 하나님의 생명이 그 영혼 가운데서 더욱더 자랄 수 있는 조건들을 조성해 주겠는가 하는 질문이다. 교육은 하나의 상태에서 다른 상태로 가게 하는 아주 복잡하고 변화무쌍한 기술이기 때문에, 모든 경우에 들어맞는 최상의 방법이란 아무것도 없다. 그러나 교육이 수행될 때 현존하는 상황하에서, 학습을 효과적으로 하게 하는 최선의 방식은 있는 것이다. 참으로 유능한 교사는 이런 최선의 방식을 택하고 그 방식을 능숙하게 사용할 것이다.

2. 방법 선택의 요소

위에서 논의한 내용으로 보아 방법이라는 것은, 교사가 학생들로 하여금 활동을

---

1) The International Curriculum Guide, Book One: Principles and Objections of Christian Education(Chicago: The International Council of Religious Education, 1935), p. 21.
2) op. cit., p. 21.

하도록 자극하고 재료들을 가지고 학습할 때 그들에게 지도를 해주어서 학습이 일어나고, 그 결과로 그들이 성장하고 발전할 수 있도록 하기 위해서 재료를 취급하는 방식이라는 것이 명백하다. 어떤 방법의 효력은 그 방법이 작용하는 전체 상황에 달려 있다. 교사, 학생, 주제, 방법 그리고 전체 상황은 하나의 단일한 전체를 형성한다.

 방법은 확실히 있는 명백한 것이 아니다. 이야기와 강의, 혹은 토론 같은 특정한 방법은 각각 다른 전체의 학습상황에서 각각 다른 결과들을 초래할 것이다. 이야기는 학생들의 목적의 성격과 태도에 따라 효과가 있는 것일 수도 있고 효과를 거두지 못하는 것일 수도 있다. 강의하는 방법은 교사의 제시(提示)와 주어진 내용의 성격에 따라 좋은 방법일 수도 있고, 때로는 좋지 못한 방법일 수도 있다. 소풍도 학생들의 관심과 교사의 조종에 따라 성공을 거둘 수도 있고, 실패할 수도 있다. 어떠한 방법의 가치는 그 방법이 전체 상황의 여러 가지 요청들에 적합한 범위에 달려 있다.

 모든 방법이 모든 상황에 똑같이 좋은 것은 아니다. 모든 상황에 있어서 "최선"인 방법은 없다. 어떤 특정한 방법은 항상 어떤 다른 방법보다 우수하다고 말하는 것이 불가능하다. 훌륭한 교사는 수업시간이 진행되는 동안 여러 가지 방법들을 이것 저것 바꾸어가면서 전체 상황의 요구들이 순간순간 바뀜에 따라 그 방법들을 다양하게 결합시키면서 사용할 것이다. 그런 교사는 그의 목적의 실현에 관심을 집중시킬 것이기 때문에 자기가 어떤 독특한 방법을 사용하고 있다는 사실도 의식하지 않고 이렇게 할 것이다. 그러나 검사된 여러 가지 방법들을 의식적이고도 지혜롭게 선택하고 사용하며, 적응시키는 것은 교육의 효율성을 증진시키기 위한 수단이다. 어느 누구도 어떤 방법을 사용해야 하는가에 관해서 언제나 확신할 수 없지만 다음에 언급하는 것들은 교사들로 하여금 최선의 방법을 선택하고 사용하게 하는 지침이 될 수가 있는 요소들이다.

(1) 목적의 성격

 목적이 기술을 숙련시키는 것이라면 실습이란 방법을 사용해야만 한다. 기술은 실습을 통하여 숙련되기 때문이다. 만일 교사의 목적이 학생들의 지식을 증진시키는 것이라면 문제해결 방법을 채택해야 한다. 교사는 단순히 지식전달에만 목적을 두어서는 안되며 학생이 특유한 상황들 가운데서 이 지식을 사용하고 응용할 수 있는 능력을 발달시킬 수 있을 정도로 그 지식에 정통하게 하는 데 목적을 두어야 한다. 단순한 이야기와 사실 학습은 단순한 지식전달만을 제공해줄 뿐이나 문제해결의 기술은 그 지식에 정통하게 해준다. 사고(thought)를 유발시키는 교사의 질문은 학급 전체가 참여하는 효과있고 활발한 토론이 될 수도 있는 것으로서 문제해결 방식의 좋은 형태이다.

만일 감상과 태도를 계발시키는 것이 목적이라면 학생들에게 기대했던 결과를 가져오게 하는 정서적인 경험을 체험하게 하는 방법을 사용해야 한다. 이야기, 그림, 음악, 연극, 혹은 예배는 아름다운 것이나 선한 것이나 참된 것에 매력을 느끼게 하기 위한 수단으로서 사용될 수 있다. 학생들의 현재의 생활과 그들이 열심히 학습하고 있는 활동에 아주 긴밀하게 관련된 목적은 학생들이 학습 가운데서 아무런 목적을 찾지 못할 때에 필요한 것과는 다른 교육절차를 요할 것이다. 방법은 최종의 총체적인 목적과 관련해서 선택되어야 하며 동시에 당면한 여러 목적들도 고려하여 선택되어야 한다. 비록 당면한 여러 목적들이, 방법을 선택하는 데 있어서 더 많은 관련을 맺고 있지만 교사는 언제나 이미 성취된 것들에 관해 검사하고 있어야 하고 아직 이루어지지 않은 목적들을 분명하게 지각하고서 방법과 절차를 융통하여야 한다.

(2) 학생들의 성숙성

이야기의 방법은 확실히 나이 어린 아동들을 교육하는 데 있어서 사용하기에 가장 적합한 방법이다. 그 반면 젊은 사람들에게는 토론이란 방법이 아주 효과적일 것이다. 성인들을 교육할 때에 통상 사용되는 방법은 강의 방법과 연구 방법과 질문과 대답, 그리고 토론, 그리고 구안 교수(構案敎授: project method) 등이다. 그러나 성숙은 단순히 나이로만 따질 문제는 아니다. 흔히 동년배의 학생들 가운데 다양한 성숙도가 나타난다. 방법은 학생들의 능력과 관심, 그리고 상황의 다른 요구들을 고려해서 판단하여 채택해야 한다. 학생들이 질문을 받고 대답을 하고 토론에 참가할 것 같으면, 그 학생들에게 그러한 방법은 효과적인 것이 될 것이다.

그 반면에, 학생들이 단순히 앉아서 듣기만 할 것 같으면 그들을 질문이나 토론이란 방법을 사용하여 가르치려고 노력하는 것은 어리석은 것이 될 것이다. "그 교육의 계획이 아무리 매력적이고 효과적인 것이라 하더라도 그 학급의 현재의 발전 상태를 능가하고 학생들의 관심과 관계없는 교육의 계획을 수립하는 것은 헛된 것이다."[3]

(3) 학습에 대한 학생들의 자세

교사는 학생들의 자세를 민감하게 관찰하고 그에 따라 방법을 결정해야만 한다. 지루해 하고 관심을 쏟지 않는 학생들은 정신을 바짝 차리고 관심을 가진 학생들이 있는 학급에 적당한 방식과는 다른 방식으로 다루어야 한다. 열심히 학습하는 학생은 연구할 수 있고 구안법(project)도 수행할 수 있다. 그 반면에 가능한 최소한의 노력만으로 그럭저럭 해나갈려는 태도를 가진 학생에게 그런 방법을 사용하면 실패만 할 뿐이다. 만일 학업에 대한 반대의 태도가 득세하면 실제적인 학습이 발생할 수 있기 전에 그런 태도를 없애버릴 수단을 강구해야 한다. 때로 성경을 배우는 학급의 학생들이 모든 기독교 진리를 적대하기도 한다. 그러한 경우라면 먼저 이 적개심을 제거하기 위한 어떤 방법을 사용해야 한다. 만약 학생이 교사에 대해 좋지 못한 태도를 가지고 있거나 모든 교사에 대해서 일종의 적개심을 가지고 있다면 이 적개심을 제거하기 위한 방법이 고려되어야 하는 것이다.

(4) 동일한 분야에 있어서의 사전 학습

수년 동안 규칙적으로 주일학교에 참여해왔고 성경을 꽤나 알고 있는 소년이나 소녀, 혹은 남자나 여자는, 성경에 대해서 거의, 혹은 아무것도 모르는 학생들에게 사용했을 때 최상의 결과를 가져올 수 있었던 방법과는 다른 방법으로 가르쳐야 한다. 학생들은 어떤 방식으로 그들의 힘이 불러일으켜질 때를 제외하고는 학습하지 않는다. 그러므로 연구조사, 특별 레포트, 문제와 같은 어떤 종류의 특별 연구과제는 좀더 고학급에서 적절하게 사용할 수 있는 것이다. 문제 토론 방법도 특정한 분야에서 많은 학습을 한 학생들에게 사용되면 유익이 있을 것이다. 토론은 상당한 지식을 배경으로 가지고 있는 학생들에게 가능한 것이다. 어떠한 분야에 특별한 관심이 있어서 그 분야에 있어서는 남다른 우세를 보이는 특정의 학생은 그 분야에서 학습할 기회를 갖지 못했던 학생들을 교육할 때와 같은 방식으로 다루게 되면 안된

---

3) G. S. Dobbins, *How to Teach Young People and Adults in the Sunday School* (Nashville: Sunday School Board of the Southern Baptist Convention, 1930), p. 103.

다. 빈틈없는 교사는 학급의 모든 구성원들에게 유익을 가져다주는 방식으로 특별 공부의 유익과 특정 학생의 남다른 장점을 재빨리 이용할 것이다. 그는 그렇게 함으로써 그 학생과 학급의 다른 구성원들이 똑같이 더 고도의 것을 성취할 수 있도록 지도해나갈 것이다.

(5) 재료의 성질

교사가 교육의 방법을 채택하기 전에 가르쳐야 할 내용을 주의깊게 연구하는 것은 매우 필요하고 필수불가결한 일이다. 한 종류의 재료에 사용하면 탁월한 효과를 거두는 방법이 다른 형의 재료에 사용되었을 때는 아주 쓸모없는 방법이 될 수가 있다. 잘 알려진 성경의 등장인물들의 생애에서 나타나는 사건들은 통상적으로 이야기의 형태로 가장 잘 제시된다. 생소한 성경구절들은 강의나 확대설명으로 명료하게 되며, 매우 익숙한 성경구절은 광범위하고 유용한 토론을 위한 출발점을 구상한다. 여러 가지 문제들은 흔히 토론의 방법에 의해서 분석될 수 있다. 때로는 할당된 독서와 지도연구가 학습자들로 하여금 문제를 명쾌하게 이해하도록 하기 위해 사용될 수가 있다. 몇몇 성경구절들은 논쟁의 여지가 있는 문제들을 내놓아 논의하게 함으로써 효과적인 진술에 도움이 되게 한다. 몇몇 성경의 자료들은 극적인 표현형태를 쉽사리 사용해도 무방하나 결코 이 방법이 적합치가 않은 다른 내용이 있다.

(6) 물리적 설비와 시설

기독교 교육은 흔히 건물이나 분리된 학급들이나 칠판, 그 외의 공급품들과 같은 매우 분명한 한계의 제약을 받고서 수행되어야 한다. 이러한 것들이 방법에 영향을 끼칠 것은 확실하다. 예를 들어보자. 몇몇 학급이 한 교실에서 학습을 받아야 하는 상황 가운데서는 전체적인 토론이 불가능하다. 칠판이 없는 곳에서는 칠판에 글을 쓰면서 진행하는 강연이나 칠판에 글을 쓰면서 드는 예화는 사용할 수 없다. 만약 지도를 입수할 수 없으면 지도를 활용하여 학습할 수 없다. 비록 성경이 있다는 사실이 다양한 방법이 있을 수 있다는 많은 가능성을 시사해 주겠지만, 여러 가지 사전과 여러 종류의 용어 색인과 도움이 되는 다른 자료가 부족하다면 지도를 받은 학업에 따라 학습을 진행시켜도 거의 아무것도 수행될 수 없을 것이다. 유능한 교사는 이용할 수 있는 설비들을 가장 잘 이용하기에 충분한 기량을 갖고 있을 것이다. 그리고 동시에 방법의 개선에 알맞는 조건들을 얻기 위해 최선을 다할 것이다.

(7) 교육을 위한 시간

거의 대부분의 그리스도인 교사들은 물질적 설비와 시설의 제약뿐만 아니라 시간의 제약도 받으면서 교육한다. 성경을 가르치는 교사는 매주일 몇 십분 동안 매우 적은 일부분의 아동들을 가르치는 반면에, 세속적인 과목들을 가르치는 교사는 몇 시간 동안이나 가르친다. 그러므로 성경을 가르치는 교사가, 가장 중요한 모든 진리를 가르쳐야 하는 짧은 시간을 가장 잘 이용하는 것은 그리스도인 교사의 의무이다. 따라서 가장 짧은 시간에 가장 크고 가장 좋은 결과를 내게 하는 방법들을 채택해야 한다. 학급에서 시간 제한을 받지 않고 마음대로 조절할 수 있을 경우에는 교육의 방법으로서 바람직한 것이 될 수 있는 활동은, 짧은 기간 동안에 결론에 도달될 수 있는 형태의 단순한 절차로 대체되어야 한다.

예를 들어보자. 장기간에 걸친 학습 과제는 나누어서 할 수 있는 것이 가능한 경우를 제외하고는 맡기지 말아야 한다. 학생들의 관심이 최고조로 올라가 있을 때, 그 하는 일을 바로 중단할 수밖에 없는 손으로 하는 작업을 시작하는 것은 어리석은 일이다. 짧은 기간 동안 사용하기에 아주 적합한 방법은 질문과 대답의 방법, 이야기 방법, 구두 표현 방법 그리고 토론 방법 같은 것들이다. 비록 이런 각각의 방법과 선택된 여타의 방법의 사용을 위하여 계획을 세울 때도, 시간의 제약성을 고려해야 할 것이다.

(8) 교사의 기술과 자질

마지막으로, 교사 자신도 방법에 제약을 가하는 요소가 된다. 모든 사람은 자기에게 고유한 재능과 강점과 약점을 가지고 있다. 어떠한 교사도 모든 방법을 똑같은 성공을 거두면서 사용할 수는 없다. 대부분의 교사들은 단지 몇몇의 방법을 용이하게 사용할 뿐이다. 한 가지나 두 가지의 방법을 아주 효과적으로 사용할 수 있는 교사도 있다.

사용할 수 있는 여러 방법들을 최상의 결과를 거두면서 사용하는 교사는 현명한 교사이다. 어떤 교사는 그의 약점을 보완할 수 있다. 훌륭한 교사는 항상 자기의 약점을 보완하기 위하여 노력할 것이다. 모든 교사는 처음에는 현저하게 그에게 가장 적합한 방법들을 잘 사용할 것이고 적절한 재주를 개발하기 전까지는 다른 방법들을 사용하려고 노력하지 않을 것이다. 강의를 뛰어나게 하는 사람들과 이야기를 정통하게 말하는 자들과 훌륭한 크레용 화가들은 드물다. 이러한 것에 자질을 갖지 못하는 교사들은 되지 못한 것을 이루려고 노력하는 대신에 자기의 한계를 인식해야 한다. 그러한 교사는 질문을 던지고, 토론을 지도하고, 연구를 명하고 그에게 준 어떠한 능력들을 잘 계발시켜야 하고, 선천적으로 받은 재능으로는 이룰 수 없는 무엇이 되기 위하여 자기 힘을 억지로 남용하지 않아야 한다.

몇 개의 중요한 형태의 방법들을 다루기 전에 이 장에서 지금까지 다루었던 것들을 재강조하고 방법의 문제를 아주 합리적으로 고려할 수 있는 시각을 찾는 것이 좋을 것이다. 방법은 교육의 작업을 준비하고 실제적으로 그 작업을 행하는 것에 관련된 교사의 과업과 관계가 있다. 방법은 학생의 학습활동을 자극하고 지도하기 위하여 계획된 일련의 절차로 이루어져 있다. 교수방법은 학습자와 교사가 유리되어서는 유익하게 고려될 수 없다. 모든 방법은 그에 고유한 약점을 가지고 있다. 모든 방법은 이 장에서 다루어진 요소들과 많은 다른 변수들에 따라서 훌륭한 방법일 수도 있고 나쁜 방법일 수도 있다. 만병 통치약인 방법은 하나도 없다. 어떤 경우에서 최상의 방법인 것은 다른 경우에 있어서는 좋은 방법이 아닐 수도 있다. 이해가 빠른 학급에서는 각각의 학기 동안에 다양한 방법을 사용할 수 있는 것이다.

교사는 언제나 방법 일반을 연구하고 특히 그 자신의 방법들을 연구하는 학생이어야 한다. 훌륭한 방법은 그 어느 것도 현명한 발명의 결과가 아니다. 건전한 방법의 기초는 학습자의 성격을 통찰하고 학습과정을 철저히 이해하는 데 있다. 학습이 실제적으로 어떻게 발생하며 언제 발생하는지를 교사가 알 때를 제외하고는 어느 교사도 올바른 방법을 사용할 수 없다. 학생들을 이해하고 그들이 어떻게 학습하는지를 이해하고 그가 다루는 주제를 알고 있고 방법을 이해하는 빈틈없는 교사는 거의 직관적으로 그의 교육 방법을 선택하도록 이끌림을 받을 것이다. 그러한 교사는 항상 그의 방법을 개선하기 위해 노력할 것이다. 그는 교육해 나가면서 이 영향, 저 영향을 고려할 것이고 다른 영향도 고려하여 항상 수정하고 재수정해나갈 것이다. 수업시간을 회고하여 음미하면서 특정의 절차가 의도된 목적을 얼마나 잘 성취했는가를 확인하기 위해 시험관 속에서 걸러낸 전체의 교육경험 가운데서 이 절차, 저 절차 그리고 제삼의 절차를 계속 적용할 것이다.

3. 이야기 방법

　진리를 전달하는 방법 중 가장 오래되고, 가장 효과적이며, 가장 잘 사용되는 수단 중의 하나는 이야기이다. 세계의 고전의 기초는 되풀이하여 말해진 이야기들과 깊은 관련이 있다. 이야기는 세계의 위대한 스승들이 교육의 중요한 방법들 중의 하나로 쓴 방법이다. 예수께서도 가장 숭고한 진리들을 이야기의 형태로 제시하셨다. 이야기는 그가 좋아하신 교육의 방법이었다. 우리에게 기록으로 내려오는 다른 스승 중 그처럼 자유롭고도 효과적으로 비유들을 사용한 스승은 아무도 없다. 가르치는 학생들의 연령 수준이 어떻든 간에 이야기를 사용하지 않는 교사는 진리를 제시하기 위한 가장 큰 기회 중의 하나를 놓치고 있는 것이다.

(1) 교육에 있어서 이야기가 효과적인 이유

　이야기는 진리를 행동으로 제시한다. 듣는 자보다 먼저 살다간 인물들에게서 구체적으로 드러났던 진리를 이야기로 제시하면 그 진리는 다른 형태로 제시되는 것보다 훨씬 쉽게 이해된다. 예수께 나아와 "내 이웃이 누구오니이까?"란 질문을 하고 그에게서 선한 사마리아인의 이야기를 들은 율법사는 그에게 와 그 이야기를 듣는 모든 다른 이들에게 많은 추상적인 토론이 줄 수 있었던 것보다 자기 이웃에 대해 훨씬 나은 이해를 주는 답변을 얻었다. 이야기는 상상력을 일으킨다. 이야기를 사용함으로써 얻을 수 있는 가장 큰 장점은 그 이야기의 내용을 명백하게 밝혀줄 수 있다는 것이다. 혹은, 그 역으로 단점에 대해서는 반감의 느낌을 주게 하는 효과를 내도록 묘사할 수 있다. 이야기는 추상적인 여러 가지 장점들을 아주 생생하고 구체적이며 생동적으로 묘사하기 때문에, 진리를 행동으로 제시하는 능력에 있어서 이야기에 필적할 것은 아무것도 없다.
　이야기는 그 자체가 교훈적이어서 적용시키기가 쉬워 학생들이 그것을 듣고 스스로 자기에게 적용할 수가 있다. 자기 활동의 기본원리에 따르면, 이렇게 해서 학습된 교훈은 이미 있는, 그러나 학생들이 환영하거나 받아들이지 않는 도덕과 교훈을 덧붙여서 교사가 말해주는 많은 교훈들과 동일한 가치가 있다. 교사는 아동이 학습을 하고 있을 동안에는 이야기를 수단으로 하여도 많은 교육을 시킬 수 없을 것이다. 이야기는 그것이 지니고 있는 흥미 때문에 학생들에 의해 회상되거나 다시 이야기되어서 그 교훈이 여러 번 반복되는 결과를 가져옴직하다. 이렇게 되어서 영적인 진리는 마음에 더욱 확고하게 자리잡게 되고, 도덕의 원칙들은 그의 사고와 그의 습관 가운데서 기초가 잘 다져지게 된다.

이야기는 학생들의 관심과 주목을 끌어서 그들의 동기를 유발시키기 위한 가장 효과적인 수단들 중의 하나이다. 교사나 설교가는 좋은 이야기를 말해주기를 시작하라. 그러면 학습이나 청중의 점진적인 관심이 곧 나타날 것이다. 이야기는 호기심을 일으키고 새로운 여러 가지 경험에 대한 욕구를 불러일으킨다. 이야기는 또한 기쁨도 주며 가르쳐진 내용을 훌륭히 받아들이는 데 도움이 되는 정신적 자세에 기여한다. 이야기의 용도 중 꽤 중요한 것 중 하나는 학급 상황에서 많은 가치가 있는 건전한 유머 감각을 발달시킨다는 것이다. 게다가 이야기는 정신적 긴장과 감정의 자세와 피로와 학습에서 아동을 방해할 수 있는 잘못된 이해를 방지해 준다는 안도감을 주기 때문에 교육의 간접적인 보조물로서 아주 가치있는 것이 될 수가 있다. 이야기는 교사와 학생이 이해할 수 있고 느낄 수 있는 언어로 말하기 때문에 학생들과 교사 사이의 교제의 수단으로서 사용될 수가 있다.

이야기는 기지(旣知)의 것과 미지(未知)의 것을 연관시키기 위한 근저(根抵)로 사용될 수 있다. 그래서 이야기 외의 다른 방식으로 하면 학습자가 이해하기에 너무 어려운 많은 재료가 이야기로 그에게 이해되는 것이다. 이야기는 아동의 커나가는 생각들을 확장하고, 그것으로 말미암아 그의 여러 경험들을 풍부하게 하기 위한 수단으로 아주 효과적으로 사용될 수 있다. 이야기는 흔히 학생이 사용하지 않기 때문에 파악할 수 없었을 사실과 진리를 제시하는 매우 현저한 예해(例解)로서 사용된다. 자연의 사실들, 역사의 사건들, 인간 관계에서 나타나는 상황들 그리고 하나님과 하나님이 인간을 대하는 것과 관계가 있는 모든 문제들은 다른 어떤 방법을 사용하는 것보다 이야기를 수단으로 사용함으로써 학생들에게 더 만족스럽게 해석이 되거나 더욱 이해하기 쉬운 것으로 될 수가 있다.[4]

(2) 이야기 구성

이야기란 무엇인가? 이 질문은 수사학적인 목적이 아니라 분명하면서도 정확한 이해를 위해서 모든 교사가 던져야 할 질문이다. 이야기는 묘사가 아니다. 더군다

---

4) G. H. Betts and M. O. Hawthorne, *Method in Teaching Religion* (New York: the Abingdon Press, 1925), p. 227ff.

나 이야기는 해설이나 서술은 아니다. 적어도 서술이 많은 것은 이야기가 아니다. 이야기는 그 자체의 구조를 지니고 있는 것으로서 구조적으로 완전한 것이 되려면 네 부분, 즉 서론과 사건의 연속과 클라이맥스와 결론으로 구성되어 있어야 한다. "모든 훌륭한 이야기는 흥미를 불러일으키는 시작과, 순서적이며 완전한 사건의 연속과, 그 이야기의 요점을 형성하는 클라이맥스와 마음을 안온하게 해주는 종말을 가지고 있어야만 한다."

이야기에는 시작이 있어야 하는 것이다.[5] 이 시작은 매우 짧은 것이어야 한다. 흔히 단 하나의 문장을 서론으로 사용할 것이다. 그 시작은 듣는 자들에게 주인공을 소개시키고, 흥미를 일으키게 하고, 행동하게 하는 배경을 제공하고, 다음에 나올 것에 대해 호기심을 자극하는 것이어야 한다. 서론은 이야기의 전개의 관한 것이 아니라 이야기의 지극히 중요한 부분이 되어야만 한다. 그러면 이야기는 듣는 자들에게 아주 많은 즐거움을 줄 것이며, 들어야 할 훈계, 혹은 문제를 던져줄 것이다. 말은 마음에 어떤 구체적인 상을 제시하는 암시적인 것이 되어야 한다. 만약 가능하다면, 서론으로써 듣는 자들의 감각에 호소하여야 한다. 문장은 짧고 명쾌하며 간결해야 한다. 이야기의 가장 중요한 부분은 효과적인 서론이 될 수 있다.

서론 뒤에는 규칙적인 순서로 진행되는 사건들이 나타난다. 연결되어 있으면서 아무 곳으로도 이끌지 못하는 난잡(亂雜)한 사건들은 이야기가 아니다. 이야기에는 클라이맥스로 진행되는 줄거리가 있어야 한다. 각각의 사건과 약간의 대화가 그 자체에 있어서 흥미가 있어야 하겠지만 그렇다고 해서 이야기의 맥을 끊는 것이 도입되어서는 안된다. 사건을 분명히 하기 위해 요구되는 것 이상의 불필요한 세부사항과 자세한 묘사, 즉 사건을 필요 없이 가로막는 것은 생략되어야만 한다. 이야기는 클라이맥스를 향하여 꾸준하고도 끊기지 않고 진행되어야 한다.

클라이맥스는 이야기의 절정이다. 클라이맥스가 없거나 클라이맥스가 있어도 설명적인 세세한 자료들 때문에 불분명하게 되어 있으면, 이야기의 효과는 전적으로 상실된다. 클라이맥스는 줄거리의 스릴을 제공한다. 그러기에 클라이맥스는 명쾌하고 현저해야만 한다. 이야기를 위한 자료를 선택하고 이야기를 말하기 전에 클라이맥스를 발견해야 한다. 그리고 클라이맥스는 이야기하는 사람이 이야기해 나가는 순간마다 목표로 하여 응시하는 절정이 되어야 한다. 모든 자료는 엄밀하게 정

---

5) Alberta Munkres, *Primary Method in the Church School* (New York: The Abingdon Press), p. 52ff.

사(精査)되어야 하며, 만약 어떤 방식으로든지 클라이맥스를 불명료하게 하거나 클라이맥스로 이끄는 줄거리를 과도하게 연장케 한다면 그 자료는 버려야 한다. 이야기를 사용하는 것을 정당화시켜주는 것은 이야기 자체가 아니라, 이야기의 목적이나 그 결과이다. 그리고 만일 클라이맥스가 빠진다면, 그 이야기는 목적도 가지지 못하고 효과도 갖지 못할 것이다.

이야기의 결말은 매우 간결해야만 한다. 결말은 등장인물들의 종말을 보여주어야 하며 독자의 마음을 안온하게 해주어야 한다. 많은 훌륭한 이야기들은 클라이맥스로서 끝난다. 그러나 통상 독자의 마음이 안온하게 되어서 그 이야기의 사상을 명상하게 하기 위해서는 결론을 맺는 말이 어느 정도는 필요하다. 흔히 하나의 문장을 가지고 결론을 내릴 수 있다. 이야기는 그 내용이 끝나면 종결되어야 한다. 의미의 설명이나 교훈의 지적, 혹은 사건들을 요약하는 것은 그 이야기의 효과를 파괴시키는 것이다. 좋은 결론을 확보하라. 그리고서 그 이야기로 그 자체의 메시지를 전달하게 하라. 특히 아동들에게 하는 이야기는 해피 엔딩으로 종결되어야 한다. 결말은 독자의 마음이 어떤 질문에 대한 답변이나 어떤 문제에 대한 해결을 찾도록 하기보다는 들었던 것에 대해 즐거워할 수 있도록 하기 위해 확실한 설명을 해준 뒤 종결해야 한다.

(3) 이야기를 하는 방법

이야기 방법을 성공적으로 사용하기 위한 필수적인 요소는 이야기가 아주 유용한 교육 방식이라는 깊은 확신이다. 이 점에 있어서 의심이 조금이라도 있다면, 즉 이야기를 하는 것은 대부분 오락을 위한 것이라거나 해야 할 더 중요한 것이 없을 때 채워넣는 어떤 것이란 느낌은, 교육에 있어서 이야기를 사용하는 것을 비효과적인 것으로 만들 것이다. 이야기를 해줌으로써 성공하기 위해 요청되는 두번째 필수적인 것은 바른 방식으로 완벽하게 준비하는 일이다. 이야기는 항상 말로 되어야 하며 읽혀져서는 효과를 거둘 수 없다. 교사는 이야기의 상세한 내용을 완벽하게 익히면서 주의깊게 이야기를 계획하여야 한다. 그러나 그렇다고 해서 낱말 하나하나를 외워서는 안된다. 기록된 형태의 이야기는 잘 보존될 수가 있고 몇몇 정선한 부분들은 잘 기억될 수 있다. 그러나 교사는 그 이야기를 자기 것으로 만들어서 그 이야기를 말할 때에 그 이야기가 자기 인격의 일부를 나타내도록 해야 한다.

이야기하기 위해 갖추어야 할 준비 중 매우 중요한 부분은 바른 목적을 위해 바른 이야기를 선택하는 일이다. 우리들은 다양한 많은 종류의 이야기들을 입수할 수 있다. 자연과 동물에 관한 이야기, 영웅들과 남녀 위인들에 관한 이야기, 사랑에 대한 이야기, 모험과 선교사업에 관한 이야기, 그리스도인의 희생과 봉사에 관한 이야기 그리고 성경의 이야기 등을 입수하여 이용할 수가 있다. 그리스도인들은 성경의 이야기들을 널리 사용할 수 있다. 분명한 목적을 위한 이야기의 필요성이 있는 특정한 상황 가운데서는 여러 가지 종류의 이야기 중 알맞는 이야기를 주의깊게 선정해야 한다. 적절한 성경이야기를 선택할 수도 있고 학과의 재료 가운데서도 바른 이야기를 발견할 수 있을 것이다. 이야기 책에서도 뽑을 수 있을 것이다. 현명한 교사는 이것들 중에서 몇 개를 이용하거나 다른 이야기에 의해 제공된 자료나 책이나 잡지나 신문, 혹은 자신의 경험이 제공해주는 자료를 사용하여 자기 자신의 이야기를 할 것이다. 어쨌든 간에, 선정된 이야기는 요망된 감정과 분위기와 행위를 산출할 수 있는 것이 되어야 한다.

일단 선정된 이야기는 학생들의 욕구와 그 이야기를 사용함으로써 노리는 목적에 비추어 모든 각도로부터 연구되어야 한다. 그 이야기는 이미 논의되고 타당한 원칙들에 따라 현재의 필요에 일치되게 하기 위해 철저히 다듬어져야 한다. 필요없는 인물과 사건들은 제거해야 할 필요가 있을 것이다. 교사는 사건들과 등장인물들과 그들이 하는 말을 완전히 익숙하게 알아야 한다. 그는 자기가 산출하려고 기도하는 효과를 생각해야 하며 그것에 따라서 사건들과 클라이맥스를 배열해야 한다.

이러한 준비사항들을 마쳤으면 이제 이야기할 준비는 다 갖춰진 셈이다. 이야기를 큰소리로 하는 것은 가장 중요하다. 그것은 설명자가 그 이야기가 어떻게 들리고 있는지를 깨닫게 하고, 그가 실제로 청중 앞에서 이야기를 말할 때에 적절한 말을 찾느라고 애쓸 필요가 없을 정도로 사용할 단어들을 분명하고 정확하게 선택하는 데에 도움을 준다. 게다가 사전에 이야기를 연습하면 이야기 가운데서 등장인물들을 살아있게 하고, 상황을 실제적으로 만드는 효과를 보게 된다. 등장인물들은 화자의 말 가운데서 말하게 되고 그들의 행동과 감정을 표현하게 되어야 한다. 교사는 그 이야기를 자기가 그 속에서 나오는 말들에 익숙하게 될 때까지, 모든 말을 셀 수 있을 때까지, 모든 표현과 문장을 가지고 그 충만한 의미를 표현해낼 수 있을 때까지 되풀이하여 연습해야 한다. 교사는 그 이야기가 자기의 제2의 천성이 될 때까지, 그의 자아 전체를 이야기 속에 넣어서 실제로 듣는 자들에게 단순한 말뿐만이 아니고 자기의 일부분을 줄 수 있을 때까지 되풀이하며 말하기 연습을 해야 한다. 교사가 그렇게 하여 숙달한 이야기는 많은 경우에 있어서 교사의 목적을 이루어줄 것이다. 좋은 이야기는 잘만 말해주면 여러 번 반복해도 그 매력을 잃지 않을 것이다. "다이아몬드 밭"이라는 러셀 콘웰(Russel H. Conwell)의 이야기를 사오십 번이나 들은 사람들은 그 이야기를 한 번 더 들어도 항상 기뻐했다.

교사는 청중에게 이야기를 하면서 이야기의 매력은 거의 그 이야기를 말하는 방법에 달려있다는 사실을 기억해야 한다. 구조적인 관점에서도 아주 완벽하고, 그 메시지도 아주 아름다우며, 그 목적을 성취하는 데 있어서도 매우 훌륭하게 선정된 이야기일지라도 화자가 잘 말하지 못한다면 효과없는 것이 될 것이다. 그 반면에 위의 자질들에 비추어 볼 때 훨씬 바람직하지 못한 이야기도 그 이야기를 말하는 방식 때문에 강한 호소력을 지닐 수가 있다. 무엇보다도 먼저, 이야기를 하는 사람이 이야기에 주목해야 한다. 왜냐하면 화자는 다른 사람들로 하여금 보기를 원하는 것들을 자신이 보아야 하기 때문이다. 동시에, 그는 자기가 깨닫는 것을 듣는 학생들의 집단이 함께 느끼도록 하기 위해 노력하면서 학생들을 생각해야 한다. 그는 또한 자기 이야기의 등장인물들의 감정과 사건들에 끌릴 때 그들과 함께 느껴야 한다. 일단 준비가 충분하게 되었으면, 교사는 자기가 하는 이야기와 그 등장인물들과 그들이 처한 환경과 그들의 행동과 의도를 완전히 알고 있어서 자신을 완전히 잊어버리고 그 이야기가 제시해주는 메시지에 대해 학생들과 공통의 즐거움에 함몰될 것이다. 그러한 자기 망각은 교사로 하여금 다른 화자의 자질들을 모방함이 없이 자기 자신의 방식대로 이야기를 말할 수 있도록 해줄 것이다. 이야기는 단순하고 자연적인 방식으로, 활발하면서도 진지하게 해야 한다.

(4) 이야기 방법을 사용하는 데 있어서 도사리고 있는 위험

이야기는 모든 다른 형태의 방법과 마찬가지로 몇 가지 위험을 가지고 있다. 그 하나의 위험은 아동들이 이야기를 너무 많이 들어서 독자적인 사고에 의해 사실들을 모으고 여러 가지 문제를 푸는 법을 학습하지 않을 수가 있다는 것이다. 이야기는 모든 수준의 교육에 있어서 유용한 여러 가지 목적들을 이루는 데 소용될 수 있지만 수용하는 정신의 과정은 자발적으로 지식을 모으고 사용하는 더욱 적극적인 과정으로 변천되어야 할 필요가 있다. 그러므로 방법의 주요 형태인 이야기가 다른 형태로 대체되어야 할 때가 오는 것이다. 그리고 이야기가 실제로 교육적인 가치를 위해서가 아니라 단순한 오락을 위해 사용될 수가 있다. 비록 이야기가 직접적으로 교육의 가치와 관계가 없는 목적들을 위해서도 훌륭히 사용될 수 있다 하더라도,

교육에 있어서는 이야기가 단순한 오락을 위하여 사용되면 안된다. 세번째의 위험은 이야기 그 자체가 아주 흥미있어서 학생들의 주의를 가까이에 있는 문제들로부터 너무 멀리 벗어나게 하여 학생들의 주의를 다시 되돌리기 위해서는 많은 힘과 시간을 소모하게 하는 결과를 일으키게 하는 위험이다.

4. 질문과 대답의 방법

질문은 언제나 교사가 사용하는 중요한 도구들 중의 하나였다. 교육에 있어서의 질문의 가치는 인간 생활의 모든 역사를 통하여 승인되어 왔다. 소크라테스는 질문을 교육의 한 형태로 유명하게 만들었다. 그러나 질문하는 방법은 그의 시대보다 훨씬 전에 사용되었다. 질문은 예수의 교육방법들 중 아주 중심에 놓인다. 사복음서는 그가 한 백 개 이상의 질문을 기록하고 있다. 중세 동안 교육을 좌우하였던 체계이며, 아직도 특히 종교적인 교육의 어떠한 국면들에 있어서는 매우 분명한 세력을 행사하고 있는 교수 방식인 교리 문답식 교육에 있어서는 문답법이 중심이었다. 오늘날에도 수많은 교수법이 있음에도 불구하고 대부분의 교육은 문답법을 중요 방법으로 사용하거나 다른 방법들의 구성부분(component part)으로 사용하여 수행되고 있다.

(1) 질문의 중요성

사람들은 아주 흔하게 질문을 사용하고 있지만 질문의 진정한 중요성을 항상 감지하지는 못한다. 경이와 호기심에서 자연히 산출되는 충동들은 학습에로 이끄는 주요한 자극들이다. 아동이 말할 수 있는 순간부터, 타고난 호기심은 질문의 형식으로 나타난다. 나이가 들어감에 따라서 세계는 더욱더 번잡스럽게 되고 그에 따라서 표현되거나 표현되지 않은 질문들은 그 수가 증가해간다. 그리고 그렇게 증가되어 가는 질문들이 답변될 때 그 아동은 학습하는 것이다. 교육한다는 것은 학습자의 활동을 자극하고 지도하는 것이다. 질문은 학습자의 과정을 지도하기 위한 중요한 도구가 된다. "질문하는 것은, 더 성숙한 사람이 성장해가고 있는 학습자의 지성(知性)을 도와줄 수 있는 최상의 방법들 중 하나이다." 질문은 행동을 자극하기도 하고 행위의 방향을 인도하기도 한다.

질문은 마음에 문제를 제시하며, 모든 생각의 근원은 문제를 해결하는 것에 있다. 우리가 문제에 직면하게 될 때는 어떤 종류의 반응을 요구하는 상황 가운데 있게 되는 것이다. 진정으로 문제에 직면하고 있는 학생은 누구든지 바른 답변을 발견하기 전까지는 쉬지 않을 것이다. 그러므로 교사는 질문을 사용함으로써 학과의 주된 활동을 자기 자신에게만 한정시키는 대신에 학생들의 마음을 사로잡아 적극적이게 하고 단순히 듣는 자로부터 진리를 스스로 깨닫는 자로 바뀌게 할 수 있는 것이다. 질문은 그것이 반응을 요한다는 바로 그 사실 때문에 주의를 확보하는 데 있어서 매우 중요한 요소가 되는 것이다. 질문은 마음에게 해야 할 어떠한 일을 줌으로써 그 마음의 관심을 끈다. 만약 질문을 잘하면 그 질문은 마음에 호소하는 호소력이 됨으로써 그 능력을 나타낸다. 더 나아가 훌륭하게 질문하는 것은 학급을 통제하는 한 방식이다. 빈틈이 없는 교사나 당면해 있는 문제를 처리하는 과정에 관심을 가지고 있는 학급의 구성원들이 적극적인 질문들을 하는 학급에서는 무질서하게 될 기회가 전혀 없다. 통제는 그 자체가 목적이 아니다. 그러나 훌륭하게 통제하지 않는다면 교육이 있을 수 없다. 최상의 종류의 통제는 통제의 문제가 열중케 하는 정신의 활동을 통하여 사라지게 하는 종류의 통제이다.

그러면 훌륭하게 질문하는 것이란 훌륭한 교육에 있어서 없어서는 안될 요소이다. 훌륭한 교사는 학습을 지도하는 데 있어서 질문하는 것만을 의지하지는 않겠지만, 질문을 잘하는 교사는 정신적 성장을 자극할 것이기 때문에 그의 교육에 있어서 전체적으로 실패할 수는 없을 것이다. 교사는 적절하게 조작된 여러 질문들을 사용함으로써 학생들이 이미 학습한 것을 확인할 수 있을 것이고, 그들이 그 이상의 학습을 할 수 있도록 지도하고, 잘못된 생각들을 수정해주고, 불완전한 이해를 교정해주며, 그들이 사실들의 상호관계를 이해할 수 있도록 도와주고, 그들이 생각을 체계화할 수 있도록 도와주고, 자기들이 학습한 바를 효과적으로 표현하게 지도할 수 있다. 질문을 아주 형편없이 하게 되는 때가 흔하다. 그렇지만 질문을 하는 기술은 교사가 갖추어야 할 다른 어떤 기술들보다 더 쉽게 개선될 수 있을 것이다. 어느 교사라도 생각과 노력에 의해서 그 기술을 고도로 완성시킬 수 있다. 그렇게 하기 위해서는 교사가 질문의 용도와 훌륭한 질문의 여러 가지 특징들과 질문하는 기교를 생각해 보아야 할 필요가 있는 것이다.

(2) 질문의 용도

질문의 모든 기능을 진술한다는 것은 불가능하다. 질문의 가장 중요한 용도 중

몇 가지를 여기에서 일람할 동안 그 이상의 많은 용도들이 사려깊은 독자들의 마음에 떠오를 것이다. 질문의 중요한 한 가지 용도는 학생들이 알고 있는 것과 알고 있지 않은 것을 발견해내기 위함이다. 그 목적은 학생이 학과에서 다루는 본질적인 사실들에 정통했는가를 결정하는 것이 될 수 있다. 그러나 더 나은 목적은 학생이 그러한 사실들을 이해하고 그 사실들을 효과있는 방식으로 사용할 수 있는 능력을 갖추었는지를 검사하는 것이다. 교사는 그렇게 함으로써 더 효과적인 방식으로 학생들의 진정한 욕구를 충족시킬 수 있게 될 것이다.

질문의 두 번째 용도는 학생이 그의 과거의 경험 위에 세울 수 있도록 도와주는 것이다. 현명한 교사는 학생이 알고 있는 것과 행한 것에 관하여 그에게 질문함으로써 학생이 새로운 자료를 보충하고 해석하게 하기 위하여 오래된 과거의 경험의 보고로부터 나오도록 인도할 수 있다.

세 번째로, 질문은 호기심을 불러일으키고 흥미를 자극한다. 잘 조작된(well directed) 몇 개의 질문이, 냉담한 학생을 거의 모든 것을 떠맡을 준비가 되어있는 기민하고 관심을 가진 학생으로 변화시킬 수 있다.

네 번째로, 질문은 학생으로 하여금 생각할 수 있도록 하기 위하여 사용될 수 있다. 교사는 여러 가지 질문들을 던짐으로써 학생의 마음에 여러 가지 문제들과 난제들을 가져다주게 되고, 그 이상의 질문을 사용하여 학생이 통찰력을 발달시키고, 여러 가지 관계를 깨닫고 해결의 분명한 성취를 위해 사실들을 체계화하도록 지도할 수가 있다.

질문의 다섯 번째 용도는 상황이나 재료들 안에 있는 중요한 요소들에 주목할 수 있도록 하는 데 있다. 성숙하지 못한 사람은 더 중요한 요인들과 덜 중요한 요인들을 적절하게 구별할 능력이 결여되어 있다. 교사는 잘 조작된 질문들을 사용하여 학습자가 그 두 요인 사이를 구별하는 데 있어서 도와줄 수 있다.

여섯 번째는 질문이 교사로 하여금 학급의 학생들과 접촉할 수 있도록 하는 것이다. 교사가 제시한 질문을 이해하는 것과 학생이 진지하게 던진 질문을 교사가 공감하면서 관심을 나타내는 것은 교사와 피교육자 사이를 이어주는 훌륭한 관계를 형성시켜 주는 것으로서 모든 학습, 특히 기독교 진리의 학습을 위해서는 대단히 중요한 것이다.

일곱 번째로, 좋은 질문은 학생들이 자기 자신의 생각을 자기 식으로 표현할 기회를 주어 성장하게 하고, 교사에게도 성장과 학습을 지도하는 데 있어서 그 이상의 조력을 줄 기초를 제공한다는 것이다. 학생에게 제시되는 질문은 현재의 그를 지성과 인격과 정신에 있어서 더 높은 수준의 것을 성취할 수 있도록 인도할 것이다.

여덟 번째로 질문은 감상력을 발달시키기 위해서 사용될 수 있다. 교사는 질문을 사용함으로써 학생들이 좋아하는 것들과 싫어하는 것들을 찾아낼 수 있다. 질문 자체와 질문의 형식과 질문을 던지는 방식 가운데 있는 미묘한 암시에 의해 학생의 태도는 영향을 받을 수가 있다. 때로는 어떤 질문을 받는 단순한 사실이 태도의 변화를 위한 기초가 된다.

아홉 번째로, 질문은 훈련과 복습을 위한 수단으로서의 가치를 지니고 있다. 질문은 학생들로 하여금 표현하도록 자극하고 인상깊게 하고 사실들과 관념들을 기억 가운데 고정시킨다. 질문은 복습 학습에서 학생으로 하여금 관계있는 모든 사실들을 일관된 방식으로 보게 하는 데 도움을 주기 위하여 사용할 수가 있다.

마지막 열번째로, 질문은 교육이 그 목적을 얼마나 잘 성취했는가를 결정하기 위해 학급의 구성원들을 시험하기 위한 목적으로 사용될 수가 있다. 질문이 이 방식으로 사용되면 질문은 연구를 위한 동기를 제공하게 된다.

(3) 좋은 질문의 특징

① 질문은 간결해야 한다

문제를 적절하게 표현하기에 충분하다면, 질문을 진술하는 데는 단어의 수가 적으면 적을수록 더 낫다. 학생이 그 의미를 재빨리 파악할 수 있어야 하고 답변을 만들고 있을 동안에 그 마음에서 기억할 수 있는 것이어야 한다. 그러므로 모든 삽화적인 설명들과 복잡한 조항들을 빼버려야 한다. 질문들은 또한 단순해야 한다. 즉 별개의 두 가지 질문을 한 가지 질문의 형태로 제시하면 안된다. 왜냐하면, 이것은 불명확한 생각을 자아내게 하기가 쉬울 것이기 때문이다. 정확하고 간단한 질문을 제시하기 위해서, 교사는 자기가 묻고자 하는 것을 명료하게 생각하고 정확하게 알고 있어야만 한다.

② 좋은 질문은 명료해야 한다

질문을 분명하게 하기 위해서는, 교사가 질문을 하기 전에 자기가 하려는 중요한 질문을 학생의 경험의 견지에서 생각하고 진술해야 한다. 좋은 질문은 한가지를 명료하고 분명하게 묻는 질문이다. 그것은 거기에 대한 답변이 한 가지밖에 있을 수 없다는 것을 의미한다. 그럴 경우, 학생은 좋은 질문의 의미에 관해서는 전혀 의심을 가지지 않는다. 명료하게 되려면 정확한 사상이 전달되게 하기 위하여 단어를 선택하고 문장을 진술하는 데 최대한도의 주의를 기울일 것이 요구된다.

③ 좋은 질문은 사고를 유발시킨다
좋은 질문은 단순히 기억만이 아니라 판단도 검사한다. 그 질문은 학생이 읽거나 연구한 내용을 이해했다는 증거를 제시하도록 요구한다. 그 질문은 책으로부터 학습한 대답이 아니라 학습한 내용을 적용했음을 표시하는 답변을 요구하도록 진술된다. 그러한 질문에 답변하기 위해서, 학생은 새로운 지식과 과거의 경험을 사고하면서 숙달하겠다고 마음먹고 통합할 때가 아니면 숙달할 수 없는 새로운 지식을 그의 과거의 경험과 관련시켜서 접근해야 한다. 물론 예외도 있다. 예를 들면, 질문하는 목적이 연습이나 복습을 하기 위한 것이고, 하나의 사실에 학생들이 주의를 집중시키기 위한 것일 때는 그 질문은 예외가 된다. 그러나 일반적으로는 질문이 생각을 요하는 것이어야만 한다.

④ 좋은 질문은 대답을 암시하지 않는다
다른 말로 표현하자면, 좋은 질문이란 선도하는 질문이 아니다. 선도하는 질문은 단지 학생들이 질문 가운데 들어있는 진술에 동의하라고 요구한다. 선도하는 질문은 학생에게서 상당한 활동을 일으키기도 하지만 그가 행위하게 되도록 끌어내지는 못한다. 그러므로 학생이 그러한 질문에 접할 때는 교사만 생각하게 하도록 하는 경향이 있다. "질문은 올바른 것이어야 하며 올바르거나 올바르지 못한 대답에 기울어지면 안된다."

⑤ 좋은 질문은 대답을 선택하게 하지 않는다
좋은 질문은 학생에게 그 질문 가운데 내포되어 있는 가능한 두 가지 답변 가운데서 하나를 선택할 기회를 제공하지 않는다. 예를 들어보자. "베드로나 도마 중 누가 주님을 부인했습니까?"라는 질문은 어떤 형태의 질문을 피해야 하는지를 예시해주고 있다. 그 질문을 더 좋게 진술하는 방식은 "누가 주님을 부인했습니까?"란 형식의 질문이 될 것이다. "예"나 "아니오"라는 대답을 요구하는 질문도 바로 이것과 유사한 성격을 지니고 있는 질문이다. 그러한 질문은 학생이 대답을 하기 위해 추측하는 것 이상을 하도록 끌어들이기 않는다. 게다가 그러한 질문들은 체계화되고 관련된 이야기 훈련을 시키지 않는다. 그 외에도 대답을 암시하는 경향이 없는

그러한 질문을 구성하기는 어렵다.

⑥ 교재에 있는 말을 가지고 질문을 만들지 말 것이다

질문의 표현이 대답할 수 있는 실마리를 줄 수도 있다. 게다가 학생이 그러한 버릇이 들면 공부한 내용을 이해하려는 시도는 거의, 혹은 전혀 하지 않고서 그 내용을 축어적으로 암기하는 것만 강화할 것이다. 교사는 학과의 내용에 완전히 정통해 있어서 본래의 표현을 사용하는 일에 구애됨이 없이 전적으로 자기 방식으로 질문할 수 있어야 한다. 그렇게 되면 그 교사는 자기가 모범이 되어 실행함으로써 학생을 자극시켜 독자적으로 생각하고 연구할 수 있게 한다. 교사가 인쇄된 질문에만 매달리면 그것은 분명히 학급의 구성원들이 질문에 대한 관심이 없어지며 자발적으로 학습하지 못하도록 하는 것이다.

⑦ 질문은 학생의 지식과 경험에 적합한 것이어야만 한다

가장 능력이 적은 학생도 그가 만족스럽게 대답할 수 있는 질문들을 할당받아야 한다. 가장 어려운 질문은 가장 잘 대답할 수 있는 학생들에게 제시해야 한다. 질문은 학생으로 하여금 그의 최대의 노력을 내어놓도록 도전해야 한다. 질문은 사고를 자극하지 못할 정도로 쉽거나 학생이 추측할 수밖에 없거나 대답할 수 없을 정도로 어려운 것이어서는 안된다. 빈틈이 없는 교사는 해야 할 질문들을 자기가 가르치는 학생들의 능력과 경험의 수준에 맞는 질문으로 고칠 것이다.

⑧ 좋은 질문은 학생들이 그 이상의 연구를 하게 준비시킨다

좋은 질문은 일련의 연상된 관념들을 일으키고 학습의 재료들에 더 깊은 관심을 가지도록 해준다. 어려운 질문은 전체적인 일련의 새로운 연구에로 이끌 수 있는 호기심을 일으킨다. 교사는 잘 선정된 질문들을 사용함으로써 관찰력을 자극할 수 있고 지도할 수 있으며 새로운 자료들을 찾도록 학생들을 인도할 수 있다. 질문은 학생에게 더 나중의 수업시간이나 공부 과정 중에 나오게 되는 내용을 위한 마음의 자세를 줄 수 있다.

⑨ 질문은 논리적이어야 한다

계속되는 질문들은 각각 앞에 나온 질문들과 수중에 들어있는 자료에 분명하게 연결되어 있어야 한다. 흔히 주어진 어떤 질문에 대한 학생의 답변이 다음 질문을

위한 최상의 실마리가 될 수 있을 것이다. 일련의 질문들은 주제를 점진적으로 나타내는 곳으로 이끌어야 한다. 일련의 질문이 계속적으로 제시된다는 것이 명백하게 되어서 학생이 질문의 전체가 통일되어 제시된다는 인상을 받아야 할 것이다. 학과가 끝날 때쯤 되어서는 하나로 통합되는 몇 개의 질문을 하여서 학생들이 연구된 전체 진리를 완전하게 이해할 수 있도록 지도하고 그럼으로써 그들이 그 진리를 쉽게 생활에 적용하게 인도하는 것이 좋을 것이다.

⑩ 좋은 질문은 본질적인 목적을 성취한다

그것은 단순히 질문을 위한 질문이 아니다. 좋은 질문은 학생에게 있어서 학습의 목적에 분명한 관계를 맺고 있는 질문이다. 좋은 질문은 비본질적인 것들이 아니라 주안점들을 동원한다. 학과의 목적에 비추어서 의미를 가지는 질문을 하기 위해서, 교사는 자료들을 주의깊게 분석하고 관계되는 가치들을 적절하게 판단해야만 한다. 분명한 목적을 위해서 제시된 질문들은 학생들이 주안점들을 강조하도록 권하고 그들이 학과의 실제적인 의미를 파악할 수 있도록 도와준다. 그러한 질문들은 학생들로 하여금 열심을 내게 하고 정신을 바짝 차리도록 하는 경향이 있다. 이는 학생들이 가치있는 것이 성취된다고 느낄 것이기 때문이다. 목적 없이 하는 질문은 학생들을 활기없게 만든다.

⑪ 좋은 질문은 지식의 원천이다

좋은 질문은 흔히 교사와 그 질문을 하는 자가 아닌 학급의 구성원들에게 새로운 것이 되는 실제적인 지식의 원천이다. 앞에 나온 어느 장에서 강조하였듯이, 훌륭한 교사는 언제나 학습자이기도 하다. 그러므로 그가 새로운 지식을 얻기 위해서 질문을 하여도 아주 정당하다. 많은 학생들은 여행을 하였거나 학과의 내용에 중요한 영향을 끼치는 다른 경험들을 가졌다. 각각의 학생은, 만약 교사가 이용하면 모든 구성원들에게 막대한 가치가 있을 수 있는 상당한 양의 지식과 경험을 학급에 가져온다. 현명한 교사는 다른 자료들을 보충하고 해석하기 위한 목적으로 이러한 자원을 개발하기 위하여 질문을 사용할 것이다.

(4) 질문의 기술

질문을 하기는 쉽다. 그러나 좋은 질문을 하기는 쉽지 않다. 그리고 좋은 질문의 기술을 사용하는 것보다 좋은 질문의 특징을 이해하는 것은 더욱 쉽다. 좋은 질문의 기술을 지배하는 고정된 규칙은 없다. 제시될 수 있는 모든 규칙은 주어진 상황 가운데서 교육의 가치에 대한 이해도에 따를 수도 있고 무시될 수도 있는 제안들일 뿐이다.

① 질문은 학급 전체의 관심을 끄는 것이어야 한다
각각의 질문에 대해서 특정한 학생을 지적하여 대답하도록 할 것이지만 묻고 대답하는 것이 교사와 한 학생 사이의 문제가 되어서는 안된다. 교사는 전학급에게 질문을 해야 하고, 학급 전체가 그 질문을 들은 후에라야 특정한 학생을 지적하여 대답하게 해야 한다. 이 절차의 방식은 전체 학급이 주의를 기울이도록 하고 각각의 학생에게 그 해답에 관하여 생각할 기회를 주며 주어진 답변에 대한 비판적인 반응을 얻기 위한 수단으로 사용된다.

② 대화를 하며 질문을 해야 한다
그 전형은, 교사가 이끌어 나가지만 학급에 속한 각각의 구성원들이 참여하고 그중 한 학생이 대답하는 격식을 차리지 않는 종류의 대화이다. 질문을 던지는 방식은 학생이 대답할 수 있다는 것을 암시해주는 방식이어야 한다. 이렇게 되면 학생은 그가 할 수 있는 데까지 다 하도록 자극을 받고, 그가 가지고 있는 모든 능력을 사용하게 될 것이다.

③ 질문은 균등하게 해야 한다
질문은 모든 학생들이 균등하게 학습할 기회를 가질 수 있도록 분배되어야 한다. 교사는 대부분의 질문을, 예민하고 열심을 내고 있고 항상 올바른 답변을 준비하고 있는 학생들에게만 던지고, 소심하고 지루해 하며 쓸모있는 것이라고는 할 수 없는 것처럼 보이는 학생들은 내버려두기가 아주 쉽다. 흔히 학급에 참여함으로써 경험을 자꾸 쌓아야 할 학생은 바로 후자의 학생들이다. 그러나 순전히 기계적인 방식으로 질문을 분배하여 던지는 것 또한 반드시 경계해야 한다. 가나다라 순서대로, 앉은 순서에 따라서, 혹은 교사의 의도가 빤히 들여다보이도록 순서에 따라서 학생들을 지적하여 대답하게 해서는 안된다. 지나치게 두드러지지 않는 효과적인 장치를 이용해서 모든 학생들이 질문을 내는 것도, 만약 그 방식이 다른 학생들은 그냥 앉아있기만 하고 몇몇 학생들만이 모든 것을 떠맡아 답변하게 되는 상황으로

되지 않는다면 그것도 장점이 될 수 있다.

④ 학생에게 대답할 충분한 시간을 주어야 한다
일반적으로 교사는 학생이 대답을 지체하는 것에 관해 너무 조급해 하는 경향이 있다. 교사는 이미 적절하게 준비해왔기 때문에 그 질문과 그에 대한 대답을 훤히 알고 있다. 그 반면에 학생은 그 질문을 충분히 생각해야 하며, 대답할 수 있기 전에 거기에 대한 해답도 생각해야 한다. 게다가 학생은 사고력에 있어서 훨씬 미숙할 것이다. 대답할 수 있는 시간을 충분하게 주지 않고서 제시하는 질문은 학생들의 사고력을 개발시키기는커녕 오히려 혼란만 가중시키게 된다.

⑤ 해답을 암시하는 방식으로 질문을 제시하면 안 된다
용어가 암시를 주지 않는다고 하더라도 억양이나 질문을 던질 때의 여러 상황들이 해답을 암시해줄 수도 있다. 용어와 억양만이 해답을 암시해주는 것이 아니라, 교사의 얼굴 표정이 학생에게 바른 단서를 잡을 수 있는 실마리를 제공할 수 있다.

⑥ 학과나 주제에 관한 통일성과 일관성을 가지고 있어야 한다
모든 질문은 앞에 나온 질문에 기초해야 하며, 다른 질문들을 보강하기 위하여 이용되어야 한다. 질문 전체는 학생들의 마음 가운데서 통합된 사고체계를 형성시켜야 한다. 질문의 일관성과 통일성은 학급 전체가 공통되는 관심과 동기부여를 가지게 하며 연관된 사고와 일관된 인상을 갖도록 해준다.

⑦ 질문과 대답이 되풀이되어서는 안 된다
질문을 되풀이하게 되면 학생들이 토론에 주의를 덜 기울이게 되는 경향이 있다. 되풀이하지 않는다는 것은, 그 질문을 첫 번째에 적절하게 해야 한다는 것을 의미한다. 만약 학생이 주의를 기울이고 있었지만 질문을 하는 방식에 결점이 있었다면 교사는 그 질문을 반복할 것이다. 대답을 반복해서 하게 하면, 다른 학생들은 대답하는 학생에게 마음을 쓰지 않게 되는 경향이 있다. 그것은 또한 대답하는 학생으로 하여금 학급보다는 교사에게 말하고 있다는 것을 느끼도록 하고 자기의 답변을 분명하게 하고 힘들여 고치기 위하여 교사를 의지하게 된다. 그가 청중의 상태를 의식한다면, 아마도 훨씬 주의깊게 답변을 말하게 되는데도 그렇게 하지 못하게 된다.

⑧ 학생이 대답할 수 없을 때는 그대로 용납하라

학생이 질문에 대답할 수 없노라고 말할 때, 교사는 통상 그 학생이 대답할 수 없다고 한 말이 옳다고 생각하는 것이 좋다. 교사가 자기는 모른다고 말하는 학생에게 대답하기를 촉구하는 것은 시간을 낭비하는 것이고, 그 학생을 상당히 당황하게 만들게 된다. 아무것도 말할 것이 없는 학생이 대답하도록 만들기 위해서 학급 전체의 시간을 낭비하는 것보다 말할 것을 가지고 있는 학생을 지명하는 것이 훨씬 가치있는 일이다.

⑨ 가끔 주의를 집중시키기 위하여 여러 가지 질문을 던지는 것이 좋을 것이다

앞에서 진술하였듯이 질문은 주의를 접중시키게 하는 하나의 수단이며 학급을 통제하는 데 도움이 되는 것으로 사용된다. 그러나 이 목적을 위해 제시된 질문들도 교육적인 가치를 가지고 있어야 한다.

⑩ 교사의 질문은 융통성이 있어야 한다

교사가 자발적으로 질문을 던질 수 있도록 자료가 손안에 있는 것이 좋다. 어떠한 유능한 교사도 계획 없이 가르칠 수는 없을 것이다. 그러나 그렇다고 반드시 계획을 따를 필요는 없다. 유능한 교사는 교실에 들어가기 전에 하려는 확실한 질문들을 결정할 것이다. 그러나 흔히는 교사가 던지는 가장 좋은 질문들은 학과 과정 중에 그의 마음에 떠오르는 질문들이다. 미리 준비된 질문도 학급의 학생들에게 그 질문이 미리 준비되었다는 강한 증거를 전달해주면 안된다.

⑪ 대답에 대한 교사의 태도는 친절하게 존중하는 태도가 되어야 한다

교사의 태도는 학생에게 자기의 최선을 다하고 자유롭게 참여할 수 있도록 하는 충분한 격려를 줄 수 있는 그러한 태도가 되어야만 한다. 때로는 수정을 가해야 하겠지만, 그러나 그것도 학생으로 하여금 저지당했다는 느낌을 느끼지 않도록 할 방식으로 교정시켜 주어야 한다. 교사는 대답 중에서 나타나는 훌륭한 점에 대해서는 진지하게 인정해야 하며 필요하다면 완전하게 바른 대답을 이끌어내기 위해서 설명을 해주거나 그 이상의 질문을 함으로써 질문의 해답을 더욱 밝혀주어야 한다. 용기를 북돋아 주고, 관심을 가지고 있으며, 공감을 보이고, 자신감을 불어넣어주는 교사는 학생의 최고의 노력을 이끌어낼 것이다. 정성들여 하는 대답과 그 비판은 전적으로 교사에게 떠맡겨지는 대신에 전학급의 활동이 될 것이다. 한 학생이

내놓은 답변을 평가하는 데 있어서 전학급이 참여하게 되면 더 많은 양의 생각을 모아서 그 문제를 더 많은 각도에서 비추어 보게 한다.

⑫ 너무 많은 질문을 던지지 않도록 주의하라
숙달되지 못한 교사들이 보통 저지르게 되는 실책이란 질문을 너무 꺼리낌없이 사용한다는 것이다. 질문하는 목적이 연습과 복습을 위한 것이라면 질문의 수가 비교적 많을 필요가 있다. 그러나 전적으로 너무나 꼼꼼히 생각해야 할 질문들을 던지기가 매우 쉽다. 교사는 자기가 던진 질문과 자기가 바라는 대답보다도 자기가 가르치고 있는 학생들의 마음속에서 진행되고 있는 것에 대해 더 많은 관심을 기울여야 한다. 대부분의 교사들은 너무 많은 질문을 제시하며 학생들이 질문이나 그 답변에 대해 사려깊은 숙고를 할 시간을 가지지 못하도록 하는 경향을 보인다. 학생이 질문을 충분히 생각하고 신중한 답변을 명확하게 말하기 위해서는 시간이 필요한 것이다. 즉각적인 답변을 조급하게 기대하면서 던지는 잇달아 나오는 질문들은 신중한 사고의 습관보다는 임기응변식의 판단을 하게 하는 습관을 조장시킨다.

⑬ 교사는 자기가 던지는 질문들과 질문하는 방법에 대하여 자기 비판적인 심사를 해야 한다
실패의 감정으로 인해 실망해서는 안되며, 실패가 없도록 하기 위하여 실패의 원인을 확인하려는 결연한 시도를 하여야 한다. 우리는 질문을 해봄으로써 질문의 방법을 배우게 된다. 그러다 자기의 질문방식에 대해 반성하면 질문의 행위에 관해서 많은 것을 배울 수 있을 것이다. 질문의 기술에 대해서 계속적으로 비판을 가하며 고찰하는 일은 교육의 성공을 위해서 필수적으로 요구되는 행위이다. 이러한 검토를 하기 위한 시간은 그 상세한 내용이 아직 마음에 남아있는 때에, 즉 가능한 한 학급의 수업시간이 끝난 바로 직후가 좋다.

(5) 학생의 질문

교육은 일방적인 과정이 아니며 현저하게 교사의 활동의 문제도 아니다. 학습하는 학생들은 능동적인 학생들이다. 유능한 교사는 학생들이 내놓는 가치있는 질문들을 환영한다. 이는 그 질문들이 학생들이 학습에 대하여 적극적인 태도를 가지고 있음을 지적해주기 때문이다. 질문에 대답해 줌으로써 가르칠 수 있는 교사는 질문

을 던짐으로써 가르치는 교사가 성취할 수 있는 것보다 훨씬 많은 성과를 거둘 수 있을 것이다. 학생들이 질문하는 것은 아주 당연한 것이다. 아동들은 타고난 호기심이 그것을 진압하는 논법에 의하여 분쇄되기 전까지는 꼬치꼬치 캐묻기를 매우 좋아한다. 호의적으로 기꺼이 답변하는 교사는 많은 질문을 받을 것이다. 그러므로 훌륭한 교육의 특징은 학생들이 많은 질문을 제시하는 데 있다. 교사는 학생들이 질문을 던지는 데 참여하도록 고무하기 위해 모든 가능한 수단들을 사용해야 한다.

그래서 교사에게는 학생들이 질문을 던지도록 적절히 인도할 책임이 있는 것이다. 때때로 학생들은 목표로 삼은 목적에 관계없는 문제들을 처리하기 위해서 대단히 열심을 낸다. 그들은 관계없는 문제들에 관심을 가지고 있기 때문에 학습활동을 정로(正路)에서 벗어나게 하는 질문을 하게 될 것이다. 어떤 때는 아무런 생각도 하지 않은 사소한 질문들을 묻는다. 어떤 학생은 단순히 토론을 빗나가게 할 목적으로 진지하지 않은 질문들을 묻기도 한다. 질문의 동기 이면을 간파하기란 항상 쉽지는 않은 것이다. 동기가 잘못된 것이라는 사실이 명확하게 밝혀지지 않는 한, 교사는 그 질문을 선의로 받아들이고 그에 합당한 주목을 하는 것이 현명하다. 그러나 교사는 언제나 참된 학습의 과정에 비추어 보아서 의미있는 질문들을 받으려고 노력해야 할 것이다.

질문하도록 자극하는 것도 교사의 책임이다. 수업을 시작한 몇 분 동안은 전번에 학습한 학과에 대해 묻는 질문들에 답변해주기 위하여 몇 분을 할애해주는 것도 좋은 복습이 된다. 질문이 없느냐고 묻는 것은 비록 교사가 질문을 받았을 때 호의적으로 반응해주지 않는다면 성과가 거의 없을 것이지만, 학생들로 하여금 하고픈 질문을 진술하도록 하는 수단이 될 수 있다.

학생들이 공부하고 있을 동안 질문을 기록해 보도록 고무하는 것도 좋은 수단이다. 때때로 학생들은 그들이 질문을 할 수 없거나 하려고 하지 않는 주제에 관해서 거의 알지 못하거나, 혹은 자기들은 거의 모른다는 것을 느낀다. 첫번째 난제와 관련하여, 교사는 충분한 지식의 배경을 제공해 주어야 한다. 반면 두번째 경우에 있어서는, 교사가 해야 할 일은 학생에게 자신감을 계발시키도록 하는 일이 될 것이다. 좋은 질문을 했다고 칭찬하는 것도 학생들로 하여금 그 이상의 질문을 하도록 고무시키게 된다.

부정적인 측면에서 본다면, 교사는 학생들이 질문을 하고서 분명하게 실망하게 할 어떤 행동을 저지르게도 된다. 예를 들어보자. 어떤 학생이 질문할 때 조소하면 그것은 그 학생은 더 이상 질문하지 않게 될 것이라는 결과를 가져온다. 학생들로 하여금 말하고 싶으면 손을 들거나 일어서라고 요구하는 따위의 과다하게 격식을 차리는 것도 실망시키는 것이다. 교실에서 수업을 진행해 나갈 때 형식에 구애받지 않는 것이 질문을 던지도록 하기 위해서는 훨씬 효과적이다. 교사가, 질문자가 마음으로 만족하기에 충족한 방식으로 질문을 다루기를 거절하면 그로 하여금 다른 질문을 하는 데 있어서 주저하게 만드는 경향이 있다. 교사가 전공한 분야의 질문을 하였는데도, 교사가 그것을 알지 못하거나 그 결과로 그 문제를 다룰 수 없다는 증거가 나타나면 학생들이 그에게 질문을 하지 않게 될 것이다. 만일 학생들이, 교사가 교사의 입장에서 여지없이 난처한 질문을 저지하고 있다고 느낀다면 그들은 그렇게 해석되는 질문들을 좀체로 말하지 않는 경향이 있다. 어떠한 교사라도 학생들이 언제나 자기에게 동의해야 할 정도로 자기는 결코 잘못이 있을 수 없는 위인으로 자처할 수 없다. 그렇게 학생들로 하여금 언제나 자기에게 동의하게 만드는 것은 혼자 힘으로 생각하려는 학생들의 추세를 짓눌러 버리게 되는 것이다.

교사는 학생들이 제출한 질문들을 검토하여 답변하는 데 있어서 학생들에게 도움이 될 수 있어야 하고 솔직해야 한다. 질문이 분명하게 중요하지 않는 것이라 하더라도 그 질문을 재치있게 처리할 것이다. 올바른 정신으로 던져진 질문에 대해서는 정중한 방식으로 처리해 주어야 한다. 만일 지식을 얻기 위한 진정한 욕구에서 어떤 질문을 한다면, 교사는 그 문제가 전체 학급에 공통적으로 관련된 문제라는 조건하에서 그 욕구를 충족시키는 대답을 해주어야 한다. 물론 전체 학급의 공리를 희생시키면서까지 개인의 관심들을 처리해줄 필요는 없다. 그러므로 교사는 할 수만 있다면 질문이 들어온 순간에 그 질문에 대해 반드시 즉각적이고도 충분하게 대답해 주어야 한다. 만일 중요한 문제에 관계되지만 현재에는 관계가 되지 않거나, 혹은 그것이 질문한 학생만 가진 관심거리라면 그 대답을 연기하는 것이 당연히 취할 현명한 태도이다. 후자의 경우에 있어서는, 교사가 질문한 그 학생과 함께 서로 편리한 시간에 그 문제를 거론하고자 자원하는 것이 좋다.

확실히 학생들이 교사가 답변할 수 없는 질문들을 할 수 있다. 그러한 경우에 닥치면 자기는 모른다고 정직하게 인정하는 것이 교사에게 훨씬 좋다. 허세를 부림으로써 자기가 대답할 방법이 없는 질문을 처리하려고 시도함으로써 학생들을 속이지는 못한다. 그렇게 하면 단지 학생들로 하여금 교사에 대한 존경심을 잃게 만들 뿐이다. 모든 것을 알 수 있는 사람들은 한 사람도 없다. 모른다는 것을 솔직하게 인정하는 것은 반드시 비난할 만한 것이 아니다. 교사가 알 수 있었고 알아야 하는 것임에도 불구하고 알지 못한다면 모른다고 말하지 않게 되기 위하여 반드시 학습을 해야 한다. 자기가 답변할 수 없는 질문을 받았을 때는 두 가지 행동방향을 취할 수 있다. 교사는 단순하게 자기는 그 해답은 모르나 정보를 구하여서 다음 시간에 대답해줄 수 있을 것이라고 말할 수 있다. 이런 말을 했다면 교사는 자기가 약속한 것을 주의하여 이행해야 할 것이다.

대답할 수 없는 질문을 받았을 때 취할 수 있는 또 하나의 행동은 한 학생이나 학급 전체로 하여금 그 문제의 해결을 위해 공부해 오도록 지정해주는 일이다. 이와 관련해서 교사가 해야 할 의무는 학생들이 헛되이 에너지를 낭비하지 않도록 자료의 출처와 착수 방법과 노력의 조직에 관하여 암시를 해주는 것이다. 학생들은 흔히 교사가 제시해준 질문들보다 자기들이 제시한 질문들을 조사함으로써 더 많은 유익을 받게 된다. 더 이상 조사해 보라고 지정해주는 일은 학습 활동을 지도하기 위한 교사의 순수하고 진지한 욕구를 기초로 하여 나오는 것이어야 한다. 그리스도인이라는 이름에 합당한 교사는 그러한 절차의 과정을 직접 조사해보는 일을 피하기 위한 속임수나, 학생들로 하여금 그들에게 유익이 될 어떤 작업을 하도록 시키는 것이라는 구실을 붙여서 사용치 않는다.

(6) 질문 방법의 한도

질문 방법은 다른 모든 방법과 마찬가지로 만병통치약이 아니다. "어떠한 바보라도 질문을 할 수 있다." 단순하게 질문을 제시하는 것으로는 교육이 될 수 없다. 이 방법을 사용한다고 해서 자기가 사용하는 자료를 철저하게 알지 못하는 사람이 유능한 교사가 될 리는 없다. 질문의 방법을 성공적으로 사용하려는 교사는 교육의 내용을 완전히 숙달해야 할 뿐만 아니라 자기가 해야 할 질문들을 미리 잘 계획해 두어야 한다. 그러한 준비는 그 자체로서 교사가 무의식적으로 사용할 수 있는 질문의 질을 향상시켜줄 것이다. 보잘것없는 많은 교육은, 좋은 질문의 특질이 결여되어 있는 질문들을 사용하거나 동시에 보잘것없는 질문의 기술을 사용하기 때문에 나오게 된다. 아마도 방법의 가장 큰 제약 중의 하나는 질문을, 원래 새로운 자료들을 모으고 사고를 일으키기 위한 수단으로 사용하기보다는 배운 사실들을 환기시키기 위해서 사용해야 한다고 깊게 주입된 관념이다.

직접적인 질문은 모르는 학생으로부터 그의 경험의 배후에 놓여있는 사실을 획득해낼 수 없다. 질문은 지식을 전달해줄 수는 없지만, 적절하게 사용되면 새로운 사상의 윤곽을 나타나게 하는 데 사용될 수 있다. 모든 학습은 새로운 경험을 얻는 문제이다. 질문이 기지의 것과 미지의 것 사이의 연관성을 이루지 못한다면, 학생들은 그 미지의 것을 이해할 수 없게 되는 것이다. 문답법에 큰 가치를 부여한 소크라테스와 가르침 가운데서 질문을 자유자재로 사용하셨던 예수님은 자기가 가르친 사람들의 일상생활에서 꼬집어낸 구체적인 자료들과 실례들에 근거를 두고 질문을 던졌다.

위에 든 여러 가지 제약들은 모든 방법의 결점이 아니라, 오히려 그 방법을 잘못 사용한 것 때문에 오는 것임을 주목하는 것이 좋다. 사실 질문의 방법은 교육의 다른 방법들을 떠나서 사용될 수 있는, 모든 것을 갖춘 방법으로 사용할 수는 거의, 혹은 전혀 없다. 반면에 질문의 방법은 거의 모든 여타의 방법을 보충해주는 방법으로서는 아주 가치가 있다. 왜냐하면 질문의 방법이 빠진 여타의 방법에 의해서는 학과를 거의 가르칠 수 없기 때문이다. 이 방법이 흔히 잘못 사용되기도 하지만 유능한 모든 교사는 질문을 사용하는 전문가라는 데는 의심의 여지가 없다.

기독교 교육 원리

제11장 교육의 방법(II)

1. 강의 방법(The Lecture Method)

(1) 강의의 위치

이 논제 하에서 다루어지는 것은 "교사에 의한 구두 발표"란 제하에 다루면 더 나을 것이다. 왜냐하면 강의라는 것은, 교사가 미리 준비한 내용을 학생에게 발표하는 것의 전범위를 포함하기 때문이다. 이 발표는, 교사가 학습의 토론으로부터 뽑아내었거나, 자기가 던진 질문들에 대한 학생들의 대답을 정리하는 방법에 의해서 완성한 간단하고 즉각적인 진술이라는 한 극단의 형태로부터, 아주 주의하여 기록하여서 학급 전체에 읽어주는 아주 형식적인 강의라는 다른 극단에 이르기까지 다종다양한 형태를 취하게 된다.[1] 물론 이야기와 강의는 서로 다르다는 사실은 인정한다. 그럼에도 불구하고 그 둘은 성격과 용도에 있어서 아주 비슷하기에 같이 생각되기 쉽다. 강의 방법이란, 교사가 광범위한 형식적인 설명의 방법으로나 문제를 명료화하기 위하여 만든 진술의 방식으로 질문에 대한 학생들의 답변을 완성시키고, 이미 수중에 들어있는 자료들을 보충시키거나 어떤 작업을 할 수 있는 방법을 지적해주기 위하여 사용하는 모든 구두적 발표를 포함하는 절차이다.

---

1) G. W. Reagan, *Fundamentals of Teaching* (Chicago: Scott, Foresman & Company, 1932), p. 262.

구두 발표식의 강의가 모든 수준의 교육에서 크게 사용되고 있다는 것은 주지의 사실이다. 성숙한 사람들을 교육시킬 때는 공식적인 강의가 더 일반적으로 사용된다. 그러나 아주 어린 아동들을 가르치는 교사들도, 학생들에게 재료를 구두로 소개하면서 수업시간의 상당한 부분을 보낸다. 대부분의 교사들은 흔히 학생들에게 그들 자신의 생각을 발표할 기회를 거의 주지 않고서 자기들이 너무 많은 말을 한다고 말한다. 이 절차의 효율성을 고려할 때는 아니지만 강의의 형태는 그 양 극단 사이에 여러 가지 다양한 형태가 있기에 그 효율성도 다양하다는 것을 고찰하는 것도 관계없는 것이라고는 생각되지 않는다. 때로는 교사의 강의가 좋은 목적에 도움이 되고 실질적인 학습으로 귀결된다. 그러나 다른 때는 교사의 강의가 요망된 변화를 학생들에게 일으키지 못하거나 심지어 바람직하지 않은 결과들을 산출하기도 한다. 이 두 극단 사이에는 다양한 정도의 효율성이 있다. 그러나 교육의 성격에 비추어 보면 교사의 많은 이야기는 학습에 있어서의 최상의 결과를 산출하지 못한다는 것은 이치에 맞는 말이다.

강의 방법을 사용함으로써 좋은 학습을 획득하기란 어떤 다른 방법을 사용함으로써 획득할 수 있는 것보다 더 어렵다고 말할 수 있을 것이다. 만일 교육이 교사에게 중심되어 있고, 학생들은 나이가 들고 경험이 풍부한 사람이 그 지혜를 부어넣는 빈 그릇으로 생각된다면, 강의는 탁월한 교육방법이 될 수 있는 모든 요구사항을 갖출 것이다. 그러나 학습자가 받기만 하는 그릇이나 수동적으로 흡수하는 흡수 장치로 생각되지 않고 그가 행동할 때에만 학습할 수 있는 노력을 하고 관심을 갖는 존재로 고려될 때는 강의의 가치는 감소된다. 후자의 견해에서 보면, 학습은 단순히 지식을 수동적으로 받는 것 이상의 문제가 된다. 그리고 교육은 기다리는 학생의 텅 빈 마음 속에 지식을 부어넣는 일 이상을 해야 한다. 교육은 반응하는 존재의 활동을 효과적으로 자극하고 적절하게 지도하는 일이다. 강의 방식을 사용함으로써 그렇게 할 수 있으나 강의로 그러한 효과를 거두기란 쉬운 일이 아니다. 이 논문의 앞부분에서 되풀이하여 언급하였듯이, 단순히 말만 해주는 것은 교육이 아니다. 구두로 아무리 많은 내용을 진술해 주더라도 그것 자체로서는 학습이라고 할 수 없는 것이다.

그러나 강의 없이는 교육 작업을 수행해나갈 수 없다. 교육은 말하는 것을 포함하고 있어야 한다. 사용되고 있는 방법이 무엇이든 간에 학생들의 마음에 어떤 관념들을 강의 방식으로 전달해야 할 때가 있다. 강의는 종종 마음의 자세들을 확립시키고 적절한 감정의 상태를 일으키고 없어서는 안될 설명을 해주고 필요한 양의 지식을 제시해주기 위한 가장 유리한 방법이며, 종종 유일한 방법이 되기도 한다. 그러므로 자기의 교육의 질에 대해 책임감을 가지고 있는 교사는 더 형식적인 강의에서와 동일하게 몇 분 간의 짧은 기간 동안 상세한 부분들을 고려하면서 해야 할 효과적인 강의의 기술을 숙달하려고 할 것이다. 교육에서 강의를 제거하는 것은 불가능하다.

(2) 강의 방법의 장점

강의 방법이 적절한 정도의 기술이 구비되어 사용되면 다음과 같은 장점이 있게 된다.

① 강의는 구두로 표현된 말이 효력을 가지게 해준다

구두로 표현된 말은 인쇄된 글보다 효과적인 의사소통의 수단으로서 더 나은 가치를 갖는다. 구두로 표현된 말은 인쇄된 글에는 없는 특성과 활력을 가지고 있다. 독서능력에 있어서 능숙하지 못한 사람일수록 말로 들을 필요가 더 있다. 상당한 양의 독서를 하였음에도 불구하고, 대부분의 사람들은 듣는 것에 의하여 결정적인 영향을 받는다. 강의에서 사용된 언어는 아마도 더 단순한 것이어서 더 쉽고 정확하게 이해될 것이다. 그 이외에도, 강의에서 제공되는 음조변화와 강조는 구두로 표현된 말이 사고를 전달해 주는 데 있어 더 나은 수단이 되게 한다. 구두로 표현된 단어는 감동을 줄 수 있는 힘을 지니게 된다.

② 강의는 교사의 인격의 영향을 더욱 효과적으로 미칠 수 있게 해준다

강의자는 교육의 다른 어떤 방법으로라도 할 수 없는 것, 즉 말 가운데 자기의 모든 것을 투입할 수 있다. 강의하고 있을 때에, 그 자신은 관심의 초점이 되고 그의 인격은 그 영향을 남기게 된다. 모든 학생이 말하고 있는 자에게 주의를 집중시키고 주의를 그에게만 한정시키기 때문에 그의 인격의 영향은 더 커지게 된다. 교사가 교실에서 역동적인 인격의 영향을 끼치게 되는 정도는 교사의 인격이 자체를 표현하게 허용되는 정도이다.

③ 강의는 학생들에게 관심을 불러일으키고 동기를 유발시킨다

강의는 감정에 더욱 효과적으로 호소할 수 있도록 해준다. 강의는 교사에게 상

상력을 사용할 수 있는 기회를 준다. 강의는 교사가 아주 효과적인 학습에 필요한 정신적 자세를 만드는 데 소용될 수 있는 사건과 이야기와 어떤 정보의 조항을 소개할 수 있도록 해준다. 구두로 표현된 말은 학생들이 강조하는 방향으로 따라오도록 하면서 그들을 이끌어들이는 역동적인 특성을 가진다.

④ 강의는 시간을 절약하게 해준다

강의를 수단으로 사용하면 짧은 시간에 다른 어떤 방법을 사용하는 것보다 더 많은 분야를 다룰 수 있게 된다. 교사는, 읽기 위해서 수십명의 학생들이 동원되어야 할 내용을 십분 안에 말할 수 있다. 게다가, 그렇게 하여서 교사는 학생들이 발견하려면 몇 십분이나 몇 시간 걸려야 할 그러한 지식도 공급해줄 수 있다. 또한 교사는 강의를 함으로써 한 명이나 두 명의 학생들에게 말해주는 데 드는 노력보다 더 적은 노력을 들여서 그것을 많은 학생들에게 말해줄 수 있다.

⑤ 강의는 자료를 소개하고 개괄해 주는 데 도움이 된다

교사는 강의방법을 사용하여 새로운 제목을 제출하여 학생들이 중요하게 여기게끔 할 수 있고 그 제목을 적절한 시각에서 고려하도록 배치해줄 수 있다. 교사들은 주로 어떤 종류의 구두발표의 방법을 사용하여서 새로운 주제나 단원을 소개시키려 한다. 또한 강의는 방금 완결된 연구의 결과들을 개괄시켜 주는 수단이 되어서 교사가 학습의 성과를 체계화시켜, 그 성과가 학생에 의해 더 효과적으로 통합되고 적용될 수 있도록 해준다.

⑥ 강의는 보충 자료를 사용할 수 있는 기회를 제공해준다

강의방식 외의 다른 수단으로서는 학생들에게 쓸모 있게 될 수 없는 것들이 있다. 참고자료들은 흔히 제한되어 있다. 흔히 기록된 자료들은 단지 한 가지 견해를 나타내준다. 더 광범위한 경험을 갖추었고, 더 많은 지적 자원을 가지고 있으며, 더 고등한 학습을 한 교사는 학생들에게 그들이 다른 방식으로는 획득할 수가 없는 사실들과 사상과 견해와 예증과 모범을 제시해 줄 수도 있다. 교사는 강의를 수단으로 사용함으로써 학생들이 부차적(collateral)인 독서를 통하여 얻을 수 있었던 자료들을 공급해줄 수 있을 뿐만 아니라 이 자료들을 더욱 효과적으로 사용할 수 있도록 제시하고 체계화할 수 있다.

⑦ 강의는 학생에게 적절한 안목을 주는 수단을 제공해준다

성숙하지 못한 사람들은 중요한 것과 중요하지 않는 것 사이에 적절한 가치평가를 하고 그 관계를 깨닫고 구분하는 것이 어렵다는 것을 경험한다. 강의는, 성숙하지 못한 사람들에게 그 방법을 보여주고, 그들에게 도움을 주어서 도달할 정점을 보도록 하고, 모든 것들을 분명하게 구분할 수 있는 고도의 경지로 그들을 인도하는 가치있는 수단이다.

⑧ 강의는 지식을 전수해줄 수 있는 기회를 제공해준다

교사는 자기가 강의하면서 학생들에게 전달해주는 내용의 정확성에 대해서는 확인할 수 있으나 학생들이 다른 여러 가지 자료들로부터 획득하는 지식에 관해서는 확실히 알 수 없다. 교사는 또한 자료들이, 그것들이 사용될 용도에 견주어서 올바르게 해석되고 적절하게 체계화되었는지 확인할 수 있다.

⑨ 강의는 사고를 유발시키고 그 사고를 인도해갈 수 있다

숙련된 화자는 학생들이 앉아서 경청하게 하는 방식으로 말할 수 있다. 그는 정력적인 말에 의해서 자기가 하는 생각들을 학생들이 따라서 생각하게 할 수 있다. 그는 학생들이 자기를 따라올 때 기술을 여러 가지로 변화시켜 사용하고 자기가 그들을 이끌기를 원하는 곳으로 이끌어가면서 이런 저런 호소를 하여 학생들의 상상력을 자극할 것이다.

(3) 강의의 기술

모든 교육의 방법에 해당되는 실정으로서, 강의를 하거나 좌담을 하기 위해서는 아주 주의깊은 준비를 하여야 한다. 강의나 좌담의 효율성은 두 가지에 달려 있다. 그 하나는 말하는 내용이며, 다른 하나는 그 내용이 표현되는 방법이다. 그 두 가지 것에 관해 계획하는 것은 아주 중요하다.

첫 번째로, 내용은 교사가 획득하려고 노리고 있는 여러 가지 목적에 비추어서 선정되어야 하고 마련되어야 한다. 문제는 강의의 전 과정을 통하여 학생들에게 명료한 것이 되어 있어야 한다. 두번째로, 강의 윤곽을 분명하게 밝혀주는 것이 아주 중요하다. 세번째로, 모든 예증들은 최대한도의 주의를 기울여 선정하여야 한다. 현명한 교사는 한 논점을 명료하게 하는 데 필요한 정확한 예증을 찾기 위해 순간

적인 영감에는 의존하지 않는다. 네 번째로, 강의 바로 처음에 적절한 통각적 (apperceptive: 이미 가진 지식으로 새로운 경험을 해석하는 것) 배경을 확증하기 위한 준비를 해야 한다. 알려진 학급의 관심들과 학생들의 경험의 수준, 그리고 그들의 강의의 내용에 대한 친숙도와 그들의 마음의 자세가 반드시 고려되어야 할 것들이다. 교사가 전체 강의시간 동안 학생들의 통각적 기초를 분명하게 기억하고 있는 것도 또한 중요하다. 표현되는 생각들과 사용되는 언어는 학생들의 경험에 적합한 것이어야 한다. 다섯 번째로, 학생들의 문제 제기의 태도는 가능할 때마다 격려해 주어야 한다. 그 사람이 해결점이나 해답을 찾고 있는 문제나 질문처럼 그 사람의 관심을 끄는 것은 없다. 가능한 한, 강의시간 동안 전학급의 학생들은 문제를 제기하거나 그 해답을 기대하는 태도를 취하고 있어야 한다. 여섯 번째로, 여러 가지 물건들, 그림들 그리고 도형, 지도, 낯익은 삽화들과 보기들과 같은 구체적인 재료들은 표현의 보조물이다. 일곱번째로, 강의의 내용과 체계와 표현은 간단하고 명료해야 한다. 심리학적인 접근이 논리적인 접근보다 더 중요하기는 하나 그렇다고 논리적인 접근을 무시할 수는 없다.

실제로 얼마만큼 능숙하게 말하고 강의할 수 있느냐는 그 강의에 들어간 요소들에 달려 있다. 강의방법을 사용하여 성공을 거두게 되는 일은 다른 방법을 사용한 경우보다도 교사에게 내재하는 요소들, 즉 인격의 매력과 음성의 질과 언어의 구사력에 의해 결정된다. 확실히, 이와 같은 요소들은 순간적으로 교사가 원한다고 해서 단순히 의지력을 발휘하여 사용할 수는 없다. 그러나 그러한 요소들이 자연적으로 나타나게 하기 위해 기꺼이 그 값을 치르려는 대부분의 교사들은 오랜 시간 동안 다음에 열거하는 것에 따라 자신을 계발시킬 수 있을 것이다. 순간의 주의력에 의해서 조절하기가 더 쉬운 요소들은 다음과 같다.

① 발표하는 동안 음성과 태도를 주목하라
분명하게, 그러나 활기있게 말하라. 분명하게 발표하고 말을 할 때 미소를 지으라. 자신도 관심과 열심을 가지고 있다는 증거를 보여주라. 수줍어 하는 모습은 피하라.

② 적절한 발표 속도가 어느 정도의 속도인지를 관찰하라
대부분의 화자들은 너무 빨리 이야기한다. 어떤 사람들은 너무 천천히 이야기하고 참기 어려운 휴지(休止)를 많이 한다. 말하는 속도뿐만 아니라 사상이동

(thought movement)의 속도도 주의하라. 사상을 너무 신속하게 진행시켜 나가기가 쉽다. 학생들이 생각하고 그 관념을 동화시킬 수 있는 시간이 허용되어 있어야 한다. 재료의 난이도에 따라 진도를 조절하고 어려운 부분에서는 더 천천히 진행하고 더욱 상술해주라.

③ 대화식 어조를 사용하라
딱딱하고 인위적이며 웅변식 어조는 교실에서 사용할 것이 못된다. 학급 전체를 향해 말하지 말고 그 얼굴을 주시하면서 학생들 하나하나에게 말하라. 교사는 한 학생이나 몇몇 학생들만 응시해서는 안되고 차례차례로 모든 학생들을 응시하면서 강의를 진행시켜야 한다. 학생들을 면밀하게 관찰하고 그들이 어떻게 반응하는가를 주목하라.

④ 때때로 청중을 둘러보아서 따라오고 있는지를 알아보라
질문과 토론을 위해 잠깐 멈추는 것은 학생들의 주의를 더 잘 끌게 할 것이며, 교사로 하여금 자기가 말한 내용을 학생들이 이해했는지 어떤지를 확인하게 해줄 수 있을 것이다. 또한 교사 자신은 자기가 말한 내용이 분명한지 어떤지를 알아보기 위해 질문을 해보는 것이 좋을 것이다.

⑤ 유머 감각이 있다는 증거를 보여주라
진술을 매력적인 방식으로 표현하라. 재미있는 이야기, 특별히 시간을 채우기 위해서 하는 이야기를 자주 사용치는 말라.

⑥ 여담을 피하라
때로는 관련된 문제를 분명하게 밝히기 위해 여담을 하는 것도 좋을 것이다. 그러나 갑자기 옆길로 빗나가 여담을 하는 것은 그 여담이 교사에게 아무리 흥미있는 것이라 하더라도 학생들의 정신을 흐트러 뜨릴 것이다.

⑦ 학생들에게 주어진 내용에 대해 책임을 지우라
과제를 주는 일은 권할 만한 것일 수도 있고 현명한 것이 아닐 수도 있다. 그러나 학생들은 자기들이 학습했다는 증거를 내놓도록 요구받을 것임을 깨달을 것이다. 질문과 퀴즈와 진리를 적용하기 위한 요구와 복습은 주의깊게 듣도록 동기를

부여하는 수단이 된다.

(4) 강의 방법의 불리한 점

① 강의는 모든 학습에 있어 아주 본질적인 것이 최소한 갖추어져 있을 것을 요구한다

학생들은 자연히 활동과 변화를 좋아한다. 이는 강의를 제대로 듣게 하지 못하는 방해물이 되는 것들이다. 교사는 강의하는 데 있어서 적극적으로 발표하는 사람이다. 그러므로 교사가 제시하는 재료를 강력하고도 매력적으로 제시하지 않는 한, 학생들로 하여금 학습활동에 몰두하게 할 자극제는 없다. 일반적으로 강의 방법은 학생들이 책임감이나 학습에의 욕구를 가지고 있지 않는 곳에서는 원하는 종류의 활동을 유발시킬 수가 없게 된다. 그러면 강의는 학생들보다는 교사에게 생각의 짐을 지운다.

② 강의는 학생들에게 재료와 접할 수 있는 단 한 번의 접촉점을 제공한다

학생들의 손에 책이 있으면, 그들은 영구한 형태의 재료를 가지게 되는고로, 그들이 원할 때 참고할 수 있고 사용할 수 있다. 그러나 강의에서는 한번 들은 것은 잊어버리기가 쉽다. 학생들이 기록을 한다고 하더라도, 중요한 내용의 단순한 윤곽을 기록할 수 있을 뿐이지 상세한 내용을 기억하며 노트를 보충할 수 없게 된다.

③ 강의는 학생들의 시간을 절약하기 위한 것이 아니다

만약 교사가, 학생들이 교재(教材)로부터 얻을 수 있는 내용을 단순히 강의만 해준다면, 그 강의시간은 허비된 시간인 것이다. 그리고 이렇게 시간을 허비하는 강의가 너무 빈번하다. 그러나 이것은 이 방법이 잘못된 것이 아니라, 이 방법을 잘못 사용했기 때문인 것이다. 올바르게 사용된 강의는 학생들에게 그들이 얻을 수 없는 것을 가져다주고, 연구된 내용을 총괄해주고, 명료하게 해주며, 더 나은 이해를 위한 재료를 알게 해준다. 이런 강의는 학생들의 시간을 낭비하는 것이 아님을 증명한다.

④ 강의는 학생들 사이의 개인적인 차이를 인정해주지 못한다

확실히 강의는 각 개인들의 상태에 무관하게 학급의 모든 구성원들에게 동일하

게 주어진다. 자료의 선택과 배열, 그리고 발표방식은 주로 전체 학급을 고려하여 작성되어져야 한다. 그렇기 때문에 각 개인의 요구들은 충족되지 못할 수도 있다.

⑤ 강의는 연설(演說) 능력을 요하는데 이 능력을 소유한 교사는 몇몇에 불과하다

특별한 연설능력을 발달시킬 수 있는 사람은 비교적 적다. 비록 모든 사람이 구두로 전달할 수 있는 능력을 발달시킬 수 있기는 하지만 그러한 연설능력을 가지고 있는 사람은 불과 얼마되지 않는다. 그러나 몇몇 교사들은 다른 방법보다도 강의를 훨씬 효과적으로 사용할 수 있다.

⑥ 교사들은 강의를 너무 많이 사용하기가 쉽다

이것도 역시 이 방법의 사용 여하에 딸린 결점이지 이 방법 자체에 딸린 결점이 아니다. 그러나 이것은 매우 현실적인 것이다. 왜냐하면 교사들은 자기들이 말하는 것을 들으면서 기쁨을 찾는 듯하기 때문이다. 빈틈이 없는 교사는 최선의 결과를 산출해내는 여러 가지 방법들이 자기 강의에서 현저하게 사용되도록 주의를 기울일 것이다.

⑦ 강의는 학생에게 그가 분석하고 개괄할 수 없는 내용을 제공해준다

학생들에게는 그 제시된 내용을 이해하고 소화할 수 있는 기회가 거의 제공되지 않는다. 내용의 골격을 윤곽잡는 것 이상은 참고할 수 없고 그가 들은 내용을 기억할 수 없는 학생은 그 내용으로 사고할 수 없다.

⑧ 강의는 높은 수준을 유지해 나가기에는 어려운 방법이다

끊임없이 최선을 다할 수 있는 교사는 거의 없다. 우리 주의에 널려있는 여러 가지 일들과 삶의 여러 가지 경험들이 시간과 정력과 활력을 요구하기 때문에 이 방법을 사용해서는 탁월한 교육 수준을 유지할 수 없게 된다.

⑨ 강의는 잘 수행되지 않는다면 단조롭고 평범한 방법이 되기가 쉽다

강의는 다른 어떤 방법보다도 교사가 최선을 다할 것을 요구한다. 그리고 교사가 실책을 하면 그의 교육의 효과는 떨어진다.

2. 토론의 방법(The Discussion Method)

　인간들은, 존재한 이래로 여러 가지 토론을 해왔다. 삶이 진행되는 모든 곳—가정, 거리, 상점, 판매점, 형식이 갖추어지지 않은 사회적 모임, 잔치—에서 그들은 모여서 집단을 이루는 곳마다 토론에 열중한다. 이런 토론의 형태는 잡담에 지나지 않는 토론으로부터 인간이 관심을 가지는 가장 중요한 문제들을 주의깊고 신중한 방식으로 생각하는 공개 토론회와 협의에 이르기까지 여러 가지 형태를 띤다. 토론에 다양한 여러 형태가 있듯이 토론의 목적도 거의 목적을 가지고 있지 않는 것으로부터 가장 중요한 존재의 문제들을 만족스럽게 해결하려는 강렬한 목적에 이르기까지 다양하다.

(1) 토론 방법의 성격

　기독교 교육의 한 절차로서 토론은 "만족스러운 해결을 진지하게 찾는다는 분명한 목적을 가지고서 개인이나 학급 구성원들의 사회적 경험 가운데서 일어나는 잘 선정된 의문이나 문제들을 논의하는 지도된, 그러나 자유로운 대화인 것이다. 토론은 기독교 진리가 적극적으로 최선의 방법을 제시할 수 있는 곳에서 삶의 상황들을 고양시키기 위한 시도이다." 기본적인 골자는 집단이 해결해야 할 문제이다. 그것은 구성원들의 생활에 어떤 방식으로 영향을 끼치고 있는 문제여야 한다. 다른 골자들 중에는 다음과 같은 것들이 있다. 즉 경험과 지식을 공유할 수 있는 자유스러운 기회와, 학급의 모든 구성원들의 자발적인 사고와 의견의 교환과 문제의 여러 가지 요소에 대비되는 진술의 개진과, 각 구성원들의 생각이 다른 구성원들의 생각과 충돌하고 그럼으로 반대되는 견해를 고려해봄으로써 자극을 받는 성실한 집단 사고와, 전체 집단이 공유할 수 있는 결론을 향하여 토론을 이끌어 나가는 인도자가 그 골자들이다.

　토론은 목적을 갖지 않은 한담(閑談)은 아니다. 토론은 결론을 찾지 못하고 맴도는 것도 아니다. 또한 토론은 그룹의 한 구성원이 자기의 견해를 반대자의 면전에서 관철시키려는 시도를 특징으로 하는 논쟁과는 다른 것이다. 토론에 있어서는 모든 구성원들이 집단 전체의 사고를 돕기 위한 목적으로 어떤 견해에 협력한다. 토론은 진리에의 탐구의 역할을 맡는다. 그리고 모든 구성원들은 자신의 축적되어 있는 지식과 경험과 견해와 사상으로부터 최상의 것을 내놓아 자기 혼자 발견할 수 있었던 것보다 더 나은 결론을 발견하고자 한다.

(2) 토론 방법의 가치

"문제 방법", 혹은 "문제토론 방법"이라고도 불리는 토론 방법의 가치있는 특징들을 몇 가지 들어보자.

① 토론은 호소를 통하여 처음부터 생생한 관심을 일으켜서 자기를 표현하려는 자연적인 욕구가 일어나게 한다.

② 토론은 딱딱한 형식적인 낭독을 제거하는 데 도움이 된다. 이는 다른 다양한 방법을 사용하는 경우에서처럼 한 사람이 관심의 중심이 될 때 경험하기 쉬운 소심함과 긴장감이 없이 그룹의 각 구성원들이 토론에 참가할 수가 있기 때문이다.

③ 토론은 학급의 모든 구성원에게 분명한 생각을 발표하도록 요청하기 때문에 사고를 자극시켜 준다. 의견의 충돌과 설명의 요구와 두뇌경쟁은, 말하기 전에 생각하도록 해주며 생각을 빨리 하도록 이끌어줄 뿐만 아니라 생각을 분명하게 하도록 이끌어 주기도 한다.

④ 토론은 다른 사람들의 의견과 견해를 관용하여 포용하고 집단 견해에 이르기 위해 기꺼이 개인의 견해들을 절충시키도록 가르친다.

⑤ 토론은 각 사람의 공헌이 그 가치 때문에 수납되고, 그 의견이 가치를 가지고 있는 것으로 여겨지기 때문에 모든 학생들을 동일한 토대 위에 올려놓는다. 토론은 이렇게 해서 각 개인의 인격의 가치를 존중하도록 하는 느낌을 갖도록 이끌어간다.

⑥ 토론은 개인의 삶의 한계선을 훨씬 넓혀주는 데 도움을 주기 때문에 사고의 폭을 넓히는 데 도움이 된다. 중요한 질문에 대해 모든 면에서 의견이 제시되기 때문에, 개인의 시야의 범위 전체는 판단을 하고 결론을 형성시키기 위한 더 넓은 기초가 놓인 결과로 확대된다.

⑦ 토론은 명쾌한 증명을 내놓도록 강요하고, 자신의 생각을 다른 사람들을 이해시키고 확신시킬 수 있는 언변으로 개진하는 기술을 연마하도록 해준다.

⑧ 토론은 재료와 목적에 대한 수단으로서의 재료의 용도에 대한 바른 태도를 가지게 한다. 사람들은 아주 흔히 학과는 그것 자체를 위해 학습되어야 하며 현재의 상황을 떠나서는 아무런 가치가 없다고 느낀다. 토론 방법은 노리고 있는 목적이 문제의 해결이며 학과의 재료는 문제를 해결하는 데 있어서 사용될 수 있는 어

떤 것이 되기에 교과(subject-matter)를 아주 다르게 강조한다.

⑨ 토론은 학생들의 매일의 생활 가운데서, 교과의 과정과 학생들의 실제적인 욕구들 사이에 매우 실제적이고도 자연적인 연계를 놓아줄 기회를 제공해준다. 토론은 내용을 학생들의 여러 가지 관심과 문제에 밀착시켜 주면서, 학생들이 교사가 그렇게 하도록 말해 줄 필요성 없이 스스로 진리를 깨닫고 적용시키도록 도와준다.

(3) 토론의 구조

다른 모든 절차와 마찬가지로, 토론은 수행되는 방식에 따라서 좋은 토론일 수도 있고 좋지 못한 토론이 될 수도 있다. 분명한 경계를 그어놓고 진행되는 것이 좋은 토론이다. 토론 구조의 명백한 네 가지 국면을 들어보자.

① 문제의 설정

모든 학생들이 알 수 있도록 아주 분명하고 예리하게 지정된 의미있는 문제가 있어야만 한다. 토론을 하는 집단의 모든 구성원들이, 그 문제는 자기와 관련이 되는 문제이며 해결될 것을 바라는 문제라는 것을 느껴야 한다. 문제가 자연적이고 강요되지 않는 것일수록 더 좋다. 가능하다면, 전체가 공감하는 문제가 되어야 할 것이다.

② 문제의 분석

일단 토론은 모든 구성원들이 문제를 같이 이해하지 않고 있는 한, 어디에로든지 결론에 도달치 못할 것이다. 만약 토론을 하는 집단에서 한 사람은 이것이 중요한 문제라고 느끼고 다른 사람은 다른 것에 강조를 두어야 한다고 느낀다면 공동의 회합근거는 있을 수 없다. 문제 제기 자체와 문제와 관련된 모든 말과 용어는 가장 둔감한 학생도 그 문제에 함축된 모든 것을 이해할 수 있을 정도로 명확해야 한다. 적절한 분석은 한 가지나 두 가지의 원칙을 고수하게 할 것이고 덜 중요한 것들을 탈락하게 할 것이다.

③ 해결책의 제시

일단 집단의 모든 구성원들이 토론될 문제를 진정으로 이해하고 그 모든 논점에 대해 분명한 이해를 가진다면, 그 학급은 가능한 해결책들을 찾을 준비가 갖추어진 것이다. 각각의 구성원들이 그의 생각과 견해를 피력하고, 전문가들과 관련된 서적들과 도움이 될 수 있는 다른 지식자료들로부터 도움을 받아서 토론에서 문제되고 있는 것의 해결을 위해 공헌하게 되면, 기존의 생각에 더해진 새로운 사상노선(思想路線)이 개발된다. 토론으로부터 여러 가지 가치들이 평가를 받고, 여러 견해들이 비평을 받으며, 여러 제안들이 수납되거나 배척되고, 여러 비판들이 혹은 수납되고 혹은 배척되고 난 뒤에는, 집단의 해결(解決)을 향해 나아가는 몇몇 추론의 윤곽이 점차로 발전되어 나갈 것이다.

④ 해결

한 집단이 최종적으로 한 가지 해결점에 도달하면, 그 해결점은 그 집단의 어느 구성원 하나가 도달할 수 있었던 해결점보다 더 나은 것이라야 한다. 사실상 도달된 해결점은 수납되기 전에 반드시 엄밀하게 시험을 받아야 하는 그러한 것이 될 것이다. 또한 그것은 완전한 의미가 명료하게 되기 전에는 더 연구되어야만 할 것이다. 수납된 해결책은 새로운 경험을 하게 되어 그 해결책을 수정하는 것이 바람직하다고 판명되었는데도 수정이 가해질 수 없는 최종적인 것으로 여겨져서는 안 된다. 어떤 문제점들에 있어서는, 그 집단이 결정에 동의하기가 불가능할 수도 있다. 그럴 경우는 토론이 집단이 반드시 해야 할 문제에 관한 것인 경우를 제외하고는 내키지는 않지만 그 결정에 동의해주는 것이 필요한 것이다. 이와 같은 사건이 발생할 경우에는 다수가 지지를 하고 있는 계획에 타협하여 그 계획을 지지하는 것이 필요하다.

(4) 토론의 기술

토론 방법의 성공과 실패의 여부는 교사에게 달려 있다. 토론을 성공적으로 이끌기 위해서는 재치있고 기량이 풍부한 지도력이 있어야만 한다. 학생들이 토론을 할 때 교사가 해야 할 일이란 항상 명랑하고 참을성있고, 그리고 잘 균형잡힌 안내자의 일이다. 즉 학생들을 지배하고 억누르지 않는 동시에, 다른 한편으로는 집단의 구성원들이 그 토론의 결정을 내리지 못하고 계속 공전만 하는 것을 허용치 않도록 해야 된다. 토론을 성공적으로 이끌기 위해서, 교사는 그 문제에 따른 지식과 행동의 분야를 알아야만 하며, 당면한 문제와 제기된 논점들을 알고 있어야 한다. 또한 교사는 학급의 모든 구성원들과, 그들이 주어진 과제―토론될 문제에 대한―

를 모두 준비했는지와, 그들의 개인적인 특성들과 그들의 관심과 욕구와 그들의 일반적인 성격을 알아야 한다.

토론 기술의 아주 중요한 한 가지 국면은 학생들이 여러 가지 문제들을 발견할 수 있도록 도와줄 수 있는 능력이다. 훌륭한 교사는 자주 학생들이 그 내용을 파악할 수 있도록 하기 위해 단순히 어렵다고 감지된 문제를 제기해서 학생들이 가지고 있는, 그들이 알지 못하는 어려움을 의식하도록 가르친다. 훌륭한 교사는 재료(material)들과 자료(data)들의 출처와, 필요한 모든 것이 사용되어 토론을 잘하도록 미리 토론의 계획을 잘 세울 것이다. 교육의 다른 모든 방법에 있어서도 마찬가지겠지만, 특히 토론방법에 있어서는 가치있는 결론들을 이끌어내기 위해서 철저한 준비와 사려깊은 계획이 반드시 요구되며 필수적인 것이다.

실제적인 토론에 있어서, 교사는 각 학생의 인격을 존중한다는 것을 보여주면서 동정심과 이해심을 가지고 지도해야 한다. 교사가 더 완벽한 지식을 가지고 있어야 그 지식으로 말미암아 해석과 제안과 숙련된 질문에 의해서 전체 집단을 한 상황으로부터 설정된 목표에 더 가까운 다른 상황으로 이끌어갈 수 있다. 교사의 임무는 전체 집단이 논의되고 있는 것들의 요지를 기억하게 하고, 토론이 이런 요지들을 다루고, 옆길로 빗나가는 것을 막는 일일 것이다. 그는 주어진 사실들이 정밀하고 확실한지, 관련된 문제들을 적절하게 탐구하는지, 객담이 생각을 대치하지 않는지를 살펴야 한다. 교사는 적당한 때에 문제의 해결에 도움이 되는 표현된 생각들과 견해들을 전체로 모아서, 학생들이 진보했다는 느낌을 가질 수 있도록 이것들을 개괄하여 전체 학생들에게 제시해줄 것이다. 그 모든 일 가운데서 토론을 이끄는 자는 자기가 토론을 이끌어가는 자인 것을 인식해야 하며, 토론의 책임은 교사에게가 아니라 전체 집단에게 지워져야 한다. 만일 교사가, 전체 학급이 문제에 대한 만족스러운 해결을 내놓도록 해주지 못한다면, 그는 토론 그룹을 이끌 수가 없으며 어떤 다른 방법을 사용하는 것이 더 나을 것이다.

(5) 토론 방법에 뒤따르는 위험

이 방법에는, 모든 좋은 것과 마찬가지로, 그것에 따르는 여러 가지 위험들이 뒤따른다. 현저한 위험은, 문제로 제기된 것이 학급의 모든 구성원들에게 명료하게 제시될 수 없을 수도 있으며, 그 결과로써 모든 구성원들이 다 같이 동일한 것에 관해 이야기하지 못할 수도 있다는 위험이다. 혹은 선택된 문제가 모든 학생들에게 똑같이 아주 중요한 문제가 되지 않을 수 있다는, 언제나 내재하는 위험이 있다. 그리고 토론이 단순한 잡담으로 전락할 수도 있다. 목적이 없고 지식을 갖추지 않은 잡담과 여러 가지 의심들과 모호한 견해들의 단순한 피력은 아무것도 성취하지 못한다. "많이 알지도 못하면서 모든 사람들이 모든 것에 관하여 잡담을 늘어놓을 수 있다." 다른 위험은 토론이 신랄한 논쟁에로 휘말려 들어갈 수 있다는 위험이다. 혹은, 만약 교사가 빈틈없는 인도자가 아니라고 한다면 토론이 중요하지 않고 관련도 없는 문제로 빠져들어가 공전할 수 있다는 것이다. 혹은, 토론이 집단의 모든 구성원들에게 그들의 의견과 견해를 나타낼 수 있는 기회를 제공해주는 대신에 몇몇 학생들에 의해 독점될 수 있는 위험이 도사리고 있다.

아주 실제적인 위험은 토론이 아무 지식의 증가도 없이 끝날 수도 있다는 것이다. 그와 같은 단순한 토론은 아무 가치도 없다. 만약 토론이 단순히 공전만 거듭한다면, 그리고 만약 사실에 대한 지식이 결여되어 있고 연구 중인 사실이 적절한 시각을 줄 수 있도록 바르게 체계화되어 있지 않거나 관심이 독서와 연구와 탐구와 사상에 있지 않고 단순한 표현에 있다면, 그 토론의 결과는 거기에 소요된 시간과 정력에 대한 값어치를 하지 못하는 무가치한 것이 될 것이다. 똑같이, 토론은 비록 전체 집단에 의해 수납되는 것이 되더라도 진리와는 거리가 먼 결론에로 이끌릴 수도 있다. 다수의 집단 견해나 단순한 여러 가지 편견들을 모은 것을 가지고는 진리를 구성하지 못한다. 최종적인 위험은 앞에 언급한 여러 가지 위험들에 분명하게 관련된 것으로서, 교사가 이 방법을 사용하고 있을 동안에 교사가 아닐 수도 있다는 위험이다. 토론 그룹을 지도하는 자로서, 교사는 사회를 보는 의장 이상가는 사람이다. 이때 교사가 수행해야 할 일이란 지적이고 영적인 지도력으로써 학생들이 그리스도인의 생활과 그 품격을 배우고 성장하고 발전될 수 있도록 학생들의 활동을 자극해주고 고무해주며 그 활동의 방향을 지도해주는 책임이다.

3. 구안 교수(The Project Method)

구안 교수(構案敎授)란 새로운 것이 아니다. 왜냐하면 교육이 있어온 이래로 이와 같은 명칭을 가진 교육 방법이 사용되어 왔었기 때문이다. 거의 모든 교사들은 그런 명칭을 붙이지는 않고 있지만 구안 교수를 사용해 오고 있다. 그러나 이 명칭이 교육에 나타난 때는 교육이 수공업 예술(manual arts)과 농업과 같은 분야에 관계를 맺는 금세기에 들어와서이다. 그 후부터 이 명칭은 오늘날 거의 모든 종류의 인간의 학습에 있어서의 교육 방법들 가운데서 안정된 지위를 가지게 되기까지 다른 여러 분야들에까지 급속도로 파급되었다. 구안 교수는 학습이 그 자체를 위해서가 아니라 매일의 생활의 실제적인 여러 욕구들을 만족시키는 데 사용하기 위한 목적으로, 학습을 지식을 획득하는 자연적인 과정이 되도록 하기 위한 시도의 결과로써 생기게 된 것이다. 많은 교사들은 이 방법에 대해 아무것도 모른다. 그 반면에 어떤 교사들은 이 방법을 거의 취미(fad)로 삼을 정도까지 그 가치를 인정하였다.

(1) 구안 교수란 무엇인가?

실제로 구안 교수는 단독적으로 사용할 수 있는 방법이 아니어서, 다른 모든 방법들과 관계를 맺고 사용되어서 다른 여러 가지 방법에 활기를 불어넣고 효과를 낼 수 있도록 해주게 되는 것이 이 방법의 원칙이다. 학습은 행하는 것이기 때문에, 학생들이 그들의 목적과 관심들에 비추어 아주 가치있는 것을 행하고 있을 때에야 최상의 학습이 발생하게 된다. 최상의 종류의 관심과 목적은 수행된 것이 보통의 경험의 중요한 부분을 구성할 때에 일어나는 관심과 목적이다. 진정한 구안 교수는 학생이 당연하고 가치있다고 인정한 실제적인 상황 가운데서 학생이 수행하는 어떤 것이다. 그것은 학생이 하기를 원해서 하는 것이며, 그 자신의 어떤 목적을 성취하기 위하여 끝까지 수행해가는 것이다.

구안 교수의 성격에 관한 많은 다양한 견해들이 피력되어 왔다. 스테반슨(Stevanson)의 그에 대한 정의는 그것을 이해하는 데 많은 도움이 된다. 그의 정의는 다음과 같다. "구안 교수는 자연 발생적이란 배경이 있기에 끝까지 수행되는 문제 행위이다." 베츠(Betts)와 호손(Hawthorne)은, 이 방법은 "아동들이 그의 관심에 적합하고 그의 경험에 관련된 어떤 실제적인 연구과제와 문제와 계획에 근거하여 연구하도록" 하는 데 있으며, "학생이 정보를 수집하고 사실들과 관계들을 발견하고 해결책을 강구하며 종국에 가서는 그 계획을 끝까지 수행하기를"[2] 기대하는 것이라고 했다. 이 방법의 본질은, 위에 언급한 진술들과 구안 교수에 관한 비슷한 진술들에 의해 암시되듯이, 다음과 같은 네 가지 요점하에서 이해될 수 있을 것이다. 첫째, 어떤 문제가 포함되어 있고, 둘째, 환경은 실제적인 성격을 띤, 즉

---

2) G. H. Betts and M. O. Hawthorne, *Method in Teaching Religion* (New York: The Abingdon Press, 1925), p. 215.

문제는 자연적인 것이지 인위적인 것이 아니라는 것과, 셋째는, 계획을 하고 실행을 할 책임을 받아들이는 학생은 문제를 해결하기 위한 목적으로 활동에 몰두하는 것이다. 그 활동은 육체적인 것일 수도 있고, 정신적인 것, 미적인 것, 사회적인 것, 도덕적인 것, 영적인 것일 수도 있다. 네번째, 구안 교수는 바로 토론되거나 사려되거나 생각되지 않고 끝까지 수행된다. 노리고 활동하는 분명한 목적은 획득될 때까지 없어지지 않고 계속된다.

구안 교수들은 서로서로 광범위하게 다르다. 어떤 것들은 단순하고 최소한의 활동을 들여서 완성할 수 있지마는, 다른 것들은 아주 복잡하여 오랜 기간의 시간과 최대한의 활동을 요한다. 어떤 것들은 육체적 활동에 좌우되고, 다른 것들은 지적이고 도적이며 그 외 다른 종류의 행동을 필요로 한다. 몇몇 종류의 구안 교수들은 그리스도인 교사들이 잘 사용할 수 있는 것으로 다음과 같은 것들이 있다. ① 육체적이거나 사회적인 활동의 어떤 형태를 통하여 의도(idea)나 목적을 객관적으로 표현해주는 종류의 구안 교수, ② 설정된 목적이 학생에게서 몇몇 주관적인 경험들을 만들어 내도록 하는 구안 교수, ③ 더 완전한 정보를 제공해주고 시야를 넓혀줌으로써 경험을 풍부하게 하는 데 도움을 주는 구안 교수, ④ 지적인 어려움들을 숙달하기를 요구하는 구안 교수, ⑤ 어떠한 종류의 기술을 개발시키는 것이 그 목적인 구안 교수.[3]

(2) 구안 교수의 구체적 용도

구안 교수의 방법은 단순히 어떤 것을 행한다는 의미가 아니며, 학급이 하고 있는 실제적인 활동을 지시하는 것도 아니다. 위에서 지적하였듯이, 구안 교수의 정수는 학생들에게 목적을 줌으로써 해결하려고 하는 문제이다. 거의 모든 학급은 그 학급의 능력에 따라 일정 기간 동안에 감당할 수 있는 구안의 형태로 부과될 수 있는 연구 과제들을 만난다. 교사들은 이런 경우를 이용하여 새로운 방법을 시작할 수 있다. 단지 조심할 것은 감당할 만한 기술이 개발되기 전에 너무 복잡한 활동을 시키지 말 것이다. 교사는 학생들이 떠맡을 수 있는 것들을 제안해주기 위하여, 그가 가르치는 학생들의 여러 가지 관심과 능력을 이해해야 한다. 교사는 학생들의 성취력에 비추어서 최선의 것을 선택할 수 있도록 지도해야 한다.

---

3) op. cit. pp. 218, 219.

구안 교수에서 제기되는 연구 과제는 학생들의 문제여야 한다. 구안이 학생에게서 일어난 경우에 있어서는, 그 문제가 학생 자신의 문제이고 그 학생은 그 과제를 끝까지 완성할 분명한 충동을 갖고 있기 때문에 그런 경우에 설정된 순수한 목적은 성취된다. 훌륭한 교사는 결코 자기가 가르치는 학급에게 구안 교수를 과도하게 하지 않을 것이다. 그 반대로 그는 학생들이 선택하는 데 있어서 분명한 지도를 행사하는 것을 자기의 의무라고 여길 것이다. 학생들이 주도하도록 맡겨두면, 그들은 흔히 교육적인 가치가 없는, 또는 여러 가지 것을 채용하기 때문에 그들에게 아무 유익도 없는 연구 과제들을 선택할 것이다. 교사에게는 더 넓은 시각과 지식이 있고 지도할 능력이 있으므로 학생들로 하여금 그들의 여러 욕구들을 가장 잘 충족시켜줄 수 있는 연구 과제들을 선택할 수 있도록 지도하는 것이 그의 과업이다. 그는 또한 선택된 연구 과제들을 수행하는 데, 있어서 전학생들을 확보하여야 한다. 그러한 목적 있는 지도 없이는, 구안 교수법은 거의 아무 가치도 없을 것이다.

연구 과제가 성심으로 수납되었을 정도로 지도한 뒤, 교사는 학생들을 도와서 그들이 자기들의 계획을 전개시키도록 해주어야 한다. 교사는 이러한 책임을 감당해야 한다. 다른 사람의 계획을 일견한 결과만으로 훌륭하게 계획을 세우는 것을 학습할 수 있는 학생은 없다. 오직 계획하고 실패하고, 그리고 또다시 계획을 세우고 또 실패하고 또 되풀이하여 계획을 세우고 그러는 와중에 성공을 할 때에 그는 계획을 세우는 데 있어서 지혜를 배울 것이다. 그러나 비록 학생들이 각 단계마다 빈틈없고 비평적이기를 학습하기 위하여 적은 실수들을 경험할 수도 있겠으나, 그들이 아주 중대한 성격을 지닌 실수를 저지르지 않도록 지도하는 것이 교사의 책임이다. 계획을 세우는 것은 구안 교수에 있어서 아주 중요한 단계이며, 그것은 매우 주의깊게 수립되어야 한다.

일단 수립된 계획들은 수행되어야 한다. 계획들은 스스로 수행되지는 않는다. 수행(executing)은 행동과 그 결과들을 요구한다. 그가 하고 있는 것들이 성취되지 않으면 그 활동의 본래의 목적은 상실된다. 교사는 분명한 성취를 향하여 주의(attention)와 힘이 수렴되도록 살펴보아야 한다. 수행(execution)을 지도한다는 것은 교사가 그 작업을 해야 한다는 의미는 아니다. 학생들은 매우 느리고 서툴러서 교사가 더 짧은 시간을 들여서 더 잘할 수 있었던 것을 더 많은 시간을 들여서 서투르게 하게 될 것이다. 그러나 교사는 학생들을 위하여 그것들을 대신 해주지 말아야 한다. 중요한 것은 그 일이 수행되는 속도도 아니고 결과의 좋은 질도 아니다. 중요한 것은 학생들이 훈련을 받고 계발되는 과정에서 하게 되는 활동의 여러 결과들이다.
 구안 교수 활동의 마지막 단계는 결과에 대한 평가이다. 그러나 학생들이 가치 있게 여겨지도록 하는 것이 쉬운 일인가? 여기서 교사는 또 너무 많은 일을 하도록 유혹을 받을 것이다. 그러나 만든 사람이 자기 힘으로 판단하여야 한다. 물론, 교사는 각 학생들에게 건전한 평가(sound evaluation)를 위해 요구되는 표준들을 갖추도록 해주고 그들이 그 표준들을 사용할 수 있도록 지도해 주어야 한다. 학생의 판단이 아주 부적합한 것이라고 증명될 때만 교사가 판단할 것이다. 구안 교수의 대부분의 가치는 그 방법이 주는 자기비판(self-criticism)의 훈련에 있다. 그러므로 현명한 교사는 학생들을 도와서 그들이 올바른 견해로 활동의 전과정을 볼 수 있도록 해줄 것이다. 그리고 구안 교수가 해결하려고 시발한 문제와 그 연구과제가 수행된 계획과 그 계획이 수행된 방식과 그리고 최종적으로는 그전 과정의 성공과 실패의 여부를 깨달을 수 있도록 해줄 것이다.

(3) 구안 교수의 가치

 이 방법의 여러 가지 유익한 점들은 아주 명백하므로 여기서는 단지 열거하는 것만으로 족하다.

 ① 구안 교수는 그것이 제공해 주는 분명하고 명백한 동기부여를 통해 학습을 더욱더 자연스럽고 흥미롭게 만든다.
 ② 구안 교수는 학생들이 강제나 위압을 받아서 하는 것이 아니라 자기가 행하기를 원하기 때문에 그것을 행하므로 학생들의 건전한 태도를 이끌어낸다.
 ③ 구안 교수는 학생들의 창의력과 책임과 인내심과 통찰력과 기민(機敏)과 판단력과 판별력을 훈련시킨다.
 ④ 구안 교수는 학생들의 협조 정신을 발달시켜준다.
 ⑤ 구안 교수는 학습과 경험을 연결시킴으로써 실제적인 생활에 있어서 여러 가지 문제들을 풀기 위한 좋은 훈련을 시켜준다.
 ⑥ 구안 교수는 다른 사람들의 행동과 견해들에 대해서 관용하도록 하는 관용심을 계발시킨다.
 ⑦ 구안 교수는 성취로서의 학습보다는 오히려 사용을 위한 학습을 강조한다.
 ⑧ 구안 교수는 학습을 통합된 과정으로 만들어 주어서 여러 가지 관심과 이상

과 인격의 특성과 태도를 묶어 기능을 행사하게 관련시킨다.

⑨ 구안 교수는 학습된 여러 가지 재료들을 더 확실하게 기억하게 해준다.

(4) 구안 교수의 한계

이 방법은 위에서 언급된 대로 여러 가지 뛰어나게 유익한 점들을 가지고 있지만 또한 어떤 위험들과 어려움들도 뒤따른다. 다음에 드는 것은 그러한 것들 중 몇 가지를 들어본 것이다.

① 구안 교수는 성공적인 사용을 위하여 뛰어난 솜씨를 가지고 있는 다재다능한 교사를 필요로 한다. 학생들에게 가치있는 목적들을 찾는데 숙련되어 있고, 이러한 목적들을 장려하는 데 숙달되어 있으며, 합당하지 않은 목적들을 재치있게 발견할 수 있는 교사만이 올바른 종류의 연구 과제를 찾는 데 성공할 수 있다. 그리고 계획과 그 수행과 판단을 지도하는 데도 기술이 필요하다. 이 방법을 사용함으로써, 그 외의 일반적인 여러 방법을 사용함으로 획득할 수 있는 것보다 더 좋은 결과들을 얻을 수 없다면, 어떠한 교사도 이 방법을 채택해서는 안된다.

② 구안 교수는 보통의 교사가 가르치기 위해 준비하는 것보다 훨씬 더 많은 준비를 요한다. 어떠한 교수법도 그 자체로서는 소기의 목적을 달성시키지 못한다. 이 방법을 성공적으로 사용하기 위해서는 교사가 막대한 노력을 해야 한다.

③ 육체의 활동을 과도하게 강조하게 될 위험이 있다.

④ 모든 종류의 활동은 육체적인 것이든지 정신적인 활동이든지 영적인 활동이든지를 막론하고 학습의 수단이 되는 대신에 그 자체가 목적이 되는 경향이 있다.

⑤ 구안 교수는 보통 학과 시간에 허용되는 시간보다 훨씬 더 많은 시간이 걸린다. 이 방법을 사용하면 대개 다른 교수법보다 그 전달 내용이 훨씬 더 적게 된다.

⑥ 보통의 학급은 구안 교수를 성공적으로 완수하기 위해 요구되는 목적의 진지함을 소유하지 못하고 있다.

⑦ 때로는 착수된 연구 과제들이 아무런 교육적인 가치를 가지지 못할 수도 있다. 효과적으로 활동적이기보다는 효과도 없으면서 활동적이기가 쉽다.

⑧ 적절한 학급 공간과 적당한 장비가 결여되어 있는 경우가 흔히 있다.

⑨ 여러 가지 형태의 다른 교수(instruction)에 의해서 보충되지 않는다면, 획득된 지식의 대부분과 학습된 많은 원칙들이 학생의 전체 경험체(total mass of experience) 안으로 통합되어 들어갈 수가 없다.

⑩ 집단에게 구안 교수법을 실시하는 경우, 개인과 그에게 독특한 여러 가지 욕구들을 간과해버릴 위험이 도사리게 된다.

4. 극화 방법(Dramatization Method)

극은 여러 세기에 걸쳐서 기독교의 여러 진리들을 표현하는 방법으로 많이 사용되어 왔었다. 그러나 이것은 각 시대마다 다양한 집단에 의해서 많은 비평을 받아 왔고 또 받고 있다. 그러나 극화적인 설명은 사람의 자연적인 활동이고 이 방법이 바르게 사용될 때는 교육과 학습의 좋은 방법이 된다는 사실은 인정해야 한다. 다만 그런 자연적인 활동이 극장에서 아주 악용되고 변조되는 경우도 있다. 그래서 극화 방법의 큰 교육적 힘을 인정하는 사람들도, 그런 극화 방식을 사용함으로써 자기들이 사회의 비리를 더욱더 가중시켜 타락해 있는 제도와 풍습들에 간접적으로 이바지하는 무지한 수단이 될까를 두려워하여, 극화 방법을 교육의 방법으로 사용하기를 주저해야만 한다는 것이 슬픈 사실이다. 필자는 교육 방법에 관한 논문이 극화 방법을 무시해야 한다고는 여기지 않는다. 그러나 그렇다고 해서 극화방법을 다루는 것이 어떤 역을 하는 데 있어 사람의 타고난 특성인 교묘하고 심각한 악들을 전혀 용인하지 않는다는 것은 절대 아니다.

(1) 극화 방법의 기초

아주 어린아이들은 그들이 보고 들은바 선한 것을 몸짓을 섞어가며 이야기한다. 그들은 모방을 하고 어떤 역할을 하고 실제 생활에서 가질 수 없는 경험들을 상상력을 사용하여 현실적으로 만드는 타고난 경향을 가지고 있다. 이러한 충동들과 함께, 사회적으로 인정받기를 원하고 정서적이거나 육체적인 활동 가운데서 여러 가지 감정을 터뜨리려는 타고난 경향도 존재한다. 아동들이 성장하여 사춘기로 접어들 때면, 이러한 각기 다른 자극들은 사상과 관념을 구체적인 형태로 표현하려는 욕망과 더불어 명백하게 나타난다. 그러기에 상당 수의 기본 자극들은 서로 결합되어 발전의 단계에 따라 다양하게 자체를 표현하는 극적 충동(dramatic impulse)을 구성한다.

모방하려는 경향은 인생의 초기에 나타나는 반사 행위의 문제이다. 모방은 대개 그 아동이 처해있는 사회적 환경의 산물이다. 아동이 모방하는 것과 모방하기 때문에 형성되는 성격은 습관의 문제이다. 그러므로 아동이 모델을 선택하는 데 있어서 지도를 받고 옳은 선택과 잘못된 선택의 결과를 분별할 수 있도록 훈련을 받는 것은 아주 중요한 것이다. 교사는 극화 방법을 수단으로 하여서 학생들 앞에 도덕적이고 영적인 여러 가치를 보여주는 삶의 상황들을 제시하여서 학습을 위한 여러 모델들과 교훈들을 제공해줄 수 있는 것이다.

(2) 극화 방법의 용도

극은 교육의 한 방법으로서, 화려한 행렬이나 극적 장면이나 연극의 발표가 아니라 학생들이 그 활동에 참여함으로써 깨달을 수 있는 여러 가지 가치들을 목표로 삼는다. 학생들은 극에 참여함으로써 공연과는 무관한 가치를 지니고 있는 여러 기획들을 협동하면서 의도하고 계획하며 판단하고 수행하게 되는 기회를 가지게 된다. 이 방법을 사용함에 있어서 준수해야 할 몇 가지 원칙들을 들어보자. ① 극은 수단이지 그 자체가 목적이 아니다. 극의 목적은 연극을 상연하는 데 있는 것이 아니라 학생들을 계발시키는 데 있다. ② 교사는 인도자, 혹은 코치이다. 학생들은 과정의 각 단계마다 발의권을 갖는 데 자유로워야 하며 책임도 져야 한다. ③ 연극의 연출은 다양한 등장인물들이 선량하거나 나쁘거나를 막론하고 등장하게 되는 자연스러우며 실물 그대로의 상황을 제공한다. 학생들에게 학습을 하게 하고, 상황을 해석하고, 타인의 경험에 동참하고, 자아를 가장 고상하고 가장 훌륭한 정서적 경험과 일치시킬 수 있는 기회가 주어진다.

(3) 극화 방법의 유익한 점

첫째, 극화 방법은 학생이 자아의식을 느끼지 않고 자신을 표현할 수 있게 해준다. 둘째, 극은 자연적 경향을 기독교의 진리를 획득할 수 있게 조직하여서 사용한다. 셋째로, 극은 여러 가지 사실과 사건과 진리를 매우 인상깊게 기억도록 관심을 촉발시켜 준다. 네번째로, 극은 등장인물과 그리고 마주치는 여러 가지 상황들을 이해하는 데 요구되는 다른 사람들의 입장에 설 수 있도록 학생을 도와준다. 그것이 그의 생활에 미치는 반사영향(reflex influence)은 클 것이다. 다섯째로, 극은 솔선하는 정신(initiative)과 자기 신뢰(self-reliance)와 창의성과 자기표현과 같은 인격의 특성들을 계발시켜 준다. 여섯번째로, 극은 학생들을 훈련시켜 여러 가지 상황에 대해 올바른 반응을 나타낼 수 있는 능력을 갖추도록 해준다.

(4) 극화의 위험

앞에서 극화 방법의 몇몇 주된 위험들을 적어도 추론에 의해서 다루었었다. 여기서는 그것을 단순히 언급만 하여도 족할 것이다. 하나의 큰 위험은 학생들이 진리를 배우는 것보다 연기술에 더 관심을 갖게 된다는 위험이다. 학생들은 상연에 큰 중점을 둘 수가 있어서 그 결과로 극의 교육 가치는 전적으로 간과되거나 부분적으로 상실된다. 그리고 이 방법은 특히 연기를 잘하는 어떤 특정한 학생들을 사용하는 점에 있어서 도가 지나칠 수가 있다. 모든 학생들이 때때로 참여하도록 허용되어 있어야 한다. 게다가, 내용의 관점에서 보았을 때 최상의 형태가 아닌 극을 선택하고 발표하기가 쉽다. 마지막으로, 재료 자체와 연극 공연이 노리는 정신이 영적인 생활을 풍부하게 해주고 깊게 해줄 수 있기가 쉽지 않다는 점이다.

5. 실습(Handwork)

최근에 이르러, 학교에서의 학생들의 실습이 상당히 강조되어 오고 있다. 교회의 주일학교도 이 강조의 효과를 느꼈으며 잠시 동안은 실습 활동을 극도록 많이 수행했었다. 비록 이 활동이 너무 많이 남용되어 어떤 때는 사용하는 것보다 결코 사용하지 않는 것이 훨씬 더 나았던 때가 있지마는 그래도 실습은 학습을 돕는 아주 가치있는 보조물이 될 수 있다. 오랫동안 공립학교와 그 후 교회학교는 단순히 학생들이 무언가 하도록 하기 위해 "활동적이기는 했으나 결국 무익한 일"(busy work)을 해왔다. 공립학교는 최소한도로 다른 형태의 학습에 대한 보조물로서가 아니면 더 이상 "활동적이나 무익한 일"을 아직 하고 있는 것이다. 실습 활동은 학습에 도움이 될 때에만 정당화된다. 그러므로 실습 활동은 독립된 방법을 구성한다기보다 오히려 학습을 다른 방식으로 보다 더 효과적으로 수행하기 위한 목적으로 다른 교육 형태와 결합되어 사용될 수가 있는 수단이다.

그 성격이 각양각색인 여러 가지 것들이 실습이라는 이름하에서 이해되고 있다. 다양한 많은 종류의 탁상 사무, 다양한 종류의 집필(pen work), 필기장 관리, 모형구성(the construction of models), 포스터 제작, 몇 가지 종류의 지도 제작,

점토와 진흙과 라피아(raffia)와 많은 형태의 재료들을 사용하는 것과 그림을 다양한 방식으로 사용하는 것과 상자를 채우거나 선교사를 위해 어떤 일을 하는 것, 선광기를 사용하는 것의 모든 것과 그 이상의 여러 가지 것들이 실습 가운데 포함된다. 사실 학생들이 행함으로써 그들로 하여금 기독교 진리를 더 잘 파악하고 이해할 수 있도록 해주는 것은 전부 기독교 교육의 건설 작업(construction work)을 위해 사용될 수 있다.

(1) 실습의 가치

실습의 큰 근본적인 가치는 직접 손으로 하는 실습의 학습을 돕는 보조물이라는 사실에 있다. 이미 주지하여 강조한 바와 같이, 행함이 없으면 학습이 있을 수 없다. 학생은 그가 책을 읽거나 토론에 참가하여 질문에 대답할 때에 "행하는 것"이다. 손으로 행하는 것은 자기 활동의 한 형태에 불과하지만 그것은 가치있는 형태이다. 이 가치에 부수하는 것으로서는 다음과 같은 것들이 있다.

실습은 풍부한 힘을 가지고 있는 어린 아동들에게 유익한 일을 제공해준다. 실습은 여러 가지 재료를 판단하고 다루는 훈련을 시켜준다.

실습은 집중된 주의력을 배양시킨다. 그것은 창조적인 사고력을 계발시킨다. 실습은 다른 사람들과의 비이기적인 협동을 하도록 훈련시킨다. 실습은 주어진 한 편의 작업을 끝마칠 때까지 자기를 제어하게 함으로써 자기통제(self-control)와 인내심을 계발시킨다.

실습은 실리적인 가치를 가지고 있는데, 특히 학급에서 사용할 가치가 있는 것들을 만들 수 있는 더 나이많은 학생들에게 있어 그렇다. 실습은 아름다운 것을 감상할 수 있도록 훈련시킨다. 그것은 자존심(self-respect)과 확신을 증가시킨다. 실습은 자기를 표현하기 위한 기회를 제공한다. 그것은 학습 기간 동안 그 시간에 다양성을 제공하고 그럼으로 말미암아 긴장을 이완시켜 주는 구실을 한다.

(2) 실습의 기술

실습은 단순히 학생들을 분주하게 잡아매 두거나 그들을 학교에 참석하는 데 흥미를 느끼게 하기 위하여 사용하면 안되는고로, 학습에 어떤 도움을 주어 이바지할 때만 사용되어야 한다. 그러므로 항상 실습의 가치를 재는 정확한 시금석은 "그 활동이 실습 이외의 방법으로는 효과있게 가르칠 수 없었던 가치있는 것을 가르치고 있는가?" 하는 질문이다. 실습 활동은 학습 과제(learning project)를 전 학습 상황의 한 부분으로 만들기 위하여 군데군데 여러 가지 정신적 활동에 끼워 병행시켜야 한다.

실습은 단순히 학습 시간에 덧붙여진 어떤 것이 아니라 항상 가장 효과적인 교육의 필수적인 성분을 구성하는 부분이어야 한다. 학과에서 가르치는 사실이나 진리는 어떤 다른 기술을 사용할 때보다도 실습을 사용한 결과로써 더 실제적이고도 생생하고 실제적인 것이 되도록 해야만 한다.

학생은 작업의 가치를 알아야 하며 그 작업과 수업의 전체 목적 사이의 관계를 알아야 한다. 그는 학과 목적이 부분적으로 실습 활동을 사용함으로써 성취된다는 느낌을 가지고 있어야 한다. 그는 또한 이 목적을 획득하기 위한 수단인 작업에 진심에서 우러나온 흥미를 가지고 있어야 한다. 다른 모든 것과 같이, 이 작업은 학생이 성취할 수 있는 그의 능력범위 안에서 진행되어야 하지만, 그렇다고 해서 그가 그 활동을 중시하지 않을 정도로 단순해지면 안된다.

그의 활동의 결과는 좋은 실습이어야 한다. 원래의 목적이 학습을 돕는 것이므로, 제작물의 질을 교육의 가치에 우선하여 따지면 안된다. 그러나 학생들은 자기가 하고 있는 일을 충분히 잘 생각하여서 그 일의 중요성에 걸맞는 방식으로 완성하려고 갈망해야 한다. 다른 모든 종류의 교육에서와 같이 교사는 안내자이다. 그래서 적절하고 주의깊은 준비를 하고 작업이 그 목적에 걸맞게 잘 진행되어 나가는지를 살피고 학생의 자발과 교사의 도움과 보조 사이의 적절한 균형을 유지하는 것이 교사의 책임이다.

(3) 실습에 따르는 위험

다음에 열거하는 것들은 교사가 경계해야 할 눈에 띄게 현저한 위험들이다.

① 실습 자체를 목적으로 여기려는 경향
② 실습과 학습의 전체 과업의 분리
③ 모두 다 합쳐도 실습을 잘하기에 불충분한 재료들과 비품들과 장비를 가지고 실습을 수행하는 일
④ 교사 자신도 어떻게 하는지 알지 못하고 자신도 적절하게 할 수 없었던 일을

학생들이 행하도록 지도하겠다고 인수하는 일
　⑤ 학생들이 소유하고 있는 기술에 비해 너무 어려운 일을 하도록 요구하는 일
　⑥ 그 활동이 목표로 삼는 교육과 학습의 가치 실현을 배제시킬 만큼 완성된 작품의 질의 완전함을 과도하게 강조하는 일
　⑦ 성취되어야 할 영적인 가치들을 밝히지 못하는 일

6. 방법에 관한 최종적 고찰

　제10장 초두에 언급된 사상들을 반복하는 감이 있지만, 강조하기 위해서는 방법의 사용에 관해서 총괄적으로 몇 가지 고려할 점들을 생각하고 이 장을 마무리하는 것이 가장 좋을 것 같다. 효과적인 교육을 위해서 교사는 첫째, 사용하려는 최상의 방법을 선택함에 있어서 빈틈이 없어야 하며, 그리고 사용된 방법의 효과를 빈틈없이 관찰하여야 하며 셋째 특정한 방법을 사용함으로써 획득된 결과들을 빈틈없이 소급하여 연구하는 일이 아주 중요하다. 교육은 학생들의 학습과 학습한 결과로서 그들이 발전된 것과의 관계를 떠나서는 아무 의미도 없다.
　그러므로 교육에 사용하는 최상의 방법이란 교육의 목적에 비추어서 최상의 결과들을 산출할 수 있는 방법이 되는 것이다. 학급의 각 학생은 별개의 개인이다. 그래서 한 학생의 경우에 있어서는 매우 잘 먹혀들어가는 방법이 다른 학생에게 적용되었을 때는 최상의 결과를 내지 못할 것이다. 각각의 학생은 이전의 그의 생활 전과정을 통하여 발전되었던 많은 습관과 기술과 태도를 가지고 학습하러 온다. 교사는 개개인의 독특한 기질에 적합한 방법과 이전에 이미 학습되어 있는 것을 최대한도로 활용하는 방법을 사용해야 한다. 다른 말로 표현하면, 바른 방법은 그 학생의 성품과 그의 과거의 여러 경험들에 비추어 선택되어야 한다. 사용할 방법을 결정할 때 고려되어야 할 다른 요소들은 앞 장의 초두에서 이미 논의되었다.
　마지막으로, 최선을 다하고자 하는 교사에게는 교육을 최상으로 이끄는 방법들이 많다는 사실을 명심해야 한다. 교육의 상황이 그 상황의 특정한 여러 가지 요소들에 의해 변화함에 따라 그 방법도 항상 상황변화의 다양함에 따라 다양하게 변해야 한다. 예수께서는 신령한 진리를 전수해주기를 원하셨던 자들에게 아주 다양한 접근의 방식을 사용하셨을 뿐만 아니라, 자기 말을 듣고 있는 자의 태도의 변화나 이해의 정도에 따라 그 방식을 변경해 대처하셨다.
　자기 메시지가 학생들이 이해하여 받아들일 수 있도록 이끌어나갈 질과 신선함

을 가지고 있다는 것을 입증하기를 원하는 기독교 진리를 가르치는 교사는 누구라도 학생들로 하여금 충분하고 편안하게, 그러면서도 완전하게 받아들일 수 있는 소인을 주는 제안방식을 여러 가지로 사용해야 할 것이다.

기독교 교육 원리

제 2 부 효과적인 교육의 기술
The Art of Effective Teaching

　제2부는 저술하기에 결코 용이한 내용이 아니었다. 제2부의 관점은 아무리 선량한 사람이라 할지라도 기독교 교사가 되는 데에는 부족하다는 것이다. 제2부의 목표는 현대의 교육이 일반적으로 무엇을 우선으로 하느냐를 밝힘으로써 기독교 교육에 도움을 주자는 것이다. 저자는 기독교학교에서 적어도 세속 학교에서처럼 교육의 기술이 효과적으로 실시될 것을 교회가 크게 요구하고 있다는 신념을 확고하게 지니고 있다.
　기술(art)이라는 용어는 행위(action)를 지시한다. 한편, 이 말은 일상적으로 모든 행위에 곧바로 적용되지 않는다. 상식적인 용례에서는 탁월함을 함축하는 것이다. 말하자면, 높은 수준의 행위를 일반적으로 지시하는 용어인 것이다. 질이 낮은 일의 수행은 기술적이라고 여겨지지 않는다. 기술적이라고 일컬어지는 행위는 균형과 리듬과 조화를 갖추고 있다.
　교육은 잘 행해짐으로써 일종의 기술이 됨은 물론, 가장 복합적인 기술 중의 하나가 되는 것이다. 물론, 교육이라 일컬어지긴 하나 기술적이지 못한 교육이 많다. 그러나 교사는 다른 어떠한 영역의 종사자와 마찬가지로 창조적인 기술인이 될 수 있는 기회를 충분히 지니고 있다. 교사는 무한하게 다양한 자료들을 지니고 있다. 그가 가르치는 개개의 모든 학생들은 서로 다 다르며 개개의 모든 교육 상황이 서로 다른 것이다. 한 교사의 기술은 그가 생활에서 배우는 것과 책에서 배우는 것을 총체적으로 하여 이루어진다. 교사가 책에서 얻을 수 있는 지식이 아무리 많다 하더라도, 교사는 자기 나름대로의 교육방법을 실시하여야 하며, 따라서 교사가 이용할 수 있는 창조적인 기회에는 결코 한계가 없는 것이다.

제2부의 주제를 한 단락으로 요약하자면 다음과 같이 기술할 수 있다. 교육이란 학습을 유기화하며 지도하는 행위이다. 학습은 오로지 학습자에게 의미 있는 경험을 통하여서만 이루어진다. 어린 아이는 태어날 때부터 환경과의 상호작용이라는 연속적인 학습경험을 갖는다. 학습자는 하나님의 형상에 따라 만들어진 영적인 존재이며 힘의 목적체계이다. 즉, 신체와 정신을 통하여 기능하는 존재인 것이다. 학습자는 살아 있는 인격체로서 행동하며, 행동하기 때문에 배우는 것이다. 학습자는 배우며 성장하고, 성장함으로써 그의 본성에 내재된 잠재성을 생활 가운데 실제화한다. 학습자는 목적을 지닌 존재로서 그 자신의 임무들을 선택하며, 그 자신의 세계를 형성하며, 나아가서 그 자신의 삶의 방향을 결정한다.

  교사가 학습자의 경험을 더욱 효율 있게 유기화하고 지도하면 할수록, 학습자의 학습의 질은 더욱 좋아진다. 학습자의 학습의 질이 좋으면 좋을수록, 학습자는 더욱 완전하게 발달하며 더욱 완벽하게 자기의 존재의 목적을 실현시킨다. 기독교 교육은 학생에게 성령의 작용에 의해 변형됨으로써 영혼을 위한 진리가 되며, 그리스도를 믿는 믿음에 의해 받아들여지고 역사됨으로써 그 학생을 하나님의 자녀로 변화 시키는 바로 그러한 지식을 제공하는 데에 필요한 것이다. 나아가서, 교육이란 새로운 생명을 조성함으로써 궁극적으로는 성령께서 무한하신 하나님의 인격의 형상을 따라 학생을 균형 잡힌 완전히 발달된 인격으로 완성하는 데에 필요한 것이다.

  대부분의 교사들은 심지어 최고의 교사라 할지라도 자신의 교수방법을 충분히 탐탁하게 여기지는 않는다. 내일의 삶의 목표는 실제적인 오늘의 한계를 넘어서 있는 더욱 높은 것이다. 마찬가지로 대부분의 교사들은 내일은 오늘 행한 것보다 더 잘 가르치고자 한다. 이와 유사하게 저자는 이 본서를 내어놓음에 있어서 한계와 결점들을 본다. 저자가 말하고자 했던 방식과 실제로 쓰인 방식 간에는 커다란 틈이 존재한다. 그럼에도 불구하고, 본서를 내어놓게 되는 것은 학생들의 학습과 성장을 지도함으로써 하나님께서 그 학생들에게 섭리하신 목적을 실현시키는 것을 책임지고 있는 수많은 교사들에게 도움이 될 것이라는 소망을 진실하게 가지고 있기 때문이다.

제12장 효과적인 교육

 독자는 저자가 쓰고 있는 용어들의 의미를 확실히 이해할 때에만 내용을 정확하고도 적절하게 생각할 수 있다. 따라서 첫 장인 본장의 할 일은 이 책에서 쓰이고 있는 "효율적인 교육"이라는 말의 뜻을 분명히 하는 일이다.
 "효율적"이란 말에 대한 정의에 따라 단 하나의 문장으로 정의하자면 효율적인 교육이란 효과를 가져오는 교육이다. 이러한 정의는 그 효과가 어떠한 것이며 그 효과의 질이 어떠한 것인가에 대해 아무것도 말하지 않는다. 하여간, 본질적인 조건이 있다고 한다면 어떠한 결과를 가져와야 한다는 것이다. 그 결과가 좋을 수도 있으며 나쁠 수도 있고, 또는 무차별한 것일 수도 있고, 중요할 수도 중요하지 않을 수도 있다. 또한 교사가 얻으려 했던 것일 수도 얻으려 하지 않은 것일 수도 있고, 교사가 알 수도 있고 모를 수도 있으며, 학생이 고맙게 여길 수도 고맙게 여기지 않을 수도 있으며, 또한 학생의 생활에 도움이 될 수도 악영향을 끼칠 수도 있는 것이다.
 그러나, 어느 누구도 그 결과가 불확실한 행위를 하면서 만족하는 사람은 없을 것이다. 우리는 의도적으로 가능한 한, 어느 정도 기대할 수 있는 결과를 가져오고자 한다. 효율적인 판매인은 그가 이루고자 하는 판매를 성사시킨다. 효율적인 연사는 그가 얻고자 했던 반응을 일으키는 연설을 한다. 행위는 바람직한 결과를 가져올 때 효율적이라 할 수 있다. 이러한 관점에서 볼 때, 교육 역시 교사가 성취하고자 한 것을 이룬 정도에 따라 효율적인 것이다.
 그러나, 이 정의에는 두 가지의 한정어가 있다. 즉, "정도에 따라"와 "성취하고

자 한 것"이 그것이다. 전자에 관해서는, 실행의 효율성이란 필연적으로, 그리고 전형적으로 절대적인 완전성의 표준에 결코 도달할 수 없다는 사실이 지적되어야만 하겠다. 그러나 인간의 노력을 요구하는 절대적 완전성이라는 이상은 항상 있는 법이다. 이론적으로는 절대적인 효율성이라는 것이 있다. 다시 말하자면, 교사가 교육에 있어서 완전한 효율성을 성취할 수가 있다는 것이다.

그리고, "성취하고자 한 것"이라는 한정된 문장은 교사의 목표가 저급할 수가 있음을 함의한다. 판매인은 그가 오백 불 어치의 상품을 팔고자 했을 때 만약 그 만큼의 상품을 팔았다면 그의 목표에 견주어 보아 효율적일 수가 있다. 그러나 만약에 그가 오천 불을 목표로 정해놓고서 또 그 만큼의 판매에 성공했다면, 그는 더 높은 수준의 효율성을 성취했다 할 것이다. 마찬가지로, 연사가 자신이 의도했던 만큼의 반응을 일으켰다면 그만큼 효율적인 연사이다. 그러나 그가 더 고상하고 더 높은 정도의 강렬한 반응을 일으키는 것을 목표로 삼을 수도 있을 것인데 그때에는 더 높은 수준에서 효율적일 수가 있는 것이다. 이러한 상황은 완전성의 한계가 어느 정도인가에 대한 의문을 야기한다. 판매인에게는 그 한계가 생각 여하에 따라 오만 불, 오십만 불, 백만 불 혹은 천만 불이 될 수도 있을 것이다. 공식적인 자리에서 연사에게는 수많은 정도의 반응의 강렬함 중에서나 여러 수준의 바람직한 반응 중에서 어느 하나가 그 한계일 수도 있을 것이다. 목표는 이성의 빛 가운데서, 그리고 수행하고 있는 일의 성격에 비추어 설정되어야만 한다.

효율적 교육의 궁극적인 목표는 교육의 목적을 달성하는 것이다. 효율적인 교사의 첫 번째 질문은, "내가 왜 지금 이 일을 하고 있는가?"이다. 중추적인 목적이 없다면, 교사는 명석한 이상뿐만 아니라 그 이상을 실현할 수 있는 추동력을 결하게 될 것이다. 교사는 그의 일의 목적을 결정하기 전까지는 그의 여러 행위들을 짜 맞추어 의미 있는 전체를 형성할 수는 없다. 목적은 계획 설정이 지향하여야 할 목표를 제공하며 방법을 선택할 수 있는 기초를 부여한다. 목적은 야기되는 문제들을 다룰 때에 필요한 중심적인 표준을 제공한다. 목적은 학습과 교육을 위해 이루어지는 과정을 점검할 수 있는 준거를 확립해 준다. 목적이야말로 필요불가결한 것이다. 즉, 목적이 없는 교육은 효율적인 교육이 아닌 것이다.

플라톤은 학생의 본성과 그 학생의 생의 목적과 같은 기본적인 것들과 함께 올바른 목표를 바탕으로 한 시작의 필요성을 강조했다. 비록 우리가 그가 말한 모든 것을 받아들일 수는 없지만, 우리는 그에게서 교육의 모든 작업들을 조화시킬 수 있는 중추적인 목적을 찾아야만 한다는 사실은 배울 수 있다. 다른 중요한 일에서도 마찬가지겠지만 교육에 있어서 가장 중요한 측면은 그 중추적인 목적이다.

교육의 목적은 무엇인가? 다양한 대답이 주어질 수 있을 것이나 그 각각의 대답들은 생에 대한 철학을 표현한 것일 수밖에 없다. 상식적인 대답은 이러할 것이다. 지식의 전달, 생계수단, 바람직한 시민정신, 생에 있어서 자신의 위치를 적절하게 채우기 위한 능력, 도덕심, 올바른 태도, 행복, 본성에 따른 성장, 인격의 충분한 발달 등. 사실, 교육의 목적과 생의 목적은 상당히 동일하다. 만약에 우리가 생의 목적을 지니고 있다면, 그것에 맞추어 다른 모든 목적들을 정할 수가 있을 것이다.

표류하기가 쉽다. 명백히 규정된 목적이 전혀 없는 교육에는 임하기가 쉬운 것이다. 우리가 명백한 중추적인 목적을 가지고 있을 때, 모든 일이 질서정연하게 제자리를 찾을 수가 있다. 그러나 만약에 우리가 중추적인 목적을 명백하게 지니고 있지 않다면, 교육의 효율성이 감소할 것이다. 교사가 나아가야 할 종착점을 지니고 있지 않을 때 교사는 학생들을 이끌어갈 수가 없는 것이다. 다른 사람들을 안내하는 자가 아무 곳도 목적하지 않고 간다면 그들을 아무 곳에도 데려갈 수 없는 것이다. 확고부동한 목적이 없이는 학생들에게 방향감각을 심어줄 수도 없을 뿐만 아니라 학생 스스로 그 방향을 찾을 수 있게끔 도와줄 수도 없는 것이다. 그리고 그것은 신념이나 목적이 없는 삶을 살게끔 하는 것으로서 학생들을 고통스러운 회의와 생을 불행하게 만드는 공포의 희생자가 되게 하는 것이다. 왜냐하면 교사가 확고부동한 목적을 지니고 있지 않을 때에는 학생들이 교사에게서 자신들의 존재의 의미를 발견할 수 없기 때문이다.

감각이 뛰어난 농부, 목수, 금속 노동자, 벽돌공, 도자기공, 예술가 혹은 여타의 영역에서의 노동자들은 일을 착수하기 전에 재료들을 점검한다. 가르치고자 하는 자들의 본성과 그 요구들에 대한 연구도 없이 가르침을 시작할 수 있을까? 여타의 근로자들보다도 더욱이 교사가 규정된 규칙을 맹목적으로 따르거나, 운수를 믿고서 그저 항상 행해진 대로만 행동하거나, 안정됨이 없이 그의 학생들의 본성과 요구들을 탐구하지도 않는다면, 과연 좋은 결과를 기대할 수 있을까? 농부와 목재, 금속, 석재 등, 그 외에 물리적인 재료들을 가지고서 일하는 사람들은 곧 사라지게 되는 것들을 대상으로 한다. 교사는 영원한 삶을 지니게 될 소위 심령들을 대상으로 일하는 것이다.

학생이란 교사의 영향 하에 들어올 때 이미 그 자신으로 존립한다. 질적으로는 어떠하든 간에 학생은 이미 한 영혼을 지니고 있다는 것이다. 그러나 그 영혼이란 성장할 여지를 지니고 있으며, 양식을 먹음으로써 성장하는 것이다. 교사의 임무는 학생의 그 영혼을 먹이고 성장하도록 지도함으로 그 영혼이 마땅히 이룰 수 있는 상태를 견지하게 하는 일이다. 교사의 목적을 단적으로 표현하면 다음과 같다. 개개의 학생들이 자신들에게 부여된 창조주 하나님의 섭리를 이룰 수 있도록 타고난 삶을 영위해 나가는 것을 도와주는 것이다. 플라톤과 같이 교사는 모든 천박한 목표들과 피조물에게 합당하지 않은 모든 목표들을 버리고 자신의 목적을 명명백백하게 지닐 필요가 있다. 인간의 삶에 단 하나의 목적이 있다면 그것은 가능한 한 하나님을 닮는 것이다. 바로 이 목적을 진작시키는 것이 교사의 과업인 것이다.

그렇게 볼 때, 효율적인 교육이 이루어지기 위해서는 교사가 하나님의 의도를 명백하게 파악하는 것이 요구된다. 더 나아가서, 교사는 자신의 학생들의 특징뿐만 아니라 일반적인 인간 행동의 법칙들을 알아야만 한다. 교사가 자신의 목적을 명백하게 마음속에 간직하고 인간으로서만이 아니라 한 개인으로 학생들을 앎으로써 자신이 왜 가르치고 있는가 하는 이유를 알게 된다. 이러한 이유를 안 연후에야 비로소 "어떻게"의 단계로 넘어갈 준비가 되는 것이다. 즉, 자신의 교육내용을 비로소 계획하고 교육진행의 여러 방법들을 선택할 준비가 되는 것이다. 각각의 계획 단계, 실제 교수의 모든 행위와 말들은 피교육자의 본성과 요구, 그리고 교육에 의해 성취하고자 하는 목표에 합당하여야만 한다. 일단 얻어진 이 같은 기초적인 사항들은 망각되어서는 안 된다. 그러므로 교사는 시종일관 학생의 존재의 본성과 교사 자신의 교수하는 행위의 목적을 명백하고도 충분하게 유념할 수 있도록 노력해야 한다.

효율적인 기독교 교사라면 다른 어떠한 교사들보다 결코 적지 않게 명백하고도 확실한 목적을 계속적으로 자각해야만 한다. 아마 많은 수의 기독교 교사들이 자신의 목적은 "성경을 가르치는 것"이라고 말할 것이다. 그러나 이러한 목적관을 조금만 더 고려해 본다면 "성경을 가르친다는 것"이 기독교 교육이 지향해야 할 최종적인 목표가 아니라는 사실을 깨닫게 될 것이다. 성경을 안다는 것은 그것 자체로서는 아무런 소용이 없다. 누구라도 성경을 많이, 그리고 잘 알 수는 있으나 창조주 하나님께서 그에게 섭리하신 존재의 상태에 도달하지 못할 수가 있는 것이다.

기독교 교육의 합당한 목적은 바로 하나님의 은총이 피교육자의 심령과 생활 속에서 활용될 수 있도록 하는 것이다. 지식은, 심지어 성경 지식 바로 그것이라 할지라도 "사라지고 만다." 인쇄된 성경 속의 문자들은 그 자체로서는 전혀 가치가 없다. 성령이 개인의 경험과 생활 속에 그 성경의 말씀들이 살아 움직이게 하여 영적인 성과를 가져올 때에만 가치가 있는 것이다. 교사가 학생을 그리스도 예수 안의 생활로 이끌 수는 없다.

기독교 교사가 할 수 있는 것은 성경을 가르치고 그 성경의 진리가 배우는 학생들에게서 살아 활용될 수 있도록 하는 성령의 도우심을 기도하고, 학생들을 지도하고 도우고 용기를 북돋우는 일에 있어서 자기 자신이 성령에 의해 사용될 수 있도록 자신을 허락하는 것이다. 교사는 성경을 가르치되 그 성경이 하나님께서 개개의 학생들로 하여금 그리스도를 구주로 영접하고, 그 자신 속에서 그리스도의 형상을 형성하고, 나아가서 한 사람의 그리스도인으로서 하나님을 모르고 있는 자들에 대한 책임을 인식하고 그 책임을 다할 수 있도록 인도하시는 데에 사용되도록 하기 위하여 가르치는 것이다. 그의 모든 가르침은 이같이 밀접하게 연관되어 있는 기독교 교육의 세 단계 중 어느 하나, 혹은 그 모든 것을 이루는 데에 은총이 작용할 수 있도록 그 방향이 정해져야 한다.

효율적인 교육의 궁극적인 목적은 학생이 하나님의 형상을 닮아가도록 하는 것이다. 그리스도께서 강조하신 용어를 빌어 표현하자면, 효율적인 교육은 하나님의 은총이 학생의 심령과 생활 속에 작용하여 학생을 "온전하고 모든 선한 일들을 철저히 갖춘" 하나님의 사람으로 변형시킬 수 있는 조건들을 정립하는 교육이다.

인간의 매사가 그러하듯이, 목표들 속에는 당연히 세부적인 목표들이 있기 마련이다. 더욱 작은 목표들이 하나씩 성취됨으로써 크고 포괄적인 최종적 목표가 궁극적으로 성취되는 것이다. 이 최종적인 목표는 항상 주시되어야만 하며 크든지 작든지 간에 행해지는 모든 일들은 최종적인 목표 성취에 기여할 수 있어야만 한다. 효율적인 교육이 단 하나의 문장으로 정의될 수는 있겠으나 그 정의는 많은 함축과 적용들을 내포하고 있다. 본장의 나머지 부분은 이러한 함축이나 적용 사항들 중에 가장 중요한 것 몇 가지를 개발하고 검토하는 데 사용하고자 한다.

1. 교수의 본성

교수(teaching)는 학습(learning)과 불가분리적으로 연관되어 있다. 교수는 항상 실제적인 학습의 상황에 처해 있는 학습자와 관계한다. 학습 없는 교수는 없으며 또한 학습은 학습자의 행위이다. 그러나 교수는 학습 상황으로부터 그 출발점을 취해야만 하며 오로지 학습의 관점에서만 이해될 수 있다.

학습과 교수는 동일한 행위과정의 두 측면이다. 학생과 교사에 의해 무엇인가가 가르쳐지는 곳이면 어디에서나 필연적으로 학습되는 무엇인가가 있다. 교수가 좋을수록 학습의 질이 더 좋은 법이다. 더 좋은 학습은 항상 더 좋은 교수로 이끈다.

정상적인 어린이라면 누구든지 배운다. 태어나기 전부터 배우기 시작하는 것도 가능한 일이다. 어린이는 자신이 배우든지 배우지 않든지 간에 항상 의식되는 것은 아니지만 태어난 뒤부터 계속적으로 학습이 이루어지고 있는 것만은 분명하다. 생활이 이루어지는 곳이라면 어디든지 행위가 있기 마련이다. 행위에 참여하는 결과로서 개개인은 배운다. 출생하는 순간부터 사망하는 순간까지 각 개인은 자신을 행동하게 하는 환경 속에 존재한다. 그러한 환경의 자극은 기본적으로 학습 방향과 내용을 결정하는 것을 그 본성으로 지니고 있다.

분명한 것은 2-3개월 된 어린이가 정식으로 교육을 받을 수는 없지만 많은 것들을 배운다는 사실이다. 어린이에게 있어서 가장 효율적인 교육내용의 일부는 그 어린이가 배울 수 있을 정도의 연령이 되기 오래 전에 이루어진다. 만약에 개인이 정식으로 배우는 것 외에 아무것도 배우지 않는다면 잘못된 길로 들어서게 될 것이다. 습관, 태도, 기량, 행동이나 품행 그리고 인격 역시도 배워서 획득된다. 사람들은 호(好), 불호(不好), 견해, 신념, 성실, 이상, 그리고 열망 등도 배운다. 위험에 어떻게 대처하는가, 사람들과 어떻게 어울리는가, 자신이 원하는 것을 어떻게 얻는가, 불쾌함을 어떻게 피하는가, 금전을 어떻게 사용하는가, 가고자 하는 곳에 어떻게 가는가, 해야 하는 대로 행동하면 무슨 일이 일어나는가, 그리고 하지 말아야 하는 어떤 일을 행하면 무슨 일이 일어나는 가 등등의 모든 것을 배우는 것이다. 전 생애를 통하여 각 개인은 정규적인 교육을 떠나서 자기 주위의 사람들과 사건들과 행위들 및 여러 대상들에게서 중요한 것을 배운다. 심지어 정규적으로 배우고 있는 시절에도 때때로 가장 효율적인 학습은 비형식적으로, 그리고 직접적으로 이루어지기도 한다. 우연히 혹은 비형식적인 학습이 정규적인 학습을 통해 얻은 모든 것보다 비중이 더 크다 할 것이다.

특별히 인생 초기에 많이 이루어지는 이러한 자연적 학습(natural learning)의 많은 부분은 종종 흡수 동화과정(Process of absorption)이라 불리어지는 것으로서 설명된다. 살아 있는 존재인 어린이가 물론 스펀지가 물을 흡수하듯이 학습내용을 받아들이지는 않는다. 그러나 어린이는 모방과 동일화(identification)를 통하여, 그리고 최소한의 지적 행위나 시행착오와 더불어 다른 사람들로부터 모방함으로써 많은 것들을 배우는 것이다. 그리고 각 개인은 전 생애를 통하여 다른 사람들에게서 보는 행위를 모방한다. 둘째로, 어린이 혹은 그 문제에 관한 한 누구든지 비형식적인 교수에 의하여 우연적이거나 직접적인 많은 학습을 이룬다. 그들에게 관계되는 사람들, 즉 부모, 형제, 자매, 조부모, 아저씨, 아주머니, 고용인, 소매상인, 동료, 친구, 사업에 관계되는 사람들, 직장 동료, 사회단체, 경찰, 우연히 알게 된 사람, 그리고 그 외의 사람들이 많은 값진 내용을 효율적으로 가르치는 것이다. 셋째로, 각 개인들은 자신의 세계 내에 존재하는 대상들과 사람들을 관찰하거나 실험함으로써 많은 것을 획득한다.

자연적 학습과 정규적 교수의 주장들 간에는 항상 다소의 마찰이 있어왔다. 전자의 경우에는, 학습자가 전체적이며 의미 있는 환경 상황에 대해 반응하며 그가 반응하는 그대로 자신의 학습을 구성한다. 정규적 교수 하에서는, 교사의 제시와 요구들이 자연적인 반응 방식을 방해하며, 따라서 학습반응들을 효과 있게 유기적으로 구성하는 것을 불가능하게 한다. 루소(Rousseau)는 교육이 자연에 의거하여야 한다고 주장했다. 즉, 어린이의 본성과 학습의 본성이라고 하는 불가분리적으로 뒤엉켜 연관되어 있는 두 요소에 따라 이루어져야 한다는 것이다. 자연적 학습이 본질적으로 효율적이라고 한다면, 그 근본적인 성격들을 고찰하는 것은 당연한 일일 것이다. "인간은 가르침을 받지 않는 것처럼 가르쳐져야 한다"(Men must be taught as if you taught them not).

학습과정의 본성을 완전하게 이해할 수 있는 사람은 아무도 없다. 교수와 마찬가지로 학습 역시도 복잡하며 다면적이다. 수년간에 걸쳐 위대한 사람들이 이 문제들과 더불어 씨름하고 시달려왔다. 비록 학습에 관한 많은 이론들이 형성되어 오고 있지만, 많은 측면들이 명확하지 못한 실정이다. 그러나 우리가 학습의 성격들을 더 많이 연구하면 할수록 우리들은 교수의 본성을 더 잘 이해하며 더욱 효율적으로 교수행위를 계획하고 실행할 수 있을 것이다.

항상 그런 것은 아니지만, 대체적으로 학습은 문제와 더불어 시작한다. 여기서 문제라는 것은 학습자에게 있어서의 새로운 조건이나, 학습자가 쉽게 만족할 수 없는 요구나, 학습자로 하여금 행동하게끔 하는 환경적인 자극을 의미한다. 살아 있다는 것은 활동적임을 의미한다. 활동적이라는 것은 새로운 상황들을 만나는 것을 의미한다. 맞닥뜨리지는 모든 새로운 상황들은 그 상황에 포함되어 있는 문제에 대처할 수 있는 새로운 형태의 행위를 요구한다. 사람은 계속적으로 문제를 만나고 있으며 또 해결하고 있다. 해결된 모든 문제들은 학습에 기여한다. 문제, 혹은 학습적 상황은 순간적으로 일어날 수도 있다. 예를 들면, "저게 뭐야?"라는 단순한 질문을 하고서 만족스러운 답변을 얻을 때에도 성립되는 것이다. 혹은 학습적 상황은 장기간의 시간에 걸쳐 확장되기도 한다. 예를 들면, 산수에서의 숫자들을 배우는 경우가 그러하다. 학습적 상황이 순간적인 것 이상의 시간을 취할 때에는 정신이 한 문제의 단계에서 다른 문제의 단계로 넘어감으로써 동시에 많은 학습이 일어난다.

문제나 새로운 상황에 처하게 될 때, 각 개인은 그 문제나 상황을 더욱 뚜렷하게 알기 위하여 그것을 연구하고 규정하고자 한다. 그때에 각개인은 주어진 문제에 관계가 있고 해답을 줄 것 같은 무엇인가를 할 수 있는 과거의 한 경험에서 끄집어낸다. 연관된 과거의 경험의 회상과 함께, 혹은 그 회상이 있은 후에 주어진 환경에서 문제의 해결에 기여할 만한 무엇이 있는가를 학인하기 위하여 현재의 상황을 검토한다. 이같이 다소 체계적으로 수집된 자료로부터 생각 속에서 임시적으로 만들어내는 해결점을 형성하는 것이다. 혹은 처음에 얻은 해결점이 부적절하다는 이유로 거부해야겠다고 생각할 수도 있다. 바람직하다고 여겨지는 해답을 발견할 때, 그 해답이 과연 효력이 있는지를 알기 위하여 처음의 문제에 적용한다. 그리하여 만약에 그 해답이 효력이 없을 경우에는 효력 있는 다른 해답을 발견할 때까지 그 과정을 되풀이한다. 학습이 진행될 때, 만족스러운 해결점이 마침내 발견될 때까지 불만족스러운 해결점들을 제거함으로써 어느 한 점을 향한 수렴이 이루어진다. 효율적인 학습에 있어서는, 학습자가 각각의 단계를 되돌아보며 자신의 노력의 결과들을 평가한다.

이렇게 볼 때, 자연적 학습의 본질은 다음과 같다고 하겠다.

(1) 학습자의 입장에서의 행위라는 것이다. 문제에 맞닥뜨리고 그 문제와 씨름하고 해결점들을 찾으며, 그 해결점들을 시험해 보며 자신의 노력들을 평가하고, 하나의 해결점을 정착시키는 자가 바로 학습자인 것이다.

(2) 학습자는 해결을 요구하는 문제를 해결한다는 목적을 지닌다.

(3) 환경이 학습을 진작시킨다. 문제가 일어나는 것은 환경으로부터이다. 환경은 문제에 대한 해결을 위한 요소를 지니고 있는가, 혹은 지니지 않고 있는가에 따라 해결을 돕기도 하고 방해하기도 한다. 또한 환경은 스스로가 학습에 대해 뭔가를 공급하거나 하지 않는 바에 따라 학습에 어느 정도의 방향을 제공한다.

(4) 학습의 질은 관심에 의해 결정된다. 문제가 활력적이며 의미심장하면 할수록 관심은 더욱 깊어지며 해결하고자 하는 충동이 더욱 강해진다. 그러한 충동이 강하면 강할수록, 학습자는 자료의 발굴에 있어서 광범위해지며 검토와 평가의 행위가 진지해진다.

(5) 학습은 성장을 가져온다. 문제를 대하고 그 문제를 해결하기 위하여 노력을 기울이는 것, 새로운 상황에의 적용을 위해 과거의 경험을 회상하여 사용하는 것, 현재 요소들의 상태를 아는 것, 노력의 결과들을 평가하는 것, 해결방안을 검토하는 것, 그리고 적절한 해결점을 발견하는 것 등, 학습 행위의 모든 단계들이 정신생활과 인격에 있어서의 성장을 가져오는 것이다.

교수 하에 학습과정은 본질적으로 본성에 있어 일상생활의 학습과정과 동일하다. 학생의 본성이나 학습의 본성은 바로 그것이 형식 교수 과정의 주제로 되기 때문에 변화하지 않는다. 이러한 정규적인 교수가 학생이 배우는 동안 많은 것을 방해할 수도 있고 크게 도와줄 수도 있다는 것은 사실이다. 학습자는 그 자신의 노력을 통하여 자신에게 실제적으로 관심의 대상이 되는 문제, 그것이 일상생활에서건 학교생활에서건 바로 그러한 문제를 취급하여 공격할 때 항상 최상으로 배우는 것이 된다.

교수는 경험들을 통제하여 학습이 미리 결정된 목적과 조화를 이루게끔 하는 수단이다. 자연적 학습은 규정된 목표 또는 목적이 전혀 없다. 어린이들은 많은 것들을 배운다. 그리고 정규적인 교수를 받지 않을 때도 많은 것들을 잘 배운다. 그러나 지도받지 않는 학습이 학습자를 그가 가야 할 방향으로 인도하며 마땅한 질을 갖는다는 점에 대해서는 확신할 수가 없다. 생각 이상으로 가르침을 받지 않고 자란 사람이 마치 전혀 손보지 않아 마음대로 뻗어 있긴 하나 전혀 열매를 맺지 못하는 포도나무와 같이 되곤 하였다. 광범위한 전체의 인간생활에서부터 학습을 진작시켜 효율적인 교육의 궁극적인 목표를 향하여 성장을 가져올 수 있는 경험들을 선택하는 것이 교사의 임무이다.

교사는 성취하여야 할 최종적인 목표를 분명하게 파악하고서 그 목표를 실현시키기 위하여 위와 같은 경험들을 선택하고 정리하여야 한다. 교사는 거대한 건물을 짓기 위해 계획하는 건축가와 같다. 건축가는 자신의 정신 속에서 완성된 전체로서의 건물을 본다. 무엇보다도 건축가는 그 건물이 엄청난 양의 작은 단위들로 구성되어 있으며 그 각각의 단위들은 완성된 건물이 계획된 대로 이루어지기 위해서는 세부적으로 정밀하고 정확하여야만 한다는 사실을 알고 있다. 그는 계획을 분석하여야만 하며 각각의 세부사항을 주의 깊게 제시하여야만 한다. 마찬가지로, 효율적인 교사는 자신의 목적을 성취하기 위한 전반적인 계획에 있어서 모든 세부적인 사항들을 바라볼 수 있어야 하며 그리하여 학생의 경험을 통하여 적절하게 그 목적의 달성에 대비해야만 한다.

  그런데, 학습의 본성은 교수의 본성을 결정한다. 교수에 있어서 첫째 본질은, 학생들이 경험들을 교수의 궁극적인 목적에 뚜렷하게 연관지을 수 있도록 환경을 조절하고 인도하는 것이다. 주어진 환경이 어떠한 종류의 것인가 하는 바는, 즉 학생들이 직면하게 되는 문제들의 유형은, 학생들의 학습의 양과 가치에 직접적인 영향을 미친다. 둘째로, 교수는 학습이 진행되는 동안 학생에게 자극을 주고 용기를 북돋워주고 학생의 행위를 지도하는 것이 불가피하다. 문제를 해결하고자 하는 학생의 목적을 계속적으로 생동적으로 유지시키는 것과 학생이 해결점들을 찾는 동안 학생을 북돋워주는 것 및 가능적인 해결방안들이 지닌 함의들을 개발해내고 결과들을 평가하는데 있어서 지도를 하는 것이 교사의 임무이다. 셋째로, 교사는 학생들이 환경을 다루고 그 환경에서 요소들을 선택하고 거부하는데 있어서, 그리고 학생들이 문제를 발굴해 내고 그 단계들을 검토하는데 있어서, 또한 학생들이 환경에 적응하고 문제를 해결하기 위하여 그 환경을 사용하는데 있어서 후원을 한다. 넷째로, 교사는 학생들이 배우기를 원한다는 사실을 확신하고 학생들이 배우고 성장하는 것을 돕는 일이라면 할 수 있는 모든 일을 한다. 이러한 사실은 가능성들을 파악하는 주의력과 그 가능성들을 이용할 수 있는 능력과 학생들이 하는 일들로부터 성과를 얻어내는 일을 도와줄 수 있는 계속적인 노력을 포함하고 있다.

  사실, 교수란 외견상 드러나는 그 본질들에 관한 진술처럼 그렇게 단순하지는 않다. 교수는 단순히 학생들에게 여러 일들을 말해 주며 학생들에게 사실들을 되풀이하게 하며, 학과내용들을 들으며, 일련의 질문들을 던지며, 형식과 과정을 따르며 혹은 장치와 방법에 맹종하듯 의존하는 등의 업무가 아니다. 교수는 고정된 과정이 아니다. 교수란 상상력과 독창성 및 판단력을 자유자재로 구사할 수 있는 역동적이며 열정적인, 그리고 희망적이며 숙달된 사람에 의해 이루어지는 고되고 지속적인 힘든 작업이다. 교수는 창의성과 독창성 및 창조적인 능력을 요구한다. 교수는 학생들의 정신적인 반응에 대한 통찰력과 기민한 사고, 학생들의 사고를 자극할 수 있는 능력, 그리고 복잡한 학습행위들을 유기적으로 구성하며 그 학습행위들을 규정된 목표를 향하여 지향시킬 수 있는 역량을 요구한다. 교수는 광범위한 전문적인 준비를 배경으로 하여 형성된 지도력을 요구한다.

  교수는 학습을 구성하는 것이다. 교수는 복잡하고도 불가시적인 학습의 과정을 진작시키는 상황을 창조하는 작업을 포함한다. 이는 결코 가벼운 임무가 아니다. 왜냐하면, 학습에는 우리가 모르고 있는 것들이 많이 있기 때문이다. 그럼에도 불구하고, 교수는 학생을 바람직한 학습을 가능하게 하는 환경과의 연관 속에 개입시키는 작업을 포함한다. 효율적인 교수는 효율적인 학습을 위하여 환경을 구성하는 작업이다. 학생이 학습을 이루기까지는 교사가 가르친 것이 아니다. 효율적인 학습이 일어나기까지는 효율적인 교수는 이루어진 것이 아니다.

효율적인 교수는 우연한 일이 아니다. 또한 자동적인 것도 아니다. 그것은 당연한 것일 수도 없다. 교수는 학습과 학생들이 배우는 동안 학생들의 행위를 올바르게 지도하는 데에 최상인 조건들을 설치하는 일을 포함한다. 효율적인 교수는 의미 깊은 학습을 구성하고 진작시키는 일에 관심을 집중시킨다. 항상 "교사는 덜 가르쳐야만 하며, 학생은 더 많이 배워야만 한다." 효율적인 교사는 일상적인 단어의 의미로 가르치지 않는다. 교사가 하는 일은 학생들이 배울 수 있도록 하기 위하여 환경을 조성하고 무대를 마련하는 것이다. 교수에서 중요한 일은 교사의 언사나 행동이 아니라 학생이 그에게 의미가 되는 행위에 함께 한 결과로서 학생 스스로가 발견해내는 것이 무엇인가 하는 사실이다.

2. 규칙과 절차

교수는 인간의 과업 중에서 가장 위대한 것이 아닐지는 몰라도 가장 위대한 것 중의 하나이다. 그것은 수 세기에 걸쳐서 진행되어 오고 있으며 오늘날에도 수없는 사람들에 의해 수행되고 있다. 이 같은 수 세기동안, 여러 종류의 이론들이 향상되었으며 다양한 방법들이 사용되었고 그리고 교수에 관한 많은 책들이 쓰였다. 한때 좋다고 여겼던 많은 방법들이 지금은 불완전하고 부적절한 것으로 여겨지고 있다. 앞선 세대들의 교사들에 의해 참고도서로 사용되었던 수백 권의 책들이 이제 더 이상 출판되지 않는다. 현금(現今)에 이르러, 교수에 관한 이론들과 여러 저작들에 대한 많은 토론이 이루어지고 있다. 그러나 우리는 수에 있어서 좋은 교수를 행하기 위한 뚜렷한 규칙 및 절차의 형성을 가능케 하는 일에 관하여 잘 모른다.

교육의 역사는 엄청난 부분에 있어서 교수의 문제들을 해결하고자 하는 여러 시도들의 역사이다. 이러한 시도들은 주로 지식을 나누는데 있어서 더욱 효율적인 기술들을 발견하고자 하는 노력들에 관심을 두어왔다. 지식을 과도하게 강조하는 경향이 있어왔다. 지식은 정신이 사용할 수 있는 사실로 구성되어질 때에만 비로소 힘이 된다는 사실을 인식하여야 한다. 미량의 이해라 할지라도 "생기가 없는 사실들"의 다발보다도 훨씬 가치가 있다. 학생이 그에게 의미 있는 행위에 참여함으로써 효율적으로 배우도록 하기 위하여 환경을 조성하는 교수는 학생에게 많은 사실들이나 여러 항목의 지식들을 제공한다. 그리고 이렇게 얻어진 사실들은 사용되지 않고 사용될 수 없이 내버려져 있는 기억에 저장되는 사실이 아니라 이해되어진 사실들이다. "그저 사실들로 채워져 있는" 교수는 비효율적인 교수이다. 학생들이 이해 없이 배우고자 할 때, 그렇게 배워진 내용은 그들에게 의미가 없는 것이다.

이러한 종류의 교수는 우선 규칙들과 절차들에 관계한다. 효율적인 교수는 절차나 방법에 주의를 집중하지 않는다. 효율적인 교수는 어떠한 방법이 사용하기에 올바른 것일까 하는 질문을 하지 않는다. 효율적인 교수의 관심은 교수과정에 응함에 있어서 근본적으로 학습의 원리들과 법칙 및 조건들에 있다. 교사가 이러한 법칙들과 원리들을 이해할 때, 만약에 그가 가르치고자 하는 내용에 관한 지식을 철저히 지니고 있다면, 그는 교수 절차와 학습 상황들을 가르치고자 하는 내용에 연관하여 합당하게 정렬시키고자 하는 목적으로써 그것들을 적절하게 분석할 수 있다.

이러한 교수 절차나 학습 상황의 배열은 이론이나 방법론에만 기반을 두어서는 결코 수행될 수 없다. 효율적인 교수는 교수기술의 숙달에서 비롯되지 않는다. 그것은 학생의 본성과 요구, 그리고 교수의 목적에 관한 이해로부터 생겨나는 것이다. 그러한 이해를 바탕으로 할 때, 교사는 연습과 실습에 의하여 주어진 학습 상황을 위해 선택된 방법이나 절차를 이용하는 높은 수준의 기술을 발전시킬 수 있는 것이다.

유능한 교사는 다른 사람에 의해 개발된 규칙들에 얽매이는 숙련된 장인이 아니다. 유능한 교사는 개별적인 독특한 학생들과, 추구하는 개별적인 독특한 목적들에 적합하도록 변형된 다양한 절차와 방법들을 구사한다. 유능한 교사는 자신의 절차를 개별적인 학생들의 요구에 적합하도록 사용할 수 있기 위하여 교수의 목적들과 기술들에 익숙해 있다.

효율적이기 위해서는, 교수가 서로 간에 많이 다른 다양하고도 수가 많은 학생들의 요구를 만족시켜 줄 수 있을 정도로 융통성이 있어야만 한다. 우리 모두는 단 두 사람의 학생이라도 거의 같은 경우가 결코 없다는 사실을 알고 있다. 그러나 그러한 사실에 대해서는 우리의 지식에 의존한다기보다는 그들이 서로 다르다고 말하는 편이 더욱 용이할 것이다. 교사가 자신의 교수를 개별적인 요구들, 개별적인 관심들, 개별적인 능력들 및 개별적인 인격적 특징들에 맞게 적용시키지 못하는 한, 효율적인 교수가 이루어질 수가 없다. 교사는 항상 개별적인 학생들 한 사람 한 사람의 독특한 인간을 도와주고 지도하며 용기를 북돋워주는 과정에 관심을 두어야만 한다.

한편, 어떠한 절차를 사용하든지 간에, 그 교수 절차는 교사 자신에 관한 어떤 것을 포함하고 있어야 한다. 그것은 교사에 의해 지적으로 취택된 것이며 동시에 교사 자신이 공헌한 그 무엇이어야만 한다. 시간에 따라 새롭고 유익한 절차를 적용함으로써 교사는 효율성을 높일 수가 있다. 교사는 이미 자신이 가지고 있는 모든 것들을 결코 도외시하거나 새로운 것들로만 시작할 필요는 없다. 만약에 교사가 교수를 위한 적절한 준비를 갖추고 있다면, 그는 항상 가장(家長)처럼 "자신의 보화 중에서 새 것과 옛 것을 내놓는" 잘 교육된 서기(scribe)가 될 수 있을 것이다. 그러나 유념해야 할 것은 교사가 "내놓을 수 있는 보화"를 가지고 있어야 한다는 사실이다. 아무것도 없는 데서 뭔가를 가진다는 것은 불가능하다.

3. 교사와 교수

마지막으로 분석해 볼 때, 교수의 상태를 결정하는 것은 바로 교사라는 점이 드러난다. 어떠한 교수든지 간에 교수는 그 교수를 행한 자의 이미지를 드러낸다. 교사의 영향을 측정한다는 것은 불가능하다. 학생들의 지도학습과 성장에 있어서 그 방향을 정하여 지도하는 사람보다 더 중요한 것은 아무것도 없다. 방법과 기술, 절차 혹은 행위가 아무리 탁월한 것이라 할지라도 그것들을 유용하게 사용할 수 있는 교사 없이는 결코 효력을 발휘할 수가 없다. 모든 교수에 있어서, 효력을 발생시키는 요소는 바로 살아 있는 사람이다. 좋은 교사가 되기 위해서는 준비되어 있는 사람이 되어야 한다. 교수라는 작업은 인생 자체만큼이나 다면적이다. 일생 동안 교수를 하고난 뒤에도 교수에 관하여 거의 아무것도 모른다고 느낄 수가 있다. 그러나 교수를 위해 뼈를 깎는 열심으로 준비를 하고 성실하게 그 준비한 것을 적용하면 커다란 보상이 뒤따를 것이다. 가능한 한 모든 방법을 동원하여 기꺼이 준비하고자 하며 나름대로 모든 수단을 사용하고자 하는 교사는 효율적인 교수를 행할 수 있다. 그러한 교수의 진가는 바로 준비에 있는 것이다. 도대체 꽃무늬의 편안한 침대와 함께 지내면서 가치 있는 결과를 가져올 수 있는 방법이란 결코 없는 법이다. 준비를 결코 그쳐서는 안 된다. 어쩌다 한번 준비하고서 그냥 안주해 버리고서도 좋은 결과를 낳을 수 있는 길은 결코 없다. 준비 역시도 교수 자체만큼이나 다면적이다. 복잡한 일을 하는데 있어서 단 하나의 기초를 형성하는 준비의 양상이나 형식이란 결코 성립하지 않는다.

준비를 시작하는 지점은 교수라는 작업을 위하여 인간적인 특징들을 모으는 데서 성립된다. 이것은 다른 행위의 영역들과 연관하여서도 성립되는 사실이다. 기계공이나 목수 혹은 점원이 되고자 생각하는 사람이 예민한 자라 한다면, 그가 기계나 목재, 혹은 숫자와 더불어 일할 수 있는 능력을 갖추고 있는가를 자문할 것이다. 만약에 냉정하게 판단해 보아 자신이 생각하고 있는 그 일에 대해 능력도, 관심도 없다면 다른 분야로 찾아가야 할 것이다.
　아마도 교수에 있어서 상대적으로 보아 어느 정도 성공을 이룰 수 없는 사람은 거의 없을 것이다. 그러나 양식이 있는 사람이라면 교수를 생각해 보아 자기 자신이 이해에 있어서 둔하다거나, 다른 사람들의 문제에 대한 동정적인 이해가 부족하다거나, 자신의 생각을 전달할 수 있는 능력이 없다거나, 그 외에 실패할 가능성을 지닌 소지를 지녔다고 생각하게 될 때에는 다른 일에 종사하고자 할 것이다. 인기를 얻거나 권력을 얻거나 혹은 편한 일을 하고자 하여 교수에 뛰어들고자 하는 사람이 있다면, 자신의 동기를 바꾸거나 교사가 되기를 중단함으로써 학생들에게 유익을 끼칠 수 있는 사람들에게 호의를 베풀어 그 자리를 양보하여야 할 것이다. 중요한 준비단계의 한 가지는 신체적인 균형에 관한 것이다. 좋은 건강상태는 효과적인 일을 수행하는 데에 필수적이다. 이는 단순히 질병이나 신체적인 허약성을 지니고 있지 않다는 것 이상의 것이다. 효율적인 교사가 되기 위해서는 넘치는 활력과 다량의 열정 및 끊이지 않는 힘이 있어야 한다. 따라서 적절하게 신체적인 조절을 하는 것은 필수적이다.
　효율을 올리는 데에는 좋은 인격이 필수적이다. 교사의 인격 문제는 따로 한 장(章)을 할애하여 취급할 만한 가치가 있는 주제이다. 여기서는 인격의 균형과 총체성 및 건전성에 기여하는 것은 그 무엇이든지간에 교수의 성공에 기여한다는 사실을 말하는 정도로 만족해야겠다. 용인할 만한 인격의 특질이라면 교수라는 작업의 자산이 되지 못한다고 지칭할 수 있는 것은 전혀 없다. 상기한 문단에서 언급된 한계들과는 달리 인격적 특질들은 다소 광범위한 한계 내에서의 변형을 이룬다. 하고자 하는 자는 누구든지 간에 자신의 인격을 개선할 수가 있다. 그렇게 하기 위해서는 자기 자신을 객관적으로 분석하여 유용한 자질과 성향의 관점에서 자신이 가지고 있는 것이 무엇인가를 확인하고 지적으로 개선을 위한 계획을 준비하여 끈기 있게 그 계획을 따라야만 한다.
　효율적인 교사라면 균형 잡힌 인격을 갖추고 있다. 그러한 교사는 교실에서 뿐만 아니라 모든 시간과 모든 장소에서도 자기 자신의 모습을 유지한다. 학생들 앞에서는 이러한 행동을 하고 학생들 앞에 서지 않을 때는 다른 행동을 하지 않는다. 참다운 교사는 항상 자신의 일을 깊이 숙고하며, 그 일을 위하여 준비하며, 그 일에서의 문제점들을 고찰하고, 나아가서 그 일을 더 잘 수행하는 데에 도움이 되는 일이라면 무엇이든지 간에 주의를 기울인다. 그러나 막상 교실에 들어서면 문 바깥에서의 모든 기술적인 고찰들은 접어두고 자연스러운 방식으로 그의 학생들을 대한다. 이 같은 자연스러운 방식으로 그 많은 지성적인 사물들과 교수 행위에 관한 열성적이며 사려 깊은 연구와 고찰들이 융해되는 것이다. 효율적인 교사는 교실 안에서보다 교실 밖에서 교사의 역할을 더 잘 수행한다. 행동할 순간이 닥치면, 그는 교사적인 의식에 의해 방해받지 않고 자기 자신으로 존재한다. 교사의 인격에 속한 것 중에서 좋은 성격보다 더 중요한 것은 없다. 능률적인 교사는 높은 이상과 가치 있는 표준과 고상한 열정과 야망 및 정당한 태도를 갖춘 인간이어야 한다. 그의 높은 성격적인 자질들은 신실하고도 일관성 있는 일상생활의 실천을 통하여 비난거리가 되지 않게끔 표출되어야 한다.

교수에 있어서의 기초적인 요소는 한 인간으로서의 교사이다. 어떠한 샘물도 그 원천보다는 높지 못한 법이다. 마찬가지로 어떠한 교수도 그 교수를 행하는 교사보다 더 나을 수 없는 것이다. 생활에서 비롯된 영향은 생활 내에서 어떻게 중요성을 지니는가에 달려 있다. 학생들은 교사로부터 교사에 의해 정식으로 가르쳐지지 않은 많은 것들을 받아들인다. 가치, 태도, 생각, 기호 및 평가 등이 모사된다(copied). 학생들은 그들을 대하는 교사에게서 비롯된 표준으로부터 갖가지의 태도와 사회적 기술들을 배운다. 교사가 교수 행위들에서 취하는 방식은 질서의식과 작업 및 책임 감당 등을 전개하는 가운데 학생들에게 영향을 미친다. 교사의 존재 상태나 행위는 그 어느 것이든지 간에 그의 일에 영향을 미치지 않는 것이 없다.

여타의 상태가 동일하다면, 인격이 좋을수록 교수는 더욱 좋다. 능률적으로 가르치고자 하는 자는 성격과 인격, 정신과 신체에 있어서 자기 자신을 끊임없이 준비하여 계속적으로 더 좋은 인간이 되도록 노력하여야만 한다. 교사와 그 교사의 본성은 하나이고 동일한 것이기 때문에, 인간으로서의 준비와 교사로서의 준비를 따로 분리하여 생각한다는 것은 불가능하다. 그러므로 효율적으로 가르치고자 하는 사람은 다음과 같은 선상에서 준비되어져야 한다. 가르쳐야 할 것이 "무엇"인가에 대한 통달, 가르침을 받을 자가 "누구"인가에 대한 이해, 왜 가르쳐야 하는가 하는 "이유"에 대한 지식, "어떻게" 가르쳐야만 하는가에 대한 정보가 바로 그것이다. 교수의 목적은 본장의 서론 부분에서 논의되었다. 나머지 다른 세 가지는 각각 여기에서 보다 훨씬 더 많은 지면을 할애하여 취급되어야 할 것이다.

주된 문제에 관하여 말하자면, 효율적인 교사는 철저하게 그가 가르치고자 하는 내용에 기반을 두고 있으며 자기 분야에서 배우는 일을 그치지 않는다. 효율적인 교사는 그가 다루는 주제에 관하여 언제라도 그가 가르쳐야 할 때 필요한 것보다 훨씬 많은 것을 알고 있다. 교사가 주제에 관한 전체적인 영역에 익숙해 있음으로써 수업내용을 나머지 다른 모든 것들에 연관하여 가르치지 않는 한, 어떠한 한정된 분야의 수업이라 할지라도 잘 가르쳐질 수가 없다.

좋은 교사는 주어진 수업내용에 관하여 그가 실제로 제시하는데 필요한 것보다 더 많은 것을 알고 있다. 교사가 자신이 가지고 있는 모든 정보를 사용하지 않는다는 사실은 문제가 되지 않지만, 그가 사용할 수 있는 것보다 더 많은 내용을 지니고 있느냐, 없느냐하는 사실은 문제가 된다. 학생들은 계속 말라 있는 샘에서는 그들의 갈증을 그칠 수가 없다. 효율적인 교사라면 내용 자체를 통달하는 것 외에 가르쳐지는바 내용을 또한 통달하여야 한다. 간단히 말하자면, 효율적인 교사는 교수되어야 할 내용을 단순히 자기 자신의 관점에서가 아니라 학생들의 관점에서 본다는 것이다.

그 밖에 효율적인 교사는 인간의 본성을 안다. 그는 소위 오도된 의미에서가 아닌 좋은 심리학도이다. 즉, 효율적인 교사는 인간들을 단순히 당위로서의 인간이 아니라 사실로서의, 인간으로서의 상태로 알고 있다. 또한, 그는 일반적인 인간성을 아는 것 외에 학생들을 그 처해 있는 연령적 시기에 따라 각각 다르게 그 특징들을 이해하고 있다. 더 나아가서, 그는 자기의 학생들의 개개인을 한 사람의 소년 혹은 소녀라는 식으로 개별적으로 이해하고 있다. 정원사가 자기의 정원의 토양을 연구하지 않고서는 수확을 얻을 수 없는 것 이상으로 교사가 자기의 학생을 연구함이 없이는 가르칠 수가 없다. 교사의 준비라는 주제에 관한 이 간단한 요약에서 계속 언급되어야 할 것은 교수 이론, 교수학 및 교수 실제이다. 어느 누구도 어떻게 일을 진행시켜야 할 것인가에 대하여 아는바가 없이는 복잡한 과업을 수행할 수가 없다. 잘 가르치고자 하는 사람이라면 누구든지 교수내용과 학습자의 정신을 효율적인 방법으로써 어떻게 조화시킬 것인가를 알아야만 한다. 또한 학습자에게서 바람직한 변화를 일으킬 수 있는 법을 알아야만 한다. 그리고 학습자의 현재 상태를 이루어야 할 당위의 상태로 인도할 것인가 하는 방법도 알아야만 한다. 효율적으로 준비하기 위해서는 교사가 항상 교수이론 및 교수원리에 대한 학생이어야만 한다. 이는 물론, 교사가 영원토록 교수방법에 관한 서적들을 읽고 있어야 한다는 것을 의미하지는 않는다. 그러나 교사들이 이러한 분야의 적절한 서적을 읽음으로써 더욱 효율적인 교수를 수행할 수 있는 경우가 허다하다. 교수행위를 올바르게 연구하기 위해서는, 다른 사람들이나 자기 자신에 의해 실제로 행해지고 있는 교수를 연구하여야 한다. 실제로 행해지고 있는 이론과 원리들이야말로 의미가 있는 것이다. 교수에 관한 책들에 관해 아무리 많이 연구한다 하더라도 그것이 교사 자신의 것으로 소화되지 않는 한, 아무런 도움이 되지 못하는 것이다. 관찰과 실제는 일에 전념해 가는 과정을 도울 것이다. 최선의 교수는 그러한 이론들이나 원리들이 그 자체로 잘 수행되고 있는가에 대하여 의식적인 주의를 기울이지 않으면서도 분명히 그 원리나 이론들을 무시하지 않는다. 잘 가르치는 사람이라면 누구든지 그의 독서와 관찰 및 실제를 통하여 가르치는 방법에 관하여 배운 바를 그 자신의 생각 속에 잘 융해시킴으로써 이러한 자신이 행한 학습이 자기 자신의 일부분이 될 수 있도록 한다. 효율적으로 가르칠 수 있기 위해서는 지속적인 연구가 요구되며 그럴 때에 엄청난 결과를 가져올 수 있는 것이다. "준비를 통하여 고된 일이 만족스러운 기쁨으로 변화된다."

    기독교 교사는 여느 교사들과 마찬가지로 세세한 부분에 대한 교수준비를 필요로 한다. 인격적 준비, 주제에 관한 지식, 학생들에 대한 이해, 교수 목적 및 교수 이론, 교수 절차 그리고 교수 원리들에 관하여 정당하게 이야기될 수 있는 모든 사항들은 다른 어떤 교수에게와 마찬가지의 힘으로 기독교 교수에 적용된다. 사실 기독교 교육은 우선적으로 다른 교육자는 달리 영원한 문제들에 관심을 지니고 있기 때문에, 논리적으로 따지자면 기독교 교사가 다른 어떠한 교사보다도 모든 면에 있어서 더욱 더 잘 준비하여야 한다는 말이 옳다. 교수를 위해 준비되어야 하는 것 외에, 효율적인 기독교 교수를 위한 준비에는 교사가 하나님을 위한 그리스도인으로서의 사역자로서의 준비가 요구된다. 이를 위한 첫 단계는, 교사 자신이 하나님의 자녀가 되어야만 한다는 것이다. 두 번째로 교사는 성장하는 그리스도인이 될 필요가 있다. 성장하지 않는 교사는 어느 누구도 그의 학생들의 성장을 효율적으로 자극할 수가 없다. 학생들을 그리스도와의 깊은 친교에로 이끌려는 기독교 교사는 자기 스스로 항상 우리 구주 예수 그리스도에 관한 지식에 있어서 성장하고 있어야 한다. 셋째로, 효율적인 교사는 자신의 과업의 신성한 책임감에 감사하고자 노력하고 이해하려는 의도를 염두에 두어야 한다. 그의 과업은 하나님의 길을 가르치는 것이다. 그의 학생들의 영혼들이 그에게 달려 있는 것이다.

    이와 연관하여 효율적인 기독교 교사는 스스로를 하나님에 대한 순종심 하에 두어야 한다. 자신이 하나님의 종이라는 사실을 충분히 의식할 때에야 그의 학생들에 대한 책임을 감당할 수 있을 정도로 준비할 수 있다. 다섯 번째로, 기독교 교사로서의 일을 수행하기 위해서는 기도가 필수적이다. 어떤 선교사의 말을 빌리자면, "성령은 수단이며, 기도는 방법이다." 기도가 지속적으로 이루어질 때에만 교수가 기독교적인 효과를 이룰 수 있다. 여섯 번째로, 배운 바를 신실하고도 지속적으로 생활하는 것이 필요하다. 많은 교사들이 아는 바와 같이 유감스럽게도 일관되지 못한 행동은 교수가 그 내용에 있어서 아무리 좋고 또 그 절차에 있어서 올바르다 하더라도 많은 교수의 효과를 무효화시킬 수 있다.

　일곱 번째로, 개개의 학생들에 대한 진정으로의 관심이 그 학생들의 심정을 발견해내는 기반으로서 유지되어야만 한다. 여덟 번째로, 항상 개개의 학생들의 요구나 필요에 응할 수 있는 준비자세가 되어 있어야 한다. 어떤 학생들은 교사를 통한 것 외에는 어떠한 영적인 도움도 얻을 수 없는 경우도 있다. 교사가 이러한 학생들이 하나님과 접촉할 수 있게 되는 기회를 가질 수 있는 유일한 통로일 수도 있다. 마지막으로, 항상 성령에게 최고의 자리를 허락할 수 있어야 한다. 성장을 주시는 이는 하나님이시다. 교사는 단지 하나님의 영이 하나님의 일을 하시는 데 부리시는 통로가 될 뿐이다. 이러한 통로로서의 목적을 위하여 교사는 그렇게 생활하고 그렇게 생산해내고 그렇게 일하고 그렇게 신뢰함으로써 성령께서 학생들을 하나님과 친교하게 하고 하나님께 헌신하여 봉사하도록 하는 데에 아무런 거침이 없게끔 그러한 통로를 명백히 지켜야 한다.

　교수의 효율성은 교사가 그의 일을 수행하는 데에 필요로 하는 준비에 따라 그토록 많은 영향을 받는다. 그러나 효율적인 교수에 연관하여 고려해야 할 것으로서 교사의 태도 및 실제라는 약간의 문제가 아직 남아 있다.

　효율적인 교사가 되기 위해서는 자신은 모든 것을 알고 있고 학생들은 아무것도 모른다고 하는 근거 없는 추정 하에 자기 자신을 권위자로서 설정해서는 안 된다. 환자에게 자신감을 주기 위해 자기도 모르는 것들이 다소 있다는 말을 하는 좋은 의사와 같이, 좋은 교사는 그가 모를 때 아는 것처럼 짐짓 가장하지 않는 법이다. 또한 학급의 모든 권위를 자기 자신에게 두지도 않는다. 모든 교사는 자기의 학급 내에서 독재자가 되어 그가 바라는 것들을 낱낱이 모든 학생들에게 짐 지우는 위험성을 지니고 있다. 키케로는 말했다. "가르치는 자들의 권위가 배우기를 원하는 자들에게 종종 방해가 된다."

　좋은 교사는 학생들이 보는 앞에서 자신의 품위를 떨어뜨려 학생들이 하고자 하는 대로 함으로써 교수의 효율성을 감소시키지도 않는다. 교사는 학생들이 지니고 있지 않은 성숙과 경험과 지식 및 기술 등을 지니고 있다. 물론, 이러한 것들은 교사에게 집단 내에서의 위신을 부여한다. 만약에 교사가 이러한 위신을 포기한다면, 학생들은 그를 능률적인 지도자로 신임할 수가 없게 된다. 집단으로 하여금 가치 있는 일을 하도록 인도하는 것은 교사의 책임이자 기능이다. 이러한 책임과 기능을 효율적으로 성취하기 위하여 지식, 판단, 기술, 지혜 및 성숙에 있어서 그가 지니고 있는 모든 것들을 활용하여야만 한다.

이러한 일을 행하는 동안 효율적인 교사는 학생들의 사고나 반응을 무시하는 우를 범하지 않는다. 성인이 미성숙한 학습자들이 지니고 있지 않은 이해나 관점 및 사고력과 대응력을 그 미성숙한 학습자에게로 전가시키는 것은 아주 쉽다. 단지 자기도취를 적극적으로 피하고자 노력하면서 동정적인 이해를 할 수 있는 바람직한 역량과 상상력의 역량을 적절히 행사함으로써, 교사는 교수 과정, 혹은 그 교수 과정의 부족한 점을 스스로 깨달을 수 있으며 학생들은 그에 상응하여 그러한 역량을 발휘하는 일을 도울 태세를 갖추게 되는 것이다.

학생들이 교사가 생각하고 있는 바대로 반응하지 않은 경우에 좋은 교사라면 학생들을 질책하지 않고 학생들의 수준과 학생들의 관점에서 교사 자신의 행위와 지도력을 잘 적응시켰는가를 반성하는 경향을 지니고 있어야만 한다.

다른 사람들을 잘 가르치기 위해서는, 먼저 교사가 진정한 학습을 경험하여야 한다. 학습의 지도자로서, 교사는 수년전에 학습이 어떻게 이루어졌는가가 아니라 현재 어떻게 이루어지고 있는가에 대한 것을 경험을 통하여 알 필요가 있다. 모든 교사는 학습자의 관점을 신선하게 지니고 있기 위하여 때때로 학습자로서 교실 내에 앉아 있어봐야 한다. 학생들의 관점은 교사의 관점과 너무나도 다르다. 교사는 가르치는 동안 자신의 교수가 개개의 학생들의 학습에 공헌하는 바에 대하여 계속적으로 주시하여야만 한다. 교사는 학생들의 잠재력을 알아야만 한다. 그리고 전체적인 학습 상황과 개개의 학생들의 필요에 연관하여 자신의 교수 행위가 항상 올바르게 진행되고 있는가를 알아야만 한다.

더욱이 효율적인 교사라면 학생들에게 개척할 수 있는 새로운 영역에 대한 안목과 추적할 만한 새로운 관심, 그리고 소유할 만한 새로운 지식을 불어넣어 주어야만 한다. 교사는 그 자신 스스로 결코 끊이지 않는 학구욕을 지니고 있는 자로서 학습에 대한 학생들의 욕망을 불러일으켜야 한다. 효율적인 교사는 주제를 학생들에게 실감나는 것으로 설정할 수 있다. 또한 학생들의 호기심을 자극시키고 학생들의 관심을 지도할 수 있다. 학생들과 함께 하는 일종의 학습자가 됨으로써 학생들의 관심을 지도하는 자가 되는 것이다. 효율적인 교사는 학생들의 사고에 영향을 주고 미래를 향한 학생들의 삶을 풍성케 할 수 있는 새롭고도 가치 있는 관심을 세운다. 단적으로 말하자면, 효율적인 교수는 학생들이 계속 끊이지 않고 배울 수 있도록 동기를 부여하는 것이다.

효율적인 교사는 결코 이미 완성된 그 무엇이 아니다. 그가 도달해야 할 영역은 영원히 그가 도달할 수 있는 영역을 넘어선다. 개척하여야 할 새로운 영역과 정신을 새롭게 채워줄 새로운 사상과 더 높은 수준의 기술을 개발할 기회와 숙달되어야 하는 새로운 문제들, 또한 수행되어야 할 더 많은 연구들과 아울러 학습과 교수의 원리 및 법칙들을 일상적인 실제에 적용시키는 더 나은 방법을 찾아야만 하는 상존하는 필요성 등이 놓여 있는 지평이 항상 열려 있는 것이다. 좋은 교사는 교수에 관한 관심이나 그 즐거움을 결코 상실하지 않는다. 좋은 교사에게 있어서 교수란 일이며 결코 고된 노역이 아니다. 교수야말로 교사에게 즐거움과 산뜻한 만족감을 항상 가져다주는 작업인 것이다.

이 모든 점들을 감안해 볼 때, 참된 교사에게서 일이란 자기 자신보다 더 중대하다. 교사에게는 준비를 망각할 가능성이 항상 주어져 있다. 진실한 교사는 자기의 임무가 자기 자신을 무용하게 만들며 학생들을 인도하여 그 학생들이 교사 자신을 더 이상 필요로 하지 않는 상태에까지 도달케 하는 것임을 인식한다. "어린 아이를 가르치는 목적은 교사 없이도 잘 살아갈 수 있도록 하는 것이다." 효율적인 교사는 자기 자신을 위하여 사는 것이 아니라 자신의 학생들과 자신이 가르치는 진리를 위하여 산다. 효율적인 교사는 기쁨으로 일하며 자신이 수행하는 일에서 고양된 만족감을 얻는다. 그러나 그의 가장 큰 즐거움은 그의 학생들이 진리를 따르는 것을 발견하는 데서 연유한다.

4. 학습과 성장

교수는 그 자체를 위하여 행해지는 것이 아니다. 그것은 교사가 없이는 불가능한 종류의 학습을 제공할 때에만 정당성을 지닌다. 모든 학생들은 경험을 가지며 문제들에 부딪치고 환경에 반응한다. 그리고 그 결과로서 배우는 것이다. 교수는 학생들이 우리의 목적에 조화를 이루는 경험을 지니며 그러한 문제들에 대응할 수 있도록 환경을 조절한다. 우리는 학생들이 배워야만 한다고 생각되는 것을 배울 수 있도록 하기 위하여 이러한 조절을 행한다. 또한 우리는 학생들의 학습의 질을 개선한다는 관점에서 학생들의 반응을 자극하고 지도한다. 교수에 관계되는 모든 것을-교수의 목적, 교수의 절차, 교수의 기술, 교수의 계획-이 모든 행위들이 직접적으로 학습에 영향을 미친다.

그러나 또한 학습은 그 자체 이상의 목적을 지니고 있다. 개개의 실제적인 학습경험을 통하여 개개인은 삶을 영위할 수 있는 능력을 배양하고 또 배우는 능력도 아울러 배양한다. 즉, 성장하는 것이다. 개개의 학생들은 학습의 결과로 달라진다. 배울 때에 성장하고 성장함으로서 변화하는 것이다. 학습은 환경 내에서의 경험을 통하여 개개인에게 생겨나는 복합적인 변화과정이다. 학습은 그저 지식이나 기술, 혹은 인식을 획득하는 것이 아니다. 물론 이러한 것들은 학습의 산물이다. 학습의 본질은 학생으로 하여금 어느 정도 다른 인격체로 성장할 수 있도록 하는 경험을 갖도록 하는 것이다.

교수와 학습의 가장 큰 목적은 지식, 이해력, 가치, 태도, 인식 및 기술과 같은 항목들이 아니다. 개개인이 신실하게 배울 때마다 이러한 항목들 중의 다수가 그 성과로서 나타난다. 그리고 그러한 성과는 훨씬 더 많은 학습과 성장을 위한 기반이 된다. 그러나 그것들이 최종적인 목표는 결코 아니다. 그 성과들이 정당한 종류의 것일 때 그것들은 삶을 풍부하게 하며 더욱 고상하게 하며 고양시킴으로써 개개인이 보다 가치 있는 행동을 할 수 있게끔 한다. 학습과 성장은 개개인이 정상적인 능력을 갖추고 있는 한도에 있어서 계속되어지는 동적인 과정이다. 학생은 가능성의 집합체로서 삶을 시작한다. 학생은 배워야 할 것을 배우고 도달해야 할 상태로 성장하게 될 때, 문제들에 성공적으로 대처하며 과업을 수행하고 생활에서 생겨나는 주요 관건들을 만족스럽게 풀어나갈 수 있는 성숙한 능동적인 인간이 된다. 학습과 교수의 궁극적인 목적은 가장 효율적인 행동을 하는 데에 필수적인 학습의 결과들을 완벽하게 갖추고 있는 완전한 인간 그것이다.

이상적인 교사는 그가 가르치는 진리를 그의 학생들이 마침내 따라올 수 있도록 생활하고 일한다. 그에게 있어서 지식은 단순히 수단일 뿐이다. 허버트 스펜서와 마찬가지로 이상적인 교사는 "많은 사람들이 많은 양의 지식을 알고 있지만 그 지식에 대하여 우둔한 자가 더욱 많다"는 사실을 깨닫고 있다. 또한 그는 인간이 많은 기술과 많은 이해, 그리고 많은 좋은 태도 및 높은 감수성을 지니고 있으면서도 효율적으로 행동하지 못할 수도 있다는 사실을 알고 있다.

진정으로 효율적인 교육의 임무는 학습과 성장을 결합시킴으로써 학습의 내용을 발전과정에 전적으로 융화될 수 있게끔 하는 것이다. 그러한 교수에 있어서 교수되어지는 사실들은 고립된 지식의 항목들로서가 아니라 학생들에게 유용한 지식으로서 교수되는 것이다. 유용성이 없는 지식은 가치가 없다. 교수가 효율적일 때 학생은 그의 지식을 어떠한 양식 내에서 얻는다. 즉, 학생은 문제들에 대한 해답을 얻기 위하여 사실들을 사용하는 것이다. 다른 사실들로부터 전적으로 고립되어 있는 한, 사실은 아무런 의미가 없으며 배우기에도 어렵고 기억하기에도 어렵다. 사실들은 학생에 의하며 어떠한 양식의 부분으로서 경험되어지고, 문제를 해결하기 위한 도구로서 사용되는 어떠한 것으로 경험되어질 때 의미를 지닌다. 여러 사실들은 학생에 의하여 이해됨으로써 학생의 정신생활 구조 내에 편입되며 학생에게 향상된 능력을 부여한다. 즉, 학생의 성장을 신장시키는 것이다.

　이러한 것은 기술이나 감수성, 또는 학습으로부터 나오는 여타 성과들에 대해서도 그대로 적용된다. 이러한 성과들의 가치는 학생이 배우고 있는 동안 그 학생에게 얼마나 유용하느냐에 달려 있다. 모든 효율적인 교수는, 학생에 의하여 행해지는 낱낱의 학습이 그 학생에게 활력을 불러일으키며 학생의 성장에 건설적인 요소가 될 뿐만 아니라 그 학생이 완전한 능동적인 사람의 상태에 더욱 가까이 가게 하는 것이 되어야 한다는 목적을 지속적으로 지녀야만 한다.

　성장의 과정에 관하여 우리가 모르는 많은 일들이 있다. 그러나 우리는 다음 두 가지는 알고 있다. 첫째, 학생은 자기 자신의 성장을 이루어야 한다. 둘째, 학생이 응석받이로 키우는 부모에 의해서나 강권적인 교사에 의해서 무기력하게 보호를 계속 받게 되면, 정상적으로 성장할 수 없다. 학생이 자신의 생의 어떠한 측면에 대해서라도 성장할 수 있는 유일한 방법은 생활의 여러 문제들과 주요 쟁점들을 맞닥뜨리고 또 취급함으로써 성립된다. 물론 이는 학생이 오로지 생활에 의해서만 생활하는 법을 배울 수 있음을 의미한다. 효율적 교사가 되고자 하는 사람에게 이것이 의미하는 바는 교사가 학습 상황을 생활과 비슷하게 설정하면 할수록, 그리고 그의 가르침이 학생들의 일상적인 관심에 더욱 밀접하게 연관되면 될수록 학생들이 더 잘 배우고 성장할 수 있음을 의미한다.

　학습은 복합적이다. 성장은 복합적인 과정이다. 학생이 그렇게 되고자 하는 성인은 가장 복잡한 존재이다. 한 순간에 한 가지를 배운다는 것은 있을 수 없다. 개개인이 지금은 지식이라는 항목을, 다음 시간에는 기술을, 그리고 또 다른 시간에는 태도나 감수성을 배우지 않는다. 개개인은 그의 환경에 전체로써 반응한다. 그리고 그가 분명하게 배우고 있는 한 가지 일 외에 동시에 많은 일들을 배운다. 성장의 어떠한 단계나 측면도 독립되어 고립적으로 생겨나는 일은 결코 없다. 학생 전체가 성장하는 것이다. 학생이 이루는 성장의 종류는 그 학생이 행하는 학습의 종류의 귀결이다. 그가 행하는 학습의 종류는 그가 지니는 경험의 종류의 귀결이다. 왜냐하면, 학습이란 그가 배울 수 있는 경험을 통해서만 이루어지기 때문이다. 그러므로 우리는 학생이 자연적인 상황에서 자연스러운 경험을 갖는다는 사실을 알아야만 한다. 이와 같이 학생은 그가 가치가 있음을 알 수 있는, 그리고 특수한 목적을 위해 사용하고자 하는 일들을 배우게 되는 것이다.

학생들이 어떠한 경험을 가지고 있고 또 다른 어떠한 경험을 가지고 있지 않는가를 확실히 하는 것이 효율적인 교수의 첫 걸음이다. 그리고 학생들은 학습의 필요성을 알아야 한다. 학생들은 현재 자신이 무엇을 하고 있으며 무엇을 성취하고자 하는가, 그리고 무슨 목적을 위해 행위하고 있는가를 여실히 알아야만 한다. 학생들이 그들 자신의 목적 있는 행위에 참여하는 것은 핵심적인 일이다. 학생들은 목적을 받아들여야만 하며 스스로 노력하여야만 한다. 교사는 행위를 목표를 향하여 나아가도록 도와준다. 이러한 목표들은 학생들과 교사가 그 목표들을 이해하고 그 목표를 성취하기 위하여 행동하여 노력할 때 쉽게 성취된다.

이는 교수가 학생이 처해 있는 곳에서 시작되어야 함을 의미한다. 학생이 자기가 처해 있는 장소에서 성장하기 시작하는 것이며 인위적인 지점에서 성장하기 시작하는 것이 아니다. 학생은 현재 그가 처해 있는 장소에서 배워야만 한다. 학생은 그가 한때 처해 있던 장소나 언젠가 처하게 될 장소에서 배울 수가 없다. 학생은 그가 처해 있는 장소에서 배워야만 하는 것이지, 교사가 처해 있는 장소에서 배워서는 안 된다. 만약에 교수가 현 시점에서 과거에로 돌아서기 시작한다면 학생이 전진해 나갈 자극을 전혀 지닐 수가 없다. 또한 학생이 나중에 처하게 될 장소에서 교수를 시작하고자 하는 것은 학생의 용기를 꺾게 된다. 학생이 교사가 처해 있는 상태에로 도달하기 위해서는 수많은 중간단계의 목표들을 성취시켜야만 한다. 그는 이러한 중간 단계의 목표들을 하나하나씩 거쳐야만 하며 단번의 도약으로 거칠 수는 없다. 학습과정과 그 성과는 성장을 수반하면서 학습자의 성숙 정도에 의해 항상 영향을 받는다.

실제로 학습하면서 동시에 성장하고 있는 학생은 자기 자신을 위하여 노력하는 것이지, 교사를 위하여 노력하는 것이 아니다. 행함이 없는 학습은 결코 없다. 그 행함은 신체적인 행위일 수도 있고 정신적인 행위일 수도 있다. 그러나 학생은 행하면서도 배우지 않을 수도 있다. 단순히 바쁘기만 하다는 것은 학습 행위가 아니다. 동작만 거듭한다는 것은 심지어 그것이 정신과 함께 하는 것이라 할지라도 학생에게 아무런 유익을 주지 못한다. 교사를 즐겁게 하기 위하여 일한다는 것은 성과 있는 류의 학습행위가 아니다. 그러나 학생이 자기 자신을 위하여 노력한다는 것이 항상 용이한 것은 아니다. 그럼에도 불구하고, 효율적인 교사는 그 학생 자신이 성장하는 데에 따라 계속적으로 자극을 주는 목적 있는 노력을 할 수 있도록 인도할 수 있다.

5. 학습자의 인격

"교육의 비결은 학생을 존중하는데 있다"고 에머슨(Emerson)이 말했다. 교사는 사물을 다루는 것이 아니라 인간이라는 살아 있는 존재들을 다룬다. 교사가 가르치는 대상으로서의 존재는 우선 모든 사람들 중에서도 학생이다. 좋은 교사는 학습자로서의 학생보다는 인간으로서의 학생에 더 많은 관심을 가진다. 학습자는 학습과정, 학습내용, 혹은 학습 성과보다도 더 중요하다. 교수에 관계된 사항 중에서 배우는 사람들보다 더 중심적인 것은 없다. 그 외의 모든 것들은 한 목적을 위한 수단들을 구성할 뿐이며, 이때 그 목적이란 바로 전 인격의 발달이다.

학생은 교사가 임무로서 보호하고 보존해야 하는 타고난 전체성을 지니고서 삶을 출발한다. 개개인은 살아 있는 존재로서 요람에서 성숙에의 길을 여행하게 되는데, 그러는 동안 발전에 우연적으로 있기도 하는 스트레스나 긴장된 상태를 만나기도 한다. 교사는 학생 개개인이 균형 잡힌 인격을 발달시켜 최고의 수준까지 성공적으로 수렴해 갈 수 있도록 도울 수 있는 기회와 책임을 지니고 있다. 학생이 다양한 관심과 가치 있는 태도 및 고상한 목적을 지니고서, 겁을 내지 않고 어려운 문제들을 대면하여 행복하게 성공적으로 그리고 효과적으로 그러한 문제들을 해결할 수 있게 되지 않는 한, 교수 방법에 의한 어떠한 행위도 그렇게 가치를 지닐 수가 없다.

학생은 인간이다. 그러므로 교사는 학생을 인간으로서 다루어야만 한다. 학생을 변화될 수 있는 대상으로 여기거나 장차 한 인간이 될 어린 피조물로 생각하기가 쉽다. 학생은 지금 현재 이미 여느 사람들이 소유하고 있는 모든 권리와 특권을 지니고 있는 그 자신 스스로의 권리 내에서 한 인간인 것이다. 물론 학생은 상대적으로 자립적이지 못하고 미발달된 상태이다. 그리고 지식이나 경험도 부족하다. 그러나 성인들에게 적용되는 동일한 법칙에 의해 지배받는 인격을 지닌 한 인간인 것이다.

교사가 이러한 사실을 충분히 인식할 때에만 학생과의 적절한 관계를 이룰 수가 있다. 교사는 학생들을 고유한 권리를 지닌 인간으로서 생각할 때에만 진정으로 그들을 사랑할 수가 있다. 왜냐하면, 모든 사랑은 인격에 대한 존중에 기초해 있기 때문이다. 교사가 학생들을 인간들로서 존중하지 않는다면, 학생들이 예의와 정중함과 인간으로서의 사려 등을 갖추게 할 수가 없게 된다. 좋은 교수는 교사와 학생들 간에 우의 깊고 행복한 인간관계의 존립을 요구한다. 진실한 교사는 학생들을 인간으로서 지도하며 개개의 학생들이 인간으로서의 감정과 권리를 지니고 있음을 고려한다. 정상적인 환경 하에서, 효율적인 교사는 어느 학생이라 할지라도 그 학생이 하기 싫어하는 일을 강요하지 않는다.

효율적인 교사는 학생이 말하는 생각들을 존중한다. 학생들은 어릴 적부터 자기 자신의 생각을 지니고 있으며 그것을 말로써 표현한다. 그런데, 어른들은 아이들이 말하는 것을 무시하거나 그 가치를 경시하는 경향을 지니고 있다. 좋은 교수가 시행되는 데에는, 학생이 행한 보고 내용이 어떠한 것이라 할지라도 받아들여지고 적절히 평가할 것이 요구된다. 학생이 자기 자신의 견해를 표현할 수 있는 인간적인 권리는, 그 표현이 정해진 절차와 상응하는 한, 결코 부정되어서는 안 된다.

또한 효율적인 교수가 시행되는 데에는, 교사가 학생을 인격체로서 존중함으로써 학생이 그의 행동을 방해받는 일이 없도록 배려할 것이 요구된다. 그런데 어른들인 우리는 그러한 방해를 일삼는 경향이 있다. 특히 학생들이 잘못된 방식의 뭔가를 행하고 있을 때에는 더욱 그러하다. 우리가 학생들의 동의가 없이 성인으로서의 일을 수행하여야 하는 것과 마찬가지로 학생들이 행하고 있는 일에 간섭할 권리가 없다. 학생들은 어른들의 간섭에 분노를 느낀다. 학생들은 자기 자신이 행하는 일들이 비록 잘못된다거나 그리하여 재차 그 일들을 되풀이해야 한다 하더라도, 여느 인격체와 마찬가지로 자기 자신의 방식대로 일하기를 원하는 것이다. 학생들은 그렇게 함으로써 배운다. 학생들의 무력함이 우리가 생각하는 것만큼 항상 그 정도가 심한 것은 아니다. 좋은 교사는 개개의 학생들에게 그 자신의 능력을 발휘할 수 있는 충분한 기회를 제공한다.

학생을 인격체로서 적절하게 존중함으로써, 교사는 학생이 책임을 질 수 있는 약간의 기미가 보이기만 하면 즉시 그 학생에게 기회를 제공해 줄 수 있는 마음가짐을 얻게 된다. 효율적인 교사는 어른들에게서 책임을 인식하는 것과 마찬가지로 학생들에게서도 그 학생들이 질 수 있는 책임을 인식하며, 더 나아가서는 양자를 발달의 단계라는 측면에서 동일하게 다루는 것이다. 효율적인 교사는 이러한 건전한 교육의 원리를 바탕으로 한다. 효율적인 교사는 어떠한 성장과정에 있는 학생이라 할지라도 학생 자신이나 다른 사람에게 피해를 입히지 않는 한, 학생이 부릴 수 있는 모든 자유를 부여하는 것이다. 학생을 능동적이며 감각적이며 사유하는 인격체로서 대하는 것은, 그 학생이 바람직한 미래를 얻기 위해 지도가 요구된다는 사실에 연관하여 볼 때 개인의 요구와 잠재력에 따라 지도할 필요가 있음을 함축한다. 어느 특정한 학생에 대한 첫번째의 임무는 그 학생이 어떠한 인간인가를 발견해내는 일이다. 학생에 대한 이해를 떠나서는 어떠한 효과적인 교수나 지도도 있을 수가 없다. 교수가 효과적이기 위해서는 항상 학생의 입장에서 출발하여야 한다. 방법과 절차에 연관된 모든 고찰에도 불구하고, 교수의 질은 근본적으로 학생에 대한 교사의 연구와 이해에 근거한다. 능률적인 교사는 항상 자기 학생에 관하여 배우며 학생이 필요로 하는 모든 특정한 경험들을 제공하고자 한다.

또한 능률적인 교사는 학습과 적응에 있어서 문제가 있음을 알려주는 징후들에 대해 항상 민감하다. 공부에 흥미가 부족하다든가, 집중력이 없다든가, 우울하다든가, 혹은 과도하게 소심하다든가, 자기 자신에로 움츠러든다든가, 사나운 행동을 한다든가, 과도하게 주의를 기울인다든가, 아니면 행동에 있어서 모순이 많고 일관성이 없다는 것 등은 주로 내적인 긴장이나 갈등 아니면 부적응으로 연결되고 말 공포와 염려가 있음을 알려주는 징후들이다. 효율적인 교사는 학생을 가르치는 기교에 관해서보다는 그 학생의 인격이 올바른 방향으로 발전하는데 어떻게 하면 도움이 될 수 있는가 하여 도움을 요구하는 징조를 나타내는 행동들에 훨씬 더 큰 관심을 가진다.

교수의 효율성을 판정하는 궁극적인 기준은 학습자의 인격에서 성취한 결과이다. 교육을 통하여 학생이 달라졌다거나, 학생의 관심과 목적 및 목표가 선한 방향으로 변화되었다거나, 학생이 올바른 느낌과 태도 및 이상을 개발시킨다거나, 학생이 적절한 습관과 기술 및 능력 등을 형성하거나, 삶과 삶의 문제들에 대한 적합한 이해를 도모한다거나, 건전한 생활 철학을 구축한다거나, 아니면 학생이 자기 존재의 깊은 곳에서 합당하고도 더욱 강하게 지도를 받게 된다면, 교육이 잘 수행되는 것이라 할 수 있는 것이다. 효과적인 교수는 일련의 경험들을 통하여 학습자를 장악한다. 이때, 이 일련의 경험들이란 교수가 이루어진 이후에도 학습자의 행위, 행동, 처신, 태도 및 선택에 있어 효력을 발휘하는, 말하자면 학습자의 인격에 남는 지속적인 결과를 유발시키는 경험들을 일컫는다. 효율적인 교수는 인간의 행위를 "완전하게 하며 철저하게 모든 선한 일에 합당하게" 한다.

제13장 학과 교수 계획

 잘 가르치기를 원하는 사람은 누구든지 적어도 세 가지 형의 계획을 세워야 한다. 첫번째 계획은 교육이 수행되기 전에 고려되어야 할 재료들에 관련된 것이다. 이 준비는 교수되어야 할 내용보다도 재료들과 관계되는 것이나 그 내용에도 연관을 맺고 있는 계획이다. 예를 들어보자. 교육이 수행되는 상황과 교수 기간 동안 필요하게 될 것들에 대해 생각해야 한다. 적절한 교수 설비와 적당한 도구와 올바른 종류의 교육 재료들과 적합한 설비가 제공되어야 한다. 두번째 형의 계획은 가르칠 전체 내용과 관련된다. 즉 연구의 전과정과 관련이 되는 것이다. 이것은 매우 필요한 준비 형태이지만 연구 과정 계획은 학습자의 여러 욕구와 성장에 비추어 마련되어야만 하며 각 시점에서 분명하게 그의 생활과 경험에 관련되어야 한다고 말하는 것밖에는 여기에서 다루어지지 않을 것이다. 세번째 형의 계획은 수업시간 중 학생들에게 발표하기 위한 학과 편성과 관계되는 것이다. 이것이 이 장에서 다루어질 종류의 계획이다.

1. 학과 계획의 중요성

 학과 계획(lesson plans)은 그렇게 중요하지 않을 수도 있지만, 계획된 학과는 아주 중요하다. 계획되지 않은 것은 무계획적인 것이요, 무계획적인 것은 그 목적을 달성하지 못하기가 쉽다. 아무리 풍부한 경험을 가진 교사라고 하더라도 교실에 들어가기 전에 가능한 교육진행의 여러 가지 방법을 주의깊게 고찰하지 않는다면,

최상의 교육을 시킬 수가 없다. 유능한 모든 교사는 자기 교육의 결과로써 획득되어야 할 확실한 총괄적인 목적을 마음에 품고 있다. 그는 매학과를 위해 그 학과의 교수를 통하여 획득되어야 할 목적을 설정한다. 만약 그 목적이 획득되면, 이 목적은 본래 교육이 의도하고 있는 바의 총괄적인 목적을 실현하는 데 이바지하게 되는 것이다. 그래서 교사는 이용할 수 있는 많은 재료와 가능한 다양한 활동들과 학생들이 직면하고 있는 많은 문제들과 의문들로부터 학과의 목적을 이루는 데 가장 잘 이바지할 수 있어야 하고, 또 학생들로 하여금 그러한 것을 선택하도록 지도할 수 있어야 한다.

　효과적인 교육을 위해서는 어떠한 형태의 학과 계획이 반드시 있어야만 한다. 지성이 있는 사람은 건물을 짓기 전에 세부적인 계획과 설계 명세서를 요구하고 들어가야 할 비용을 평가하듯이, 교육도 수행이 되기 전에 계획이 세워져야 한다. 교육 경험이 아무리 많고 숙달되어 있어도, 아무리 완전하게 내용을 파악하고 있어도, 특정의 학과를 아무리 많이 반복하여 가르쳐 왔어도, 그러한 것들로 인해 각 학과의 교수를 위한 특별 계획을 할 필요가 없어지는 것은 아니다. 모든 학과와 모든 학급 시간은 특정한 학과의 여러 가지 욕구와 관심과 직접적으로 합치해야 한다. 학과 시리즈 대부분이 실린 편람과 같은, 교사에게 가장 좋은 소책자들을 가지고 교사 자신이 특정한 학급을 위해 기획하는 특별한 계획을 대체시킬 수 없다. 목수가 설계도 없이는 건축할 수 없는 것과 마찬가지로 교사도 분명하게 짜여진 계획표를 가지고 있어야 한다. 그리고 일에 종사하는 목수가 그에게 주어진 설계도를 재료들의 성질과 그 재료들이 일이 진척되어 나감에 따라 마칠 작업 조건에 맞도록 수정해야 하듯이, 교사도 학습 과정에서 나타나는 여러 가지 상황들에 맞추어서 계획을 변경하기도 하고 수정하기도 해야 한다.

　일반적으로, 그리스도인 교사들은 그들 대부분이 일상적으로 수립하기에 익숙해 있는 계획보다 더 정확한 계획을 수립해야 한다. 그리고 교사의 편람들이 단지 "참고서들"이란 사실을 염두에 두지 않고서 그 편람들을 쓴 저자들에게 더 큰 책임을 덮어씌우기가 쉽다. 학과 시리즈(lesson series)가 아무리 좋아도 그것이 교사의 위치를 차지할 수 없으며 교사를 대신해서 학생을 가르칠 수는 없는 일이다. 좋은 학과 시리즈가 학생들의 나이 수준과 일반 욕구들에 잘 적용될 수도 있으나 그들의 개인적이고 특별한 욕구들을 만족시켜줄 수 없다. 따라서 최상의 성과를 이루기를 원하는 교사는 참고서 저자가 쓴 자료에 너무 집착하지는 않을 것이다. 반면에, 그는 참고서 저자가 쓴 자료가 도움이 되는 경우에는 그 자료를 사용하고 다른 다양한 자료집으로부터도 많은 자료들을 뽑아서 그 자신의 계획을 수립할 것이다. 더 나아가, 유능한 교사는 그가 학습시간 동안 하려고 의도하는 것을 세부적으로 진술하는 계획서를 세울 뿐만 아니라, 그 학과의 교육목적을 실현시키기 위하여 수업시간 동안에 학생들을 참여시킬 활동도 세부적으로 계획할 것이다. 다른 말로 하면, 좋은 학과 계획은 교사의 활동만 제시하는 것이 아니라, 학생들의 활동도 제시한다. 그것은 교사의 활동보다도 학생의 노력에 강조점을 둔다.

(1) 학과 계획의 여러 가지 유용성

① 학과 계획은 교육의 총체적인 목적(inclusive aim)을 더 잘 이루게 해준다.
② 학과 계획은 목적들을 분명하게 하는 데 도움이 되며, 그 목적들을 뚜렷하게 조정하는 데 도움이 된다.
③ 학과 계획은 예전의 여러 가지 경험에서부터 숙고되는 경험들에로 적절하게 옮겨가게 해준다.
④ 학과 계획은 내용과 거기에 맞는 재료와 그에 부수되는 여러 절차들과 활동들을 더 잘 선택할 수 있도록 해주고 체계화할 수 있도록 해준다.
⑤ 학과 계획은 더 나은 교육 방법들을 사용하는 데도 도움이 된다.
⑥ 학과를 계획하는 일은 경험을 하지 못한 교사들에게 확신을 주며, 그들에게 더 급속하게 발전할 수 있는 능력을 개발시킨다.
⑦ 학과를 계획하는 일은 교사에게 적절한 준비를 하도록 유발시키는 자극제 구실을 한다.
⑧ 학과를 계획하는 일은 교사로 하여금 더 큰 자유를 가지고 가르칠 수 있도록 해준다.
⑨ 학과를 계획하는 일은 마주쳐야 할 개인의 여러 차이점들과 특별한 상황들을 위한 더 나은 계획을 세울 수 있도록 해준다.
⑩ 학과를 계획하는 일은 어려움들을 예견하고 그것들을 피하거나 최소화할 수 있는 방법을 계획함으로써 많은 어려움들을 제거하게 해준다.
⑪ 미리 수행된 반성적 사고는 순간적으로 수행된 무의식적 계획으로부터 획득 가능한 것보다 더 나은 조화로운 학과 전개를 해나가는 데 도움이 된다.
⑫ 학과를 계획하는 일은 학급의 사용을 위해 필요한 재료의 유용성을 확실하게 해주는 경향이 있다.

⑬ 학과 계획은 미리 중요한 질문들과 적절한 예해들을 준비하도록 교사에게 자극을 준다.

⑭ 학과 계획은 그 학과를 충실하게 요약하게 한다.

⑮ 학과 계획은 교수(instruction)의 성과들을 적절하게 점검하기 위한 분명한 토대를 제공해준다.

2. 학과 계획의 종류

교사라는 직책을 맡기에 아주 합당한 교사는 가르치기 전에 미리 어떤 준비를 한다. 이는 그가 자기가 알지 못하는 것을 가르칠 수 없다는 사실을 인식하고 있기 때문이다. 양심있는 교사는 일반적인 준비뿐만 아니라 그가 그 학과를 아무리 여러 번 생각했을지라도 특정 학과의 교수에 대해 생각하는 것이다. 그러한 교사는 순간적으로 하는 무의식적 계획에 의해서 진행되는 교수(teaching)는 좋은 교육이 될 수 없다는 사실을 알고 있다. 확실히 학과는 계획되어야 한다. 그런데 "어떤 종류의 계획을 수립해야 하는가?"란 질문은 아주 중요한 질문이다. 자기 의무를 완수하기를 진심으로 바라고 세심한 준비를 하는 교사는, 결점이 많고 적당치 않은 학과 계획의 방법을 발견할 수 있을 것이다. 그래서 그는 여기에서 더 나은 형의 학과 계획을 인지할 목적으로 다양한 종류의 계획을 시작할 시도를 하게 된다.

(1) 우연한 계획

이 계획은, 아주 전형적으로, 교실에서 그 학과가 가르쳐지고 있는 와중에서 그 학과를 계획하는 종류의 계획이다. 다른 말로 하면, 교사는 전혀 아무 계획이 없이 학급 앞에 나아가서 종잡을 수 없이 진행하고, 아무 목적도 이루지 못하는 계획이다. 이것은 성경을 들고 아무데나 집히는 대로 분문을 선정하여 복음을 전하는 설교자가 잘하는 종류의 계획이다. 그러한 교육에 있어서는 내용의 통합(coordination)과 목적이 현저하게 부재한다. 그 결과로서, 그러한 교수법에 있어서는 시간만 낭비될 뿐이고 그보다 더 나쁜 것은 요점도 없는 질문을 제기하거나 대답하게 되고, 관계도 없는 토론을 벌이게 되고, 확실하지도 않고 연관도 없고 통합되지도 않기 때문에 학생들에게는 큰 의미도 가지지 못하는 사실들을 목적없이 전달하게 되는 결과를 초래하게 된다.

우연히 아무렇게나 하는 계획(the haphazard plan)은 사전에 준비를 하지 못했거나 시간이 너무 없어서 충분하게 준비하지 못했기 때문에 나타난 결과이다. 거의 대부분은 가르치기 전날 밤이나 당일 아침에 계획된다. 훌륭한 교사는 준비를 게을리 하려고 하지 않겠지만, 그러나 다른 많은 것들로 인하여 시간을 빼앗기고, 그래서 아주 잘 준비하려고 한다 하더라도 수업 시작하기 전 몇 분 동안에 준비하기 때문에 그가 노린 소기의 목적을 대부분 달성할 수 없는 것이다. 교사가 준비된 계획을 이룰 것인지에 대한 관심은 주의를 흐트러 뜨릴 것이다. 예상치 못한 방해로 말미암아 전혀 계획을 세우지 못할 수가 있다. 충분히 적절하게 학과 계획을 세우려면 많은 시간이 요구된다. 성공적으로 가르치기 위해서는, 교사가 그 학과를 가르치기 며칠 전이나 몇 주 전이나, 혹은 몇 달 전에 미리 계획을 세우기 시작해야 한다. 앞의 일을 미리 계획하면 특별히 강조할 진리들을 선택할 수 있으며, 과도한 반복을 피할 수 있고, 학과를 거듭해 나가면서 축적되는 효과를 얻을 준비를 할 수 있게 된다.

세번째로, 우연히 아무렇게나 하는 계획은 그리스도인 교사들 사이에 아주 일상적으로 된 습관, 즉 정기 간행물이나 그 학과의 내용을 다루고 있는 책에서 취한 기존의 체계화 계획을 너무 이용하지 않는 데서 연유한다. 앞에서 지적하였듯이, 성경 교수를 위한 많은 학과 시리즈가 아주 잘 체계화되어 나와있으나, 가르침을 받고 있는 특정한 학급에 가장 잘 적응되는 시리즈를 제외하고는 훌륭한 학과 시리즈가 될 수 없다. 내용의 개요와 자료와 준비된 질문들과 모든 다른 가치있는 재료와 부교재는 순전히 기계적인 방식으로 사용된다면 그 효력을 상실하게 된다. 학과에 도움이 되는 자료로부터 수집한 임의의 견해들에 기초하긴 했으나 계획되지 않은 활동은 교육을 효과없게 할 것이다.

마지막으로, 우연히 아무렇게나 짜는 계획은 그 근원이 교사의 무능력에 소급될 수 있다. 교사가 교수를 위한 준비를 거의 하지 않았거나 일반적인 준비를 전혀 하지 않았을 수도 있고, 교수법의 원칙에 대한 지식을 가지고 있지 않을 수도 있다. 그러한 교사는 훌륭한 교수법을 위해서 필요한 준비를 해야 하거나, 잘 가르칠 수 있는 교사로 일찍 대치시켜야 한다. 그리스도인 교사의 일을 하도록 부르심을 받고 책임감을 가지고 그가 해야 할 과업을 위해 준비해 나가면서 치러야 할 희생을 기꺼이 감당할 작정이 되어있는 사람은 충분한 준비를 할 수 있다. 그러한 준비를 하기 위한 기회를 제공하는 여러 가지 수단들은 이미 5장에서 논의되었다. 확실히 자기의 직분을 귀한 특권으로 받아들이는 교사가 계획을 세밀히 세워 자기 과업을 성취시킬 준비를 할 것이다.

(2) 공식 계획

자기가 하는 일의 중요성을 인식하여 어떠한 종류의 체계화가 필요하다는 사실을 의식하는 교사는, 어떤 기계적인 보조물들을 사용하게 될 것이다. 글자 퀴즈(acrostics)와 "언제, 누가, 왜, 무엇을"과 같은 중심 요지(central points)를 중심으로 한 내용의 체계화, 혹은 동일한 첫 글자로 일련의 말을 만들어나가는 따위의 조작들은 체계화를 위한 기본 계획들로서 사용될 수 있는 것들의 실례들이다. 헬바르트(Herbart)와 그의 제자들은 계획을 위한 더 나은 기초를 제공할 목적으로 교수법에 있어서의 "다섯 단계"를 고안했다. 즉 준비, 발표, 비교, 개괄 그리고 적용의 다섯 단계로 설정하였다. 만약 학생을 교사가 부어주는 지식으로 채워지는 단순한 수동적인 그릇으로 여긴다면, 이 공식 계획은 반드시 사용되어야 할 계획이다.

그러나 학생이 교사의 지도와 인도를 받고 자기에게 주어진 상황의 전부나 그 일부를 변경하여 자기 반응이 수정되도록 하고 자기의 학습이 그것에 따라 조정되도록 하는 왕성하게 활동적인 존재라면, 발표의 공식 계획을 세우는 것만으로는 충분치가 못할 것이다.

공식적 학과 계획형(the formal type of lesson plan)이 가지고 있는 몇 가지 결점들은 다음과 같다. 이와 같은 형태의 학과 계획은 삶의 양상이 교사가 미리 결정한 형에 맞추어질 수 없다는 사실을 인정하지 않는다. 이 학과 계획형은 확장되어가고 분명하게 드러나는 학생들의 여러 가지 욕구들에 대해서 너무 주의를 기울이지 않는다. 이 계획형은 사고와 창의력과 풍부한 기지를 개발해야 할 반응하는 학생들에게는 충분한 관심을 보이지 않으면서 주제를 주입시키는 데 과도한 관심을 가진다. 이 계획형은 각각의 내용에는 그것에 맞는 각각 다른 접근법을 사용해야 한다는 사실을 무시하고 모든 형태의 주제에 대하여 동일한 형의 계획을 기도한다. 그리고 이 학과 계획형은 너무 과다한 기록을 요한다는 점에서 교사의 시간을 낭비하게 한다.

(3) 연대순 계획

대부분의 재료를 다루는 데 있어서, 연대순으로 체계화하는 계획은 사용하기 쉬운 계획이고 또 자연스러운 계획이다. 이 계획에서 치중하는 강조점은 교수 방법의 준비라기보다는 가르쳐야 할 내용이다. 어떤 여러 가지 사건들이 발생한 순서와 그것들간의 관계와 어떤 사건들이 다른 사건들로부터 연유되어 나오는 방식은 연대순적인 계획을 요구하는 것 같다. 재료 자체가 그 순서에 있어서 연대순일 때, 교사가 준비 과정에서 해야 할 중심 과업은 논리적으로 학과에 등장하는 여러 가지 사건들을 이 순서에 따라 적절하게 다룰 수 있을 정도로 이 재료에 숙달하는 작업일 것으로 생각된다. 어떤 교사들은 실례들을 보여주고 적용을 해줌으로써 내용을 상술해 주면서 연대순으로 계획한 학과를 가르쳐서 아주 효과적인 교육을 시킬 것이다.

그러나 이야기 자체가 교육은 아니므로 연대순으로 준비한 계획을 사용하는 교사는 어떤 다른 체계화 형식을 사용함으로써 훨씬 더 효과적인 교수를 할 수 있을 것이다. 특히 어린 아동들에게 있어서는, 시 공적으로 자기들과 떨어져 있는 사람들의 생활을 이해하기 위해 필요한 시대 기간(period of time)에 대한 이해가 결핍되어 있고 사회적 경험이 결핍되어 있기 때문에 연대순에 따라 학과를 계획하는 방법은 부적합하다. 성인들도 먼 시대에 있는 것들을 감지하는 데는 상당한 사고력이 필요하다. 그러므로 열 살 내지 열두 살 된 아동들을 교육시키는 데 있어서는, 사건과 등장인물을 과거의 배경 속에서의 의미를 전달하려고 하는 대신 그 아동의 현재에 관련시켜 실제적이고 생생하게 여기도록 다루는 것이 아주 중요하다.

보통의 아동은 아홉 살이나 열 살쯤 되면 자기의 현재의 생활과 상황에 관련을 시켜서 실제적인 연대기적 변화의식을 발달시키기 시작한다. 이때부터 연대순적 연관(chronological connections)은 점차적으로 더욱더 부각되어질 것이다. 그러나 교사는 시간상으로 멀리 떨어진 사건들의 관계는 성인들에게 있어서도 교사의 특별한 노력이 없이는 분명하게 될 수 없다는 사실을 항상 기억해야 한다.

(4) 논리적 계획

이 계획은 내용의 상이한 부분을 그 논리적 관계에 가장 잘 부합되는 방식으로 일치시키기 위해서는 반드시 사용해야 한다. 세세한 세목에까지 크게 구분되는 것들은 그 상호관계로 엄격하게 체계화된다. 재료를 논리적으로 체계화하는 것은 내용을 이미 숙지하고 있는 사람에게는 가장 자연스럽고 잘 알 수 있는 유용한 체계화 형태이다. 모든 사실과 세목을 알고 있는 사람은, 그 모든 사실과 세목은 각 항목이 전체 내용의 맥락 가운에 특정의 위치를 가지고 있는 어떤 종류의 질서있는 배열 가운데 속해있고, 이 특정의 위치는 다른 여타의 요소들에 대한 특정한 요소의 관계에 의해 결정된다는 사실을 인지하고 있다.

그러나 자기에게 새롭고 생소한 분야를 발견해 나가는 항해를 방금 시작한 사람은 이와 같은 전체 내용에 대한 통찰을 할 수 없다. 전체적이고 추상적인 것은 특정한 것과 구체적인 것과의 관계를 갖지 않는다면, 결코 의미를 가질 수가 없다. 전체를 구성하는 부분들 자체에 대한 지식과 이해는 부분들간의 논리적 연관이 지각될 수 있기 전에 획득되어야 한다. 내용을 완전히 숙달하기 위해서는 그 내용 안에 내포된 여러 가지 요소들을 그 관계 가운데서 볼 수 있어야 한다. 그러나 이것이 의미하는 바는, 학생이 학습이 완성되었을 때에 이 요소들을 그 나타날 순서대로 배울 수 있다는 것이 아니다. 학생이 구체적인 경험과 접촉을 가지기도 전에 그것들에게 의미를 주기 위하여 총괄적인 진상을 제시하는 것은 내용을 귀찮아 하게 하고 흥미가 없도록 하게 하는 데 지름길이다.

따라서 교사는, 성인의 지성이나 거기에 대한 전문야를 알고 있는 사람의 지성에 알맞는 순서대로 재료들을 체계화할 줄 알아야 한다. 단순한 사실 보고의 약점 대부분은 논리적 체계화 계획을 사용함으로써 보완되어 학생들에게 그 소기의 목적을 달성한다. 이 방법을 사용하면 어린 아동들도 심오하고 중요한 진리를 단순히 반복만 하는 둔감한 교사나 겉만 보는 관찰자의 열의를 기뻐할 수 있는 데로 이끌어갈 수가 있다. 그러나 가장 위대한 진리를 완전히 숙달하여 발표해 준다 하더라도 그 진리가 그것을 발표하는 자의 마음과 생활에 충만한 의미가 되지 않고 있다면, 무슨 소용이 있겠는가? 학생이 스스로 파악하여 이해하고 자기 자신의 경험에 적용한 한 가지 사상은 어떠한 사람이 풍부한 지식과 이해를 가지고 말한 것을 단순히 수동적으로 흡수하여 획득한 많은 것들보다 훨씬 많은 가치가 있는 것이다.

(5) 심리학적 계획

재료를 심리학적으로 체계화한다는 것은, 단순히 학생이 가장 쉽고도 자연스럽게 학습하는 방법에 의해서 결정된 순서를 따른다는 것을 의미한다. 그것은, 즉 교수되는 내용은 학습자의 경험과 능력에 적합하게 되어야 하며, 그의 관심에 강하게 호소할 수 있는 것이어야 하고, 그의 현재의 생활과 행동에 관계되는 것이어야 한다는 의미를 지닌다. 보통 내용을 이 세 가지 요소들—학생이 갖고 있는 능력, 관심, 욕구들—과 일치시키는 일은 가능하다. 왜냐하면 그것들은 아주 전형적으로 겹치기도 하고 통합되기도 하기 때문이다. 그러나 때로는 이 세 가지 요구조건 모두를 만족시킬 수 있는 계획을 세우기가 불가능할 수도 있다. 예를 들면, 어떤 학생은 그가 그 재료에 흥미가 없을 때에도 그 재료의 어떤 부분을 숙달하기에는 충분치 못할 때에 어떤 것에 관심을 가지게도 된다. 그러나 이 세 가지 조건들을 고려하지 않고 기획된 체계화 계획은 어떤 것이라도 가장 효과적인 학습을 위한 준비를 갖추지 않고 있다는 것은 아주 분명하게 말할 수 있다.

학생의 경험수준을 고려하게 되면, 교사는 학생의 배경과 관련하여 재료를 선택할 뿐만 아니라 학생의 직접적인 여러 가지 경험과 관련을 지어서 재료의 특정한 국면을 선정하고 제시할 절차를 선택할 것이다. 관심은 자연히 경험에 밀접하게 관련되게 된다. 왜냐하면 학생들은 자기들이 최근에 경험한 것들에 일반적으로 아주 쉽게 흥미를 가지기 때문이다. 계획을 세우는 데 있어서, 교사는 학생들의 관심에 호소하고 효과적으로 관련시키기 위해서 재료를 조정하고 접근해야 한다. 지금까지 강조해 왔듯이, 학습은 오직 감지된 욕구와 연관되어서만 발생한다. 추상적인 소재들이나 현재의 생활과 행동에 관련되어 있지 않은 소재들은 좋은 학습을 이루지 못하도록 학생들의 태도를 형성시킨다. 그렇다면 계획을 세우는 데 있어서 효과적인 순서의 한 특징은 각각의 요소를 그것에 대한 필요가 나타날 때 제출되도록 하는 준비이다. 이와 같은 준비는 학습을 더 빨리 진행시킬 뿐만 아니라 학습된 내용을 더 분명하게 이해하고 더 잘 유지하게 된다는 것을 보증한다.

생동적인 방식으로 가르치려고 하는 그리스도인 교사는 교수 소재들을 심리학적인 방식으로 항상 체계화시켜야만 한다. 즉 그들을 교수하려는 소재들을 학생들의 마음과 욕구들에 어울리는 방식으로 체계화해야 한다는 것이다. 성경은 남녀노소를 막론하고 모든 학생들의 여러 욕구들을 충족시킬 수 있을 정도로 소재가 풍부하며 어떤 부분이라도 번안되어 진정으로 도움이 되는 방식으로 제시될 수 있다. 교사의 임무는 어떤 학생의 특정한 삶의 상황에서 일어나는 그 학생의 여러 가지 욕구들에 가장 잘 어울리는 것이 교재의 특정한 부분 가운데 있는지를 미리 확인해보는 것이다.

다음으로, 소재들과 학생이 현재 체험해 나가는 삶의 경험 사이에 어떠한 접촉점이 현재 순간에 생동적인 것이 되도록 하기 위하여, 그들의 더 어릴 때 경험들에 관해 새롭게 기억나게 해주어야 한다. 소재 가운데서 이해될 수 없는 것은 어떤 다른 방법으로 설명하거나 분명하게 밝혀주어야 한다. 마지막으로, 학생들은 자기의 경험을 사용함으로써 새로운 소재로 제시된 사상과 진리에 대해 반응하고 동화하며 평가하고 적용하도록 자극을 받아야 한다. 확실히 학과를 계획하는 절차는 상황과 기도하고 있는 목적에 따라 다양할 것이다. 그러므로 따를 수 있는 정해진 규칙들은 있을 수 없으며, 다만 이 절에서 제시된 여러 가지 제언들은 그 기초로서 가치가 있을 것이다.

신령한 여러 사실과 진리를 아주 효과적으로 제시하기를 원하는 교사는 예수께서 자기에게서 가르침을 받았던 자들의 경험과 여러 가지 욕구들에 항상 관련된, 그의 가르침 가운데서 사용하셨던 방법을 연구하는 것이 가장 좋을 것이다. 친구들과 원수들을 대하실 때, 그는 접촉점을 만들어 놓는 데 있어서 탁월한 기술을 발휘하셨다. 그는 자기 말을 듣고 있는 사람들이 구약의 내용에 익숙해 있다는 것을 아시는 고로, 그는 구약성경을 자주 인용하셨다. 생명의 물을 주어 마시도록 하게 하셨던 사마리아 여인에게, 그는 먼저 야곱의 우물물에 대하여 말씀하셨다. 흔히 그는 접촉점을 마련하기 위하여 비유를 사용하셨다. 원수들을 대하시면서 하신 그의 가르침의 요지는 그 원수들에게도 아주 고통스럽게도 확실한 것이었다(눅 20:19).

그는 항상 자기 교훈을, 자기 말을 듣는 자들의 능력과 여러 가지 욕구들에 적응시켰다. 그의 접근법과 그 소재와 방법과 질문과 이야기와 예화는 개인이나 집단에 따라 다양하게 변하였다. 그 예를 들어보자. 기도에 관한 교훈(눅 11:1~13), 니고데모와의 답론(요 3:1~13), 표적을 구했던 자들과의 대화(마 16:1~4), 이러한 표적을 구한 자들의 교훈에 관해서 제자들에게 경고하심(마 16:5~12), 제자들이 자기가 메시야인 것을 인정하도록 이끄신 일(마 16:13~20). 위에 든 많은 실례들과 고귀한 사실들과 진리들에 대한 다른 많은 단순하고 직접적인 접근법은 예수께서 심리학적 교수 계획을 사용하신 기술을 증거해주고 있다.

(6) 기록된 계획표

학과 계획이 취할 수 있는 형태의 측면에서 살펴보면 그 종류가 두 가지 있다. 그 하나는 기억된 계획이며, 다른 하나는 기록으로써 쓰여진 계획이다. 학급 시간의 활동을 미리 처음부터 끝까지 생각하고 있는 교사에게는 첫번째 종류의 계획이 좋은 계획이라고 여겨진다. 종이에 기록되어 있는 것은 아무것도 없다고 하더라도, 학과의 모든 세목들은 계통이 짜여져서 말해지며 잘 나타나는 모든 문제들과 질문들, 상황들을 충족시키기 위한 모든 준비가 갖추어져 있다. 특히 경험이 풍부하고 노련한 교사들에게는 이러한 종류의 계획을 세워서 아주 효과적으로 사용할 수 있겠으나, 기록된 형태의 계획은 진술을 더 정확하게 하고 온전하게 하는 데 도움을 주게 되며, 동시에 제대로 기능하지 않을 수도 있는 기억에 의존하지도 않게 된다. 기억된 계획은 준비하는 시간을 더 적게 요하며 교실에서 수업을 이끌어 나가면서 교사가 그 계획을 조회할 필요가 없다는 점에서 더 많은 자발적인 행위를 할 수 있는 여유를 준다.

그러나 몇 가지 이유로 인해서 기록된 계획이 더 선호되어야 한다. 그 한 가지 이유로서, 기록된 계획은 사고를 필수불가결하게 더 정확하게 한다. 베이컨(Bacon)은 "글을 쓰는 것은 정확한 사람으로 만들어준다"고 말했다. 자기 생각을 글로 옮기려는 바로 그 시도가 그 생각을 명료하게 하도록 하고, 그 사고에 있어서 더 분명해지도록 하는 것이다. 그리고 계획을 기록하는 것은 적어도 다른 방법으로는 획득하기가 다소 더 어려운 통일성을 마련해준다. 교사는 기록하고 교정하며 보충함으로써 통일되고 조화된 인상을 받도록 이끌어주는 순서정연한 연쇄를 얻을 수가 있다. 세번째로, 기록된 계획은 교수에 있어서의 자유를 허용한다. 기록된 계획을 손에 잡고 있는 교사는 중요한 요점을 잊어버릴 것이라는 두려움이 없이 고찰되고 있는 문제 하나하나에 관심을 기울일 수가 있다. 또한 토론이 이루어질 때도 계획된 절차의 과정으로부터 출발점으로 되돌아오는 데 하등의 어려움도 느낄 필요가 없다. 처음 시작하는 교사는 자기가 기록한 계획을 너무 엄격하게 따른다. 그러나 경험이 늘어남에 따라 더 많은 자유를 얻을 수 있는 것이다. 어떠한 교사도 자기가 준비한 것에 얽매이는 종이 되어서는 안된다. 충분한 자유가 몸에 익게 되면 그 즉시 교사는 계획표를 집에 두고 수업을 진행시킬 수 있을 것이다. 비록 그가 각각의 이야기를 위한 준비를 할 때 기록된 계획을 사용하더라도 이제는 계획표 없이 수업을 진행시켜나갈 수 있는 것이다.

기록된 계획이 가지는 그 이상의 유익은 교수법의 향상을 위해 계속 그 계획을 사용할 수 있다는 데 있다. 각각의 학과 계획은 계속적으로 사용하고 보존하기 위한 것인 양 기획되어야 한다. 시도할 만한 가치가 있는 계획은 보존할 만한 가치를 지니고 있다. 어떠한 현명한 교사도 한 계획을 아무런 변화없이 두 번 사용치 않을 것이다. 현명한 교사는 한번 사용된 계획을 더 나은 새 계획을 수립하기 위한 디딤돌로 여길 것이다. 흔히 교사는 해를 거듭해 나가면서 일련의 학과를 수십 번 교수할 것이다. 매번 새로운 학과 계획을 세우는 것은 시간과 정력의 낭비일 뿐만 아니라, 이전의 계획들을 사용함으로써 획득한 경험을 적절하게 이용해야 한다는 점에서 현명치 못하다. 더 나아가 한 가지 일련의 학과들을 교수함으로써 학습된 많은 것들은 다른 일련의 학과들을 가르치는 데 있어서 유익하게 사용될 수가 있다.

학과가 끝난 바로 직후에, 교사는 사용된 계획을 검토하여 그 학과를 회고해보는 것이 좋을 것이다. 여러 가지 약점들을 정직하고도 객관적으로 판단해야 한다. 그리고 여백에 실책들과 개선을 위한 여러 제안을 기록해야 한다. 만약 생생하게 기억날 때 이러한 인상들을 기록하지 않는다면, 그 인상들은 완전히 소실될 것이며 그 결과로서 그 인상들로부터 아무런 유익을 얻지 못할 것이다. 그러므로 그 계획을 사용할 다른 기회가 왔을 때, 장래에 개정하여 사용할 수 있도록 기록으로 철해두어야 한다.

그러나 때가 오게 되면, 몇 달 후에 새로운 관점에서 그 계획을 검토하면 그 교사는 평가하기 위한 훨씬 더 나은 기초를 제공받게 될 것이다. 그 계획을 재검토하고 전에 발견된 여러 가지 부적절한 점에 비추어 다시 대조하고 다른 교과에 비추어 수정하면 첫번의 계획보다 훨씬 나은 계획을 수립하게 될 것이다. 그래서 시행된 각각의 계획은 더 나은 교수법을 위한 기초가 될 수 있을 것이다.

3. 학과 계획의 여러 단계

교수의 성공은 효과적이고 융통성이 있는 교수 계획을 기획할 수 있는 교사의 능력에 상당하게 좌우된다. 자기가 가르치고 있는 학생들의 생활 가운데서 자기가 발생하기를 바라는 것을 알고 있고 그 목적을 성취하기 위해 실행할 수 있는 절차 계획(a workable plan of procedure)을 가지고 있는 교사는 그의 과업을 성공리에 완성할 것이다. 교과를 계획한다는 것은 학급상황을 미리 체험하는 것과 같다. 교사는 수업 중인 학급에서 일어날 수 있는 모든 요소들을 예견하면서, 미리 예상할 수 있기 때문에, 그는 학급의 여러 가지 욕구를 위해 교과를 계획할 수 있다. 그러한 예견은 수업에서 사용할 재료들을 실질적으로 분석할 수 있게 하며, 또한 그 재료들을 사용하는 방법과 학생들이 직면하게 된 난관들과 그러한 난관들을 처리하는 방식과 요망되는 학생들의 여러 예상 반응을 미리 분석할 수가 있다.

확실히 교과 계획은 직면해야 할 여러 가지 조건들에 따라 그 내용과 형태에 있어서 다양한 것이어야 한다. 그러므로 모든 교과 계획의 수정을 위해 단일한 양식을 쓰는 것은 삼가야 한다. 교수법은 순전히 기계적인 방식으로 수행되는 기계적인 문제가 아니다. 일정한 교사에게 아주 효과적으로 도움이 되는 것은 그 교수의 목적을 위해 가장 좋다고 생각될 것이다. 동일한 절차는 동일한 교과에 의해서조차도 두 번 사용되면 안될 것이다. 그럼에도 불구하고 모든 유능한 교사들이 학과를 계획할 때 거의 동일한 순서에 따라 다루어진다. 그 단계들이 이렇게 주어져 있다는 사실은 계획을 세우는 데 있어서의 한 단계가 한번에 완성된다는 의미는 아니다. 두 단계나 그 이상의 단계가 동시에 진행될 수도 있는 것이다.

(1) 전체 교과 시리즈에 익숙해지는 일

교과를 계획하는 데 있어서 취해야 할 첫번째 단계는 전체 교과 시리즈에 익숙해지는 것이다. 단일한 교과나 교과 시리즈는 전체 소재의 분량과의 관계에 비추어 기획되지 않는 한 효과적으로 계획될 수가 없다. 교사는 가르쳐야 할 전체 내용과 그 주제와 그 목적과 그것을 가르치기 위해 사용하게 되는 전체 방법에 전적으로 익숙해져 있어야 한다. 또한 그는 앞 과와 뒤이어 나오는 과에 특별하게 주목해야 한다. 계획은 그 과를 앞 교과의 하나나, 혹은 일련의 작업과 분명하게 관련지어 주어야 한다. 학생의 경험은 그에게 적절한 전망을 주거나, 혹은 최근의 경험을 현재의 상황들을 해석하는 데 적절하게 사용할 수 있도록 해주지 못하기 때문에 교사는 일관된 학습을 확실하게 하기 위해서 과거와 현재의 경험들간의 연관을 지각하여 인식한 것을 제공해 주어야 한다.

(2) 가르쳐야 할 과를 검토하는 것

이것이 계획하는 데 있어서 취하는 두번째 단계이다. 내용의 전체 지식에 대한 철저한 연구가 아니라 그 내용의 전체 지식을 예비적으로 검토하는 것이 이 단계의 목적이다. 성경의 모든 말씀은 어떤 목적을 위해 기록되었으며 교사는 그날의 학과의 목적을 확인해야 한다. 교사의 사상이 아니라 저자의 사상이 중요한 것이다. 왜냐하면 교사의 직무는 진리를 해석하는 것이며 교사가 본래의 목적을 이해하지 못하는 한, 이 직무를 충실하게 행할 수가 없기 때문이다. 이 본래의 목적은 교사의 목적이 학생들의 여러 가지 욕구들에 의하여 결정될 때, 그 교사가 학급을 위해 설정한 자신의 목적과 거의 다르지 않을 수도 있고 아주 많이 다를 수도 있다. 만약 크게 다르다면, 아마 다른 과를 선택해야 할 것이다. 그러나 그 차이가 너무 크지 않다면, 현재의 교수 목적을 위해 다른 자료들로부터 보충하는 것으로 충분할 것이다. 이 단계에서 행해지는 것은 전부 다 학생들의 능력과 그 여러 가지 관심과 나타나고 있는 여러 가지 욕구들을 관찰한 교사의 지식에 비추어서 행해지는 것이다.

(3) 학과의 목적을 결정하고 진술하는 일

특정한 학과의 목적은 그 학과의 내용과 관련시키고 학생들의 욕구들을 고려하여 공식화되어야 한다. 학과의 소재는 전체 성경 말씀의 총체적 목적에 부수되는 여러 가지 목적들을 제시할 것이다. 이러한 각각의 목적은 효과적인 교육 가치를 가진 것이나, 그렇다고 해서 모든 것이 다 좋은 교육에서 사용될 수는 없다. 따라서 교사는 그 학과를 가르치는 데 있어서 결연하게 부착되어 있는 한 가지 목적이나 의도를 결정해야만 한다. 교수는 학습을 위하여 행해진다. 그리고 학습 과정은 학생들에게 중심이 있다. 그래서 각 학과의 목적은 학생들의 여러 가지 욕구들에 비추어 결정되어야 한다. 각 학과의 목적이 한 학과나 여러 학과 시리즈의 목적들과 연관되고 모든 교육의 전체를 총괄하는 목적을 고려하여 기획된다는 것은 중요한 일이다. 목적은 특별한 항으로 진술되어 있어야 한다. 목적은 교사가 성취하려고 하는 것에 대한 명확한 진술이어야 한다.

(4) 교육하는 데 있어서 필요하게 될 소재들을 체계화하여 사용하는 것은 중요한 문제이다

여러 가지 소재들은 추구되는 목적에 따라 선정되어 체계화되고 사용되어야 한다. 보통 이것은 성경의 인용문이나 이야기, 성경 외의 이야기, 참고자료, 시, 음악, 그림이나 모형, 실습을 위한 장비 그리고 한 시리즈의 학과 내용을 보강하고 보충하기 위해 투입되는 활동과 관계가 있다. 학생이 솔선하여 활동할 수 있도록 충분한 준비를 해놓아야 하는데 이는 그것이 학습의 수단이 되기 때문이다. 무슨 소재들을 사용할 것이며, 그 소재들을 사용하기 위해 어떤 방식을 채택할 것인지에 대해서 교사는 아주 진지하게 고려해야 한다.

(5) 학과를 가르치면서 사용할 여러 방법과 절차를 정해두어야 한다

이것은 교사가 사용할 방법과 절차와, 학생들에 의해서 사용될 다른 방법과 절차 쌍방을 포함할 것이다. 이 단계에 있어서, 교사는 학과의 목적을 매우 분명하게 기억하고 있어야 한다. 교사는 그 목적을 가장 잘 획득할 수 있도록 하는 방법들을 선택해야만 한다. 보통은 몇 가지 방법이 조화를 이루어 사용될 것이며 이러한 몇 가지 방법들은 그 학과의 목적에 비추어서 선택해야 할 뿐만 아니라, 학생들의 여러 욕구가 성공적으로 충족될 수 있게 하려면 그 욕구들을 잘 이해하여 선택해야 한다. 학과의 시작은 교수의 여러 가지 결과에 많은 관계가 있기 때문에 좋은 접근 방식을 계획하는 일은 특히 중요하다. 학생들의 경험을 고려하여 접근을 시도해야 하며, 제안의 방식을 준비할 수 있도록 욕구들을 발견하고 관심에 호소하여야 한다. 보통 교사가 자기 자신의 활동을 고려하여 접근하는 것보다 처음부터 학생들 편에서 적극적인 참여를 하도록 하는 것이 좋다. 효과적인 방식으로서, 학생들의 과거의 여러 가지 경험들과 제시되는 새로운 소재 사이에 접촉점이 마련되야 한다.

이 접촉점이 훌륭히 마련된 후에는 새로운 소재를 제시해도 좋을 것이다. 주지한 바와 같이, 사용될 특정의 방법은 그 학과의 목적과 학생들의 여러 가지 욕구들과 소재들의 성질에 좌우가 될 것이다. 그 학과의 지극히 중요한 국면들을 언급하는 제한된 수의 주된 질문들과 중심어 몇 가지와 중심이 되는 표현들을 계획 안에 기록해둘 것이며, 예화를 들고 설명을 해주고 어떤 적절한 점에서 적용을 시키기 위한 제언도 기록해둘 것이다. 사용할 표현법에 관한 표시도 해두고 그것을 수행하기 위한 준비도 갖추어 두어야 한다. 계획표는 학과를 소개해 주면서 사용될 교수법의 형태에 따라 최대수의 학생들이 학급의 토론과 레포트작성과 운동활동(motor activity)과 다른 여러 가지 방식의 활동에 참석하도록 해줄 것이다. 소재와 관련되어 해결되어야 할 문제는 다음과 같다. 즉 학생들의 생각을 어떻게 하면 가장 잘 자극시켜서 결론으로 이끌어갈 수 있을까 하는 문제다.

(6) 작업의 결론들을 간명하게 말해주기 위한 준비도 해야 한다

근본적인 사상, 혹은 학과의 목적으로 설정된 것은 결론의 성격을 결정할 것이다. 좋은 계획을 세우기 위해서는 학생들이 취하여서 나중에 그들이 그들의 일상생활에 적용할 최종의 인상을 남길 수 있는 수단을 준비하는 것이 필수불가결하다. 학과 소개에 있어서와 같이 여기에서도 학생의 참석이 확보되어야 한다. 그러므로 결론들을 근본 사상과, 수업시간 동안 그 근본 사상을 발전시키는 일과 관련된 자극적인 질문들의 형식으로 진술하는 것이 좋을 것이다. 이런 질문들은 어떤 것을 계획하고 행하는 데 영향을 미칠 것이며 사상이나 행동을 지도하기 위해 사용되어야 할 진리의 진술에 이르도록 할 것이다. 보통 네 개나 다섯 개의 다른 결론들을 제시하는 것보다 두 개나 세 개의 결론들, 흔히는 중심 사상으로부터 직접 나오는 단일한 결론에 집중하는 것이 더 좋다.

(7) 체계화된 교수 계획

철저하게 생각한 후에 학과를 계획하였다면, 교사는 이제 학급 수업의 지도에 좋은 지침이 될 수 있도록 체계화된 교수 계획을 기획할 준비가 되어 있어야 한다. 물론 준비하는 바로 처음부터 연필과 종이는 자유롭게 쓸 수 있다. 그러나 전체적인 계획은 더 나은 형태를 갖추어야 한다. 그러한 개요의 자세한 세목들은 학생들의 수준이나 교과 내용, 교사의 기호(嗜好), 교수를 위한 시간의 제약, 그리고 교수법의 유형과 같은 많은 요소들에 있어서의 변화에 의존할 것이다. 중요한 것은 교사가 관계있는 여러 가지 목적들과 자료들과 절차들을 논리적으로 체계화한 계획을 사용하는 일이다. 기록된 계획 안에는 개개인의 교사들로 하여금 자기 일을 최선으로 할 수 있도록 해주는 것이 포함되어 있어야 한다. 한 계획의 중요한 구분은 다음과 같을 것이다. ① 가르쳐야 할 학급, 혹은 집단, ② 교과 주제, ③ 교과의 목적, 혹은 의도, ④ 사용되어야 할 교육 소재들의 목록, ⑤ 따라야 할 절차들, ⑥ 결론, 혹은 요약. 여기서 다섯번째 부분이 계획의 핵심이다. 이것은 다시 아래와 같이 세분될 수 있다. ① 접근 계획, ② 교사의 활동들, ③ 학생들의 활동들, ④ 실례와 질문들과 토론에 관한 기록.

(8) 교과 계획을 수정하고 재검토하는 일이 반드시 있어야 한다

계획은 학습 과정의 모든 단계들에 대비해야 한다. 계획은 교사가 수업 시간 내내 철저하게 교수하여 소정의 목적을 달성할 때까지 끊임없이 주저하지 않고 활동해 나가도록 도와주어야만 한다. 그러므로 계획이 실천된 후에는 그 계획이 기획한 모든 것이 수행되었는지를 확인해보기 위하여 아주 자세히 검토해 보아야 한다. 좋은 계획이란 일정불변하게 몇 안되는 것이라도, 목적이나 의도의 진술이 다시 고려되고 사용되어야 할 소재가 수정되고 최선의 결과를 기약하는 교수의 기술이 더 많이 검토되고 그 상황들을 타개하는 데 사용될 가능한 절차들이 여러 번 수정을 거치고서 완성된 결과이다. 여러 번 다시 검토할 수도 있다. 왜냐하면 교사는 계획의 부분부분을 세세히 아주 익숙해서 그 계획을 학기 동안에 가장 자유스러운 방법으로 사용할 수 있기를 바라기 때문이다. 일반적으로 말해서, 학기가 시작되기 바로 직전에 계획을 최종적으로 검토하는 것이 현명하다고 판명될 것이다.

4. 학과 계획에 관한 고찰

교과 계획은 설정된 목적을 달성시키기 위한 수단이다. 교과 계획이 있어야 한다는 것을 유일하게 정당화시켜줄 수 있는 것은 그 계획으로 인해 나타나는 결과인 교수법의 향상이다. 계획은 교사의 시간과 정력을 절약해 주어야 하며 분명하게 그에게 도움이 되는 것이어야 한다. 그러므로 계획은 특별하고 실용적이어야 한다. 기록된 계획에서 사용되는 말들은 의미가 있어야 하며, 가능한 한 적은 말을 가지고 사상을 적절하게 표현해야 한다. 반면에 계획은 가치있는 보조물이 되기 위하여 그 내용에 있어서 충분해야 한다. 애매한 표현과 일반적인 표현은 피해야 한다. 동시에 불필요한 격식도 피해야 한다. 요약해서 말하면, 기록된 계획은 교육의 효율성을 증진시켜 줌으로써 긍정적으로 좋은 결과들을 일으키기 위한 유효하고 실행할 수 있는 수단이어야만 한다.

훌륭한 교과 계획은 유연성이 있어서 변화해가는 여러 요구조건과 상황들에 적응할 수 있다. 훌륭한 교수를 하기 위해서는 비상사태를 타개하기 위해 계획을 전면 포기할 것이 요청되는 때가 있다. 교사는 계획이 아무리 훌륭하다 하더라도 그 계획에 종이 되어서는 안된다. 계획을 세우는 데 있어서, 필요한 경우 무엇을 제거하거나 축소시킬 것인지에 관해 고려해놓는 것이 좋을 것이다. 어떤 교사라도 어떤 때에 예기치 않을 상황들이 일어날 수가 있다는 것을 알고 있다. 교사가 학기 기간을 틀림없이 전적으로 좌우할 수 있는 때를 제외하고는 학생의 반응을 예상한다는 것은 불가능하다. 아주 독특하고 예기치 않은 방식으로 나타나는 학생의 반응은 그 교과를 계획해서 기획된 것과는 전혀 다른 경로로 들어가게 할 것이다. 학생이 즉석에서 풀어야 할 중요한 문제를 제기하여서 교사에게 계획이 기획되었을 때는 전혀 예상되지 않았던 것을 교수하게끔 하는 황금 같은 기회를 줄 수도 있다.

그러한 상황 가운데서는, 공식적인 교수 계획에서 벗어나게 됨으로써 교육의 진정한 목적이 촉진될 수도 있다. 그렇게 하는 것이 교육의 진정한 목적을 촉진시켜 주느냐 그렇지 않느냐에 관한 문제는 교사가 판단해야 할 문제이다. 이것과 관련해서 교사가, 학급의 학생들을 이끌어 본론에서 벗어난 다른 어떤 것을 탐구하도록 이끌었다 하더라도, 주도를 해나가야 하며 그들이 그것을 충분히 학습하였으면 언제 본제로 돌아올 것인가를 결정하는 것은 중요하다. 진정한 교사는 그의 교과 계획보다 오히려 학급과 접촉하여서, 만약 학생들의 실제적인 여러 가지 욕구들을 충족시킬 기회를 찾는 그 교사의 끊임없는 예민함이 계획을 다르게 수행하는 것이 현명하다고 지적하면 그 계획을 다르게 사용할 것이다. 교사의 목적은 교과 계획에 추종하는 습관을 이루는 것이 아니라 그 계획에 얽매이지 않는 습관을 기르는 것일 것이다.

  교사는 교실상황(classroom situation)의 자극을 받고 계획을 구성할 동안에는 경험할 수 없었던 번뜩이는 섬광과 같은 통찰을 얻을 것이다. 이런 것들이 학급을, 계획된 정규 노선과는 다른 곳으로 이끌고 간다 하더라도 그것들을 좇아 행하는 것이 좋을 것이다. 현재의 지식과 이해를 고려해 보아서 어떤 방향을 취해 나가는 것이 최선인가가 밝혀지면 단순히 전에 그렇게 진행되기로 계획을 세웠기 때문에 그 방향으로 계속 나간다는 것은 어리석은 일일 것이다. 계획에는 융통성이 있어야 하고 적응성이 있어야 한다는 필연성이 교사로 하여금 계획을 짜는 데 있어서 아주 완벽한 준비를 하게 만들지 않으면 안된다. 이 장의 초두에서 말하였듯이, 학과 계획이 중요한 것이 아니라 계획된 학과들이 중요한 것이다. 어느 누구와도 같이, 교사는 그가 가기를 원하는 곳에 다다를 수 있는 방법에 관해 아무런 이해도 가지고 있지 않다면, 아무 곳에도 다다르지 못할 것이다. 현명한 교사는 분발시킬 수 있는 모든 지능과 지식과 통찰을 가지고서 계획을 세울 것이다. 그러나 그는 자기가 기획한 계획을 상황이 요구할 때에 그 환경에 적응이 될 수 있도록 하기 위하여 융통성있게 만들 것이다.

  학과 계획의 또 하나의 바람직한 특징은 그것이 특별한 어려움들이나 문제들에 대비하게 한다는 데 있다. 어떠한 두 학생도 아주 똑같이 반응하지 않는다는 것은 교사가 교수하면서 매순간 생각하고 있어야 할 사실이다. 결국 모든 문제들과 설명을 미리 준비한다는 것은 불가능하다. 계획은 중추적인 질문들과 몇 가지 기본이 되는 설명적인 데이타를 포함하고 있어야 한다. 그러나 교사는 다량의 좋은 질문들과 설명적인 소재를 준비해서 순간의 기회를 포착할 준비를 해야 할 것이다. 그러한 질문들과 설명적인 소재들이 충분치 못할 때에는, 독창적이고도 임의적인 연구성과를 의지해야 한다. 그러나 교사가 더욱 철저히 준비하고 계획할수록 즉석에서 작성된 보조물—기껏해야 아주 불완전하기 십상인 보조물—을 사용할 필요는 그만큼 더 없어질 것이다.

교과를 계획하는 것과 관련하여 시간에 관해 고려할 두 가지 점이 있다. 첫번째 것은 계획이 기획될 때의 시간에 관계가 있다. 계획은 아주 흔히 그 학과를 가르치기 바로 전날 밤에 수립된다. 어떤 교사도 그렇게 사전준비가 없이는 아주 효과적인 계획을 세울 수가 없다. 왜냐하면 재료들을 조사하고 학과를 충분히 생각하고 그것을 완전히 자기 것으로 소화하기에는 시간이 너무 없기 때문이다. 최상의 계획은 교수할 시간 몇 주일이나 몇 달 전에 수립된다. 유능한 교사는 일 년 동안의 교과의 대요가 실려있고, 설명과 생각과 관찰한 것을 기록할 수 있는 수첩을 항상 지니고 다닐 것이다. 최상의 성공을 거두는 일군의 교사들은 학과를 시작하기 오래 전에 미리 계획을 수립할 만큼 충분히 진실하게 자기들의 과업을 수행하여서 그 최종의 결과로서 충분한 사고를 거쳐서 수정되고 교육 욕구들에 아주 충분히 적응된 계획을 수립하는 교사들이다.

시간에 관련된 두번째 요소는 교수 기간과 관련하여 내용을 결정하는 일과 관련된다. 특히 숙달되지 못한 교사에게 있어서는 주어진 과업을 완성하기 위해 요구될 시간을 산정하기가 쉽지 않다. 교수해 나가면서 일반으로 발생하게 되는 실책은 교사 마음대로 시간이 허용하는 것보다 더 많은 분야를 다루려는 시도이다. 때로 교사들은 그들이 계획했던 모든 것을 끝마쳤는데도 수업 시간이 끝나지 않는다는 것을 경험한다. 시간을 정확하게 산정할 수 있는 교사들은 별로 없다. 그러나 계속해서 계획을 수립해 나가면, 만약 그 계획들이 잘 기획되었고 시간을 주의깊게 산정하고 후에 정확하게 거기에 대해 검토한다면, 교사는 교과 학습을 위한 시간을 산정하는 데 있어서 능숙하게 숙달되어 갈 것이다.

마지막으로, 기독교의 진리를 가르치는 교사는 그의 교수의 다른 모든 국면에 있어서와 마찬가지로 계획을 수립하는 데 있어서 하나님을 전적으로 의지해야 한다는 것을 인정할 것이다. 다른 국면에서와 마찬가지로 계획을 세우는 데 있어서 그 교사는, 그 일은 하나님의 일이며 자기는 하나님과 함께 일하는 자이지만 성령께서 그가 가르치는 학생들의 생활 가운데서 하나님의 여러 목적들을 성취하시려고 역사하시는 통로임을 깨달을 것이다. 따라서 그는 계획을 수립하는 시초부터 항상 기도를 할 것이고, 모든 때에 성령의 인도를 구할 것이며, 처음부터 끝까지 하나님만이 그로 하여금 바른 계획을 수립할 수 있도록 주시는 지혜와 능력에 따라야 할 것이다. 하나님만이 주실 수 있는 이런 지혜와 능력이 없이는 아무리 많은 계획을 수립하고 그 계획의 질이 아무리 좋다 하더라도 학생들을 그리스도인으로서 양육시키려는 교육에는 도움이 되지 않을 것이며 그리스도인다운 결과를 일으키지 못할 것이다. 그러나 구별된 그리스도인 교사들에 의해서 주의깊고도 성실하게 세워진 계획은 성령께서 가르침을 받는 자들의 마음 안에 진리를 밝혀주기 위하여 역사하시기 때문에 하나님의 말씀을 훨씬 더 효과적으로 소개할 수가 있을 것이다.

제14장 교수법

　교수(teaching)는 일종의 기술이다. 그것은 학생을 고무시켜 학생이 자신의 본성이 지닌 잠세태(potentialities)가 지향하고 있는 미래를 향하여 성장하고 그 미래를 성취할 수 있도록 배우게 하는 기술이다. 교수는 과학이 아니다. 인간의 삶은 복잡하고 다양하기 때문에, 개인들 간의 인격적인 관계에 과학적인 법칙과 방법을 적용한다는 것은 불가능하다. 그러한 관계는 학문적인 사실이라 할 수 없는 정서와 인간적 가치를 포함한다. 교수는 모든 기술과 마찬가지로 과학에 기초해 있고 과학을 원용한다. 다른 기술과 마찬가지로 교수도 법칙에 의존한다. 교수에 대해 심리학과 교육학이 대부분의 기초를 이루고 있지만, 기술에는 다른 많은 학문들이 기여를 한다.
　화가나 여느 다른 예술가들과 마찬가지로, 기술인으로서의 교사는 모든 기교적인 지식을 유용하게 사용한다. 그러나 교사의 기술은 본질적으로 기교적인 기술이 아니라 일종의 훌륭한 기술이다. 이 두 가지를 구분한다는 것은 용이하지 않다. 왜냐하면 모두 다 정서적인 요소를 포함하고 있기 때문이다. 이 두 가지를 구분하는 데에는 버글리(Bagley)가 인용한 다음의 비교를 참조하는 것이 좋겠다. 첫째로, 대수술을 해야만 하는 경우를 생각해 보자. 만약에 대수술을 해야만 하는 사람이 불가사의한 힘에 의해 의학의 아버지인 히포크라테스도 될 수 있고 현대의 외과대학을 최근에 졸업한 학생이 될 수도 있다면, 그는 전혀 주저함이 없이 후자를 택할 것이다. 그러나 둘째로, 한창 젊은 나이의 학생들로 구성된 학급을 위한 교사 한 사람을 선택해야 하는 경우를 보자. 만약에 불가사의한 힘에 의하여 교사를 선택해야 하는 책임을 진 사람이 소크라테스나 오늘날의 교육학 박사 학위를 갓 취득한 사람을 선택할 수가 있다면, 그는 주저하지 않고 소크라테스를 택할 것이다.

위대한 예술가들은 물리학이나 화학의 발명품들이 회화 예술에 사용되기도 전에 훌륭한 회화 작품을 만들었다. 이러한 예술과 마찬가지로 교수는 심리학이 교육학보다 훨씬 오래되었다. 교수와 학습의 원리와 법칙 등이 형성되기 훨씬 이전에 위대한 기술인으로서의 교사들이 있었다. 그러나 오늘날 그저 이젤을 고정시켜 놓고 많은 물감들을 구색으로 잘 갖추고 손에 붓을 들고 캔버스에 물감을 칠한다고 해서 멋진 그림의 화가가 될 수 있을 것이라고 생각하는 사람이 누가 있는가? 그림을 그리는 데에는 이러한 행위들 이상의 그 무엇인가가 있다는 사실은 우리 모두가 주지하는 바이다. 마찬가지로 교수를 시행하는데 있어서 도외적인 관찰에 명백히 들어오는 것 이상의 그 무엇인가가 있는 것이다.

1. 교사의 기능들

교수를 훌륭한 기술로서 여기는 배후에는, 특별히 교사의 기능들을 고려하는 것이 당연하다는 사실이 존립한다. 교수에 있어서, 교사는 복합적인 상황에 놓여 있는 유일한 요소이다. 성장하는 학생이 또 다른 요소가 된다. 그 외에 다른 요소들은 다음과 같다. 신체적인 환경, 학생의 선행된 경험, 교사의 직접적인 통제 하에 둘 수 없는 학생의 다량의 학습 등.

교수는 대대적으로 수행될 수 없다. 모든 교수-학습의 상황은 특정의 상황이다. 우리는 학습과정을 표준화하자는 의도를 지니고서 학생들을 학급에 분화시켜 놓고 가능한 한 객관적으로 개개의 학생들을 대하고자 노력한다. 그럼에도 불구하고, 교수는 두 개인, 즉 한 교사와 특정한 한 학생간의 인격적인 문제이다. 배우는 사람은 여러 학생들이 아니라 아마도 유일하게 성립되는 교사와의 관계를 지닌 특정한 한 학생이다. 그러한 개개의 관계는 규칙에 종속시킬 수 없는 여러 요소들과 여러 사건들의 복합적인 형태이다. 교사가 인간의 성장이나 학생의 본성, 그리고 학습의 법칙이나 교수의 방법들에 관하여 아무리 많이 알고 있다 하더라도, 그러한 일반적인 사실들을 특정한 경우에 적용할 수 있기 위해서는 상황에 대한 자기 자신의 통찰, 학생들의 문제에 대한 민감함, 그리고 학생들의 요구를 동정적으로 이해하는 것 등에 의존하여야만 한다.

교사의 기능에 대한 광범한 이해를 얻기 위해서는 무엇보다도 먼저 배우지 않은 학생이 환경에 대해 어떻게 스스로 반응하는가를 고찰하는 것이 도움이 되겠다. 학생은 자기에게 아무 의미가 없는 수많은 물건들과 사건들로 이루어진 일반적인 환경 안에서 삶을 시작한다. 학생이 가진 최초의 인상들은 대부분 혼란되어 있다. 이러한 혼란된 첫 인상들은 학생이 자기에 관계되는 물건들과 사건으로 형성되는 경험을 지님으로써 그 학생에게 어느 정도의 의미를 띠게 된다. 바꾸어 말하자면, 학생의 일반적인 환경의 일부분이 학생의 삶에 연관하여 효과를 발휘하게 된다. 어떠한 의미를 지닌 것이든지 간에 모든 경험들은 학습경험을 구성하고, 모든 학습은 성장을 진작시킨다. 어른들로부터 도움이나 지도를 받지 않고 전적으로 방임상태에 놓여 있는 학생의 경우, 그 학생이 정상적인 학생이라고 한다면 그리고 자기 자신을 존속시키고자 한다면, 그 학생은 자신의 일반적인 환경의 일부를 효과적인 환경으로 바꾸어놓을 것이다. 즉, 그 학생은 어느 정도의 학습경험을 지닐 것이며, 그 같은 학습경험을 지님으로써 성장할 것이다. 그러나 물건들이나 사건들과의 우연한 접촉은 많은 양의 학습과 성장을 가져다주지 않는다.

다음으로, 홀로 내버려두지 않고 자신을 돌보아주고 지도해 주는 가족과 함께 최선의 상태에서 생활하는 학생의 경우를 살펴보자. 이때, 학생은 자신이 어떠한 경험들을 지니는가를 알고 있는 어른들로 둘러싸여 있다. 이 어른들이 학생과 학생의 일반적인 환경 사이에 끼어든다. 그들은 학생을 그들이 원하는 방향으로 되게 하기 위하여 학생의 일반적인 환경 중 특정한 일부를 취택하는가 하면, 이 취택된 부분을 그 학생과 연관시켜 효과가 있도록 한다. 그들은 이중적인 기능을 행사한다. 하나는, 학생은 특정한 경험들을 요구한다는 사실을 알고 있다는 것이며, 다른 하나는 학생은 자기가 지닌 경험들에 따라 그 경험들이 원하는 방향으로 성장한다는 사실을 알고 있다는 것이다. 다시 말하자면, 가정에서의 일상적인 생활에 연관되어 성립되는 지도받는 접촉들이 물건들과 사건들과의 우연한 접촉들보다 훨씬 더 좋은 학습과 성장을 도모한다. 그런데, 교사는 일반적인 환경의 통제에 있어서 가족이 행할 수 있는 것보다 더 광범위하고도 다른 환경의 부분들까지도 유익하게 할 수 있도록 환경의 통제를 더욱 확장시키는 사람에 불과하다. 생활이 복잡해지고 그 생활의 의미가 복잡하여 일상적인 범주의 행위를 통하여서는 더 이상 명백하지 않을 때, 교사는 다른 대리인과 마찬가지로 일반적인 환경과 학생 사이에서 기능을 행사한다. 교사의 임무는 단순한 사회와 가정 내에서의 부모의 임무보다 더 어렵다. 왜냐하면, 현대생활은 학생에게 엄청나게 복잡한 환경을 부여하기 때문이다. 학생이 이 세상에 깊이 발을 들여놓기 전에, 이러한 일반적인 환경의 많은 부분을 그 학생에게 유익하게끔 만드는 것이 필요하다.

그러므로 전체 환경 중 선택된 부분들을 유익한 환경으로 바꾼다는 일종의 대리인으로서 교사의 첫 번째 일반적인 기능은 학생이 의미 있는 경험을 지니는 상황으로 그 학생을 안내하는 역할이다. 학생은 그의 환경 내에서의 일들로부터 학습을 이끌어낸다. 교사의 첫째가는 임무는 전체 환경 중에서 학생이 학습과 성장이라는 목적 하에 반응할 수 있는 사물과 사건들을 선택하는 일이다. 학습이란 학습자가 그가 지닌 유익한 환경에 반응하여 직접적으로 만들어내는 것이다. 이 두 가지 사이에서의 교환 작용은 경험을 구성하고, 학생은 그 경험을 통해 배운다.

교사의 두 번째의 일반적인 기능은 학생이 그의 전체 환경 중에서 선택된 부분들과 접촉함으로써 지니게 된 경험에 의한 학생의 학습과 공존하는 성장을 지도하고 진작시키는 역할이다. 비록 교사가 그저 학생이 반응할 수 있는 환경의 일부를 선택해 주는 일에만 그친다고 할지라도, 학생은 무엇인가를 배울 것이다. 그러나 교사가 학생이 배울 때에 그 학생의 행동과 관심을 잘 지도한다면, 학생은 더 잘 배울 것이다. 효율적인 유익한 환경과 학생의 반응들을 효율적으로 조직화하고 방향 지움으로써 교수란 효율적인 학습을 일으켜 학습자를 더욱 성숙하고 유능한 존재로 변화시키는 것이다.

일반적인 환경과 학생간의 대리인으로서의 교사의 기능을 충분하게 수행하는 데에는 세 가지 방편이 있다. 교과서 수업과 문제 수업 및 인격적 감화가 바로 그것들이다. 교과서 수업에 관해서는, 교사가 학습될 내용을 고안하고 학생들에게 억지로 그 내용을 가르치려고 노력할 때 교사의 임무가 제대로 수행된다고 생각하는 경향이 짙다. 이따금 예상된 학습방법에 의해서는 거의 혹은 아무것도 얻어지지 않는 경우가 있다. 교사는 단순히 자료를 제시하고서 학생이 배우고자 노력을 기울이는가를 보기만 한다. 이런 방식으로 일반적인 환경을 학생의 경험에 유익하게 하고자 노력하는 것은 참된 학습과 성장의 관점에서 볼 때 소득이 없다. 상황 설정이 인위적이고, 학생은 한 인격자로서 간주되지 않으며, 학생의 요구는 안중에도 없고, 학생의 관심이 무시되며, 학생의 행동이 강제되어 부자연스럽고, 학생 자신의 목적은 전혀 호소력이 없는 것이다.

문제 수업에 있어서, 교사는 학생의 전체 상황 중의 어떤 측면들을 학생에게 자연스러운 문제로서 제시함으로써 학생의 경험 내에서 유익하게 한다. 이때 제시되는 문제들은 학생이 일상생활에서 실제적인 문제들을 해결하듯이 학생이 본질적으로 해결하는 문제들이다. 학생은 실제적인 문제 상황에서 그 자신의 것인 문제들을 취급함으로써 배운다. 학생에게는 경험들이 실제적이다. 그 결과들은 직접적이든 간접적이든 그에게 가치가 있다. 학생은 그 결과들을 사용할 수 있으며 그 결과들은 무엇인가를 의미한다. 자료는 교사의 강제 하에 학습되는 것이 아니다. 자료는 암시를 주는 무엇으로서 그리고 그 함축에서 무엇인가를 시사하는 것으로서 생활에로 넘어간다. 학습은 그 결과에 있어서 뿐만 아니라 그것 자체의 만족시키는 본성에 있어서 학생이 가치 있는 것이라고 여기는 상쾌하고도 매력적인 행위이다.

 환경을 학생에게 유익하게 만드는 세 번째 방편은 교사의 인격적인 감화이다. 비록 교사가 교수 상황에서 하나의 요소에 불과하지만, 교사는 필요불가결한 요소이다. 교수는 항상 교사의 인격과 성격에 의해 형성된 내용을 지님으로써 마찬가지로 항상 인격이다. 학생의 일반적인 환경은 물질적인 세계의 생명이 없는 대상들과 사건들보다 훨씬 더 많은 것들을 포함한다. 그것은 당연히 사람들을 포함함으로써 사람들에게 속한 모든 자질들과 특징들을 지니며 사람들에 의해 수행되는 모든 행위들을 포함한다. 인간으로서의 교사가 인간인 학생과 관계를 지니는 것이다. 이러한 관계들의 결과로서 학생은 자신의 학습과 성장에 크게 유익한 경험을 지닌다. 이러한 류의 경험의 성과는 다른 경험의 성과보다 덜 실제적이다. 그러나 그러한 경험은 학생의 삶에 실제적으로 영향을 미친다. 학생의 학습은 교사의 교육절차에 의해서보다 교사의 인격적 특성에 의해 더욱 구체적으로 영향을 받는다. 교사가 말과 행동에 의해서보다 자신의 인품에 의해 더 많은 것을 가르친다는 사실은 여느 다른 교육보다도 기독교 교육에 더욱 타당하다. 기독교 교육은 기독교적 생활 내에서의 교제와 기독교적 신앙을 나눔으로써 성립한다. 어떤 의미에서 종교는 학생에 의해 이해된다. 예수님은 그의 제자들과 함께 걸었고 말했다. 그들 앞에서 신적인 생활을 행하며 그들에게 자연스럽고 다정한, 그리고 친밀한 대화로써 하나님의 나라에 속한 일들을 말했다. 그의 생활에서 드러나는 하나님의 모습은 그들에게 지울 수 없는 인상을 남겼다. 교사의 생활에 직조된 기독교 신앙은 교사 자신의 심령으로서 자신의 삶 그대로 정상적으로 자연스럽게 표출됨으로써 학생의 생활에 감명을 남긴다.

 기독교 진리를 가르치기 위해서는 그리스도의 빛 안에 거하여야 하며 자기 자신의 심령 내에 약동하는 성령의 내적인 힘을 알아야만 한다. 학생에게 가장 중요한 것은 교사가 하나님과 함께 하는 인격적인 경험이다. 그리스도의 생활을 가르치기 위해서는 우리 자신 속에 그 생활을 지녀야만 한다. 이러한 것들은 생활을 떠나서는 결코 가르쳐질 수 없다. 우리가 가지고 있지 않는 것을 학생들에게 준다는 것은 불가능하다. 우리가 그리스도의 생활을 지니고 있지 않다면, 그리스도의 생활을 선포할 수 없다. 우리가 정신으로만 받아들이고 생동적이며 인격적인 경험을 통하여 알고 있지 못한 것을 가르치려고 노력하는 것은 헛되다. 성령께서는 교리가 지니는 하나님에 대한 인격적인 경험과 교사 자신의 심령 속에 작용하는 그리스도의 은총에 대한 경험을 통하여 당신의 인상을 지고하게 남기신다.

학생은 일찍부터 종교적인 경험에서 기초가 되는 어느 정도의 윤곽을 따라 발전하기 시작한다. 이러한 발전에 있어서 다른 사람들, 말하자면 처음에는 부모, 다음에는 교사들과의 관계가 아주 중요하다. 학생이 부모와 교사들과의 관계에서나 그들이 자신에게 보이는 태도에서 경험하는 것은 하나님에 대한 생각이나 하나님과의 관계에 대해 본질적인 구성요소가 된다.

학생이 자기 자신의 경험을 떠나서 배우거나 성장할 수 있는 길은 전혀 없다. 개개인은 자기 스스로 배워야만 하며 자기 자신이 경험함으로써만 배울 수 있다. 물론, 직접 경험에만 의존하는 것은 아니다. 사람들은 상상적으로 타인의 경험, 특히 자신에게 친밀한 사람들의 경험 안으로 들어감으로써 자기 자신의 경험의 한계를 넓힌다. 학생이 자기 주위의 사람들, 주로 부모와 교사들의 생활에서 드러나는 하나님에 대한 표현과 함께 가지는 경험들은 학생에게 하나님에 대한 지식을 제공한다. 즉 학생은 하나님을 알고 있는 다른 사람들과의 연합과 교제를 통하여 자기 자신의 경험 내에서 하나님을 알게 된다.

이처럼 기독교 교사의 인격적인 영향력이 중요한 것으로 강조된다고 해서 효율적인 교수법을 시행할 필요성이 완화된다는 결론을 내릴 수 있을까? 만약에 생활 속의 친교와 기독교 신앙의 나눔이 그렇게 중요하다면, 기독교 교육이 필요하지 않은 학생이 있을까? 만약에 종교가 이해되는 것이라면, 종교가 가르쳐질 필요가 없는 경우가 있겠는가? 기독교 교사가 경건한 생활을 하면서도 자신의 교수에 전혀 주의를 기울이지 않는다면, 학생과 학생의 영적 환경의 대리인으로서의 기능을 성취할 수 있는가? 이 질문들에 대한 대답은 분명히 부정적이다. 교수는 필요불가결한 것이다. 사실에 대한 지식이 전혀 없고, 신념에 대한 이해도 전혀 없고, 또한 경험에 대한 해석도 전혀 없는 단순한 일종의 전염에 의해 실현된 개인적인 경험은 견고한 지반을 전혀 가지고 있지 못한다. 그것은 결코 지속적인 질적 요소를 유지하지 못한다.

기독교 교수법에서 효율을 신장시키기 위해서는, 학생들이 그들의 환경 내의 여러 사람들과의 접촉에서 배우거나 배우지 못한 것을 바탕으로 하여 결정되는 학생들의 특수한 요구에 지도사항을 적응시켜야만 한다. 동시에 기억하여야만 할 사실은 경험의 정도에 관계없이 모든 학생들에 있어서 기독교적 생활에서의 교제와 기독교 신앙의 나눔에 근거한 교육은 활력이 넘치며 의미가 깊다는 사실이다. 한편, 훨씬 더 중요하게 기억하여야 할 것은 교사와 학생들의 공통된 생활 안으로 수렴되지 않은 채 그저 가르쳐지기만 한 기독교 진리는 동기와 내용 둘 다를 결함으로써 생활로부터 유리된다는 사실이다. 결론적으로 말하자면, 기독교 교육은 우선 근본적으로 구체적인 진리의 표출이 없는 관념적인 상태에 연관하는 것이 아니라 한 생활, 바로 못 박히시고 부활하시어 살아계시는 구주 예수의 생활을 나누는 일에 관계한다는 것이다.

2. 예술로서의 교수

교사의 기능들을 수행하는데 있어서, 교사는 아름다운 그림을 그리는 화가나 우아한 조상(statue)을 만드는 조각가와 동일한 의미에서의 예술가일 수도 있다. 모든 예술의 본질은 창조이다. 창조하기 위해서는 목적 없이 일하거나 영감에 대한 신뢰가 없이 일하거나 혹은 주어진 여건대로 아무렇게나 일을 진행시켜서는 안 된다. 예술가는 엄격한 규칙을 준수하지 않는다. 예술에 정서가 들어 있긴 하지만 정서만이 결코 예술의 유일한 요소는 아니다. 단지 감정에만 의존하는 화가나 조각가 혹은 음악가, 아니면 다른 예술가라 할지라도 결코 창조할 수 없다. 예술가들은 재료와 도구에 익숙해야만 한다. 예를 들자면, 화가는 캔버스나 물감 혹은 붓에 관한 것들을 알아야만 하며 이러한 것들을 사용하는 기교를 익혀야만 한다. 예술가는 과거에 성공했던 사람들의 작품이나 방법을 탐구한다. 그는 자기 자신의 감정보다도 객관적인 일들에 관심을 집중한다. 또한 자기 자신의 창작에 대해 연구한다. 자기의 단점과 장점을 파악하기도 하고 만들어놓은 것을 보고서 개선할 방법을 모색하기도 하는 것이다.

예술가들이란 노력과 고생과 노동과 고통의 힘으로써 소위 만들어진 예술가들이다. 결코 왕도란 없다. 어떠한 화가, 조각가, 가수, 시인 혹은 교사라 할지라도, 그들은 자기 자신들이 기울여야 할 힘이 어느 정도인가를, 얼마나 끈기 있는 연구가 필요한가를, 그리고 현재의 상태를 획득하기까지 자기 자신을 얼마나 갈고 닦아야 하는가를 알고 있다. 훌륭한 예술가라면 누구든지 더 나은 작업 방식을 모색하기 위해 끈기 있게 노력을 경주한다. 그들은 노력을 통하여 성장하는 것이다. 그들은 확고한 목적과 끊임없는 응용을 통하여 그들 자신의 능력을 획득한다.

단시간에 정복할 수 있는 예술은 어느 것도 없다. 탁월함이란 예술가의 경력에서 초기에 나타나지 않는다. 교수라는 예술만큼 어려운 예술이라면 그 어느 것이든지 숙달되는 데에 여러 해가 요구된다. 윌리엄 리온 펠프스(William Lyon Phelps)는 말하기를, "교수는 일종의 예술이다. 더욱이 너무나도 위대하고 숙달하기에 어려운 예술이기 때문에 보통 사람은 자신의 한계나 실수, 혹은 이상과의 괴리 외에는 깨닫지도 못한 채 일평생을 보내기도 하는 것이 교수이다"라고 한다.

효율적인 교사가 되고자 하는 사람은 누구든지 간에 교수법에 관하여 신중한 연구를 기울여야 한다. 그가 기본적인 기술, 그 기술의 현대의 실태, 학습자의 본성, 교과내용, 학습법칙 및 교수원리에 관한 것들에 대하여 아무리 많이 배운다고 하더라도 과도함이란 없다. 그는 경험을 통하여 배운 위대한 교사들로부터 많은 것을 얻을 수가 있다. 그는 상이한 여러 교사들과 여러 형태의 교수에 대한 평가에서 찾을 수 있는 통찰력을 얻기 위해서는 많은 교수 상황들을 지켜볼 필요가 있다. 그러나 교수법은 교수방식의 연구, 위대한 교사의 경험분석, 혹은 다른 사람들의 교수에 대한 관찰 등으로부터 배워질 수 없다. 일종의 예술로서의 교수는, 마치 수영이 물에 들어가 스스로 몸놀림을 함으로써 배워질 수밖에 없는 것처럼 교수를 통하여 배워질 수밖에 없다.

만약에 먼저 수영하는 법을 익힌 다음에 직접 수영한다면 더욱 쉽게 수영을 배울 수 있는 것은 사실이다. 마찬가지로, 교수원리를 단순히 암기할 것이 아니라 이해한다면 그것은 교수를 실제로 행할 때에 막대한 도움이 될 것이다. 그러나 예술가가 알고 있는 것은 실제를 통해서만 사용될 수밖에 없다. 예술가를 만드는 것은 아는 것이 아니라 창작이다. 그러나 참된 예술가로서의 교사는 연구와 관찰 및 사유를 통하여 계속적으로 배우는 것들을 통하여 자신의 예술을 영속적으로 개선해 나갈 것이다.

3. 예술의 자료

그런데, 예술가가 되는 데에는 창작품을 만드는데 필요한 것으로 알려져 있는 재료들을 다루는 기교를 완숙하게 발휘할 줄 아는 것이 포함되어 있다. 화가의 객관적인 자료에는 캔버스, 물감 및 그리고자 하는 장면이나 대상 등이 있다. 조각가의 객관적인 재료에는 끌로 새기고자하는 돌과 조상으로 만들고자 하는 인물이 있다. 교사인 예술가의 객관적인 재료에는 그의 학생들과 학생들의 환경에 포함되어 있는 사물들과 사건들 및 사람들이 있다. 모든 예술가들은 재료에 관한 여러 다양한 요소들을 다룬다. 그리고 그들은 이 요소들을 여러 가지 방식으로 창작과정에 채용한다. 이 요소들은 예술가가 표현하고자 하는 많은 것들 중의 어느 하나를 표현하고자 하는 수많은 방식으로 결합될 수가 있다. 훌륭한 화가는 자기의 물감들과 물감들이 다루는 데에 따라 다르게 나타내는 여러 반응방식에 관하여 안다. 훌륭한 조각가는 대리석이나 화강암의 성질을 잘 이해한다. 교사가 작업하는데 쓰는 재료들은 복잡하고 이해하거나 다루는데 있어서 쉽지가 않다. 우선, 인간이란 물감이나 돌과 같은 무생물보다는 훨씬 더 복잡하다. 달리 말하자면, 단 두 사람조차도 거의 같은 사람은 없다. 더군다나 동일한 인간이라 할지라도 모든 시간마다 그 모습을 달리한다. 인간이란 영속적인 흐름 가운데 존재한다. 한때 호소력을 지닌 것이 때가 지나면 전혀 반응을 얻지 못하거나 엉뚱한 반응을 일으킨다. 인간은 물감이나 돌과 같은 무생물이 지니고 있지 않은 내적인 저항력을 지니고 있다.

 교사가 자신의 재료들을 잘 알기 위해서는, 영속적으로 자기의 학생을 연구하고 있어야만 하며 학생이 유익한 환경과 관계를 맺을 수 있도록 하는 더 좋은 방편을 물색하고 있어야만 한다. 무엇보다도 교사가 가르치는 학생들을 이해하는 것이 교수의 효과에 크게 기여할 것이다. "사람은 그의 스승들에게서 많은 것을 배운다. 그리고 그의 동료들에게서 더 많은 것을 배운다. 그런가 하면 그의 학생들에게서 가장 많은 것을 배운다." 이는 옛 격언이다.

 교사가 학생을 적절하게 이해하기 위해서는 다음과 같은 유형의 정보가 필요하다. 연령, 가족 배경 및 건강과 같은 개인적인 이력에 대한 자료, 정신력의 수준, 학업성취 정도, 개인적인 기질, 특별한 적성, 관심, 계획, 그리고 생활을 하면서 일어났을 법한 예사롭지 않은 일 등. 학생을 이해하고 있는 교사는 학생의 행동이 우연적인 것이 아니라 인과적인 것임을 안다. 과거의 경험, 현재의 형편 및 미래에의 전망이 함께 결합되어 학생으로 하여금 당시의 행동을 하게 한다. 지각이 있는 교사는 결코 모든 학생의 인격을 존중하는 것을 잊지 않는다. 그는 개개인의 가치를 인식하고 있다. 그는 일상적인 관찰자에게 아주 절망적인 것처럼 보이는 학생이라 할지라도 개개의 학생에게서 그 형편 하에서는 그 행위가 당연하다는 사실과 발전될 수 있는 잠재성을 아울러 발견한다. 지각이 있는 교사는 모든 개개인의 학생이 자기 특유의 유일한 존재라는 사실을 안다. 그러므로 그러한 교사는 계속하여 개개의 학생들을 개별적으로, 그리고 전심을 다하여 연구하며 개개의 학생들의 특정한 성격들을 고려한다.

  학생을 이해하는 교사는 학생에 관한 판단을 내리는데 있어서 신중을 기한다. 그는 모든 사실의 정확성을 검토하며 드러난 사실이 너무 작다는 확신이 설 때에는 결정을 보류한다. 그런가 하면, 그는 어떠한 사실이 첨가되어야 하며 이러한 사실이 어떻게 얻어질 수 있는가도 알고 있다. 그는 그가 내린 결론들을 임시적인 것으로 여기며 새로운 정보를 계속 물색함으로써 만약에 새로운 사실들이 결론에 대한 변경을 정당화하는 경우라면 언제라도 결론적인 판단이라 할지라도 변경하거나 뒤바꿀 수 있는 준비를 갖춘다. 그러한 교사는 인간의 성장과 발전에 연관되는 학문으로부터 사실에 관한 실용성 있는 지식을 원용하며 이러한 사실들을 복합적인 방식으로 학생의 삶 전체에 적용한다.

  예술가로서의 교사는 학생 자신뿐만 아니라 학생의 환경을 구성하는 요소들에 대하여 이해할 필요가 있다. 교사가 광범위한 일반적 지식을 갖추고 있지 못하면, 그는 학생의 전체 환경으로부터 학생에게 유익한 환경의 일부로서 학생의 경험에 편입될 것들을 지적으로 선택할 수가 없을 것이다. 좋은 교사는 광범하고 생생한 지적인 관심을 가지고 있다. 그는 많은 일들에 관하여 많은 것을 알고 있다. "감히 가르치고자 하는 자는 배우기를 결코 그쳐서는 안 된다." 다른 사람에게 학습을 추천하기 위해서는 자기 스스로가 계속 배울 수 있어야 한다. 배우는 기능을 갖추지 못한 교사는 가르치는 기술에 좋을 수가 없다. 교사가 인간생활과 문화에 관한 이해를 광범하게 지닐수록, 교사의 재료 중에서 이러한 부분이 그의 교수의 성과를 결정하는 한에 있어서는 그의 소위 예술 작품은 더 훌륭할 것이다. 교수를 더욱 효율적으로 만들 수 있는 확실한 방법 한 가지는 교사가 자기 자신의 정신적 안목을 발전시키고 자신의 정신적 지평을 확장시키는 것이다.

4. 예술가의 기교

  예술가들은 그들의 재료를 다루는데 있어서 두 단계의 기교를 사용한다. 일반적인 단계 혹은 모든 예술가들이 준수하는 절차와, 개별적인 단계 혹은 특정한 예술가가 구별되게 사용하는 절차가 바로 그것이다. 이는 모든 예술가가 다른 예술가와 마찬가지로 작업한다는 것과 동시에 자기 나름대로의 방법을 가지고서 작업한다는 사실을 의미한다. 모든 예술가들은 자기 영역의 현대 작가들뿐만 아니라 과거에 성공한 작가들의 기교 및 작품을 연구하며 나아가서 자기 자신의 노력의 결과들을 연구한다. 이 모든 것들에 공통되는 요소들은 일반적 기교의 내용을 이룬다. 단지 천재만이 그것을 무시할 수 있으나 우리들 대부분은 천재가 아니다.

만약에 우리가 개별적인 기교는 도외시하고 일반적인 기교만을 적용한다면 딱딱하고 인위적이고 고착된 모습을 보일 것이다. 모든 교수 상황은 특정하며 어떠한 다른 교수 상황과도 같지 않다. 모든 학생들은 특정하며 서로 어느 누구와도 같지 않다. 어떠한 교사도 그 인격이나 작업방식에 있어서 다른 어떤 교사와 같지 않다. 우리는 책에서 읽은 것 그대로 일들을 적용할 수 없으며, 누군가가 다른 어느 교수 상황에서 효율적으로 사용한 절차를 본 적이 있다 해서 그것을 지금의 교수 상황에서 모방할 수도 없는 일이다. 예술가로서의 교사는 상상력이 풍부한 통찰력과 직관력, 그리고 학습자의 요구와 어려운 점을 간파하는 날카로운 감성을 지니고 있다. 이러한 능력들은 교사가 일반적인 것을 수정하여 특정한 상황에 사용할 수 있도록 한다. 달리 말하자면, 그것은 교사가 사용하는 기교를 교사 자신의 것처럼 보이게 한다.

훌륭한 교사는 본질적으로 숙달된 외과의처럼 일한다. 숙달된 외과의는 어느 누구도, 예를 들자면 폐렴과 같은 병 자체를 다루지 않는다. 그러지 않고 그들은 폐렴을 알고 있는 한 개개인을 다룬다. 그렇게 함에 있어서 그들은 정립된 방식의 진단과 치료에 관한 지식을 사용한다. 이는 일반적인 기교이다. 그러나 폐렴의 경우들이 비슷하긴 할지라도 동일한 것은 아니다. 각각 나름대로의 성격과 요망사항이 있다. 일반적인 시술이 아무리 탁월하다 할지라도 그것들은 특정한 경우에 지적으로 적절하게 응용될 수 있어야만 한다. 외과의의 개개의 절차나 나름대로의 진단과 치료법들은 일반적인 절차 원리에 근거하고 있긴 하나 전적으로 의존하는 것은 아니다.

마찬가지로, 효율적인 교사는 일반적인 절차를 특정한 경우들에 지적으로 사용한다. 그는 일반적인 것에 그저 엄격하게 그리고 기계적으로 따르는 것이 아니라, 일반적인 것에 비추어 자기 자신의 특정한 능력에 최상으로 들어맞는가 하면 특정한 학생의 요구에도 최상으로 들어맞는 절차를 개발할 수 있는 능력을 이용한다.

효율적인 교사는 학생의 전체 환경으로부터 학습경험의 기초가 되는 사물이나 사건들을 선택하는데 있어서 사고의 독창성을 발휘한다. 그는 학생이 자신의 유일한 환경에 반응하면서 학생 자신의 독창적인 능력을 발휘할 수 있도록 지도한 바로 그때에도 독창성을 사용한다. 예술가로서 교사는 실제적이며 의미 깊은 자기 노력으로 자기의 학생을 지적으로 후원함으로써, 그의 완성된 작품, 즉 철저하게 자기 자신의 행동을 위한 준비를 갖춘 인간을 창조하는 것이다.

5. 상상과 예술

예술가는 그의 상상을 많이 사용한다. 이 상상을 실제 어느 정도로 가능하게끔 하느냐에 따라 단순한 노동자와 예술가가 구분된다. 일상적인 칠장이는 상상이나 창조력 혹은 독창성을 거의, 혹은 전혀 사용하지 않고 그저 방향에 따라 평면에 페인트를 칠한다. 예술가는 아름다운 장면을 재생하거나 창조하기 위하여 그의 상상력을 동원하고 독창성을 사용하면서 그의 물감을 여러 방식으로 사용한다.

교사는 화가와 마찬가지로 엄격한 방향을 결코 따르지 않는다. 그는 학생과 교수 상황이 변화함에 따라 절차를 변화시킨다. 교사는 다른 예술가들보다 더 변화가 심한 재료를 가지고 일한다. 화가의 물감은 작업하는 동안 일정한 형태로 남아 있다. 또한 그의 캔버스는 변화하지 않는다. 학생과 교수관계는 순간, 순간 변화를 일으킨다. 교수라는 예술을 효율적으로 수행하는데 있어서 본질적인 것은 실제의 교수의 기회가 나타났을 때 그것을 파악하는 기반이 되는 상상적 통찰과 그 기회를 이용할 줄 아는 능력과 그러한 기회를 조성할 수 있는 창조력이다.

상상력이 풍부한 교사는 자기의 학생을 성장하는 인격체로 본다. 그리고 한 학생의 문제거리와 어려움 전체를 동정적으로 뿐만 아니라 실제 도움이 되게끔 개입해 들어갈 줄 안다. 그는 학생의 각 성장단계에 따라 그 학생에게 필요한 것을 최상으로 만족시킬 수 있는 교수를 선택할 수 있다. 그는 심리학과 교육학이 끼친 생활과 학습과 교수의 이해에 대한 기여를 무시하지 않는다. 그는 이러한 학문들로부터 알게 된 사실을 학생이 지닌 최선의 관심에 전적으로 기여할 수 있는 방향으로 결합시킨다. 그리하여 그는 인격의 잠재력을 일깨우며 학생이 스스로 자기 자신을 위하여 마음에 간직하고 있는 이상을 향하여 계속 성장할 수 있게 한다.

참다운 예술은 단순한 일상성과 평범한 신용성에 무엇인가를 첨가하는 것을 의미한다. 그것은 일상에 생기를 주고 빛을 주어 그 일상을 변형시킨다. 그런가 하면 평범한 것을 영광스러운 것으로 변화시킨다. 진정으로 예술가로서의 교사는 얼마나 많은 것을 성취할 수 있는가에 대한 이상을 지니고 있으며, 때때로 허공에 자신의 이상적인 교육 성과의 성을 건축하기도 한다. 그는 실제로 자신의 일을 이해하며 그 일을 지적으로 수행한다. 그는 아무것도 실행하지 않은 채 자신의 꿈만을 변명하며 늘어놓는 것을 벗어나서 자신의 성을 쌓기 위한 기초 작업에 먼저 임한다.

이는 필연적으로 심한 대가의 지불을 수반한다. 헌신과 성가심과 노역을 지불해야 하는 것이다. 그러나 그는 주저하지 않고 그러한 것들을 지불한다. 왜냐하면, 자신의 이상이 계속 자신을 부추기고 있기 때문이다.

6. 예술의 주관성

주관성이란 불가해성을 의미한다. 그 반대는 객관성이다. 주관적인 어떠한 것은 보여지기 보다는 느껴지고, 객관적인 것은 구체적으로 다룰 수 있고 측정할 수 있다. 그림의 미는 주관적이다. 왜냐하면, 그것은 그 그림을 보고 있는 사람에 달려 있기 때문이다. 이 면의 치수는 객관적이다. 왜냐하면, 그것은 이 면을 관찰하는 사람으로부터 독립되어 있기 때문이다.

법칙이나 규칙이 없는 예술은 없다. 이러한 법칙이나 규칙이 실제에 적용되고 작품제작에 결정적인 요인이 된다는 점에서는, 예술은 주관적이라기보다는 객관적이다. 색깔배합은 일종의 물리학과 화학의 일이다. 이 같은 물리학적이거나 화학적인 법칙을 알고 준수하는 화가는 이러한 법칙에 조화된 규정된 결과를 얻는다. 그러나 그가 배합된 색깔을 그림을 그리는데 사용하게 되면 법칙을 따를 수가 없다. 그림에 쓸 어떤 색깔의 특별한 양이나 색깔들의 혼합 및 완성된 그림의 예술적인 질 등은 화가가 자기 자신의 주관적인 기호의 표준에 따라 거의 다 결정해야만 하는 것들이다.

모든 예술과 마찬가지로, 교수는 명백한 것으로 받아들여지는 법칙이나 원리들에 기초해 있다. 그러나 효율적인 교수를 보장해 주는 특수한 규칙이라는 것은 없다. 여느 훌륭한 예술가와 같이, 훌륭한 교사는 가치 있는 원리들과 실제들에 관한 지식을 획득하며 그 지식을 응용할 경우가 있다면 언제라도 사용할 수 있는 태세를 갖춘다. 법칙을 따르지 않고서 예술적일 수는 없다. 마찬가지로 법칙과 규칙을 준수한다고 해서 예술을 배울 수 있는 것은 아니다. 어느 지점까지는 법칙들이 준수되어야만 한다. 그리고 그 점을 넘어서면, 일종의 주관적인 요소라 할 수 있는 "예술적 감각"이 동원되어야만 한다. 교사는 종종 학습법칙에 대한 이해를 기반으로 하여 학생들을 위한 경험을 선택할 수 있기도 하다. 그러나 때때로 교사의 규정된 지식보다는 자신의 예술적인 감각이 오히려 그러한 경험들을 선택하는데 있어서 더 좋은 기반이 되기도 한다. 학생에게 아무 지도를 하지 않는 것과, 너무 많이 지도하는 것 사이에 황금같이 멋진 중간점이 있다. 그 지점이 어디에 위치해 있는가를 결정하는 것은 객관적인 이해력에 있다기보다는 주관적인 판단에 훨씬 더 의존되어 있다.

모든 교육에 있어서 인격의 영향은 주관적인 요소이다. 교사의 인격의 영향은 단지 지적인 단계에만 관계되는 것이 아니라 학생의 삶의 모든 단계에 스며든다. 사실, 교사의 인격은 학생의 지적인 생활에 대해서보다 학생의 가치관, 태도, 관심 및 이상에 훨씬 더 강한 영향력을 행사한다.

학습 결과의 많은 영속적인 부분들은 고도로 주관적이다. 우리가 음악 애호나 문학 애호, 성경을 사랑하는 것, 성격, 영적 생활 및 인격 등을 어느 정도로 발전시켰는가를 측정할 수는 없다. 왜냐하면, 그러한 것들은 손으로 만질 수가 없기 때문이다. 교수의 어떤 결과들은 객관적이다. 숙달 정도나 정보류에 속하는 성과를 어느 정도 정확하게 측정한다는 것은 가능하다. 그러나 이런 것들은 가장 지속적이며 가장 가치 있는 학습의 산물이 아니다. 가장 중요하며 가장 지속적인 것은 가치, 태도, 평가, 기호 및 이상과 같이 손으로 만질 수 없는 것들이다.

7. 예술에의 심취

참된 예술가의 두드러진 특징은 그의 예술에 대한 사랑과 그의 예술에의 헌신이다. "예술 자체를 위한 예술"이 그의 모토(motto)인 것 같다. 그는 자신의 예술을 촉구하기 위하여 밤낮을 소비한다. 예술의 실행에 그 가장 큰 기쁨이 있다. 화가는 그리는 일에 환희를, 시인은 쓰는 일에 환희를 느낀다. 음악가는 작곡하거나 연주하는 일에 환희를 느낀다. 그런가 하면, 교사는 가르치는 일에 환희를 느낀다. 참다운 예술가는 매매를 통하여 그렇게 많은 것을 주고자 하지 않는다. 그는 보상을 원하지 않는다. 대신에 그는 그의 예술이 자신에게 창작력을 북돋워주는 기회를 부여할 때 즐거워한다. 그는 항상 자기 자신과 적극적인 경쟁을 한다. 그는 창작에 있어서의 탁월성과 작품의 질을 개선하고자 노력한다.

완전한 심취를 하여 탁월함이 성취된다. 가르치고자 하며, 성장하고자 하며, 숙달 정도에 있어서나 효율에 있어서 개선하고자 하는 뜨거운 열망은 발전에 있어서 핵심적이다. 교사를 그의 교수와 분리하여 생각한다는 것은 불가능하다. 가르치는 일에 전념하는 활력적이며 활동적인 교사는 자기의 학생에게 활력적이며 활동적인 학습을 일깨울 것이다. 효율적인 교수는 곧 열성적인 교수이다. 자기의 학생, 교수 내용 및 자신의 예술성에 진지하게, 그리고 깊게 관심을 지니고 있는 교사는 학습자에게 고도의 성숙을 불러일으킨다. 그러한 교사는 학생을 재촉하거나 강요하지 않고 학생을 선도함으로써 이러한 일을 행한다. 그는 자신의 예술에 대한 커다란 사랑과 그 예술에 심취하여 수행함을 통하여 학생에게서, 그리고 학생을 위하여 자신이 성취할 수 있는 것에 대한 커다란 사랑 때문에 학생을 솔선수범하여 선도할 수가 있는 것이다.

8. 예술과 기독교 교육

 기독교 교육은 그 원천과 목적을 하나님에게 두고 있다. 기독교 교육은 성경에 계시된 하나님, 성령을 통하여 자신의 왕국을 건설하고 계시는 하나님과의 교제를 강조한다. 인간은 죄로 인하여 하나님으로부터 유리되었다. 인간에게 있어서 첫째가는 가장 큰 요구사항은 구원이다. 인간의 죄에 대한 해결은 인간의 경험과 관계없이 성립된다. 하나님은 당신의 아들이시며 우리의 구주이신 예수 그리스도의 인격 안에 구속의 길을 준비하신다. 기독교 교사의 첫째의 목적은 개개의 학생을 그리스도의 구속하시는 능력을 믿는 믿음을 통하여 하나님의 나라에 들어갈 수 있도록 하는 것이다. 일단 학생이 구원받고 나면, 교사는 그 학생을 그리스도 안에서 성장하도록 가르쳐 온전한 하나님의 사람이 되도록 한다. 즉, "모든 선한 일을 행하기에 온전한" 자가 되도록 하는 것이다.
 기독교적인 교수는 하나님의 영에 의해 행해진다. 우리 주님께서 지상에 계실 때 그는 탁월하게 빼어난 교사이셨다. 주님은 그의 사역을 설교로 시작했으나, 곧 가르침으로 전환하였다. 그리고 주님의 사역의 대부분을 차지했던 것은 설교라기보다는 오히려 가르침이었다. 예수님은 자기의 아버지가 자기를 "가르쳤다"라는 사실과 성령이 그의 제자들에게 모든 일들을 가르칠 것이라고 말씀하셨다. 또한 말씀하시기를, "내 스스로는 아무것도 할 수 없다"고 하셨다. 하나님의 아들이신 예수 그리스도가 전적으로 하나님께 의존했다고 한다면, 기독교 교사는 더 말할 나위도 없는 게 확실하다. 성경과 역사 그리고 경험은, 교사가 완전히 하나님께 사로잡힘으로써 성령이 거리낌 없이 교사를 통하여 작용할 수 있을 때 하나가 되어 기독교 교육의 효과를 보장한다.
 그러므로 기독교 교수법은 인간생활의 필요와 문제들에 활력 있게 연관되는 하나님의 말씀에 나타나 있는 그리스도를 중심한 행동들과 경험들에 관계를 가져야만 한다. 영감 있는 하나님의 말씀은 하나님께서 당신의 구속력을 가지고서 인간생활에 들어오시는 데에 쓰시는 핵심적인 내용이며 기독교 교사의 권위의 원천이다. 이러한 내용을 가르치는데 있어서 동적인 요소는 인간에게 주는 하나님의 기록된 메시지의 저자이신 성령이다. 이러한 메시지와 학생 간의 대리자는 성령께서 쓰시는 성령 충만한 교사이다.

성경은 그 자체가 목적이 아니다. 성경은 인간이 하나님과 친밀하고 만족할 만한 교제를 갖는데 쓰이는 방편이다. 성경은 오래 전의 과거에 일어났던 일들에 대한 희미한 역사적 기록이 아니다. 성경은 인간에게 그들의 생활경험을 통하여 직접 주어진 하나님의 진리의 계시이다. 인간이 하나님을 떠난 이후로, 하나님은 모든 과거를 통하여 뿐만 아니라 현재에도 쉬지 않고 인간의 생활경험을 통하여 인간들을 찾고 계시다. 성경 자체가 문제가 되는 한도에서는, 기독교 교수법을 효율적으로 수행하는 데에는 학생이 배우는 성경의 내용을 어떻게 효과적으로 다루는가가 관건이 된다. 학생은 단지 그가 경험하는 바대로 배울 뿐이다. 경험은 비록 교수되는 객관적인 내용에 강직하게 내적인 상호작용을 하긴 하지만 주관적이다. 경험은 학습자의 외부에서 성립하는 내용에 학습자가 반응하는 그대로 학습자의 내부에서 생겨난다. 학습자에게 핵심적이며 중요한 것은 그의 경험이다.

성경내용을 배우는데 있어서 그의 경험에 의미와 목적을 부여하는 것은 무엇인가? 대답은 이러하다. 하나님 말씀의 영적 및 도덕적 진리를 드러내어 그것을 경험적으로 학생에게 의미 있게 하시는 성령의 보혜사이시다는 것이다.

기독교적인 교수를 하나님의 영이 행하신다고 해서 기독교 교사는 할 일이 전혀 없다고 생각할 수는 없다. 크롬웰(Cromwell)은 그의 병사들에게 말했다. "하나님을 신뢰하라. 그러나 여러분의 탄약을 언제라도 사용할 수 있도록 준비하라." 이 크롬웰의 말을 기독교 교사에게 비유적으로 원용한다면 아마 그 충고는 다음과 같을 것이다. 하나님을 신뢰하라. 그러나 여러분 자신을 하나님께 맞추고 인간의 본성과 교수 내용 및 교수의 원리와 기교에 관하여 가능한 한 모든 지식을 통달하는 등의 방식으로 준비하라. 기독교 교사가 훌륭한 일종의 예술가가 되기 위해서는 자신의 위대한 일을 최선으로 준비하고 수년간에 걸쳐 그 일을 할 수 있도록 최선을 다하여 준비해야 한다. 그러나 일을 하는 동안 그의 믿음은 하나님께 두어야 하며 교수 방식에 대한 자신의 지식에 두어서는 안 된다.

하나님께서는 "누워 있으라. 그러면 내가 너를 먹이리라"고 말씀하시지 않으신다. 하나님께서는 교사가 교수하는 작업이나 해당 시간의 수업에 대한 준비가 전혀 없이 교실에 나타나거나, 그리하여 당신의 말씀을 효과적으로 가르치리라고 기대하지 않으신다. 하나님께서 높게 사시는 교수는 우리가 하나님께서 성령에 의해 일하심을 믿고 우리 자신은 오직 성령께서 작용하시는 통로가 될 뿐이라는 것을 의식하면서 우리 힘이 미치는 한 가장 적절한 준비를 바탕으로 우리가 할 수 있는 최선의 교수를 행했을 때이다. 만약에 우리가 할 일이 전혀 없다고 한다면, 지상명령 같은 것은 결코 주어지지 않았을 것이다. 지상명령의 두 가지 지시를 보자. "가르쳐 승리하도록 하라." 그리고 "가르쳐 성장이 있도록 하라"는 것이리라. 명령은 우리에게 주어진 것이지 성령에게 주어진 것이 아니다. 그리스도의 메시지는 결코 변화하지 않는다. 성령께서는 성경에서 어느 시대이건, 어느 생활 상황이건 또한 어느 연령의 어느 학습자들이건 간에 적용될 수 있는 진리들을 선포하신다.

그러나 성경의 진리를 표현하는 방식은 학습자의 상태에 따라 다양하여야만 한다. 훌륭한 교수는 모두 다 가르침을 받는 사람들의 관점에서 수행되며 그들의 살고 있는 환경과 조건을 고려하여 수행된다. 좋은 농부가 도리깨질로써 자신의 곡식을 타작하던 때가 있었다. 그런가 하면, 현대의 유능한 농부는 자신의 곡식을 콤바인으로써 추수한다. 이전 한때에는 우마차가 상용하는 여행방식이었다. 그런가 하면, 오늘날에는 자동차나 비행기를 이용한다. 오늘날 교수법을 잘 수행하기 위해서는 도리깨나 우마차 시절에 살던 교사들처럼 해서는 안 된다. 인간 본성에 대한 이해나 학습방식에 대한 이해나 교수방법의 지식에 있어서, 인간행위의 다른 모든 부분과 마찬가지로 발전이 있어왔다.

우리가 기독교 교수법을 효율적으로 하기 위해서는 오늘날 사용되고 있는 최선의 것들을 이용해야만 한다. 그리고 우리는 모든 상황에서, 특히 어려운 상황에 있어서 우리가 기울일 수 있는 최선의 노력을 쉬지 않고 경주하여야만 한다. 무엇보다도, 우리는 하나님께서 제공하시는 방편을 사용하고 당신께서 허락하시고 강조하시는 방법을 사용하면서 하나님의 일은 하나님의 방식으로 행해진다는 사실을 결코 망각해서는 안 될 것이다.

기독교 교육 원리

제15장 교수법의 개선

앞에 나온 장들에서는 효과적인 교수법에 필수적인 여러 가지 요소들을 다루어 보았다. 지금까지 이 책을 읽어온 거의 모든 교사들은 아마 벌써 가르치는 일에 종사하고 있을 것이다. 그리고 이런 교사들은 십중팔구 그들의 일을 보다 잘 수행하고자 할 것이다. 그렇지만 원한다고만 해서 교수법을 개선할 수 있는 것은 아니다. 더 훌륭한 교사가 될려고 하는 자는 원하는 데에서 더 나아가 열심히 노력함으로써 훌륭한 교사로 성장해야 한다. 교사가 교육을 더욱 효과있게 하기 위해 신경을 쓰고, 향상을 위하여 연구하며, 더 좋은 결과들을 얻기 위하여 부지런히 노력할 때에만 그의 교수법이 개선될 것이다. 아무리 원한다고 해도 그것으로 노력을 대치시킬 수는 없는 것이다. 이 장의 목적은 자기의 교수법을 개선시키기를 진지하게 원하는 교사라면 누구에게나 도움이 되는 몇 가지 것들을 제시하려는 데 있다.

1. 교수법의 개선은 가능하다

우선, 더 이상 개선할 점이 없을 정도로 훌륭하게 행해지는 교육은 있을 수 없다는 점을 지적할 수 있겠다. 가장 훌륭하다고 하는 교육이 수행된 후에도 "더 잘했었더라면 좋았을 것을"이라고 이야기하게 될 것이 자명하다. 첫장에서 주지한 바대로, 교육이란 아주 복잡미묘한 작업이다. 그렇기 때문에 끊임없이 그 기술과 기교를 닦아나가야만 하는 것이다. 사람과 같은 불완전한 존재가 완전한 교육을 행할 수 없는 노릇이다.

확실히 교수능력을 계발시키는 역량에는 타고난 능력에 따라 여러 가지 차이가 난다. 그러나 정상적인 지능을 가지고 있어 어느 정도 가르칠 수 있는 사람으로서 누구나 일상생활 가운데서도 개선을 위한 수단들을 적절하게 이용하려고만 한다면, 더 유능한 교사가 될 수 있는 것이다. 물론 그 사람이 항상 가르치는 데에 필요한 것을 기꺼이 하려고 한다는 가정 아래서이다. 취약점들을 보강하고, 결과들을 주의깊게 연구하며, 오류들을 끊임없이 수정하면서 수반되는 뼈아픈 노력을 함으로써만 성공할 수 있을 것이다. 낙심시키는 문제들에 봉착해도 오래 참아야만 진실로 성공하는 교사가 될 수 있다. 훌륭한 교사는 짧은 몇 해만에 이루어지지 않는다. 그러나 교수 개선을 향한 신중하고 의식적인 노력이 참을성있게 이루어질 때, 개선은 반드시 이루어지는 것이다.

성장하는 교사란 그의 교수법이 계속 개선되어 나가고 있는 사람을 두고 일컫는 말이다. 이러한 사람은 교수 행위의 각 국면들을 비평적인 자기평가라는 도가니 속에 넣어서, 어떤 점에서 그 교수법이 잘못되었는가를 점검해야 한다는 것을 알고 있다. 그는 어떤 단점이나 장점이 있는지를 검토하고, 장래의 보다 나은 교수를 위하여 적절한 기초를 얻기 위해 모든 것을 냉정하고 객관적으로 고찰하여 모든 교수 행위를 엄격히 정미하게 회고하여 조사한다. 그렇게 검토한 후에 몹시 불만스러운 부분을 다음의 교수 상황에서 더 나은 결과를 얻을 수 있는 출발점으로 삼는다. 그는 무엇인가를 성취하였다고 하는 쾌감에 안주하여 결코 만족해 하지 않고, 보다 높은 목적을 향해 전진해 나간다. 그러나 교수법에 관해 배워야 할 모든 것을 배웠다고 느끼는 교사는 결코 커다란 성공은 얻을 수 없을 것이다. 또한 그것이 크든 작든 간에 한때 얻었던 어느 정도의 성공의 기쁨으로 만족하는 자도 마찬가지이다. 또한 그와 마찬가지로 게으른 교사, 부주의한 교사, 불성실한 교사도 성공을 얻지 못할 것이다. 만일 교육이 그 진정한 목적과 의도를 달성하려고 하는 것이라면, 개선은 이루어질 수 있고 이루어져야 한다. 훌륭한 교육이 이루어지려면 교육자는 끊임없이 교수법을 개선해 나가야 한다. 개선을 위해 올바르게 인도된 노력은 교육에 커다란 질적 향상을 가져온다. 반면, 그 교수법이 향상되지 않으면 그것은 곧 교육의 침체와 궁극적인 실패를 의미하는 것이다.

2. 개선은 계속적이어야 한다

교육을 성공적으로 수행하기 위한 한 가지 중요한 비결은 교수법의 좀더 나은 개선을 위한 끊임없는 시도이다. 생각날 때에만 이따금씩 노력하는 것으로서는 결코 바람직한 결과들을 얻을 수가 없다. 어떤 행위나 기술을 완성하는 데 있어서 가능한 최선의 성취를 위하여 의식적으로 노력하는 것이 중요한 것이다. 자기의 최선을 다하지 않고도 그 정도에 만족하게 되면, 그 즉시 그가 맡아 하는 일의 질은 불완전하게 될 것이다. 수많은 다른 종류의 활동에 있어서도 마찬가지겠거니와, 교육에 있어서 약간의 퇴보가 최후로는 거의 수정하기가 불가능할 정도로 완전히 고정된 나쁜 습관으로 나타나는 일련의 행동의 시초가 될 수 있을 것이다.

장기간 꾸준히 노력하는 것이 중요하다. 만일 내일쯤 게으름이나 낙담의 유혹에 굴복하게 되면, 오늘의 완전한 성취를 위해서 열심을 내었던 열정은 그 가치의 전부, 혹은 중요한 일부를 상실하게 되고 만다. 일상적인 일을 매일 처리해 나가는 가운데서, 우리는 약간 침체하게 되는 것을 경험한다. 그러나 우리의 성취도가 결정되는 곳은 바로 여기이다. 일상적인 일 가운데서 최선을 다하지 않는다면, 다른 어떠한 일에서도 역시 최선을 다할 수 없게 된다. 진정으로 성공을 거두는 교사는 유혹, 시련, 실의, 실패, 성공, 그 외 여하한 경험에 부딪치더라도 그것에 상관하지 않고 굳게 개선을 향한 그의 노력을 계속해 나간다. 만일 우리가 더 나은 교사가 되기를 원한다면 그 대가로서 끊임없는 노력을 경주해야 한다.

앞부분에서 암시하였듯이 개선이란 장기간의, 그리고 점진적인 진전인 것이다. 실패하는 교사들은 언제나 개선에 대한 관심을 장기간에 걸쳐서 가지고 있지 않은 사람들이다. 그 반면에 보다 우수하게 되는 교사들은 수년에 걸쳐서 계속적으로 노력한다. 우리가 얼마나 오랫동안 교육을 수행해 왔는가 하는 것과는 관계없이, 과거의 월계관에 안주할 틈은 전혀 없다. 왜냐하면 여러 해에 걸친 경험들이 계속적인 진보의 필요성을 제거시켜도 좋을 만큼 충분하지는 않기 때문이다. 지적이고 참을성있게 잘 조종된 노력을 경주하여 점차적으로 진보하는 것이 훌륭한 교육의 비결이다. 이러한 유의 교육이 주로 진보의 중요한 요소인 것이다. 훌륭한 교사는 자기가 가르침을 계속 행하고 있는 한, 꾸준히 성장한다. 그는 일년 만에 크게 진보할 수도 있다. 그러나 최상의 교육은 여러 해에 걸친 노력이 경주된 후에 나타난다.

3. 교육의 기본 활동

아주 흔히, 교육은 교실에서 교사에 의하여 행해지는 일이라는 의미로 해석되고 있다. 그러나 이것은 교사가 행하는 효과적인 작업의 비교적 적은 일부분에 속한다. 왜냐하면 실제적으로 훌륭한 교육은 교실에서의 교수보다 훨씬 더 많은 시간과 정력을 요구하기 때문이다. 계획에 있어서 없어서는 안될 구성요소는, 무엇을 어떻게 가르쳐서 학생들의 여러 욕구들을 만족시켜줄 것인가를 결정하기 위하여 그들의 욕구들과 관심들을 연구하는 일이다. 그러므로 계획은 교육의 첫째가는 기본 행위이다. 두번째로는 교실 교육 그 자체이다. 유능한 교사는 가장 주의깊게 계획을 수립한 후에 실제적인 교실 교육에서 가능한 한 기술적으로 그 계획을 실행할 것이다. 세번째 행위로서는, 이 교육을 분해하고 비평적으로 분석하여서 그 개선의 여부를 확인하는 일이다.

그러므로 교육은 교실 수업에서만 끝나는 것이 아니다. 교육은 세 가지의 중요한 부분, 즉 계획과 교육 자체와 교육의 분석과 향상이라는 부분을 지니고 있는 일단의 행위이다. 그중에서도 교육 자체가 중심 국면이다. 다른 것들은 이 교육 자체를 가능한 한 효과적으로 수행되게 하기 위해 존재한다. 모든 교사는 그의 교육의 여러 욕구의 질을 향상시키기를 바란다. 그래서 그의 교육에 있어서 보다 훌륭한 결과들을 획득하기 위하여 사용하는 계획과 교육 자체와 절차들을 평가하는 것이다. 달리 말하자면 성장하는 교사는 계획, 교육 그리고 교육의 분석과 그 개선을 위한 자기 기술 등에 관심을 기울일 것이다. 이 세 가지 활동들은 항상 일정한 순서에 따라 진행되는 것은 아니다. 어느 것이든지 하기에 편리할 때 사용될 수가 있다. 예컨대, 교육이 행해지기도 전에 계획과 관련되어 분석과 개선이 이루어질 수도 있으며, 계획은 교육 과정의 질에 대한 한층 더 나은 분석과 비평적 판단을 가져오게 할 수도 있는 것이다.

이런 것들이 교육의 기본적인 행위들이다. 이런 각 사항들을 잘 이행하는 교사는 훌륭한 교사가 될 것이다. 어떤 교사들은 다른 사람보다 더 쉽고 더욱 효과적으로 그것들을 성취할 수 있을 것이지만, 그것들은 쉽게 이루어지는 성질의 것이다. 향상을 위해 온갖 노력을 기울이는 교사는 항상 이러한 행위들을 구분된 요소들로 보며, 또한 더 큰 활동을 구성하는 부분들로 볼 필요가 있다. 또한 교사는 교육이 학습자를 위해 행해진다는 사실을 명심할 것이다. 교육의 성공 여부를 판단하는 기준이 바로 이것이다. 교육의 향상을 위한 노력이 의미하는 것은 학생의 성장과 발전을 도모하기 위한 더 나은 방법을 찾는다는 뜻이다. 오직 학생들의 최고의 복리 (the highest welfare)가 증진될 때라야만이 교육행위들의 개선은 그 가치를 가질 수 있다.

그러므로 그리스도인 교사는 주로, 학생들의 학습 활동들이 그들의 생활에 영향을 미쳐서 하나님의 말씀에 관한 지식이 그들을 그리스도에게로 이끌며 그리스도 안에서 "모든 선한 일에 구비된 완전한 하나님의 사람들로 세워져가게" 하는 결과를 이룰 수 있도록 계획을 수립하는 데 관심을 나타낼 것이다. 이러한 계획은 교육이 행해진 전후에 비평적 분석을 받을 것이며 그 터 위에서 개선이 이루어질 것이다. 그 다음에 교사는 교실 교육에서 그 계획한 바를 실행할 것이고, 개선이 이루어질 수 있는 방법을 시도하면서 주시할 것이다. 그 수업이 끝나면 그 과정의 질적인 면을 평가하여 그것이 학생들의 욕구를 얼마만큼 충족시켰는지의 여부를 결정하게 될 것이다. 마지막으로, 교육의 개선을 위한 과정으로서의 비평적 조사와 평가를 가하며 장래에 나타날 교수법의 더 완전한 모습을 준비할 것이다.

훌륭한 교사는 항상 표면에 나서지 않는다. 즉 학습자는 바로 학생임을 알기 때문에 학생들은 단지 피동적으로 보고만 있게 해놓고 교사 자신만이 그 모든 일을 하지는 않을 것이다. 오직 교사가 모든 일을 도맡아 하지 않고 그냥 참여할 때에만 교육은 성공하는 것이다. 결국 교사는 필요하지 않은 활동은 삼가할 것이고, 학생들에게 그들이 필요로 하는 활동을 하도록 지도할 것이다. 이것은 교육을 개선하는 데 좋은 항목이다. 대부분의 교사들은 보다 적게 말하고, 학생들의 반응에 더 많은 시간을 투자하는 법을 배움으로써 그들의 교육작업을 개선시킬 수 있음을 발견하게 될 것이다.

교사가 육체적인 활동과 구술의 활동을 보다 적게 하고, 지혜롭고 적절하게 조정된 정신적 활동을 늘리면, 보다 나은 교육 결과를 얻게 될 것이다. 훌륭한 교육을 행하는 교사란 교수의 모든 단계에서 사려깊게 분석하는 자를 말한다. 중요한 것은 가르친 여러 가지 사실과 진리가 학생들에게 미치는 영향이며, 훌륭한 교수 작업은 학생들이 성장하고 발전할 때를 기다리는 법을 배우는 데 있다. 성공을 거두는 교사는 그의 작업을 잘 계획하고, 자기에게서 배우는 학생들을 집단적으로, 그리고 개인적으로 연구하여 학생 개개인에게 바람직한 기능을 수행할 수 있는 모든 가능한 기회를 제공하고, 그리고 학생들의 발전을 위해 스스로를 독려한다.

4. 자기 관리를 통한 개선

만일 교사가 끊임없이 스스로를 연구하지 않는다면 그는 마땅히 이루어야 하는 자기 개선에 이르지 못할 것이다. 교육의 개선에 있어 기본적으로 필수적인 것은 교사로 하여금 개선을 위하여 자신을 건설적이고도 유용하게 비평하게끔 해주는 강렬한 열망이다.

결국, 개선되어야 할 사람은 교사 자신인 것이다. 더 나은 교수를 하기 위한 신실한 열망을 지니고서 개인이 스스로 노력하지 않는다면 다른 어떤 사람의 도움이나 방법도 소용이 없을 것이다. 누구라도 어떤 종류의 도움 없이 교사로서의 자신을 더욱개선되게 할 수 있으며, 그의 교육작업의 질을 크게 향상시킬 수가 있다. 그러한 자기 개선을 위해서는 그 자신의 교수법에 대해 엄정해야 하며 그것에 대해 비평적이어야만 한다. 나타난 결과들에서 근거없는 만족을 찾도록 하는 지나친 자만이나, 절망이라는 낙담적인 태도를 취하도록 이끄는 가혹한 판단은 이런 맥락에서는 가치가 없을 것이다. 우리들은 우리 자신에 대해서 과소평가를 해서도 안되며, 과대평가를 해서도 안된다. 교육작업을 개선시키려는 명확한 목적을 가지고 공정하고 사려깊은 판단을 내려야 한다.

(1) 교사 자신의 개선

기독교 교육에 있어서, 교사 자신이 가장 중요한 인간적인 요소이므로 교육을 개선시키기 위한 중요한 방법은 교사를 개선시키는 일이다. "완전한 교육이란 좋은 방법들의 결과라기보다는 훌륭한 교사로 인한 결과이며, 훌륭한 교사란 그가 가르쳐야 할 문제에 철저하게 준비돼 있고 기초가 잘 닦여 있는 사람이며, 그의 중요한 직책이 요구하는 지적이며 도덕적인 자격들을 갖추고 있는 사람이며, 그가 그리스도를 사랑하기 때문에 자기에게 부여된 젊은이들을 위한 순수하고 거룩한 사랑을 나타내는 사람이다." 4장에서 강조한 바와 같이, 완전한 그리스도인다운 삶과 인격이 훌륭한 교사의 전형이다. 그러나 어떠한 사람도 이 세상에서 절대적인 완전의 기준에 이를 수는 없으므로, 어떠한 교사도 당연히 자신을 계속 향상시켜 나가야 하는 것이다.

그리스도인이라는 이름에 합당한 교사는 주님과 생생한 접촉을 하고 있을 것이며, 다른 사람들을 그분과의 교제에로 이끌려는 진지한 노력을 기울일 것이다. 어떠한 사람도 자기가 가르치는 사람들의 영적인 복리에 책임을 져야 하므로, 그리스도인 교사는 자신의 영적 삶을 계속적으로 개량하고 심화시킬 필요성을 느껴야 한다. 또한 기도와 자신의 영적 삶을 위한 말씀 연구와 하나님의 일들을 묵상하는 일에 진실해야 한다. 그리고 은혜 가운데서 환경 중에서 제공된 최선의 특권들을 발전을 위해 이용해야 한다. 이와 함께 그리스도인 교사는 쵸서(Chaucer) 목사처럼 학생들로 하여금 그들의 삶 가운데서 그리스도의 가르침들을 실행하도록 그 자신부터 매일의 생활 가운데서 매우 주의깊게 실행해야 한다. 바울이 디도에게 부여한 다음과 같은 표준이 또한 그의 표준이 되어야 한다. "범사에 네 자신으로 선한 일의 본을 보여 교훈의 부패치 아니함과 경건함과 책망할 것이 없는 바른 말을 하게 하라 이는 대적하는 자로 하여금 부끄러워 우리를 악하다 할 것이 없게 하려 함이라"(딛 2:6, 7).

(2) 실습을 통한 향상

교사가 교육의 질을 개선시키기 위해 할 수 있는 두번째 일은, 그가 학습한 것들을 실천해보는 것이다. 민감한 교사는 그 자신의 교수법을 비평적으로 검토한다. 또한 교육에 종사하고 있는 다른 이들을 관찰하고, 교육에 관한 것을 독서하며, 다른 교사들이 말하는 것을 들으면서 더 나은 교육방법에 대한 새로운 생각들과 지식을 얻게 된다. 처음 기회가 주어질 때부터 교사는 이런 것들을 시도해야 한다. 교수법은 학습되어야 하는 기술이다. 모든 그리스도인 교사는, 훈련에 기초하지 않고서는 올바로 가르칠 수 없으므로, 가르치기 전에 훈련을 받아야 한다. 만일 교육의 제원칙을 연구하고 난 후에야 비로소 교육을 시작한다면, 그는 보다 빨리 진보할 것이며, 여러 가지 심각한 장벽들을 피할 수 있을 것이다. 그러나 모든 교사는 경험이라는 학교에서 그러한 것들을 배워야 한다.

성장하는 교사란, 자기가 배우는 학습을 새롭고 더 좋은 경험을 얻기 위한 연구실로 이용하는 사람이다. 물론 주의깊은 교사는 단지 우연히 관심을 가지게 된 것들을 시험하기 위하여 학생들로 하여금 성급하게 성과를 내도록 재촉하는 실험자는 아닐 것이다. 그 반대로 그는 발전하기 위하여 그가 생각하고 있는 절차 방법들을 지혜롭게 변경시키는 수고를 아끼지 않는 일꾼이 될 것이다. 그는 그 일이 어렵다는 것을 이해하고, 획득할 수 있는 가장 훌륭한 훈련을 하고, 기꺼이 노력하여 그의 경험들을 이용하고, 굴복하지 않는 지속성을 가지고서 전진해나갈 것이며, 실행에 옮길 새롭고 흥미로운 일들을 발견할 것이다. 그리고 그가 가르치는 학생들의 생활 가운데서 보다 좋은 결과들을 산출해낼 것이라는 약속을 보장하는 노력을 결코 마다하지 않을 것이다.

(3) 진보를 위한 계획

자기 관리를 통한 진보의 세번째 요소는 자기 개선을 위한 계획이다. 혹자는 그 자신의 판단이나 접촉하는 다른 사람들의 판단을 통하여 그의 가치를 바로 평가할 수 있다. 그러나 자기 개선은 대개 명확한 계획에 따라 노력할 때 더 좋게 나타난다. 개선을 위해서 교사는, 자기에게 중요하고 명확한 목적들을 지니고 있어야 하며, 균형이 잘 잡힌 진보의 궤도를 따라 움직여가야 한다. 이상이 결핍된, 명확한 목적도 없이 노력하는, 혹은 그 열정이 변하기 쉽고 한 면에 치우친 교사는 크게 향상될 수 없다. 반면 그가 이르고자 하는 목표점을 특별히 결정하고 일정한 진보의 과정들을 몇 년간 계속 참을성있게 밟아가는 사람은, 개선을 위한 그의 계획이 양호하다고 하면, 성장해나갈 것이다.

세속 교육을 위해서는 자기 평가표의 점수 카드들이 상당수 고안되어 왔었으나 기독교 교육의 제결과들을 측정하기 위하여 만들어진 훌륭한 표준들은 그리 흔하지 않다. 세속의 자료들(secular sources)에서 발췌된 제안들과 로버츠(Roberts),[1] 비이드(Vieth),[2] 카브(Chave),[3] 혹은 베츠와 호손(Betts and Hawthorne)[4]이 제시한 종류의 카드와 등급들(cards and scales)의 도움으로, 최상의 진보를 원하는 교사라면 누구나 그에게 귀중한 가치가 될 측정기준을 작성할 수 있을 것이다.

개선을 위한 어떠한 계획도 완전한 것으로 여겨져서는 아니되며 어떠한 측정표준(standard of measurement)도 너무 중대하게 고려되어서는 안된다. 비록 훌륭하게 고안된 일반적 입안(general schem)은 진보해감에 따라 전적으로 폐지될 수 없을지라도, 한번 수립된 좋은 계획은 교사가 성장해감에 따라 수정될 필요가 있다. 요지는, 훌륭한 측정 표준은 어느 것이나 개선의 실현을 위한 명확한 수단이 되어 도움을 준다는 것이다. 그것은 교사로 하여금 그가 그의 교수법을 더욱 낫게 하기 위하여 어디에 강조를 두어야 할 것인지를 배울 수 있도록 하기 위하여 자신

---

1) S. L. Roberts, *Teaching in the Church School* (Philadelphia: The Judson Press, 1927), p.148.

2) P. H. Vieth, *How to Teach in the Church School* (Philadelphia: The Westminster Press, 1935), pp.167-170.

3) E. J. Chave, *Supervision of Religious Education* (Chicago: University of Chicago Press, 1931), pp. 315-317.

4) G. H. Betts and M. O. Hawthorne, *Method in Teaching Religion* (New York: The Abingdon Press, 1925), pp.253, 255-258.

과 그가 사용하는 절차들을 검토하게 해준다. 표준의 가치는 그 정확성에 있다기보다는 그것을 지혜롭게 사용하는 자에게 그것이 제시해주는 것에 있는 것이다.

개선되기를 진지하게 바라 마지않는 성실한 교사는, 교육의 모든 국면의 완전함에 접근할 수 있는 교사는 드물다는 사실을 잘 알고 있을 것이다. 교사는 개선을 위한 훌륭한 계획이 잘 수립되고 난 뒤에는, 즉시 몇 년 동안 자기의 최상의 노력을 요할 일을 가지게 된다. 개선하기 위해서는 시간이 걸린다. 좋은 계획을 사용하여 노력을 올바르게 집중하면 일년 만이라도 개선된 결과가 나타날 것이다. 그렇지만 이 기간 동안에, 자기 자신을 평가하는 표준도 높아질 것이다. 결국 그는 항상 발달해가는 완전이란 목표를 향해 가는 끝없는 경주의 또 하나의 랩(lap)을 출발할 준비를 할 것이다. 참된 교사에게 있어서는, 목표의 달성이 아니라 경주의 상쾌함이 항상 더 나은 결과들을 기대하고서 시도하는 스릴을 가져다준다.

5. 연구를 통한 개선

그리스도인 교사는 교수를 시작하기 전에 가능한 모든 훈련을 받아야 하는 반면, 성장하는 교사가 실현하는 최상의 가치들 중의 몇몇은 근무하면서 받는 훈련에서 나온 것들이라는 것도 사실이다. 성공적이며 성실한 교사는 언제나 배우는 입장에서 새로운 것들을 배운다. 한 교사의 훈련은 결코 완성될 수가 없는 것이다. 그가 교수를 시작하기 전에 교육에 관해 배운 모든 것은, 그가 가르치면서 배우게 되는 것들의 기초지식이 된다. 교사가 진정으로 새로운 것을 학습하였다면 그것은 그로 하여금 그 이상의 학습을 열망하게 만들어, 그는 더 배우기 위하여 계속 읽고 연구할 것이다.

교사가 독서습관을 가진 것은 그의 성공을 예측할 수 있는 좋은 근거가 된다. 어느 누구라도 일간 신문, 보통의 잡지, 그리고 대중 소설만으로는 충분한 것을 획득할 수 없을 것이다. 육체는 먹는 음식의 종류와 그 질에 의해 영향을 받는다. 그와 마찬가지로 정신적이며 영적인 생활도 그 섭취하는 것에 의하여 형성된다. "독서는 사람을 충실하게 한다"고 베이컨은 말했다. 성장하는 교사는 독서의 두 가지 형태, 즉 일반적 독서와 전문적 독서를 포함하는 계획에 따라 독서하기를 원할 것이다. 계획은 훌륭하게 착상된 과정을 따라 조직적이고 일관성있게 독서하는 데 도움이 된다. 비록 계획을 시종일관 지키지 않는다 하더라도, 계획이 존재하고 있다는 사실은 순전히 우연적인 방식으로 수행된 독서로서는 실현시킬 수 없을 유익을 가져다준다. 게다가 계획은 계획을 수립하지 않았더라면 수행하지 않았을 독서를 계속하도록 도움을 줄 것이다.

일반 독서는 계속되는 성장을 위한 좋은 자료를 구성한다. 각각의 교사는 그가 듣거나 발견한 책이나 기사의 제목을 기록할 수 있는 노트를 간직하고 다니는 것이 좋을 것이다. 이런 저런 자료들로부터, 그는 도서목록을 만들 수 있다. 한 해 동안에 읽을 도서목록을 자신의 독서 지침으로 사용하는 것이 좋다. 그러한 목록은 목록이 없이는 결코 해내지 못할 규칙적인 독서를 해나가는 데 크게 도움이 된다. 그 외에도, 그러한 목록은 더 완전하고 더 원숙한 발전을 이룩할 수 있도록 그리고 계획을 수립할 수 있도록 해주어서, 다른 사람들을 지도하는 데 유용하게 사용될 확장된 생활의 경험을 형성하게 한다.

그리스도인 교사도, 교수법의 개선을 위해 계획표에 따라 특별히 독서하도록 노력해 나가야 한다. 성장하는 교사로서 그가 더욱더 몰입해야 할 분야들은 다음과 같다: 성경 지식과 그것의 연구방식들, 그가 가르치는 학생들에 관한 지식, 교육원칙들에 대한 이해, 주일학교와 그 교과 과정, 그 조직과 행정 등에 관한 지식 그리고 자기 자신에 관한 지식 등. 교사는 매년 위에서 든 몇 개의 분야들 각각마다 적어도 한 권이나 두 권 정도의 책을 읽는 것이 좋다. 기회가 있을 때면, 교사는 자기에게 가치가 있는 많은 것을 주일학교 교사의 과업을 다루는 몇 권의 잡지들로부터 수집할 수 있을 것이다. 좋은 정보를 많이 제공해주는 유사한 자료는 학생들이 사용할 수 있도록 출판되어 나온 많은 학과 시리즈와 관련하여 교사들을 위해서 출판된 인쇄물이다.

그 이상의 훈련을 위한 매우 효과적인 수단은, 비록 대부분의 주일학교가 이 수단을 그렇게 활용하지는 않지만, 지역 교회의 교사들의 모임이나 사역자들의 회합이다. 보통 지역 교회간의 교사들의 모임은 교육적인 모임이라기보다는 사무를 처리하기 위한 모임이다. 그러나 봉사하는 교사들의 개선을 위한 정기적인 모임이 관례적인 사무를 처리하기 위한 비형식적인 교사의 모임에 대체되어야 한다. 민감한 교사는 이와 같은 모임의 양상에 있어서의 변화를 지지할 것이며 그런 모임에 참석함으로써 많은 유익을 얻을 것이다.

자기 일을 개선시킬 목적으로 연구하기를 원하는 교사는 5장에서 지적된 궤도들을 따라 그 이상의 기회를 발견할 수 있을 것이다. 지역 교사 훈련반에 개설된 과정들, 통신 교육 과정, 그러한 훈련을 개설하는 대학과 성서 단체들에서의 연구, 여름 훈련 학교 등은 연구를 통하여 개선되기를 열망하는 교사가 더 나은 교수를 할 수 있도록 되기 위해 사용할 수 있는 자료들이다.

6. 다른 사람을 통한 개선

교사가 그의 교수법을 더욱 낫게 할 수 있는 최상의 방법들 중의 하나는 다른 사람들로부터 학습하는 방법이다. 경험은 가장 좋은 선생이라고 흔히들 말한다. 그리고 그렇게 말하는 사람은 서둘러 "그러나 경험은 가장 많은 값을 지불해야 하는 것이다"라고 덧붙인다. 다른 사람의 경험으로부터 학습하는 것은 학습자에게 그렇게 많은 대가를 요하는 것은 아니다. 다른 사람들이 그들의 경험을 통하여 획득하였던 것들로부터 유익을 얻는 교사는 현명한 교사이다.

(1) 감독자

그리스도인 교사가 많은 것을 학습할 수 있는 사람은 그의 상급자이다. 대부분의 학교에서 이와 같은 상급자는 그의 부서의 감독자일 것이다. 대개 감독자는 교육에 있어 이미 상당한 양의 경험을 하였으며 그의 부서에 속한 다른 교사들에게 유익을 끼칠 수 있는 위치에 있는 사람이다. 경험이 부족한 모든 교사, 특히 젊은 교사는 자기 과업의 질을 향상시키기 위하여 이 경험의 보고에 의지하는 것이 좋을 것이다. 그리고 행정상의 상관(上官)들에게는 한도껏 협력하는 태도를 취하는 것이 가장 좋은 것이다. 젊은 교사는 그러한 상급자들이 제안하는 것들과 여러 비평들을 기꺼이 받아들여야 하며 전체 부서와 전학교의 교육의 총체적 개선을 위하여 기꺼이 그들과 함께 노력할 것이다.

다른 관점에서 비추어 보면, 감독자는 개개의 교사에게 도움을 주어야 할 위치에 있다. 그는 전부서의 작업과 그 부서에 속한 각 학급의 작업에 대해 개관해줄 책임을 지닌다. 그는 이러한 큰 책임을 지니고 있는 자이기에, 교사가 자신의 개인적 일을 관찰하는 것과는 다른 각도로 사물들을 늘 보게 되고, 결국 교사들에게 그들이 그 필요성을 의식치 못할 수 있는 도움을 줄 수 있게 된다. 성장하기를 원하는 교사는, 만일 그가 상관들의 이상을 이해하는 일을 목표로 하고 이런 이상들을 성실하게 따르려고 노력한다면, 쉽사리 실망하지 않을 것이다. 성공적인 많은 교사들이 그들이 가르치는 부서나 학교의 몇몇 감독자의 지도에 힘입은 바는 지대하다.

(2) 동료 교사들

성장하는 교사는 감독자들뿐만 아니라 동료 교사들과도 협동한다. 민감한 교사들이 배우게 되는 가장 가치있는 교훈들 가운데는 그들의 작업에 관해 동료 교사들과 비공식적으로 대화를 나누는 중에서도 그들로부터 얻어낸 것들도 있다. 때로는 둘, 혹은 그 이상의 교사들이 상호 유익을 도모하기 위해, 어떤 문제의 해결을 위해 같이 노력한다. 기회가 허락될 때 동료들의 작업을 비공식적으로 관찰함으로써 교사는 교수법의 기술들을 이해할 수 있게 되고, 그러한 기술들을 최상으로 사용할 수 있는 방법들을 깨달을 수 있게 된다. 어떠한 교사라도 동료의 작업을 멸시할 수는 없다. 왜냐하면 동료들의 작업은 더 나은 생각들과 어떻게 진행해 나가야 할지에 관한 더 폭넓은 이해와 더욱 완전한 이해를 위한 아주 유효한 자료가 되기 때문이다.

(3) 교수법의 관찰

또 하나의 다른 사람들을 통한 개선의 수단은 훌륭하게 진행되는 교육을 관찰하는 일이다. 향상되기를 원한다면, 공립학교의 교사들, 자기 자신의 주일학교에 있는 다른 가장 훌륭한 교사들, 혹은 다른 교회의 주일학교에서 봉사하고 있는 훌륭한 교사들을 찾아보도록 하자.

그는 다른 교사들이 가르치는 것을 관찰함으로써 그들의 결점과 실수, 그들의 훌륭한 점들과 성공한 것들로부터 무엇인가 배울 수 있다. 관찰시에는 점수카드와 같은 어떤 객관적인 측정기준을 사용하여 명확한 사항들을 관찰 지침으로 삼는 것이 좋다. 관찰하는 것이 항상 일반적으로 다 중요한 것은 아니다. 토론을 인도하는 것과 같은 특정한 교육의 국면과 질문들을 사용하는 데 있어서 뛰어난 교사는 관찰하는 것이 특별한 관심과 보다 더 효과적인 관찰을 유도하는 데 도움을 준다.

훌륭한 교육을 시범적으로 보일 목적으로 지도되고 있는 학급을 관찰하는 것은 가치있는 훌륭한 가능성들을 발견하게 되는 것이다. 그와 같은 학급은 노련한 교사에게 맡겨진다. 그러나 그러한 시범 학급을 개설하지 않는다면, 젊은 교사라도 그러한 반을 시작할 수도 있다. 교육 기술의 어떤 국면에 관하여 더 배우기를 원하는 몇몇 교사들로 하여금 서로 머리를 맞대고, 몇 학생들을 모아, 교사들 중 한 사람이 다른 사람들은 관찰하고 있을 동안에 그 특정한 국면의 시범을 보이면서 교육실습을 행하게 하라. 그 교육실습이 끝나면, 교사들은 그 교육이 수행된 방법에 관하여 함께 의논할 수 있어, 수정하고, 비평하며, 제안을 제시할 수도 있다. 모든 교사들이 그 교육실습으로부터 유익을 얻을 수가 있을 것이다.

7. 최고의 모범

그리스도인 교사든 아니든 간에, 모방할 모범이 없는 교사는 한 사람도 없다. 비록 현대 역사 이론들이 통상 그분을 언급하고 있지는 않는다 하더라도, 교육사 이론들이 한때 "위대한 스승"이라고 묘사한, 모든 사람의 모범이 되는 분이 계시다. 예수 그리스도는 최고의 스승이셨다. 그의 교수법은 아주 효과적인 것이어서, 예수님을 잡아오라고 예수님의 적들이 보낸 사람들이 빈 손으로 되돌아와서는, 자기들을 보낸 사람들에게 "이 사람처럼 말하는 자를 본 적이 없다"라고 말할 정도였다. 더 나은 교사가 되기를 원하는 교사는 누구든지 예수께서 사용하신 교수 방법을 밤낮으로 연구할 것이며, 그가 하셨던 대로 정력을 다하여 행하도록 할 것이다. "예수께서 가르치셨던 방식은 모든 그리스도인 교사들에게 모범이 되는 것이다. 우리는 가능한 한 그가 가르치셨던 것과 같이 가르쳐야 한다."

"현대 교육학은 교육의 어떤 옛 방식에 대해 새로운 명칭을 사용해 왔다. 그러나 예수의 교육학은 간과되어서는 안되는데도 불구하고 아직 채택되고 있지 않다." 기지의 것으로부터 미지의 것으로 전달시켜주면서 가르치는 데 있어서 그분처럼 통달한 교사는 아무도 없다. 그는 자신이 전수하시고자 하는 주제, 신령한 진리 등을 그가 가르치는 학생 또는 사람들이 그 진리들을 받게끔 조합하는 법을 알고 계셨다. 그는 그들로 하여금 자기가 알리기를 원하셨던 위대한 영원한 진리들을 깨달을 수 있도록 인도하기 위하여 가장 단순한 일상사, 씨뿌리는 자, 그물, 들의 백합화, 그 외에도 자기의 말을 듣는 자들이 익히 알고 있는 것들을 사용하셨다.

그 어느 다른 교사도 그의 학생들에게 동기를 유발시키는 데에 그처럼 전문적이었던 사람은 없었다. 그 어느 누구도 자기 활동의 원칙을 더 잘 사용하지는 못했었다. 그 어느 누구도 자기 말을 듣는 사람들에게 그처럼 많은 문제를 제시하지는 못했었다. "모든 교육의 보편적 도구"인 질문을 그처럼 효과있게 사용했던 사람은 없었다. 그 어떤 옛날 이야기들이 그처럼 오래 지속되었으며 의미가 가득 차 있었던가? 그 어느 다른 누가 그와 같은 토론의 대가였던가? 그가 가르친 진리들을 자신의 행동 가운데서 완전하고도 철두철미하게 시행한 다른 사람이 있다고 말할 수 있는가? 그리스도인 교사는 그의 가르침 가운데서 개선을 위한 가장 폭 넓은 시야를 주는 교수의 전형적 방식을 발견한다.

그러나 그리스도인 교사는, 예수께서 사용하신 방법과 그의 메시지는 하나로서 동일한 것임을 깨달을 것이다. 그에게 있어서 내용과 방법은 분리되어 있는 것이 아니었다. 그 둘은 불가분리한 통일체와 같이 병행하였다. 가장 중요한 것은 그가 오셔서 가르치셨던 사랑과 은혜라는 메시지였다. 그리고 그가 사용하신 방법은 단순히 그가 가르쳤던 자들의 가장 깊은 욕구를 금세와 영원토록 만족시킬 수 있도록 그 메시지를 그들에게 전달시키는 목적을 이루기 위한 수단이었다.

8. 성령의 인도

진정한 그리스도인 교사는 처음부터 끝까지 항상 자기는 하나님의 성령께 전적으로 의존한다는 것을 깨달을 것이다. 그가 하는 일은 하나님의 일이다. 그 자신은 하나님이 역사하시는 통로(channel), 도구, 매개체 이상은 될 수 없다. 예수의 두드러진 특성 가운데 한 가지는 자기가 행하시고 가르치신 모든 것에 있어서 전적으로 자기는 하나님을 의존하였다는 사실을 인지하고 계셨다는 것이다. 그가 하신 행위들은 그를 통한 하나님의 역사하심의 표현이었으며 그가 하신 말씀들은 하나님께서 그에게 내려주셨던 말씀들이었다.

그가 하나님의 가르침의 사역(God's Work of teaching)을 교회에게 맡기셨을 때에 "보라 내가 세상 끝날까지 너희와 항상 함께 있으리라"고 말씀하셨다. 예수께서 사람의 형상을 입고 이 세상에 계실 동안 하나님께서 그 안에서 그를 통하여 일하셨으므로, 그도 자기가 하나님으로서, 그리스도인 교사들이 하나님의 일을 할 때에 그들 안에서 그들을 통하여 일하시겠다고 말씀하셨다. 예수는 승천하시기 전에 그의 제자들에게, 자기가 성령을 보낼 것과 자기가 보내는 성령의 사역이 어떤 것이 될 것인가를 말씀하셨다(요 16:7~15). 그러므로 그리스도인 교사는 성령이 그를 인도하고 그를 통하여 역사하시며 그로 하여금 인간들에게 하나님의 진리를 가르치는 데 있어서 더욱더 완전하게 만들어주실 것을 신뢰할 수 있다.

제16장 원리들과 방법

 교수에 연관하여 기억하여야 할 기본적인 사실은 개개인의 생활은 경험으로 이루어진다는 것이다. 모든 경험은 날 때부터 혹은 그 이전부터 죽을 때까지 사람이 정상적으로 자신의 능력을 소유하고 있는 한도에서는 계속적으로 증가되는 도정에 있는 일종의 사슬의 연결이다. 학생은 얼마 안 되는 단순한 능력을 지닌 것 같긴 하나 엄청난 잠재력을 지니고서 복잡한 세상에서 삶을 시작한다. 학생은 태어났을 때 두뇌는 있으나 정신이 없다. 정신은 발달되고 잠재적인 것들은 경험을 통하여 현실적인 것이 된다. 개인이 가지고 있는 경험은 그를 몇 가지 방식으로 발전시킨다. 교수는 학습과 발달이 시작하는 곳에서 학습자의 경험과 함께 시작해야 한다.
 가르칠 때에, 우리는 현재 학생이 어떠한가에 대해서보다 어떻게 학생이 현재 상태와 같이 되었는가, 그리고 앞으로의 경험을 통하여 어떠한 상태로 될 것인가에 대하여 더 많은 생각을 기울일 필요가 있다. 학생의 학습은 연속적인 과정이다. 모든 학습의 시간들은 모든 과거의 학습과 분리할 수 없는 부분이며 미래에 대한 함축 하에서 이루어진다. 유아의 가장 이른 경험이라 할지라도 그 인상을 학생에게 남기며 적어도 그 아이에게 약간의 의미를 지닌다. 학생의 어떠한 반응이나 성취 및 행동이라 할지라도 그의 과거의 경험과 현재의 발달 수준에 비추어서만 이해될 수 있다. 개인의 학습은 매일, 매분 초의 그의 생활 중의 모든 행위를 통하여 계속된다. 학습은 어느 곳에서도 이루어진다. 학습은 개인이 행하는 모든 것들, 단순하거나 복잡하거나, 혹은 계획된 것이든 계획되지 않은 것이든지 간에, 혹은 만족스러운 것이든 만족스럽지 못한 것이든지 간에 각자가 행하는 모든 것들을 통하여 이루어진다.

정상적인 아이라면 누구든지 학습할 수 있는 능력을 지닌다. 학생이 행하는 학습의 종류는 학생이 지닌 경험이 어떠한 것이냐에 의해 결정된다. 경험의 가치가 높을수록 학습의 질도 따라서 높아지며, 경험의 가치가 낮을수록 학습의 질도 따라서 낮아진다. 일반적으로 직접적인 일차적 경험은 간접적인 이차적 경험보다 더 좋은 학습을 부여한다. 그러나 우리는 직접경험만을 통해서 배우지는 않는다. 오늘날처럼 복잡한 생활에서는 간접경험을 통해서 배워야만 하는 것들이 있다. 그러한 학습은, 학습자가 그러한 학습을 할 수 있을 정도로 성숙했을 경우, 간접적인 것이 자신에게 의미가 될 수 있을 정도로 충분한 직접 경험의 배경이 갖추어져 있을 경우, 그리고 교사가 간접경험을 다루는데 적절한 기교를 사용할 경우에는 효과가 있을 수 있다.

분명한 것은 어느 누구도 자신의 전체 환경에 속한 모든 대상들과 사건들과의 경험적인 관계를 지닐 수 없다는 사실이다. 우리는 우리의 정신으로는 볼 수 없는 많은 것들을 눈으로써 본다. 즉, 그러한 것들은 우리의 경험에 들어오지 않는다. 우리 주위에는 우리가 관여하지 않는 수많은 사건들이 일어난다. 우리는 일상생활에서 우리 주위의 많은 사람들과 아무런 친분도 갖지 않고 지낸다. 상대적으로 볼 때, 오히려 우리 주위의 얼마 안 되는 일들만 우리의 경험과 목적에 연관해 볼 때 우리에게 의미를 띨 뿐이다. 바꾸어 말하자면, 학생의 전체 환경의 대부분의 일들은 학생에게 학습가치가 없다. 만약에 개개인이 정적인 존재라고 한다면, 환경 내에 있는 어떠한 것과도 동적인 접촉을 가질 수가 없을 것이며 학습도, 교수도 있을 수 없을 것이다. 그런데, 우리 개개인은 살아있고 움직이며 행동하는 존재이다. 유기적 조직 내에 변화와 동작을 만들어내는 힘이 존재하는 것이다. 생동하며 살아있다는 것은 지속력이 있는 생명의 필요성을 의미한다. 이 주된 필요성에서부터 많은 특수한 필요성들이 생겨난다. 필요가 느껴지는 때에는 항상 그 필요성을 만족시키고자 하는 충동이나 힘이 있다. 그러한 필요성이 일상적인 방식으로 만족될 수 있다면, 충동은 감소되고 어떠한 학습결과도 생겨나지 않는다.

만약에 필요성을 만족시키는데 어떤 장애나 난관 혹은 문제에 맞닥뜨리게 되면, 충동은 행동으로 추진되고 배우고자 하는 의지를 일으킨다. 이러한 행동은 처음에는 방향도 없이 불완전하고 맹목적이다. 그러한 행동은 스스로가 추구하는 바가 무엇인가를 모른다. 심지어 필요성을 만족시켜 줄 수 있는 대상이 무엇인가를 명확하게 인식하지도 못한다. 학생은 지도와 성공적인 경험을 통하여 점차적으로 자기의 소욕을 만족시키는 방법을 배운다. 그리하여 노련함을 획득하고 궁극적으로는 독립을 획득한다.

그런데, 학습은 욕구로 알려진 균형의 붕괴, 혹은 혼란과 함께 시작한다. 이러한 욕구를 충족시켜 가는 과정에서 개인은 자신의 진로, 환경의 어떤 일부분과 관계를 맺는다. 자신과 이러한 부분적인 환경과의 상호작용으로써 경험이 생겨난다. 인간을 행동하게끔 하는 욕구들은 거의 무한할 정도로 종류가 많다. 그것들은 많은 방식으로 분류되어 왔다. 아마도 다음의 여섯 가지 종류로 분류하는 것은 여느 분류와 마찬가지로 만족스러울 것이다. ① 기본적인 생리적 욕구 : 배고픔, 목마름, 배설, 체온유지, 휴식, 수면 및 성욕 ② 애욕 : 동료의식, 애정, 소속감 ③ 인지욕 : 자존심, 인격적인 만족감, 타인으로부터의 인정 및 호평 ④ 모험욕과 실험욕 : 자극, 운동, 흥분 ⑤ 자기 인식욕 : 운동의 자유, 자기 자신의 길을 성취하고 발전시킬 수 있는 자유 ⑥ 종교 및 정신적 욕구 : 경배에 대한 욕구, 교제, 더 높은 권력자와의 친교.

환경에 적응하기 위한 필요에 의하여 발동하게 된 행위로부터 목적들이 생겨난다. 모든 학습도 그 안에서 생겨난다. 모든 학습경험에는 내적인 조건들이 있다. 즉, 욕구의 실현, 욕구를 충족시키고자 하는 충동, 그리고 생겨나는 목적 등이 있다. 그런가 하면, 모든 학습경험에는 환경 내의 사물들, 사건들 및 사람들이 있다. 내적인 것과 외적인 것의 상호작용이 경험을 구성한다. 학습은 개인 자신의 것이다. 학습은 개인 자신의 환경 내의 일들에 관하여 무엇인가를 하고자 하는 의도된 목적으로부터 생겨나는데 때로는 가르침에 의하여 이루어지기도 하고 때로는 가르침을 떠나서 이루어지기도 한다.

행동으로 나타내고자 하는 충동력은 개인에 따라 상당히 차이가 난다. 왜 그런지에 대한 이해는 못하고 있지만, 동일한 개인에게서도 시간에 따라 그 충동력의 강도는 다양하다. 만약에 우리가 학생이 배우고자 하는 이유—무엇이 학생을 행동하도록 재촉하며 그처럼 재촉하는 힘이 무엇인가, 학생이 성취하고자 하는 목적이 무엇인가와 학생이 배우지 않으려고 하는 이유—를 안다면, 우리는 학생의 학습의 양이나 질을 개선할 수 있는 지식을 갖게 된다.

학생들은 충동력에 있어서 뿐만 아니라 배우고자 하는 능력이나 역량에 있어서도 크게 차이가 난다. 학생들은 누구나 학습영역에 따라 자신의 역량이나 관심에서 많은 차이가 난다. 보통 정상적으로 학생은 적극적이고 호기심이 많으며 배우는 데에 열성적이다. 그러나 학생은 비록 배우는 힘에 있어서 보통 정도에 그친다 하더라도 자기 스스로의 방식으로 배워야만 한다. 개개의 모든 학생들이 독특한 것처럼, 경험도 마찬가지로 독특하다. 경험은 항상 경험하는 사람의 질을 지닐 수밖에 없다.

"모든 학생들의 경험은 그 자체로서 가치가 있다. 그리고 미래에 대한 최선의 준비는 현재에 정상적으로 기능을 수행함을 통하여 행해진 것이다." 학습은 우선 삶을 준비하는 일이 아니다. 그 자체가 삶인 것이다. 생동적이라는 것은 곧 배운다는 것을 의미한다. 학생은 모든 각각의 발전단계에서 완전하게 그리고 풍족하게 살수 있는 기회를 지녀야만 한다. 개개의 모든 학생들은 일찍부터 자기 자신과 자신의 세계를 자기 자신의 특수한 방식으로 보는 것을 배운다. 각각의 학생들은 사물과 사람과 사건들을 대하는 자기 나름대로의 기교를 마찬가지로 일찍이 발전시킨다. 학생이 지도 학습을 받을 때에는 자신에게 자연스럽고 가치가 있는 성과들을 계획하고, 수집하고, 조직하고, 재생하고, 창조하며 그리고 성취할 수 있는 커다란 자유를 지니는 것이 필요하다. 학생 스스로 평가하고 그것을 자기 자신의 경험으로 만들기까지에는 어떠한 것도 실제로 학생 자신의 것일 수가 없다.

자기 자신의 경험에 비추어 기록된 인류의 경험에 대해 개인이 반응할 때, 그는 그 기록된 경험을 넘어서서 자기 자신의 경험으로 만드는 것이다. 각 개인은 이러한 과거의 경험과 자기 현재의 경험의 요소들을 결합함으로써 새로운 상황들에 반응하는 새로운 방식들을 길러낸다. 교수의 목적은 이러한 창조력을 성장시키며 진작시키는 일이다. 반응하고 배우는 사람이 개인이긴 하지만, 이때 개인은 환경 내의 개인이다. 환경의 주요한 요소는 각 개인 자신과 마찬가지로 경험을 통하여 반응하고, 배우고, 성장하고, 살아 있는 다른 인간 존재들이다. 경험은 사물과의 상호작용뿐만 아니라 다른 인간과의 상호작용을 포함한다. 학교와 교실에서 이루어지는 조직인인 학습은 그 목적상 집단 내의 모든 사람들의 성장을 진작시킨다. 집단 내의 각각의 구성원들은 계속적으로 다른 사람들에게 영향을 주며 또한 다른 사람들에 의하여 영향을 받는다. 집단 행위에 성공적으로 참여한다는 것은 효율적인 학습일 뿐만 아니라 바람직한 정신건강의 핵심이 된다. 일을 계획하는 것에서부터 결과를 평가하는 것에 이르는 모든 과정에 완전하게 참여하도록 해야 한다. 학생은 집합체로서 삶을 시작한다. 즉, 통일된 전체로서 기능하는 것이다. 참된 학습은 이러한 최초의 집합체를 보존하고 진작시킨다. 욕구를 만족시키고자 하는 충동은 균형상태를 깨뜨린다. 결과적으로 학습이 효과적일 때, 그 학습은 학습자에게 균형상태나 만족스러운 적응을 회복시켜주고 학습자의 발달상태를 높은 수준으로 향상시킨다는 점에 있어서 학습자에 대해 총체적이다. 학습은 고립된 과정을 벗어나서 학습자의 절박한 목적을 중심으로 하나가 된다. 학습자는 통일된 전체로서 반응한다. 그는 전적인 존재로서 배운다. 학생자신에게 무목적적인 행동을 하게 하거나 자신과 환경 사이에 모순을 드러내는 행동을 하도록 요구하는 것은 분명히 그 학생을 붕괴하고 불행한 존재로 바꿔놓는다.

단편적인 학습은 올바른 성장과 발달에 기여하지 않는다. 어떤 양식을 지닌 상태에서 학습된 사실들과 기능들은 의미와 기능적인 가치를 지닌다. 주제로부터 고립된 단편으로서 배운 것들은 거의, 혹은 전혀 의미가 없으며 명료한 사고를 하는데 방해가 되며, 수렴시키기보다는 분산시킨다. 학습자가 어떤 문제나 어려움에 대처하면서 자연적으로 배운 사실과 기능은 그들 자신의 사용에 연관하여 배운 것들이기 때문에 의미가 풍부한 양식의 일부가 된다. 이같이 획득된 사실과 기능이야말로 실제 성장의 방편이 된다.

결국 모든 경험의 결과, 혹은 성과는 판단되고 측정된다. 지적인 존재는 자기 행위의 목적이 얼마나 충분하게 실현되었는가, 혹은 어느 부분에서 더 잘 할 수 있었는가, 그리고 앞으로의 경험에 도움이 될 수 있는 것은 무엇인가 등을 확인하기 위하여 완결된 과거의 경험을 회고한다. 모든 학습의 본질은 학습자가 만족시키고자 하는 욕구에 의해 이루어지는 행위로부터 생겨나는 학습자 자신의 목적 그것이다. 학습에서의 성공은 여하한 방해와 난관에도 불구하고 이러한 목적이 만족스럽게 성취되었다는 것을 의미한다. 평가란 전체적으로 완성된 과정과 그 성과는 물론 최종적인 목적을 실현하기 위하여 취한 개개의 단계들의 결과들을 검토하고 판정하는 일이다.

1. 교수 원리

경험과 학습에 관하여 위에서 언급한 내용들은 바로 오늘날 일반적으로 이해하고 있는 그대로의 학습 사실을 표현한다. 좋은 교수를 실시하고자 하는 사람은 당연히 이러한 사실들에 대해 밤낮으로 반성을 기울여야 한다.

여기에서 언급한 것들은 그 내용들이 효율적인 교수의 기초가 되는 원리를 도출하는 논리적인 기반이 된다는 생각 하에 주어졌다. 효과적으로 가르치기 위해서는, 교사가 절차나 기교 및 방법에 관한 너무 많은 지식을 필요로 한다기보다는 자신의 교수 방식의 기초가 되는 원리들을 이해하는 것이 필요하다. 물론 절차와 방법들이 무시될 수 없다. 그러나 원리들이 기초가 된다. 정신은 어떤 법칙이나 원리에 맞추어 작동한다. 학습이 효율적으로 이루어지기 위해서는 이러한 원리에 입각하여 구성되어야 한다. 이는 학습의 구성과 지도 역할인 교수가 학습이 성립되는 방식으로부터 도출된 원리들을 따라야만 한다는 것을 의미한다. 방법과 기교에만 관심을 집중하게 되면 원리들을 위반하기 쉬우며 그 결과로 교수가 효율적 학습으로 귀결되지 못한다. 한편, 올바른 학습과 교수의 원리들에 관심의 초점을 맞추면, 일을 하는데 있어서의 절차와 방법을 적절하게 지적으로 선택하여 사용할 수 있다. 그러므로 교수의 원리는 교수를 효과적으로 만드는 방편들을 선택하여 사용하는데 있어서 지침이 된다. 최종적으로 분석하자면, 효율적인 교수는 학습을 구성하고 지도하는 기본적인 원리들을 준수하는 일이 된다.

2. 효율적인 교수에 대한 기초적 원리들

그러므로 효율적인 교사가 되고자 하는 모든 교사들은, 나의 교수의 지침으로서 준수해야 할 원리들은 어떤 것인가라는 질문에 대답할 필요가 있다. 십중팔구 이 질문에 대해 동일하게 동일한 방식으로 대답하는 사람은 단 두 사람도 없을 것이다. 다음의 일곱 가지 교수원리들은 앞장에서 있었던 학습조건에 대한 실제적인 언급에 기초한 것이다. 이것들은 여기에서 교수의 효율성에 있어서 기초가 되는 원리군으로서 나타나 있다. 그 원리들은 다음과 같다.

(1) 교수는 학습자의 과거의 경험과 현재의 관심 및 목적들의 관점에서 그에게 의미가 있는 바람직한 경험들을 제공할 수 있는 조건들을 조정한다.

(2) 교수는 학습자가 제공된 내용들에 대해 의미 깊고 효과적으로 반응할 수 있게끔 학습자의 에너지를 동원한다.

(3) 교사는, 의미 깊은 학습은 학습자에 의해서만 이루어질 수 있다는 사실을 확신하여 학습 상황을 지도하되 지배하고자 해서는 안 된다. 교사는 학생이 그 자신의 목적들을 성취하는 과정에서 자기 자신의 반응을 나타낼 수 있으며 자기 나름대로의 재료들을 구성할 수 있는 최대한의 자유를 허락한다.

(4) 교수는 학생이 학습 행위의 운용에 있어서 교사를 포함한 다른 학습자들과 협력하도록 하여 학습을 더욱 의미 깊게 한다.

(5) 교수는 학습자의 목적을 발전시킴으로써 계속적으로 의미 깊은 학습들을 통

일시키고 학습자의 행위와 경험들을 조직화하여 계속하여 더 광범하고 점점 의미가 깊어지는 이해 형태들로 가져감으로써, 학습을 발전적으로 만든다.

(6) 교수는 학생을 도와 자기 노력의 결과를 평가하는데 있어 계속적으로 자립화시키고 자신의 목적을 실현하는 과정을 판단하는데 쓰이는 방편을 더 좋은 것으로 사용할 수 있게끔 한다. 그리하여 교수는 학습의 성공률과 의미를 증가시킨다.

(7) 교수는 교사가 자기 자신의 행위와 학습을 학생의 학습을 조직하고 지도하는 것에 연관하여 평가하는데서 절정을 이룬다. 이때, 고려되어야 할 것은 학습이 학생의 타고난 본성에 맞는 존재상태를 이루는 데에 도움이 되었는가의 여부이다.

교사는 학생이 효과적으로 배우고 자신의 특별한 본성에 맞추어 발전할 수 있도록 일을 하여야만 한다. 유능한 교사는 인식, 견해, 공식, 규칙 및 사소한 잡다한 일들을 다루지 않고 학생들과 학습 그리고 성장과 발달 등을 다룬다. 아주 명확한 것은 교수가 주제를 나누어주고, 과제를 부여하고, 학생이 규정된 일을 잘 하는가를 점검하고 상벌을 주고 하는 등의 과정이 아니라는 사실이다. 효과적인 교수는 결코 기계적이 아니다. 왜냐하면, 학습이 기계적으로 이루어지지 않기 때문이다.

실제에 있어서는, 그야말로 너무 많은 교수가 말로써, 주로 교사의 말로써 수행된다. 다른 모든 것에 앞서 진정으로 우리 모두가 배울 필요가 있는 교과내용이 있다면, 그것은 바로 가르치는데 있어서 우리가 말을 적게 하고 보다 많은 것을 가르치는 것이다.

의미가 없는 말들은 학습에 도움이 안 된다. 학생의 정신을 관통하지 못하는 뜻을 지닌 말들은 학생에게 소용없는 것이 아니라 해롭다. 학생이 보기에 가르치는 일이 "교사를 바보나 사기꾼으로 낙인찍게 만드는 악몽이나 농담으로 여겨지게끔 만드는 것은 그 무엇이든지간에 모든 학습의 가장 큰 적이다."

참된 학습은 학습자의 요구를 만족시켜 준다는 면에서 의미가 있는 경험을 통해서만 생겨난다. 경험이 지닌 의미가 풍부할수록 그 경험에서 생겨나는 학습은 더욱 더 효율적이다. 최대의 의미와 따라서 최대의 효과를 낼 수 있도록 학습 경험을 조직하는 것이 유능한 교사의 임무이다. 이러한 조직화는 교수 원리들에 맞추어 이루어져야 한다. 이때 교수 원리들이란 위에서 열거한 것이나 아니면 학습이 실제로 이루어지는 방식에 비추어 볼 때 건전한 것들이면 다른 원리들일 수도 있다. 어느 하나의 원리는 단지 의미 깊은 학습의 복잡한 과정을 파악하는 한 방식에 불과하다. 교수가 실제적인 학습과정의 기술(記述)에 기초한 일련의 원리들에 비추어 행해질 때에만 효과를 나타낼 수가 있다.

　복잡성에 관해서는 기초적인 사태들의 단순성을 상기하는 것이 종종 도움이 된다. 모든 전체는 부분들로 구성되어 있고, 모든 부분들은 더 큰 전체를 만드는 많은 것들 중의 한 가지이다. 모든 행동은 하나의 단순한 양식을 지니고 있다. 아무리 복잡하다 하더라도 모든 행동은 그것이 연유하는 단순한 전체성을 지니고 있다. 나무의 씨는 단순한 전체이다. 그리고 그 씨에서 자라난 줄기는 단순하다. 줄기가 자라면서 크기가 늘어나고 많은 부분들로 나누어진다. 이 수많은 부분들은 각각 한 통일체 안에서, 즉 하나의 복잡한 구조물인 전체 나무 안에서 기능한다. 일반적으로 모든 나무는 서로 비슷하다. 그러나 종(種)이 다른 어떠한 두 나무도 같지 않으며 같은 종의 나무들이라 할지라도 그 각각은 어느 것끼리도 같지 않다. 그것들은 모두 다 나무들이다. 그러나 각각의 나무는 자기 자신의 내적인 본성과 환경적인 조건들에 따라 발달한다. 행위들, 즉 학습행위, 교수 행위, 모든 다른 행위들도 이러한 나무와 같다. 모든 행위들에 일반적으로 적용되는 하나의 양식이 있다. 그러나 각각의 모든 행위들은 자체 내에서 서로 다르다. 즉, 개개의 행위들은 그 자체의 성격에 있어서 그리고 환경에 의해 영향을 받음으로써 서로 다른 것이다.

3. 원리들과 방법

　일찍이 말했던 바와 같이, 원리들은 기본적이다. 정신의 법칙들은 어떤 법칙들처럼 그렇게 잘 이해되지는 않지만 마찬가지로 고정적이긴 하다. 교수가 잘 수행된 것만큼, 그 교수는 인간의 모든 정신과정들에서 작동하는 규정된 원리와 법칙에 조화를 이룬다. 그러나 교사가 이러한 원리와 법칙들을 안 후에는 어떻게 적용해 나가야 할 것인가를 결정하여야만 한다. 사람이 설정된 목표를 향하여 의도적인 행위를 하기 위해서는 작업의 절차나 방법을 채용하여야만 한다. 교수 방법의 본질은 학습을 학습의 법칙이나 원리에 맞게끔 구성한다는 것이다.

　학생이 자연적으로 배우는 한에 있어서는, 즉 우리가 학생의 학습을 전혀 지도하고자 하지 않는 한, 방법의 사용이 전혀 있을 수 없다. 우리가 경험을 지도하기 위하여 경험에 통제라는 것을 도입할 때, 우리는 그 지도가 목적하는 바를 성취하기 위하여 몇몇의 방편들을 사용하여야만 한다. 방법이란 지성의 사용을 함의한다. "모든 방법은 목표를 향한 합리적인 과정이다." 방법은 한 개인이 다른 개인들과 구별되게 소유하고 있는 여하한 개인적인 자질들이라 할지라도 방해가 되지 않는 것이라면 사용할 것을 용인하는 성격을 지니고 있다. 어떠한 일을 하려고 할 때에는 그 일을 하고자 하는 사람들이 각각 다양하게 다른 만큼이나 그 방식도 다양하게 다르다.

방법은 목표를 성취하기 위한 수단으로서 의식적으로 사용되는 질서 잡힌 절차이다. 방법은 모든 사람이 다 사용한다. 주부도, 농부도, 기술자도, 사업가도 지니고 있고 또 사용한다. 교사는 물론이다. 교수에 있어서의 방법은 본질적으로 다른 여타의 분야에서의 방법과 같다. 다른 것이 있다면 다른 일들에 연관하여 사용되며 그것에 상응하는 목표가 다르다는 것뿐이다.

방법에 대한 다소의 구체적인 설명들이 방법의 본질적인 성격을 명백히 하는 데에 도움이 되겠다. 예를 들자면, 너무나 무거워 온 힘을 기울여도 들 수도, 밀수도 없는 물건을 다룰 때에, 우리는 어떤 방법을 고안하여 적용하여야만 한다. 우리는 지레를 사용할 수가 있다. 만약에 우리가 지레를 사용한다면, 우리는 힘의 집중을 증가시킬 수 있는 물리학에서의 한 원리를 사용하는 것이다. 말하자면, 이 경우에는 지렛대의 법칙을 사용한 셈이 된다. 이처럼 우리가 원리를 적용하기 위해서는 연관된 자연법칙에 관한 모든 것을 알 필요는 없지만 적용하고자 하는 원리에 관하여 어느 정도는 알아야만 한다. 지레의 사용에 있어서 우리의 지식을 적용하는 것이 방법이다. 기계적인 영역에 있어서, 방법이란 본질적으로 적절한 수단을 사용하여 자연적인 기계적 원리를 적용함으로써 자연력을 통제하는 것이다.

농작물을 수확하고자 하는 농부는 성장에 맞는 조건들을 제공하는 정돈된 방식으로 어떤 단계를 밟아야 한다. 그는 씨뿌리기 전에 땅을 갈고 써레질을 하고 기름지게 하며, 씨 뿌리고난 후에는 가꾼다. 농부는 자연이 자라게끔 해야 한다는 사실을 잘 안다. 그는 좋은 조건을 제공함으로써 성장을 돕는 것 이상의 일은 할 수 없다. 이러한 일을 하는 데 있어서, 농부는 자연적인 힘들을 사용하며, 그리하여 방법을 채용한 셈이 되는 것이다. 모든 개개의 방법들은 어떤 원리나 원리들의 적용에 기초한다. 예를 들자면, 경작하는 데에는 모세관 현상이나 합력의 원리와 같은 원리들이 포함되어 있다. 전자에 관해서 말하자면, 그것은 화학적인 힘들이 작용할 수 있게끔 하며, 후자에 관해서 보면, 잡초들을 제거함으로써 경쟁이 협동으로 변한다. 기계적인 영역에서와 같이 식물세계에서도 방법이란 의식적으로 채용된 수단에 의해 자연적 원리를 적용함으로써 자연의 힘들을 통제하려는 것을 의미한다.

자연과 마찬가지로 학생은 자연적으로 살아가는 존재이다. 교수는 학생에게서 바람직한 변화를 가져오고자 하는 과정이다. 학생의 정신과 신체에서 일어나는 모든 변화는 자연적인 힘들의 작용에 의한 것이다. 교수는 학습과 성장을 돕기 위하여 이러한 힘들을 조정하는 것이다. 그러한 조정이 효과적으로 수행되기 위해서는, 그것이 학생이 배우는 방식에 비추어 의도적으로 채용된 수단에 의해 행해져야 한다. 교수 방법은 본질적으로 자연적인 교수 원리들을 적용함으로써 자연적인 힘들을 통제하는 것이다. 근본적으로 볼 때, 그것은 여느 다른 영역에서의 방법과 동일하며 목표를 달성하기 위한 수단을 지적으로 사용하는데 있어서의 정돈된 절차 이외의 아무것도 아니다.

어떠한 교수 행위도 서로 동일하지는 않다. 각각의 교수 행위는 나름대로의 내적인 본성을 지니고 있다. 교수가 진행되는 방식은 우선 행위의 내적인 본성과 그 행위가 일어나는 상황의 환경에 의해 결정된다. 예를 들면, 타이프 치는 것을 가르치는 것은 산수에서의 장제법을 가르치는 것과 다르다. 방법이나 절차가 그것들이 쓰이는 조건이나 목적에 적합해야 한다는 것은 상식적인 것이다. 최상의 결과는 분명히 적합한 절차를 사용하는 여하에 달려 있다.

교수는 너무나 복잡하기 때문에 어떠한 이미 설정된 방법이라 할지라도 효과적인 교수에 대한 비방(秘方)이 될 수가 없다. 목적은 학생의 삶에서 바람직한 변화를 가져오는 것이다. 이러한 목적을 성취하기 위해서는, 교수 절차가 경우 경우마다 크게 변형될 수 있으면서도 합리적으로 효과를 가져올 수 있어야 한다. 교사가 모든 교실에서 동일한 방식으로 동일한 수업을 할 수가 없다. 개개의 형태를 지닌 교수 상황에 대한 무슨 특별한 방법이 있는 것은 결코 아니다. 한 가지 상황이라 할지라도 그것은 많은 방식으로 다루어질 수 있으며, 때때로 좋은 학습의 증거를 보이는 상황인데도 규정할 만한 방법이 결코 보이지 않는 것 같기도 하다.

학생의 학습과 성장을 최선으로 지도하는 바로 그것이 교수를 가장 효과적으로 만드는 것이다. 사용되는 방법이 어떠한 것이든지 간에, 학생은 의미 있고 유용한 자신의 경험으로부터 외에는 이익을 얻지 못한다. 이 방법, 저 방법 혹은 다른 방법을 어떻게 사용하느냐가 아니라, 효과적인 학습을 어떻게 유발시키는가가 효율적인 교수의 문제이다. 교사가 강의하고, 질문을 던지고, 토론을 주도하거나 여느 다른 특수한 방법을 채용한다든지 하는 것은 중요하지 않다. 중요한 것은 교사가 학생의 행동들을 지도하여 마땅한 경험을 갖도록 하는 것이다. 그러나, 교수에 있어서는 다른 행위의 경우에서와 마찬가지로 적절한 방법을 올바르게 사용하는 것이 최선의 결과를 가져온다.

방법에 있어서 중심적인 문제는 어떻게 학생을 지도하여 잘 배우도록 하는가이다. 분명한 것은 교수 방법이 학생에게 적절해야만 한다는 것이다. 학생의 본성, 학생의 욕구 및 학생의 반응 방식 등이 고려되어야 한다. 한 학생에게, 혹은 어느 한 교실에서 탁월한 결과를 가져온 절차라 해서 다른 학생 또는 다른 교실에서도 그러한 것은 아니다. 오히려 전혀 효과를 거두지 못할 수도 있다. 지도는 달성하여야 할 목적에 비추어 이루어져야 한다. 한 목표를 달성함에 있어서는 거기에 맞는 한 방법을 쓰는 것이 현명하다. 한편, 다른 목표를 성취하고자 할 때에는 전혀 다른 방법을 사용하는 것이 필요할 수도 있다.

학습이 이루어지게끔 하는 교수될 내용, 즉 일단의 새로운 경험은 방법의 선택에 연관된다. 교수는 학생과 내용을 함께 가져가 새로운 경험을 가능케 한다. 이 둘 사이의 적절한 연결은 교수에 있어서 효과를 올리는데 긴요하다. 그리고 선정된 방법은 이러한 연결의 본성을 결정하는 가장 중요한 요인이다. 방법을 선정하는데 있어서 고려되어야 할 네 번째는 교수가 행해지는 물질적인 장비 및 설비이다. 마지막으로 교사 자신은 최선의 방법을 결정하는 사람이다. 즉, 교사의 개인적인 자질이 고려되어야만 한다. 어느 한 교사에게 좋게 사용될 수 있는 방법이라고 해서 다른 교사에게도 가치 있는 것으로 증명된 것은 결코 아니다. 모든 개개의 교사들은 자신의 특정한 힘을 이용하는 절차를 사용하여야 한다. 어느 누구도 모든 일들을 완전하게 처리할 수는 없다. 그러므로 각자는 자기가 지닌 것으로써 최선을 다하는 것이 현명한 일이다.

방법이란 교수 방식 이외의 아무것도 아니다. 보통, 사용할 수 있는 방법은 한 가지 이상이다. 때때로 두 가지 혹은 그 이상의 방식들이 거의 비슷한 가치를 지닐 수도 있다. 이미 말한 것을 반복하자면, 어느 방법이라 할지라도 단지 그것만이 최선인 것은 없다. 모든 방법은 서로 다른 목적들에 각각 좋은 것이다. 모든 방법들은 각각 단점을 지니고 있다. 좋은 교사는 여느 설정된 규칙이나 절차나 혹은 방법을 엄격하게 따르지 않는다. 좋은 교사는 단 한 가지 방법만을 사용하지는 않는다. 그는 한 수업 시간 중에도 다양한 방법들을 사용한다. 좋은 교사는 방법에 대한 노예가 아니라 오히려 방법을 수단으로서, 도구로서 혹은 하인으로서 사용한다. 최선의 교사는 상당하게 다양한 가능적인 방법들로부터 자신의 교수 원리들에 기초해 있으며 자신의 개인적인 자질에 적합한 복합적인 교수방식을 개발한다.

더군다나, 최선의 교사는 언제나 최선의 방법들이 무엇인가를 배우고자 할 뿐만 아니라 이 방법들을 이용하여 어떻게 최선의 결과들을 가져올 것인가를 배우고자 한다. 방법을 선정하여 사용한다는 문제는 결코 단순한 것이 아니다. 결정을 올바로 내리기 위해서 교사는 모든 예정된 절차들에 대한 정확한 지식을 지녀야만 하며 상식과 좋은 판단력을 사용하여야 한다. 교사가 방법을 연구하는데 사용할 수 있는 몇 가지 방법은 다음과 같다. 교수에 관한 책을 읽는 것, 교사들을 위한 회의에 참석하는 것, 동료 교사들과의 비공식적인 대화, 그리고 자기 자신의 일에 대한 세심한 연구 등이다.

　세심한 교사는 누구나 가능한 한 교수에 관하여 많은 독서를 하며, 그러한 독서에서 가치 있는 것들을 얻는다. 교사들의 협의회도 바람직하게 행해지기만 한다면 도움이 된다. 두 사람 혹은 그 이상의 교사들이 모여 채용된 절차들을 비교하고 대조한다든지, 의견을 교환하고 좋고 나쁜 기교들을 고찰한다든지 하는 것은 종종 암시를 자극하는 원천이 되기도 한다.

　자기네의 학교나 다른 학교들에서 교실들을 방문하는 것은 자기 자신의 방식에서 회피하거나 도입할 만한 절차들을 관찰할 수 있는 기회를 준다. 또한 그러한 방문은 교사에게 자신의 교수의 효과와 관찰된 교사들의 교수의 효과를 비교하고 대조시킬 수 있는 방편을 제공한다.

　방법의 연구에 대한 최선의 수단은 자기 자신의 교수에 대하여 지적으로, 객관적으로 정확하게 그리고 계속적으로 평가를 하는 것이다. 다른 연구 수단들의 대부분은 바로 이러한 평가를 하는 작업에 대한 보조일 수가 있다. 한편, 교사가 자기 자신의 교수 방식을 지적으로 그리고 끈기 있게 연구하지 않으면, 여러 연구 수단들이 교사의 교수를 개선하는데 거의 소용이 없을 것이다. 교사는 개개의 수업기간이 끝나면 가능한 한 빨리 그 기간에 대하여 엄격한 조사를 해야 한다. 각 단계와 각 절차를 세밀하게 점검하여야 한다. 교사는 자기가 했던 이러저러한 일들을 왜 하였는가 하고서 자문하고 또한 그러한 일들이 학생이 학습하고 성장하는데 있어서 도움이 되었는가 아니면 방해가 되었는가를 자문해 보아야 한다.

　그렇게 함으로써, 교사는 교수 방법의 사용을 정당화하는 유일한 근거가 되는 교수 목표를 자기 생각의 중심에 계속 간직할 수가 있다.

4. 기독교 교육에 대한 함축

　기독교 교사는 교사이자 동시에 그리스도인이다. 만약에 그가 자신의 이중적인 소명에 지적으로 진실하고자 한다면, 그는 그의 학생들의 생활에서 하나님의 목적을 실현시킬 수 있도록 학습의 본성에 기본적으로 관심을 가져야 할 것이다. 오늘날. 학습이 어떻게 이루어지는가에 대한 것들이 많이 알려져 있다. 정신적인 생활은 육체적인 생활 못지않게 법칙들에 구체적으로 얽매여 있다라고 알려져 있다. 그러므로 학습이란 우연적이거나 통제할 수 없는 것이 아니다. 학습은 순수하기만 한다면 효율적인 교수를 하게끔 하는 잘 정의된 법칙들에 의해 지배된다. 이것은 "새로운 교육"의 기초이다. 그런데 이때 이 "새로운 교육"이란 실제적인 "새로움"에 의해 특징지워진다기 보다는 정신생활이 이루어지는 자연적인 노선을 따름으로써 교육에서의 우연과 낭비를 제거하고자 하는 것으로서 특징지워진다.

기독교 교사가 심리학과 교육학이 제공할 수 있는 최선의 것을 이해하고 자기의 것으로 한다는 것은 하나님의 나라의 성숙에서 가장 중요하다. 이해는 잘못을 구별해 낸다는 것을 포함한다. 자기의 것으로 한다는 것은 잘못된 주장들을 거부하고 건전한 원리들을 지적으로 응용한다는 것을 포함한다. 교사이자 동시에 그리스도인으로서 가장 유능한 사람이 되고자 하는 이는 기계적인 삶의 철학에 얽혀듦이 없이 학습의 기제(機制)를 숙달해야만 한다.

기독교 교육의 목표들은 성경적인 표준에 비추어본 학생들의 요건에서부터 생겨난다. "새로운 교육"의 시대가 있기 훨씬 이전에 예수님께서 그랬던 것처럼, 기독교 교사는 학습을 생활에 연관시켜야 한다. 예수님께서는 교수법을 알고 계셨다. 그는 그가 가르치는 사람들의 본성과 필요사항에 맞추어 방법을 다양하게 변형시켰다. 그러나 그는 항상 생활과 학습의 커다란 중요 원리들에 근거한 방법들을 사용했다.

필요사항이란 학습자의 생활과 경험에 있어서 의식적일 수도 있고 무의식적일 수도 있다. 기본적인 필요사항들은 보편적이며 전체 인격에 관계된다. 그러므로 교수가 진정으로 기독교적이고자 한다면, 전체 인격의 필요사항을 만족시켜 줄 것을 대비해야만 한다. 이러한 필요사항들은 기본적으로 삶의 모든 시기들에 있어서 동일하다. 그것들은 정도에 있어서 다양할 수 있다. 그러나 본질적으로 그 종류에 있어서는 동일하다. 이러한 필요사항을 지적으로 이해하고 생생하게 평가하는 것은 효과적인 교수에 있어서 본질적이다. 교사는 성경에 대한 이해와 자신의 개인적인 경험과 관찰 및 인간 본성에 대한 연구에 의하여 자기의 학생들의 필요사항을 발견하고 평가하게 된다. 기독교 교육은 전체 인격에 관심을 둔다. 그러나 특별히 기독교 교육은 개인의 영적인 필요사항을 염두에 둔다. 예수 그리스도에 대한 믿음에 의해 영생을 소유함으로써 하나님과 올바른 관계를 맺는 것이 학습자의 제1의 필요사항으로 파악된다.

기독교 교육은 신적인 요소와 인간적인 요소들간의 균형을 유지하여야 한다. 교사는 그리스도인으로서 성령이 없이는 아무것도 할 수 없다. 그러므로 그는 전적으로 남김없이 성령에 의존한다. 교사로서 그는 학생의 학습과 성장의 방향과 가치를 결정하는 재료와 방법을 사용해야 한다. 방법이 없이는 교수가 있을 수 없다. 방법 자체 혹은 사용된 방법들의 가치는 삶과 학습의 가장 기본적인 원리와 관련에 의해 전적으로 결정된다.

제17장 효과적인 학습을 위한 여건의 조성

본 장은 앞장에서 선언된 교수원리의 고찰에서 전적으로 고려되었던 일곱 가지 중의 첫째이다. 우선 독자는 이 원리들이 불가분리적으로 연결된다는 사실을 받아들였으면 한다. 계속되는 장들에서 취급되는 순서가 있다는 사실이 적어도 교수에 있어서 어느 시점에서 한 원리가 작용하고 그것이 그치면 다음 원리에 자리를 넘겨주고 하는 등의 작용순서를 함의하지는 않는다. 학습의 여건을 조성한다는 것은 모든 교수-학습의 행위의 전체 과정을 통하여 수행되어야 한다.

교사와 학생들에 의한 결과를 평가하는 것은 교수의 시작부터 그 교수가 이루어지는 모든 과정을 통하여 수행되어야 한다. 개개의 학생의 행위와 조정은 항상 있다. 동기부여와 사회화도 그치지 않는다. 단적으로 말해서 일곱 가지 원리들 각각은 교수의 어느 순간에도 작용되도록 해야 한다.

1. 학습의 세 가지 종류

학습은 경험을 통하여 생긴다. 삶은 모두 다 상황들의 연속이다. 각각의 모든 상황에서 각자는 그 순간의 자기의 환경 내에 있는 것과 상호작용을 한다. 이러한 상호작용은 경험이다. 경험의 성격은 환경의 내용과 환경과의 상호작용의 성격에 의해 결정된다. 교수의 기본적인 과제는 학생을 교사가 원하는 바의 학습을 할 수 있는 경험을 가지는 상황으로 인도하는 것과 같이 주위 환경을 이용하는 것이다.

각자는 삶의 시작하는 순간부터 상황을 대하고 경험을 가지며 그리고 계속적으로 배우는 과정에 속한다. 처음으로 하게 되는 학습, 즉 첫 번째의 학습은 모든 지도와 상관없이 이루어지기 때문에 자연적 학습이라 일컬을 수 있다. 두 번째 학습의 종류는 비형식적 학습이다. 이는 각자가 일상생활을 통하여 부모와 형제 자매들, 혹은 다른 사람들에 의해 우연히 지도를 받을 때 이루어진다. 모든 생활을 통하여 계속되는 이 두 가지 종류의 학습에 의해 각자는 나이가 들어 정규적으로 배울 수 있게 되기까지 엄청난 양의 일들을 배운다. 이 두 가지의 종류의 학습은 생각 이상으로 교수 하에 행해지는 학습에 영향을 많이 끼친다.

자연적 학습에 대해서는 결코 여건 조성이란 것이 없다. 이때, 각자는 자신에게 우연히 경험에 대한 내용을 제공하는 것에서 배운다. 만약에 배가 고프면, 음식에 대한 욕구를 만족시키기 위한 행위에 참여하고 그리하여 생겨나는 경험으로부터 뭔가를 배운다. 장난감을 잃어버리면 그것을 찾는다는 문제를 지니고 장난감을 찾는 동안의 경험으로부터 뭔가를 배운다. 만약에 불안하다는 느낌을 가지게 되면, 안정을 얻겠다는 욕구를 만족시키고자 하는 문제에 직면하고 그 결과의 노력과 행위로부터 뭔가를 배운다. 자연적 학습은 전체로서 우연적이며 비조직적이다. 그것은 목표나 요점 혹은 목적이 없이 이루어진다. 그것은 결코 어떤 특수한 장소에서 시작하는 것도 아니며, 어떤 방향을 향한 것도 아니며, 주어진 목적지에 도달하지도 않는다.

한 시점에서는 이러한 내용을 배우고, 다음 시점에서는 저러한 내용을 배우는가 하면, 또 다른 시점에서는 다른 내용을 배운다. 여기에는 학습하는 사람이 동일인이라는 사실 외에는 학습내용에 있어서의 통일성이란 거의 존재하지 않는다. 분명히 주어진 종류의 학습 경험들 사이에는 어떤 통일성이 있다. 예를 들면, 잃어버린 물건들을 찾는 것이 포함되어 있는 모든 경험들은 다소 비슷하다. 마찬가지로, 고통에 관계되는 수많은 경험들은 한 중심점을 중심으로 통일될 수 있다. 그러나, 전체적으로 볼 때, 자연적 학습은 아무런 목적지가 없이 움직인다. 자연적 학습과 거기에서 결과하는 성장은 Topsy의 성장과 비슷하다. 그녀도, 어느 다른 누구도 어떻게 해서 성장이 이루어졌는가를 모른다.

비형식적 교수 하에서의 학습은 더 많은 목적을 지니며 경험과 성장에 있어서 더욱 구체적인 결과들을 나타낸다. 그러나, 그 목적은 학습자의 목적이라기보다는 학습을 지도하는 사람의 목적이다. 그리고 성과도 유형적으로 보자면 이처럼 다른 사람들에 의해 추구된 것이다. 이러한 학습은 비교적 비조직적이다. 일반적으로 학습자가 만나게 되는 상황들은 정돈되어 있지 않다. 자연적 학습과 같이 비형식적 학습은 주로 우연적인 조건을 개조하지 않고 있는 그대로 받아들이며, 조건이 바뀌어질 때 지도하는 사람의 입장에서 어떤 의도나 대책이 없이 이루어진다. 학습의 목적은 본질적으로 기본적인 원대한 목적이 아니라, 어떤 확실한 종류의 행위의 성과나 결과에 연관된 직접적인 목적이다.

예를 들면, 학생들은 어떤 때에는 옷차림에 대해, 또 어떤 때에는 자세에 대해, 또 어떤 때에는 행동에 대한 지도를 받기도 한다. 분명히 이러한 종류의 학습의 한계 내에서는 자연적 학습에 발견되는 동일한 부분의 통일성들이 존재한다. 첨가해서 말하자면, "학생을 바르게 훈련시키고자" 지도하는 사람들의 일반적인 목적은 비형식적 학습에 대해 자연적 학습에서는 존립하지 않는 어느 정도의 통일성을 부여할 수 있다. 그러나, 이러한 목적은 많은 방식으로 지도하는 많은 사람들에 의해 성립되는 일반적인 목적이므로 학습에 대해 많은 양의 통일성을 부여하지 않는다.

형식적 교수 하에서의 학습이 자연적 학습과 비형식적 학습보다 더 잘 조직되지 않을 수도 있다. 사실 교수란 경험에 통제라는 요소를 개입시키는 것을 의미한다. 그러나 이러한 통제는 우연적이거나 비조직적일 수가 있다. 그럴 경우에는 학습도 마찬가지로 우연적이며 비조직적일 것이다. "아동들은 부모가 없다면 잘 발달하며 살 것이다."라는 비평이 있다. 이와 비슷한 어조로서 학생은 교사들의 덕분으로 많은 것을 배우고 여러 일들을 배울 뿐만 아니라, 한편으로 교사들이 학생이 배우는 데 있어서 방해가 될 수도 있다고 할 수 있겠다.

교사가 학생의 학습에 도움이 되는가, 아니면 방해가 되는가의 여부는 그가 학생의 정서적인 경험에 연관하여 학생을 어떻게 다루는가에 달려 있다. 학생이 교사에게 인도되기 전에 배우는 많은 것들 중에서 정서적인 반응이 가장 중요하다. 학생의 태도, 신념, 편견, 사랑, 공포 및 다른 정서적인 반응 방식들은 그 학생이 배우는 사실이나 기본보다 훨씬 더 중요하다. 그러나, 이러한 반응 방식들은 이해되지 못하기도 하고 종종 잘못 지도되기도 한다. 부모가 학생들을 가르치는 것은 사실이다. 그러나, 그들의 가르침은 말로써 보다는 태도로써 더 많이 수행된다. 사실 부모들은 그들이 실제로 행하는 것보다 그들 자신의 말이 어린 학생들에게 더 많은 것을 의미한다고 생각하기 쉽다. 동시에 대부분의 부모들은 학생인 그들이 학생을 대하는 태도로부터 얼마나 많은 것을 배우는가에 대해 아직 의식하지 못하고 있다. 부모들은 성인적인 관심, 성인적인 이해 방식, 그리고 성인적인 의미에 젖어 있으므로 학생에게 이해될 수 없는 언어를 종종 쓴다. 그때, 학생은 그 말의 의미를 파악할 수 없음에도 불구하고 그 말에 수반되는 감정적인 어조 및 정서적인 긴장에 대해 반응한다. 부모의 정서적인 상태는 자신에게 거의 의식되지 않은 경우라 할지라도 학생에게 자극이 된다. 얼굴 표정, 음성의 상태, 그리고 아주 사소한 부모의 행동마저도 사랑 혹은 사랑의 결핍 상태를 학생에게 명백히 드러내며, 이것이 학생의 반응을 결정한다. 학생이 실제로 반응을 나타내는 대상은 말이 아니라 안정감, 사랑, 결핍, 금지, 거부, 공포, 분개 그리고 그 외의 부모의 말과 연결되는 다른 느낌들 바로 그것들이다.

학생은 반응할 때 배우며, 배울 때에 성장하며 형성되어 간다. 비형식적인 교수 하에 얻어지는 학생의 정서적인 학습은 나중의 정서적인 경험의 질과 형태가 결정한다. 학생이 교수 받으면서 그리고 자신의 반응방식과 함께 무엇을 행하느냐는 것은 결코 적지 않은 정도로 가정에서 형성했던 것에 의해 결정된다.

2. 조정되어야 할 여건

이것은 우리의 교수가 진행되고 있는 학생의 경험을 파악해야 한다는 것을 의미한다. 교수 하에서의 학습 행위들은 우리 자신의 견해나 생각에서부터 전개될 수 있는 것이 아니라, 학생의 과거의 모든 경험에 생생하게 연관되어야만 한다.

그러므로, 우리가 효과적으로 가르치기 위해서는 우리가 학습자에게서 원하는 특정한 양식의 행동에 구체적으로 연관이 있는 환경 내의 요소들의 결합을 사용하고 조정하여야 한다.

학생이 수영을 배우기를 원하는가? 아니면 토론하는 것을? 아니면 미를 평가하는 것을 배우기를 원하는가? 우리는 학생이 관심을 가지는, 그리고 수영 혹은 토론 아니면 미의 평가에 있어서의 경험을 위한 내용을 포함하고 있는 상황들을 제공하여야 한다. 물이 사용되지 않고서는 학생이 결코 수영하는 것을 배우지 못할 것이다. 토론에 관한 독서만으로는 토론하는 것을 배우지 못하며 우리가 장미의 아름다움이나 석양의 영화로움에 관해 말하는 것을 듣는 것만으로는 미를 평가하는 것을 배우지 못할 것이다.

우리가 학생이 말(馬)에 관한 지식을 찾기를 원하는가? 그렇다면 우리는 학생의 환경 내에 학생에게 말과 함께 하는 경험을 줄 수 있는 조건들을 조성해야만 한다. 학생이 말에 대해 더 많이 반응할수록 그리고 그가 반응하는 말들이 많을수록, 학생은 말에 관해 더 잘 배울 것이다. 학생이 말에 관해 아무리 많은 것을 말할 수 있다 하더라도, 그리고 그가 말을 주제로 한 질문에 아무리 많은 대답을 할 수가

제17장 효과적인 학습을 위한 여건의 조성 353

있다 하더라도 말에 대한 직접적이며 구신적(具身的)인 경험들을 떠나서는 말을 배우지 않은 것이 된다. 그리고 학생이 직접적인 경험으로부터 모든 것을 배우는 것이 불가능하다 할지라도 그러한 직접적인 경험을 대체할 만한 적절할 것은 아무것도 없다.

누구든지간에 낙타에 관한 경험으로부터는 말에 관한 어떠한 것도 배울 수가 없다. 학생은 산술적인 내용으로부터 예술을 배울 수가 없으며 손으로 하는 훈련내용으로부터 역사를 배울 수가 없는가 하면, 신체적인 교육내용으로부터 독서를 배울 수가 없다. 지식적인 내용으로부터 정직을 배울 수가 없다. 왜냐하면, 정직함을 안다는 것은 사람을 정직하게 하지 않기 때문이다. 만약에 그렇다고 한다면, 세상에서 정직하지 않은 사람은 더 적을 것이다. 학생은 자기 자신의 관심에만 관계되는 내용으로부터 다른 사람들을 위하여 사는 것을 배울 수가 없다. 학생은 성경의 순서를 배우거나 성경 구절들을 암기하는 것으로 구성된 내용으로부터 하나님을 사랑하며 경외하는 것을 결코 배우지 못할 것이다. 연습과 암기는 교수와 학습에 있어서 한 자리를 차지한다. 그러나, 그것들이 연습하고 암기하는 사람에게 주는 의미를 떠나 있는 한, 결코 아무것도 가치 있는 것은 성취하지 않는다.

어느 특정한 학급에 가서 가르치고자 하는 교사가 당면하는 문제는 어떻게 성과 있는 학습을 하게 하는 가이다. 첫 번째로 닥치는 일은 "어떻게 시작할 것인가?"라는 질문이다. 이 질문은 효과적인 교수에 연관되는 모든 질문들의 경우와 마찬가지로 교수의 목적에 비추어 대답되어야만 한다. 목적이 없이는 어떠한 여건 조성도 있을 수 없다. 목적이 없으면 학습은 있는 그대로 자연적으로 행해진다. 출발점도 없으며 진행되는데 있어 주어진 방향도 없다. 만약에 교수가 한 목적을 위하여 행해지고 있다면, 교사는 어느 한 방식으로 시작하여야 한다. 만약에 교수가 다른 목적을 위하여 행해진다면, 교수는 다른 방식으로 시작하는 것이 더 나을 것이다. 어쨌든 교수에 있어서 직접적인 대상과 최종적인 목적 두 가지는 시작 때부터 명확하게 마음에 새겨둘 필요가 있다.

만약에 학급이 아무것도 모르는 자들의 집단으로 여겨지고 교사가 자기 자신을 외적인 수장(首長)이나 독재자라고 여긴다면, 교사는 학생들에게 할 일이 무엇인가를 말함으로써 시작할 것이며 과제를 부여할 것이다. 어느 한 학생은 부여된 내용에 대해 전혀 경험이 없어 어찌할 도리가 없을 수도 있을 것이다. 그리고 또 어떤 학생은 마치 상대성 이론에 관하여 거의 관심이 없듯이 학급의 행위에 관하여 거의 관심을 가지지 않을 수도 있을 것이다. 그런가 하면, 어떤 학생은 부여된 과제 내용에 대해 전혀 자신에게는 도전거리가 안될 정도로 아주 잘 알고 있을 수도 있을 것이다. 또 어떤 학생은 관심이 과제와 연관이 없는 학습에 너무나 집중되어 있는 나머지 자신이 해야 하는 것으로 이야기되고 있는 것에 주의를 기울일 수 없는 경우도 있을 것이다. 또 어떤 학생은 개인적이거나 가족적인 고민에 짓눌려 있어 부여된 과제를 거의 들을 수 없을 수도 있을 것이다. 그러나, 모든 학생들은 동일한 일을 할 것으로 들었으며, 하라고 들었던 그 일을 하지 않은 것에 대해 심하게 책임을 져야 할 것이다.

한편, 학급이 함께 학습하고 성장하는 사람들의 사회적인 집단으로 여겨지고, 교사가 자기 자신을 역시 학습자로 여기며 자신의 임무는 모두가 함께 나누는 행위들을 지도하는 것이라고 생각한다면, 교사는 목적들을 상기시키는 대상들과 상황, 그리고 기회들을 제공함으로써 시작할 것이다. 앞에서 일찍이 언급한 것처럼 무엇인가를 하고자 하는 목적은 학습자가 필요사항의 존재를 의식적으로 깨닫고 있든지 혹은 못하든지 간에 동작 중에 필요에 대한 느낌에 의해 생겨나는 행위로부터 이루어진다.

3. 목적과 목적 설정

실제로 학습경험들을 나눈다는 것은 학습의 모든 양상들, 즉 목적 설정, 계획, 실행 및 평가를 함께 나눈다는 것을 의미한다. 이 학습의 양상들의 각각은 많은 행위들로 구성되며, 학습과정의 모든 시간을 통하여 현존한다. 목적 설정은 시초에만 행해지는 무엇이 아니다. 그것은 전체의 교수-학습의 경험을 관통한다. 그럴 때에, 그것은 다른 세 가지 양상들에 중요성을 띤다. 목적 설정은 선구적인 중요성을 지니는 것이다. 이러한 학습의 각 단계들을 서로 구분하는 선을 긋는다는 것은 불가능하지만, 각 단계들은 그 자체 내에서 완전한 경험을 표출한다. 그것들은 동시에 혹은 다양한 순서에 따라 일어날 수도 있다. 그러나, 각 양상들은 학생들의 개인적인 관심과 능력에 따라 학생들에 의해 나누어 가질 수 있다.

모든 학습에 있어서 절대적으로 본질이 되는 것은 학습자에게 가치가 있는 목적 혹은 목표이다. 실제의 학습은 학습자가 학습을 통하여 어떤 목표 지점 혹은 목적이 달성될 수 있다는 것을 깨달을 때에만 생겨난다. 인간은 누구든지 많은 목표를 가지고 있다. 높은 것이기도 하고 낮은 것이기도 하며, 이기적인 것이기도 하고 이기적이지 않은 것이기도 하며, 잔인한 것이기도 하고 가치 있는 것이기도 하며, 바람직하지 못한 것이기도 하고, 일시적인 것이기도 하며, 그리고 여러 다른 것들이기도 하다. 사람은 자신이 원하는 것이 무엇인가를 알고 있지 못하고 있는 때라 하더라도 뭔가를 향하여 항상 움직인다. 어떤 목적들은 모든 사람들에게 너무나 자연스러운 것이라 아무 목적도 지니고 있지 않다고 스스로 느끼는 사람은 다소 불안하다. 모든 교수-학습의 행위는 구체적인 궁극적 목적은 물론, 명확한 직접적인 과제를 지니고 있어야만 한다. 교사와 학생들 양측이 특수한 과제뿐만 아니라 그들의 궁극적인 목적을 이해하고 평가하지 않는 한, 가치가 거의 생겨나지 않을 것이다.

효과적인 교수를 위해서는 학생들이 자신들의 학습 행위를 이끌어 갈 목적을 형성하는데 있어서 한 몫을 담당한다는 것이 핵심적이다. 자극을 주고 지도한다는 것은 교사의 임무이다. 그러나, 목적은 교사와 학생들에 의해 함께 협력하여 만들어져야 하며 동의가 되어야만 한다.

올바르게 자극을 주기 위하여, 교사는 너무나 자연스럽게 지도함으로써 학생들 자신들이 지도받고 있다는 것을 의식하지 않은 채, 학습의 궁극적인 목표에 비추어 바람직한 목적들을 알아 선택할 수 있도록 하여야 한다. 이러한 지도방식은 커다란 기술을 요한다. 그것은 학급 상황의 분위기가 함께 참여하는 것을 북돋아줄 때에만 가능하다. 여느 어떠한 것보다도 교사가 형성하는 지도정신의 질이 학습의 분위기를 결정한다. 학생들이 협동적으로 함께 참여할 수 있는 사회적인 무대설정을 하기 위해서는 교사가 개개의 학생들이 편안함을 느끼도록 하며, 학생들 각자가 단체에서 한 위치를 차지한다는 사실을 깨닫도록 하며, 그리하여 단체 성원들간의 관계가 건전하다는 사실을 알게 하여야 한다.

무엇보다도 먼저 교사는 학생 개개인의 인격을 진심으로 진정하게 존중하여야 한다. 둘째로, 교사는 학생 개개인을 알아야 하며 학생들이 서로서로 알 수 있도록 도와주어야만 한다. 셋째로, 교사는 학생들이 그들의 개인적인 관심들과 필요사항들을 시험하는데 있어 그들을 지원함으로써 그들이 단체 내의 다른 사람들과 공유하고 있는 것들에 관하여 알 수 있도록 하여야 한다. 넷째로, 교사가 학습의 목적들을 개개의 필요사항과 관심에 연관시키는 방편을 고안하는 것이 핵심적이다. 다섯째로, 교사가 모든 학생들을 공정함과 이해로써 대하는 것과 비평들을 받아들일 태세를 갖추는 것과 그리고 모든 방법에 있어서 충분하게 제안됨이 없이 솔선수범을 함께 하는 것을 보이는 것이 가장 중요하다.

그렇다고 할 때, 목적들을 잘 자극해 주기 위해서는 교사가 학생들의 입장에서 시작하여야 한다. 교사는 학생들의 능력과 필요사항과 과거의 경험들을 알아야 한다. 어떠한 학생이라 할지라도 그가 역량이 전혀 없는 일에 대해 목적이나 관심을 발전시킬 수는 없으며, 자신의 욕구에 완전히 관계없는 일에 있어서나 전혀 경험이 없는 일에 대해서도 마찬가지이다. 유능한 교사가 해야 하는 첫 번째의 일은 학습자의 발달상태를 확인하기 위하여 학습자에 대하여 체계적으로 연구하는 것이다. 교사가 학생들에 관한 일반적인 지식에 만족해서는 안 된다. 그는 학생 개개인을 알아야만 한다는 사실을 인식하고 있어야 한다. 또한 유능한 교사라면 개인과 단체와 연관성을 이해하고 있으며, 이러한 연관성이 개개인의 태도와 행동에 미치는 영향을 이해하고 있어야 한다.

종종 직접적인 학생의 욕구들은 아직 달성하지 못한 주된 목적들이나 학습에서의 난점으로부터 생겨나며, 여러 다양한 방식으로 그 자체들을 확실히 한다. 학생들이 서로 어떠한 관계를 유지하는가에 대한 관찰과 학생들로 하여금 경험들을 자세히 이야기하게 하는 것, 그리고 앞선 교사들과 대화를 나누는 것은 학생 개개인에 대해 그 배경이나 필요사항을 이해하여 지식을 얻는데 사용할 수 있는 방편이 된다.

학생들의 입장에 서서 시작하기 위해서는, 교사가 그들이 겪었던 경험이 무엇인가를 발견해야만 한다. 목적은 욕구 때문에 행한 행위로부터 생겨난다. 그러나, 어떤 목적의 본성이나 방향은 개인들이 과거에 겪었던 경험이 어떤 것이냐에 많이 의존되어 있다. 예를 들면, 펜실베니아(Pensylvania) 어린이들로 구성된 집단이 석탄광에 대한 연구에서 발전시킨 목적들의 방향은 동일한 주제를 연구하고 있었던 아이오와(Iowa) 어린이들로 구성된 집단에 의해 발전된 목적들과는 상당히 다를 것이다. 어떤 때에 어떤 학생들을 다루는데 있어서 성공적으로 사용된 재료와 절차라 할지라도 다른 때에 다른 사람들에게는 효과가 없을 수도 있다. 진정으로 잘 자극하기 위해서는 교사가 주어진 때에 목적을 개발하고 있는 학생들을 이해하여야만 한다.

목표를 향하여 자극을 줌으로써 교사와 학생들이 함께 참여한 바람직한 목적들이 형성된다. 학생들과 협동하는 숙련된 교사는 학생들이 목적을 형성하는데 있어서 강제성을 사용하지 않는다. 그는 자극을 통하여 우선적인 의견을 예시한다. 그러나 그러한 우선적인 의견제시는 힘에 있어서의 우선이 아니라 지도상의 우선이다. 교사의 지도는 아주 간단하게 수행됨으로써 집단 편에서의 목적 설정이 정상적인 사건들의 과정에서 행동을 함께 할 때에 자연적으로 나올 수 있는 전체적인 성과로서 성립될 수 있도록 해야 한다.

가르치는 작업은 목적들을 부추기는 것 외에 목적 설정을 지도하여 올바른 학습이 이루어질 수 있는 수준으로까지 끌어올리는 것을 포함한다. 학습은 의식적인 혹은 무의식적인 어떤 목적 설정이 없이는 진행될 수가 없다. 올바른 목적 설정이 없이는 효과적인 학습이 이루어질 수가 없다. 목적 설정은 특정한 학습경험을 위한 목적, 혹은 목표의 선택을 의미한다. 이때 선택되는 목표는 교수와 학습의 궁극적인 목적의 관점에서 바람직하게 여겨지는 것이다. 학습상황으로부터 전개되는 경험의 가치는 주로 결정된 목적들의 가치성에 의존되어 있다.

목적이 생겨나는 방식은 목적 설정에 연관하여 어디로 지도해 가는 것이 요구되는가를 지시한다. 결핍감에 의해 이끌려 가는 사람은 그 결핍으로 인한 욕구를 만족시키고자 하는 어떤 임의의 방식으로 행동하려는 충동과 욕망을 지닌다. "임의의 방식"이라는 것은 충동에 의해 생겨난 행위-의식적으로 지향되지 않은 행위-즉, 결핍의 존재에 의해 생겨난 긴장을 해소하기 위한 행위를 암시한다. 지성이 가능하기 시작할 때, 단순한 충동이나 목적 혹은 목적의식을 바탕으로 한 행위의 가능적인 결과가 예견적으로 그려진다. 그것은 조건들을 관찰하고 관찰된 것에 연관된 이해로부터 나온 성과이다. 목적의 현존은 행동계획의 현존을 함축한다. 목적이 선정되자마자 계획이 시작된다. 그런데 이때 계획은 어떠한 이해된 여건 하에서 어떤 방식으로 취한 행동의 결과가 무엇인가 하는 예견을 바탕으로 하여 이루어진다.

그러므로, 목적을 형성하는데 있어서 학생들이 필요로 하는 지도는 여러 다른 종류들이 있겠다. 첫째는, 학생들이 충동을 바탕으로 행동하고자 하는 경향을 억제하는 법을 배울 필요가 있다. 또한 그들은, 욕망은 아주 지속적이므로 관찰과 사고를 통하여 어떻게 하는 것이 최선인가를 확실히 깨닫기도 전에, 그 욕망이 그들을 행동하게끔 한다는 사실을 깨달을 필요가 있다. 더군다나, 그들은 행동계획과 목적의 만족스러운 성취와의 관계를 명확하게 알 필요가 있다. 학생들은 설정된 목표에 도달하기 위하여 그 대가로 노력과 어려운 과업들을 기꺼이 할 수 있어야 한다. 신중하고 사려 깊게 한번 채택된 목적은 성취될 때까지 견지되어야 한다. 계획은 수정과 변경이 때때로 필요할 수도 있으나 한번 받아들인 목표가 바람직한 것으로 간주되는 한, 그 목표의 성취에로 나아가는 길을 바꾸어서는 안 된다.

끝으로, 학생들을 도와 그들이 잘 알지 못하는 목표를 명확하게 함으로써 이 목표가 학습의 실제적인 목적으로 쓰일 수 있게 하는 것 또한 교사의 책임이다. 주어진 모든 학습의 목적은 가치가 있어야 할뿐만 아니라 그것이 학생들에게 가치가 있으려면 학생들의 마음에 잘 정의되어야 한다. 학생들은 목적을 명확하게 경험하지 않을 것이다. 학생들은 자주 그들의 애매한 느낌과 관심을 구체적인 개인적 목적의 형태로 가져가는데 있어서 어려움을 느낀다. 또한 그들은 이러한 목적을 어떻게 말로 표현해야 할지를 모를 수도 있다. 교사가 목적을 형성하는데 함께 함으로써 그는 목적들을 명확하고도 구체적으로 하는데 도움이 될 뿐만 아니라 학생들이 받아들인 목적들을 교수와 학습의 궁극적인 목적에 연관시키는 데에도 도움이 된다.

4. 학습의 계획하는 양상

교사와 학생들로 구성된 일종의 사회적 집단이 실제적인 학습상황 내에서 함께 작업할 때, 목적 설정은 자연적으로 계획으로 이행된다. 만약에 교사가 능숙하게 학생들의 역량과 욕구와 경험된 것에 비추어 학생들에게 의미 있는 대상들과 상황 혹은 기회들을 부여한다면, 학생들은 질문들과 문제들, 어려움과 장애 그리고 도전의식 등을 만나게 될 것이다. 이러한 것들에 의해 생겨나는 욕구감으로부터 학생들은 그들의 욕구를 만족시키기 위한 분명하고도 강압적인 목적을 발전시킨다. 목적을 명료하게 함과 함께 목적 설정은 거의 동시적으로 그리고 모르는 사이에 열렬한 계획으로 변화한다. 이때, 여러 생각들이 집단에 의해 전체적으로 이루어지고 기여하는 바가 있어야 한다.

계획은 행동양식을 고안하고, 제안된 행위들을 효율적으로 수행하는 수단을 정돈하고, 나아가서 따라야 할 절차를 정하는 일련의 과정이다. 계획은 행해야 할 일을 구성하고 형성하는 것과 받아들인 목적을 실현하는 데에 필요한 단계를 순서적으로 정하는 것을 포함한다.

교수의 효율을 위해서는 실제적인 상황으로부터 계획이 진전되어야 한다. 성숙하지 못한 학생들을 맡은 최선의 최고의 경험을 지닌 교사라 할지라도 구체적으로 세밀하게 예견할 수 없는 것이 계획이다. 진정한 학습상황에서 성취되어야 할 목적들을 명확하게 파악하고 있는 학생들은 이러한 목표들을 실현시키는 수단과 방편에 있어서 아주 쓸모 있는 제안들을 할 수 있다. 집단의 모든 구성원들이 현재의 문제에 연관되는 요소들을 과거의 경험으로부터 끄집어내고 이 요소들을 한 양식 내에 조직화할 때, 그들은 앞서 모든 사람들에 의해 인식되고 받아들여진 목표를 달성시키기 위한 행동에 대해 계획을 진전시킨다. 학생들이 목적설정에 있어서 함께 참여한 것과 마찬가지로 계획하는데 있어서도 함께 참여하는 것이 필요하다. 때때로 계획하는 일에 함께 참여하는 것이 어려울 수도 있다. 그러나 학생들이 교사에 의해 적절하게 힘을 얻으면 계획의 고안과 조직에 전심으로 참여하며 큰 이익을 얻을 수가 있다.

5. 교사에 의한 계획

그러나 그러한 참여는 자동적으로 이루어지지 않는다. 교사가 세밀하고 주의 깊은 사전의 계획을 하지 않고서는 계획하는 일을 함께 한다는 것은 결코 환상 이외의 아무것도 아닐 것이다. 어떠한 사업이든지 간에 성공하기 위해서는 계획이 있어야만 한다. 교수는 더욱 예외가 아니다. 기계적인 습관의 수준에서 시행될 수 있는 생활의 행위들만이 전혀 계획하는 일 없이 이루어질 수 있다. 사업이 복잡하면 할수록 계획의 필요성은 더욱 커진다. 그리고 교수보다 더욱 복잡한 사업이 어디 있는가? 무생물적인 재료들을 다루는데 있어서 우리는 계획을 따르는 것이 필요하다는 것을 안다. 건축가는 건축계획에 장기간을 소비한다. 기사는 큰 다리나 긴 터널 혹은 새로운 비행기를 만들기 위하여 설계에 엄청난 수고를 기울인다. 공장들을 세우는 데에는 아예 모든 시간을 설계에 바치는 많은 사람의 일군들을 필요로 한다. 정교한 설계와 설계도는 무엇을 위해 쓰이는 무생물적인 재료를 조성하는 일에 있어서도 시행되고 또 준수되어진다. 하물며 원하는 대로 쉽게 조성되거나 가공되지 않는 인간을 다루는데 있어서는 세심한 계획을 진전시켜 나가는 일이 얼마나 더욱 절실하게 필요하겠는가.

계획 없이 거대한 마천루를 세우는 일이나 거대한 폭탄을 제조하는 일이 불가능한 것처럼 조직화나 계획이 없이 가르친다는 것이 아예 불가능하다. 교사들이 건축가와 기술자들이 하듯 애써서 자신들의 일을 계획하는 일에 습관화되어 있다면 훨씬 더 많은 정도의 좋은 교수를 할 수 있을 것이다. 사전의 세심한 계획이 없이 가르치는 사람에 의해서는 어떠한 실제적인 좋은 교수도 이루어질 수 없다. 여느 유능한 교사라 할지라도, 심지어 수년간의 교수 경험을 지닌 교사라 할지라도 그는 교수를 시작하기 전에 철저하고 세심하게 계획을 한다. 교수의 효율성이라는 문제는 실행에서 뿐만 아니라 계획에서도 결정된다.

양심적인 성실한 교사는 일단의 학생과 함께 일하는 동안 계속해서 "내가 이 학생들이 배우는 것을 어떻게 도와줄 수 있을까?"라고 자문한다. 이 질문에 가능한 한 최선의 대답을 할 수 있는 관점에서 그의 모든 계획은 이루어진다. 이는 그의 계획이 그가 관계해야만 하는 특정한 상황, 학생들, 재료, 환경 및 여건들에 비추어 학습과 학습의 구성에 집중되어 있다는 것을 의미한다. 계획을 잘 세우기 위해서는, 교사가 지도내용을 선정하고 구성하는데 있어서, 이러한 내용과 그 사용에 있어서 학생들의 능력과 욕구와 관심에 연관되어 있는 절차를 정돈하는데 있어서, 그리고 이 모든 것들을 학생의 과거의 경험과 미래의 필요에 최선으로 연관시키기 위한 행위를 정돈하는데 있어서 기량을 발휘해야만 한다. 이 모든 계획들은 학급을 대하기 전에 세워져야만 한다.

교수에 관하여 다음과 같은 생각을 가진 사람은 거의 계획을 세울 필요가 없을 것이다. 모든 학생들은 그들의 역량, 능력, 과거 경험, 관심 및 욕구가 어떠하든지 간에 동시에 동일한 사실과 기량을 획득해야만 한다든가, 학습될 내용은 학생들이 그들 자신의 선택의 문제를 제시하거나 다룰 기회를 전혀 주지 않은 채 교사나 아니면 외적인 권위에 의하여 미리 결정되어야만 한다든가, 교실 내의 행위는 모든 과제를 설정하고 모든 질문을 던지고 모든 결정을 짓고 부여된 과제 내용을 숙지하는가를 점검하고 노력에 대해 보상하고 노력의 부족에 대해 벌을 주는 교사에 의해 지배되어야 한다든가, 교수 준비란 "주제를 아는 것" 이상의 것이 아니라든가, 교수는 학생들에게 무엇인가가 지나가는 것처럼 그저 수동적인 학생들로 구성된 학급 앞에서 잘 수행되는 것이라든가, 학습이란 교사에 의해 부여된 내용을 학생들이 암기함으로써 그들의 요청이 있을 때 잘 반복하여 교사를 만족시키는 것이라는 생각 등을 가진 교사들이 그러하다.

그러한 생각들을 가진 사람은 교과서를 선택하여 과제부여에 적절하게 사용할 수 있는 분량으로 그 교과서를 나눌 수 있다. 그리고 그는 이전에 전혀 본적이 없는 학급에 들어갈 수도 있고, 그가 모르는 학생들을 대할 수도 있고, 그가 나눈 교과서의 한 부분을 학습 시간에 나누어줄 수 있다. 그런가 하면, 그는 개개의 학급 시간을 지난 시간에 부여된 과제를 학생들이 어느 정도 숙달했는가를 결정하는 일에 다 소비할 수도 있다. 그는 학생들에게 거의 의미가 없거나 거의 관심이 없는 일들을 많이 떠들어댈 수 있으며 학생들에게 받아들여지지도 않는 생각들과 사실들을 그저 늘어놓으며 학생들로 하여금 상위의 힘이나 신체적인 힘, 혹은 도덕적이거나 조직적인 힘으로써 항상 성가시게 할 수도 있다. 그러나, 이러한 짓을 행하는 사람이 "교사"일까, 혹은 그가 행하는 일이 "교수"라는 명칭에 걸맞을까?

진정으로 한 사람의 교사인 사람은 단체가 일을 시작하기 전에 세심한 계획을 세움으로써 효과적인 학습을 위한 무대를 설립한다. 그는 위생적인 환경이 좋은 학습에 핵심적이라는 사실을 깨닫고서 교실에 관심을 쓴다. 온도, 조명 및 통풍 등의 물리적인 여건이 맞아야만 한다. 그는 벽과 마루가 청결한가를 본다. 물리적인 환경이 학생들의 느낌과 태도에 영향을 미친다. 매력적이고 정돈되어 있으며 안온한 교실은 상쾌한 분위기를 진작시키는데 많은 역할을 한다. 꽃이라든가 벽에 적절한 높이로 걸려 있는 매력적인 그림들 및 재미있는 포스터 등은 교실을 멋지게 한다. 구성원들은 교실을 일하는데 있어서 더욱 상쾌한 장소로 만드는 것을 돕는 일이 특권이라고 생각할 수 있어야 할 것이다.

교사가 사전 계획에 있어서 세심한 주의를 기울여야 할 또 다른 교실에 관한 일은 학급의 크기에 따라 원하는 대로 함께 일할 수 있도록 움직일 수 있는 의자들, 혹은 소그룹에 맞게 쓸 수 있는 탁자, 자료들을 보관할 수 있는 캐비넷, 학생의 작품을 전시할 수 있는 게시판, 그리고 서가 등에 관한 것이다. 만약에 이러한 것들을 위한 계획에 학생들이 함께 참여한다면, 나중에 협동하는 학습 행위에 함께 참여하는 일에 더욱 많은 준비가 될 것이다.

사전 계획에 있어서 신경을 써야 할 물리적인 준비의 또 다른 측면은 적절한 교재들을 준비하는 것이다. 교사는 필요할 때에 사용할 수 있는 많은 자료들을 가질 필요가 있다. 다양한 시청각 자료들은 물론 많은 인쇄자료들을 준비할 필요가 있다. 모든 지역사회의 자원과 활동에-도서관, 신문, 잡지에 관한 것, 시(市)에 관한 것, 사회적이나 산업적인 부문, 레크레이션 부문, 영감적인 부문 등-친숙하여 언제라도 단체가 필요로 할 경우에 학습에 도움이 되도록 하는 것은 교사의 책임이다. 학생들은 그러한 자원들에 관하여 기민함을 유지할 수 있어야 하며, 교사는 그들의 지식을 보충해 주는 일과 그들을 도와 학습에 사용될 수 있는 가능성들을 더욱 충분히 평가할 수 있도록 할 책임이 있다.

계획을 세우는 모든 단계에 있어서 가장 중요한 것 중의 하나는 다른 맥락에서 이미 언급되어진 그 무엇인 바, 교사가 학생들의 능력과 욕구 및 배경에 관하여 할 수 있는 한 모든 것을 배우는 일이다. 교사는 모든 가능한 출처를 통하여 학생 개개인에 연관되는 모든 정보를 수집하여야 한다. 그는 학교 기록들을 연구하며, 객관적인 시험의 결과들을 조사하고, 가정환경에 익숙해야 하며, 경험에 관한 이야기들을 경청하고, 비공식적으로 학생들과 대화하며, 그들의 일의 선택과 책이나 자료 이용의 선택을 파악하고, 학생 개개인 모두를 이해하기 위해 사용할 수 있는 모든 수단들을 사용하여야 한다. 그가 항상 지닐 수 있는 이해는 아무리 많아도 과하지 않다.

또한 교사는 집단의 다양한 구성원들간의 동정적이며 건전하며 서로 도움이 되는 관계를 진작시킬 수 있는 수단과 방편들을 미리 생각하여야 한다. 학습에 아주 유리한 관계를 진작시키기 위해서는 교사가 학생들의 태도와 집단 구성원들간의 상호지원의 정도, 그들이 제의에 응하는 태도, 그들의 인격에 있어서의 부족과 필요사항, 새로운 과제를 처리하는 정신, 학습과 과거의 경험을 결합시키는 방식, 그리고 학습을 일반적으로 삶에 연관시키는 방식 등을 고려할 필요가 있을 것이다.

사전 계획에 있어서, 교사는 자기 자신의 태도에 관하여 따라야 할 행동과정을 자신 스스로 설정해 놓는 것이 당연하다. 이는 교수의 성공에 많은 연관을 지니고 있다. 만약에 교사가 좋은 태도를 지니고 있다면, 학생들은 배우는데 더욱 열의가 있을 것이며 단체활동에 더욱 협조적일 것이다. 교사가 개발하여 진지하게 유지하여야 할 태도에는 다음 것들이 있겠다.

계속적인 학습에의 열의, 학생들이 배우고 성장하기를 원한다는 것에 대한 신실한 믿음, 자발적인 학생들에 대한 진정한 관심과 그들에게 봉사하고자 하는 참된 열망, 자신을 위한 무엇을 추구함이 없이 학생들의 제의에 자신의 시간과 힘을 쓸 태세, 학생들의 관심이 실제로 그 자신에게 흥미를 준다는 사실에 기반하여 학생들의 관심에 대한 관심, 성실한 교수 준비에 의해 뒷받침되는 광범한 일반 지식에 근거한 자신의 교수 능력에 대한 근거 있는 자신감, 효과적인 학습을 위한 집단과 그 활동을 조직하는 자신의 능력에 대한 자신감, 학생들의 문제가 자신에게 실제의 관심거리라는 사실에 근거한 학생들의 문제에 동정적으로 함께 하는 것, 학생들의 활동이 자기 자신의 마음에 가치가 있다는 것을 전제로 한 학생들의 활동에 협력함, 학생들간의 개인적인 차이를 인식하고 이러한 차이에 맞추어 내용과 절차를 변용하고자 하는 구체적인 시도, 그리고 학생 개개인 모두가 최선으로 그들의 능력을 발전시킨다는 신실한 바램 등이 그것들이다.

정규 학습에 있어서 일정한 요소는 단체 회합에 있어서의 분위기이다. 교실에서의 단순한 우정, 특히 교사 입장에서의 우정보다도 좋은 분위기에 기여하는 것은 없다. 자기의 학생들을 갖가지의 관심과 욕구 및 능력들을 갖춘 실제적인 사람으로 생각하는 교사는 그들의 활동을 자극하고 지도하고 풍부하게 하기 위한 무대를 설치할 수 있는 입장에 있다. 자신의 존재의 깊숙이에서 교과서와 암송을 넘어서 있는 어떤 것에 대한 학생의 요구를 파악하며 그 요구를 어떻게 만족시킬 수 있는가를 모색하는 교사는 행복하다. 학생들은 강요받지 않고 도전을 받아야 한다. 학생들이 배우고자 원하지 않는 이상, 결코 그들을 위해 교수는 많이 이루어지지 않는다. 학생들이 자발적으로 그리고 창조적으로 자기 자신들을 위해 무언가를 하는 일에 함께 하지 않는다면, 그들은 배울 수가 없다. 만약에 그들이 교사가 그들에게 친하게 관심을 지니고 있으며 그들을 이해한다고 느끼면, 그들은 교사가 학습에 유리한 여건을 조성할 때 그의 지도와 도전을 따를 것이다.

사전계획의 다른 두 가지 형태는 교수될 내용의 일반적인 틀을 계획하는 것과 이러한 내용을 기본적으로 세밀하게 구분하는 계획인데, 유능한 교사는 이를 수행하여야 한다. 실제로 학습 경험이 이루어지는 내용적인 틀은 특정한 교사가 존재하기 훨씬 이전에 수립되었다. 그것은 인간 지식이라는 형태로 존재하는데 특별히 교수 내용으로 구성된 것이다. 계획수립의 실제적인 과제는 학생들이 배워야만 하는 내용에 연관되어 있다. 문제는 주제를 어떻게 사용하여 학습과 성장을 가져오게 하는 가이다.

특정한 교수 상황에 적응하여 변용함이 없이 교과서나 설정된 어느 연구과정을 따르기만 하는 교사가 효과적인 교수를 수행할 수 있는 경우는 거의 없다. 교사가 계획을 바르게 하기 위해서는 학생들이 지니고 있는 학습경험의 본성과 형태를 고려하여야 한다. 학생들의 욕구와 관심, 성취와 과거의 경험들은 교수될 내용을 결정하는데 안내 역할을 한다. 주제에 있어서 그 어떠한 것도 자체적으로 목표가 될 수는 없다. 주제는 지식의 형태로 존립할 뿐 학생들은 아니다. 교수는 우선 학생들과 그들의 학습과 성장에 관계하며 기본적으로 주제에 관계하지 않는다. "지식은 지나갈 것이나" 학생들은 영원히 살아 있다. 지식이란 그것이 교과서나 다른 내용적 자료, 혹은 교사의 말씀이나 학생들의 유창한 대답 등 어떠한 형식으로 존재하든지 간에 그 자체로는 가치가 없는 것이다.

일반적으로, 주제는 종속적 경험의 결과를 나타낸다. 그것은 수세기에 걸친 인간의 경험으로부터 형성된 것이다. 인류의 역사에는 어느 누구도 오늘날 갓 태어난 아기 이상의 조직적인 지식을 가지지 못한 때가 있었다. 세계를 이해하고자 하며 세계에 대한 이해의 힘을 적절하게 사용하고자 하는 욕구에 이끌려 인간들은 여기저기에서 이러저러한 종류의 경험을 하게 되었다. 수천 년의 세월을 통해 점차적으로 이러저러한 영역에서 그들이 겪은 경험들은 현재 우리가 지니고 있는 것과 같은 상이한 영역의 경험들로 결합하게 된 것이다. 개개 영역의 지식 혹은 주제는 특정한 종류의 학습과 성장의 산물인 것이다.

기독교 교육의 주제는 생활경험에 생생하게 연관하면서 하나님의 말씀 안에서 드러난 그리스도에게서 비롯된다. 일반적으로, 성경은 종속적인 영적 경험의 결과들을 나타낸다. 하나님은 당신 자신을 일반 및 특수 계시를 통하여 인간에게 알게 하셨다. 쉐드(Shedd)는, "일반적이며 광의에 있어서의 계시는 하나님의 궁극적인 원천이시며 원인이시라는 사실에 대한 일종의 종류별 지식이다.…일반적인 용어 사용에 있어서 계시는 한정된 의미로 사용되며 하나님의 기록된 말씀을 뜻한다"라고 말한다.

하나님의 영감된 말씀인 성경은 하나님께서 당신의 구속력으로써 인간으로 다가설 때에 쓰시는 핵심적인 내용이다. 그것은 인간의 삶의 경험으로부터 바르게 인간에게 주어졌던 하나님의 진리에 대한 계시이다. 하나님은 오늘도 계속적으로 인간을 찾으시되 인간의 삶의 경험들을 통하여 찾으신다. 그는 살아 계신 하나님이시다. 그는 당신 자신이 하실 말씀을 단번에 다 하지 않았으며 말씀하시기를 멈추지도 않으셨다. 하나님은 자신의 말씀을 통하여 자신의 영에 의해 지금 말씀하신다. 그리고 우리는 그가 우리에게 말씀하시는 것을 들을 수 있다. 하나님께서 그의 진리를 성경에서 나타내시는 통로가 되는 종속적인 경험은 오늘날 인간들의 경험에 답하고 있으며, 하나님의 독생자를 통하여 생명을 얻는 모든 사람들의 학습과 성장을 위한 기반이 된다.

분명한 것은 서로 다른 주제의 영역들이 있기 때문에, 이에 상응하는 성장의 영역들, 즉 지적, 정신적, 운동적, 사회적, 언어적, 미적 및 영적인 영역들이 있다는 사실이다. 그리고 이 영역들은 세밀한 구분이 가능하다. 그리하여 지적 혹은 정서적 성장은 실천적, 창조적, 반성적, 양적, 상관적 및 비판적 종류 혹은 형태 등의 사고를 포함한다. 주제의 각각의 영역들은 인류의 경우와 마찬가지로 학생의 경우에 있어서도 특정한 종류의 성장영역이다. 주제의 한 영역의 기능은 학생이 미래에 대비하는 것이 아니라, 학생에게 학생의 잠재력의 어떤 부분을 발달시키는데 필요한 내용을 제공하는 것이다.

주제는 그 상이한 부분들이나 전체에 있어서 우리가 경험을 통하여 중요한 것으로 알게 되는 가치들을 표현하기 때문에, 학생들이 이러한 가치들을 질문 없이 받아들이도록 하려는 경향이 강하다. 부모들은 지름길을 원한다. 그들은 그들의 자녀들이 그들 자신이 만났던 어려움을 거치는 것을 좋아하지 않는다. 그러나, 성장과 발달에는 지름길이 결코 없다. 성장과 발달은 학습자 자신이 스스로 직면하지 않은 문제들에 기성의 답변을 주는 것을 통해서는 생기지 않는다. 경험을 대체할 것은 아무것도 없다. 학생은 스스로 경험할 때에 배운다. 학생은 스스로 욕구와 문제들 및 어려움을 대할 때에 경험하며 그것들에 연관된 자기 자신의 목적들을 형성한다.

특정한 주제 한 가지와 당면한 한 학생에 관해 생각하는 것은 주제의 위치와 기능을 명백히 하는데 도움이 된다. 한 주제와 한 학생에게 참된 것은 본질상 모든 주제와 모든 학생들에게 참되다. 예를 들면, 수학은 수세기에 걸친 인류의 경험으로부터 형성되어 온 주제의 영역이다. 인간은 존재하기 시작한 때부터 형식, 수, 체계 및 법칙에 관한 생각들을 포함한 세계에서 살았다. 모든 재주에는 항상 수학적인 연관성에 관한 증거들이 있어왔다. 이러한 증거들은 처음에 어느 누구에게도 별다른 것을 의미하지 않았다. 그러나, 자신의 세계의 힘들을 다루어야 할 필요성을 느낄 때에 인류가 가졌던 한 형태의 경험이 바로 수학적 경험이었다. 이러한 형태의 경험이 수세기에 걸쳐 내려온 결과 오늘날에는 수학이라는 학문의 형태로 존재하게 된 것이다.

학생은 이러한 학문에 대한 이해나 수 개념, 계산 능력이나 수학적 지식은 전혀 가지지 않은 채 삶을 시작한다. 그러나, 학생은 양적인 사고와 상관적인 사고에 대한 잠재력을 지니고 있다. 그는 수학적인 천재가 아닌 이상 자연적 학습을 통해서는 결코 자신의 잠재성을 크게 발전시킬 수 없다. 비형식적 교육에 의해 학생은 어느 정도 발전을 기할 수가 있다. 최선으로 발전을 이루었다 하더라도 보통의 학생은 정규적인 교육을 받게 될 때에 수학적인 이해에 있어서 크게 성장하지 못한 상태이다.

일상생활의 실제적인 목적상, 학생은 수학에 관한 무엇인가를 알 필요가 있다. 교사는 그가 학생의 필요에 관하여 어느 정도 알고 있다고 느낌으로써 학생에게 지식을 나누어 주고자 노력할 수 있다. 실제로는 어느 누구도 어떠한 종류의 지식이든지 간에 다른 사람에게 줄 수가 없다. 인간이 이제까지 지녀온 모든 지식은 스스로 획득한 것이다. 이러한 진리를 도대체 의심하게 되는 사람이 있다면 다음을 실험해 보자.

너댓살 먹은 보통 아이에게 2+2=4라는 것을 말하고, 그 아이에게 평면 기하학의 피타고라스 정리를 반복하며 그리고, 미적분에서의 적분 함수에 관한 한 두 가지 사실을 말해보라. 그리고 이 세 가지를 그 아이가 완전하게 암기할 수 있을 때까지 연습시키라. 만약에 그 연습이 아주 잘 되어 그 아이가 그것들을 열흘, 열 달 혹은 십 년이 가도록 완전하게 암기할 수가 있다 하더라도 그 사이에 수학에 관한 것을 아무것도 배우지 않는다는 것을 가정할 때 그 아이가 그것들을 도대체 더 잘 아는 것이 될까? 나아가서 이 아이가 나중의 학교생활에서 단지 전달에 의해, 말하자면 아이 자신의 관심과 목적을 떠나서 수학을 배운다고 가정해 보자. 그의 지식이 그에게 실제적인 가치가 될까? 그는 그렇게 들었던 결과로 성장할까? 그는 스스로 생각할 수 있으며 그의 사실들을 사용할 수 있게 될까? 지식이 어떤 목적에 대해 바람직한 것이라고 할 때, 수학 교육의 목적은 수학 지식을 전달하는 것인가? 아니면 학생을 발달시키는 것이 목적인가? 결국 우리가 가르치는 것은 주제들인가, 학생들인가? 종족적인(the race) 수학적 경험이 성장을 가져오고 진작시키는 수단으로서 사용되지 않는다면 무슨 가치가 있는가? 교사는 이러한 목적을 성취하기 위하여 그 내용을 어떻게 사용할 것인가?

 교사는 학생에게 부여될 수 없는 지식을 주고자 노력할 것이 아니라 학습과 성장이라는 관점에서 수학적 지식의 영역을 구성하여야 한다. 교사는 항상 학생의 처지에 서서 시작하여야 한다. 그리고 학생의 과거의 경험에 비추어 학생에게 의미있는 구체적인 자료를 함께 사용해야 한다. 이러한 것들을 통하여 선구적인 이해가 발달된다. 그러므로, 학생들의 일상적인 생활과 경험에서 그들에게 기능적인 가치를 지닌 문제들을 사용함으로써 성장의 과정은 계속적으로 높은 수준을 향하여 이행된다. 성장과정은 계속 확장되는 곡선을 그리며 상승하는 개방된 나선의 형태로 올라간다. 이때, 개방된 나선은 그 모든 것이 한 점으로부터 생겨난 것이며, 각각의 나선들은 더 낮은 곡선에서 시작된 것이다. 양적인 사고는 처음부터 존재하고 있으며, 증가하면서 수행되고, 성장이 가장 낮은 단계에서 가장 높은 단계로 진행할 때 더욱 효력을 발휘한다. 항상 환경조성은 의미 있고 목적 지향적인 활동의 하나가 되어야 한다.

 학생은 교수에 대한 이유가 된다. 학습경험은 바로 그를 위한 것이다. 교사는 정돈되고 균형 잡힌 일련의 학습을 제공하기 위하여 교수될 내용의 주된 틀을 조절하여야 한다. 그러나, 효율적 교사가 관심을 가지는 것은 고정된 주제로서의 내용이 아니다. 학생 개개인을 위한 내용은 교수에 의하여 어떠한 방식으로든지 간에 영향을 받는 학생의 경험의 총합이다. 주어진 일군의 내용이 얼마나 좋은가에 상관없이 학생이 그 내용과의 상호작용을 통하여 경험을 하지 않으면 전혀 배우지 않는 것이 된다. 교사가 주도하는 연구과정은 어떠한 것이든지 간에 그것이 학생이 필요로 하는 경험을 선택하는데 도움이 되어 쓰이는 정도로만 가치를 지닌다.

 교수에 의한 모든 사전계획은 임시적이다. 계획을 세우는 실제의 과제는 학생들이 배우기 위하여 무엇을 하여야 하는가를 확인하는 것이다. 실제적인 교수 계획은 학생들의 활동에 대비해야 한다. 즉, 학생의 관찰, 학생의 사고, 학생의 목적 설정 및 학생의 작업 등에 대비해야 하는 것이다. 그런데 이러한 것들에 대한 대비는 사전계획에서 이루어질 수가 없다. 모든 것들은 그 근간을 계속되는 학생들의 경험과 관심에 두어야 한다. 이는 학습내용이 학생들의 생활만큼이나 광범하다는 것을 의미한다. 학생의 학습은 영원히 정규적인 교수보다도 다른 많은 요소들에 의해 계속 영향을 끼친다.

세심한 교사는 이 같은 다른 학습경험들을 사용하며, 학생이 그 경험들을 해석하는 것을 도우며, 학생이 그 경험들을 가능한 한 교실에서의 학습경험에 수렴시키는 일을 돕는다.

일사분기, 한 학기 혹은 한 해의 일을 계획하는데 있어서 그 효율은 임의의 장소에서 임의의 학급에서의 학생들을 위하여 계획하는데 있는 것이 아니라 이 학급에서의 이러한 학생들을 위해 계획하는 것에 있다. 교사가 자기 자신의 생각을 계속해 나가는 것이 필요하다. 이같이 장기간의 계획을 세우는데 있어서 모든 결정은 학생들의 성숙, 욕구, 관심 그리고 능력에 대한 고려를 바탕으로 해야 한다. 또한 직접 경험을 위한 지역사회의 자원과 기회는 물론, 사용할 수 있는 장비 및 보조적인 독서물 등도 고려되어야 한다.

장기간의 계획을 세우는데 있어서 첫 단계는 성취되어야 할 과제를 결정하는 것이다. 즉, 학생들이 가져야 할 지식과 이해는 무엇이며 태도와 평가, 능력과 기량 그리고 개인적이며 집단적인 행동양식은 무엇인가 하는 것이 결정되어야 한다. 다음에는 과제의 관점에서 적절한 경험을 최선으로 유발하는 자료와 활동이 선택되어야 한다. 셋째로, 전체 작업은 학생들의 가능적인 관심과 목적에 비추어 학생들에게 적합한 일련의 연관적인 단원들로 나눈다. 그리고 각각의 단원마다 시간을 배당하는 일에 신경을 쓰고, 각 단원을 다루기 위한 예비적인 계획이 수립되어야 한다. 나중에 교사는 이러한 단원들을 더 세밀하게 학생들과 함께 계획하여야 할 것이다.

교사의 장기간 계획은 유동적이다. 미리 계획된 몇몇 단원은 필요 없을 수도 있다. 다른 단원들의 내용은 교사가 생각한 것보다 학생들에게 더욱 친숙한 것이어서 배당된 시간을 줄여야 할 경우도 있을 것이다. 또한 어떤 것들은 교사가 예상하지 못한 상황을 발전시킬 수도 있다. 어떤 것들은 변화될 것이고 또 다른 것들은 교사가 나중의 계획에서 학생들의 생각에 따를 때 생략되기도 할 것이다.

6. 단원의 계획

교사가 세워야 할 마지막 예비 계획은 가르칠 내용을 기본적으로 세분하는 것이다. 이러한 세분화된 것들은 일의 단원들이라 불려진다.

단원(unit)이라는 단어는 많은 의미를 행사해 온 용어이다. 단원 교수의 본질적인 사상은 가장 자연스러운 방식으로 학습을 구성한다는 것이다. 본 장의 초두에서 "모든 생활은 상황의 연속이다"라는 말을 했다. 이와 비슷한 의미를 띤 명제가 있다. "생활은 서로 연관되어 있으나 단위적인(unitary) 경험들의 연속이다"가 바로 그것이다. 여느 경험들은 주로 앞선 경험들의 결과이다. 그러나, 각각의 개별적인 경험들은 그 자체로 통일성(unity)을 지닌다. 일의 한 단위는 일단의 내용이며 그 자체에 있어서 사상의 중심핵을 중심으로 구성되긴 하나 앞선 단위들에 연관되어 그것들에 뒤따라 성립되는 완전한 한 전체이다. 그러므로, 일의 단위들에 따라 교수하는 것은 그에 상응하는, 있는 그대로의 생활에 맞게 학습경험을 구성하려는 노력이다. 그것은 본질적으로 고립된 교과내용과 분리된 부분적인 내용을 가르치고 배우고자 하는 것이 아니라, 의미 있는 전체로서의 내용들을 가르치고 배우고자 하는 생각이다.

단원계획을 세우는 데 있어서 어느 하나만의 최선책이란 존재하지 않는다. 교사가 어느 정도로 미리 단원을 계획해야 하는가, 계획에 있어서 교사와 학생들이 각각 어떠한 부분을 담당해야 하는가, 그리고 학생들의 활동에 대하여 어느 정도의 세밀한 계획이 세워져야 하는가 등에 관한 최종적인 무엇을 언급한다는 것은 불가능하다.

계획에 있어서 학생들이 함께 참여하게 한다는 묘책에 관해서는 의문이 전혀 없다. 분명한 것은 계획에 학생들이 참여하는 폭은 그들의 성숙정도와 이전의 경험 여하에 따라야 한다는 사실이다. 교사는 학생들의 학습에 대해 책임이 있기 때문에, 그는 학습에 방향을 부여하고 학습을 교수의 목적에 연관시키는데 필요한 계획을 세워야 한다. "교사는 학생들이 계획할 수 있도록 계획하여야만 한다"는 말이 있다. 학생들에 의한 계획은 대부분 교사의 계획의 범주 내에 든다.

교사-학생의 계획은 교사 편에서의 적합한 준비가 없이는 효과적일 수가 없다. 학생들의 작업이 있기 전에 기본적인 작업이 교사에 의하여 수행되어야 한다. 그러나 교사는 학생들을 도외시한 채 세밀한 형태로 단원을 계획해서는 안 된다. 그리고 교사는 미리 정돈된 계획을 학생들에게 결코 강요해서는 안 된다. 교사가 학습영역에 대한 학습 가능성들과 교수에 있어서의 자신의 과제들을 철저하게 점검하고 나면, 그는 학생들이 계획에 참여할 때 그들의 인도를 인정하여 따라야 할 입장이 된다. 학생들과 교사의 협력적인 계획의 수립은 최종적인 성과를 결정한다.

단위계획에 관한 다음의 언급은 덴버(Denver)의 공립학교들에 있는 일단의 교사들과 교감들에 의해 만들어진 것이다. 그것은 『생활경험단위의 계획과 발달』(Denver 공립학교 지음)이라는 제목 하에 등사인쇄 형태로 출판된 것이다. 초등학교 교육에 관한 것이긴 하지만, 거기에서의 제안들은 원리상 일반교육에도 마찬가지로 잘 적용된다. 여기서는 출판된 원본을 다소 변형하여 제시하고자 한다.

(1) 교사는 약간의 예비계획을 한다

교사와 학생들은 선택된 단위 혹은 단원을 수행하고 평가하기 위하여 함께 계획을 세울 것이다. 그러나 학생들과 함께 이러한 계획 수립의 상황에 접근하기 전에 교사는 도움이 되는 많은 자원들을 참조하고 단원개발의 가능성들을 개발해야 할 것이다. 포함된 과제들과 활동들을 숙고함으로써, 교사는 학생들이 자신들의 생각들을 표현할 수 있도록 하는 여유를 느낄 것이다. 이러한 배경의 기반을 통하여 그는 학생들의 제안들을 보충할 수 있으며 그들의 전망을 확장시킬 수 있고 그들이 자신들에게 의미가 있는 것에 비추어 문제들과 목표들을 세울 수 있도록 도울 수가 있을 것이다. 교사는 자신의 입장에서의 이러한 준비가 학습을 위한 계획을 결정하고자 하는 것이 아니라, 학급이 그 단원에서 학생들에게 관심거리가 될 수 있는 모든 문제를 드러내는 일을 도와줄 생각들의 기반과 저장소로서 기여하기 위한 것임을 이해해야 할 것이다.

① 교사는 문제들을 예견한다
학생들이 자기들의 일의 단위에 대해 합의를 보기 위해 토론을 하는 동안에, 그들은 설명을 하기도 하고, 생각들을 개진하고, 질문들을 제기하기도 한다. 이때 교사는 이러한 것들을 파악하여 중요한 것들은 메모한다. 그리고 나면, 이제 교사는 학생들이 그들에게 직접적인 관심거리가 될 특수한 문제들을 결정하는 것을 점검한다. 교사는 자기 자신의 지식과 경험을 바탕으로 고려해야 할 것으로 여겨지는 부가적인 문제들을 확인한다.

한 예로서, 크리스마스가 지난 직후에 학생들이 보여주고 즐기고 하기 위해 끌어들인 장난감과 놀이들은 장난감이 어떻게 작동하는가에 대한 일반적인 흥미를 자극할 수 있을 것이다. 교사는 학생들이 장난감들을 점검하고 그것들을 가지고 있는 동안 학생들을 관찰하고 그들이 말하는 것에 귀를 기울인다. 그들은 이러한 흥미를 바탕으로 일의 단위를 근거지을 가능성들을 토론하고 그렇게 할 것으로 합의한다. 그리고 나면 이제 교사는 자신의 예비계획에서 학생들의 자발적인 질문과 설명을 철저히 고려할 것이며, 학생들이 기계적인 장난감이 작동하는 방식과 같은 특수한 문제들을 중심으로 그들 스스로 집결한다는 사실을 알게 될 것이다. 그 외에 학생들이 관심가질 수 있는 문제로는 각기 다른 장난감들이 균형, 마찰, 굴림 등을 통해 어떻게 작동하는가, 즉 왜 어떤 장난감들은 자동 추진이 되는데 다른 것들은 밀거나 당기거나 아니면 다른 다양한 방식으로 손으로 움직여야 하는가, 학생의 일상생활에 장난감은 어떤 역할을 하는가, 학생들과 어른들 등 모든 사람들은 놀이를 함으로써 얼마나 도움을 받는가, 장난감이 어떻게 학습을 돕는가, 그리고 왜 우리는 장난감을 다른 사람들과 함께 가지고 노는가 등의 특수한 것들이 있을 수 있다. 교사는 그러한 문제들을 학생들이 제기할 법한 문제들과 스스로 고려해야 할 것으로 여겨지는 문제들에 비추어 철저히 생각해야 할 것이다. 교사는 집단의 성숙도를 염두에 두어야만 하며, 이러한 한 경험에서의 학습의 모든 가능성들을 덮어두려고 해서는 안 된다.

② 교사는 과제를 확인하고 행동변화를 평가할 수 있는 방법들을 고려한다

교사는 학생들이 그들에게 의미 있는 문제들을 해결하는 동안 품행이 육성되고 효과적으로 발달한다는 사실을 이해한다. 마찬가지로, 그는 성장이 경험에 연관하여 이루어진다는 사실을 잘 알고 있다. 전체적인 양식의 성장들, 즉 신체적, 정신적, 정서적 및 사회적 성장에서의 계속적인 발달이 있다. 학생이 지니는 경험은 이러한 영역들 중의 한 가지 또는 그 이상의 영역에서 어떤 방식으로든지 간에 성장에 기여한다.

다음 종류의 발달로서, 일의 모든 단위들에 적용되는 일반적인 과제에 연관된 발달이 있다. 일의 모든 단위들은 사회생활에서의 광범한 과제들에 기여한다. 그러한 사회생활의 과제에는 다음과 같은 것들이 있다. 다른 사람들과 함께 일을 잘 할 수 있는 능력, 지도력과 협동에서의 점점 나아지는 기능, 사고와 행동에서의 독립적인 습관들, 책임지는 태도, 다른 사람들에 대한 개방된 마음과 사려 깊음, 그리고 결과를 기꺼이 받아들이는 태도와 함께 하는 비판적인 사유와 선택 등이 그것이다. 교사는 예비계획을 세울 때에 이러한 과제들에 있어서 성장을 도모하는 경험들을 확인해야 할 것이다.

마지막으로, 특정한 단위 혹은 부문에 적용되는 특수한 과제에 연관된 류의 발

달이 있다. 예를 들면, 학생들은 그들의 문제가 "내가 내 돈을 어떻게 소비할 것인가?" 혹은 "음악에는 나에게 도움이 되는 것이 무엇이 있나?" 등, 그 어느 것이든지 간에 이러한 문제에 있어 협동하고 선택하고 다른 사람들의 기여를 평가할 것이다. 그러나, 이 두 가지 문제에서 생겨나는 특수한 태도와 평가, 습관과 기능, 관심 및 사고방식은 아주 다를 것이다.

첫째 문제에 대한 특수한 과제는 "내가 가장 먼저 가져야 하는 것을 사도록 할 것", 그리고 "나에게 가장 의미 있는 것들을 선택하는 것을 배우는 것"이 될 수 있을 것이다. 두 번째 문제는 "내가 리듬 밴드에서 연주할 수 있는 기구를 익히는 것"과 "작곡자들과 선곡의 목록을 스스로 작성하는 것"과 같은 과제들을 포함한다. 교사는 선택된 부분이 태도와 평가력을 육성하고 특수한 습관과 기능들을 발달시키기 위해 제공할 수 있는 기회를 포착하기 위하여 그 선택된 부분을 분석하여야 할 것이다.

예비계획에 있어서, 교사는 그 과제들을 간단하고 직접적인 용어들로 기술함으로써 학생이 생각하고, 말하고, 행동하는 것에 연관하여 그 과제들이 평가될 수 있도록 해야 할 것이다. 교사는 가능하다면 언제라도 성장을 측정할 수 있는 객관적인 방편을 사용할 것을 계획하여야 할 것이다. 예를 들면, 품행이나 토론, 의논 등을 관찰하고 기록한다든지, 다양한 종류의 기록물을 준비하고 시험이나 다른 장치들을 준비한다든지 해야 할 것이다. 그리고, 이제 문제가 무엇인가를 알고, 그 문제로부터 어떠한 행실이 나타나는가를 알고, 성장을 측정할 수 있는 기교가 무엇인가를 알고 나면, 교사는 "어떻게?" 하고서 자문해 보며 그 과제들을 해결하기 위해 제공되어야 할 경험들을 고려한다.

③ 교사는 학습경험의 가능성들을 개발한다

교사는 학생들이 설정된 목표를 향하여 성장하게 되는 것은 경험들을 통해서라는 사실을 이해해야 한다. 교사는 문제들을 해결하는 데에 필요한 경험과 활동의 많은 형태들에 대해 예견할 것이다. 그는 새로운 형태의 활동들에 대해 고찰하게 될 것이다. 예를 들면, 학생들이 보고서를 작성한다거나 소책자들이나 영화를 만들 때에 많은 경험을 하게 되며, 실행하며, 실험하고, 성공하며, 공동체적인 접촉을 하는 데에는 더 넓은 경험이 필요하다는 것을 앎으로써 여러 형태들의 활동을 고려하게 되는 것이다.

교사는 학생들이 그들의 문제들을 해결하는 데에 사용하는 정보를 기록하는 다양한 방식들을 생각한다. 예를 들면, 스크랩북을 만든다든지, 단체 혹은 개인의 책을 만들기 위해 이야기와 논문을 쓰고 기술한다든지, 차트에 간단명료한 형태로 정보를 조직화한다든지, 도표와 간단한 그래프를 만든다든지, 그리고 일지를 빼놓지 않고 쓰는 것 등의 여러 방식이 있다. 교사는 야외여행의 가능성을 모색하고 지역사회에서 단체에게 말하도록 초청할 만한 특수한 관심이나 경험을 가진 사람들을 찾도록 노력해야 할 것이다. 교사는 학생들이 그들 스스로 예술과 창작활동을 통하여, 노래와 리듬을 통하여, 그리고 시와 소설과 희곡을 통하여 그들 자신의 느낌과 생각을 표현할 때 배운다는 사실을 깨달아야 할 것이다. 그러한 경험을 통하여 학생은 들을 수 있고 참여할 수 있고 창조할 수 있는 많은 기회를 가질 것이다. 교사는 적절한 영화, 영사 슬라이드, 슬라이드, 축음기 레코드, 가능하다면 라디오를 녹음한 것이나 실제의 라디오 프로그램을 사용할 계획을 세워야 할 것이다. 교사는 최선의 가능한 학습은 가능한 한 많은 통로가 열려 있을 때 이루어진다는 사실과 학생들은 오감을 통하여 배우며 정신적 과정뿐만 아니라 정서적, 육체적 반응을 통하여 배운다는 사실을 깨닫는다.

학생들은 그들이 계획할 차례가 오면 보통 과거의 경험에 비추어 활동들을 제안할 것이다. 그러므로, 교사는 그들의 생각들을 보충할 수 있는 광범한 목록이 필요하다.

④ 교사는 자료의 출처를 개척한다

교사는 가능한 한 많은 출처에서부터 사용 가능한 자료들이 어떠한 것이 있나를 알아낸다. 그는 자기 방을 조사하고, 제안을 줄 만한 건물들을 찾아다닌다. 그리고 그는 이용할 수 있는 카탈로그를 참조한다. 그는 도서관에서 그림, 팜플렛 그리고 책들을 빌릴 것을 계획한다. 또한 그는 영사 슬라이드, 영화, 그림, 팜플렛 그리고 다른 교육 자료를 구비하고 있는 대여 회사들을 기록해 둔다. 그는 교육 출판사와 정부단체를 통하여 많은 자료들을 자유롭게 경비를 들이지 않고 이용할 수 있음을 알아본다.

나중에 학생들이 다른 많은 기관들을 찾아다녀야 할 것이며 다양한 기관들에 (한 학생이 한 통씩) 편지를 쓰고 많은 자료들을 수집하는 일을 책임져야 할 것이다. 학생들은 필요한 것이라면 거의 모든 종류의 자료들을 얻기 위해 가정과 단체를 방문하게 될 것이다. 지역사회의 사람들도 정보를 얻는데 필요한 출처가 된다.

⑤ 교사는 자기 자신의 지식적인 기반을 증가시킨다

예비계획을 할 때, 교사는 그가 모은 이용 가능한 모든 자료들을 연구한다. 그는 우선 학교나 지역사회의 사람들로부터 정보를 얻는다. 그는 그 자신의 지식을 증가시키고 학생들이 방문하여 찾아야 하는 것이 무엇인가를 알기 위해 관심 있는 장소를 방문한다. 그는 선정된 책과 논문을 읽는다. 그리고 그것들을 나중에 학생들에게 넘겨주어야 할 것이다. 그는 때때로 "나는 그것에 대해 확실히 모르겠구나, 우리 다같이 그것을 조사해 볼까"라고 말할 필요가 있을 것이다.

⑥ 교사는 일을 위해 학급을 편성하는 기교와 방법을 모색한다

교사는 예비계획을 할 때 일을 위해 그룹을 편성할 방법에 대해 임시적인 생각을 지닌다. 나중에, 그가 학생들과 함께 계획할 때, 그는 그들이 다음과 같은 다양한 일의 방법들이 필요하다는 것을 알 수 있도록 도와야 할 것이다.

A. 전체그룹으로서 다소의 경험에 참여함-교사는 학급활동들을 예견해야 할 것이다. 예를 들면, 야외여행, 영화관람, 라디오 프로그램과 녹음을 청취하는 것, 일반계획의 수립, 전체 학급에 중요한 문제들을 토의하는 것, 그리고 완성된 일을 요약하는 것 등이 있을 것이다.

B. 구체적 문제들을 해결하기 위하여 여러 소그룹에서 활동함-학생의 관심과 주의와 참여는 그 학생이 삼십 내지 사십 명중의 한 사람일 때보다 다섯, 여섯 혹은 열두 명의 학생으로 구성된 소집단의 일원일 때 더욱 쉽게 자극된다. 또한 그는 소그룹에 대해 더 큰 책임감을 느끼며 자신이 기여하는데 있어서 더 큰 안정감을 느낀다. 소그룹들의 구성은 자료들을 더욱 효율적으로 사용할 수 있게 한다. 왜냐하면, 학생들이 특수한 문제들과 관심들에 대해 채택된 다양한 자료들에 관계할 것이기 때문이다. 보통 전체 학급에서 동시에 자료를 쓸 경우에는 단 하나의 교재나 팜플렛도 풍족한 양으로 제공될 수 없다. 개개의 학생들의 집단이 그들의 특수한 문제와 관심에 관하여 질문하게 될 문제들에 대해 한 권의 책으로써 그 대답을 해줄 수는 없는 것이기 때문에 많은 다양한 자료들이 사용된다. 그러므로, 소그룹에서 활동하는 것이 더 효과적인 학습을 조성해 주며 더욱 적절한 자료의 사용을 하게끔 한다는 사실을 이해해야 할 것이다.

교사는 학생들을 소그룹으로 편성할 수 있는 방법들을 생각해야 할 것이다. 설정된 특수한 문제에 대한 개별적인 관심에 연관하여 한 가지 방법이 성립할 것이

다. 이러한 계획은, 한 문제나 연관된 일단의 문제들이 학급의 다른 나머지 학생들에게 그들의 정보를 전달하게 될 어느 한 집단의 학생들에 의해서만 취급되어야 할 때 사용될 수 있다. 이러한 경우, 개개의 문제들에 연관된 다양한 자료와 경험 그리고 문제 자체를 토론한 다음 모든 학급 구성원들이 자신에게 가장 큰 관심거리인 것을 기준하여 그 문제들을 첫 번째, 두 번째 그리고 세 번째 등 중요성에 따라 선택하여야 할 것이다. 위원회는 교사의 도움을 빌어 이러한 각자의 선택에 따라 그들을 편성하게 된다. 각각의 그룹은 한 특정한 문제나 일단의 문제들을 개발하여 그들의 학습을 학급의 다른 학생들과 함께 나누어야 할 책임을 지게 된다. 학생들은 학급의 모든 구성원들의 주의를, 나아가서는 학습을 유발하기 위하여 함께 겪은 경험들이 다양하고 생생해야만 한다는 것을 이해할 것이다.

초등학교, 특히 그 중에서도 1학년의 어린이들 사이에서는, 설정된 개개의 문제들을 차례차례 다루어야 할 모든 그룹에 있어서는 모든 문제가 일반적인 관심거리일 때 가장 좋은 것같이 보인다. 개개의 그룹은 주어진 특정한 시간에 서로 상이한 한 문제를 다루게 되며 서로 다른 방법으로 그 문제에 접근하게 될 것이다. 그러나, 마지막에 그들은 정보를 기록하고 생각들을 표현하고 서로 나눔으로써 모든 문제들에 대해 다같이 간단한 연구를 하게 될 것이다. 때로는 학생들이 같이 일하고 싶어하는 상대를 선택하게 하여 그룹을 편성할 수도 있다. 이러한 편성은 비공식적으로 행해지거나 집단구조 도표를 사용하여 이루어질 수 있다. 집단구조 도표는 "우리가 설정한 문제를 해결하는데 있어서 당신이 함께 일하고 싶은 학급 내의 세 학생은 누구인가?"라는 질문에 응답하여 각각의 학생이 선택한 것을 기초로 한다. 그럴 때, 각각의 학생은 그 같이 편성된 그룹에서 자신이 선택한 학생과 자신을 선택한 학생과 함께 일하고 있다고 느낀다.

대체로 공통된 문제와 관심을 기초로 하여 함께 일할 때, 학생들은 정신적인 성숙도에 따라 편성되지 않는다. 이때, 교사는 이러한 편성상황은 정신적으로 늦은 학생이 다른 학생들의 토론, 도움 및 지도력에 의하여 이익을 얻을 수 있는 상황이라는 사실을 알아야 할 것이다. 가능하면 교사는 다루어지고 있는 문제들 각각에 대해 쉽게 읽을 수 있는 몇몇 자료들을 제공해야 할 것이다. 그는 때때로 자료를 고쳐 쓸 수도 있다. 교사는 어떠한 수준의 능력을 가진 학생이라 할지라도 특히 학습이 부진한 학생이 과외활동 경험, 그림, 토론, 문자 그대로는 이해할 수 없는 행간의 정보를 얻을 수 있는 능력, 그리고 그룹의 다른 구성원들로부터의 사회적인 도움 등을 통하여 많은 정보를 얻어야 할 것을 기억해야 할 것이다. 이러한 다른 많은 학습경험들은 학습이 부진한 학생이 자신이 자기보다 더 똑똑한 학생들과 함께 그룹 작업에 기여하고 있다는 것을 느끼는 데에 도움을 준다. 때로는 특수한 어떠한 재능이 학습이 부진한 사람에게 지위를 부여하는데 도움이 된다.

C. 예술 및 다른 창조적인 활동에서 유동적이며 변동적인 그룹에서 작업함-특수한 문제들에 대해 정보를 수집하고 기록하고 분여하는 일에 함께 활동하도록 편성된 그룹은 보통 일의 한 단위를 통하여 동일하게 유지된다. 그러나, 예술, 공작 및 다른 창조적인 활동들을 수행하는 기간에 있어서는 그룹 편성이 더욱 자발적이며 유동적이어서 학생들이 공통된 관심에 따라 일하기 위해 둘씩, 셋씩 혹은 다섯씩, 여섯씩 함께 짝할 수도 있다.

그림을 그리거나, 배를 만들거나, 시를 쓰거나 혹은 연극을 계획하거나 할 때, 소그룹들이 해산될 수도 있고 이미 짜여진 그대로 유지되어 새로운 활동에 들어갈 수도 있다. 만약에 전체 학급이 결정적인 프로그램을 계획한다면, 예를 들어 연극, 인형극, 영화 혹은 전람회 등을 계획할 때, 규정된 그룹들이 막, 의상, 대본, 무대 장치 및 전시센터와 같은 특수한 문제들을 처리하도록 편성될 수도 있다.

이와 같은 형태의 일의 그룹편성에 대해서, 교사는 거의 예비계획을 해서는 안 될 것이다. 단지 그는 학생들에 앞서서 자신이 준비한 자료와 생각과 능력으로 날마다 실황을 조성함으로써 뛰어난 작업이 완성될 수 있도록 하여야 한다는 것을 알기만 하면 될 것이다.

D. 전체 학급의 일에 개별적으로 기여함-교사는 학생 각자가 가능한 한 개별적으로 기여할 수 있도록 계획을 세워야 할 것이다. 그는 학생들이 때로는 자기 부모의 도움과 함께 그들이 그룹과 함께 나눌 수 있는 첨가될 자료와 경험들을 제공할 수 있는 방법을 철저하게 심사숙고하여야 할 것이다.

⑦ 교사는 교장과 함께 계획들을 논의한다

교사는 그의 예비계획에 있어서 교장에게 특수한 도움을 자문한다. 그들은 특정한 그룹들의 필요사항과 관심을 논의한다. 그들은 일정한 단원이 그룹의 배경에 맞도록 계획한다. 그들은 사용될 자료를 논의하고 그것들이 어디에서 발견될 수 있는가를 논의한다. 그들은 이용 가능한 출처를 물색하고 학생들이 그 단원을 바탕으로 하여 일할 때에 그들에게 특수한 도움과 정보를 제공할 수 있는 사람들과 접촉할 계획을 논의한다.

⑧ 교사는 다른 교사들에게 의견이나 자료를 요청한다

교사는 동일한 생활영역에 연관된 단원들을 수행한 적이 있는 다른 교사들에게서 도움을 얻을 수 있다. 이러한 교사들은 도움이 되었던 책과 가치 있었던 여행 및 그림과 다른 시각적인 보조교재의 출처를 제안한다. 또한 그들은 수많은 그룹들을 편성하고 다루는데 성공적으로 사용했던 기교들을 제안할 수 있다. 그들을 맞닥뜨릴 수 있는 난점과 그것을 극복할 수 있는 방편들을 제시할 수 있다. 이같은 교사들간의 계획은 한 사람 이상의 교사가 한 학급에 관계할 때 특히 중요하다. 한 가지 상황에서 생기는 관심이나 문제는 확대되어 다른 영역에서의 경험들이 바람직하게 여겨질 수도 있고 교사들이 문제에 연관된 경험들을 함께 계획할 수 있도록 하기도 한다.

⑨ 교사는 교감들로부터 도움을 구한다

교사는 특수한 도움을 얻기 위해 교감들과 고문들과 함께 이야기한다. 교감들은 그들이 많은 자원의 출처와 접촉이 많고 그들의 배경이 풍부하기 때문에 계획하는데에 도움을 줄 수 있다.

⑩ 교사는 부모들과 비공식적으로 협의한다

부모들과의 비공식적인 협의는 이중적인 목적에 기여한다. 첫째, 그러한 협의는 부모가 학생들에게 행해지고 있는 교수의 중요성을 이해하는데 도움을 준다. 부모와 교사가 학생들이 지니고 있는 경험들에 대해 논의함으로써, 부모는 학생들이 도움이나 자료들을 원할 때 그것이 학생들이 사회의 일원으로서 성장하는데 도움이 되도록 고안된 특수한 목적에 연관된 활동을 위한 것이라는 사실을 이해하게 된다. 둘째, 부모와 그들의 자녀와 다른 학생들을 알고, 지역사회와 그 자원을 알고, 그리고 작업단원의 함축을 이해함으로써 가정과 지역사회에 일어나는 작업단원에 연관된 문제와 관심들을 생각할 수 있게 된다.

(2) 교사와 학생들이 함께 단원을 계획한다

교사는, 계획의 여러 경험들을 통하여 발달된 능력은 학생이 협동적인 계획과 행동을 요구하는 생활 상황에 대처하는 데에 도움이 된다는 사실을 기억하여야 할 것이다. 교사가 제공할 수 있는 구체적인 도움과 의견의 정도는 그룹의 성숙도와 과거의 경험에 달려 있다. 학생들은 작업단원을 계획하는데 있어서 다음과 같은 단계들을 숙고할 수 있도록 교사에 의해 지도될 수 있다.

① 학생들은 그들에게 의미 있는 문제에 비추어 단원을 명명한다
학생들은 전체적인 주제에 관한 사실들을 수집하는 것보다 그들 자신의 삶에 연관된 문제를 해결하기 위해 노력함으로써 더욱 효과적으로 배운다. 수집된 정보가 그들의 일상적인 삶에서 사용될 수 있다는 사실을 안다는 것은 그들의 작업에 목적과 의미를 부여한다. 예를 들면, "내가 덴버(Denver)에서 가고 싶어하는 곳에 어떻게 갈 수 있는가?"와 같은 학생들의 실제적인 문제는 "수송"이라는 일반적인 주제보다 그들에게 더 큰 의미를 지닌다.

② 학생들은 그들이 그 단원에 관해 이미 알고 있는 것이 무엇인가를 발견한다
학생들은 단원에 연관되는 것으로서 그들이 이전에 겪었던 경험들을 이야기하고, 이러한 경험들로부터 얻은 사실과 정보를 토론한다. 이러한 토론은 학생들이 더욱 알고 싶어하는 사실들을 지적하거나 문제들을 일으키기 때문에 다음 계획의 기반이 될 것이다. 또한 그것은 교사에게 "학생들이 어떠한 처지에 있는가?"에 대한 통찰을 갖게 함으로써 교사가 학생들이 새로운 경험들을 계획하거나 다른 목적을 위한 경험을 반복하는 것을 도와줄 수 있게 한다. 예를 들어보자, "비행기를 날게 하는 것은 무엇인가?"라는 문제에 동일하게 관심을 가진 6학년의 두 그룹이 있다고 하자, 그리고 한 그룹이 비행장을 결코 방문한 적이 없었다고 한다면, 그 그룹은 비행장을 방문하는 경험을 통하여 확실하게 해답에 관한 것을 얻을 것이다. 다른 그룹은 다른 목적으로 2학년 때 비행장을 방문했으나 너무나 어려 비행기의 장치를 잘 이해하지 못했다고 할 때, 한번 더 비행장에 찾아감으로써 새로운 학습을 하게 될 것이다.

③ 학생들은 해답을 원했던 질문들을 기재한다
학생들은 그들이 합의한 문제에 관하여 자유롭게 이야기할 때 많은 질문들을 제기할 것이다. 때로는, 일반적인 문제에 연관된 그들의 경험의 기반이 한정되어 있어 그들이 그 가능성이나 범위를 깨닫지 못한 경우도 종종 있을 것이다. 교사는 학생들의 질문을 유도하려고 노력하기 이전에 학생들의 시각을 넓혀줄 계획을 하고, 학생들에게 책을 여기저기 탐독하고 그림을 보고 차트와 지도와 지구본 등을 조사

하게 하여 자료를 개발할 수 있는 기회를 부여해야 할 것이다. 그리하면, 학생들이 질문하고 특수한 문제를 규정하고 개인적인 관심들을 확인하는 때가 오면 그들은 개발의 여지가 있는 방향으로의 더 넓은 시야를 가지게 될 것이다. 계속적인 질문, 첨가되는 문제, 그리고 새로운 관심들이 단원의 작업이 진행될 때 제공된 경험으로부터 생겨날 것이다.

교사 혹은 학급의 한 학생이 이러한 질문들을 흑판이나 차트에 쓴다. 그리고 그들은 그것들을 되풀이하여 조사하고 교사는 학생들이 질문의 중요성을 평가하고 왜 그들이 어떤 질문들은 다시 언급하고 다른 것들은 제거하는가를 알 수 있도록 돕는다. 예를 들면, "우리는 일찍이 잠자리에 들어야 하는가?"와 같은 질문에 대해 "그렇다", "아니다" 등으로 대답될 수 있을 것이다. 그러나, 이 질문은 "왜 우리는 일찍이 잠자리에 들어야 하는가?"로 다시 언급되면 연장된 연구로 인도될 수 있을 것이다. "지구는 어떻게 시작되었는가?"와 같은 질문은 초등학교 그룹에는 너무 어렵다. 그리고 "석탄은 어떻게 채굴되는가?"와 같은 질문은 어떤 수준에서는 너무 이른 것이기도 하다. 이때, 이러한 질문들이 왜 포함되지 않아야 하는가를 학생들이 알 수 있도록 해야 한다.

④ 학생들은 그들이 해결하고자 하는 특수한 문제들에 비추어 질문들을 구성한다

교사는 그들이 어떤 질문들이 어떻게 연관되며 특수한 문제들로서 구성될 수 있는가를 알 수 있도록 돕는다. 예를 들면, 5학년의 학생들은 "너희는 학교 방과후에 어떻게 즐겁게 지낼 수 있는가?"에 관심을 가졌었다. 그리고 그들은 다음과 같은 질문들을 일람표로 만들었다.

우리는 어떤 클럽에 가입할 수 있는가?
우리는 가족들과 함께 할 수 있는 게임에는 어떠한 것이 있는가?
우리는 가정에서 손님들을 어떻게 즐겁게 할 수 있는가?
도시는 어떠한 레크레이션을 제공하는가?
우리는 가족들과의 휴가를 계획하는데 어떻게 도울 수 있는가?

이중에서 두 번째, 세 번째 그리고 마지막 질문은 "가족이 함께 좋은 시간을 보낼 수 있는 것들은 어떠한 것들이 있는가?"라는 문제 하에 분류될 수 있다. 이러한 분류 혹은 구성은 학생들의 사고에 방향을 제시할 것이다.

⑤ 학생들은 작업이 이루어지며 향하는 행동변화에 비추어 과제들을 설정한다

  교사는 자기 자신의 계획에서 모든 사회생활의 경험의 일부분이며 특별히 특정한 일의 단원으로부터 성장하는 경험들이기도 한 과제들을 인식했다. 학생들의 교사는 그들과 함께 계획하는 이러한 단계에서 너무 멀리 가서는 안될 것이다. 그는 학생들 자신의 경험으로부터 나온 많은 의견과 예들로써 그들을 도와야 할 것이다. 어떤 단계에서든지 간에, 과제들은 단순하고 구체적인 용어로 언급함으로써 학생들이 그들의 성장을 판단하는데 있어서 실제적인 예들과 상황들을 이용할 수 있도록 하여야 한다. 계획에서 신장된 성숙과 많은 경험으로써, 학생들은 그들의 작업에 대해 광범하고 특수한 과제들을 설정할 수 있는 능력을 발전시킨다. 교사는 학생들이 이러한 과제들을 그들에게 의미 있는 언어로써 독특하게 말할 수 있도록 도와주어야 할 것이다.

A. 사회생활에서의 모든 경험을 관통하는 과제들

〈교사〉	〈학생〉
〈a〉 함께 잘 일함	〈a〉 자료들을 함께 사용함 · 교대함 · 일의 자기 분담을 행함 · 단원의 일익을 담당함 · 설정된 표준들을 존중함
〈b〉 책임을 맡다	〈b〉 시작한 것을 마침 · 자신들을 돌봄 · 과제가 완성되었을 때 다른 할 것들을 찾음 · 자료들을 간수함
〈c〉 개방된 마음의 자세	〈c〉 다른 사람들의 말을 경청함 · 다른 사람들의 생각을 고려함 · 그룹의 결정을 받아들임 · 각자의 공헌에서 선한 것을 인지함 · 비판을 받아들임

⟨d⟩ 사회적 감수성을 찾고
　　 행함

⟨d⟩ 다른 사람들을 도울 일들을 개발함
　· 다른 사람들을 이해함
　· 다른 사람들에 대해 신중함

⟨e⟩ 명확하게 생각하는 것
　　 을 배움

⟨e⟩ 현명한 선택을 함
　· 쓸 만한 제안을 함
　· 읽은 것을 이해함

⟨f⟩ 학술적인 기능을
　　 도야함

⟨f⟩ 말하는 것과 쓰는데 있어서 자기 자신을 더욱 잘 표현할 것을 배움
　· 생각을 표현하는데 있어서 새로운 단어들을 사용하는 법을 배움
　· 정보를 어디서 어떻게 발견하는가를 앎
　· 정보를 정리하여 구성하는 것을 배움
　· 필요할 때에는 숫자들을 사용할 수 있는 것
　· 필요한 경우 새로운 단어들을 말하는 철자법을 배움

B. 단원을 위한 특수한 과제들

여기에서 특수한 과제들을 설명하기 위하여 구체적인 예를 드는 것이 필요하겠다. 교사와 학생의 관점 모두에서 언급된 다음의 특수한 과제들은 "가족의 일원으로서 우리의 책임은 무엇인가?"와 같은 특수한 문제로부터 당연히 생겨날 수 있는 것들이다.

⟨교사⟩

⟨a⟩ 자신의 소유물을 질서
　　 있게 챙김

⟨b⟩ 집에서의 구체적인 임
　　 무를 부과함

⟨학생⟩

⟨a⟩ 나의 옷과 완구를 치운다.

⟨b⟩ 접시를 씻는 것, 식탁을 차리는 것, 나의 방을 돌보는 것, 먼지를 터는 것, 길을 깨끗하게 하는 것 등과 같이 나의 구체적인 할 일을 갖는다.

⟨c⟩ 책임과 특권을 기꺼이 나누어 가진다.

⟨c⟩ 가족들의 일을 도와준다.
· 동생이 나와 함께 일하도록 한다.

⟨d⟩ 부모님의 지도와 지시를 인정하고 받아들인다.

⟨d⟩ 나의 아버지와 어머니가 원하는 일을 하려고 노력한다.

⟨e⟩ 자기 자신을 깨끗하고 좋게 유지하게 한다.

⟨e⟩ 손과 얼굴을 씻고, 이빨을 닦고, 머리를 빗고, 날씨가 좋지 않을 때에 장화를 신고, 정한 시간에 잠자리에 들고, 식사를 하고 너무 많은 군것질을 하지 않음으로써 내 자신을 청결하게 유지하도록 노력한다.

⟨f⟩ 계속 명랑하고 활동적으로 산다.

⟨f⟩ 즐겁게 지내고 재미있는 일을 발견함으로써 그리고 형제 누이들과 함께 놀고 내가 하고 싶은 대로 하지 못하더라도 유쾌하게 지내고 토라지지 않음으로써 항상 명랑하고 활동적으로 지낸다.

⑥ 학생들은 그들의 과제를 완수하기 위한 그들 자신의 과정을 평가하는 구체적인 방법들을 설정한다

교사와 학생들이 함께 계획할 때, 그들은 그들의 과제를 완수하기 위한 그들 자신의 과정을 평가하는데 쓸 기교를 결정한다. 학생들은 그들이 특수한 상황에서의 그들 자신의 행실을 숙고할 것과 그들의 과정과 난점들을 교사와 혹은 서로서로 토론할 것과 경우에 따라서는 가정 통신문과 함께 그들의 부모님들에게 설명과 의견을 요청할 것을 합의한다. 그들은 그들의 그림들과 이야기들과 보고서 및 편지들을 보관하는 개인적인 철을 가질 것을 결정할 수도 있다. 교사는 학생들의 도움과 의견과 함께 준비하여 사용하고자 한 다소의 시험과 장치들을 설명해야 할 것이다.

⑦ 그들은 사용할 만한 자료와 그것들을 구할 수 있는 장소에 대해 논의한다

학생들과 교사가 제시하는 자료들에는 다음과 같은 것이 있다. 서적, 정기 간행물, 신문, 민간기구나 정부기관에서 구비하고 있는 자료들, 그림, 영화, 영사 슬라이드, 슬라이드, 기록물, 레코드, 라디오 프로그램, 표본, 모델, 전시물, 지도, 지구본, 차트, 예술 및 공작자료 등.

어떤 학생들은 집에서 자료들과 소품들을 가져올 수도 있다. 교사는 예비계획을 하는 동안 모아 놓은 자료들을 내어놓아야 할 것이다. 학급은 학교나 공공 도서관, 지역사회의 여러 다른 장소에서 물건들을 가져오는 책임을 맡을 위원들을 정해야 할 것이다. 또한 이런 자료들을 최선으로 이용하기 위해 분류하고 전시할 위원들을 정해야 할 것이다.

⑧ 학생들은 그들의 문제를 해결하는데 도움이 될만한 경험들을 고려한다

〈보기〉

- 정보를 위한 독서
- 정보의 기록
- 영화와 다른 시각적 보조교재를 봄
- 라디오 프로그램을 청취함
- 각 개인들에게서 정보를 수집함
- 이야기, 희곡, 시, 노래 등을 씀
- 토론
- 여행
- 관심 있는 장소에의 방문
- 실험
- 모델 구성
- 지도와 지구본 사용
- 그림지도 작성
- 그림, 벽걸이, 벽장식을 만듦

⑨ 학생들은 단원의 절정 형성의 여러 가능성들을 논의한다

계획에서의 이 단계는 보통 단원의 진행이 있은 후 다양한 활동들이 어느 규정된 형태의 요약하는 경험에로 넘어가는 것처럼 보일 때에 행해진다. 많은 경우에

학생들은 그들의 학습이 인형극, 방송극, 일련의 드라마, 혹은 박람회를 통해서 어떻게 표현될 수 있는가를 작업의 이른 시기에 알아야 할 것이다. 이와 같은 활동들은 학생들의 창조적인 노력을 예술, 음악 및 영어문장으로 함께 엮는 실이 될 수가 있다. 어떤 단원들에 대한 작업은 학생들이 건물이나 다른 학교에서 부모와 그룹들에게 행한 것을 이야기하거나 설명하거나 보여줌으로써 비공식적으로 경험을 나눔으로 가장 잘 요약될 수도 있다. 학생들은 그들이 성공적으로 성취한 것을 다른 사람들에게 보여주거나 설명하는 것을 좋아한다. 그러나, 교사와 학생들은 절정의 활동이 마지막에 부가되는 무엇이 아니라 작업의 자연적인 결과이어야만 한다는 사실을 구체적으로 이해하여야 한다.

⑩ 학생들은 작업방식을 결정한다

A. 공간의 정돈과 돌봄-교사와 학생들은 효과적인 작업을 위한 공간의 정돈을 계획해야 할 것이다. 책과 다른 자료들을 어디에 보관할 것이며, 이것들을 어떻게 간수하고 나누어 이용할 것이며, 토론장과 중심 작업장이 어떻게 준비될 것이며, 관심 있는 전시물과 소품들을 어디에 전시할 것이며, 그리고 게시판을 어떻게 사용하여야 할 것인가 등을 계획해야 하는 것이다.

B. 작업을 위한 학급 편성-학생들은 학급위원이나 반장으로서 활동할 때 생기는 자기 중요성이나 책임을 느끼는 것을 좋아한다. 그들은 어떻게 그러한 그룹들이 구성될 것인가를 계획해야 할 것이다. 교사는 학생들의 그룹이 함께 잘 작업하려면 필요한 사항들을 이해하는 것을 도와주어야 할 것이다. 예를 들면, 다음과 같은 표준들이 있을 것이다.

- 그룹에서의 자기의 분담 역할을 행하라.
- 말썽 없이 일하도록 노력하라.
- 여러분의 일을 고정하라.
- 다른 사람들의 생각과 제안에 귀를 기울여라.
- 자료와 책임을 분담하라.
- 스스로 할 일을 찾으라.

학생들은 또한 학급이 전체적으로 참여할 경험과 개개의 학생들이 기여할 수 있는 공헌을 토론해야 할 것이다.

C. 임시적인 시간표의 작성-학생들은 날마다 연구와 토론시간 그리고 그들이 그들의 창조적인 활동이나 공작활동들을 할 때의 작업시간 등이 준비되어야 한다는 사실에 합의해야 할 것이다. 또한 그들은 독서, 산수, 철자법 및 음악에 대한 기능과 능력을 향상시키는 시간이 날마다 배정되도록 계획해야 할 것이다. 또한 그들은 책, 즉 소설과 시를 읽고 노래를 부르며 놀이를 즐기는 시간도 허용해야 할 것이다. 이러한 활용적인 많은 시간들은 현안 문제들에 연관되기가 일쑤이다. 때때로, 그들의 활동은 다른 요구사항과 관심을 만족시켜야 할 때도 있다.

교사와 학생들은 시간표는 유동적이어야 한다는 것을 알고 있다. 때때로 야외여행, 초청된 혹은 기대치 않았던 방문객과의 대화, 학교 프로그램 아니면 학교 간호원이나 치과의사가 도착하는 것 등 때문에 시간표가 다시 배정될 필요가 있을 수도 있다. 때로는 다른 관심과 요구를 만족시키기 위하여, 예를 들면 지역사회 운동, 공휴일, 전체 학교의 계획 등, 예기치 않은 것 때문에 하고 있던 작업단원이 아예 며칠간 묵살되기도 할 것이다. 학생들은 이러한 방해요소들을 크게 성가시게 여겨서는 안 될 것이다. 그리고 교사도 만약에 그가 그러한 방해행사들이 현재 하고 있는 단원의 작업만큼이나 가치 있는 학습경험을 제공할 수도 있다는 사실을 인식한다면 그처럼 성가시게 여길 수는 없을 것이다.

7. 계획을 넘어서서

잘 계획된 일이라 할지라도 실제 수행되는 과정에서는 과도하게 진행된다. 만약에 교사가 학생들을 적절하게 자극하고, 지도하고, 도와주기 위하여 여건을 조성하면서 학생들에 앞서서 그리고 학생들과 나란히 일한다면, 학생들은 그들이 하고자 하는 것이 무엇인가를 결정할 것이다. 일단 그들의 관심이 유발되어지고 그들의 목적이 실제로 자극되어지면 그들은 열심히 일하여 그들이 원하는 바를 얻는데 성공하게 된다. 정상적인 사람이라면 누구든지 그를 저해하는 일이 없이 도전해 오는 무엇에 의해 활동하게끔 각성되고, 건전한 인간관계가 존재하는 사회적인 집단에서 잘 지도된 행동을 할 수 있는 당연한 자유가 주어져 있기만 하면 잘 배울 것이다. 학생들은 적절하게 도전을 받으면, 그것이 너무 강하지 않다면 방해하는 조건들에도 불구하고 학습을 이룰 것이다.

실행은 실험, 교정 그리고 개정을 통하여 과제들이 성취될 때까지 계획에 따라 수행하는 것을 의미한다. 이는 본질적으로 학생들의 일이다. 교사는 가르치는 것만을 해서는 안 될 것이다. 그는 오히려 학생들이 자기를 가르치도록 함으로써 일을 잘 하는 것이다. 질문들이 해답을 요구하도록 여건을 조성하면, 학생들과 교사는 사용할 만한 곳으로부터 해답들을 배울 것이다. 교사의 계속적인 학습과 성장은 그가 학생들에게 해 줄 수 있는 어떤 것보다도 더 그의 학생들에게 중요하다. 교사의 할 일은 지켜보고, 용기를 북돋워주고, 그가 필요하다고 생각될 때 도움을 제공하는 것이다. 교사의 기능은 침묵하는 것과 말하는 것 모두를 포함한다. 교실에서 어떻게 조용할 것인가를 배운 교사는 현명하다. 교사가 도와주고자 한 제의가 학생에 의해 기꺼이 받아들여진다면, 그것은 가치가 있다. 교사는 도움을 제의한다. 그 제의가 받아들여지느냐 거부되느냐는 학생에게 달려 있다. 학생이 배우고 성장함에 따라, 교사는 더욱더 무용하게 된다. 교사의 효율성을 측정하는 좋은 기준은 그가 그 자신을 학생에게 어느 정도 불필요하게 하는 가이다.

일단 학습의 실행단계가 완성되면, 교사와 학생은 결과를 평가해야 한다. 이 시점에서 평가가 필요하다 해서 학습과정의 다른 장소에서 평가가 빠졌다는 사실을 굳이 고려할 필요는 없다. 앞서 지적된 바와 같이 학습의 네 가지 양상의 각각은 학습경험 전체를 통하여 나타난다. 계획의 실행과 결과의 평가는 다음 장들에서 더 고찰될 것이다.

8. 여건조성의 방법들

학기가 일사분기 혹은 일의 단원의 처음부터 한꺼번에 학습여건을 조성하는 교사는 아무도 없다. 여건조성이란 짧거나 길거나 간에 전체 학습기간을 통하여 항상 계속되는 일이다. 그것은 한 학기 동안 수없이 행해져야 할 그 무엇이다. 그것은 처음부터 마지막까지 학습과정의 모든 단계에 행해져야 한다.

더군다나 여건을 조성하는 방법에는 여러 가지가 있다. 환경이 경우를 바꾼다. 교수 학습 상황은 다른 방식으로 시작할 수 있다. 교사의 기능은 상황에 따라 다양하다. 학습을 향상시키기 위해서 교사는 현존하는 상황에 의해 요구되는 방식이 무엇이든지 간에 그 방식으로 진행해야 한다. 예비계획은 결코 완전하거나 완성된 것일 수 없다. 학습 상황들이 순간순간 성립하는 그대로 대처되어야 한다. 어떤 상황에서는 교사가 지도하는 역할을 해야 한다. 또 어떤 상황에서는 학생들이나 한 학생에게 지도하도록 해야 한다. 어떠한 실제적인 학습상황이라 할지라도 거기에서 진행되는 활동에서부터 새로운 관심이 생겨나기 마련이다. 실제 교수는 이러한 관심을 응용할 것을 요구한다. 그것이 교사가 주도권을 가지거나 혹은 학생들에 의해 수행되거나 간에 그러한 새로운 관심은 응용되어야 한다. 교사는 어느 방식의 응용이 더 나을 것인가를 감지해야 한다.

우리는 첫째도 마지막에도, 아니 항상 이 기본적인 사실, 즉 경험은 그저 최선의 교사가 아니라, 학생이 그 자신의 경험을 통하여 배워야 한다는 의미에서 유일한 교사라는 사실을 기억할 필요가 있다. 교사라 불리는 사람이 할 수 있는 일이란 학생들의 경험을 진작시켜 그들이 배우고 성장할 뿐만 아니라 성장하면서 배울 수 있도록, 즉 생활과 학습에서의 기능을 향상시킬 수 있도록 하는 것뿐이다. 교사에 의해 언급되고 행동되는 것은 그가 아무리 학식이 있다고 여겨지든지, 그의 경험이 실제로 아무리 풍부하다 하더라도 학생이 스스로 경험하는 것을 떠나서는 학생에게 아무런 유익도 끼칠 수 없다.

앞장에서 설명되었던 것처럼 교사는 의사와 마찬가지로 일종의 개업자이다. 교사는 일을 실행하는데 있어서 그가 지니고 있는 일반적인 지식을 기반으로 그가 모르는 특정한 일을 수행해야만 한다. 의사와 교사는 둘 다 실수를 범한다. 때로는 심각한 실수를 범하기도 한다. 치명적인 실수를 범하는데 있어서 두 사람간의 차이는 다음과 같다. 의사의 실수는 묻혀지지만 교사가 범한 실수의 영향은 교사에 의해 고통당한 개개인의 삶에 지속될 수 있다. 교사는 실수에 관하여 어떻게 대처할 것인가? 그는 너무 많은 실수를 범하지 않도록 하며 실수를 범했을 때는 그 실수들을 인식할 수 있도록 하기 위하여 계속적으로 주의를 기울일 수 있다. 그는 자기 자신에게 실수를 인정할 수 있어야 하며, 필요하다면 학생들에게도 인정할 수 있어야 한다. 그는 자기가 범한 실수의 영향을 중성화시킬 수 있는 수단이 무엇이든지 간에 가능한 한 동원할 수 있어야 한다.

학생들에게 바람직한 경험을 담은 내용을 제공하는 한 가지 방법은 학생들에게 그들이 할 일을 말해 주는 것이다. 교사가 숙제를 부여하는 것이 최선인 상황들도 있다. 만약에 교사와 그의 학생들 간의 관계가 우정과 상호 신뢰의 관계라면 학생들은 교사가 그들에게 하도록 말한 일을 기꺼이 행할 것이다. 이러한 방법은 시간을 절약하며 좋은 학습에 의해 이해되어야만 한다. 즉, 학생들은 그들이 할 일이 무엇인가를 명백하게 그리고 구체적으로 정확하게 이해할 필요가 있는 것이다. 또한 학생들이 하도록 이야기된 임무는 그들이 할 수 있는 것이어야만 한다. 더군다나 해야 할 일은 비록 그 의미의 충분함이 직접적으로 밝혀지지 않는다 할지라도 학생들의 욕구와 관심과 목적에 비추어 보아 학생들에게 의미가 있는 것이어야만 한다.

아주 반대로, 교사가 학생들로 하여금 교사 자신의 지시와 지도를 완전히 떠나 그들 스스로 실험할 수 있도록 할 수도 있다. 어떠한 학습도 개개인이 스스로 행동하지 않고서는 이루어질 수 없기 때문에 학생들이 그들 스스로 탐색하고 실험하는 것이 필요하다. 그럴 때에 교사는 요구되지 않는 한, 심지어 아무 말도 하지 않는 단순한 구경꾼의 태도를 견지해야만 한다.

의미 있는 학습내용을 제공하는 세 번째 방법은 교사가 우연적으로, 혹은 성실한 모색에 의하여 문제를 발견하는 것이다. 적절한 문제를 발견한 후, 교사는 그 문제를 학생들의 당면한 관심에 조심스럽게 소개함으로서 학생들이 그 문제에 생생하게 흥미를 느끼고 그 문제를 연구하는 데에 기꺼이 협조할 수 있도록 하여야 한다. 교사의 태도는 다음과 같아야 한다. "여기에 재미있는 문제가 하나 있어. 이것이 의미하는 바가 무엇이며 이것을 어떻게 해결할 것인가를 다같이 생각해 보도록 하자! 이 문제는 나뿐만 아니라 여러분들의 문제이고 우리들의 문제이다. 우리 모두가 배울 수 있는 것이 무엇인가를 알기 위해 다같이 노력해 볼까?"

학생들이 교사에게 질문과 문제와 관심거리를 제공하고 이러한 것들을 다루는데 있어서 교사의 협조를 구하는 경우도 있다. 그러한 상황은 교수와 학습에 대해 놀라운 기회를 드러낸다. 세심한 교사는 그러한 상황의 가능성을 파악하고 그러한 상황을 유발할 수 있는 자신의 창조적인 능력을 최대한 이용한다.

마지막으로, 학습경험을 발견하고 계획하고 실천하는데 있어서 교사와 학생이 함께 하는 방법이 있다. 교사는 학생의 경험류(經驗流) 속에 결핍감 때문에 무언가를 하고자 하는 관심과 욕망을 불러일으키는 대상과 상황과 도전과 기회들을 개입시킴으로써 목적들을 불러일으킨다. 학생들과 교사가 학습을 위해 함께 일한다. 이때 교사는 학습활동의 지도에 대한 책임을 점점 더 학생들에게 전가시킨다. 교사의 주된 임무는 활동의 장을 규정하는 것이다. 규정된 장내에서 학생 개개인의 행동과 마찬가지로 교사의 모든 행동들이 시험과 비판과 평가 및 결정에 있어서 전체 그룹에 순복한다. 교사는 학생들을 위하여 그들 스스로 할 수 있는 일마저 하는 것을 조심스럽게 삼가고, 학생들에게 자기 통제와 자기 지도의 기회를 계속해서 더 많이 부여해야 할 것이다. 이처럼 여건을 조성하는 방법은 학습과 성장과 생활에 있어서 효과적인 경험내용을 제공하는 가장 효과적인 방법이다.

기독교 교육 원리

제18장 학습 에너지 동원

　인간은 일종의 에너지 체계이다. 즉, 인간은 계속적으로 에너지를 행동으로 변형시키는 유기체이다. 살아 있다는 것은 생명력 혹은 생명 에너지가 방출되고 있음을 의미한다. 생명력의 방출은 활동을 의미한다. 살아 있는 체계로서의 인간은 항상 이러저러한 류의 행동을 한다. 심지어 잠잘 때에도 활동은 그치지 않는다. 단지 그 양에 있어서 감소될 뿐이다. 인간은 날 때부터 죽을 때까지 자기의 환경에 의한 자극에 얽매여 있고 자극 받을 때에는 언제라도 어떤 방식으로 반응한다. 인간은 그가 항상 반응하고 있는 대상과 사건과 분위기와 상황의 세계 속에서 생활한다. 교수는 에너지의 방향조정과 구성에 관계한다. 달리 말하자면, 교수는 활동을 학습을 이루도록 하는 수단의 발견과 이용에 관계한다. 교사가 좋은 계획을 세우는 것으로 충분하지 않다. 학생이 경험하는 것으로 충분하지 않다. 모든 경험이 좋은 학습경험인 것은 아니다. 학생의 학습의 질은 그의 경험의 질과 그의 경험이 지향하고 있는 목적에 달려 있다.

　자연적인 관심은 모든 학생에 있어서 기초가 된다. 그러나, 효과적으로 가르치기 위해서 우리는 자연적인 경험을 지도하고 개선한다. 의미를 주는 자연적 여건과 함께 출발하면서, 우리는 에너지의 표출을 현재의 경험을 넘어서서 나중의 경험에 효과 있게 연결시켜야 한다. 경험의 가치는 그것이 미래의 경험에 대해 지니고 있는 의미에 달려 있다. 어떠한 경험도 그 자체로서 종결되지 않는다. 모든 경험은 나중 경험의 일부이다. 좋은 학습상황은 연관된 수많은 경험들로 구성된다. 이때, 연관된 경험들은 학습자에게 의미를 띠며, 학습자에 핵심이 되는 목적을 중심으로 통일된 것이며, 그리고 자극적이고 도전적인 환경을 구성하는 경험들이다.

경험의 의미는 학생의 정신에 있어서 과거가 어떻게 현재에 연관되는가에 달려 있다. 학생의 목적과 관심은 어떠한 경험에 대해서든지 간에 미래의 경험에 연관되는 결정사항을 부여한다. 교수가 학생에게 자극적인 환경을 적절하게 제공하는 정도에 따라 학생의 에너지가 그의 목적과 관심을 통하여 바람직한 학습활동으로 표출된다. 학생은 자극을 받아야 한다. 교사는 학생이 배워야 하는 내용을 적극적으로 학습하도록 하는 데에 필요한 자극을 주어야 한다.

에너지는 학생의 것이며, 그 에너지를 방출하는 활동도 학생의 활동이다. 교사와 학습과정이 밀접하게 연관되어 있다는 것은 사실이다. 그럼에도 불구하고 교사는 학생의 에너지를 소비할 수 없다. 즉, 교사는 학생의 활동에 가담할 수 없고, 학생을 위해 배울 수도 없다. 단지 그 학생만이 자신의 에너지를 행동으로 바꿀 수 있다. 학생만이 자신의 학습을 이룰 수 있다. 교사는 구경꾼이나 관망자이지 학생의 학습에 참가하는 사람이 아니다. 교사의 임무는 행위와 학습을 행하는 학생을 위해 무대를 마련하는 것이다.

학습의 활동은 목적을 지닌 활동이다. 목적지향적 행위는 세 가지 요소를 띤다. 행동으로의 강한 충동, 의미와 가치의 양식, 그리고 행위를 일으키는 상황 등이 그것이다. 모든 행동에 있어서 기본적인 충동은 만족스러운 방식으로 생활을 유지하겠다는 필요성이다. 충동은 생활의 모든 단계에서 표현된다. 그것은 가장 간단한 것에서부터 가장 복잡한 것에 이르기까지 모든 행동에 나타나며, 긍정적인 방식으로 뿐만 아니라 부정적인 방식으로도 표현된다. 그것은 인간의 수많은 특수한 욕구에 대한 기반이다.

사람이 지니는 의미와 가치의 양식은 과거 경험의 결과이다. 그것은 그가 자신이 경험한 생활의 의미에 관하여 가지고 있는 일반적인 생각으로 구성된다. 이러한 양식은 명백할 수도 있고, 명백하지 않을 수도 있다. 명백하든지 그렇지 않든지 간에, 그것은 우리가 모든 상황을 해석하고 모든 결정을 내리는데 있어서 끌어들이는 참조처이다. 모든 인간은 자신의 가치에 비추어서 선택한다. 가치는 "임의의 관심의 임의의 목적대상"이라고 정의된 적이 있다. 관심이나 욕구를 만족시키는 것은 무엇이든지 간에 가치를 지닌다. 관심은 우리가 어떤 일에 참여하는 태도이다. 전형적으로 인간의 태도는 일에 대해 우의적이거나 적대적이다. 이러한 호의적인 선택의 반응은 관심의 목적 대상을 가치로서 인식하게 한다. 가치 양식은 한 극점에서의 부정적인 가치로부터 다른 극점에서의 지고한 긍정적 가치에 이르는 많은 수준 혹은 많은 정도의 가치를 포함한다.

목적지향적 행위의 세 번째 요소는 상황, 즉 한 생활을 이루는 한없이 많은 일련의 상황 그것이다. 상황이란 그 객관적이거나 외부적인 조건들 안에서 학생이 상호작용하는 무대 혹은 맥락이다. 이러한 상호작용의 결과가 곧 경험이다. 상황은 사람의 의미와 가치 양식에 비추어 그에 의해 판별되며 그에 따라서 반응된다.

1. 동기부여

동기는 무엇이든지 간에 에너지를 행동으로 변화시키는 과정을 유발시키는 것에 대한 일반적인 용어이다. 욕구, 충동, 강제, 자극, 소욕, 습관, 관심, 목표, 경향, 소질, 가치 및 다른 많은 것들과 같은 수많은 용어들이 동기화된 행위를 묘사하는 데 쓰인다. 이 모든 것들은 "왜 행위가 생기는가?"라는 질문에 대한 해답을 찾는 데에 채용된다.

교사는 이러한 질문과 해답에 적극적으로 관심을 가진다. 왜냐하면, 동기가 학습의 기초이기 때문이다. 동기는 학습에 대해 우연적인 방식으로 관련되지 않는다. 그것은 있을 수도, 혹은 없을 수도 있는 무엇이 아니다. 동기는 절대적으로 필요불가결한 것이다. 학습은 행위이며 행위는 에너지가 동기를 통하여 발산될 때에만 생기는 것이기 때문에, 학습은 어떤 종류의 동기가 없이는 결코 생기지 않는다.

그러므로, 교사는 학생들의 동기를 이해함과 아울러 그 동기들을 학습을 자극하는 데에 사용할 필요가 있다. 동기부여는 아주 복잡한 일이기 때문에 이러한 이중적인 임무는 어렵다. 동기는 아주 다양하며, 동기가 드러나는 방식을 이해하는 것은 결코 쉽지 않다. 학생들은 동일한 행위를 하면서도 다른 동기에 의해 그 행위들을 하는가 하면, 동일한 동기에 의해 서로 다른 행위를 하기도 한다. 동기들을 이해한다는 것은 많은 접촉과 관계에 있어서 개개인이 어떻게 행위하는가를 많이 연구하고 관찰하는 것을 요구한다. 동기를 잘 이용한다는 것은 그 동기들을 학습에 적절히 기능하도록 유도하는 것뿐만 아니라 동기들 자체를 학습목적에 맞추어 응용하고 수정하는 것을 수반한다.

우리는 어떤 사람이 행동할 때 그 행동을, 행동하게끔 충동하는 욕구와 행동방향을 결정하는 의미와 가치의 양식에 비추어 점검함으로써 그처럼 행동하는 이유를 이해한다. 욕구는 여러 형식으로 나타난다. 즉, 인간은 많은 욕구들을 지닌다. 어떤 욕구들은 일차적이거나 기초적이고, 어떤 다른 욕구들은 이차적이며 파생된 것이다. 일차적인 욕구들은 그의 원래의 성질을 구성하는 부분이 된다. 이차적 욕구들은 경험과 학습을 통하여 형성된 것들이다. 음식에 대한 욕구는 일차적이다. 맛이나 식욕을 돋구기 위해 과자를 먹으려는 욕구는 이차적이다. 동료관계에 대한 욕구는 일차적이다. 특정한 사람에 대한 관심으로서 그 사람과의 친분을 트고자 하는 것은 파생적인 욕구이다. 자기 실현의 욕구는 기초적이다. 전심으로 힘을 다하여 헌신하게 하는 이차적인 봉사에 대한 이상은 이차적이다.

(1) 기초적 혹은 일차적 욕구는 동적이다

이러한 욕구는, 이 욕구가 만족되거나 유기체가 모든 에너지를 소진할 때까지 계속되는 행위를 유발한다. 이 욕구에 연관된 여건들은 유기체로 하여금 행동하게끔 충동질하는 것처럼 보인다. 그 자체에 있어서 이러한 욕구들은 맹목적으로 작용하여 무슨 특수한 형태의 만족을 얻으려고 하지 않고 생활과정의 일부로서 자동적으로 기능한다. 의미 있는 경험을 통한 학습에 의해서만 어떤 특수한 일들이 욕구를 만족시킨다고 인식하게 된다.

(2) 이차적 혹은 파생적 욕구

기초, 습관, 목표, 동기, 가치 그리고 이상 등의 형태로 존재한다. 충동을 만족시키는 대상이나 경험은 가치 있는 것처럼 여겨지고 동기부여의 원천이 된다. 이때 동기부여는 그러한 대상이나 경험에 의해 유발된 결과를 통하여 이루어진다. 이차적인 동기들은 경험을 통하여 계속적으로 발전하며, 다양한 종류의 결합에 의해 행동에 영향을 미칠 수 있다. 학생은 오로지 일차적인 욕구로써만 삶을 시작한다. 그러나, 그는 일찍이 파생적인 욕구를 획득한다. 동기부여는 이 두 욕구의 불가분리적인 상호관계에서의 이중적인 기능의 결과이다. 기초적인 욕구는 특수한 행위가 아니라 임의 행위의 유발에 일차적으로 관계한다. 경험으로부터 파생된 욕구는 어떤 규정된 행위의 방향에 우선 관계한다.

교사의 주된 임무 중의 한 가지는 자극하는 것이다. 학생은 욕구감에 의해 동기지워질 때 자극을 받는다. 동기는 학생에게 존재한다. 동기는 어떤 목표나 어떤 목적의 달성에 연관하여 행동을 시작하고 계속하는 학생의 상태 혹은 조건이다. 그것은 교사가 학생에게 주입시키는 것이 아니다. 어느 누구도 다른 사람에게 동기를 줄 수가 없다. 학생이 그가 가지고 있는 동기가 어떠한 것이든지 간에 학습에 의해 만족될 것이라는 사실을 믿기 전에 그 학생은 결코 배울 수가 없다. 학습이라 일컬을 수 있는 어떠한 것도 학생이 목적지향적 행위에 가담하지 않는 한, 아무리 유능한 교사라 할지라도 그 학생이 잘 배우는 것을 도울 수 없다. 동기화되면, 어떠한 장사(壯士)라 할지라도 그가 배우는 것을 막을 수 없을 것이다.

2. 교사와 동기부여

교사에게 당면한 실제적인 문제는 어떻게 학생을 자극하여 학생이 교사가 권하는 학습을 이룰 수 있는 행동으로 자기의 에너지를 쓸 수 있게 하는가이다. 에너지는 흐르는 물의 에너지가, 기사가 댐을 만들고 에너지를 동력으로 바꿀 수 있는 기계를 설치하기 전까지는 사용되지 않는 것과 같다. 그리하여 학생이 그의 에너지를 사용할 수 있는 방법이 어떠하든지, 그의 에너지가 발휘하는 기능이 어떻게 가치 있든지 간에, 그 에너지는 학습 상황에서 의미 있고 효과적으로 사용되도록 동원되기 전까지는 교수 목적에 있어서 전적으로 무용하다. 기사는 작업할 때에 이미 알려져 있는 사실과 다른 사람에 의해 만들어진 공식을 준수한다. 교사에게는 알려진 공식도 없고 학생들의 에너지를 동기로 변형시키는 데 적용할 규정된 절차도 없다. 교사는 전체적인 동기 부여적 환경에서 일해야만 한다. 가르칠 내용, 물리적인 환경, 그룹의 구성, 교사의 인격, 그리고 교수의 질 등은 모두 다 동기화의 요소들이다. 한때 효과적인 것이 다른 상황에서 잘 살려지지 않을 수도 있다. 동기부여는 학습 상황에 들어 있는 내재적인 부분이며 학습 상황과 관계없이 독립적으로 있는 그 무엇이 아니다.

학생들을 자극하는 모든 요소들 중에서 교사와 교수의 질보다 더 강력한 것은 없다. 교사가 어떤 인물인가, 그리고 교사가 무엇을 행하는가에 따라 학생들의 에너지가 발산되기도 하고 응축되기도 한다. 명랑하고 행복해 하는 성질과 인간적이며 사교적이고 협조적인 태도는 고무적이다. 자극을 주고자 하는 교사는 교과서와 보조교재들을 자신과 학생들 사이에 개입시켜서는 안 된다. 그는 학생을 가르치는 것이지 내용을 가르치는 것이 아니다. 교사는 개개의 학생들과 개인적인 관계를 유지하는 진정한 친구이며, 이러한 친분 가운데서 그는 이타적으로 각자를 돕고자 한다. 그의 학생들을 진실로 존중하는 교사, 학생들에게 친절과 관심을 보여주는 교사, 그들의 문제에 진정으로 관심을 가지는 교사, 학생들을 개별적으로 관심을 가지고 이해하는 교사, 그리고 학습을 고무시키는 교사는 학생들에게서 학습 의욕을 불러일으킨다. 보통 학생들이 교사를 좋아할 때, 그들은 배우는 것도 좋아한다.

학습과 교수에 대한 진정한 열의는 학생들의 에너지를 발산시키는데 기여한다. 학습이 매혹적인 발견에의 모험이 된다는 것을 진실로 발견한 교사는 열심을 다하여 학생들을 쉽게 각성시킨다. 마찬가지로, 교수에의 열정을 가진 교사는 학생들에게 학습 흥미를 일깨우는 일에 거의 실패하지 않는다. 만약에 교사가 진실로 학습에 대한 동정적인 이해를 하고 학습 성과를 효과적이며 창조적인 방향으로 적용한다면, 학생들은 의욕을 가질 것이다. 학생들의 경향들을 명민하게 이용하고, 학생들의 성장에 대해 자연적인 관심에 호소하고, 학생들의 진정한 관심을 보이고, 그리고 욕구와 가치를 부각시킴으로써 교사는 학습자들의 동기화에 구체적으로 기여할 수 있다.

3. 학생과 동기부여

오늘날 젊은이들의 에너지를 참된 학습으로 유도한다는 것은 특히 어렵다. 왜냐하면, 그러기에는 많은 경쟁적인 요소들이 존재하기 때문이다. 현대 생활에서 공리주의적인 경향이 강조됨으로써 공부 자체의 기쁨보다는 오히려 표면적인 학습을 조장하고 있다. 상업화된 오락에 만연되어 있는 저질적인 충동의 유발은 심각한 목적의 부족을 조장한다. 텔레비전, 컴퓨터, 코미디 및 허구의 난립은 관심과 에너지의 낭비를 조장한다. 부정부패, 도박, 범죄와 악이 만연됨으로써 저질화된 도덕적 표준들은 젊은이들 사이에 높은 이상을 진작시키지 못하고 있다. 세상에 만연되어 있는 아주 일반적인 태도는 젊은이들에게 높은 야망을 불어넣지 않는다. 아무것도 하지 않으면서 무엇인가를 얻을 수 있다는 요령적인 생각은 많은 학생들로 하여금 태만하게 한다. 이외에도 세상 전체의 혼란은 긴장된 열심을 방해하는 불확실성과 고민을 자아낸다. 가장 쉽게 사용할 수 있는 동기부여는 외부적인 동기부여이다. 이것은 이전부터 널리 퍼졌던 것이다. 기본적으로 이것은 다음과 같은 가정들 하에서 이루어진다. 학생은 아무것도 모르며 자기 스스로 가치 있는 일을 전혀 할 수 없다는 것, 교사는 훈육에 있어서 뿐만 아니라 지식에 있어서도 권위자라는 것, 모든 인간은 사회 규칙에 순응하도록 되어져야 한다는 것, 학생은 자기 자신의 관심과는 무관하게 다른 사람들이 용납할 만한 것으로 간주되는 행위에 억지로 가담해야 한다는 것, 그리고 이러한 외부적인 동기부여의 슬로건은 다음과 같다. "네가 좋아하지 않는 한 무엇을 공부하든지 간에 상관없다." "약은 쓴 것일수록 좋다." "읽기와 쓰기 그리고 산수는 히코리(hickory) 지팡이의 소리에 맞추어 가르쳐진다." 여기에서 사용되는 교수 방법은 주로 암기와 강의에 의존하는 교사의 지배적인 방법이다. 또한 이는 배우지 못한 것에 대한 벌과 학습 자체와는 상관없이 학생의 학습을 자극하기 위한 상급에 종종 의존한다.

외부적 동기부여는 대체로 주제의 숙달과 사실의 암기를 그 자체가 목적인양 심하게 강조한다. 이는 학생의 성장과 학생의 인격형성에 대하여 거의 관심을 보이지 않는다. 이러한 외부적 동기부여가 끼치는 주된 해악은 그것이 학생들의 생활에 불행한 결과를 가져온다는 것이다. 심지어 경쟁, 점수, 우등상, 실패에 대한 위협 및 벌의 두려움 등에 호소하는 자극이 학생들로 하여금 어떤 숙달 상태에 이르도록 하는 데에 성공한다 할지라도 그러한 자극은 잘못된 태도를 형성하는 원인이 될 수가 있다. 오래 전에 호레이스 만(Horace Mann)은 다음과 같이 말했다. "만약에 교사가 학생이 좋은 사람이 되기보다 위대한 사람이 되기를 바라거나, 학생이 존경보다는 부를 얻기를 바라거나, 학생이 자기 자신의 정신을 통제하는 것보다 라틴어에 숙달되는 것을 바라거나, 학생이 주 하나님을 전심으로 사랑하고 그의 이웃을 자기 몸처럼 사랑하기보다 높은 공직에 오르기를 바란다면, 그는 학생이 윤리성에 있어서 어떠한 대가를 치르더라도 동료를 능가할 때까지 경쟁의식이나 다른 동기에 의해 크게 박차를 가함으로써 그 학생을 자극할 것이다."

교수에 있어서 인위적인 자극제를 사용하는 것이 오늘날의 생활에 있어서 바람직하지 못한 경향들을 발달시키는 일에 크게 기여한 것이 아닐까? 이전에 얻지 못했던 학교 성적을 얻고 "요령"에 의존하는 경향에 의해 얼마나 많은 사람들이 발전했는가? 학교에서의 성적을 위한 공부가 공리주의적 동기의 존재를 얼마나 설명하는가? 범죄와 악이 학창시절에 상을 얻기 위해 헛되이 노력하던 것에서부터 생겨나는 좌절감에 어느 정도로 기인하고 있는가? 시기와 경쟁의 강조 및 다른 사람들을 위해 혹은 다른 사람들과 함께 일하고자 하는 의지의 붕괴가 교사들을 오도하고 그들의 비정상적인 요구들을 충족시키고자 하는 학생의 의향에 의해 얼마나 많이 이루어지는가? 와해, 움츠림, 증오, 반항, 분개, 공격적인 행동, 완고함, 그리고 심지어 인격의 파탄까지도 상벌의 사용에 기인한다.

어떠한 교사도 학습동기를 창조할 수는 없다. 그러나, 모든 교사는 학생들이 그들의 에너지를 동기화된 행위로 변화시키는 것을 도와주는 상황들을 조성할 수는 있다. 가장 바람직한 동기는 학생들이 받아들이는 목적이다. 왜냐하면 목적은 학생 자신의 욕구와 관심으로부터 생겨나기 때문이다. 학습 과제는 학생이 하고 싶어하는 것에 연관될 때 의미가 있다. 학습을 유발시키는 모든 것들 중에서 학습자가 자기가 배우고 있는 것이 가치가 있다는 것을 인식하는 것 보다 더 효력 있는 것은 아마 없을 것이다. 학습이 학습자가 스스로 세운 목표의 달성에 적합하다는 확신은 그러한 학습을 성취하고자 하는 소망을 만들어낸다.

내부적인 동기부여는 항상 학생의 관심에 기초한다. 애들러(Adler)는, "경이(wonder)는 자연학습은 물론 서적 학습에서의 지혜의 시작이다."라고 말했다. 교수는 학생에게 생득적이며 학습의욕을 고취시키는 열성적인 호기심을 생동적으로 유지시켜야 한다. 학생의 적극적인 지식열은 자신의 관심기반을 통한 접근에 의해 자극된다. 관심을 가지지 않은 학생은 아무도 없다. 모든 인간은 무엇인가에 관심을 가진다. 관심은 과거의 경험에 의해 결정된다. 관심은 그 힘이 강력하여 학생이 참된 관심을 가지기만 하면 그 학생을 성공하게 한다. 반면에, 학생이 참된 관심을 가지지 못하면 효과적인 행위는 거의 혹은 전혀 이루어지지 않는다. 동기부여는 학생이 활동자체 혹은 활동의 직접적이며 자연스러운 성과에 관심을 가질 때 소위 내부적인 것이 된다.

내부적으로 동기화된 학생들에게는 강압이나 억지가 필요 없다. 또한 그들에게는 학습 활동과 무관한 보상적인 인위적 자극이 필요 없다. 그들 자신의 관심과 그들 자신의 목표를 달성하고자 하는 것에 의해 활성화된 학생들은 학습 그 자체에서 커다란 만족을 얻는다. 그리고 이러한 만족은 계속적으로 연속적인 동기부여를 수반한다. 활동이 만족스럽다는 것을 일정하게 발견하는 사람들은 그 활동을 계속하고 반복하고 그와 비슷한 만족을 보상한다는 다른 활동에 가담하고자 한다.

내부적인 동기부여에 따른 교수 방법들은 학생들 자신에 의하여 중요한 것으로 인식되고 받아들여진 욕구와 문제들에 기반을 둔 학생 중심적 방법들이다. 학생들은 그들이 해결하기를 원하는 문제들을 가지고 있기 때문에 학습에 임한다. 탐구내용은 당면한 문제의 해결에 효과가 있다는 관점 하에 선정된다. 교사는 학생들이 중요하게 여기는 문제들을 그들 스스로 선정하는 일을 도와준 후에 학생들이 새로운 관심을 발전시키는 것을 도와주고, 욕구와 가치를 지적해 주고, 학생들이 다른 문제들을 알아내고 받아들이는 것을 주의 깊게 하도록 부추겨 주기 위해 학생들의 주위에 머문다. 문제해결, 탐구방법, 계획방법, 단체 암송, 감독 하의 연구 그리고 단원 교수 등과 같은 방법들은 학습자들의 지향적이며 자기 동기부여적인 활동의 영역을 제공하는 발전적인 방법들이다.

내부적 동기부여는 인간의 선한 조정에 기여한다. 정상적인 발달을 이루기 위해서는 자극을 받아야만 하며, 활동이 자신에 의해 인식된 목적이나 목표달성을 지향해 있어야만 하고 가치 있는 것으로서 자기 자신에 의해 받아들여져야 한다. 자기 자신의 실제적인 욕구와 관심으로부터 생겨난 자기 자신의 목적에 비추어 학습하는 학생은 좋은 행동양식의 근거가 되는 일관된 충동과 동기를 발전시킨다. 그러한 학생은 순간적인 충동에 희생되지 않으며 상충하는 관심들과 태도들과 욕망들에 의해 부추겨지지 않고 잘 행해진 일에서 상쾌함을 느낄 수 있다. 자기 신뢰, 자기 만족, 용기, 관용, 협조적인 행동, 인격의 균형 및 일관성 등은 발전적인 절차를 사용하는 것을 특징으로 하는 학습의 성과들이기가 쉽다.

4. 몇 가지 실제적인 절차

본 장을 결론짓기 위하여서는 앞의 내용을 기반으로 하여 효과적인 학습을 위해 학생들을 활성화하는데 사용 가능한 몇 가지 절차들을 간단하게 고찰하는 것이 도움이 되겠다. 여타의 조건이 동일할 경우에 교사가 다음의 것들을 행한다면 학생들의 동기가 유발되고 유지될 것이다.

(1) 과제들을 구체적으로 한다.
(2) 학생들이 이미 가지고 있는 관심들을 발견한다.
(3) 직접적인 보조교재를 제공한다.
(4) 학생들의 욕구를 명시한다.
(5) 자발성과 자유의 분위기를 유지한다.
(6) 활동의 다양성을 제공한다.
(7) 일들을 활동적으로 한다.
(8) 학생들이 문제에 직면하게 한다.
(9) 질문을 제기한다.
(10) 개인적인 차이에 따라 절차를 병행한다.
(11) 학생들을 동정적으로 지도하고 지원한다.
(12) 모든 학생들을 참여시킨다.
(13) 단체 암송을 시킨다.
(14) 의미와 개념들이 확대되는 것을 알아낸다.

(15) 학생들이 과정을 알게끔 한다.

학생이 애매하고 불분명한 것에 깊이 그리고 유익하게 관심을 가질 것이라고 생각하는 것은 합리적이 아니다. 추상적인 의미에서의 관심이란 없다. 관심은 항상 무엇에 관한 관심이다. 동기화된 학생은 행동할 태세가 되어 있다. 성과 있는 행동으로 연결되지 않는 관심은 거의 중요성을 띠지 못한다. 생각건대, 학생들은 적당히 관심을 가짐으로써 아직 행동하고 싶은 욕망을 가지지 못하기도 한다. 교사는 구체적으로 성취되어야 할 것이 무엇인가를 알아야 하며 학생들이 관심을 갖도록 해야 하며 그들의 관심이 그들에게 구체화된 그리고 달성되어야 할 목표로서 받아들여진 과제에 비추어보아 구체적인 행동으로 이행되는가를 알아야 한다. 특수한 과제가 없이는 그들의 관심에 호소하거나 그들의 목적지향적 행위에 대한 기반을 부여할 수도 없다.

교사가 학생에게 관심을 가지게 할 수는 없다. 관심은 자연적인 것이지, 인위적인 것이 아니다. 관심은 자발적으로 생겨난다. 관심은 강제로 성립될 수 없다. 교사가 할 수 있는 모든 일들은 현존하는 관심을 바탕으로 하여 이루어진다. 학생들이 가지고 있는 관심이 무엇인가를 교사가 어떻게 알 수 있는가? 한가지 방법은 심리학에 관한 서적들을 읽는 것이다. 이러한 서적에서 교사는 모든 관심이 자연적인 충격, 자극 및 충동에서 생겨난다는 것을 배울 수 있다. 교사가 효과적으로 사용할 수 있는 이러한 충동에는 다음과 같은 것들이 있다. 신체적 행위, 정신적 행위에 대한 호기심과 갈망, 지도하고자 하는 욕망, 사람들과 함께 있고자 하는 욕망, 자연애, 모험에 대한 애착, 창조성, 인정받고자 하는 욕망, 탁월하게 되고자 하는 욕망, 경쟁, 소유욕과 수집, 그리고 표현과 의사전달.

그러나, 서적을 읽는 것으로 충분하지 않다. 역시 학생들과의 실제적인 생활이 필요하다. 교사가 한번 학생들과 지내는 것으로 충분하지 않다. 어른들은 유년시절과 성인시절 사이에 생각보다 더 많은 것들을 잊는다. 이제 교사는 학생들과 함께 생활하는 것이 필요하다. 교사는 학생들이 사는 가정을 방문하여 자기 학생이 아닌 학생들과 비공식적으로 친분을 가지고 그들이 자발적으로 그리고 자유롭게 행동할 때 그 학생들을 보도록 해야겠다. 어른은 학생들에게 그들의 관심이 무엇인가하고 서 묻는다고 하더라도 학생들의 관심에 관하여 많은 것을 배울 수가 없다. 자유스런 놀이, 비공식적인 대화, 혹은 다른 이완된 행동에서 그들의 관심들이 드러난다.

교수는 가능한 한 내용과의 직접적인 접촉을 많이 제공해야 한다. 다른 사람의 경험들은 학습내용을 구비해 준다. 예를 들면, 학생이 말(馬)들에 관한 책에서 읽은 내용들은 다른 사람들이 말들에 관해 경험한 것을 표현한다. 마찬가지로, 환경에 처해 있는 어떤 사람이 학생에게 말들에 관한 그의 경험에 대하여 말하는 것은 학습내용이 된다. 만약에 이러한 것이 사실이 아니라고 한다면, 학습은 크게 위축될 것이다. 그러나, 직접적인 학습을 대신할 만한 것은 아무것도 없다. 일반적으로 학생은 학습과정에 더 많은 흥미를 느끼며, 자기 자신의 경험으로부터 배운 것을 더 정확하게 배우고, 더 잘 이해하고, 더 잘 기억하며, 더 많은 가치를 부여한다. 학생은 다양한 각도에서 한 사실을 경험할 필요가 있다. 학생들의 이해는 감각적인 경험, 즉 사물을 보고, 만지고, 직접 접촉하는 경험에서 시작된다. 학생에게 있어서 언어적 표현으로의 이행이 너무 성급할 수가 있는데 종종 그러하다.

그러나 많은 것들이 대리적인 경험에서 학습되어야 한다. 교사는 대리적인 경험의 한계들을 확인하여야만 하며 그러한 한계들에 의해 학습이 가능한 한 적게 방해받는 방향으로 이루어지고 있음을 확인하여야 한다. 관심을 획득하고 이해를 증진시키기 위해서는 교사가 많은 감각적 경험을 제공하여야 한다. 모델, 그림, 그래프, 수학여행, 소풍, 드라마, 영화, 영화슬라이드, 그리고 다른 시청각 교재가 학습을 호소력 있고 정확하게 하는 데에 자주 사용되어야 한다. 학습 상황이 실제 생활경험과 더욱 유사하면 할수록 학생들의 흥미는 더욱 깊어지고 학생들의 이해와 학습이 더 잘 이루어진다. 모든 학습은 욕구에서 시작된다. 이 욕구는 행위를 야기시키고, 이 행위에서 욕구충족을 위한 다음 행위에 방향을 주는 목적이 생겨난다. 학교 교사들은 어느 학교, 어느 교사든지 간에 현재의 학생들의 생활욕구들을 만족시킬 교수를 계획할 수 있다. 어떤 방법으로든지 간에 가르칠 내용을 메우는 것은 항상 가능하다.

학교 상황이 기능적인 교수를 실시하는 데에 적합하지 않은 것 같다는 사실은 효과적인 교수와 학습에 대한 장벽이 아니다. 교수 환경은 한 가지 필요한 것, 즉 실제적인 욕구사항을 지닌 일단의 생동적인 학생들을 포함한다. 다른 유일한 본질적인 요소는 교수인데, 교사는 이러한 학생들의 욕구에 관하여 세심하고 소식이 밝아야 하며, 학생들의 생활과 현재의 욕구와 상관이 없는 과제들을 억지로 수행하게 하거나 그들을 지배하려 하지 않고 신실하게 학생들을 지도하고 지원하고자 애써야 한다.

이는 교수가 학생들이 원하는 대로, 그들이 하고 싶어하는 대로 이루어져야 함을 뜻하지 않는다. 학생은 특별히 문제 아동이 아닌 이상, 권위와 연륜을 존중하며 권위의 지도력을 보다 기꺼이 받아들이며 연륜의 경험을 통한 지도를 기꺼이 따른다. 어쨌든, 교사가 관계하는 것은 단순한 욕구가 아니라 필요한 욕구이다. 유능한 교사는 학생들의 경향을 연구하며 종종 학생들 자신들보다 그들의 욕구를 더 잘 이해한다.

교사와 피교육자 사이의 관계가 원만하면, 교사가 학생들로 하여금 그들이 느끼기는 하나 완전하게 이해하지 못하고 있는 그들 자신의 욕구를 정확하게 이해하도록 인도하고, 이러한 욕구들에 대한 충분한 이해를 바탕으로 그들의 생각들을 변경하거나 하여 교사와 피교육자는 학습 활동의 발달에 함께 기여할 수 있다.

학생의 학습 관심을 일깨우고 유지시키는 가장 중요한 요소들 중의 하나는 학급의 분위기이다. 자발성과 자유가 고무되어질 때 학생들은 신중해야 할 필요성을 느낀다. 자유는 행동에 제어를 하지 않는 것일 뿐만 아니라 예기치 않은 것에 대한 대비이다. 신기한 것과 예기치 않은 것은 항상 흥미를 일으킨다. 긴장의 상태는 흥미를 불러일으키며 유지시킨다.

"다양성은 생활에서의 양념이다"라는 격언은 여타의 모든 곳에서와 마찬가지로 교수에서도 적용된다. 심리학적으로 볼 때, 변화가 일어나지 않는 무엇인가에 오랫동안 흥미를 느낄 수가 없다. 일반적으로 젊은이는 활동적이다. 교사는 좋은 교수를 실시하기 위하여 젊은이들의 생동성에 걸맞게 대처하여야 한다. 오늘날의 학생들은 단기간에 신속한, 그리고 많은 변화를 하는 것에 익숙해 있다. 그들은 라디오, 비디오, 자동차 등과 생활하는데 습관화되어 있다. 교사는 획일적으로 틀에 박혀 있는 교수를 피해야 하며 어느 하나의 틀에 젖어드는 것을 대비하기 위하여 심지어 관례에 머물러 있는 것도 삼가야 한다. 교사는 활동에서의 진행속도에 변화를 줌으로써 다양성을 구사할 수 있다. 그는 다양한 종류의 학습자료들을 제공할 수도 있다. 그는 말하고, 질문하고, 보여주고, 학생들이 할 일을 제공하고, 그들이 주도권을 맡게 하고, 그들을 협조자로서 참여하게 하는 등의 다양한 방법들을 사용할 수도 있다. 교사는 학생 활동이 수업 시간 중에 다양하게 연출되는 것을 알 수 있다. 즉, 노래하거나, 청취하거나, 연습을 하거나, 읽기나 쓰기를 하거나, 보고문 작성과 질문에의 대답을 하거나, 질문하거나, 진술하고 견해를 표현하거나, 시험을 치르거나, 실제적인 응용을 하거나, 토론하고, 대화를 나누고, 논쟁을 하거나, 공개토론회나 패널토의 및 심포지엄을 하거나, 계획하거나, 연구 작업을 하거나, 영화감상 혹은 슬라이드 상연 등에 의하여 학생들이 학습할 수 있는 기회를 제공할 수가 있다.

다양성에 연관된 것으로서 사물들을 움직이게 하는 것이 있다. 단조로움이 흥미를 둔화시키는 것이라면, 그것은 동작이 너무 부족하기 때문이다. 주의가 계속적으로 옮겨지고 관심은 주의에 따라 생겨나거나 주의에 밀접하게 성립된다. 학생들은 활동을 좋아한다. 그들은 침체 상태를 경멸한다. 운동은 신속해야 한다. 그러나, 너무 신속하여 학생들을 따돌릴 정도가 되어서는 안 된다. 따라갈 수 없다는 것은 그 결과에 있어서 침체 상태와 같을 수도 있다.

관심은 본질적으로 자기 자신과의 문제를 일치시키는 것이다. 그 문제는 질문에 대한 대답으로써 해결될 수 있는 일시적인 문제일수도 있고 엄청나게 중요한 문제일수도 있다. 좋은 교사는 누구든지 계속적으로 학습이 이루어지게끔 하는 나름대로의 방식을 가지고 있다. 그러나, 그러한 교사들은 한 가지 점에 있어서 비슷하다. 그들은 학생들에게 질문하고 제안하고 자극하거나 혹은 다른 방법에 의해 그 학생들이 스스로 해결하고 싶어하는 문제를 지닐 수 있도록 한다. 학습자만이 자신의 문제를 충분히 알 수 있는 것이긴 하지만, 교사는 문제들이 학습자 자신의 것이 될 수 있는 장을 마련할 수가 있다.

관심을 자극하고 동기를 유발할 수 있는 탁월한 방법 한 가지는 질문을 하는 것이다. 유능한 교사는 좋은 질문자이다. 그는 호기심을 유발하고 학생들의 주의를 집중시키는 논쟁적인 문제를 가져다주고 학생들이 해답이나 해결점을 발견하고자 하는 열성적인 욕구를 가지도록 하는 질문들을 던진다. 솜씨 있는 질문은 사고를 암시하고 인도해낸다. 그것은 학생들이 복잡한 상황들을 그들의 구성요소들로 분석하는 것을 지원하다. 또한 그것은 학생들이 질문이 던져지기 전에는 갖지 않았거나 가졌더라도 사실 모르던 생각들의 형성을 돕는다.

학습 활동의 에너지를 가속화시키기 위하여, 교사는 개개인의 학생들을 그들의 능력과 과거의 경험과 가치 및 관심에 맞추어 다루어야만 한다. 동기부여는 서로 상이한 각각의 능력의 수준에 따라 다르게 수행되어야 한다. 학생이 아무런 기반을 지니지 않은 영역에 대해 그 학생을 활동하도록 호소하는 것은 불가능하다. 금전의 가치를 전혀 평가할 수 없는 학생이 달러의 가치를 아는 것에 흥미를 느낄 수는 없다. 미적인 감수성이 전혀 없는 사람이 미술관을 방문하여 보는 것에 대해 열성적일 수가 없다.

학생에게서 성과 있는 학습반응을 야기시키는 뛰어난 방편은 학생을 그의 개인적인 욕구와 결핍사항과 문제 및 어려운 점에 연관하여 지도하고 돕는 것이다. 때때로, 학습 자체에 전혀 흥미가 없는 학생들이 그들의 복지를 진심으로 그리고 진정으로 심중에 두고 있는 교사에 의해 학습에 대한 애정을 지니게 되기도 한다. 예를 들면, 교사의 모든 노력과 수고에도 불구하고 영어를 배우려고 하지 않던 어느 고등학교 학생이, 교사가 학생 자신의 행복에 철저한 관심을 가지고 있다는 사실을 마침내 알게 된 후에 노력을 기울이고 관심을 발전시켜 나중에 대학의 영어 교수가 된 일이 있다.

자기 자신에게 영향을 주는 것은 관심을 유발하기도 한다. 사람들은 자기 자신이 중요하다고 느끼게 하는 것들에 관심을 갖는다. 보통, 사람들은 무엇인가를 말하기를 좋아한다. 이와 같은 사실들을 볼 때, 교사는 학생들이 학급 활동에 광범하게 참여할 수 있는 기회를 그들에게 잘 조성해 주어야 함을 알 수 있다. 모든 학생들은 행해지는 것이 어떠한 것이든지 간에 그것에 참여할 수 있도록 고무되어져야 한다. 그리고 각자는 그가 기여해야만 하는 것에 대해 평가하는 발언의 기회를 가져야만 한다. 현명한 교사는, 개개인의 연구와 보고할 기회를 확보해 주고, 학생들이 그들이 지니고 있는 재미있는 경험을 말할 수 있게 하고, 혹은 위원회의 일을 맡기거나 논쟁을 시키거나 다른 적극적인 참여를 하게 함으로써 학생들이 자기 자신을 표현하고 의사를 전달하고자 하는 욕망을 십분 사용한다.

효과적 교사는 사회화의 원리를 사용한다. 교사가 구체적인 개입을 하든지 안 하든지 간에 학급의장의 선출이나 학급위원들의 임명 및 위원들 스스로 일을 수행하는 등의 순수하게 사회화된 형식을 통하여 사회화의 원리를 사용하는 것이다. 형식은 본질과 멀리 떨어져 있지 않음을 의미한다. 그리고 본질이란 교사 중심의 활동에 학생의 협력과 상호작용을 도입하는 것이다. 적절한 사회화와 함께 학급은 일종의 원기 왕성한 단체생활의 한 단위가 된다. 공동목표들은 동기화의 힘의 강도를 강화시킨다. 단체 작업에서 남보다 뛰어나고자 하는 욕망과 단체 내의 인정된 상태에서 가치를 발휘하고자 하는 충동은 내적인 동기 부여의 건전한 원천이 된다. 교사를 포함한 단체의 다른 구성원들과의 만족스러운 관계와 친교는 학생들로 하여금 모두에 의해 받아들여진 목표들을 성취시키기 위하여 노력하도록 한다. 학생들은 때때로 그들이 다른 사람들과의 관계를 즐긴다는 단순한 이유만으로도 열심히 일한다.

학생의 최초의 관심과 동기는 오로지 그가 경험한 것에 연관하여서만 야기될 수 있다. 알려진 것과 알려지지 않은 것 사이에는 접촉점이 있어야만 한다. 학습 내용과 학습 활동은 느껴지는 욕구와 연관되어야만 한다. 그러나, 최초의 관심이 유지되어야 한다 하더라도 진전은 있어야 한다. 학생이 그가 시작하던 장소에 그대로 머물러 있다고 한다면 그는 계속적으로 흥미를 느낄 수는 없다. 학생은 배울 때에 성장한다. 또한 성장할 때에 새로운 관심과 새로운 동기가 계속적으로 노력을 진작시켜야 한다. 관심은 지식이 증가함과 함께 증가한다. 그렇게 제공되는 지식은 과거의 지식과 잘 통합된다. 따라서 계속적인 관심을 유지시키기 위해서는 교사가 의미와 개념들이 학습과 함께 성장한다는 사실을 알아야 한다. 교사는 학생이 실제적인 의미와 이해가 수반되지 않는 단순한 어귀를 숙지하는 것을 하지 않도록 항상 경계하며 지도해야 한다. 상징이 학생에게 실제가 되어서는 안 된다. 학생들의 지식은 텅 빈 공허한 개념 이상의 것이어야 한다.

끝으로, 학생들의 에너지를 성과 있는 학습 행위로 전이시키기 위하여 계속적으로 동기화되기 위해서는 그 자신들이 향상되어 가고 있다는 사실을 알아야만 한다. 성공은 계속되는 목적지향적 활동을 고무시키고 자극한다. 관심은 어떠한 사실, 능력 혹은 기술이 성취되었음을 깨달음으로써 증가한다. 존경하는 교사의 칭찬과 추천은 학생을 자극하여 더욱 심도 깊은 노력과 더 큰 성취를 이루게 한다. 학습이 항상 용이한 것은 아니다. 학생이 자기 자신 내에 학습을 계속해 나갈 자원을 가지고 있지 않을 수도 있다. 학생들이 그들의 일에 지루함을 느끼고 의기소침해지며 무관심해지고 아니면 두려움을 느끼거나 불건전한 태도를 보일 때에는, 교사가 용기를 북돋워주고 다시 자극을 주어야 한다. 어려움의 원인을 설명하거나 동정과 관심을 표현하고 성취된 과정을 지적함으로써 교사는 학생들의 관심과 노력의 재활성화를 기할 수가 있다.

기독교 교육 원리

제19장 개인지도

　교수와 학습은 복잡하고 상호 연관적인 과정이다. 그 활동들 중에서 어떤 것들은 교사에게만 속하고 학생에게는 거의 혹은 전혀 직접적인 관련이 없다. 또 어떤 것들은 구체적으로 단지 학생에게만 속한다. 학생이 깊이 관여하고 직접적으로 관심을 두는 것이 바로 기초적인 학습 활동들이다. 이러한 활동을 사용하는 기교들 가운데서, 특별히 학습으로부터 충분하게 이득을 얻고자 한다면, 그러한 학생은 합리적인 능력을 개발하여야 한다. 교사는 이러한 학습활동들에 관여하며 또한 학생이 학습기교를 사용하는 것을 지도하는 일에 연관된 수많은 활동들에도 관여한다. 교수 활동에 대한 완전한 견해는 두 가지 부류의 활동들에 관한 고찰을 포함한다.
　학습과 교수는 생활이 이루어지는 곳이라면 어디에든지 존재한다. 그것들은 태어날 때부터 학교와 상관없이 계속된다. 이러한 사실은 교사가 항상 기억하여야만 하나 망각하기 쉽다는 것을 다시 한번 강조한다. 그것은 형식 교수(formal teaching)는 학생이 배우는 여러 방편 중의 단지 한 가지에 불과하다는 사실이다. 또한 이에 연관된 몇 가지 사실들을 항상 염두에 둘 필요가 있다. 첫째, 교사는 비교적 적은 시간에 많은 일을 하여야 한다. 학생들의 시간에 대부분은 형식 교수와 상관이 없는 관심과 활동에 할애되어 있다. 둘째, 개개의 학생들은 자신의 특정한 경험과 이전의 학습으로 된 기반을 갖고서 교사에게 맡겨진다. 셋째, 학생은 가르침을 받는 동안 나름대로 교수 하에 자신의 학습에 영향을 미치는 다른 경험을 겪는다. 교수가 효과적이고자 한다면 이러한 사실들이 고려되어야 한다. 학생이 과거에 경험했던 모든 것과 현재 학교 밖에서 경험하고 있는 모든 것들은 그의 생활과 그의 학습에 영향을 미친다.

그러므로, 학급 상황의 요소들 가운데는 교수 외에 학생의 학습에 연관이 있는 요소들이 있는 것이다. 첫째, 학생은 다른 학생들과의 관계에 의해 영향을 받는다. 그들과의 많은 교제와 형성된 우정 및 그룹 활동에의 참여 등을 통하여 학생은 많은 것을 배운다. 그 외에 학생은 교사의 인격이나 실제적인 교수와 연관이 없는 교사의 언행으로부터 많은 것들을 배운다. 교사 자신의 인격적인 자질이나 성격은 학생의 학습을 위한 중요한 내용을 공여한다.

학습이 원시적인 사회에서나 초기 유아시절처럼 욕구가 적고 단순한 경우에서 실제적인 목적을 위해 이루어질 때에는 직접적이고 의식적인 형식 교수는 전혀 필요가 없다. 각자는 다른 사람들과의 공동생활의 과정에서 예를 들면, 자기보다 나이 많은 사람들이 하는 행동을 같이 하는 과정에서 배운다. 경험으로부터의 자연적 학습과 부모들에 의해 우연히 배우는 비형식적(informal learning) 학습이 모든 욕구를 충족시키는데 풍부한 역할을 한다. 욕구가 적고 단순한 사람에게는 학습 이외의 아무것도 진행되지 않는 상황은 본질적이 아니다.

그러나, 생활이 복잡해지고 욕구가 다양해지면서 이러한 방식의 학습들로는 부족하다. 그러므로, 형식적 교수가 개인을 직접적으로, 의식적으로 훈련시켜 그가 자신이 살고 있는 세계에 적응할 수 있도록 하는 방편이 되는 것이다. 그것이 효과적인 정도에 한에서 형식 교수는 환경을 조성하여 개인의 욕구가 자신의 발전단계에 따라 각각 충족될 수 있도록 한다. 형식 교수는 학생에게 의미 있는 활동들을 제공한다. 그리하여 현재 여기에서의 학생의 관심과 노력에 개입한다. 형식 교수는 학생이 자신에게 자연스럽고 가치 있는 활동들을 목적하고, 계획하고, 창조하고, 조직하고 수행할 수 있는 여건을 설정한다. 형식 교수는 학생이 현재의 생활을 충분하고 완전하게 영위하는 것을 도와줌으로써 건전한 미래의 생활을 보장해 준다.

그리하여 형식 교수는 선정된 환경에서 학습하고 있는 자를 위한 학습을 편리하게 하기 위해 고안된 여건과 활동을 제공하는 것이다. 그러나, 효과적으로 수행될 때, 형식 교수는 단순히 적절한 활동을 제공하는 것에 그치지 않는다. 그것은 계속해서 학생이 이러한 활동에 가담할 때 그 학생을 지도하고 지원하고 다정스럽고 도움이 되는 방법으로 협조한다. "부모를 대신하여"(in loco parentis)라는 말은 진정한 교사가 그의 학생과 그 학생에 대한 자신의 의무에 대해 지니는 관계를 잘 표현한 라틴어 구절이다. 그것은 "부모의 입장에서"라는 것을 의미한다. 좋은 교사는 각각의 학생을 위하여 본질적으로 좋은 부모가 그의 자녀를 위하여 행하는 일을 같이 행한다. 말하자면, 좋은 교사는 좋은 부모와 같이 학생을 멀리하지 않고 그 학생과 함께 생활의 경험을 하게 되는데 그러하기 위해서는 학생과 함께 하고, 학생을 도와주고, 학생을 자극하고, 학생에게 용기를 북돋워주고, 학생들을 그 나름대로의 인격체로서 존중하면서 인도하고, 그리고 학생이 자기 나름대로의 선택과 나름대로의 생활을 할 수 있는 자유를 허락하여야 한다.

좋은 교사가 그의 모든 학생들과 함께 협력적으로 생활하면서 지도할 때 유념해야 할 몇 가지 사항이 있는데 그것은 다음과 같다. 그룹에 공통된 목적에 비추어 자기 동기화와 자기 지도의 습관을 형성하는 것, 사고와 행동의 독립, 자기 자신의 학습과 성장을 지도할 수 있는 개인적인 창의력, 창조력 및 능력, 계획, 자기 훈련 및 결정에 대해 증가하는 책임감을 기꺼이 떠맡을 수 있는 것, 그리고 자신의 행동들의 결과를 평가하고 받아들이는 것 등이다.

1. 학생은 자신의 학습을 수행한다

학습은 능동적인 과정이다. 학생은 자기 스스로의 학습과 성장을 이루어야만 한다. 어느 부모도 학생을 대신하여 성장할 수 없으며, 어떠한 교사도 학생을 대신해서 배울 수는 없다. 온 우주에서 단 한 사람만이 한 사람의 학습을 수행할 수가 있는데, 그는 다름 아닌 각 개인 자기 자신이다. 그리고 각 개인은 자기가 행동할 때에만 배울 수 있다. 학생은 스펀지가 물을 흡수하듯이 학습을 흡수하지 않는다. 학생은 교사가 그 위에 글을 쓸 수 있는 흰 종이도 아니며 교사가 모양을 만들 수 있는 한 덩어리의 찰흙도 아니다. 수동적 학습이라는 것은 결코 있을 수 없다. 학생은 자기의 환경에 대해 반작용함으로써 배운다. 학습은 수동적으로 인상들을 받아들이는 것이 아니라 자극에 대해 능동적으로 반응하는 일이다.

유아의 생활에 있어서 명백한 가장 이른 초기의 경향들 가운데에는 자기의 세계를 개발하고 자기가 손에 쥔 것은 무엇이든지 간에 가지고 놀고 물건들을 시험해보고 만들고자 하는 강한 충동을 가지고 있다. 방해받지만 않는다면, 그는 자신의 조그만 존재가 지니고 있는 모든 능력들을 창조적인 활동에 사용할 것이다. 신체적으로 그리고 정신적으로 능동적이고자 하는 충동, 자기 확인을 위한 욕구, 사물들의 속성들을 조사하고자 하는 욕망, 그리고 창조하고자 하는 열정 등은 모두 다 생득적(生得的)이다. 최초의 노력에서 크게 와해되지 않는 한, 자기 활동에 임하고자 하는 이러한 모든 경향들은 전 생애를 통하여 관철된다.

부모들과 마찬가지로, 교사들은 학생을 위해 너무 많은 것들을 해주고자 하는 경향이 있다. 이론상으로는 대부분의 교사들이 학생들은 자기 자신의 학습을 수행하여야 한다는 사실을 인정한다. 그러나, 실제상으로는 학생 스스로 하는 것이 훨씬 나은 많은 일들을 학생을 위하여 해주려는 강한 경향이 노출된다. 잘 가르치고자 하는 사람은 자기 활동을 통한 이러한 기초적인 학습 원리를 모든 학습 상황의 본질적인 성격으로 삼아야 한다. 이 원리를 적용하지 않고 그저 마음속에만 간직하는 것은 학생의 학습에 도움이 되지 않는다. 자기 스스로 행동하려는 경향을 충분히 발휘할 수 있는 기회가 유발되고 주어질 때, 학생은 비록 그가 학습의 가장 뛰어난 기교를 채용하지 않는다 할지라도 교사의 도움 없이, 심지어 어려운 것이라 할지라도 많은 것들을 배울 수 있을 것이다.

어쨌든 학생이 배울 수 있는 유일한 방법은 능동적인 활동에 참여하는 것이다. 이러한 것이 진실이라는 사실은 수영, 스케이팅, 글씨 및 피아노 연주에서의 기술과 같은 운동 신경적 성취의 학습의 경우에서 아주 명백하게 드러난다. 그러한 활동에 있어서의 기술 혹은 숙달이 누군가가 그 일을 어떻게 행해야만 하는가에 대해서 하는 이야기만 듣고서 아무 일도 하지 않고도 증진시킬 수 있다고 생각하는 사람은 아무도 없을 것이다. 운동 신경적 숙달을 요하는 일에서 달인이 되고자 하는 사람은 실행의 필요성과 오랫동안 열심히 연습을 해야 할 필요성을 명확히 인식하고 있을 것이다.

모든 활동이 본성상 근육적인 것은 아니다. 반응 혹은 자기 활동의 형식들은 다양하다. 운동적인 활동은 물론 정신적인 활동을 포함한다. 사유작용은 엄청난 피로를 가져올 정도로 힘이 드는 활동이다. 학생은 사유 활동을 통하여 잘 배울 수 있다. 반면에, 학생이 동작을 끝까지 해내었다고 하더라도 그것이 그가 실제로 행동하고 학습이 이루어졌다는 증거는 아니다. 주어진 과제들이 종종 그러하지만 기계적으로만 수행되고 정신적인 활동을 거의 혹은 전혀 수반하지 않을 수도 있다. 심지어 운동적인 기술이라 할지라도 목적 없는 그리고 생각 없는 행동의 반복에 의해서는 배울 수가 없다.

의미 없는 활동은 학습을 가져오지 않는다. 단지 활동에서부터 배우는 것은 아니다. 학생은 강의를 듣거나 그림을 보거나 눈을 감고 상상하거나 추상적인 이치를 따지거나, 아니면 명백한 수동성과 같은 성격을 지닌 다른 일들에 참여함으로써 배울 수가 있다. 학생이 시를 암송하고 수학이나 산수 문제를 풀거나 공식을 암기하고 연습문제를 풀거나 혹은 다소 능동적인 다른 동작을 함으로써 실제로 배우지 못할 수도 있다. 행하지 않고서 배우는 것은 결코 없다. 그러나, 올바른 학습을 위해서는 행함 자체가 올바른 종류의 것이어야 한다. 학습은 활동의 정도뿐만 아니라 활동의 질에 의해서 영향을 받는다. 학습의 질은 학생이 어느 정도로 의식적으로 행동하며, 그의 활동이 그에게 어느 정도로 의미 있는가에 달려 있다.

학생은 그가 행하는 것을 배운다. 연설이 행해지고 있을 때, 학생은 배우고 있을 수는 있으나 그는 자기가 능동적으로 참여하고 있는 어떤 행위가 무엇이든지 간에 바로 그것을 배운다. 만약에 그가 능동적으로 듣고 있다면, 그는 말하여지고 있는 것을 배울 것이다. 그러나, 만약에 그가 다른 어떤 짓을 하고 있다면, 그는 바로 그것을 배운다. 어떤 학급에서 여선생님이 남아메리카의 지리에 관한 것을 말하고 있을 때, 한 학생이 그녀가 말하고 있는 것에 깊은 관심을 나타내듯 그녀를 주시했다. 나중에 그 학생이 내용에 관한 질문을 받았을 때 아무것도 모르고 있었다. 그리고 명백한 관심의 표정에도 불구하고 그 학생이 모르고 있는 것에 대해 그 여선생님이 지적을 하자, 그 학생은 말하기를, "아, 저는 선생님이 말하고 있을 때 왜 선생님의 위턱이 움직이지 않고 아래턱이 움직이는가를 신기해하고 있었습니다"라고 했다. 이 학생은 인간 신체의 기제에 관한 것을 배웠다. 그러나, 그는 지리에 관한 것은 아무것도 배우지 않았다. 왜냐하면, 그는 전자에 관해서만 행동했고 후자에 관해서는 행동하지 않았기 때문이다.

교육을 받는다는 것과 같은 일은 결코 없다. 앨버트 후바드(Elbert Hubbard)는 말하기를, "교육은 정복이지 전승이 아니다. 그것은 주어질 수 없다. 그것은 성취되어야만 한다"고 했다. 어떤 교사도 학생에게 사실과 이해, 기술과 능력, 태도와 이상 등을 줄 수가 없다. 누군가가 누군가에게 학습을 부여한다는 것은 불가능하다. 그러나, 교사가 학습 무대를 설정하고 학생이 학습 행위에 임하도록 일깨우고 유발시키며 활동을 이용하고, 학생이 학습에 임하고 있는 동안 그를 도와주며 가장 중요한 일인 학생에게 활동하고 배울 수 있는 자유를 주는 것은 가능한 일이다.

자기 자신의 학습을 수행하는 자는 각 개인이다. 그룹으로 가르침을 받는다 할지라도 학생들은 개인들로서 배운다. 각각의 학생들은 학습에 대해서는 유일무이하다. 모든 학습은 사적이며 개별적인 활동이다. 학습은 학생에 따라 다양할 필요가 있으며, 각각의 학생들은 가르쳐지는 내용에 대해 자기 나름대로의 욕구에 따라 반응한다. 개개인 각자는 자기의 특정한 역량과 관심에 비추어 기회들을 이용한다. 학생은 나름대로의 선택을 해야 한다. 교사가 학생을 고안된 상황에 임하게 할 수는 있다. 그러나, 그가 학생을 배우게 할 수는 없다. 학생이 행동하고 배우려고 하지 않는다면, 교사의 어떠한 행위도 한치의 학습을 이룰 수 없다. 학생의 학습과 그 학습이 학생을 몰고 가는 방향은 학생이 스스로 행하는 바에 의하여 결정된다.

교수 과정은 그룹 내의 모든 학생들에 공통된 요소들을 지니고 있다. 그러나, 작업의 많은 부분이 특정한 학생들의 욕구와 배경, 관심과 능력에 맞도록 개별화되어야 한다. 어떠한 내용이나 활동이라 할지라도 다른 학생들에게는 다른 것을 의미한다. 왜냐하면, 그러한 내용이나 활동이 다른 경험의 배경과 관계하기 때문이다. 내용이 한 학생에 대해 가지는 의미는 교사에 의해 미리 결정될 수 없다. 학생만이 이러한 의미를 결정한다. 학생 개개인은 내용에 대해 반응하는 나름대로의 자기 방식과 나름대로의 학습방법을 가지고 있다. 교사가 관심을 가지고 있는 것은 학생의 학습, 성장 그리고 발달이다. 이러한 것들이 잘 진행되게 하기 위해서는, 교사가 학생이 가지고 있는 특수하고 특색 있는 학습 방법을 간섭하지 말아야 한다. 중요한 것은 교사가 학생 개개인에게 학생 자신의 학습과 학생 자신의 결정에 대한 책임을 질 수 있는 충분한 기회를 주어야 한다는 사실이다. 학생 스스로 배우는 것 이외의 방법은 결코 없다.

2. 지도와 자유

연령이 어떠하든지 간에 학생은 일정량의 자유를 필요로 한다. 유아에게 적절한 존중심을 가지고 있는 정상적인 어른은 심지어 그 유아에게라 할지라도 그의 수준에 합당한 만큼의 자유를 준다. 그러나, 또한 모든 학생들은 성숙한 권위의 안정을 필요로 한다. 옛것이 없는 곳에 새것도 없는 것과 마찬가지로 권위가 없는 곳에는 자유가 없다. 권위는 자유의 출발이며, 자유는 권위의 최종적인 결과이다. "자기 자신을 지배하지 않은 사람은 그 누구도 자유롭지 않은 사람이다" 사람은 권위가 자기를 지배할 수 있게 할 경우에만 자기 자신을 지배할 수 있게 된다. 지배 이외에는 방법이 전혀 없다. 자유에는 두 가지가 있다. 인간이 자기하고 싶은 대로 할 경우의 잘못된 자유와 인간이 자기가 해야만 하는 일을 자유롭게 하는 경우의 참된 자유가 있다. 후자가 진정한 자유이다. 전자는 단지 방종일 뿐이다. 왜냐하면 진정한 자유란 올바른 권위의 인식에 근거하기 때문이다.

학생은 자유를 가져야 하긴 하나 혼란과 성취부족과 개인의 약화를 가져오는 방종을 가져서는 안된다. 또한 외부적인 권위에 과도하게 위임하는 것도 바람직하지 못하다. 이는 노력의 와해와 무효화 그리고 창의성과 독창성의 부족을 가져온다.

교사는 독재자가 되어서는 안되며 자신의 권위를 포기해서도 안된다. 교사는 학생에게 안정감을 위해 학생이 필요로 하는 지시를 하여야 한다. 그러나, 창의성을 파괴할 정도로 많은 지시를 해서는 안된다. 기본적으로 학생은 다소의 권위를 좋아한다. 만약에 교사가 인격에 있어서 건전하고 안목에 있어서 정상적이라면, 평범한 대개의 학생은 교사의 권위에 의존하는 것을 특권으로 여길 것이다. 권위가 올바르게 행사되는 곳에서, 학생은 권위가 학생 자신에게 최선의 이익을 가져오는데 기여한다라고 인식한다. 교사가 학급에서 자기의 권위를 양도할 때, 한 학생이 지도자가 되고 학습 활동에서 얻을 수 있는 최선의 가치가 파괴되는 결과를 낳는다.

진정한 자유는 강제될 수 없다. 다른 여러 형태의 성취와 마찬가지로 그것은 경험을 통하여 점차적으로 성취되어야 한다. 개개의 학생들은 자기의 수준에 따라 자기가 잘 사용할 수 있는 정도의 자유를 가져야만 한다. 어떤 학생들은 다른 학생들이 사용할 수 없을 정도의 많은 자유를 지닐 수도 있다. 적든 많든 간에 자유는 교사의 성숙한 지도와 균형을 이루어야 한다. 유능한 교사는 학생 개개인에게 다양한 상황 속에서 창의력을 발휘하고, 책임을 질 수 있는 잘 선택된 기회를 제공한다. 그리고 그는 학생이 학습에서의 자유를 사용할 수 있는 능력을 얻을 수 있도록 지도한다.

그러므로 교사와 학생간의 관계는 지도와 자유로서 특징지워져야 한다. 지도는 노력하는 가운데서 도움의 필요를 인식하고 도움을 기꺼이 받아들이고자 하는 사람에게 도움을 주는 것을 뜻한다. 자유는 자기 지도에 대한 역량과 책임을 맡는 의지를 의미한다. 교사는 학생이 자유를 사용하기를 원할 때까지 항상 기다려서는 안된다. 학생이 어떤 종류의 자유를 바라는 것은 당연하다. 그러나 학생이 책임을 회피하고자 하는 것도 마찬가지로 당연하다. 학생 자신내의 자유에 대한 욕망을 자극하고 그리고 나서 그 자유에 수반되는 책임을 짊어질 수 있도록 용기를 북돋워줌으로써 학생이 기꺼이 책임을 감당할 수 있도록 학생을 돕는 것은 교사의 임무이다.

3. 창조적인 학습

자유는 학생이 자기의 학습 활동에서 상상력, 창작력, 창의력, 발명하는 능력, 그리고 실험성을 사용할 수 있도록 허락하는 것을 의미한다. 자유는 학생이 명목적으로 이해와 기술 및 평가를 받아들이도록 강요되지 않고 자기 나름대로 사실들을 발견하도록 한다. 자유는 학생이 자기가 발견한 것들을 자기가 원하는 방식대로 사용할 수 있도록 한다. 자유는 창조적인 능력과 관심의 발달을 고무시킨다.
　창조성은 모든 효과적인 학습에서 본질적인 측면이다. 학습의 모든 단계는 창조적인 표현을 할 수 있는 기회를 제공해야만 한다. 창조자에게서 독특하게 드러나는 신선한 반응, 새로운 생각 그리고 새로운 의미의 측면을 가져다 주는 학습은 창조적이다. 창조는 어떠한 영역의 경험에도 적용되어 어떠한 시간 혹은 장소에서도 일어날 수 있다. 창조적인 학습은 학생 편에서의 목적 있는 창의성과 의식적인 노력을 필연적으로 수반한다. 그것은 학생에게 상상력과 발명 및 그 결과가 이전에 결코 본 적이 없는 어떠한 것이든지 아니면 오랫동안 존재해 오던 것의 재현이든지 간에 학생 자신에게 새로운 방식으로 사실들을 결합시킬 수 있는 합리적인 능력을 발휘할 수 있는 기회를 제공한다.
　학생이 꽃을 그리거나 그림을 그리거나 점토를 가지고 개를 만들 때, 그것이 다른 사람들의 모방이 아닐 경우에는 창조적이다. 누군가가 구절을 만들어내고 독창적인 시를 쓰고 새로운 관계를 알아내고 새로운 해석을 하고 새로운 생각을 독창적으로 해내거나 옛것들을 새로운 방식으로 결합하거나 물건들을 새로운 사용법으로 이용하거나 하면 그것은 창조적이다. 진기하고 특별히 적절한 반응을 일으키는 상황에서 일어나는 경험은 어느 때의 것이든 지간에 창조적이다. 창조는 개인의 생산이라기보다는 개인에 의해 사용된 과정과 개인 내의 과정의 결과이다.
　그러므로, 모든 정상적인 사람들은 창조할 수 있다는 결론이 나온다. 창조는 특수한 재능을 가지고 있는 어떤 선택된 사람들만을 위한 것은 아니다. 천재의 작품은 널리 환영받을 수 있을 것이다. 그러나, 보통 사람이 일상적인 일을 다루면서 통과하는 과정은 마찬가지로 창조적일 수 있다. 창조적인 잠재력은 성인들의 독점 소유물이 아니다. 보통 학생도 어른들과 마찬가지로 창조적일 수 있다. 더군다나, 창조적인 충동을 표현할 기회가 주어지기 전에 한 분야의 지식과 기교를 숙달한다는 것이 창조성의 본질이 아니다. 다른 모든 일에서와 마찬가지로 창조에서도 학생은 행함으로써 배운다. 학생이 창조적인 활동에 참여함으로써만, 그는 창의력과 발명하는 기술 및 독창성을 발전시킬 수 있다. 창조적인 표현을 위한 영역을 제공하는 것은 꼭 음악, 회화, 그리고 문학과 같은 것들만은 아니다. 만약에 교사가 자기 자신의 특정한 관심과 능력을 개발하고 표현하며 자기 나름대로의 독특한 방식으로 반응할 수 있는 자유를 학생에게 허락하기만 한다면, 모든 지식과 경험의 영역이 창조적인 경험을 할 수 있는 풍부한 기회를 제공할 것이다.
　학생이 일을 잘 하기를 원하는 교사는 창조적인 학습을 진작시켜야 할 것이다.

모든 생활을 내적인 창조력을 실현하고자 백방으로 애를 쓴다. 우리가 최대한의 발전을 도모하기 위해서는 자기 자신의 힘을 표출할 수 있는 특권을 가지고 있어야 한다. 인격의 건전함은 개인의 의미가 완전하게 발전되는 것에 달려 있다. 창조적인 경험은 자신이 할 수 있는 것이 무엇인가를 발견하고, 모험정신을 만족시키고, 안정감을 얻고, 자신과 자기 신뢰를 하며, 타인들에 의해 인정되는 것과 자기 나름대로의 방식으로 자기 자신을 표현하는 등의 욕구를 만족시킨다.

이러한 개인적인 가치들은 엄청나게 중요하다. 그러나, 아주 중요한 사회적인 가치도 있다. 모든 학생들은 자신 내에 깨닫지 못한 가능성들을 지니고 있다. "학생 안에 있는 힘은 성격상 새롭다. 그리고 학생 자신 외에는 어느 누구도 그가 할 수 있는 일이 무엇인가를 알지 못하며 자기 자신마저도 해보지 않고서는 알지 못한다." 창조적인 표현을 위한 자유가 없이는 자신이 할 수 있는 일이 무엇인가를 결코 발견해내지 못할 것이다. 『어느 마을의 교회 묘지에서 쓴 비가』라는 작품에서 그레이(Gray)는 타고난 능력은 그 성취나 사회에 대한 공헌에 있어서 세계적인 사람들 중에 속할 정도인 사람들이 환경으로 인하여 그러한 능력을 실제화 시키지 못할 경우를 회상하였다. 개인이 세상에 발을 들여놓을 때 그가 가지고 있는 능력을 훈련을 통하여 발전시킬 수 있는 특권을 거부당함으로써 세상은 생각 이상으로 손실을 입을 수가 있다.

한 소년이 설교를 연습한다. 그리하여 세상은 필립스 부룩스(Philips Brooks)와 같은 사람의 메시지에 의해 더욱더 하나님께 가까워진다. 교사들에 의해 우둔하게 생각되었던 한 어린이가 전신술을 실험한다. 그리하여 세상은 에디슨(Edison)과 같은 발명가들의 발명에 의해 이득을 본다. 한 젊은이가 사업에 착수한다. 그리하여 세상은 록펠러(Rockefeller)와 같은 재정적 천재를 얻게 된다. 한 어린이가 박자를 흥얼거린다. 그리하여 세상은 시인의 시구들을 즐긴다. 소년 소녀가 악기를 가지고 연습한다. 그리하여 세상은 위대한 작곡자의 작품이나 유능한 예술가의 음악에 의해 전율을 느낀다. 이 뿐만 아니라 모든 영역에 있어서 표현의 자유는 성공적인 성취를 가져온다.

반면에 자유의 억제는 어떠한 영역의 활동에서의 노력이든지 간에 그러한 노력의 날을 무디게 한다. 시인, 발명가, 설교가, 저술가, 작곡가 등, 여러 방향에서 인류복지에 현저한 공을 남길 수 있는 사람이 될 수도 있었던 수많은 아이들이 자신들이 소유하고 있는 능력을 발휘할 수 있는 특권을 거부당해 왔다. 위로 혹은 밖으로 밀치고 나오는 학생의 내부에 있는 능력의 표현이 위축하고 방해되면, 그렇지 않다면 이룰 수 있었을 상태에 이르지 못하게 되며 또한 그렇지 않다면 이룰 수 있었을 인류에의 공헌을 결코 하지 못하게 된다.

물론, 이것이 만약에 학생이 자기 나름대로의 방식대로 발전할 수 있는 자유를 지니기만 하면 미국의 대통령이나 밀톤(Milton), 포드(Ford), 바하(Bach), 혹은 어느 영역의 천재가 된다는 것은 아니다. 그러나 적절한 용기를 북돋우면 천재가 될 수 있었던 많은 사람들이 오히려 자기 표현의 시도에서 붕괴되어 일생을 부랑자나 폐인과 같은 불행한 실패로서 마감하는 것은 있을 수 있는 일이다. 자신의 인격의 내적인 자원을 표현하고 자신의 타고난 능력들을 올바르고 완전하게 발전시켜 어떤 형태의 자기 자신이 될 수 있는 자유는 모든 학생들의 권리이다. 학생은 자기가 이룰 수 있는 어떤 인간이 되면서 세상에 그 공헌이 크거나 작거나간에 자신이 할 수 있는 것을 부여한다.

개개의 학생들을 위하여 이러한 일이 가능하게 하는데 있어서 교사의 역할은 창조적인 학습을 위한 무대를 설정하는 일이다. 교사는 학생이 자유롭게 자기 자신을 표현할 수 있다는 느낌을 가질 수 있는 분위기를 마련해야 한다. 교사는 모든 개개인이 창조적인 활동에 참여할 수 있다는 진리를 알아야 할 뿐만 아니라 느끼고 진정으로 믿어야 한다. 그가 이러한 진리를 무감각한 일반성으로서 그저 정신적으로 받아들이는 정도로는 충분하지 못하다. 그가 그 진리를 믿지 않는 한, 자신의 태도 자체가 학생 편에서의 창조적인 표현을 삭감시키기가 쉽다.

또한, 교사는 창조성이 무엇을 의미하는가를 이해해야 하며 창조력의 성장을 돌보겠다는 신실한 바램을 지니고 있어야 한다. 교사는 학생의 창조적인 노력의 성과가 비록 관습적인 표준에 맞지 않는다 할지라도 그 가치를 인정할 수 있어야 한다. 탁월한 교사는 표현의 형태나 판단의 기준을 강요하지 않는다. 왜냐하면, 그는 그러한 강요가 창조적 행위 자체를 파괴시킨다는 사실을 알고 있기 때문이다. 진정으로 창조적인 것은 항상 독특한 그 무엇이다. 학생이 창조하는 것을 돕기 위하여 교사는 학생에게 자신감을 주어야 하며 학생의 입장에서 작업을 지켜보아야 하며 또한 그 의미를 보아야 한다. 일의 외부적인 표준 및 가치의 의무적인 기준의 강요는 창조적 노력에 있어서 가장 치명적인 것이다. 교사가 유보 조항을 붙여 명령하거나 약간의 비평을 가하거나 재치 있는 제안을 할 수는 있다. 그러나 그가 학생에게 다른 사람들에 의하거나 혹은 자기 자신에 의한 기준에 맹목적으로 의존하라고 요구해서는 안 된다.

창조의 발달을 꾀하고자 하는 교사는 기꺼이 실험에 응할 수 있어야 한다. 교수가 창조적이지 못하면 학습이 창조적일 수가 없다. 교사가 상상력이 부족하고 교수가 엄격한 틀에 얽매여 이루어진다면, 학습활동은 신선한 상황, 즉 거기에서 창조적인 것이 생겨날 수 있는 상황을 이룰 수가 없다. 창조는 항상 실험을 수반한다. 유능한 교사가 항상 추구하는 교수의 향상은 그 자체에 있어서 실험적이며 창조적인 과정이다. 교수의 향상을 가져오기 위하여 교수는 학생에게 창조적인 학습을 자극하는 경험에 대해 민감하고 그러한 경험을 추구하는 것을 불어넣어 주어야 한다.

창조적인 학습을 위한 기회를 제공하고 학생이 행동할 수 있게끔 하는 여건을 조성하는 것은 교사의 임무이다. 그러나, 일단 학생이 행동에 돌입하면 교사는 학생이 자기를 필요로 하거나 지도를 바랄 때까지 지도하려고 해서는 안된다. 원하지 않은 제안들은 학습에 임하고 있는 학생을 성가시게 한다. 그러한 것들은 스스로 창조할 수 있는 기회를 박탈한다. 그 외에도, 교사가 학생이 할 수 있는 일, 하고자 하는 일, 그리고 스스로 더 잘 포기할 수 있는 일을 학생을 위하여 해주는 한 학생은 결코 창의력, 자신감, 자기 신뢰 및 독립을 발전시킬 수가 없다.

창조적인 활동에 연관하여 효과적인 지도를 이루기 위해서는 학생이 교사의 관계에 있어서 확실하고 만족스러움을 느껴야만 한다. 교사와 학생과의 개인적인 관계는 밀접하고 친근해야만 하며 지도도 개별적일 필요가 있다. 두 사람 사이에 상호간의 만족이 존립함으로써, 학생이 오해받을 것 같은 두려움이 조금도 없이 자신의 가장 깊은 느낌에 관해서도 자기 자신을 완전히 자유롭게 표현할 수 있을 것 같은 느낌을 가질 수 있도록 하여야 한다. 이러한 것은 필연적으로 교사가 학생의 경험적 기반과 관심 및 흥미 그리고 성숙 정도에 대해 이해하는 것을 통하여 이루어진다.

지도가 집단을 기반으로 하여 이루어질 수 없는 반면, 학생은 집단과의 좋은 관계를 이룰 수 있어야 한다. 학생은 다른 구성원들로부터 용기를 얻고 자신의 노력이 다른 사람들에 의해 진정으로 평가되고 있다는 느낌을 이유 없이 느낄 수 있어야 한다. 학생은 창조적인 노력의 성과가 어떠하든지 간에 다른 사람들이 그것에 대해 실제적인 장점을 받아들이고 솔직하고 진실되게 평가하며 결코 비웃거나 우습게 여기지 않으리라는 깊은 확신을 필요로 한다. 좋은 관계는 학생이 비평에 대해 낙심하지 않고 그 비평에서 이익을 얻을 수 있도록 한다.

학생이 하고 있는 일에서 유사성과 독창성간의 선택을 하여야 할 경우마다, 유능한 교사는 창조적인 자기표현을 선택한다. 모든 학습과 마찬가지로, 창조적인 학습은 경험의 산물이다. 창조적인 행위는 통상 학생이 겪을 수 있는 경험 중에서 가장 흥미 있는 형태라는 사실을 인식할 때 교사는 학생들과 함께 자극적이고 의미 있는 경험을 계획할 것이다. 교사는 학생들이 창조적인 능력에 있어서 다양하고 심지어 동일한 한 학생의 창조성은 상이한 상황에 따라 다양할 수 있다는 사실을 인식해야 할 것이다. 또한, 교사는 실제적인 모든 영역에 있어서의 학습 경험들은 세심한 주의를 기울이기만 하면 창조적인 발달을 위한 기회들을 제공하고 있다는 사실을 알 수 있음을 인식하여야 할 것이다.

4. 학생을 돕는 몇 가지 방법

효과적인 교수가 근본적으로 관심을 가지는 것은 학습하는 인격인이다. 참된 교사는 인격자로서의 개개의 학생들에 진실되게 그리고 깊이 관심을 가진다. 그러나, 개개의 학생은 배우는 인격인이다. 그러므로, 교수는 학습자인 한 인격자의 경험을 지도하되 그의 학습이 인격자로서의 그에게 이득이 될 수 있도록 하는 지도이다. 그것은 학습자와 그에게 일어나는 일을 무시하면서 어떤 동작에 의해 이루어지는 것이 아니다. 그러한 동작이 완벽하게 이론에 맞는 것처럼 보인다 할지라도 마찬가지이다. 교수의 관심은 인격인이 잘 배우고 성장하고 발달하는 것이다. 효과적인 교수는 성과를 위하여 배우는 인격자와 함께 일하며 성과가 얻어질 수 있는 방식으로 일하는 것이다. 학생이 배울 때까지 교사는 가르친 것이 없다. 학생은 그가 다른 인격인이 될 때까지는 배우지 않은 것이다.

학생이 어떻게 배우는가를 정확히 아는 사람이 아무도 없으나 학습이란 학습자 자신이 행하는 무엇이라는 사실은 알려져 있다. 교수의 기능은 학생이 배우는 동안 그를 돕는 것이다. 교사가 학생이 배우는 것을 돕는데 사용하는 방식이나 방법에는 여러 가지가 있다. 가장 빈번하게 사용되는 방법들은 다음과 같은 것들이 있다. 대화, 이야기와 강의, 상기, 토론, 놀이지도, 이야기하기, 암송, 드라마로 꾸미기, 읽기, 연구지도, 보고서 작성, 연습, 질문, 소풍, 시청각 교재, 공정(Processes)과 전시회 관람, 위원회, 작업 구성 그리고 실험 등이 그것들이다. 사용되는 방법이 무엇이든지 간에, 가장 효과적인 경우는 교사가 자신이 '학습자의 보조자이다' 라는 태도를 유지할 때이다.

최선의 교수는 구체적인 실행이 있는 상황, 즉 상점, 손 기술 작업장, 운동장, 가정 실습실 등, 직업적 성격이 강한 학습이 이루어지는 상황에서 잘 이루어질 것 같다. 그러한 상황들에서는 학습자가 행동할 준비가 되어 있고 대체로 열성적이다.

그리고 학습자와 교사는 학습될 내용의 목적을 잘 이해한다. 교사의 활동이 학습자의 활동을 능가한다는 것은 거의 불가능하다. 학습자는 대부분의 행위를 해야 한다. 그러나 교사는 도움이 필요할 때에 언제라도 도와줄 수 있도록 준비되어 있어야 한다.

모든 학습이 직접경험을 통하여 이루어질 수는 없다. 간접적인 방법들이 직접적인 방법들을 대신할 때 교수와 학습에 있어서 언어가 더욱 중요한 역할을 하게 된다. 그리하여 학습될 내용에 대해 강조를 하게 되는 경향이 두드러진다. 이렇게 될 때 교수는 발전적이기 보다 권위적이며 학생 중심이기 보다 교사 중심으로 되는 경향을 띠게 된다. 모든 교수의 방법들이 이러한 일반적인 두 형태에 비추어 구체적으로 분류될 수는 없다. 하지만 대부분의 교수 방법들은 둘 중 어느 하나에 편중되어 있다. 주로 권위적이거나 교사 중심적인 방법들은 다음과 같다. 암기, 강의, 교과서, 혹은 다른 부가된 독서물로부터의 학습 그리고 교사에 의한 시청각 연출로부터의 학습 등이다. 본질적으로 발전적이거나 학생 중심적인 방법들은 다음과 같다. 연구방법, 계획 방법, 드라마로 꾸미기, 낭송회, 집단 토론 및 소그룹 활동 방법 등이다.

교사 중심적 방법들은 교사에 의해 지도된 대로 학생이 수행하는 언어적 활동에 강조점을 둔다. 학생은 인쇄물이나 교사의 말 또는 어떤 다른 권위자로부터 생겨난 자료들을 배운다. 이때 이러한 자료들은 학생에게 의미 없이, 그리고 학생이 흥미를 느끼지 않을 수도 있는 일반적인 것들을 포함하기가 쉽다. 학생 중심적 방법들은 학생에 의해 받아들여지고 이해되는 욕구와 문제들과 함께 시작한다. 교사의 지도 하에, 학생은 문제 해결과 독립적 탐구와 관찰 및 합리화를 통하여 자신이 학습하고자 하는 것과 관련이 있기 때문에 자신에게 가치가 있는 일반원리들에 대한 이해를 발전시킨다.

유능한 교사의 활동들은 자기 자신의 생각과 관심에 기반을 두지 아니하며 지도 내용이나 지도방법에 의하여 지배받지 않는다. 그는 학생과 학생의 관심을 중심에 놓으며 학생이 자기 동기화된 학습을 이루도록 고무시키며 학생이 자신의 특정한 문제들과 씨름하는 것을 돕는다. 때때로 그는 모든 학생들을 학생 스스로가 구성원이 되어 각자가 모두를 위하여 일하고 모두가 각자를 위하여 일하는 사회 집단에 접합시킨다. 교사는 학습자들로 구성된 집단에서 가장 성숙한 일원으로서 그들과 함께 경험을 나눈다. 그는 학생들과 함께 협력적으로 계획하는 것을 통하여 학생 개개인이 할 수 있거나 할 필요가 있는 일을 하는 것을 도와주며, 학생들의 관심을 진작시키고 적절한 동기를 제공하며 원활한 응용을 할 수 있도록 자극한다. 잘 이루어진 교사-학생의 공동계획은 학생의 창의력을 발휘하고 책임을 지며 비판적인 사고와 창조적인 활동에 가담할 수 있는 문제 해결의 상황으로 가져간다. 이때 학생은 자기 자신의 학습을 스스로 지도하게 된다. 이는 교사가 숙제를 부과하거나 학급을 통솔하거나 훈련을 강요할 필요성을 덜어준다. 그리고 이러한 교사, 학생의 공동계획은 교사가 학생들과 함께 생활하고 일하면서 학생들을 지도하는 데에 자신의 에너지와 시간을 자유롭게 사용할 수 있도록 한다.

학생의 학습을 돕는 이러한 고도의 방식들은 교수 기교 그 자체를 강조하지 않는다. 유능한 교사는 학급을 활동적으로 학습하는 인격자들의 집단으로 생각하며 또한 그렇게 되도록 한다. 학생들과 교사 모두는 행동에 관심을 가진다. 그들은 학습을 위하여 탐구한다. 교사는 기억으로부터 암송해내는 것을 강조하거나 부과된 숙제를 하거나 언어적 활동을 수행하는 대신 학생들에게 스스로 무엇인가를 할 수 있는 기회를 제공하는 절차들을 사용한다. 학생들은 구성활동에 참여하고, 실험을 하고, 토론과 위원회 활동을 하고, 질의응답을 하고, 객관적인 자료들을 다루고, 책을 읽고, 소풍을 가고, 창조적인 작업에 가담하는 등의 활동에 의해 자신들에게 실제적인 문제들을 해결한다. 교수는 기껏해야 학생들이 공부와 행동을 통하여 배우는 동안 그 학생들을 지도하는 것일 수밖에 없다.

학생들이 배우는 것을 돕는 것은 교사의 편에서 말하고 질문하고 보여주는 것을 포함한다. 소크라테스와 플라톤 같은 교수법의 대가들은 대화법과 질의의 방법을 사용했다. 예수님은 당신께서 당신의 제자들과 함께 "걸으시면서 말씀하심으로써" 많은 것을 가르쳤다. 구술은 항상 있어왔고 오늘날도 교수의 일반적인 수단이 되고 있다. 그것은 단순한 지시나 긴 강의의 형태를 띤다. 하지만 학습이 구술에서 비롯되는 것은 아니다. 백년도 더 이전에 프레드릭 아돌푸스 팩커드(Fredrick Adolphus Packard)는 『교사는 가르쳤다』(The Teacher Taught)에서, 많은 학생들이 "진리의 신선함을 직시하지도 못한 채 언어적인 신비에 당황하고 있다. 그리고 계속적으로 치르는 모든 노력에도 불구하고 한치의 지식의 진전도 없이 어두움 속에 헤매는 일에 지쳐 있다"라는 사실을 환기시켰다.

구술이 학생에 의해 반응을 일으키지 않으면 학생이 배울 수가 없다. 심지어 단순한 지시에 의한 학습이라 할지라도 자기 행동을 포함한다. 모든 낱말들은 어떤 류의 반응을 일으켜야 하며 또한 의미 있는 경험의 회복으로 이어져야 한다. 예를 들면, "빼르맨 라 뽀르떼"(Fermez la Porte)는 불어를 전혀 모르는 사람에게는 아무런 행동도 일으킬 수 없다. "라 뽀르떼를 닫아라"(Shut la porte)는 "닫아라"는 단어를 이해하고 있는 사람에게는 더 많은 것을 의미할 수가 있다. "뻬르맨 문"(Fermez the door)이 "문"이라는 말을 이해하는 사람에 대한 사정도 마찬가지일 것이다. "문을 닫아라"(Shut the door)와 같은 단순한 지시를 배우는 것도 상당한 수의 경험과 연상이 정신적으로 환기되고 재생되어야 함을 의미한다. 구술은 사용되는 낱말들이 정신에 도달하고 필요한 경험과 연상들을 회상하고 재생하는 활동을 일으킬 때에만 학습으로 연결될 수 있다.

대화에서 지시하는데서나 아니면 강의 중에서 구술에 의하여 가르치기 위해서 교사는 학생들이 이해할 수 있는 단어와 문장들을 사용해야만 한다. 교사의 단어가 간단할수록 그리고 교사의 문장이 덜 복잡할수록, 학생은 더 잘 이해하게 된다. 구술의 목적은 즐겁게 하는 것이나 지식을 전달하거나 교사가 아는 것이 무엇인가를 증명해 보이는 것이 아니라 학생의 마음과 접촉하여 행동하게끔 하는 것이다. 교사는 사실이나 법칙 혹은 진리를 언급하고, 사건을 묘사하고, 이야기나 우연스런 일을 말하고, 어떤 원리를 설명하거나 명제를 인용하고, 과정을 설명하거나 강의를 하고 예나 도해를 설명함으로써 학생들에게 그들이 사고를 위하여 사용할 수 있는 내용을 제공한다. 학생의 경험에 있어 의미가 있고 학생의 관심을 이끄는 용어로 학생이 이해할 수 있는 말을 사용함으로써 분명하고 확실하게 말하는 교사는 학생의 마음을 얻을 수가 있다. 교사가 사실들과 자기 자신의 생각을 학생에게 강요하기 위해서가 아니라 학생에게 학생이 필요로 하는 정보를 제공하고 학생이 직면할 수밖에 없는 문제들에 임하게 함으로써 학생에게 정신적 활동을 일으키는 내용을 마련해 주기 위하여 말한다면, 그는 학생이 배우는 것을 돕는 것이 된다.

구술은 그 자체에 있어서는 교수도, 학습도 아니다. 교사가 많은 것을 말하지만 학생은 그 말에서 적은 것을 배울 수도 있다. 교사의 편에서 좋은 구술이 없이는 결코 좋은 교수가 있을 수 없지만, 그저 교사들에 의해 이루어지는 많은 말들은 헛되게 내쉰 숨에 불과할 수도 있다. 학생은 관찰과 사고와 추론에 의해 배운다. 교사의 구술이 지니는 가치의 척도는 그것이 학생에게서 이러한 활동들을 어느 정도로 유발시키느냐에 있다. 교사의 말하는 능력은 교수에 있어서 필연적인 자질이 아니다. "학습에는 왕도가 없다." 즉, 학생들은 배우는 것을 힘을 다해 얻으려고 노력해야 한다. 말한다는 것은 경험의 결과들을 나누기 위한 가치 있는 수단이 될 수 있다. 반면에, 교사의 말이 학생의 능동적인 참여의 권리를 빼앗는다면, 그것은 학습에 불리하게 작용한다. 교사의 구술이 아니라 학생의 행함이 학습에의 열쇠이다.

질문한다는 것은 교수에 있어서 핵심적인 기교이다. 질문은 학습의 기초이다. 질문은 표현되었든지 표현되지 않았든지 간에 학습자의 생활에 현존한다. 질문의 핵심이 되는 경이로움, 호기심, 그리고 의심이 없이는 어떠한 학습도 이루어질 수 없다. 질문은 학습지도 뿐만 아니라 학습을 자극하기 위한 최선의 방편 중의 하나이다. 교수의 효율성은 던져지는 질문과 그 방식의 성격에 많이 의존되어 있다. 잘 가르치고자 하는 교사는 올바르게 좋은 질문을 하는 능력을 개발하여야 한다.

요령이 없는 교사는 너무 많은 질문들을 하며 학생이 생각하고 있는 것과 그 생각을 지도하기보다는 학생에게서 교사 자신이 생각하고 있는 대답을 얻는 데에 더 많은 관심을 두고 있다. 질문들의 종류와 종류에 따른 상대적인 장단점에 관해서는 많은 저술들이 나와 있다. 그것들이 분류되어 있기는 하나 일반적으로 그 질문들은 두 가지 기능을 만족할 때 학습의 목적에 잘 부합한다. 그 하나는 학생과 교사에게 예정된 작업에 연관하여 학생의 지식의 상태를 효과적으로 드러내는 기능이며, 다른 하나는 학생의 활동들을 적절한 방향에 따라 성공적으로 지도하며 학생이 만족스러운 목표점에 도달할 때까지 이러한 방향을 잃지 않도록 하는 기능이다. 교사의 질문들이 지배적일 때, 질문들이 학생의 정신적 활동을 방해하고 가로막을 때, 질문들이 고립된 사실에 치중할 때, 혹은 질문들이 학생들의 능동적인 노력에 대한 책임감을 감소시킬 때 질문들은 비효과적이다.

질문들은 다양하고도 많은 특수한 기능들을 가지고 있다. 그중 가장 중요한 몇 가지는 다음과 같다.

(1) 학생이 자기가 아는 것과 알지 못하는 것을 명백하게 구분하는 것을 도와 새로운 지식을 자기의 전체적 경험에 합치는 것을 돕는 것.

(2) 학생이 자기의 과거의 경험으로부터 새로운 내용을 해석하는데 필요한 것을 이끌어내도록 하여 학습을 준비하도록 하는 것.

(3) 호기심을 일으키고 관심을 자극하며 목적을 발달시키는 것.

(4) 학생을 사고하게끔 하는 것. 일련의 질문을 함으로써 교사는 학생이 분석하고 비교하고 통찰력을 발달시키는 자신의 사실들을 간직하는 것을 도울 수 있다.

(5) 내용이나 상황 중에서 중요한 요소들에 관심을 유도하는 것과 그리하여 학생이 중요한 것과 중요하지 않은 것을 분별하는 것을 돕는 것

(6) 학생의 정신과의 접촉을 확보하고 유지하는 것. 행동이나 표정 또는 진술보다도 질문들이 교사에게 학생이 무엇에 관해 생각하고 있는가에 대한 실마리를 더

잘 제공해 준다.
　(7) 학생이 자신의 생각들을 표현할 수 있게 하고, 그리하여 성장을 촉진시키고, 교사에게 계속적인 학습과 성장의 지도를 위한 기반을 제공하는 것.
　(8) 태도와 평가를 발달시키는 것, 현명한 질문에 의하여 교사는 좋아하는 것을 북돋워주고 다른 것들을 포기하게 할 수 있다.
　(9) 학생의 관심을 친분관계에로 지도하는 것.
　(10) 교수가 목적을 얼마나 잘 성취했는가를 확인하고자 학생을 시험하는 것.

　분명히 교사가 단순하게 질문하는 것으로는 충분하지 않다. 아무리 많은 질문이라 할지라도 그 자체로는 학습을 가져올 수 없다. 교사가 계획 없이 어떻게 가르치고자 하는 것이 부당한 것 이상으로 계획 없는 질문을 통하여 가르치고자 하는 것도 부당하다. 좋은 질문 방식은 신속하게 그리고 쉽게 생각하며 변화하는 여건에 쉽게 적응하며, 나아가서는 질문을 명확하게 진술할 수 있는 능력을 요구한다. 그러한 능력은 경험을 통하여 발달될 수도 있지만 타고나는 경우가 더 많다. 타고난 것이든지 획득된 것이든지 간에, 그러한 능력은 특정한 교수 상황을 대비한 사전준비가 없이는 효과적으로 사용될 수 없다. 질문을 최상의 방식으로 기능하게 하기 위해서는, 교사가 실제적인 질문에 있어서 다음과 같은 것들을 발전시켜야 한다.

　(1) 질문들은 성격상 논리적이고 발전적이어야 한다. 이어지는 각각의 질문들은 앞선 활동과 당시의 목적에 구체적으로 연관되어야 한다. 각각은 앞의 질문으로부터 생겨나야 하고 다음 것에로 이어져야 한다. 연관되지 못한 질문은 학생을 혼란시키기 쉽고 학습의 통일성에 결함을 가져오기 쉽다.
　(2) 또 질문과 대답은 충분하고 완전해야 한다. 교사가 짧고 불완전한 질문을 하면 학생들도 그와 동일한 형태의 대답을 하기 쉽다. 학생들은 합리적으로 충분하고 원만한 대답을 할 수 있도록 훈련받아야 한다.
　(3) 교사는 학생들이 학습자라는 사실을 기억해야겠다. 질문은 학생의 지식과 경험적 배경과 연령, 성숙정도, 그리고 가르치는 내용과의 친숙 정도에 비추어 학생에게 의미 있는 것이어야 한다.
　(4) 질문들은 전체 학급이 능동적으로 관심을 가질 수 있도록 하는 것이어야 한다. 각각의 질문들은 보통 질문된 후에 누가 대답할 것인가를 지적함과 아울러 학급 전체에게 설명되어야 한다.

(5) 학생에게 대답할 시간을 주어야 한다. 학생은 학습자로서 교사가 관계하는 분야에 익숙하지 않다. 뿐만 아니라 학생은 성숙하지 못한 사람으로서 정신적 과정의 사용에 있어서의 재간과 나이 많은 사람들이 소유하고 있는 표현력을 가지고 있지 않다.

(6) 질문은 보조적이어야 한다. 질문의 목적 한 가지는 학습을 돕는 일이다. 질문이 단순한 점검을 목적으로 이루어져서는 안 된다. 교사의 태도는 자연스럽고 관습적이어야 한다.

(7) 가치가 있는 대답이나 대답의 일부를 받아들여라. 공헌한 바를 거부하는 것은 학생을 낙심시킨다. 교사의 설명은 계속적인 노력을 자극해야 한다.

(8) 질문은 상호적이어야 한다. 교사는 학생들의 질문들을 고무시키고 받아들여야 한다. 학생의 질문이 교사의 질문보다 학습을 더 잘 촉진시킬 수도 있다.

(9) 교사는 물론 다른 학생들에 의해 제기된 질문들에 대답했을 때, 대답한 학생들에게서 그 대답에 대한 책임감을 발전시켜라. 학생들도 교사도 교사가 최종적이며 무오한 권위자라는 사실을 인정해서는 안 된다.

(10) 모든 질문들이 제기되었을 때 즉시 대답할 필요가 있는 것은 아니다. 교사가 진정으로 학생들과 마찬가지로 학습자라고 한다면, 그는 "나는 모르겠는데"라는 말을 때때로 하여야 한다. 학생들은 질문들에 대한 해답을 구하는 데에 고무되어야 한다.

학생은 자기에게 어떠한 사항이 질문되었는가를 이해하여야 한다. 그것이 이루어지지 않으면, 그는 과거의 경험을 상기하는 방식으로든지 혹은 대답을 궁구하는 방식으로든지 간에 능동적으로 응할 수가 없다. 교사는 좋은 질문의 특징들을 알아 질문을 만들고 제기하는 데에 주의를 기울일 필요가 있다. 좋은 질문의 몇 가지 특징은 다음과 같다.

(1) 간결성 - 불필요한 말은 한 마디라도 사용해서는 안 된다. 학생은 어려움이 전혀 없이 의미를 파악할 수 있어야 하며 대답을 생각하는 동안 이 의미를 계속 알고 있어야 한다. 문제를 정확하게 표현하는데 필요한 것 이상의 말들은 결코 포함시키지 말라.

(2) 명료성 - 좋은 질문은 한 가지를 명백하게 구체적으로 제기해야 된다. 이는 질문이 그 이상도, 그 이하도 되어서는 안 되며 바로 그것이어야 함을 의미한다.

학생이 질문을 들을 때, 그것이 의미하는 바가 무엇인가를 조금이라도 의심할 가능성이 있어서는 안 된다. 복잡하고 혼동되는 질문들을 피하라.

(3) 직접성 - 질문은 한 진술에 한 가지를 물어야만 한다. 질문은 이탈이나 이중적인 의미를 결코 포함해서는 안 된다. 그리고, 질문은 이중적으로나 혹은 그 이상의 방식으로 제기되어서도 안 된다. 한 가지 질문을 간단하게, 그리고 엄밀하게 하라.

(4) 자극성 - 좋은 질문은 학생을 생각하게 한다. 즉, 좋은 질문은 학생이 관련시키고 비교하고 구성하고 평가하도록 하며, 추론과 결론을 이끌어내도록 하며 적용하도록 한다. 사고를 유발시키는 질문들을 하라.

(5) 독창성 - 좋은 질문의 말들은 질문자의 것이지 교과서나 다른 인쇄 자료의 것이 아니다. 인쇄된 내용의 말 사용법을 따라 구성된 질문들은 학생들이 이해하고자 하는 시도는 거의 하지 않고 축어적인 숙달만을 하도록 한다. 당신 자신의 말로써 질문하라.

좋은 교수는 구술과 질문뿐만 아니라 제시를 포함한다. 구체적인 자료들의 사용을 통하여 획득되는 학습은 보통 더욱 신속하게 이루어지고 그 성과도 더욱 오래 유지된다. 잘 배우기 위해서는, 학습자가 기술된 혹은 구술된 말과 자기 자신의 경험 간의 연결을 이루어야 한다. 만약에 그 형성된 연결이 좋다면, 경험이 건전한 학습의 형태로 재구성되고 확장된다. 책에 인쇄되거나 교사가 구술한 단어들은 경험을 확장하는데 있어서 항상 효과적인 것만은 아니다. 왜냐하면, 그것은 학습자에게 실제를 상징하지 않기 때문이다. 눈, 귀 그리고 접촉을 통한 다각적인 접근은 그렇지 않으면 효과 없는 학습으로 귀결되고 말 정신적 활동의 좋은 기반을 마련해 준다.

그러나, 학생이 접촉하고 보고 듣는다는 단순한 사실이 유익한 학습으로 이어지는 활동에로 학생을 참여시킨다는 보장을 하는 것은 아니라는 것을 인식하여야 한다. 구체적인 자료들은 활동을 유도하는 수단으로서는 아주 효과적이다. 그러나, 그와 같이 유도된 활동은 바람직한 학습을 가져올 수도, 가져오지 않을 수도 있다. 만약에 자료가 흥분을 돋우거나 미혹케 하는 측면을 띠고 있다면, 혹은 만약에 그 자료의제시가 주의 깊게 계획되거나 방향조정이 되지 않았다면, 학습은 교수의 목적에 비추어 볼 때 비효과적이기 쉽다.

아마도 활동사진이 쉽게 떠오르는 객관적인 자료형태일 것이다. 그러나, 여러 형태의 다른 객관적 보조 기구들이 있다. 정규적 교육상황 이외의 생활에서 많이 사용되고 있는 시청각 자료에는 다양한 부분으로 구성된 신문, 잡지와 정기간행물, 라디오, 텔레비전, 영화 슬라이드, 활동사진, 레코드, 전람회, 드라마, 광고, 표본, 모델, 우편엽서, 박물관과 미술관람, 소풍, 실물교수, 그리고 박람회와 전시회 등이 있다. 이외에도 교수용으로 사용될 수 있는 자료들이 첨가될 수 있다.

시청각 교재의 각각의 형태는 교재에 동등하게 적용되지는 않지만 그러한 교재들의 인정된 기능에는 다음과 같은 것들이 있다.

(1) 학생의 관심을 불러일으키고 지적인 호기심을 진작시키는 것
(2) 올바른 창의적인 생각을 부여하는 것
(3) 감각적 경험을 넓히고 학생의 환경을 확장시키는 것
(4) 다른 곳에서 획득된 지식을 보충하는 것
(5) 인상을 심화시키고 가르침을 생동화시키는 것
(6) 구체적인 것들과의 경험을 주는 것
(7) 학습경험의 다양성을 제공하는 것
(8) 학습에 합당한 태도를 촉진시키는 것
(9) 새롭고 가치 있는 관심을 발전시키는 것
(10) 학습의 더 좋은 획득과 더 오랜 유지에 기여하는 것
(11) 시간을 절약하는 것

세심한 교사는 어떠한 교수 상황에서든지 간에 다양한 출처에서 구한 시청각 교재를 선용한다. 흑판은 교사와 학생이 대상을 묘사하여 그림을 그리는데 탁월한 매체이다. 게시판은 그림이나 주의사항 그리고 현재의 활동에 관계되는 기사를 부착하는데 사용될 수 있다. 차트와 포스터도 필요한 대로 준비될 수가 있다. 여러 종류의 수집들이 지역사회나 학생들의 가정에서 구한 것들로서 이루어질 수 있다. 축음기 레코드는 거의 어느 곳에서든지 사용될 수 있으며, 라디오나 심지어 텔레비전 수상기를 사용하는 것도 어렵지 않다.

책에서의 삽화, 잡지와 신문에서의 광고, 무료로 관람할 수 있는 산업기관에서의 전시회, 정부기관에서의 팜플렛과 포스터, 거래협회, 상업회의소, 여행기관, 철도와 선박, 그리고 다른 것들도 뛰어난 보조가 될 수 있다. 많은 회사들이 학교에 기꺼이 빌려줄 활동사진들을 가지고 있다. 어떤 교육기관들에서는 임대 조건으로

활동사진 필름과 영화 슬라이드 등을 제공한다. 종교적인, 그리고 기독교적인 보조교재들이 상당히 다양한 형태로 급속하게 이룩되고 있다.

시청각 교재를 사용할 때, 교사는 그 사실상의 목적은 어디까지나 "보조하는 데" 있음을 염두에 두어야 한다. 그것은 학습에서의 다른 활동들에 대치되어서는 안 되며 보조하는 것으로만 사용되어야 한다. 그러한 어떠한 보조교재는 교사나 교수활동의 대체물이 아니다. 시청각 교재의 사용을 통한 학습은 모든 학습에 공통되는 원리에 의해 지도된다. 시청각 학습에 연관된 어떠한 마술도 결코 없다.

보조교재의 가치 척도는 그것이 학생이 어떤 사건이나 대상 혹은 과정과 활동을 이해하는 것을 풍부하게 하고 향상시켜 어느 정도로 학습을 진작시켰는가에 있다. 그저 학생들에게 새롭고 다르고 흥미 있다고 해서 사용되어서는 안 되는 것이 보조교재이다. 보조교재의 핵심적인 특징과 가치는 그것이 사물들을 더욱 실제적으로 대하게 하는 직접적인 감각적 접촉을 가져다주기 때문에 학습에 객관적인 이익을 가져다준다는 사실에 있다. 그러한 보조교재는 학생의 경험의 배경에 비추어 학생에게 의미 있는 것이어야 한다. 그것은 이해를 저해할 정도로 낯선 것이거나 흥미를 일으키지 못할 정도로 익숙한 것이어서도 안 된다. 학생이 스스로 학습 경험의 목적을 이해하고 받아들이는 것이 중요하다. 보조교재는 학습의욕을 유발하거나 이러한 의욕을 제공하는 다른 활동에 연관하여 사용되어야 한다. 어떠한 형태의 보조교재를 사용할 것인가에 대해서는 다음과 같은 요소들에 비추어 결정되어야 한다. 학생의 욕구와 관심, 교사가 보조교재에 대해 지니고 있는 익숙함의 정도, 교수의 과제에의 적합성, 다른 형태의 보조교재에 연관된 효과, 앞선 경험과 학생의 정신력에의 적합성, 사용의 편리함과 가격, 준비시간, 그리고 이전에 사용한 적이 있다면 그때의 사용을 바탕한 평가 등이 그러한 요소들이다.

가능하고 마땅하기만 하면 언제든지 학생들이 시청각 장치를 직접 다루어야 한다. 이러한 류의 학습은 다른 모든 학습과 마찬가지로 능동적인 과정이다. 그러므로, 학생이 다른 단순히 그림을 보고 물건들을 만지고 전시회를 관람하는 것에 그치고 그 이상의 행위를 하지 않는다면, 그 학생은 배우지 않은 것이 된다. 학생은 목적에 가지고 있어야만 한다. 그리고 그는 자기의 목적에 따라 행동하여야 한다. 그저 회람이나 박물관을 거니는 것은 학습을 가져오지 않는다. 눈으로만 그림을 쏘아보고 정신으로써 그림에서 아무것도 보지 못하면 아무것도 배울 수 없다. 학생이 무엇을 보는가, 무엇을 지나치지 않는가, 무엇을 생각하는가, 그리고 음성에 불과하지 않은 것이 무엇인가를 아는가 등이 학생의 실제적인 학습 내용을 결정한다.

외견상의 관심의 표현이 관심의 실제성이나 관련성의 증거가 아니다.

　세심한 사전의 준비가 없이는 어떠한 교사라 할지라도 활동사진이나 다른 시청각 교재를 학급에 가져와 교수에 효과적으로 사용할 수가 없다. 교사는 자기가 교수에 사용하고자 하는 필름은 항상 미리 보아야 하며 레코드는 미리 들어보아야 한다. 또한 교사는 그러한 교재를 학급에 보여주기 전에 수업계획을 세우고 연구 지도를 준비하여, 학생들이 그들 스스로 무엇을 보게 되며 듣게 되는가를 바로 알도록 해야 하며 세밀하게 무대를 완전하게 조사하여야 한다. 보조교재를 제공하는 동안, 교사는 학생들에게 적절한 접촉과 학습을 위한 충분한 기회를 주어야 하며 적절한 보충설명을 해야 한다. 그리고, 그는 가능한 한 모든 방법으로 학생들을 도와야만 한다. 교재의 제공이 끝난 뒤에는 교사가 내용을 요약하고, 거기서 발견되는 잘못이 있으면 설명하고, 필요하다면 보충을 하고, 학급 토론을 조성하고, 학습의 질과 정확성을 시험해야 한다.

　효과적인 시청각 수업은 학생이 내용에 접하고 관심을 가지게 되는 종료가 아니라 시작이다. 교재의 제공이 목적을 성취하고 나면 학생들이 그러기 전보다 더 좋은 질문들을 더 많이 하게 된다. 또한 학생들은 제공된 교재에 의해 시사된 방향에 따라 더 많은 연구와 고찰을 하도록 자극 받게 된다. 교수의 효과에 대한 시험은 학습이 일시적으로 뿐만 아니라 영구적으로 향상된 정도에 있다.

제20장 학생들과 함께 하는 생활과 학습

　개인은 자기 자신의 학습을 해야 한다. 학습활동에 가담하면서 그 자기 자신의 목적을 가질 때, 그리고 자유롭게 상황들에 대해 나름대로 반응하고 학습내용을 자기 자신의 목적에 맞게끔 나름대로 구성할 수 있을 때 잘 배울 수 있다. 그러나, 모든 사람들과 같이 학생은 사회적 존재이다. 그는 홀로 살도록 창조되지 않고 다른 사람들과 함께 살도록 창조되었다. 그는 자신의 심리학적 욕구와 사적인 욕구와 마찬가지로 기초적인 사회적 욕구를 가지고 있다. 그러므로, 그의 학습은 그가 자신의 학습경험을 관리하는데 있어서 다른 학습자들과 협력적으로 함께 할 때 더욱 의미가 풍부해진다. 개인은 자신과 자신의 동료가 자신을 성장하는 인격인으로서 알고 이해할 뿐만 아니라 그 스스로를 하나의 학습자로 알고 있는 교사의 효과적인 지도 하에서 함께 생활하고 학습할 수 있는 사회적인 장소에서 최선으로 학습한다.
　생활과 함께 연결되어 이루어지는 학습은 더욱 용이하고 더욱 지속적이다. 학습을 생활에서 분리한다는 것은 학습 성과들이 원래 속해 있지 않는 곳에, 말하자면 실제적인 생활과 동떨어진 학급 내에 부여됨을 의미한다. 최상의 교수는 본질적으로 건전하고 행복하고 자연스러운 친분 속에 학생들과 함께 생활하는 일이다. 이는 학습이 태도와 습관의 단순한 전염 혹은 단순한 획득 이상의 것이 아님을 의미하지 않는다. 교사는 경험을 나누고 해석하는 것을 통하여 덜 경험한 사람들을 도와주는 더 경험한 사람이다. 학생들과 함께 생활하는 친분에서 비롯되고 기반을 둔 교수는 친분이 없는 교수가 실제성과 동기를 결여하고 있는 반면에 활력적이고 의미가 있다.
　활동을 함께 나누는 공동적인 생활이 사회적인 욕구를 만족시키는데 있어서 성과 있는 경험을 제공할 때 학습은 잘 진행된다. 사회적인 욕구에는 첫째로 사랑 받는 것, 타인에 의해 원해지는 것, 그리고 타인들에게 좋게 생각되는 것 등이다. 개인은 다른 사람들과의 온화하고 만족스러운 관계를 가지고자 한다. 또 다른 사회적인 욕구에는 집단 소속감이 있다. 사람은 집단 내에서 중요하게 되거나 집단에서 가치가 있거나 집단에 의해 받아들여지고자 애를 쓴다. 세 번째의 사회적인 욕구는 집단에 대해 의미 있는 방식으로 다른 사람들과 같이 되는 것이다. 사람은 외모와 역량 및 기여가치에 있어서 다른 사람들과 같고자 한다. 개인을 다르게 분리시켜 놓은 것은 설혹 그것이 그를 보다 뛰어난 것으로 만드는 것이라 할지라도 그를 불안하게 한다.

이러한 욕구들은 소속되고 함께 나누고 참가하고자 하는 충동 및 간구를 통하여 스스로를 드러낸다. 소속되고자 하는 충동은 학생이 성장하고 가정 외부로 발돋움하면서 확장된 질서를 가진 사회집단의 일원으로서 성취하고 인정받고자 하는 시도에서 드러난다. 함께 나누고자 하는 충동은 소유물과 활동과 경험과 목적을 나누고자 하는 시도에서 표출된다. 참가하고자 하는 충동은 활동과 계획에 참가하고 목적의 형성을 돕고자 하는 시도에서 표출된다. 교수의 작업은 여건을 조성하여 이러한 충동들이 경험 내에서 출구를 찾아 그것을 통하여 학생들이 집단 활동의 목적을 설정하고 계획하고 실행하고 평가하는 것과 사람들과의 조화로운 공동작업을 위한 기교를 발전시킬 수 있도록 하는 것을 포함한다.

학생들을 협동적인 학습에 효과적으로 함께 하도록 하는 본질적인 요소들에는 교실 내의 좋은 정서적 분위기, 교사의 건강 그리고 교사가 학생의 품행을 이해하는 것 등이 있다.

1. 정서적 분위기

잘 배우기 위해서는 학생이 자기가 사랑 받고 있으며 신뢰받고 있다는 느낌을 가져야 한다. 학생이 이러한 느낌을 가질 때, 에너지가 이완되어 건설적인 활동에 자유롭게 사용할 수 있게 된다. 학생이 그러한 느낌을 가지지 않을 때, 그의 정서 상태는 에너지의 방출을 방해하는 원인이 된다. 특수한 정서적 경험이 생겨나는 배경을 정서적 분위기라 일컫는다. 개개인은 자기 자신의 정서적 분위기를 가지고 있지만, 지각 있는 교사는 교실 내에 퍼져 있는 정서적 분위기가 어떠하느냐에 따라 학생 개개인의 정서적 순응이 구체적으로 영향을 받는다는 사실을 예리하게 의식하고 있다. 교실의 정서적 분위기가 건전한 정서적 순응을 조성하는 정도에 따라 좋은 학습과 인격 및 사회생활에서의 정상적인 성장에 핵심이 되는 정서적 균형의 발달이 좌우된다.

교사와 학생들은 다같이 인격체이다. 참된 교수는 교사와 학생 개개인간의 일련의 인격적인 관계들이다. 다른 요소들 이상으로 교사는 학생들에 대한 정서적 분위기를 결정한다. 상황을 설정하고 학생들을 지도하여 학생들이 극적인 긴장을 갖지 않고 합리적인 신뢰감에 의한 인격의 발달을 가져오도록 하는 것은 교사의 권리이다. 교사는 학생들과 친밀한 관계를 확립함으로써만 이러한 권리를 행사할 수가 있다. 친밀한 관계는 상호 존중, 만족, 조화 및 이해로 특징되는 인격적인 관계를 지칭한다. 만약에 학생들이 교사로부터 움츠리고, 교사와의 동정적인 유대를 가지지 못하고, 그들의 문제를 교사에게 알리지 못한다면, 교수는 학생들의 정서적 발달에 거의 기여를 하지 못한 것이다.

학생들과의 친밀한 관계를 확립하고 유지하는 몇 가지 방안들을 제시하자면 다음과 같다.

(1) 모든 관계들을 진정하고, 동정적이고, 흥미 있고, 공평하고, 만족스럽고 그리고 거북하지 않고 우의 있게 하는 것.

(2) 가능한 한 학생 개개인의 배경을 철저하게 이해하는 것.

(3) 개인적인 차이에 대한 섬세한 인지력을 개발하고 학생들을 대할 때 이러한 차이를 항상 염두에 두는 것.

(4) 일관적으로 대하는 것.

(5) 한 순간에는 상냥하고 관심 있어 하다가 곧 다음 순간에 성내고 성가시게 여기지 않으며, 동일한 행동에 대하여 어떤 때에는 관대하다가 다른 때에는 관대하게 하지 않는 것.

(6) 학습활동들의 관리에 있어서 교사와 학생들간에 실제적으로 함께 하는 관계를 제공하는 것.

(7) 항상 유쾌하게 사랑의 견실함을 보여주고 적극적으로 학생들의 작업과 놀이에 가담하는 것.

(8) 학생들이 말하고자 하는 것에 항상 공감적으로 경청할 준비를 갖추고 분산되지 않은 주의를 기울이는 것.

(9) 학생 개개인이 항상 자유롭게 느끼도록 하는 것.

(10) 각자의 독립, 자기 만족, 자기 신뢰 및 자기 표현을 다 할 수 있도록 격려하는 것.
  (11) 학생 개개인에게 교사가 자기를 믿고 있다는 사실을 느낄 수 있는 모든 근거를 제공하는 것.

  적절한 안정감을 위해서는 학생 개개인이 그가 중요하고 좋게 여겨지고 인격인으로서의 자신의 모습에 대해 다른 일원들에 의해 긍정적으로 평가되는 한 사람으로서 집단에 속해 있다는 것을 느껴야 한다. 만약에 학생이 자신의 신체적인 결함, 정신력의 수준, 자신의 도덕률, 자신의 사회적 혹은 경제적 상태, 자신의 인격적인 차이 혹은 자신의 종교적인 믿음 때문에 그가 자신 그대로 받아들여지지 않는다는 사실을 느낀다면 그는 불안정함을 느낄 것이다.
  교사는 다음과 같은 방법들을 통하여 학생들이 안정감을 얻는 것을 도와줄 수가 있다.

  (1) 개개의 학생들을 인격체로서 진정으로, 그리고 진실로 존중함을 느끼고 있음을 보여준다.
  (2) 학생들과 함께 일하는 것이 정말 즐겁다는 것을 말해 준다.
  (3) 학생들에 대한 진실된 믿음을 보여준다.
  (4) 투여된 노력에 대해 긍정적인 참된 평가를 표현한다.
  (5) 실제적인 성취에 대해 정직한 찬사를 보낸다.
  (6) 학습활동들을 능력으로 바꾸어 죄의식이 저질러진 실패로부터 생겨나지 않도록 하며 당면한 과제가 두려움을 야기시키지 않도록 한다.
  (7) 경쟁이 건전하지 못한 긴장을 조성하지 않는가를 알아본다.
  (8) 학생에게 바람직하지 못한 비교를 하지 않는다.
  (9) 각자가 전체 작업에 기여할 수 있는 협력적인 계획을 세운다.
  (10) 근심, 위축, 혹은 반사회적 행동과 같은 불안정함을 나타내는 징후를 알아내고 이러한 징후를 나타내는 학생이 집단 내에서 더욱 안정감을 갖도록 할 수 있는 방도를 찾는다.
  (11) 그리고 학생들이 배우고자 하는 시도를 하거나 실패하거나 실망할 때 그들에게 끈기 있고 동정적으로 대한다.

모든 학생들은 안정감을 갖기 위하여 애정을 필요로 한다. 부모의 사랑에서 모두가 안정을 발견하는 것은 아니다. 부모에 의하여 사랑을 잘 받고 있든지 혹은 없든지 간에, 학생들은 정상적으로 성장하고 발달하기 위하여 교사의 애정에 위치를 점하고 있어야 한다. 이러한 필요는 아주 실제적이기 때문에 사람을 좋아하지 않는 자는 성공적으로 가르칠 수 없다. 학생들이 필요로 하는 애정의 종류는 그들을 어른에게 얽매이게 하는 감상적이며 연약한 애정이 아니라 성숙하고 지각 있는 애정이다. 학생들과의 모든 접촉에 있어서 교사는 그들을 진정으로 좋아한다는 증거를 보여주어야만 한다. 그들의 고민에 공감적으로 함께 하고, 그들의 문제들을 해결하는 일을 도와주고, 어려울 때에 격려하고, 그리고 그들에게 정중한 사려를 제공함으로써 좋은 교사는 학생들의 안정감에 기여할 수 있는 방식으로 자신의 애정을 증명해 보인다.

마지막으로, 교실내의 건전한 정서적인 분위기를 만들고 유지하기 위하여 교사는 학생들의 정서적인 문제를 이해하고 이러한 문제들을 야기시키는 것을 가능한 한 피하고 정서적 표현을 위한 적절한 출구를 제공할 필요가 있다. 학생이 존재하는 문제를 다루는 것을 도와주는 기본적인 방법은 학생이 안정감을 갖도록 하는 것이다. 그리하여 교사는 학생의 문제를 공감적으로 경청하고, 그를 도와 학생이 문제의 성격에 대한 통찰력을 갖게 하고, 그것을 해결하는 방법들을 발전시킬 수 있게 하면서 학생에게 자신의 문제를 토의할 수 있는 적절한 기회를 제공할 수 있다. 때때로, 교사는 교실 내에 학생들이 울적한 감정을 토로할 수 있는 상황들을 마련할 수 있다. 또한 교사는 학생의 정서적인 부담을 가중하기 쉬운 상황들을 피할 수도 있다. 일상적인 해결 방편에 적합하지 않은 문제의 경우에는, 교사는 심리학자나 정신병 의사와 같은 전문가의 봉사를 이용함으로써 학생에게 최상으로 도움을 줄 수가 있다.

교사는 다음과 같은 절차들에 의해 학생들의 정서생활의 균형을 진작시키는 것을 도울 수 있다. 학생 개개인에게 성공적으로 성취할 수 있는 기회를 준다. 개별적으로 좌절된 결점들을 극복할 수 있도록 도와주고 효과적인 습관과 기능을 발전시킨다. 일반적으로 긴장을 조성하는 인위적인 동기부여를 강조하지 않는다. 개개인의 욕구와 충동 그리고 목적들을 건설적으로 이용한다. 학생 개개인이 자신의 한계를 객관적으로 직면하도록 돕는다. 개개의 학생들이 자신의 열망의 정도를 깨달을 수 있도록 지도한다. 실패와 방해에 대해 낙심하지 않고 대처할 수 있도록 지원한다. 과잉자극이나 과로를 피할 수 있도록 하여 활동들을 수행한다. 비록 말로 표현하지는 않지만 필연적으로 태도와 표정과 침묵 등으로 표현하게 되는 사적인 편견은 결코 갖지 않는다. 설득하거나 빌거나 과도하게 보호하는 것을 피한다. 반대를 표시할 때는 아주 신중하게 하고 학생으로 하여금 자기 자신과 자신의 실제적인 능력에 대해 너무 비참하게 생각하게 하는 풍자나 조소 혹은 여타의 어떠한 것도 결코 사용하지 않는다.

2. 교사의 건강

협력적으로 함께 하는 것의 효과를 가져오는데 있어서 두 번째 핵심적인 요소는 교사의 건강이다. 다시 한번 말하자면, 교사가 학생들에게 미치는 영향은 학생들의 학습을 결정하는 가장 강력한 요소들 중의 하나이다. 올바른 영향을 미치기 위해, 교사는 가장 완전한 의미에 있어서 건강한 사람이어야 한다. 건강은 에너지와 정력의 부당한 손실이 없이 효율적인 방식으로 임무를 수행할 수 있게 하는 적합성의 정도를 일컫는다. 육체적인 건강은 중요하다. 그러나, 그것은 단지 출발점에 불과하다. 더욱 중요한 것은 교사를 행복하게 하고 자기의 주위에 성공적으로 적응할 수 있게 하는 인격의 건강이다. 그것은 정신적, 정서적, 사회적, 도덕적 및 영적 건강을 포함한다. 진정으로 건강한 사람은 자기 존재의 모든 능력들을 효율적으로 사용한다.

일반적으로, 건강한 사람은 풍부한 에너지와 활력으로 특징지워진다. 모든 부분에 있어서 정상적으로 기능하는 좋은 상태에 있는 신체는 운동적이며 정신적인 활동에 있어서 만족감과 묘미를 준다. 일과 오락은 적당한 정도로 유지되면 마찬가지로 흥미를 가져다 준다. 역기능의 부재는 명료한 사고와 노력의 집중 그리고 효과적인 성취를 이룬다. 건강한 사람에게 있어서의 생활은 즐거운 경험과 도전적인 활동 그리고 만족스러운 성취의 연속이다.

정신적인 건강은 쉽게 신체적인 활력을 수반한다. 좋은 정신적 건강을 가진 교사의 징표는 다음과 같은 것들이라 하겠다.

(1) 개인적인 가치에 대한 적절한 느낌.
(2) 자신과 타인들에 대한 바람직한 이해.
(3) 환경과의 기초적인 조화.
(4) 행복, 유쾌감, 용기 그리고 낙관 등의 정서적 자질의 뛰어남.

(5) 불필요한 두려움과 부끄러움 및 소심함이 없음. 경우에 적절한 정서적 반응.
(6) 지속적인 근심으로부터의 자유.
(7) 주관적인 상태보다 객관적인 상태에 더 많은 관심.
(8) 성공에의 기대와 합리적으로 자주 성취하게 하는 균형 잡힌 자신감.
(9) 사태에 즉시 집중할 수 있는, 그리고 상황의 시사점을 파악하는 능력.
(10) 건설적인 사고와 적절한 행동에 의해 문제들에 단호하게 대처함.
(11) 그리고 정상적인 호기심으로 세상에 대한 관심을 가짐.

좋은 건강을 가진 교사는 자기보다 연상이거나 연하이거나 혹은 동년배이거나를 막론하고 사람들과 쉽게, 편하게 그리고 즐겁게 생활한다. 그는 다른 사람들을 지배하거나 통솔할 필요성을 전혀 느끼지 않는다. 그는 기꺼이 앞장서기도 하고 따르기도 함으로써 협력적인 일에 쉽게 적응한다. 그는 부당하게 다른 사람들에게 복종하지 않는다. 그는 사회적인 접촉을 구한다. 그는 이기적이지 않다. 그리고 그는 그가 접촉하는 사람들의 안녕과 행복에 대해 균형 잡힌 책임감을 지니고 있다.

건강한 교사는 높은 도덕적인 표준을 가지고 있다. 그는 정직하다. 그는 사실을 있는 그대로 대하여 현실에 대해 객관적인 태도를 견지한다. 그는 자기 자신의 잘못과 실수를 인정하며, 그것이 자기 때문일 때는 비난을 감수하며 건설적인 비평으로부터 유익을 얻는다. 그는 주지된 책임을 결코 회피하지 않으며 최선을 다하여 그가 속한 집단의 개인으로서 그리고 구성원으로서 행동한다.

학생들이 교사의 신체적, 정신적, 그리고 정서적 건강에 의하여 어느 정도로 영향을 받는가를 결정하는 것은 불가능하다. 그러나, "이상적인 교사는 신체적, 정신적 그리고 도덕적 건강을 소유한 건전하게 균형 잡힌 사람이어야 한다"는 사실은 전혀 의심할 바가 없다. 신체적 조화의 결함은 수반되는 비정상적인 행동과 태도와 함께 교수의 효율성의 감소에서 반영되어 나타난다. 훨씬 더 심각한 것은 정신적, 정서적, 사회적, 도덕적 그리고 영적인 부조화의 결과이다. 신경질적이며 조절을 못하고, 정서적으로 성숙되어 있지 못하고, 훈련이 덜 되어 있고 영적으로 무능력한 교사는 학생들에게 올바르게 영향을 끼칠 수가 없다. 정상적인 방식으로 학습과 성장을 진작시키기 위하여서는 교사가 명랑하고, 지각이 있고, 정서적 '사회적으로 균형 잡혀 있고, 도덕적' 영적으로 세심한 사람이어야 한다. 교사의 인격의 영향은 그 결과가 과중하게 나타나기 때문에 학생의 생활에 가장 강력한 영향을 미치는 건강의 두 가지 양상, 즉 정서적 건강과 영적인 건강을 더욱 세밀하게 고찰해야겠다.

교수는 교실에서 수행되는 갖가지 행동보다 훨씬 더 많은 것을 포함한다. 교실의 안과 밖에서 교사가 학생들에게 미치는 전체적인 영향은 교사의 일과 불가분리적인 부분이다. 교사의 인격적 자질은 교수 절차보다도 더욱 지속적인 인상을 학생들에게 더 많은 영향을 미친다. 학생들이 교사를 평가하는데서 두드러지는 것은 학생들의 수준이 어떠하든지 간에 바로 인격적인 자질이다. 학생들은 학식보다도, 그리고 좋은 교수 기교의 효과적인 사용보다도 교사에게 있어서의 건전한 인격에 더 많은 점수를 준다.

좋은 교수는 학생의 학습활동을 자극하고, 격려하고, 함께 하고, 지도하는 일에 관계한다. 스스로 행동할 수 없는 유아인 아이는 어쩔 수 없이 어른들의 통제 하에 있게 된다. 그러나, 필요 이상으로 훨씬 더 자주 그러한 지배 하에 있게 된다. 좋은 부모는 일찍부터 지배하기보다는 지도하기 시작한다. 아이가 스스로 행동할 수 있을 때 계속적으로 지배하는 것은 아이에게서 긴장과 불확실성을 조성하기 쉽다. 이러한 것은 불안정감, 적개심, 권위에의 도전 그리고 호전적인 태도들이 기반이 된다. 지적인 자유를 가지도록 지도해 가는 과정만이 적절한 성장과 발달에 기여할 수 있는 여건들을 제시할 수 있다. 지배와 강요가 없이 지도하기 위해서는, 교사가 균형 잡힌 건전한 인격을 지녀야만 한다.

교사가 좋은 정신적 건강을 가지지 않으면, 그의 학생들에게 열등감과 무력감과 좌절감을 심어주게 된다. 교사의 고민과 근심, 불안정한 정조, 편견, 자기 비하와 비판, 압박감 그리고 중요하지 않은 것을 강조하는 것 등은 모두 다 자신과 학생들 간에 균열을 만드는데 기여한다. 거드름을 부리거나, 신경과민이거나, 혹독하고 잔인한 것에 즐거움을 느끼거나, 위선적이거나, 침묵과 즉각적인 복종을 고집하거나, 인기를 구하거나, 풍자를 즐기거나, 무례하거나, 불공평을 노출시키는 것과 같은 또 다른 형태의 가련한 적응상태는 성가신 결과를 낳는다. 그리고 이러한 결과는 정신적인 질병상태가 사회적인 접촉을 꺼리고 비사회적인 태도, 자의식, 자기중심적 태도, 타인들과 협력할 수 없는 상태 그리고 비판에 극도로 민감한 상태 등을 지니게 될 때 더욱 심화된다.

신체적인 건강의 경우와 마찬가지로 정신적인 건강도 개인의 조절에 상당하게 관계되어 있다. 비록 유전과 초기의 환경적 요인이 강력하다 할지라도, 그것들을 조절하고 조정함으로써 많은 성과를 볼 수 있다. 근심, 불행, 좌절 그리고 열등감 및 무력감에 연약하게 정복될 필요가 있는 사람은 아무도 없다. 교사는 그의 학생들을 존중해야 한다. 그러나 반대로 학생들이 존경할 수 있는 인격을 스스로 갖추는 것은 자신의 책임이다. 어떠한 교사라 할지라도, 부적응의 증상에 민감할 수 있도록 유의를 하고 어려운 점을 고치려고 결심하고 교정에 지속적인 노력을 지적으로 경주한다면, 자기 자신을 개선할 수가 있다. 자기 자신의 발전은 자기의 교수에 기여할 수 있는 가장 큰 중직이다. 자기 발전의 모든 행위는 개선된 교수를 향한 동작이다.

정신위생을 위한 효과적인 프로그램에는 많은 요소들이 포함되어 있다. 어떻게 정신건강을 성취하고 유지할 것인가에 대한 방안들은 다음과 같다.

(1) 정신건강은 신체적 건강에 의해 구체적으로 영향을 받기 때문에 신체적 건강을 유지하는 것이 기본적이다. 모든 교사는 반년마다 신체검사 및 치아 검진을 받아야만 하며 신체적인 조건의 모든 개선은 더욱 좋은 정신적 조절에 반영되어 나타난다.

(2) 사람은 건전하고 자기에게 만족스러운 생활철학을 가지고 있어야 한다. 이것이 없이는 정신적 불안정과 염려가 불가피하다. 모든 사람들은 우리의 본성, 인간의 본성 및 사물 체계 내에서의 인간의 위치의 본성에 관한 어떤 확실한 기본적인 생각과 사실에 조화되게 자기의 생활을 조정해야만 한다.

(3) 인간의 행위의 근원은 생활의 의욕과 자극 그리고 자신의 정서적인 충동에 있다. 그러므로, 정서생활을 안정되게 유지해 나가는 것이 중요하다.

(4) 현실에 직면하지 않으려는 것은 정신적 분열의 증상이다. 사실이 아무리 불쾌하다 할지라도 그리고 문제가 아무리 어렵다 할지라도 단호하게 그리고 솔직하게 대처하는 것이 필요하다. 즉각적인 접근을 요구하는 상황에 대해 지연을 시키거나 자기변명을 하거나 은폐하려고 하는 것은 건강하지 못한 상상과 바람직하지 못한 상상적인 행위 그리고 비효과적인 사회관계에 길을 열어준다.

(5) 인간은 일을 하도록 지어졌다. 그러나 일을 떠날 때가 언제인가도 알아야 한다. 인간은 놀이와 휴양과 수면을 필요로 한다. 관심이 광범하고 다양해야 한다. 모든 사람은 적어도 한 가지 취미는 가지고 있어야 한다.

(6) 생활은 단순한 동일선상에서 움직이지 않고 변화무쌍한 굴곡 가운데서 움직인다. 건강을 증진시키기 위해서는 격렬한 활동 기간과 함께 가끔씩 냉정과 명상의 시간을 갖는 것이 필요하다. 교사는 열심히 일하고 난 뒤에 휴식하는 것을 배워야 하며 자신의 에너지에 다음 작업 시간을 위하여 비축할 수 있는 기회를 부여하는 것을 배워야 한다.

(7) 야망을 갖는 것은 모두 옳다. 그러나 만족감을 가지고 합리적으로 할 수 있는 한도 내에서 자신의 야망을 견지할 필요가 있다. 할 수 없는 것을 하고자 하는 것은 건강한 상태를 증진시키는 방편이 아니다.

(8) 성장은 건강과 함께 오는 것이다. 학습을 통하여 존재하는 사람은 건강한 조건에서의 생활을 통하여 존재한다. 특별히, 교사는 항상 학습자의 정신을 가지고 있어야 한다. 교사가 배우고 성장하지 않고서는 학생들을 효과적으로 도울 수가 없다. 건강한 교사는 그의 학생과 더불어 배운다.

(9) 유머 감각은 정신적인 커다란 소독제이다. 그것은 방해를 제거하고 열등감으로부터 자기를 보호하며 유쾌하지 못한 많은 상황으로부터 고통을 제거한다. 그리고 그것은 건강하지 못한 억압상태에 대해 해독제가 되며 생활이 너무 심각해지는 것을 방지하는데 도움이 된다.

(10) 건강한 사람은 그가 원하는 것을 원하는 때마다 항상 바라는 이기적인 인간이 아니다. 다른 사람들의 현존하는 궁극적인 행복이 문제가 될 때에는 언제라도 기꺼이 자기의 이기적인 바램이나 직접적인 형태의 형열을 젖혀놓을 수 있는 사람이 건강한 사람이다.

(11) 과거에 대한 후회와 미래에 대한 과도한 관심의 틈바구니에서는 건강하지 못한 사람은 현재를 즐길 시간을 거의 갖지 못한다. 죽은 자는 그 주검을 장사지내게 하고 미래를 기다리기 위하여 한 순간도 허비하지 말라. 어쨌든 그것은 다가올 것이다. 만약에 삶에 실재성을 부여하고 현재에 임하여 행동한다면 삶을 실감나게, 그리고 부당한 걱정 없이 영위할 수 있을 것이다.

(12) 많은 조언자들이 있기에 안전함이 존재한다. 중요한 일에 있어서 선택과 결정에 관한 의심이 생기면 친척과 친구들의 의견을 구하는 것이 현명하다.

(13) 일상생활에서의 노력은 물론 자기 자신을 더 잘 알고자 하는 진지한 노력을 항상 경주한다. 그리고 자신의 힘과 자신뿐만 아니라 자신의 모든 결점과 부채와 함께 자기 자신을 있는 그대로의 모습대로 받아들여야 한다.

(14) "아름다움이란 영원히 즐거운 것이다." 그리고 아름다움이란 사람을 자기 자신과 자기의 환경 이상으로 끌어올린다. 사람이 자기 자신만을 모델로 삼을 때는 자기 향상을 기하고자 하는 것은 오히려 무모하다. 아름다운 시를 읽고, 좋은 음악을 듣고, 아름다운 그림을 보고, 자연과 같은 사랑스러운 매일의 "묵상시간"을 갖는 것은 핵심적이다.

(15) 좋고 오래된 상식을 대치할 만한 충분한 것은 아무것도 없다. 지식은 중요

하다. 그러나 상식이나 지혜는 절대적으로 필요한 것이다. 만약에 사람이 자기 자신이 알고 있는 상식의 지시를 유의하기만 한다면 자기의 생활을 아주 성공적으로 조정할 수 있을 것이다.

　사람이 건강하기 위해서는 신체적 및 정신적 건강은 물론 영적인 건강을 가져야만 한다. 사람은 영적인 안녕이 없이는 정신이나 신체에 있어서 최선을 기할 수가 없다. 영적인 생활과 영적인 건강은 교리에 복종하거나 시브렛(shibboleth)를 발음하거나 어떤 특수한 예배 형식에 참가하는 등의 일이 아니라, 살아 계시는 하나님과 활력적인 접촉을 갖는 것이다. 오비드(Ovid)는, "우리 안에 하나님이 계시고 그가 우리를 감동시킬 때 우리는 빛을 낸다"라고 말했다. 욥은 하나님께 말하면서, "당신의 손이 나를 빚었고 나를 만들었나이다"라고 했다. 존 밀톤(John Milton)은, "모든 배움의 목적은 하나님을 아는데 있으며 그 지식으로부터 그를 사랑하고 닮아 가는데 있다"고 했는데, 그의 이 말은 오늘날 로버트 헛친스(Robert M. Hutchins)가 "하나님은 모든 생활, 따라서 교육적 생활의 알파이며 오메가이다"라고 한 것과 짝을 이룬다. 그러나, 생각 있는 사람이라면 인간의 생활이 인간보다 더 높은 능력자이신 하나님께 속해 있다는 사실을 확인하기 위하여 철학자와 교육가들의 증거를 필요로 하지 않을 것이다.

　본성상 인간은 하나님으로부터 분리되어 있으며, "선택에 의한 죄인이며 날 때부터 소외자이다." 하나님은 놀라운 사랑과 인자하심으로 당신의 독생자 예수 그리스도의 인격 안에 생명의 길을 준비하셨다. 예수 그리스도를 구주로서 믿음으로 영접하는 것은 새로운 탄생을 가져온다. 즉, 하나님의 생명이 인간의 생명 안에 들어오는 것이다. 그리하여 그는 거룩한 징표를 띠게 된다. 왜냐하면, 하나님께서 그 사람 안에서, 그리고 그 사람을 통하여 활동하시기 때문이다. 영적인 생활은 하나님의 나라 안으로 태어나는 것에 달려 있다. 그리고 영적 건강은 살아 계신 하나님과 심령 전체를 드리는 활력적인 관계를 유지하는 일이다. 그럴 때에, 생활과 봉사의 친교로써 하나님과 연결되어 있음을 확신하기 때문에 인격의 빛과 평정이 존재하게 된다. 그러므로, 그러한 사람은 충만하게, 이기적이지 않게, 기쁘게, 목적 있게 그리고 다른 사람들과 도움을 주며 살아갈 수 있는 것이다.

　영적인 건강을 소유하고 있는 교사는 막대한 영향을 행사할 수 있는 인격의 완성과 성격의 도덕적인 경향을 가진다. 어느 곳을 중심한 통합된 과제를 지니고서 에너지는 공포와 걱정에 의해 생겨난 갈등으로 낭비되지 않고 생활과 일에 쓰여진다. 그러한 교사는, "우리는 단지 하늘의 도구로다"라고 말한 자의 심정으로 하나님이 학생들에게 실제적으로 느껴지도록 일한다. 그의 이상과 소망은 그의 학생들을 자극하여 하나님에 대한 개인적인 책임을 자각케 하고 그들의 동료들에 대한 의무를 인식케 하는 것이다.

모든 형태의 건강과 마찬가지로, 영적인 건강은 우연한 것이 아니다. 그것은 견지되어야만 한다. 그것을 견지하는데 있어서 핵심적인 사항 한 가지는 신체적인 좋은 건강이다. 신체적 상태의 역 기능은 영적 건강의 황폐화를 가져올 수 있다. 또한 좋은 정신적 건강과 안목은 영적 안녕에 중요하다. 올바른 사회적 관계도 본질적이다. 마지막으로 아주 중요한 것은 기도이다. 계속 하나님을 바라보고, 그의 뜻을 구하고, 그의 인도하심에 의존하고, 그에게 지혜와 능력을 요구하고, 그를 기쁘게 해 드리고자 노력하는 것이 기도의 본질이다. 영적 건강은 전심으로 심령과 정신과 힘을 다하여 하나님을 사랑하는 것이다. 기도를 통하여 이러한 사랑이 표현되고, 영양을 얻고, 더욱 강해진다.

3. 학생 품행의 이해

교사가 학생들과 효과적으로 함께 생활하고 일하기 위해서는 사물을 그들의 관점에서 볼 수 있어야만 한다. 우리들은 다른 사람들을 대할 때에 그들의 품행을 우리 자신의 반응에 비추어, 그리고 원하고 바라는 것에 비추어 해석하기가 쉽다. 좋은 교수는 학생들의 사고와 행동을 통제하려고 하는 것이 아니라 그들에게 의미 있는 활동에 그들과 협력적으로 일하는 것이다. 교사의 역할은 안내자나 조언자 혹은 참된 지도자의 역할 그것이다. 교사가 올바로 지도하기 위해서는 학생에게서 무슨 일이 일어나는가, 그리고 학생이 처해 있는 환경이 학생에게서 일어나는 일을 야기시키는데 있어서 어떠한 역할을 하고 있는가를 정확한 통찰력으로 합리적으로 파악해야만 한다.

많이 이야기되었으나 결코 강조가 지나치지 않은 사실은 교사가 효과적인 교수를 실시하기 위해서는 학생들을 이해해야 한다는 것이다. 그는 학생 개개인에 관하여 그가 얻을 수 있는 한 모든 정보를 얻어야만 한다. 그러나 정보를 얻는 것만으로 충분하지 않다. 거기에다가 학생의 품행에 비추어본 정보의 의미를 이해하고 학생이 학습하는 것을 돕는 단계들의 기초로서 그 정보와 이해된 의미를 사용하는 것이 필요하다. 학생의 품행은 원인이 있어 결과가 된 것이다. 모든 행위는 과거의 경험을 바탕으로 하며 현재의 상황에 의해 영향을 받고 미래에 대한 바램과 소망에 있어서 방향 지어진다.

이러한 사실을 알고 있는 교사는 비난하고자 하는 생각이 없이 학생을 있는 상태 그대로 받아들인다. 교사 편에서 한 인격적인 학생에 대해 비판적인 경향을 조금이라도 띠게 되면 학생을 수세에 몰아넣고 뚜렷하게, 그리고 분명하게 협력적인 작업을 위축시킨다. 좋은 교사는 학생을 존중하며 일반적인 사회생활에서 대체로 용인되고 있는 태도를 가지고 대한다. 이는 비난, 풍자, 조롱, 다른 사람들 앞에서의 추궁, 다 알고 있다는 식의 태도, 학생의 기여를 무시하는 것, 학생에게 생각과 계획을 하지 못하게 하는 것, 학생을 대중적인 방향으로 변화시키려 하는 것 등이 없음을 의미한다. 존중은 참되고 신실해야만 한다. 그렇지 않으면, 학생은 부족함을 느낀다.

학생들을 이해하는 교사는 학생 개개인은 유일하다는 사실을 인식한다. 많은 점에 있어서, 개개인은 모든 다른 사람들과 다르다. 그러하기 때문에, 학생들 각자는 그룹 활동에 있어서 각기 나름대로의 독특한 기여를 한다. 이해가 빠른 교사는 학생 개개인이 할 수 있는 일이 무엇인가를 파악하고 그 일을 하도록 격려하며 학생이 할 수 있는 일을 즉시 받아들인다. 또한 그는 어떻게 하면 학생의 개성에 따라 그들을 도와줄 수 있는가 하고서 애쓴다. 아무리 어렵다 할지라도 교사는 개개의 학생을 알되, 자기 자신의 생각이나 정서의 관점에서가 아니라 그 행위가 주로 자기 자신의 과거와 현재의 경험에 의해 지배되고 있는 한 인간으로서의 그리고 그 행동이 독재적인 방식에 의한 교정에 의해서가 아니라 사회집단 내의 여건을 조성함으로써 그가 실제로 변화하고자 하는 바램을 갖도록 하는 방식에 의해 수정될 수 있는 한 인간으로서의 개개의 학생들을 알도록 노력해야 한다.

4. 교실의 사회적 환경

이미 지적된 바와 같이, 교실은 바람직한 사회 환경 내에서 중요한 요소이다. 또한 교실의 정서적 분위기도 사회적 구조에 있어서 핵심적인 부분이다. 교수란 학생들과 함께 생활하고 함께 일하며 그들의 성장과 발달을 지도하는 것을 의미한다. 학생들은 사회적 구조 내에서 성장하며 계속적으로 그것과 상호작용을 한다. 그러므로, 교사는 최우선으로 학생들의 성장과 발달을 향상시킬 수 있는 형태의 사회적 환경을 제공하여야 한다.

일반적으로, 선택되는 사회적 구조는 세 가지 형태 중의 하나이다. 즉, 교사 지배적이거나 학생 지배적이거나 아니면 집단 지배적이다. 교사에 의해 지배되는 교실에서는, 학생들이 교사가 말하는 대로 행하며, 교사가 말하는 것을 받아들이며, 교사가 주는 것을 받아들이며, 자기 자신들이 결정을 전혀 하지 않고, 단체 활동에 거의 참여하지 않고, 스스로 행하는 것이 거의 없고 스스로 생각하는 것이 전혀 없으며, 교사가 통제하는 활동에 연관된 그는 자신의 목적을 전혀 가지지 않는다.

학생 지배적 교실은 학생 개인의 관심들이 행할 일을 결정하는 교실이다. 교사의 임무는 학생들이 더 좋아하는 것을 발견하고 그것에 호소하는 것이다. 학생 개개인은 다른 사람들의 바램과 권리에는 거의 주의를 하지 않고 자기가 원하는 것을 구한다. 모두의 최선의 관심과 최상의 복지를 위하여 함께 생활하고 함께 배우고 일하는 것은 아무리 강조되어도 지나치지 않는다.

집단 지배적 학급에서는 그 집단이 교사의 지도정신과 지도 하에서 활동한다. 학생들은 교사와 함께 계획하고 협동적인 집단 활동을 기반으로 하여 목적에 도달하고 결정을 한다. 개개의 학생들은 자기 자신 뿐만 아니라 모두를 위하여 최선인 것이 무엇인가 하고서 생각한다. 교사는 집단 내에서 더욱 성숙한 구성원이다. 그러나, 그는 독재자도 아니며 권위가 없는 사람도 아니다. 그러한 학급에서는 집단의 개개의 구성원들에게 도움이 될 수 있는 방식으로 학생들과 교사가 함께 생활하고 함께 활동하고 배운다.

최선의 사회적 환경에서는 학생들이 사회적 조건들에 민감하며 집단적 일체감을 지니며 지도적인 위치에 함께 한다. 교사는 학급의 모든 활동을 통하여, 일과 놀이의 모든 양상에 있어서 그리고 언제 어디서든지 아주 자기중심적인 학생들을 지도하여 그들의 동료의 감정과 권리를 올바르고 적절하게 고려할 수 있도록 해야 한다. 사회적인 영향에 대해 개인이 더욱 정당하게 반응하게 하는 것은 그를 더욱 집단에 어울리게 하며 또한 에너지를 발산하여 학습활동에 쓰일 수 있도록 한다.

학생들은 인종, 종교, 경제적 상태, 사회적 수준, 언어, 태도, 의상 및 다른 일들에 있어서의 차이를 받아들이는 데에 도움을 필요로 한다. 그리고 그들은 차이의 방식에 상관없이 모든 다른 사람들을 집단으로 환영해 맞이하는 데에는 도움을 필요로 한다. 교사는 개개인은 능력과 관심에 있어서 많이 다르다는 사실을 인식하고서 학생을 지도하여야 하며 모든 학생들로 하여금 각자가 집단 활동에 기여할 수 있는 것에 대해 비판적인 반응 없이 받아들일 수 있도록 지도해야 한다. 학생을 한 인간으로서 진정으로 존중하는 것에 기반한 학생 개개인에 대한 교사의 우의적이고 고무적인 태도는 모든 학생들에게 모방할 수 있는 좋은 본보기를 제공해야 한다. 또한 교사는 모든 사람이 모두에 의해 행해지는 일에 기여할 수 있고 조화스럽게 그리고 효과적으로 분담될 수 있는 작업무대가 설정되는가를 살핌으로써 도울 수가 있다.

그리하여 학생들은 개인에 대해 집단적으로 성가시게 하는 것, 잡담, 불친절한 낱말, 호명을 트집 잡는 것, 다른 사람들의 동기들을 근거 없이 의심하는 것 그리고 다른 사람들의 약점과 실패를 꼬집어 그들을 차별하는 것과 같은 일들은 좋은 인간관계를 감소시킨다는 사실을 알 수 있도록 지도되어야 한다. 한편, 다른 사람들의 행복과 안녕을 위한 일들은 만족스러운 인간 접촉을 이루는 참된 품행과 좋은 태도의 본질을 구성한다는 사실을 깨달을 수 있도록 도와주어야 한다. 학생들이 자기 동료들을 희생시키고 이기적인 목적을 추구하지 않고 다른 사람들을 돕는데서 기쁨을 찾을 수 있도록 그들을 고무적으로 지도해야 한다. 마지막으로, 교사는 학생 각자에게 성공적인 경험을 제공함으로써 그들이 다른 사람들을 향한 공격적인 태도에서 폭발의 출구를 구하려고 하는 경우가 없도록 하여야 한다.

사람들은 집단에 함께 하면서도 집단의식을 전혀 가지지 않을 수 있다. 집단내의 일체감을 가지며 또 그것을 유지시키기 위해서는, 교사가 그것을 위해 계속적으로 노력하고 학생들을 그렇게 되도록 끊임없이 지도해야 한다. 그러나, 종종 집단정신을 발전시키고자 하는 목적만으로 일이 행해져야 할 필요가 있는 것은 아니다. 일반적으로는 사회화를 위한 기회들이 학급의 정규적인 일에 연관하여 생겨날 때 그러한 기회를 이용하는 것만으로 충분하다.

우선, 집단 구성원들 간의 좋은 친분관계가 있어야 한다. 교사는 집단의 신뢰할 만하고 도움이 되는 구성원으로서 인식되어야 한다. 학생들은 서로 알고, 서로 믿고, 기꺼이 서로 함께 일하는 것을 배워야 한다. 학생들을 교실의 장식과 관리에 일익을 담당하도록 하고 자료들을 구하고 분배하는데 있어서 할 일을 분담하게 하는 것은 집단의식을 함양시키는데 좋은 수단이 된다. 학생들이 그들의 개인적인 욕구를 표현하도록 지도하고, 이러한 욕구에 관하여 무엇인가를 하도록 하고 그리하여 그들로 하여금 개인적인 욕구를 집단의 목표에 맞추도록 지도하는 것은 학생들이 집단의 일원으로서의 책임감을 느끼는데 도움이 된다.

집단은 나름대로의 조직을 구성하여야 한다. 그들은 어떤 계획에 있어서는 전체 집단으로서, 그리고 다른 계획에 있어서는 위원회에서 혹은 또 다른 경우에는 임원들과의 회합에서 일하는 것이 현명하다는 것을 발견할 수 있다. 교사는 단조로움을 방지하기 위하여 개인 활동과 소집단 활동 그리고 전체 집단 활동 간에 균형이 이루어지는가를 살펴야 한다. 가능한 작업의 계획, 작업 방식의 결정, 계획의 실천 그리고 결과의 평가가 한 집단으로서의 학급에 의해 행해져야 한다. 교사는 집단을 위하여 결정하는 것을 삼가고 오히려 학생들이 최선의 결정들을 내릴 수 있도록 도와주면서 집단과 함께 일해야 한다. 일단 집단이 한 결정을 내리면, 학생들은 그것을 수행하는 데 대해 집단적으로 책임을 느껴야 한다. 교사는 학생들이 집단이나 다른 집단 혹은 다른 사람들에게 유용한 일을 하는 것을 지도함으로써 집단의 성취에 있어서 자신감을 만들 수 있다. 교사는 능숙한 지도적 위치의 분담을 통하여 학생들이 "이것은 우리 학급이다. 이것은 우리의 일이다"라는 느낌을 발전시키는 것을 도울 수가 있다.

지도적 위치의 분담에 대한 기본은 다른 사람들이 나름대로 각자가 지도함으로써 전체 집단의 이익이 향상될 수 있을 때 지도해야만 한다는 사실을 인식하는 것이다. 개인이 누구든지-학생 혹은 교사-주어진 상황에서 기여할 수가 있다면 언제든지 모두가 그의 지도력을 존중해야만 한다. 교사도, 어떠한 학생도 항상 지도해서는 안 된다. 한 번이든 혹은 그 이상이든지 간에 집단의 모든 구성원들은 지도하는 역할을 맡아야 한다. 교사의 주된 기능은 학생들을 안내하는 것이며, 좋은 교사가 안내하는 방향은 학생들이 집단 내의 구성원 각자의 능력과 재능 및 소질을 인식하도록 지도하는 방향이다. 좋은 지도자로서의 교사는 학생들이 지도하기에는 충분히 성숙하지 못할 경우에는 지도하는 책임을 맡는다. 그러나, 학생들이 할 수 있는 때에는 지도하지 않는다.

만약에 교실의 정서적인 분위기가 잘 되어 있다면, 모든 학생들은 주저하지 않고 자유롭게 자기 의사를 표현할 수 있음을 느끼며 경우에 따라서는 지도하는 책임을 자유롭게 용납해도 된다는 느낌을 가질 것이다. 교사는 몇 사람의 우월함이 아니라 모든 사람의 능력들을 이용하는 집단행동을 강조함으로써 그러한 분위기를 진작시키는데 도움을 얻을 수가 있다. 때때로 교사는 집단 내의 대부분의 구성원들이 지도를 맡은 학생을 부당하게 저지하고 억제하는 경우에 그 약한 지도학생을 지원하는 것이 필요하다. 교사는 지도 분담에 관한 생각을 해내고 그것을 적극적으로 지키는데 있어서 항상 학생들의 주의를 상기시켜야 할 것은 소수에 의한 지도가 그를 자신의 개인적인 만족이나 이익을 가져다줄지는 모르지만 다수의 이익을 가져다주지는 않는다는 사실이다.

5. 학생들과 함께 일하는 것과 학생들의 지도

한때, 교수는 사실들의 획득과 읽기와 쓰기 그리고 철자법과 같은 능력의 발달을 강조하는 것에만 관계하였다. 이것이 전적으로 잘못된 것은 아니다. 왜냐하면, 모든 사람은 생활에 필요한 활동을 하기 위해서는 어느 정도의 사실을 알아야만 하기 때문이며, 어떤 기초가 되는 기능의 숙달은 분명히 바람직하기 때문이다. 그러나, 사실이란 그 자체로서는 전혀 가치가 없으며 기능이라는 것도 현명하게 사용되지 않으면 가치가 없다. 사실과 기능이란 학생의 신체적, 정신적, 사회적, 정서적, 도덕적 및 영적 성장에 있어서 잘 균형 잡힌 발달을 확보하는 수단으로서 사용될 때 비로소 가치를 발휘할 수 있다.

그러나, 사실들도 의미 없는 사실과 기능의 학습도 생활의 문제들에 대처하는 데에는 충분하지 않다. 사실을 아는 것 외에, 균형 잡힌 신체적 건강과 정신적 건강, 건전한 인격, 좋은 사회적응, 동료와 삶에 대한 적합한 태도, 가치 있는 이상 그리고 사람답게 살 수 있는 능력 등을 획득하고 유지하는 데에 그러한 것들을 어떻게 사용하는가를 알아야 한다. 학생은 교사가 나누어주는 사실들을 받아 담는 빈 그릇이 아니라 지도 하에 개인으로서는 어떻게 살며 사회의 일원으로서는 어떻게 살아야 하는가를 배워야만 성장하며 목적을 향하여 나아가는 존재이다. 학생들은 적절한 지도가 주어지면 그 지도 하에서 설정된 목표로의 책임을 증가시키며 일의 기교를 고안하고 그리고 성과를 판단하면서 그러한 지도로부터 유익을 얻을 수 있을 때, 그들은 점차적으로 한 개인들로서 그들 자신을 스스로 지도하는 법을 배우고 그리하여 집단을 관리하는 역할을 맡을 수도 있는 것이다. 효과적인 교수는 학생들이 의미를 띤 집단적 상황에서 사실과 기능을 사용할 수 있는 법을 배우는 동안 그들을 지도하고 조언해 주는 것에 관계한다.

교수-학습의 과정이 학생들이 참여하는 일련의 활동으로 구성된 것은 분명하다. 그런데, 이러한 활동의 계열은 다른 방식들로 구성될 수 있다. 이전의 구성 형식은 서로 동떨어진 과목들 각각을 강조하면서 한 과목의 내용을 여러 작은 부분으로 나누어 그 한 부분 부분을 학급을 대할 때마다 학생들이 공부할 것으로 부과되는 것이었다. 그리고 다음 시간이 되어 교사가 학생들이 부과된 내용을 얼마나 잘 숙지하고 있는 가를 확인하기 위하여 미리 고안된 질문들을 던질 때, 학생들은 그들이 공부한 것은 암기하거나 공부 안한 것은 짐짓 아는 체 허세를 부려보기도 했다. 이와 같은 구성 방식 및 교수 활동의 수행방식이 지니고 있는 여러 한계들 중의 몇 가지는 이 책에서 언급되었는데 다른 한계들은 모든 사람들에게 명백하게 드러나는 것들이다.

현대 교육 이론에서 강조되는 교수 학습 상황의 구성유형은 단위 형태이다. 이것은 점점 더 많이 실제로 채택되고 있다. 많은 교사들이 단위 구성형태를 사용하고 있다. 효과적으로 일하기를 진정으로 바라는 많은 교사들은 단위 구성 및 단위 방법에 관한 탁월한 논문들을 참조해야만 할 것이다. 이 논문들 중의 뛰어난 수많은 논문들이 본 장에 관한 참고문헌 란에 수록되어 있다. 여기에서는 간략하게 윤곽만 다룰 수밖에 없다. 단위 사상의 핵심은 단일성, 전체성, 통일성 그리고 통합성이다. 그것은 내용을 연결이나 관련이 없는 소부분으로 나누어 취급하지 않고, 내용을 의미 있는 전체들과 완전한 경험들 자체로 구성하는 것을 함축한다. 단위의 주요한 두 형태는 권위에 따라 구분되는데 주어진 한 과목의 중요한 부분들을 중심으로 구성되는 경험 단위들로의 구분이 그것이다. 그러나, 내용이 예수님의 친절과 같은 주제이거나 장막 짓기와 높은 경험이나 간에, 완전히 의미 있는 경험적 사실이 중심이 된다. 학생들에 의한 책이나 혹은 경험에서의 모든 학습 활동들은 학생들에게 의미 있는 전체들로서 구성될 수 있다.

기본적인 단위 사상은 다양한 여러 방식으로 응용되어 왔는데, 그러한 방식들은 모두 다 특정한 응용에 분리함으로써 존립하기보다는 더 나은 전체적인 학습 상황을 제공하자는 목적이 동기가 되어 이루어진 것들이다. 각각의 응용들은 독창적인 요소들을 지니고 있다. 그러한 응용들에게는 다음과 같은 것들이 있다. 문제식 방법, 기획 방법, 활동 단위, 위네트 카 플랜, 달톤 플랜, 모리슨 플랜, 밀러 콘트랙드 플랜, 그룹 스터디 플랜, 협조 플랜 그리고 워크북이 있다. 모든 것들에서 중심이 되는 것은 학습이 통일성으로 특징지워지도록 하는 교수-학습활동의 구성이다. 현대 일반적으로 인정을 받고 있는 개념은 단위라는 개념이다.

단위는 활동들을 중요한 전체들로서 구성하는 것에 관련될 뿐만 아니라, 학생들이 학습에 열심히 임할 수 있는 방식에도 마찬가지로 많은 관련이 있다. 강조되는 방법은 본질적으로 자연적 방법이다. 모든 자연적 학습 상황들은 그 규모와 복잡성 그리고 다른 면에 있어서 서로 다르긴 하지만 어떤 일반적인 특성들을 가지고 있다. 우선, 학습자는 어떤 방식으로, 말하자면 해결해야 할 문제의 발생, 호기심, 욕망의 발생, 관심의 방향, 혹은 내적인 상태에 대한 외부적인 상황의 또 다른 호소 등에 의하여 도전을 받거나 자극을 받는다. 이러한 호소는 상황을 분석하게 하고 상황의 다양한 측면들을 연구하게 하고 사실을 수집하게 하고 그리고 도전에 연관되는 특유한 행동에 임하는 목적을 얻게 한다. 목적 설정에 밀접하게 연관되는 것에는 사실들에 대한 검토와 사실들의 함의와 앞서 경험에 비추어 세우는 계획이 있다. 그리하여 상황에 대처할 수 있는 최선의 방책에 대한 결정이 이루어진다. 시행착오와 개정 및 계획들의 실행이 이루어진다. 마지막으로 문제 해결의 적합성, 도전에의 대처, 호기심의 충족, 선택된 이론의 가치, 혹은 이전의 자극에 대응할 때 얻은 정보를 응용하는 방식에 의해 행해진 것이면 무엇이든지 간에 그것들에 대한 판단이 행해진다.

 단위교수의 목적은 학생들의 제재와 경험을 중요한 관심이나 문제 혹은 제목을 중심으로 학습의 구성에 함께 가져가는 것이다. 교사는 다양한 출처로부터 단위들을 채택할 수 있다. 그러나, 최선의 출처는 집단의 관심과 진행되고 있는 활동들이다. 단위는 함께 일하는 교사의 학생들에 의해 조성되어야 한다. 그리고 그것은 사용될 상황에 적합해야 한다. 경험의 단위는 어떤 기정된(set) 규격을 따르지 않는다. 학생의 욕구와 관심, 교사의 관심과 연구력, 그리고 교수-학습 상황의 욕구가 경험의 단위가 수행될 방식을 결정한다. 이는 단위 교수가 하나의 단위에 견주어 보거나 단위들 간의 관계에 견주어 볼 때 우연한 일이라는 사실을 의미하지 않는다. 이는 욕구 충족에의 융통성과 변통성을 의미한다. 다른 교수에서와 같이 단위 교수에서 성공하기 위해서는 교사가 학습의 과제와 목적에 비추어 활동들을 지도하여야 한다.

 단위 구성은 모든 학생들에게 공통된 경험을 나눌 수 있으며 자신의 관심과 능력에 비추어 그러한 공통된 경험에 기여할 수 있는 기회를 마련해 준다. 모든 학생들은 동일한 규칙을 지니고 있지 않으며 동일한 종류나 동일한 양의 일을 할 것이라고 기대할 수도 없다. 둔한 아이가 명철한 아이처럼 멀리 나아가리라고 기대할 수 없으며 재빠른 아이가 느린 아이보다 처질 것이라고 기대해서도 안 된다. 모든 학생들은 자신과 자신의 동료들 모두에 의해 알려진 바와 같이 무언가에 성공해야 할 것이다. 각자는 자기 수준에서 일할 수 있으며 집단의 전체 경험에 가치가 있는 무엇인가에 기여할 수 있다.

 단위 교수에 기초가 되는 몇 가지 전제들을 교사의 고찰을 위한 출발점으로서 다음과 같이 제시할 수 있겠다.

 (1) 최종 목표들이 성취되기 위해서는 연속성에 대한 계획을 구체적으로 표현하고 있는 일련의 연관된 단위들이 필요하다.

(2) 단위 유형에 여러 가지가 있음으로써 학생 각자가 다른 분야에서의 경험들을 통하여 균형 잡힌 발달을 기할 수 있도록 해야 한다.

(3) 잘 계획된 단위는 학생들이 고려되고 있는 문제를 다른 목적으로 사실들을 찾고 사용하는 다양한 많은 활동들을 제공한다.

(4) 단위는 학생들의 생활에 아주 밀접하게 연관된 활동을 제공함으로써 그들이 그 활동을 관철해 내고자 원할 수 있도록 해야 한다.

(5) 활동은 학생들이 성취할 수 있는 충분한 범위 내에서 이루어짐으로써 학생들이 합당한 성공을 통하여 자유롭게 그들의 능력을 표현할 수 있게 해야 한다.

(6) 활동은 여러 종류의 성과 있는 노력을 위한 기회를 마련해 주어야 한다.

(7) 포함되는 내용은 인간 성취의 주요한 분야들을 대표해야 한다.

(8) 활동은 그것의 자연적인 무대 안에서 행해져야 하며, 현재의 통찰력과 능력들을 확장할 수 있어야 한다.

(9) 단위는 함께 일하는 교사와 학생들의 공통된 목적과 계획에 비추어 그들에 의하여 발전되어야 한다.

(10) 단위는 다른 유익한 활동을 가져올 수 있어야 한다.

일반적으로, 단위 교수에는 네 가지 단계가 있다. 즉, 단위의 발의, 단위의 계획, 단위의 발전, 그리고 교수 결과의 평가가 바로 그 네 단계이다. 이 중에서 두 번째는 제4장에서 길게 다루어졌고 네 번째 것은 나중의 장에서 고찰된 것이다. 단위의 출발에서 뿐만 아니라 전체 과정을 통하여 일에 대한 학생들의 태도를 결정하는 데에는 최초의 활동들이 중요하다. 학생들의 관심을 유발하는 것은 교사의 책임이다. 좋은 교수는 많은 방법으로 이를 행한다. 각각의 단위들은 각각의 특정한 방식에 따라 상상과 충분한 기지를 야기시켜야 할 것이다. 매력적인 게시판은 관심을 자극할 수 있다. 전시회, 모델들, 제작품들, 소풍, 라디오, 독서나 교사의 이야기, 교사의 질문, 혹은 집단 토론 등은 또 다른 방편들로 사용할 수 있다.

만약에 무대가 잘 마련되면, 학생들의 관심들이 자발적으로 생겨날 것이다. 그렇지 못하면, 그들은 무관심해지고 냉담해질 것이다. 일단 관심이 유발되면, 학생들이 단위의 중요성과 그 주된 특징들을 알 수 있도록 유도해야만 한다. 교사들의 연구 질문과 함께 특별히 학생들의 연구 질문들을 경청하는 것은 학생들의 단위의 가능성들을 개발하는 것에 도움이 될 것이다. 질문들이 기재되고 나면, 학생들과 교사는 그것들을 평가하고 모든 연구를 위한 문제들의 양상이 명확하게 드러나기까지 어떤 것들은 고치고 어떤 것들은 제거할 필요가 있을 것이다.

앞에서 시사된 것처럼, 단위가 발전할 수 있는 방식은 학생들과 교사와 분위기에 달려 있다. 그러므로 이어질 발전 단계들을 암시한다는 것은 가능한 일이다. 물론, 단위 발전의 첫 번째 단계는 계획을 세우는 것인데 처음에는 일반적으로 교사가 하고 다음에는 특별히 학생들과 교사가 교사의 지도와 더불어 함께 계획한다. 협동적인 계획수립에 있어서는 처음부터 학생들이 자기들의 생각을 표현할 수 있도록 고무되어야 한다. 또한 교사는 묘안들을 표시하고 개선사항들을 추천하고 문제에 대한 새로운 접근방식을 지적하면서 학생들이 그들 자신의 제안들을 평가하는 것을 도와준다. 다음으로는, 주요한 목적을 분류하고 결정하는 것이 필요하다. 명백한 것은 학생들의 목적들이 처음에는 어렴풋하고 명확하지 못하기가 쉽다는 사실이다. 학생들과 교사가 자유롭게 말을 나누고, 질문을 제기하고, 안들을 제출하고 가능성들을 타진함으로써, 단위의 주된 목적이 명료하게 보일 것이다. 그리고서, 집단은 이러한 목적을 성취하기 위하여 그들이 알아야 하고 해야 할 필요가 있는 것이 무엇인가를 결정해야 할 것이다.

이제 행동할 준비를 갖춤으로써 작업을 위하여 집단이 구성될 수 있다. 결정된 모든 과제들을 수행하기 위해서는 행동계획, 즉 무엇을 행할 것이며, 어떻게 행동해야 할 것이며, 각각의 과제를 누가 맡을 것인가를 세밀하게 계획하는 것이 필요하다. 잘 계획된 단위의 성공적인 발전에는 많은 학생활동들이 요구된다. 학생들이 가담하는 학습활동들은 열두 가지 혹은 심지어 스무 가지가 될 정도로 다양하고 수가 많다. 다드리히(Diedrich)는 그것들을 시각적, 구어적, 청각적, 기술적, 회화적, 운동적, 정신적 그리고 정서적인 것 등, 여덟 그룹으로 크게 분류하면서 전체적으로는 177가지를 지적했다. 분명히, 단위가 장시간을 요하는 것이 아닌 한, 한 단위에 연관하여 이 모든 활동들이 다 사용되는 것은 아닐 것이다.

어떤 활동들에서는 학급이 전체로서 일하고자 할 것이다. 영화를 본다든지, 보고서를 듣는다든지, 소풍을 간다든지 그리고 기본적인 자료들을 읽는 것은 아마도 모든 학생들에 의해 행해질 것들의 예가 되겠다. 특수한 제목에 관한 사실들을 발견한다든가, 특별한 자료들을 수집한다든가, 일을 위해 핵심적인 것들을 마련하는 등의 활동들을 위해서는 소집단이나 위원회가 형성될 수 있을 것이다. 어떤 사람들과 면담을 한다거나 특별한 고찰을 하는 것과 같은 또 다른 활동에서는 개인적으로 혼자 일할 수도 있다.

계획을 세울 때에 학생들이 선택할 수 있게끔 하며 학생의 발의를 크게 여길 수 있도록 미리 선처하여야 한다. 교사는 모든 학생들이 집단 내에서 자신을 가치 있게 느낄만한 역할을 맡고 있는지를 살펴야만 한다. 또한, 교사는 더욱 공격적인 학생들에 의해 집단이 지배되지 않도록 살펴야 한다. 조직적인 학습이 행해지고 있을 때에는 학급의 생활이 다르다. 교실은 수공품 훈련장이나 운동장만큼이나 학습이 이루어지고 있는 일종의 작업장이 된다.

활동은 자연스럽다. 학생들은 질문들을 제기하고, 안들을 제출하며, 정보를 제공하고, 자료들을 제시하며, 여러 자료 출처들과 친밀해지고, 질문에 대답하기 위해 자료들을 어떻게 사용하는가를 배우며, 그리고 사실들을 얻기 위하여 교사에게 의존하거나 한 권의 교과서에 의존하는 대신 여러 책들을 사용하는 능력을 개발한다. 그들은 계획과 실천에 있어서, 창의력과 책임감을 개발하고 그들 스스로 물건들을 다루는 것을 배우는데 있어서, 그리고 다른 사람들과 조화롭게 일하는 기술을 획득하는데 있어서 서로 협조한다. 그러는 동안, 교사는 친구로서, 보조자로서, 안내자로서, 조언자로서, 그리고 책임감 있는 성숙한 지도자로서 항상 곁에 있다. 교사는 성과 있는 학습을 위한 무대를 마련하고서 학생들이 필요로 할 때 말하고 보여주고 지시하고 설명한다. 그리고 그는 항상 그들과 함께 배운다.

한 단위의 모든 발달단계를 통하여 계속적인 평가와 계획이 행해져야 한다. 미리 완전하게 계획을 세운다는 것은 불가능하다. 각 단계가 마무리될 때, 결과가 판정되어야 하고 다음 단계를 위한 계획을 세워야 한다. 일반적으로 각각의 수업 시간마다 계획을 하되, 되도록 그 시작 때에 하는 것이 좋겠다. 보통 계획 기간들은 전체로서의 학급을 위하여 정해져야 한다. 이루어진 결과들의 계속적인 평가와 미래를 위한 계획은 학생들의 관심을 유지시키고, 문제들의 심각성을 완화시키고, 학생들이 새로운 생각들을 놓치지 않게 하고, 일의 다양한 측면들을 수렴시키며, 학생들이 집단적으로 정한 과제에 열심히 일할 수 있게끔 하는데 기여한다.

단위는 어떤 적절한 종류의 극적인 활동에 접속되어야 한다. 극적인 활동의 목적은 즐기거나 자랑해 보이는 것이 아니라, 학생들이 가치 있는 작업으로서 성공적인 결론을 맺었다는 느낌과 인식을 갖도록 하는 것이다. 단위의 목적은 학생들의 학습을 진작시키는 것이다. 그러므로, 극적인 활동의 가치에 대한 검토는 학생들의 학습의 결과를 마무리짓는 데에 그 성과가 있다. 이러한 활동은 학급 구성원 외의 사람들이 참석한 가운데서 행해질 수도 있고 출석하지 않은 상태에서 행해질 수도 있다. 그것은 연극, 인형극, 회의, 전시회나 바자회, 일의 설명, 단위 발달의 보고, 혹은 행한 일의 효용에 관한 진술과 같은 다양한 형식들 중의 한 가지를 택할 수 있다. 단위 발달의 마지막 단계는 위에서 지적된 것처럼 나중에 고찰하게 될 평가이다.

6. 집단작업의 지도방법들

좋은 교수는 단위교수이든지 아니든지 간에 다음과 같은 특징들을 띤다.

(1) 학급활동은 교사와 학생들 간에 자연스러운 선(good)의 관계가 존재할 수 있는 협조적인 작업이다.
(2) 학생들은 교사를 친구, 보조자, 안내자, 집단에서 같이 일하는 한 구성원 등으로 생각한다.
(3) 학생 개개인은 자기 자신의 과정과 집단의 과제들을 진전시키는데 있어서 상호부조에 대한 책임감을 가진다.
(4) 학생을 자연스러운 방식으로 뛰어나도록 자극한다. 그리고 학생이 지도할 마음을 갖거나 학급활동에 최선을 다할 수 있도록 자연스러운 방식으로 자극한다.
(5) 이는 독립적인 사고를 훈련시킨다.
(6) 이는 창의적인 습관과 능력, 독창성, 자기 만족 그리고 자기 신뢰를 발전시킨다.
(7) 이는 내용에 대한 자연스럽고 건강한 관심을 불러일으킨다.
(8) 이는 높은 수준의 주의력을 조성한다.
(9) 그리고 이는 학생이 교사의 요구들에 만족이나 인위적인 보상을 획득하는 일이 아니라 작업에서 성취되어야 할 목표들에 사고를 집중하도록 한다.

주제의 숙달보다도 학습자의 성장에 더 많은 관심을 가지는 교수는 어느 하나의 교수 절차의 사용에 대해서도 그것에만 한정하지 않는다. 대신에 그것을 많은 절차들과 방법들을 실행할 수 있는 전체에 결합시킨다. 학생들의 실제로 사회화된 그리고 협동적인 참여를 가져오는 원천은 절차가 아니라 교사의 정신과 태도이다. 그러나, 모든 교수에 있어서는 일을 행하는 방식이 있어야 한다. 토론과 위원회 활동 및 질문 등은 집단활동을 지도하는데 쓸 수 있는 특별히 적절한 방식이 되겠다.
토론의 기교는 어떠한 수준의 학생들에 대해서도, 심지어 보육원 학생들에 이르기까지 모든 수준의 학생들에 대해서 사용될 수 있다. 능숙한 지도자인 잘 준비된 교사에 의해 적절히 구사될 때, 토론은 학생들을 자기 자신들에게 흥미를 주는 문제들과 경험들을 다른 사람들과 생각하고 토의하는데 있어서 예민하게 하고 논의적이게 하고 효과가 있게 한다. 정보획득, 사고의 정돈, 견해와 태도의 형성, 사상의 주장, 다른 사람들에 대한 관용과 고려의 발전, 그리고 주제에의 친숙성 획득 등에 대한 토론의 가치는 문제가 안 된다. 토론에는, 교사 지도식, 학생 지도식, 위원회식, 전체 집단식, 패널식, 포럼식, 공식적, 비공식적, 원탁형 등 여러 다른 유형들이 있다.

집단토론은 본질적으로 유도적 대화이다. 그것은 주된 하나의 생각을 따르고 집단적 사고의 형태를 만들어내기 위한 방향으로 이루어진다는 점에서 일상대화보다 그 의도에 있어서 더욱 심각하다. 모든 집단의 구성원들은 명료한 생각들을 형성할 수 있도록 방향을 조정하는 리더와 더불어 동일한 책임을 가진다. 이래서 명료한 생각들이란 모든 토론자들이 따라야 할 방향과 도달된 합의점들 모두를 잘 알 수 있을 정도로 충분히 잘 구성된 것을 일컫는다. 집단 토론의 비정식적인 성격과 책임과 이득에 있어서 학생들에게 평등하게 분담하는 일은 각각의 학생들에게 문제의 중요성을 깨닫게 하고 그 합의를 이해시키는 수단으로서 효과를 가져온다.

토론의 가치는 질서와 논리적인 발전에 달려 있다. 어떠한 두 토론도 똑같을 수는 없으며, 일반적으로 그 순서에 있어서 다음과 같은 여섯 단계를 거쳐야 한다.

(1) 각 학생들이 집단의 다른 모든 토론자들과 함께 문제를 충분히 이해할 수 있도록 문제를 정의하고 한계 지우는 것. 토론이 확실히 산만하지 않도록 하기 위해서는 모든 학생들이 문제가 무엇이라는 것을 정확히 알아야 하며 그것이 중요하다는 것을 인식해야 한다.

(2) 문제의 분석, 토론에 필요한 것들에 고찰, 즉 정보의 부족, 문제의 성격이 너무 심각하여 영향을 강하게 받을 사람이 있을 것에 대한 우려, 오해나 잘못된 해석 그리고 관점의 차이 등에 관하여 고찰이 있어야 한다.

(3) 제시된 해결안에 대한 표준들의 설정. 해결안은 주어진 상황의 요구와 구비 사항을 만족해야만 한다. 예를 들면, 사야 될 장비의 가격은 어떤 비용 이상을 초과할 수 없다.

(4) 가능한 해결안들과 그 함의들을 찾고 검토한다.

(5) 앞 단계에서 수집된 증거에 비추어 더 나은 해결안을 선택한다.

(6) 해결안이 어떻게 효과를 발휘할 수 있는가를 결정한다

토론을 성공적으로 지도하는 것은 근본적으로 교사의 준비 정도와 교사의 지도 능력이라는 두 가지에 달려 있다. 토론의 방향은 여러 가지이다. 그러므로, 교사는 해당 범위의 수업에 충분한 정도 이상의 준비를 해야 한다. 교사의 학업배경이 풍부해야 한다. 그는 여러 연결에 짓는 맥락을 제공하고 실제적인 묘사와 함께 예기치 못한 질문들에 올바르게 대답할 수 있어야 한다. 좋은 배경을 가지고 있지 않은 내용의 단계에서 토론을 기교로써 사용할 수 있는 교사는 아무도 없는 법이다.

교사 자신이 리더가 되거나 학생이 리더하는 경우에 교사로서 참여하거나 간에 학급토론을 사용하기 위해 준비할 때에, 교사는 자기의 일반적인 배경이 아무리 풍부하다 할지라도 토론 주제에 철저히 익숙할 수 있어야 한다. 그가 학생들의 생각이 최종적으로 취할 수밖에 없는 방향을 알고 있을 때에만, 그는 학생들이 그 방향을 발견하고 따르는 것을 지도할 수 있다. 이것이 교사가 모든 것을 알아야 한다거나 자기 혼자 토론 중에 이루어지는 논평들의 가치를 판단한다는 것을 의미하지 않는다. 최선의 토론은 교사와 학생들이 다함께 학습자인 경우에 성립된다. 그러나, 교사가 잘 지도하기 위해서는 가능한 한 문제와 그 논쟁점에 익숙해야만 한다.

둘째로, 교사는 어려운 리더쉽의 기술을 익혀야 한다. 어떠한 토론 집단이라 할지라도, 심지어 비정식적인 토론집단이라 할지라도 한 사람의 리더를 가진다. 보통, 이는 절차의 일반적인 질서와 토론의 진행의 유지와 참가자들을 요점에 집중시키는 것과, 그리고 각자 모두가 동등하게 참가하는 기회를 가지도록 하는 것에 대해 책임을 지고 있는 의장으로서의 교사일 수도 있고 학생일 수도 있다. 여느 연령의 학생들의 경우에도 많이 그러하지만 아주 어린 학생들일 경우에는 특히 교사가 의장으로서 수고한다. 의장이든 아니든 간에 교사는 항상 전체 집단의 리더, 즉 지도자이다.

교사가 토론의 의장으로서 가능할 때에는 집단의 일원으로서 간접적인 리더쉽을 행사해야만 한다. 우선, 교사는 모든 사람들이 신체적으로 편안하다는 것을 확인하고, 모든 사람들이 다른 모든 사람들의 얼굴을 볼 수 있도록 자리를 배정하고, 모든 사람이 토론 주제에 쉽게 주의를 기울일 수 있도록 하고, 이러한 주제를 명료하게 제시하고 학생들에게 그것을 검토할 수 있고 그 함의들에 대해 질문할 수 있는 충분한 시간을 주고, 그리고 집단이 진행될 방식에 합의하도록 지도함으로써 토론장을 준비하여야 한다.

일단 토론이 진행에 들어가면, 교사는 의미를 추출하기 위하여 질문을 어떻게 사용하며, 생각들을 어떻게 명료하게 하며, 일치하지 않은 사항들에 어떻게 관심을 집중시키며, 어떻게 사고해야 할 각도를 암시하는 가 등에 대하여 알아야 한다. 그는 토론을 지배함이 없이 지도할 수 있어야 한다. 그는 집단의 모든 구성원들이 토론에 참여하도록 유도해야 하며 한 사람이 긴 시간을 사용하거나 관계없는 지적을 하지 않도록 해야 한다. 그는 솔직한 차이를 존중하되 여러 다양한 시각들이 공정하게 경청을 받고 있는가를 살펴야 한다. 그는 토론의 방향에 어떻게 영향을 미칠 것인가를 알아야 하되 독립적인 사고를 진작시킬 수 있어야 한다. 그는 강의식의 경향을 가져서는 안 된다. 그는 새로운 생각들을 기꺼이 환영하는 태도를 고무시키되 잘못된 생각과 부정확한 진술 그리고 잘못된 해석들을 조심스럽게 명확히 제거할 필요가 있다. 그는 토론에 임하는 학생들의 능력을 발전시키고 문제가 제기될 때 관계없는 논평에 의해 오도되지 않고 그 문제가 해결될 때까지 다른 문제를 손대지 않고 다룰 수 있는 학생들의 능력을 발전시킬 필요가 있다. 그는 건설적인 생각들의 표현을 고무시켜야만 한다. 그러나, 그는 학생들이 선결된 결과를 취하고자 노력하도록 학생들을 억압해서는 안 된다.

    교사는 학생들이 리더에게만 말하지 않고 집단 전체에게 말하는가를 살펴야 한다. 그는 학급 구성원들이 그들의 동료들이 제기한 질문들에 대답하도록 해야 한다. 그는 교사들에게 공통적인 휴식을 갖지 않는 우를 범하지 않도록 해야 한다. 그는 침묵을 사고에의 탁월한 자극제로서 권장해야 한다. 학생들이 말을 많이 한다고 해서 그것이 그들이 학습하고 있다는 증거인 것은 아니다. 토론에서는 종종 너무 말이 많다. 적절한 간격의 침묵은 학생들에게 질문에의 답을 생각하고 자기 자신들의 생각을 말할 수 있는 기회를 준다.

    학생들은 때때로 어른들이 하는 것과 동일한 것들을 배워야 한다. 결국, 교사는 학생들이 토론을 인도하고 방향을 지도할 수 있는 기술을 발달시킬 수 있도록 지도해야 한다. 이러한 기술은 경험을 통하여 점차적으로 발달된다. 그럴 경우, 교사는 학생 개개인이 한때에 약간씩의 지도력을 향상시킬 수 있도록 도와주어야 한다. 심지어 가장 나이 어린 학생이라 할지라도 그는 집단지도의 기교들에서의 숙달을 조금씩 기할 수 있다. 그리고 그가 나이를 먹어감에 따라 그 기교들을 배울 수 있는 기회를 점점 더 많이 가질 수 있도록 해야 한다. 정상적인 모든 학생들은 인도할 수 있으며 이러한 기교들을 자기의 능력껏 개발 할 수 있는 기회를 가져야 한다.

    학생들은 가장 낮은 수준에서부터 점차적으로 높은 수준에 이르기까지 다음과 같은 노선에 따라 잘 지도된 토론 실습을 통하여 그 기교들을 배우게 될 것이다.

(1) 가장 소심한 학생이라 할지라도 참여할 수 있도록 고무되고 있는 여건 하에 집단 내에서 그들 자신들을 표현하는 것.
(2) 집단 내의 모든 사람들이 자기의 생각을 표현할 기회를 가져야 한다는 사실을 인식하고서 서로에게 귀를 기울이는 것.
(3) 어느 급우가 의장직을 맡게 될 때 그 급우의 권위를 인정하는 것.
(4) 모든 사람들에게 동등한 참여 기회를 개방하는 것은 의장의 책임이라는 사실을 인식하는 것.
(5) 의장은 인도자이지 독재자가 아니라는 사실을 인식하는 것.
(6) 다른 사람에게 속한 시간은 조금이라도 빼앗지 않는 것.
(7) 한정된 시간 내에서 생각을 표현하기 위하여 낱말 하나하나를 중요하게 여기면서 명료하고 적절한 용어로써 말하는 것.
(8) 교사가 단순히 집단의 일원으로서 예의 바르고 사려 깊은 조심스러운 참여를 할 때, 교사가 보이는 본에서 이익을 얻는 것.
(9) 시간을 낭비하거나 피상적이지 않게 생각들을 교환하면서 문제를 철저히 다루는 것.

토론을 인도하는 능력뿐만 아니라 토론에 효과적으로 참여하는 능력도 가르쳐야 한다. 학생들이 지도되는 경험을 떠나서 토론을 잘 할 수 있으리라고 기대하는 것은 이치에 닿지 않는다. 진정으로 토론에 집단적으로 참여한다는 것은 단순하거나 용이하지 않다. 학생들은 그들의 기술을 완성시키며 그 책임들을 익히며 성장하기 위한 시간을 필요로 한다. 그들은 한번에 모든 것들을 배울 수는 없다. 계속 반복하여 교사가 결점들을 발견하고 토론의 기교를 향상시키는 방편을 동원하여 학생들을 지도할 필요가 있다. 학생들은 그들의 토론과정을 평가하고 어느 점에서 그들이 더욱 잘 할 수도 있었는가를 깨닫고 다른 사람들과 함께 하는 토론과정에 성공적으로 참여하는데 있어서 부족한 점을 개선할 수 있도록 지도되어야 한다.
집단 활동을 지도하는 두 번째의 방법은 학생들에 의한 위원회 일이다. 이는 아주 어린 학생들을 제외한 모든 수준에서 지도를 위한 좋은 방편이 된다. 학급이 위원회들을 통하여 일하게 함으로써 얻게 되는 이익은 다음과 같다.

(1) 그것은 모든 학생들이 동일한 일을 할 때 보다 더 많은 자료와 더 많은 관심 분야와 접하게 함으로써 학습활동의 다양성을 조정한다.

(2) 그것은 학생 각자가 많은 활동에 참여할 수 있게 한다. 때에 따라 교사는 학생 각자를 특별히 그들의 욕구에 맞는 상황에 임하게 할 수 있다.
(3) 그것은 학생 각자를 학급의 많은 구성원들과 친밀한 관계를 갖도록 한다.
(4) 그것은 전체 학급에게 소집단들에서 행한 일의 결과들을 제시하며 그리하여 학생들에게서 소속감과 가치의식과 자기만족감을 만드는 것을 도울 수 있는 기회를 제공한다.

특히 단위 교수법에 연관해 볼 때, 위원회가 행한 일은 진행되고 있는 교실 내의 활동을 돕는다. 위원회의 규모는 행해야 할 일을 바탕으로 결정되어야 한다. 경우에 따라, 위원회는 단 한사람의 학생으로 구성될 수도 있고 몇몇 학생들로 구성되기도 한다. 그 아래에 대부분의 일을 관장하는 소위원회가 있지 않는 한 위원회의 위원의 수가 10명을 넘어서는 경우는 거의 없다. 일반적으로, 위원회에게 부과되는 과제는 집단 활동에 필요한 정보를 수집하고, 집단의 작업을 수행하는데 필요한 것들을 만들고, 전시와 수집을 위한 자료를 모으고, 의견과 사실을 확증하기 위하여 사람들을 만나거나 그들을 학급에 초청하는 것 등이다.

수행되어야 할 과제들이 위원회의 수와 그 의무를 결정하게 될 것이다. 보통 이 두 가지 일은 집단에 의해 결정되어야만 한다. 위원회는 그저 집단이 위원회를 갖기 위한 것이 아니라 목적을 위해 존재해야 한다. 위원회 일에서 학생들을 지도하는 것은 교사의 임무이다. 위원회의 의원장이나 한 두 명의 위원들이 모든 일을 다 해서는 안 된다. 한 학생이 위원회를 장악하고 다른 학생들은 그저 그의 생각에 동의하거나, 두 명의 위원끼리 쓸데없는 논쟁을 일삼거나 해서도 안 된다. 모든 위원들은 실로 정신적인 노력을 기울여야만 하며 자유로운 생각의 교환이 있어야 한다. 위원회 회합을 효율적으로 하는 좋은 한 가지 방법은 미리 그 일을 계획하고 각 위원들이 지정된, 분담된 일의 부분에 책임을 질 수 있게 하는 것이다. 위원장은 회합이 있기 전에 일을 분할하며 회합 중의 토론을 지도하는 리더이다.

교사는 위원회의 회원 정신이 일정기간 동안 학생들 간에 적절하게 이루어지는가를 살펴야 한다. 학생 각자는 그가 자신의 최선의 발전을 위해 필요한 다양한 경험을 가져야 한다. 각자는 여러 다른 시간에 집단의 다양한 구성원들과 일해야 한다. 각자는 절친한 친구들과도 일하고 그렇게 친하지 않은 학생들과도 일하며, 자기 자신과 다른 정신적 능력을 가진 학생들과도 일하며, 특별한 재능을 가진 학생들과도 일하고, 특별한 재능을 가지지 않은 학생들과도 함께 일해야 한다. 지도력과 친화력을 발전시키기 위해서는 학생 각자가 다른 시간이나 혹은 같은 시간에 다른 여러 위원회에서 위원장으로서나 평위원으로서 활동해야 한다. 그러나, 분명한 것은 어느 학생도 자신이 적절한 성공을 가져오기에는 너무 어려운 과업을 포함하고 있는 위원회나 그룹에서 일하도록 요구되어서는 안 된다는 사실이다.

집단 활동을 지도하는 세 번째 방법은 질의응답 방법이다. 그러나, 이는 올바르게 사용되어야만 효과를 가져올 수 있다. 교수에서 질문을 이용하는 몇 가지 좋은 방법에 대해서는 앞장에서 언급되었으며, 그 이용에 관한 몇 가지 안이 본 장에서도 이미 제시된 바 있다. 조직적인 학습에 도움을 가져오기 위해서는, 교사에 의해 제기되는 질문이 좋은 인간관계의 표준들과 조화가 되어야 한다. 학생이 자기의 의무의 수행에서 실패한 것을 지적하거나, 교사가 가질 수 있는 혐의를 증명하거나, 학생의 개인적인 생활에 부당하고 불필요하게 개입하거나, 학생을 불충분하고 도리 없는 자신을 느끼게 하는 입장에 학생을 몰아세우기 위한 목적으로 제기되는 질문들은 학생이 집단에 적응하는 데에 도움이 되지 않는다. 교사가 집단작업에 연관하여 올바르게 질문들을 제기하기 위해서는, 자신이 정신과 태도에 있어서 정당해야 한다.

정상적으로 발달해 온 학생이라면, 그는 많은 질문사항들을 가진다. 학습을 향상시키는 가장 성과 있는 방법은 학생들이 가지는 질문사항들을 이용하는 것이다. 이렇게 하는데 있어서 본질적으로 기초가 되는 것은 학생들이 그들의 질문사항들을 말로 나타내는 것이다. 너무나 자주 있는 일이지만 학생들은 그들이 그들의 질문들을 할 수 없도록 교육이 이루어졌기 때문에, 결코 질문으로 제기되지 않았기 때문에 결코 대답될 수 없는 질문사항들을 지닌다.

질문에 관한 한, 교사가 제기하는 질문에 의해서보다는 학생들이 제기하는 질문의 숫자와 종류에 의해 교육의 효율성이 더 잘 확인된다. 많은 연구들은, 만약에 학생들이 좋은 기회만 갖는다면 사고를 자극하는 의미 있는 질문들을 제기할 수 있다는 사실을 증명하고 있다. 질문을 던지는 학생들에 대한 교사의 태도와 반응이 그 질문에 대한 진정한 관심과 자기 스스로 학생들의 질문을 통하여 그들을 돕는 권리를 진심으로 환영하는 빛을 보이지 않는 한, 아무리 많이 질문을 요구한다 하더라도 학생들이 그 요구에 응하게 할 수는 없을 것이다. 반면에, 학생들의 마음을 끌고 건전한 사회적 상황에 의해 질문을 던질 수 있도록 고무된다면, 그들은 자유롭게 질문을 할 것이다.

기독교 교육 원리

제21장 학습의 통합

　모든 학습은 경험으로부터 온다. 그러나, 모든 경험이 효과적인 학습을 조성하지는 않는다. 경험은 좋을 수도 있고 나쁠 수도 있다. 경험은 계속적인 올바른 성장을 위한 여건을 제공할 수도 있고 다음의 성장을 멈추게 하고 혼란시키거나 오도할 수도 있다. 모든 경험의 성격은 과거의 경험, 현재의 상태 또는 조건, 환경 그리고 미래에 대한 조망과 소망이라는 네 가지 요소에 의해 결정된다.

　좋은 학습경험은 학습자의 과거의 경험과 현재의 상황 및 미래를 위한 목적에 비추어 볼 때 학습자에게 의미 있는 것이다. 경험이 학습자에 대해 가지는 의미가 많으면 많을수록 학습자는 더 잘 배운다. 학습효과에 있어서 가장 큰 방해는 애매하거나 불충분한 의미연관이다. 그러므로, 자기의 교수능력를 향상시키고자 하는 교사는 내용을 학생들에게 풍족하게 의미 있게 하는 구성양식들을 찾는 것으로써 잘 출발할 수 있다. 학습경험은 문제나 상황이 학생에게 실제적이거나 가치가 있을 때에만 학생에게 의미를 가질 수가 있다. 더욱이 이때, 실제적이거나 가치가 있다는 것은, 현재의 학습경험이 학생의 과거의 경험과 현재의 분위기와 미래에 대한 소망에 어떻게 연관되는가를 학생이 어느 정도 아는가, 그리고 학습경험을 다루는 과제가 어느 정도로 더 큰 연관성이나 통일성을 가져오느냐에 비추어 보아 하는 말이다. 그리고 어느 누구도 그가 현재의 모든 경험의 충분한 의미를 인식하지 못하는 한, 미래의 경험에 대해 잘 준비할 수 없다. 가르치고 있는 많은 내용들이 학생들의 관심과 흥미에, 그리고 학생의 현재와 미래에 연관이 없다. 많은 학생들은 산수와 대수 및 기하에 대한 숙제로 부과된 문제들에 대해 해답에 포함된 과정을 전혀 이해하지 못한 채 해답을 한다. 학생들이 의미를 이해하지 못하는 구절을 암기하게 하는 것은 비교적 쉽다. 많은 학생들이 그가 결코 한번도 구어에서 사용한 적이 없는 낱말들의 정의들을 사전에서 조사한다. 학생은 그가 전혀 접하지 못한 분야의 많은 사실들을 알 수가 있다. 그가 안 사실들이 실제적인 이익에 사용될 수 없는 상황에서는 그것들을 전적으로 응용할 수가 없다. 이러한 류의 지식은 거의 가치가 없다. 보통 그것은 순간적인 목적에 기여하고 곧 망각된다. 사실 그것은 자산이 되기보다는 부채가 될 뿐이다.

참된 교수내용은 재료의 덩이나 학습된 주제의 부분이나 혹은 일련의 작업 단위들이 아니다. 학습은 생활을 떠난 무엇이 아니다. 학습은 교사의 요구를 만족시키기 위해 사용되고 난 뒤에 없어질 내용을 획득하는 일이 아니다. 또한 학습은 미래의 언젠가에 사용될 특수한 내용의 획득도 아니다.

교수와 학습은 현재의 욕구들을 만족시키는 내용을 사용함으로써 계속적으로 경험과 생활을 재조성하는 것이다. 그것의 실제적인 내용은, 경험과 생활의 이해에 있어서 학생들을 향상시키는 방식으로 현재의 욕구를 만족시키는 자극적이면서도 조정된 환경 내에서 학생들에 의해 행해지는 재미있고 유익한 많은 것들로 구성된다. 이러한 방식으로 주어진 분야에서의 지식을 습득한 학생은 그 분야를 실제적으로 파악하기 쉽고 그가 아는 것을 사용할 수 있기 쉽다. 더욱이, 그의 학습은 분열된 자아가 아니라 통합된 인격의 발달을 지향한다. 참된 모든 학습경험은 학습자의 성장 수준이 어떠하든지 간에 그의 인격의 건전한 발달을 신장시킨다.

가르치는 내용보다 학생의 발달에 더 역점을 두어야 할 필요가 있다는 사실은 학습양식들과 특수한 학습 모두가 성장의 양상이라는 증거에 의해 지지된다. 학습은 유기체가 성장하는 것처럼 이루어진다. 학습은 전체의 성장 과정을 구성하며 진행하고 있는 일련의 변화들 중의 한 형태 혹은 한 종류이다. 학습은 교수 이외의 다른 많은 조건들에 의해 영향을 받는다. 그것은 어떤 특수한 여건 하에서 이루어지는 것이 아니라 전적인 환경적 자극의 자연스러운 성과이다. 이러한 사실이 옳다면, 가르치는 일이란 학생의 성장을 방향 잡아 주고, 생활적인 활동들을 보충하고 채워주는 학습활동들을 선택하고, 학생이 개발하거나 경험하는 일을 지도하고, 학생이 이해하고 배우는 것을 도와주고, 그리고 가능한 모든 방법으로 학생의 전적인 학습상황을 개선시키는 것이다.

그러므로, 학습은 개인이 자신의 경험과 관심과 목적에 연관되지 않는 내용을 숙달하는 것이 아니라 자신에게 아주 중요한 경험을 가질 때 그 개인의 점진적인 성장을 일컫는다. 학습이 발전적인 일이 되기 위해서는 조직된 학습이 필요하다. 성장과정에 있어서는 유기체 내의 성숙과 유기체 밖으로부터 오는 자극이 문제가 된다. 모든 성장에 있어서 그러하듯이, 그것은 모든 학생들에게 공통된 질서 잡힌 연속에 의해 특징지워진다. 즉, 모든 학생들은 일반적으로 동일한 방식으로 배운다. 그러나, 그것은 분명히 개별적인 과정이다. 왜냐하면, 최종적인 분석에 있어서는 어느 두 사람도 아주 동일한 방식으로 성장하거나 배우지 않기 때문이다.

1. 통합의 의미

조직화는 모든 성장이나 발달의 모습이다. 그것은 전체를 구성하는 부분들 간에 일어나는 변화에도 불구하고 물리적이거나 유기적인 체계를 통하여 유지된다. 원자, 분자, 아메바, 지렁이 혹은 인간은 자신을 구성하고 있는 물질들에서의 연속적인 변화에도 불구하고 본성에 있어서는 본질적으로 항상 동일하다. 원자 내의 전자는 없어지기도 하고 새로운 것이 그 자리를 차지할 수도 있고, 심지어 핵이 파괴되고 새로운 핵이 시작될 수도 있지만 그 형식은 동일하게 남아 유지된다. 인간 신체의 화학적인 구성은 7년마다 변화한다. 그러나, 그 형식과 동일성은 상실되지 않는다. 개인이 배울 때마다 그는 달라진다. 그러나, 그의 총체성이나 전체성은 동일하게 유지된다.

인간은 한 단위, 즉 한 세포로서 삶을 시작한다. 스펜서(Spencer)는 모든 성장은 세 가지의 발달 단계를 포함한다고 지적했다. 즉, 명백한 차이 없는 전체성과 다소 서로 독립적으로 기능하는 부분들의 차별화 그리고 서로 다른 부분들이 서로 동일적으로 의존하면서 기능하는 통합적인 활동의 단계가 바로 그것이다. 개체는 항상 단일 단위로서 성장한다.

그것은 하나의 세포로서 출발하여 두 개의 세포, 네 개의 세포, 여덟 개의 세포 그리고 막대한 수의 세포가 되지만 그 통일성은 상실되지 않는다. 이 세포들은 그 자체로서 형태를 구성하며 배열된다. 그리하여 형성된 각각의 구조는 전체 유기체 내에서 특수한 기능들을 가진다. 초기 발달의 과정에서 자극들이 근육구조 속의 신경구조를 지나갈 때 근육구조들이 움직이는 때가 온다. 또한 이러한 운동은 일종의 양식을 지닌다. 그러한 운동들이 특징적인 형식을 지닐 때, 행동양식이라 불리어진다. 정신은 본질적으로 수많은 행동양식의 전체이다. 모든 정신적인 성장은 양식을 지닌 과정이다. 모든 성장은 신체적이든지 정신적이든지 간에 조직적인 것이다.

개체는 한 조각이다. 말하자면, 탄생에서부터 죽음에 이르는 그것의 성장은 통합된 하나이다. 학습이라 불리는 복잡한 성장의 양상은 경험을 통하여 오는 유기체의 행동변화라고 규정될 수 있다. 학습하는 자는 전체로서의 한 유기체이다. 학생이 어떤 목적을 실현하기 위한 필요성에 반응하여 새로운 행동양식을 배울 때, 그는 한 인간으로서 변화하는 것이다. 관련 없는 수많은 사실들과 기술들을 획득하는 것을 도외시할 때 학습은 개인이 미래의 경험의 조건들을 더 크게 통제하는 것을 가능하게 하는 행동조직에서의 변화이다.

학습은 명백한 차이가 전혀 없는 한 전체와 함께 시작한다. 세부사항들은 일반적인 형식으로 경험된 전체로부터 구별되어 분화된다. 예를 들면, 숲을 볼 때에는 그것을 한 덩어리, 즉 분리되어 있는 나무들의 집합체로서가 아니라 비교적 구분되어 있지 않은 전체로서 본다. 그 숲을 세밀하게 관찰할 때, 개개의 나무들이 드러나기 시작한다. 이러한 과정이 계속되어 계속 주의를 강화하면, 한 그루의 특정한 나무가 전체로서 지각되고 다시 그 구성하는 부분들로 구별 분화되며, 그 부분들 각각이 처음에는 전체로서 지각되다가 나중에는 또다시 그 부분의 부분들로 분화되어 지각된다. 우리가 전체들에만 반응하고 세부사항들과 그 연관들에 주의하지 않으면, 경험으로부터 의미나 이익을 거의 추출해낼 수가 없다.

경험의 분화는 두 가지의 연관된 원인에 달려 있다. 첫째, 사물들은 실제로 서로 다름에 틀림없고 따라서 분리된 일들로서 인식되는 서로 다른 전체 상황들 내에서 학습자에 의해 경험되어야 한다. 둘째, 전체로부터 세부사항들을 분별하는 것은 학습자에게 이익이 되어야 하며 그에게 실제적인 관심을 포함하고 있어야 한다. 어떤 일이 학생의 욕구와 관심 및 목적에 비추어 보아 절대적인 의미가 전혀 없다면, 학생이 그 일의 세부사항에 주의를 기울일 아무런 이유가 없다.

어떤 의미에 있어서, 통합은 분화의 과정과 반대되는 과정이다. 그러나, 통합은 분화와 함께 일어난다. 통합은 분화된 요소들을 하나의 새롭고 더욱 광범하고 더욱 포괄적인 이해 전체로 결합하는 것이다. 상호관계는 재구성된 양식 안에서 감지되고 반응된다. 많은 숙달된 행동들은 다른 상황에서 이미 형성된 반응을 새로운 상황에서 사용하는 것을 포함한다. 통합 혹은 경험의 재구성은 학습자가 다른 때에 그리고 다른 상황에서 배웠던 일들간의 관계를 발견할 때 생겨난다. 통찰-"이제 알겠다"는 것-은 통합이 성취되었다는 것을 느끼는 표시이다. 때때로 통찰은 갑자기 오기도 하고 서서히 성취되기도 한다.

학습에서의 통합은 창조적인 면을 지닌다. 그것은 단순한 첨가에 의해 생겨나지 않는다. 통합된 전체는 부분들의 단순한 집합보다 더 크다. 부분들의 총합보다 더 큰 것이 전체이다. 부분들 자체가 아니라 부분들의 전체 내에서 지니는 관계가 중요한 것이다. 통합된 전체는 경험을 완전히 새롭게 구성할 것이거나 완전히 새로운 경험의 양식이다. 그것은 개인의 존재 내에서 이전에는 결코 일어난 적이 없는 무엇이다. 그것은 그의 이전의 모든 경험의 한계들을 뛰어넘는 일종의 도약이다.

학생의 학습은 자기 자신의 목적에 연관하여서만 통합적일 수가 있다. 통합을 위한 이유, 즉 성취할 목적이나 목표, 달성해야 할 대상, 충족시켜야 할 바램, 대답되어야 할 질문, 수행할 계획 그리고 해결할 문제 등이 있어야 한다. 통합적인 경험은 여기 현재의 학생에게 합목적적이고 의미 있는 것이어야 한다. 이러하기 때문에, 사실과 암기 및 연습에 역점을 두는 것은 그 자체로서는 많은 경험의 통합을 가져오지 않는다. 학생들이 통합적으로 배우는 것을 돕는 교사는 그들이 만족시키고자 하는 욕구와 그들이 해결하고자 하는 문제들, 그리고 그들이 대처해야만 하는 생활 상황에 비추어 보아 그들에게 개인적으로 절대적인 의미를 가지는 활동들을 제공한다.

학습과 성장의 발전과정 혹은 한 양상으로서의 통합은 인격의 통합성과 밀접하게 연관된다. 개인은 비록 낮은 수준이긴 하지만 최초의 전체성 혹은 통합과 함께 삶을 시작한다. 정상적인 인격의 발달은 계속 더 높은 수준으로 향상해 가는 일련의 계속적인 통합에 의해 특징지워진다. 통합의 경향은 적어도 개인이 자신의 일상적인 힘을 소유하고 있는 한도에 있어서는 생활을 통하여 지속된다. 통합된 인간은 분리된 인격으로서가 아니라 전체 인격으로서 상황에 반응하며, 그의 생활의 여러 다른 단계들 간의 통일성과 종합에 의하여 효과적으로 그리고 풍부하게 생활한다.

정상적인 학생의 모든 활동은 전체적인 유기체로서의 그의 활동이다. 유기체는 주위의 여건이 어떠하든지 간에 통일적이다. 학생은 계속적으로 행동의 통일성을 성취하고자 한다. 그가 날마다 대하는 수많은 모든 상황들에 대하여 그것이 새로운 것이든, 복합적인 것이든 혹은 어려운 것이든지 간에 그는 반응하며, 그리고 반응하되 그의 전체 존재, 말하자면 신체적, 정신적, 정서적 및 사회적 존재와 함께 반응해야 한다. 전체로서의 현재의 그의 존재가 개개의 반응에 개입하며 그가 개개의 상황에 얼마나 효과적으로 대처하는가를 결정한다. 그가 반응할 때 성공의 정도는 그가 어느 정도로 통합된 한 인간으로서 기능할 수 있는가에 달려 있다.

이는 통합이라는 용어가 쓰이는 세 번째의 의미, 즉 환경적 영향의 통합에 대한 고찰을 하게 한다. 경험은 개인과 환경과의 상호작용이다. 학생은 행동의 통일성과 조화를 얻기 위해 노력하면서, 자신에 대해 통합적일 수도 있고 아닐 수도 있는 환경에 의해 도움을 받을 수도 있고 방해를 받을 수도 있다. 교수의 궁극적인 목표는 통합된 인격을 발달시키는 것이다. 사실 만약에 교수가 이를 행하지 못한다면, 그것은 학생에게 거의 아무런 가치도 성취시켜 주지 못할 것이다. 학생이 모든 지식을 얻고 많은 기술과 또 다른 가치 있는 학습 성과를 얻는다 할지라도, 만약에 그가 잘 조정된 인격인으로서 완전하고 충분하게 생활할 수가 없다면 무슨 소용이 있겠는가? 분명한 것은 붕괴되고 왜곡되고 뒤틀리고 분열된 인격을 가진 학생들은 효과적인 교수의 좋은 산물로서 간주될 수 없다는 사실이다.

중립적인 경험이란 없다. 모든 경험은 개인의 통합성을 향상시키던가 아니면 저지시키는 것이다. 교사에 의해 제공된 환경은 그것과 학생과의 상호작용을 통하여 학생들의 인격적 통합을 돕는지 아니면 방해한다. 교사는 계속적으로 학생의 인격의 통합성에 관심을 집중시켜야 하며 그의 최대한의 능력에 따라 그러한 인격의 통합성을 진작시킬 학습 활동의 통합을 제공해야 한다. 교사가 학생의 전체 환경의 조그만 부분을 조절하는 동안이라 할지라도, 그의 교수가 정서적 불안, 인격적 갈등, 유기화되지 못한 지식, 문제 상황에 적절하게 대응할 수 없는 상태, 그리고 정신적인 혼란을 가져오는데 기여하지 않고 통합을 진작시키는 교수 활동을 계획하고 수행하는 것은 그의 의무이다.

2. 경험들의 통합에 대한 기초

교수에 의해 영향을 받는 통합 과정에 관계되는 모든 요소들을 한 단원에서 취급한다는 것은 불가능하다. 본서의 전체를 통하여 언급된 많은 사항들은 학습의 통합에 대한 함의들을 지닌다. 단지 본 단원에서는 몇 가지 기본적인 생각들만을 요약하고자 한다.

교수는 교수의 주제가 아니라 교수의 대상과 함께 시작되고 진행되고 또 끝맺어야만 한다. 진실로 가르치는 사람은 이미 구성된 내용으로써 출발할 수 없으며, 그것을 서로 무관한 단편들로서 부여하지 않는다. 학생 개개인은 한 유기체이다. 유기화는 그의 존재와 그의 경험에 내재하는 원리이다. 그렇지 않다면, 경험은 분석상 혼란스러울 것이다. 교사의 출발점은 항상 그리고 계속적으로 한 인간, 즉 개개의 학생의 욕구와 관심과 목적이다. 사실과 생각을 유기화하는 능동적인 과정은 교사와 학생에게 있어서 결코 종식되지 않는 것이다. 학생이 그의 학습경험의 유기화에서 실제적인 부분을 갖지 않으면, 그의 학습은 통합적이지 않다.

　인격의 통합을 진작시키는 교수는 학생이 표준화된 정보의 다발을 숙달하는 것이나 학생에게 새로운 정보를 제공하는 것이나 혹은 학생들이 기억을 실습할 수 있게 하는 것에 관심을 두지 않는다. 교수가 관심을 두고 있는 것은, 학생들이 그들 자신의 생활의 문제들을 다루고 있으며, 모든 정보를 그들의 욕구에 비추어 생각하며, 이해력을 증진시키고, 사유에 참여한다는 사실이다. 그것은 지식을 사용하여 학생에게 의미 있는 건전한 경험들의 성장으로서의 학습에 관심을 둔다. 그것은 다양한 여러 주제들을 인간들의 과거의 경험의 유기화와 현재 이 자리의 학생들에게 가치 있는 경험의 원천으로서 간주한다. 그것은 이러한 주제들 중에서 새로운 문제를 부여하고 새로운 관찰과 사유의 방식들을 자극하고 그리하여 계속적인 경험에로 이끄는 학생들의 경험에 적절한 것들을 선택한다. 그것은 경험을 지도하되, 그 경험이 더 많은 사실에 대한 지식과 더 많은 생각들에 대한 고려를 하게 할 뿐만 아니라 새롭거나 오래된 것이거나 모든 사실과 생각들을 더욱더 질서 있게 정돈하도록 하게 한다.

　학습경험이 진정으로 통합적이기 위해서는 고정된 과거나 불확실한 과거 대신에 움직이는 현재에 집중되어야 한다. 극단적인 분열의 두드러진 두 가지 특징은 이미 지나간 과거에 관한 병적인 관심과 결코 다가오지 않을 미래에 대한 환상이다. 잘 통합된 사람은 현재 안에서 행동하면서 과거의 경험을 그가 현재에 더욱 풍요롭게 살아가는데 도움이 되는 방향으로 이용하고, 미래를 무시하지 않으며 미래가 주는 공포에서 물러서거나 그 공포를 향하여 함부로 덤벼들지도 않는다. 기쁨, 유쾌함, 현재의 성공적인 성취의 긴장감, 새로운 생각들에 대한 적극적인 호기심, 그리고 학습 성과들을 실제적인 생활의 상황에 생산적으로 사용하는데서 오는 만족감 등은 학생을 현재에 흥미를 느끼도록 유지시킨다. 학생이 미래에 사용하기 위하여 정보를 저축하고 나중에 가서야 가치를 발할 기술들을 발전시키도록 요구될 때에는 그의 통합이 향상되지 않는다.

　학습은 학습자의 존재 내에 있는 모든 것들을 포함한다. 진실로 학습 받은 사람은 지식 이상의 것을 획득한 사람이다. 그는 좋은 습관, 특수한 기술, 명료한 이해력, 지속적인 관심, 바람직한 태도, 가치 있는 목적 그리고 고상한 이념을 가지고 있다. 그는 이 모든 것들을 그가 날마다 생활할 때 올바른 행동으로 바꾸어놓는다. 그러므로, 통합적인 교수는 학생이 그의 생활의 모든 측면, 즉 신체적, 정신적, 도덕적 그리고 영적인 측면 등에서 풍부하고 풍요롭게 생활하는 것을 돕는 데에 관계한다. 그것은 진실로 풍부한 생활을 조성하는 변화된 행위를 가져오는 학습경험들을 제공한다.

반복해서 강조된 것처럼, 학습은 욕구감에 그 기원을 가진다. 인간은 육체적 욕구, 인격적 욕구, 정서적 욕구, 지적 욕구, 도덕적 욕구 및 영적인 욕구 등을 포함하는 다량의 욕구들을 가지고 있다. 최초의 통합을 보존하고 계속 더 높은 수준의 통합을 발전시키기 위해서는 기본적인 욕구들이 계속되는 각각의 수준에 따라 만족스러운 방식으로 충족되어야 한다. 그렇지 못할 경우에는 통합을 파괴하는 좌절, 근심, 공포, 걱정 및 이와 유사한 다른 정서적 상태가 학생의 일부가 될 것이다.

학생은 그가 개인적인 존재인 것만큼 또한 사회적인 존재이기도 하다. 어쨌든, 그가 환경에 적응하는 것은 필연적으로 그가 접하는 많은 사람들과의 적응을 필요로 한다. 그러므로, 사람들과의 조화롭고 효과 있는 상호관계는 인격의 통합에 필수적이다. 이러한 상호관계를 진작시키기 위해서는, 교사가 학생 개개인이 다른 사람들과 좋은 인간적 관계를 유지하며 그리하여 그가 속한 집단 내에서 잘 생활할 수 있도록 하는데 도움이 되는 사회적 경험들을 그들에게 제공해야 한다.

학교에서의 생활은 학교 밖에서의 생활의 축소판이나 복사판이어야 한다. 이 두 가지를 가장 통합하지 못하는 것은 생활과 동떨어진 학습을 함으로써이다. 교수-학습 상황이 자연적인 학습 상황과 유사하면 할수록 학습은 더욱 좋으며 학습자에 대한 학습의 영향은 더욱 통합적이다. 내용보다는 학생들의 문제에 역점을 두어야 하며, 추상적인 문제보다 실제적인 문제에 더 역점을 두어야 한다. 학습활동은 교과서의 순서를 따르거나 공부 과정에 엄격하게 고착되지 않고 관심에 중심을 두어 구성되어야 한다. 단순한 주제에 맞춘 구성보다도 기획, 문제, 활동, 관심의 중심, 경험의 영역 혹은 일의 단위 등으로 불리는 자료의 광범한 구성들이 사용되어야 한다. 학생들은 그들에게 실제적이고 진실된 공통과제에 대해 협조적으로 일하면서 그들의 일에 필요한 통찰력을 획득하고 기술들을 발전시키며 정보를 수집한다. 그리하여, 그들은 사실과 기술들을 학교 밖의 생활의 경우와 같은 기능적 가치를 가진 것으로 간주한다. 또한, 중심적인 관심에 관한 경험의 구성은 학생들이 학습은 생활에 연관된 것이라는 사실을 인식하는데 도움이 된다.

교실에서의 여러 절차들은 학생의 관심들을 학습의 출발점 및 방향을 주는 힘으로 삼아야 한다. 인위적인 동기부여의 적용은 그것이 학생으로 하여금 학습 외의 가치를 위해 공부하게 하는 경향이 있다는 사실에서 분리적이다. 또한 인위적인 자극은 능력이 적은 학생들에게는 좌절감을 조성시킬 수 있으며 능력이 많은 학생들에게는 자만과 우월적인 태도를 길러주기 쉽다. 점수와 명예와 포상 및 영광을 위하여 일하는 것은 잘 조절된 건전한 인격을 형성하지 않는다. 그러한 보상은 학생들 간에 뿐만 아니라 학생들과 협조하는 사람이어야 할 교사 간에 바람직하지 못한 관계를 가져온다. 본래의 관심이란 학생이 학습활동에서 참된 가치를 알며 성과를 그것 자체로서 안다는 것을 의미한다. 교사는 학생들을 참된 가치에 민감하게 하고 그러한 가치들에 연관된 것으로서 계속적으로 경험을 재조성하는 활동으로 자극될 수 있게 하는데 기여하는 새로운 구성과 부여 방법들을 계속적으로 사용하여야만 한다.

또한 학습과 인격 둘 다의 통합은 학생들이 의미 있고 가치 있고 또한 동적인 과제들을 지닐 때 더욱 진전된다. 맹목적으로 냉담하게 그리고 적당하지 못하게 일하는 것은 직접적으로나 간접적으로, 즉 일에 있어서나 일하는 사람에 있어서 좋은 결과들을 가져오지 않는다. 아마도 달성하기 위해 설정된 목표보다 일의 질적인 부분에 더 기여하는 것은 아무것도 없을 것이다. 교사와 학생들은 과제들을 형성하는 일에 함께 해야 한다. 그들이 함께 하든지 안하든지 간에 학생들이 실제적인 학습활동 참여를 시작하기 전에 의미 있는 과제들을 진정으로 받아들이는 것이 아주 본질적이다.

3. 통합을 위한 교수 방법들

문제가 되는 것은 내용을 구성하는 것이 아니라 학생들의 경험에서 무엇이 일어나는가이다. 지도 자료들의 통합과 연관은 그것들이 경험과 행동의 구성을 촉진시키는 정도에 있어서 도움이 된다. "유기체들은 자체 내에서 적극적으로 정신적인 통일을 창조한다. 그것들은 여건들을 완성된 제품과 같이 단순히 흡수하지 않는다." 학습은 발달과정이며 내용습득의 과정이 아니다. 학습은 의미 있는 과정이다. 학습은 단순한 반복보다도 이해가 훨씬 더 중요시되는 과정이다. 연관성은 경험의 재구성에 있어서 본질적이다. 학습이 진행될 때, 학습의 성과들은 계속적으로 더욱 광범하고 더욱 의미 있는 이해의 양식에로 수렴되어야 한다.

교수 절차들은 학습될 많은 것들을 구성하고 통합하거나 일치시키는 학생의 능력을 자극하고 촉진시켜야 한다. 거의 모든 교수법들은 이러한 연관에서 가능한 가치를 지닌다. 한 가지 방법이 사용되는 방식이 방법 그 자체보다 더 중요하다. 한 가지 방법이 모든 상황에서 효과적일 수는 없다. 유능한 교사는 전체적으로 보아

한정되고 기계화된 절차가 아니라 방법들의 종합인 많은 기교와 절차들을 사용한다.

  교사가 학습은 복잡한 과정이며 주어진 학습 상황은 고도로 복잡하다는 사실에 대해 아무리 많이 확신하여도 과함이 없다. 사람은 자기가 공부하고 있는 특정한 그 무엇만을 배운다는 생각은 잘못된 것이다. 사람들은 누구라도 여러 일들을 동시에 배운다. 학생들은 교사가 계획하지 않은 많은 것들을 배운다. 학습 활동들은 많고 다양하다. 마찬가지로 학습 성과들도 복잡한 것은 물론이며 많고 다양하다. 편의상, 성과들은 관념적인 것, 운동적인 것, 또한 정서적인 것 등의 유형들로 분류할 수 있다. 즉, 학생은 사실들, 기술들 그리고 태도나 평가를 배운다. 그러나 학습자는 하나의 단위이며 따라서 그는 어떠한 유형의 성과라 할지라도 그것을 다른 성과들과 독립적으로 획득하지 않는다. 관념적인 성과를 분석해 보면 지적인 요소들은 물론 운동적이며 정서적인 요소들도 포함하고 있다. 마찬가지로 다른 각각의 두 유형도 세 가지 요소들을 모두 포함하고 있다. 각각의 유형은 단지 어느 한 경험의 한 측면일 뿐이다.

  학습경험은 사고와 행동된 느낌을 아울러 가지기 때문에, 사실들을 기억하고 재생하는 경험에만 학생을 한정하는 교수 절차들은 이해, 기능적 지식, 평가, 태도, 가치, 이상, 역량, 기술 및 행동양식과 같은 많은 바람직한 학습의 획득을 가로막을 수가 있다. 모든 구성성분들이 달성되지 않고서는 완전한 학습이란 존재하지 않는다. 사람이 참되고 진실되게 배울 때에, 그는 그의 관념적인 능력뿐만이 아니라 그의 전체 존재를 포함한 경험을 체험한다. 교수 방법들은 학습 성과들과 그것들에 연관된 학생들의 학습활동들을 고려해야 한다. 학생의 모든 학습활동들은 통합된 경험에 기여해야 한다. 사용된 방법이 어떠한 것이든지 간에, 학생은 그가 동시에 획득하는 다양한 형태의 성과들을 조화시키고 통일시켜야 한다. 심지어 보통의 경우처럼 이러한 성과들 중의 다소가 우연히 획득된 것이라 할지라도 그러해야 한다.

  효과적인 학습을 위해서는, 경험이 학생들에게 진실된 욕구들과 함께 시작해야 하며 그러한 욕구들을 계속적으로 향상시키는 것이어야 한다. 항상 존재하는 욕구에 대한 느낌이 없으면, 학생은 그것 없이는 학습이 결코 시작되지도, 또 시작된 후에도 계속되지 않는 동기를 결하게 된다. 행하고자 하는 목적은 욕구에 대한 느낌에 의해 시작되는 활동으로부터 생겨난다. 목표들은 목적들을 실현시키기 위해 설정된다. 주로, 학습은 학습자가 자신의 목표를 달성하기 위해 노력하는 동안 어려운 일과 장애에 대처하면서 문제를 해결하는 특성을 지닌다. 학습과정이 계속될 때, 학습자는 필요한 한 가지 일을 계속하면서 또한 중심적인 학습활동에 도움이 되며 다양한 여러 성과들을 가져오는 연관된 활동들에 개입한다. 학습이 효과적인 그 정도에 따라, 이러한 활동들과 그 성과들은 과거의 경험을 재구성하고 확장하는 더욱 광범하고 더욱 의미 있고 더욱 포괄적인 양식들에도 계속적으로 통일된다. 의미와 이해가 발전될 때, 학습자는 통찰이 이르는 점, 즉 문제가 해결되고 목적이 성취되고 목표가 달성되는 지점에 이르게 된다.

교수는 무엇보다도 먼저, 학생들의 욕구와 특징들이 발달 과정에 있어서 확증될 때 이러한 학생들의 욕구와 특징들에 적용될 수 있는 활동들을 구성하는 방법에 관심을 둔다. 교수는 학생들이 완전하고 건전한 발달에 핵심이 되는 모든 성과들을 획득하게 할 내용이나 활동 혹은 경험을 제공해야 한다. 그리하여, 교수는 학생이 적극적으로 반응하게 하고 그의 활동을 바른 목표로 행할 수 있도록 지도해야 한다. 그리고 교수는 학생이 자기의 문제들에 대응하면서 자신의 경험을 통합적으로 재조성하는 동안 계속 도와야 한다. 동시에, 지속되어야 할 반응들을 영구화시키기 위한 충분한 반복과 연습이 제공되어야 한다. 끝으로, 교수는 학생이 학습결과들을 더 넓은 경험의 영역으로 이전하는 것을 도와야 한다.

이전의 학습방법을 계속적으로 이용하고 학습자의 전체 경험을 점진적으로 재구성하는 것을 가장 필요로 하는 것 같은 교수 방법은 문제 해결식 방법이다. 사고는 문제적 상황에서 생겨난다. 그리고 아마도 결과와 기교를 많은 다양한 문제들에 어느 정도 이전하지 않고 이루어지는 사고는 거의 없을 것이다. 인간이 더 많은 문제 상황에 성공적으로 대처하면 할수록, 그는 더 많은 것을 배운다. 인격의 통합은 방해와 갈등을 회피하는 일이 아니라 이미 가지고 있는 현재의 통합을 상실하지 않고 문제들에 어떻게 대처하는가 하는 것이다.

문제들은 많고 모든 생활의 영역에 존재한다. 학생들 편에서 모든 분야의 도전들을 기꺼이 받아들이는 태도는 교사에 의해 부과되는 것이 아니라 학생들에 의해 깨닫게 되는 것이다. 그렇지 않으면, 학생이 그에게 절실한 문제들을 발견하거나 자기 자신의 창의력에 바탕 하여 그 문제들에 대처하도록 유도될 수가 없다. 학생들이 좋은 문제들을 발견하고 평가하는 것을 지도하는데 있어서, 교사는 학생들이 수동적으로 받아들여야만 하는 연습을 권하는 것을 피해야 한다. 교육환경이 스스럼없음과 상호존중으로 특징지워지는 자유롭고 편안한 것이어야 한다. 교사의 할 일은 활력적이며 집중적인 활동을 고무하고 학생들에게서 광범위한 관심의 폭을 개발시키고 아주 유망한 상황의 고찰을 통하여 격려하는 것이다.

학생들은 활동에 참여함으로써 자기 자신의 문제들을 개발한다. 그러나 단순한 활동이 고찰되어야 할 문제들을 존립시키지 않는다. 교사는 미리 계획된 몇 가지의 알 듯 말 듯한 문제들을 능숙하게 사용함으로써 교과의 사실들과 주제를 생생한 문제에로 초점을 맞추며 해결하고자 하는 열성과 열심 그리고 성과 있는 사고를 불러 일으킬 수가 있다. 만약에 학생이 어느 한 가지 해결 혹은 다른 해결이 자기에게 주는 의미에 관하여 생각할 수 있도록 인도된다면 그 문제는 그에게 생동적인 것이 될 것이다. 또한 그는 문제들을 다른 사람들의 생활에 연관하여 볼 수 있도록 고무되어야 한다. 학생은 자신의 경험을 확장함으로써 문제들에 민감할 수가 있다. 이는 학생을 많은 합목적적인 활동들에 가담하게 함으로써 직접적으로 수행될 수도 있고 학생이 많은 독서를 하게 함으로써 대리적으로 수행될 수도 있다.

학생들은 문제를 선정하는데 있어서 세심한 지도를 필요로 한다. 문제의 본성과 난이도는 학생의 성숙 수준에 적절해야 한다. 만약에 문제가 너무 어려우면 그 문제는 좌절감을 야기할 수도 있으며, 만약에 너무 쉬우면 학생을 자극하지 못하고 그에게 배울 수 있는 기회를 마련해 주지 못할 것이다. 모든 문제들은 선택된 학습 과제들과 조화를 이루어야 하며, 그것들은 과정의 연속성과 구성을 파괴해서는 안 된다. 문제들이 좋지 않으면, 교수도 좋을 수가 없다. 그러므로, 교사는 문제를 사용하기 전에 모든 문제를 점검해야 한다. 좋은 문제의 특징들은 명백히 진술되어야 한다는 것과 학생들에게 흥미를 일으켜야 한다는 것 그리고 좋은 사고를 자극해야 한다는 것이다.

대부분의 학생들은 문제를 규정하는데 있어서 도움을 필요로 한다. 문제들은 자주 일반적인 형식을 띠고 생겨난다. 즉, 문제들은 대체로 일반적인 문제에 대한 해답이 발견될 수 있기 전에 먼저 해결하여야만 하는 수많은 분화된 문제들을 포함한다. 전체 문제를 해결하는 과정 중에서 가장 중요한 단계는 진정 문제가 무엇인가를 확인하는 것이다. 보통 명철한 학생 외에는 자기의 문제를 규정하는데 있어서 도움을 필요로 한다. 일단 문제가 주의 깊게 그리고 명백하게 진술되면, 가능적인 해결이 자연적인 다음 과정으로서 떠오르기가 쉽다. 또한 문제를 명백하게 진술한다는 것은 통상 잠재적인 해결들의 정당성에 대한 테스트를 시사한다. 명백한 진술은 수집될 필요가 있는 자료의 종류에 대한 한정을 지시하고, 수고를 흩트려 가치 있는 결과를 가져오지 못하게 하는 것을 방지하고, 일단의 관계없는 사실들에로 빠져들 위험을 제거한다는 점에서 도움을 준다.

교사는 학생들을 다음과 같이 지도함으로써 그들이 문제를 규정하는 것을 도울 수가 있다.

 (1) 답변되어야 할 질문의 실제적인 본성을 찾아내는 것. 문제를 문자로 바꾸어 그 진술을 문장 구조와 표현의 명료성의 관점에서 주의 깊게 검토한다면, 그와 같이 문제를 문장으로 바꾸어 생각하는 것이 도움이 된다. 일반적인 단어들보다는 특수한 단어들이 사용되어야 한다. 그리고 교사는 학생이 개개의 단어들의 의미를 이해한다는 것을 확실히 해야 한다. 다른 사람들과 함께 문제를 말하고 일반적인 분야에 관한 많은 책을 읽는 것은 제기된 질문을 명료화하는데 도움이 된다.
 (2) 학생이 연구해야 할 구체적인 점을 파악하는 것을 돕는 것. 광범한 일반적인 문제들이 마음에 떠오를 때는 사고가 잘 수행될 수가 없다. 학생은 언제 관계없는 사실들을 거부해야 하는가를 알아야만 하고, 중요한 사실들이 제거되었을 때는 그것을 인식할 수 있도록 도움을 받아야 한다.
 (3) 복잡한 문제들을 분화된 문제들로 구분하는 것. 문제는 학생이 그것을 체계적으로 계획할 수 있을 정도로 충분히 단순해야 한다.

 문제 해결에서의 성공은 이전의 경험에서 현재의 문제 상황에 가능한 가치를 지닌 것을 상기할 수 있는 정도에 상당히 달려 있다. 상기하는 데에 유리한 한 가지 요소는 문제에 대한 적극적인 태도, 즉 연관되는 사실들을 상기하려고 하는 구체적인 노력이다. 두 번째 요소는 문제의 정확한 의미를 파악하는 것이다. 학생이 상황에 대하여 그저 애매한 인식만을 가지고 있는 한, 그가 많은 생각들을 가지기가 쉽지 않다. 반면에 학생이 문제를 그 모든 양상과 연관되어 있어서 철저히 이해할 때까지 그 문제를 검토하고 탐구한다면, 상황에 대한 그의 지식은 쉽게 유용한 많은 시사점을 가져올 것이다. 충분하게 그리고 정확하게 이루어진 규정은 문제를 다루는 동안 계속적으로 염두에 두어야 한다.
 이미 수집하여 소유하고 있는 정보는 때때로 가설들을 세우거나 문제에 대한 잠정적인 해결점을 생각하는 데에 그 기초로서 필요하다. 그러나, 학생들은 새로운 자료들을 수집할 필요가 있다. 파악된 충분한 사실이 없이는 어떠한 문제도 적절하게 해결될 수 없다. 교사는 학생들에게 불충분하고 신뢰할 수 없는 자료들에 만족하지 않고 필요한 사실들을 조사하는데 있어서 철저한 태도를 훈련시켜 주어야 한다. 또한, 학생들이 증거를 판정하고 비판적이면서도 건설적인 태도를 견지하고 그리고 편견을 벗어나는데 있어서 지도가 필요하다.

정보를 수집하는 것만으로는 충분하지 않다. 수집된 정보는 또한 평가되고 구성되어야 한다. 학생은 자료의 신빙성과 정확성 그리고 완결성을 판정할 수 있도록 훈련되어야 한다. 학생은 자료들의 관계나 제반사항의 관계들을 발견해야 한다. 그는 올바른 요소들을 선택하고 올바른 순서로 그것들을 모으고, 그리고 각각의 요소에 적정 수준의 무게를 배정할 수 있어야 한다. 학생이 많은 출처에서 자료를 수집하는 데에는 많은 경험이 있어야 한다. 그리고 그는 이러한 정보를 평가하고 수집하고 구성하는데 있어서 지도를 받음으로써 그 자료가 문제 해결에 서광을 비출 수 있도록 해야 한다. 학생은 정보를 어떻게 요약하는가, 정보를 주안점과 부속사항에 비추어 어떻게 분류하는가, 그리고 그것에서부터 어떻게 명쾌한 결론을 이끌어낼 것인가 하는 것을 배워야만 한다. 정보를 구성 내지 조직하는데 있어서 좋은 도움이 되는 것은 요점 정리다. 교사는 이 요점정리를 일종의 필요한 학습도구로서 가르쳐야 한다.

학생은, 그가 문제를 충분히 파악하고 그것에 관계되는 정보를 마음에 완전히 새겨두면 잠정적인 해결을 위한 준비를 갖춘 것이 된다. 어떤 해결들은 자기의 고찰과 연관하여 쉽게 생각날 수도 있고, 이러한 해결들 중에서 가장 그럴 듯한 것은 계속적인 연구에도 보존됨에 틀림없다. 특별히 다소 어린 학생들은 추론이나 가정을 만드는데 있어서 어려움을 느낀다. 일반적으로, 추론이나 가정을 만드는 능력은 학생의 성숙도와 경험의 배경 그리고 정보의 확보 여하에 달려 있다. 교사는 학생들이 해결점을 찾는 데에 끈기가 있고, 생각난 모든 것들을 조심스럽게 기록하고, 새로운 실마리를 찾으려 노력하고, 이전의 습관적인 사고와 행동에 의해 방해받지 않고, 편견 없는 견해를 가지는 태도를 유지하고, 충동적인 생각을 피하고 아울러 해결안들을 단지 잠정적인 것으로 간주할 수 있도록 고무시켜야 한다. 만들어진 가정들은 검토되고 검증되어야 한다. 이는 결론이 문제의 요구를 완전히 만족시키는가와, 결론이 확립된 사실과 원리에 부합하는가, 그리고 결론을 무효화시키는 부정적인 사례가 있는가의 결정 여하에 따라 이루어진다. 가정들은 검증하는데 있어서, 학생은 완전히 개방된 마음의 태도를 유지하도록 지도되어야 한다. 즉, 편견이나 이미 존재하는 태도에 고착되는 것으로부터 자유를 얻도록 해야 한다. 교사는 학생이 의견이나 일상적인 절차 그리고 최종적인 것으로 여겨지는 해결안에 대해 비판적인 경향을 발전시킬 수 있도록 지도해야 한다. 학생은 나름대로 확립된 증거와 자료에 의해 생겨난 최종적인 결론에 이를 수 있어야 한다. 그러나, 최종적인 것으로 받아들여진 해결안이라 할지라도 새로운 증거가 드러나면 재검토되어야 할 것임을 학생들에게 주지시켜야 한다.

문제 해결식에 있어서 마지막 단계는 해결안의 적용이다. 학생들은 일반적 원리와 구체적인 상황들 간의 관계를 알아야 한다. 문제 해결에 의한 학습의 가치는 학생들이 새로운 원리들을 특수한 경우에 적용하고, 그들의 신념과 판단들을 도달된 새로운 생각과 결론에 맞추어 변경하고, 그 성과를 그들의 전체 경험과의 관계에 효과 있게 정립하지 않고서는 완전히 실현되지 않는다.

기획 교수법은 구체적인 성과를 얻기 위한 자료들의 수집을 포함한다. "기획이란 자연적 상황에서 완성으로 이어지는 문제 중심적 행위이다." 이러한 방법의 핵심은 다음과 같은 네 가지 점으로 표현될 수 있다. 첫째, 어떠한 문제가 포함되어 있음. 둘째, 상황이 실제적인 성격을 띤다는 것. 셋째, 학생이 문제를 해결할 목적으로 신체적, 정신적, 미적, 사회적, 도덕적 혹은 영적인 활동에 참여한다는 것. 넷째, 기획이 단순히 이야기되거나 고찰되거나 생각되는 것에 그치지 않고 완성된다는 것 등이다. 특수한 과제가 설정되고 그 과제가 성취될 때까지 활동이 수행된다. 기획은 실제적인 모든 분야에서 큰 가치를 지닌다. 기획의 발전 가능성은 수없이 많다. 학습 및 인격의 통합을 위한 기획의 효용과 그 가치에 따른 교수 절차들은 일반적으로 문제 해결식의 교수 절차와 동일하다.

교사의 구술과 설명은 학습을 의미 있고 통일되며 발전적으로 하는 성과 있는 수단이 될 수 있다. 이러한 방법의 효용은 교사란 협력적 학습 경험에 있어서 학생들의 보조자이며 학습 상황에서는 그들을 인도하는 안내자라는 사실을 교사가 완전히 인식하는 데에 달려 있다. 그럴 때에, 그는 집단 내에서 협력하는 일원이 되며, 그의 더욱 성숙된 경험을 학생들이 그들의 문제 연구에 사용할 수 있는 수단으로서 집단에 유용하도록 하는 지도자가 된다. 그는 학생들이 문제들을 탐구하는 과정에서 그 과정을 개선하고, 학생들이 더 좋은 판단을 내리고 더욱 이성적인 선택을 할 수 있도록 그들을 돕는다.

배우는 내용은 그 자체로는 무기력하고 생동력이 없다. 그것을 활성화하고 학생들의 경험에 적극적인 의미를 띨 수 있도록 하기 위해 교사 편에서의 기술을 요구된다. 어떠한 방식으로든지 그는 학생들의 경험과 욕구에 비추어 그 내용이 의미가 있도록 해야 한다. 일반적으로 학생들은 그들에게 의미 있는 것으로 인식되는 것이라면 무엇이든지 간에 배우도록 자극된다. 학생 경험에 비추어 보아 학습내용에 생기를 불어넣는 한 가지 방법은 학생들에게 그 내용에 관한 것을 말하고 그들이 이해하지 못하는 측면들을 설명함으로써 그 내용에 의미를 불어넣는 방법이다.

교사는 구술과 설명에 있어서 침묵해야 할 때에 말하지 않도록 하여야 한다. 그 적용 원리는, 학생이 너무 과한 불편이 없이 스스로 획득할 수 있으며, 너무 과한 어려움이 없이 스스로 철저히 생각할 수 있는 것은 어떠한 것도 말하거나 설명하지 않는다는 것이다. 또한 교사는 간략하게 말할 필요가 있는 것과 조금 더 발전시켜 말할 필요가 있는 조금 더 어려운 것, 그리고 완전히 설명되어야 하는 복잡한 것 등을 세심하게 구별하여야 한다. 일반적으로, 구술과 설명의 진정한 목적은 정보를 나누어주는 것이 아니라 학생이 이해하고 배우는 것을 도와주는 것이다.

이 방법을 사용하는 몇 가지 적절한 이유는 다음과 같다.

(1) 새로운 주제나 단위를 소개하고, 새로운 내용이 과거의 학습과 미래의 주제나 단위에 어떻게 관련되는가를 보이고, 새로운 자료를 사용함으로써 해결될 수 있는 질문과 문제를 야기시킴으로써 관심을 유발하고, 그리고 단위에 대한 작업을 위해 가능한 접근을 시사하는 것.

(2) 학생들이 직면하게 되는 어려움이 도움이 없이는 그들의 능력을 넘어서 있는 것일 때 그러한 어려움을 해소하는 것.

(3) 주제나 단위를 요약하는 것.

(4) 학급에서 생겨났고 그 생겨난 상황에서 다루어져야 하는 질문들에 해답을 주는 것.

(5) 어떤 학습의 측면들이 다른 학습들이나 생활 일반에 대해 지니는 관계를 지적하고 그 연관성을 설명하는 것.

(6) 교사 자신의 경험을 제공하고 시청각 자료들을 해석하고 학생들이 학습경험의 산물들을 더 광범하고 점점 더 큰 의미를 가지는 이해 양식으로 통합하는 것을 돕는 것.

정보를 나누어주는 데에는 학생들로 책을 읽게 하는 것보다 말해 주는 것이 더 효과적일 수가 있다. 음성의 억양, 강조 및 반복의 의미를 표현하는데 있어서 도움이 된다. 인쇄된 책에서 풍기는 차가운 침묵보다 살아 있는 교사가 주의와 관심을 더 강하게 끌기 쉽다. 세심하고 분별력이 있는 교사는 자기에게 명백하게 드러난 욕구와 어려움에 적절하도록 내용을 제공하는 방식을 다양화할 수 있다. 또한, 학생들의 질문을 제지하고 이해의 부족을 지적할 수 있는 기회가 있다. 구술은 구어적인 설명을 지지하는 구체적인 방편을 사용할 수 있도록 하는 또 하나의 이점을 지니고 있다. 기술과 습관을 가르치는 일에 있어서는, 구술이 관심을 유발하고 세부적인 설명을 가능케 하고 반응이 잘못된 것을 보여주는데 기여한다.

이해는 학습에서 본질을 이루며 학습의 질을 높이는데 아주 중요한 수단이 된다. 설명을 잘함으로써 학생들이 이해하도록 하는 능력은 좋은 교사의 징표이다. 설명의 기교에 관하여 몇 가지 말하자면 다음과 같다.

(1) 세심한 준비가 핵심이 된다. 설명하는데 얼마나 많은 시간을 소비할 것인가에 대한 결정, 설명할 내용을 철저히 익히는 것, 설명에 있어서 더욱 중요한 사항이 무엇인가를 결정하는 것, 설명의 과정을 계획하는 것, 어디에서 삽화와 예화를 사용할 것인가에 대한 결정, 사용될 모든 장치와 영화 등의 점검, 전후 순서를 확실히 하고 빠뜨리는 것을 방지하기 위한 노트, 그리고 노트를 익히는 것 등의 준비가 있어야 한다.

(2) 설명의 초두에 학생들에게 무엇이 성취되어야 하는가를 명백히 보여주면서 설명의 주된 과제를 간략히 제시해 준다.

(3) 학생들과 교사에게 공통된 정신적 기반을 주면서 학생들의 마음을 준비시킨다. 학생들의 호기심을 야기시키거나 문제를 제시하거나 질문을 함으로써 문제 해결적인 태도를 진작시킨다.

(4) 학생들이 이해해야 할 새로운 것들이 기초를 두고 있는 일반적인 사항을 진술한다.

(5) 학생들이 이미 이해하고 있는 진리들과 새로운 진리와의 중요한 연관을 지적한다.

(6) 우선 사실과 단위를 제시하고 후에 이것을 결합하면서 해석하고 설명한다.

(7) 집단이 동화할 수 있는 능력과 내용이 본성에 맞도록 설명의 속도를 조절하면서 천천히 이야기한다.

(8) 관심 있고 열성적인 음성을 사용하고 자연적이며 사적이고 대화적인 태도를 취한다. 강의하는 것보다도 말함으로써 학생들에게 개별적으로 호소하듯 한다.

(9) 집단이 문제 해결적인 정신 상태를 유지할 수 있도록 한다. 질문들을 야기시키고 관심을 자극할 만한 문제들을 진술한다.

(10) 비유, 삽화, 이야기, 모델, 진술, 영화, 레코드 그리고 다른 구체적으로 호소력 있는 보조 수단을 사용한다.

(11) 반응과 질문을 위해 휴식한다. 그러나, 이러한 반응과 질문이 문제와 연관

이 되도록 해야 한다.

(12) 때때로 질문을 던지고 학생들이 이해하는가의 여부를 확인하기 위한 연습 시간을 설정하여 학생들을 점검한다.

(13) 적절한 구분을 하여 설명된 내용들을 요약하고, 설명을 마쳤을 때 전체 내용을 요약한다.

(14) 학생들이 내용에 대해 책임을 지도록 한다. 예고 없이 질문을 하거나 연습 문제를 풀게 하거나 단락이 결론지어지고 나서 짧은 테스트를 하는 것은 학생들이 말한 내용에 민감하게 하는데 도움이 된다.

(15) 학생들이 설명된 내용을 응용하는데 있어서 중심이 되는 사항을 명확히 이해하도록 인도한다. 학생들에게 응용에 대해 물어보는 것은 그들 자신과 교사에게 그들의 이해의 정도를 드러내 보일 뿐만 아니라 그들이 그들의 학습을 그들의 과거의 경험에 통합시키는 것을 돕는다.

발전적인 가치를 위한 세 번째의 교수법은 감독되거나 지시되는 탐구이다. 학생들은 탐구하는데 있어서 지도될 필요가 있다. 그들은 그들이 필요로 하는 도움의 종류와 그 정도에 있어서 서로 많은 차이가 있다. 어떤 학생들은 분명히 도움이 필요한 데도 불구하고 도움을 찾지 않는다. 어떤 학생들은 도움을 통하여 이득을 얻을 수 있다는 사실을 깨닫지 못하고 있다. 또 어떤 학생들은 도움이 필요하지 않을 때라도 도움을 원한다. 유능한 교사는 학생들의 요구에 민감하다. 그리고 그는 학생들에게 자료를 어디서 구하며, 과제를 어떻게 다루며, 난점에 어떻게 대처하며, 문제를 어떻게 어디에서부터 접근하여 취급하며, 그들의 능력과 역량을 어떻게 효과적으로 사용하며, 그리고 이러한 일들을 목적을 위해 정식으로 할당된 시간에 수행하는가의 여부 등을 보여준다.

연구 지도는 한 가지 목적, 즉 학생들이 그들의 능력을 사용하는 것을 지도하여 학습과 성장에 가장 효과적으로 그 능력들을 사용할 수 있도록 하는 것이다. 좋은 지도는 세심하고 좋은 자질을 갖춘 교사에 의해 최선으로 이루어질 수 있다. 교사는 학생들이 연구방법을 배우는 것을 돕기 위하여 자신이 어떻게 연구해야 하는가를 알아야 한다. 도움은 주제에 따라 동일할 수가 없으며 학급에 따라 다르고 해당 학급 내의 학생에 따라 다르기가 쉽다. 우선적으로 핵심적인 사항은 교사가 어떤 때에 어느 정도의 지도를 해야 하는가를 잘 판단할 수 있고 효과적인 지도를 할 수 있어야 한다는 사실이다.

때때로 한 학급이나 어느 소집단에 도움이 되는 일반적인 지도를 하는 것도 가능한 일이지만, 연구의 감독은 상당한 정도에 있어서 개개의 학생들을 개별적으로 도와주는 일이다. 올바르게 돕기 위해서는, 교사가 학생 개개인이 사용하는 연구방법들을 주의 깊게 관찰하고 그의 연구의 결과를 검토하고 다른 학생들에게 방해가 되지 않도록 하면서 개선을 위한 방안을 제시하여야 한다.

효과적인 연구 지도는 교사 편에서의 구체적인 계획을 필요로 한다. 그가 세심하게 행동계획을 짜놓지 않는 한, 교사는 중요한 요구의 측면들을 간과하기 쉽다. 교사는 어느 학급과 접하기 시작할 때 처음부터 학생들의 연구를 도와주는데 행해야 할 사항들을 기록한 목록을 당연히 지녀야 한다. 학생들이 어떤 것들을 배울 때, 그 조목들을 점검할 수 있다. 다른 조목들에도 계속적인 주의를 기울일 필요가 있다. 연구 지도는 계속적으로 항상 필요하다. 교사는 첫째로 시급하게 세심한 관찰을 요하는 일에 주의를 기울여야 한다. 여기서 연구 절차를 개선하기 위한 프로그램에 포함되어야 할 교사의 활동들을 모두 다 수록한다는 것은 불가능하다. 다음의 목록들은 암시적이다. 모든 교사들은 최소한 이 같은 것들 정도는 고려하면서 더 첨가할 수도 있고 삭감할 수도 있을 것이다.

(1) 불확실한 연구 절차들을 발견하고 분석한다.
(2) 학생들에게 교과서를 사용하는 법, 즉 색인, 목차, 어휘해설난, 도표, 각주, 참고문헌, 소제목 등을 이용하는 법을 가르친다.
(3) 학생들이 사전, 백과사전, 참고서적 및 그 외 유용한 모든 자료의 출처를 적절하게 사용하는 법은 알고 있는가를 살핀다.
(4) 학생들이 신속하게 읽어야 할 자료와 완전히 숙지해야 할 내용을 구분할 수 있도록 가르치면서 그들에게 읽는 것을 도와준다.
(5) 사용되고 있는 비효과적인 연구방법들을 지적하고 올바른 방법들을 가르쳐 준다.
(6) 학생들이 경제적으로 암기하는 방법을 도와준다.
(7) 학생들이 연관된 내용을 환기하는 능력을 발달시킬 수 있도록 돕는다.
(8) 학생들이 자료들을 수집하고 조직하는 것을 돕는다.
(9) 학생들이 달성할 목표를 설정하는 일을 돕는다.
(10) 학생들을 지도하여 그들이 연구할 때 해야 할 일에 대해 정확히 이해하도록 한다.

(11) 학생들이 인쇄된 내용에서 주된 문장과 핵심적인 표현 및 용어들을 발췌하는 일을 지도한다.
(12) 학생들이 연구자료들을 요약하는 일을 돕는다.
(13) 학생들이 새로운 경험과 이전의 경험을 연관시키는 것을 돕는다.
(14) 학생들이 결론을 짓고 적용하고 판단하는 것을 지도한다.
(15) 학생들이 노트를 작성하고 요점을 정리하고 보고서를 작성하는 것을 지도한다.
(16) 학생들이 가설들을 세우는 것을 돕는다.
(17) 개인적인 관심과 개인적인 특징 및 특수한 능력들을 발견하고 학생들이 그것들을 이용하는 것을 돕는다.

가르침 자체만큼이나 오래된 방법은 훈련이다. 아마도 이 방법만큼 논란의 대상이 된 주제도 없을 것이다. 교사들이 이 방법을 사용할 때 종종 그것은 가장 의미없고 불충분한 방법일 경우가 있다. 반면에, 적당하게 조정될 때에는 훈련이 좋은 학습을 가져온다. 훈련이 학생들에게 관심과 이해와 만족을 유발시키는데 있어서 호소력 있는 양식의 많은 부분을 이루고 학습의지를 북돋울 때, 그리고 그것이 축적의 과정이 아니라 분화하고 통합하고 정확성을 가져오는 과정일 때, 그것은 가치 있는 교수법이 된다.

학생은 주로 반복에 기초한다. "가르침은 가르침에 바탕해야 하고, 단 그 가르침은 다른 가르침에 바탕해야 하고, 계속해서 차근차근히 여기서 조금 저기서 조금씩 이루어져야 한다."한 사실을 철저히 기억에 심고 습관을 형성하고 완전한 정도의 기술을 획득하는 데에는 많은 인상들이 요구된다. 그러나, 반복과 훈련과 연습이 학습에 있어서 핵심적인 요소라 할지라도, 결코 그것이 유일한 요소는 아니다. 아무리 많은 학습결과라 하더라도 서로 의미연관이 없고 무의미한 것이라면, 몇 안 된다 할지라도 의미를 지니고서 전체에 통합된 것들 보다 당사자에게는 훨씬 더 가치가 없다. 연습이나 반복을 하는 동안 그와 함께 관심과 이해 및 준비와 같은 원리들이 사용되어야 한다.

단순한 연습이 완전한 학습을 이루지는 않는다. 반복에 의하여 학습하기 위해서는, 학생이 우선 학습의 필요성을 느껴야 한다. 필요성이 현존한다는 확신은 관심, 주의, 숙지하고자 하는 욕망, 그리고 지속적인 노력의 기반이 된다. 참된 숙달은 인식하고 있는 목표를 달성하고자 하는 지속적인 노력에 의해 성취된다. 학생은 자신이 반복하고 있는 것이 무엇인가를 이해해야 한다. 순간적인 통찰이라 할지라도 그것은 수 시간에 걸친 맹목적인 단어나 동작의 반복만큼이나 가치가 있다. 아무리 많은 훈련을 한다 하더라도 그것이 무식한 학생을 학식 있는 학생으로 바꾸지는 못한다. 학생이 훈련을 통하여 이득을 얻기 위해서는 정신적인 성숙 정도와 의미를 파악하는 능력에 맞는 준비가 있어야 한다. 학생이 이해할 수 없는 동작들을 철저히 익혔다 하더라도 그가 동기화 되지 않은 학생일 경우에는, 그의 학습이 고도의 완성단계에 도달할 수가 없다.

훈련의 주된 과제는 사실들에 대한 인상을 부여하고 기술을 완벽하게 하고 습관을 형성하는 것이다. 주제를 완전하게 제시하기 위해서는 각각의 과제를 따로따로 성취하는 데에 특별히 적용되는 절차들을 강조해야 한다. 여기에서 일반적으로 훈련하는데 있어서 실제적인 지침 몇 가지를 시사하는 것으로 만족해야겠다.

첫째, 훈련을 위한 가치 있는 목적이 있어야 한다. 학생들이 어떤 활동을 즐긴다고 해서 그것을 하기 위해서 반복에 빠져들게 하거나 그 반복을 하지 않아 잘못하면 벌을 받기 때문에 어쩔 수 없이 계속 반복하게 해서는 안 된다. 훈련은 기억해야 할 정도로 충분히 중요한 사실이나 확립되어야 할 습관을 형성하는 것이나 혹은 필요한 기술을 발전시키는 것을 바탕으로 시행되어야 한다. 목적을 결정하는 데에는 학생들이 숙달해야 하는 기술의 완벽성의 정도와 습관의 고정화 정도 및 어느 정도로 사실을 이해하고 기억해야 하는가를 고려해야 한다.

둘째, 학생은 훈련의 목적과 마찬가지로 그 과정을 이해해야 한다. 학생의 전체 학습에 결코 통합되지 않는 의미 없는 기계적 학습과 고립된 세부사항의 숙달을 위해 소비된 시간은 낭비된 시간보다 더 나쁘다. 과정의 단계들은 연습이 시작되기 전에 학생들에 의하여 철저히 숙지되어야 한다. 학생의 경험과 관계없는 형식적인 훈련은 학습에 거의 효과가 없다.

셋째, 학생이 연습할 내용을 배우고자 하는 갈망을 지니고 있어야 한다. 아무리 어린 학생들이라 할지라도 연습의 필요성을 알아 자발적으로 그 연습에 임하거나 연습의 향상을 위해 도움을 요구한다. 모든 일에 있어서, 배우고자 하는 의도는 아주 중요하다. 학생이 이러한 유형의 활동에 관심을 결여하고 있으면, 그 학생은 잘 연습할 수가 없을 것이다. 훈련을 하도록 유발하는 몇 가지 방안은 다음과 같다.

(1) 학생이 체계적인 연습의 필요성을 알게 한다.
(2) 불필요한 연습은 전혀 요구하지 않는다.

(3) 처음에는 도달 기준을 낮게 설정한다.
(4) 우선 일의 가장 재미있는 부분부터 먼저 연습시킨다.
(5) 절차에 따라 다양한 장치들을 따로 사용한다.
(6) 연습시간을 비교적 짧게 유지한다.
(7) 그 성과가 나중에 응용될 수 있는 상황에서 연습하도록 한다.
(8) 가능하면 수동적으로 보고 듣는 것보다 능동적인 활동들을 제공한다.
(9) 각 개인이 자기 필요로 하는 양만큼의 연습을 하도록 한다.
(10) 학생들이 자기가 향상되고 있음을 알 수 있도록 한다.
(11) 일에 대한 흥미와 열정을 확실히 하는 것 등이다.

넷째, 학생이 요구되는 능률, 즉 어떠한 숙달이 기대되는가를 알아야 한다. 그는 자신의 잘못을 잘 분석하고 그것들을 바로 공격할 수 있기 위해서 연습의 목표를 가지고 있어야 한다. 훈련의 결과는 훈련의 활동보다 더 중요하다. 각각의 훈련의 부분들은 단위적인 단계에 적용되어야 한다. 반복이 한 묶음의 요소들을 반복하는 것이어서는 안된다. 반복은 학생이 특수한 과제를 성취하는 데 있어서 이행 단계마다 그 정점에 도달하면서 향상되어 갈 때, 전체 상황의 구조적인 양상이 점진적으로 발달하는 것이어야 한다.

다섯째, 훈련은 즐거운 활동이어야 한다. 종종 연습이나 훈련이 마치 피로를 초래하는 것처럼 보이기도 한다. 그런데, 사실 그러한 피로는 피로가 아니라 지겨움이다. 훈련이 지겨움을 주느냐 안 주느냐는 본질적으로 훈련을 어떻게 수행하는가에 달려 있다.

의미 있는 내용에 연결될 때에는, 어떤 성과를 가져오기 위한 연습이 학생에 있어서 바로 목적과 동일시된다. 정상적인 사람은 누구나 자기가 가치 있게 여기는 일을 연습하는 데에 만족을 발견한다. 연습은 학생들이 그 자체에 있어서 가치 있는 즐거운 성취를 실현할 수 있도록 마련되어야 한다. 권태로움을 피하기 위한 방안은 다음과 같이 첨가될 수 있겠다.

(1) 접근을 생생하게 하는 것.
(2) 훈련시간을 짧게 유지하는 것.
(3) 집단이 참가하는 활동에 밀접하게 연결된 일종의 게임으로서 짧은 훈련을 실시하는 것.

(4) 훈련을 구술 퀴즈, 경쟁적인 작업, 현장수학여행 등과 같은 흥미 있는 것과 연관시키는 것.
(5) 가능하면 시각적 교재와 도표로 된 자료들을 사용하는 것.
(6) 자유롭게 분별력 있게 칭찬하는 것.
(7) 그리고 자부심을 향상시키는 것 등이 그것이다.

여섯째, 훈련은 진단에 따른 것이어야 하며 개별적인 일이어야 한다. 연습을 필요로 하지 않는 학생이 훈련받아서는 안 된다. 연습사항들의 구성과 연습기간의 조정은 개개의 학생들이 스스로 일할 수 있고, 자기 자신의 성취 수준을 발견할 수 있고, 자기가 약한 부분을 훈련하는 데에 시간을 보낼 수 있도록 하는 것이어야 한다. 개인적인 욕구에 대한 배려 없이 훈련을 실시하는 것은 관심의 부족과 권태를 야기시킨다. 왜냐하면, 그럴 경우에는 어떤 학생들은 그 연습사항에 대해 준비가 되어 있지 못하기 때문이다. 진단을 통하여, 교사는 학생이 필요로 하는 것이 무엇인가를 결정해야 하며, 학생이 그 필요에 따라 일할 수 있도록 해야 한다.

일곱 번째, 연습은 바르게 수행되어야 한다. 잘못된 연습은 잘못된 결과를 가져오기 때문에 바른 출발이 중요하다. 오류는 올바른 반응과 마찬가지로 쉽게 고착된다. 오류와 생략은 처음에 나타날 때 유의해야 한다. 교사는 올바른 반응이 확립될 때까지 모든 연습을 가까이서 감독해야 한다. 다른 기술이 시작되기 전에 하나의 기술이 발전되어야 한다. 정확성이 달성될 때까지 속도가 강조되어서는 안 된다. 전면에 드러난 특수한 어려움은 그것이 정복될 때까지 충분하게 훈련되어야 한다.

여덟 번째, 학생들은 초과학습을 하도록 고무되어야 한다. 즉, 기억과 자료를 환기하거나 한 행동을 성공적으로 수행하는 단순한 능력 이상으로 연습을 계속할 수 있도록 해야 한다. 그렇지 않으면 연습될 것이 학습에 지속적인 기여를 하기가 쉽지 않다. 계획된 연습시간들은 지속적인 보존을 위해 필요한 정도의 초과학습을 위한 효과적인 방편이다.

아홉 번째, 훈련은 보통 연습기간을 집중적인 응용이 가능할 정도로 충분히 짧게 정할 때에 그 효과에 있어서 더욱 유리하다. 기간이 길 때에는 학생들이 지루해 하고, 피곤하고, 무관심해진다. 보통 각 5분씩 여섯 단계로 하는 것이 각 15분씩 두 단계로 하거나 30분씩 한 단계로 하는 것보다 좋다.

열 번째, 주어진 한 부류의 기술이나 습관 및 자료들에 대한 훈련활동이 너무 간헐적이어서는 안 된다. 새로운 자료에 대한 매일 매일의 훈련이 권장할 만하다. 처음에는 하루에 두 세 번씩 해야만 하고, 어느 정도 익숙해지고 능숙해지면 간격도 늘어날 수 있고 훈련시간도 줄어들 수 있다.

열한 번째, 훈련의 성과들, 즉 사실이나 습관 혹은 기술 등은 가능한 한 빨리 기능적으로 활용되어야 한다. 암기와 습득이 학습의 형식들이긴 하지만 가장 중요한 형식은 아니다. 그러한 형식의 학습이 진전되는 동안, 학습자에게서 연상적인 내용이 형성되고 연관된 내용들이 조성되고 변화가 일어난다. 초기 단계에서는, 읽기 학습에서 두 음절 사이의 경우나 덧셈과 뺄셈에 있어서의 합계를 내는 경우나 자동차를 운전하는 기술을 배우는 경우와 같이, 학습은 행위에서의 단순한 연상과 연관 및 변화를 포함한다. 그런, 섬세한 외과 수술을 실시하는 기술을 발전시키는 경우나, 수학을 사고체계로서 활용할 경우나, 인간을 경영하는 경우나, 음악에서 걸작을 만드는 경우에 포함되는 행위에서는 학습이 더욱 복잡한 변화를 포함한다. 인간은 어떠한 성격을 지닌 행동을 하든지 간에 학습의 성과를 연속적으로 더욱 광범하고 더욱 의미 있는 양식으로 함께 가져감으로써, 갈수록 더욱 복잡한 행동을 수행할 수 있게 된다. 학습경험의 성과를 기능적으로 활동한다는 것은 학습을 체계화하고 통합하는데 있어서 중요한 수단이 된다.

본 장에서 논의되어야 할 마지막 교수법은 복습이다. 훈련과 복습은 어떤 점에 있어서는 비슷하지만 그 성격은 동일하지 않다. 훈련 자체는 첫 번째의 학습에서 있었던 자료나 행위를 반복하는 것이다. 그것의 본질적인 목적은 자동적이며 정확한 반응을 하도록 하는 것이다. 반복으로서의 복습은 자체 내에 훈련의 요소를 지닌다. 그러나, 복습은 아마도 훈련과는 아주 다르다 할 수 있을 것이다. 복습은 첫 번 학습이 이루어진 후에 경험을 재조정하고 통합하는 데에 포함된 활동이다. 그것은 앞서 학습된 사실과 기술을 그저 반복하는 것이 아니라 그것들을 다시 조명하는 것이다. 복습이란 전체 경험을 통일시키면서 새로운 이해와 새로운 관련을 가져오는 다른 상황에서 앞선 학습경험의 결과를 새롭게 조명하는 것이다.

훈련과 마찬가지로, 복습은 아마도 교수 자체만큼이나 오래 되었을 것이다. 또한 훈련과 마찬가지로, 복습도 역시 교수실제에 있어서 많이 남용되어 왔다. 그럼에도 불구하고, 복습 절차는 학습을 의미 있는 유형으로 통일시키는 큰 잠재력이다. 복습의 독특한 목적들 중에서 다음 몇 가지를 간단하게 열거함으로써 교수와 학습에 있어서의 복습의 가치를 지적할 수 있겠다.

(1) 학습된 자료와 활동들을 마음에 새기는 것. 이것은 보다 작은 목적이긴 하지

만 복습에서 얻을 수 있는 더욱 중요한 성과에 연관해서 볼 때 한 가치이다.

(2) 내용 전체의 다양한 요소들 간의 크게 중요한 관련을 파악하게 하는 것. 개개의 단원, 개개의 활동, 개개의 단위, 개개의 문제, 내용의 개개의 단편 등은 앞서 있었던 것과 나중에 있을 것으로부터 고립되어 있는 경향이 있다. 복습은 전체에 대한 더 나은 이해를 위하여 부분들을 더 광범위한 영역으로 함께 가져가는 데에 기여한다.

(3) 학습의 성과들을 더욱 지속적으로 하는 것. 고립된 사실들과 관련이 없는 경험들 및 활용되지 않은 행위양식들은 시간이 지남에 따라 사라지기 쉽다. 그러나 그것들이 복습에서 통합되고 응용되면 다른 내용들과의 연관과 구성을 통하여 더욱 지속적인 의미를 띠게 된다.

(4) 경험을 해석하는 시각을 제공하는 것. 일련의 주제들을 수업과정에 따라 차례차례 공부하는 사람은 그가 그 모든 주제들을 상호간의 연관과 그것들이 속해 있는 전체 단위에 비추어 조명하기까지는 그 주제들의 상대적인 가치를 깨닫지 못하기 쉽다. 그러한 시각은 이미 탐구된 주제들의 상대적인 가치를 평가하는 데에 도움이 될 뿐만 아니라 새로운 단위나 주제들의 연구를 위한 보다 만족스러운 기반을 제공한다.

(5) 학생의 결점을 진단하는 것. 좋은 복습은 학생이 그 원인이 무엇이든지 간에 어디에서 숙달에 실패했으며 탐구에의 통찰을 발전시키지 못했는가를 보여준다.

(6) 교사의 실패의 원인들을 조명하는 것. 교사가 학생들을 도와주는데 있어서 실패할 수 있는 길은 여러 가지가 있다. 복습은 교사가 적당하게 동기부여를 못했다거나, 부적절한 지도를 했다거나, 충분하게 혹은 적절하게 자료를 제공하지 못했다거나, 명백한 설명을 못했다거나, 좋은 안내 역할을 못했다거나 하는 등의 사실들을 드러낼 수가 있다.

(7) 학습된 내용에 대한 새로운 관심을 창조하는 것. 복습은 학생들에게 그들이 배운 것의 가치를 보여주고 완성된 일의 단편적인 내용을 생각에서 제외해 버리는 태도를 방지하게 하는데 기여할 수 있다.

단위에 따라 교수가 이루어지는 곳에서는 한 단위가 완결될 때 복습이 곧 뒤따르는 것이 좋다. 때때로, 앞의 단위를 복습하는 것은 새로운 단위를 연구하는 기반을 조성하는 데에 필요하다. 부과된 자료를 정규적으로 암기하는 것이 규칙으로 되어 있는 경우에는, 앞선 수업내용에 대한 복습이 수업시간의 초두에 올 수가 있다.

이러한 경우의 복습은 배운 것을 상기시키고 그것을 현재의 학습과 연관시키는 데에 기여한다. 또한, 그것은 앞서 받았던 인상을 심화시키고 그 내용의 요소들을 적절하게 연결시키는 데에 도움이 된다. 암기하고 난 뒤 마지막으로 다시 복습하는 것은 자료들을 더욱 밀접하게 연관시키는 일에 도움이 된다. 복습은 어떠한 시간적 간격을 두고 이루어지는 일에 대해서도 마찬가지로 적용된다. 즉, 한 달이나 일사분기, 혹은 한 학기나 일년의 시간적 단위를 지닌 일에 대해서도 마찬가지로 적용되는 것이다. 간헐적인 체계적 복습을 위해서는 준비가 있어야 한다.

복습의 목적들을 성취하기 위해서는 복습이 선택적이어야 한다. 학급에 있었던 모든 일을 복습에 가져가는 것은 아니다. 몇 가지 중요한 생각들과 그 구체적 단원들을 중심으로 하여야 한다. 복습은, 학생들이 각기 다른 시간과 다른 맥락에서 획득한 자료와 학습을 상호보완하고 연관시키도록 자극한다는 성격을 지니고 있다. 복습은 흥미 있는 일이어야 함에도 불구하고, 그것이 그저 이전의 자료들을 단순히 개조하는 것에 그치면 그러하지 못할 것이다. 잘 구성된 복습은 학생들 입장에서 흥미를 자극할 수 있는 자료의 새로운 취급방식을 포함한다. 학생들에게 자극이 되는 흥미 있는 경험들을 제공하는 복습의 기교를 사용하는 것은 교사의 임무이다. 놀이와 경연들이 사용될 수도 있지만, 내적인 흥미가 최선의 것이며 그러한 흥미는 명철한 교사에 의해 유발될 수 있다.

자극적인 복습은 그저 이루어지지 않는다. 그것은 상당한 사고와 세심한 계획을 필요로 한다. 그것은 어려운 교수 절차이다. 왜냐하면, 어떠한 두 상황도 비슷할 수 없기 때문이다. 복습에는 비판적인 평가와 해석 및 통합이 포함되어 있다. 그러나, 이것들이 쉬운 일들은 아니다. 모든 좋은 복습은 특수한 목적을 한 가지씩 지니고 있다. 지적이며 세밀한 계획에 의해서만 이러한 목적을 성취하기 위한 절차가 형성될 수 있다.

복습의 기교는 자의적인 규칙의 그 어떠한 것에 의해서도 지배되지 않는다. 어떠한 유형의 복습은 어떤 분야의 학습에 대해서 다른 어떤 유형의 복습보다 더 잘 적용된다. 복습의 목적에 따라 사용하기에 가장 적절한 복습의 유형이 다소 결정된다. 또한 일반적인 지도법이 결정적인 요인이기도 하다. 복습의 기교와 가치의 점검은 그것이 학생들이 그들의 학습경험들을 재구성하고 통합하는 데에 어느 정도로 도움이 되느냐에 따라 이루어진다.

문제식 복습은 그러한 학습가치들을 실험하는데 대한 많은 가능성들을 제공한다. 그것은 대부분의 학습 분야들과 거의 대부분의 교수법에 활용될 수 있다. 용어가 암시하듯이 이 유형의 복습은 복습할 자료들을 사용하여 문제를 해결하는 것으로 구성된다. 내용은 새로운 관심을 중심으로 연결시키는데 필요한 데도 불구하고, 앞의 학습에서 제시되지 않았던 문제를 내어 시험하는 것은 학생들이 그들의 학습을 통합적으로 검토하는 것을 지원하는 효과적인 방편일 수가 있다. 문제가 학생들의 경험을 되새기도록 진술될 수도 있다. 이때, 되새기도록 하는 경험은 물론이고 한참 앞선 분야의 단위들의 연구에서 얻었던 경험도 포함된다.

공부한 내용을 복습하는 데에는 개요의 준비나 도표 요약이 도움이 될 수 있다. 이러한 유형의 복습은 분명히 개인에 의해 가장 잘 수행될 수 있다. 이러한 유형의 한계 한 가지는 개요를 기계적으로 작성함으로써 학생이 복습되고 있는 내용에 관해서 생각하는 것보다 과제에 대하여 더 많이 생각하게 되는 결과를 가져올 위험이 있다는 사실이다. 이러한 유형의 복습은 적절히 사용되면 학생이 자신의 학습을 평가하고 구성하고 통합하고 통일시키는 것을 자극하는 탁월한 수단이 된다.

연구한 자료들을 다시 세심하게 읽어보는 것도 복습을 위한 기반으로서 기여할 수 있다. 그러한 읽기는 학생들이 연구할 때에 미리 파악하지 못한 것들을 알게 하는데 도움이 될 수 있다. 만약에 크고 작은 논점들을 선정하는 것과 내용의 여러 단위들간의 관계를 분별하는 것과 내용을 뒷받침하는 통일성을 이해하는데 있어서 학생들을 잘 지도한다면, 그들은 이러한 다시 읽는 것으로부터 유용한 이해를 얻게 될 것이다. 또한 어떤 단원들에 대한 폭넓은 이해를 얻기 위하여 보충적으로 읽는 것이 행해질 수 있다.

몇 가지의 사회화된 절차들이 복습의 목적들에 활용될 수 있다. 학생들이 성과 있게 참여하는 데에는 여러 다른 방안들이 사용될 수 있다. 이러한 방안들 중의 한 가지가 내용에 입각하여 한 학생이 질문을 하게 하고 다른 학생으로 하여금 대답하게 하는 것이다. 그리고는 이제 대답한 학생이 질문하게 하고 질문했던 학생이 대답할 수 있게 한다. 이러한 방식으로 내용이 모두 다 다루어질 때까지 질문을 계속한다. 분명히 이러한 방안은 한계를 지니고 있다. 그러나 이것은 학생들의 관심을 증가시키고 질문들을 발견하고 대답하도록 자극할 수 있다. 잘 계획된 공개 토론회에의 참여는 효과를 가져올 수 있는 사회화된 절차의 또 다른 유형이다. 그들이 공부한 것을 집단적으로 토론하는 것이다. 사회자가 주된 논점들을 제기함으로써 토론을 시작한다. 이러한 유형의 복습은, 교사와 학생들이 공동으로 세심하고 철저하게 구성하여 모든 참가자들이 자신의 위치를 알게 하고 내용의 모든 단원들을 충분하고 적절하게 고찰하게 함으로써 학생들의 통일된 학습을 잘 향상시킨다.

세 번째 유형의 사회화된 복습은 협력적인 복습이다. 여기에서는 교사와 학생들 모두가 자유롭게 참여하는 일방적인 토론을 주고받음으로써 복습이 이루어진다. 이것의 주된 이점은 사회적인 사고를 자극하고 상호교환한다는 것이다. 만약에 각자가 문제에 정확하게 접근하고 참된 사고를 한다면, 이 유형의 복습은 질문을 하고 대답하는 것의 기초로서 완전할 수 있고 효과적일 수 있다.

또 다른 여러 유형의 복습들이 있겠으나 마지막으로 한 가지만 더 고찰하는 것으로 만족해야만 하겠다. 그것은 독립적인 일을 부과하는 것이다. 이러한 숙제의 부과는 한 가지 중요한 특성을 제외하고는 다른 목적으로 행해지는 일의 부과와 다를 바가 없다. 그 한 가지 중요한 특성이란, 복습을 위한 숙제의 부과는 앞서 공부한 내용을 재구성하고 새로운 학습 상황에 그 학습의 성과를 적용하는 것을 수반해야 한다는 것이다. 만약에 부과된 일이 학습 성과의 새로운 구성을 포함하지 않는다면, 복습은 형식적인 훈련에 불과하다. 여러 훈련들은 학생들이 그러한 훈련에서 기대할 바가 무엇인가를 바로 이해하고 앞의 연구에서 채용된 것과는 다른 절차과정이 있어야 한다는 것을 인식할 수 있도록 이끌어져야 한다. 숙제 부과에는 여러 유형들이 있을 수 있다. 가장 효과적인 복습 절차를 위한 숙제의 부과는 아마 다음과 같은 몇 가지가 있을 것이다.

(1) 독창적으로 연구된 내용을 요약하도록 하는 것.
(2) 자료들을 평가하는 것.
(3) 자료들에 관한 질문에 답하도록 하는 것.
(4) 도표, 지도, 그림 및 통계도표들을 작성하게 하는 것.
(5) 구술적인 혹은 기술적(記述的)인 보고를 준비시키는 것.

제22장 **학습평가**

　평가란 대상이나 상황 혹은 경험의 가치를 판단하는 것이다. 이것은 생활 속에서 항상 이루어지고 있는 과정이다. 사람은 물건을 살 때마다 그가 구입하고자 하는 물건에 대하여 현금을 그냥 그대로 지님으로써 얻을 수 있는 만족보다 그 가치가 더 큰가, 혹은 다른 물건을 사는 것보다 그 가치가 더 큰가를 판단한다. 우리는 강의를 들으러 가느냐, 아니면 교회에 예배를 드리러 가느냐, 혹은 음악회에나 파티에 참석하느냐 등을 선택한다. 이는 우리가 선택한 행동의 기능이 다른 행동보다 그 가치가 더 클 것이라고 판정하기 때문이다. 그렇지 않으면 우연히 아무렇게나 행동하는 것이 될 것이다. 우리는 편지를 쓸 것인가 아니면 책을 읽을 것인가를 결정할 때, 우리는 결정된 활동의 가치가 같은 시간에 다른 방식으로 활동하는 것보다 더 크다고 판단한다.

　우리가 행하는 모든 것들은 자기 자신과 다른 사람들 둘 다에 의해 평가된다. 각자는 자기의 생각 속에서 대상이나 작업 혹은 활동의 상대적인 가치를 저울질하고 그것이 자신에 대해 어떠한 가치를 지니는가를 결정한다. 이때, 우리는 우리에게 올 것이라고 인정되거나 바라는 만족과 중요시하는 것이 우리의 목적을 성취하는 데에 도움이 되는 정도, 그리고 실제적이거나 예시적으로 다른 사람들에게 미치는 영향을 고려하여 이러한 결정을 내린다. 우리가 우리 자신의 작업과 활동을 판정하는 동안, 보통 이러한 것들은 우리 주의에 있는 사람들에 의해서 평가되고 있다. 평가가 어느 때에 누구에 의해서 행해지든지 간에, 사실들은 재검토되고 해석되며 결론들은 판단의 기준이나 표준에 따라 이루어진다. 이러한 일이 없이는 어떠한 판정이나 평가도 성립될 수 없다.

  평가는 모든 교수-학습 상황에서, 그 상황이 생활 가운데서 어떻게 전개되든지 간에 연속적으로 이루어진다. 평가는 교수가 막 시작되어 학습목적을 설정하려고 할 때 특히 중요하다. 평가는 선택이 있을 때마다 이루어진다. 평가가 없이는 학습활동의 계획이나 수행을 위한 기반을 전혀 얻을 수가 없다. 또한, 교사도 학생들도 수행되고 있는 일의 가치를 깨닫지 못할 것이다. 그러므로, 그들은 학습을 완성하기 위하여 어떻게 그들의 계획과 일을 계속해 나갈까 하고서 당황하게 될 것이다.

  교수와 학습이 완성되고 나면, 학생들이 습관과 기술과 태도와 이상을 형성하는데 있어서 얼마나 많이 그리고 어느 정도로 잘 수행하였는가를 확인하기 위하여 평가를 필요로 한다. 평가의 결과는 앞으로 어떠한 학습이 필요한가를 결정하는 기반이 된다. 평가 결과들은 오류를 수정하고, 절차를 개선하고, 새로운 통찰을 발전시키고, 역량과 욕구에 맞도록 내용을 더 잘 조정하기 위해 무엇을 해야 할 것인가에 대해 교사와 학생들에게 정보를 제공한다. 평가는 교수-학습과정 전체에 있어서 상존하는 것이며 생활과 발달의 전체과정의 한 부분이다.

  평가의 목적은 학습과 성장을 향상시키는 것이다. 그것은 보고서에 기입하기 위한 점수를 얻기 위한 것도 아니며 학생이 자신의 과제를 수행하고 있는가의 여부를 확인하기 위한 것도 아니다. 또한 평가의 목적이 학생의 일을 체크하거나 학생들을 편성하거나 진급하는 데에 기반을 제공하는 것이 아니다. 평가의 참된 목적은 활동들이 교수나 학습의 목표들을 향한 성장을 어느 정도로 이루었는가를 발견하는 것이다. 본질적으로 그리고 근본적으로 볼 때, 평가는 학생이 학습하고 성장하는 동안 그 개개의 학생을 효과적으로 지도하는데 사용될 수 있는 유익한 정보를 획득하기 위하여 행해지는 연속적인 사정(査定)의 과정이다. 행위의 만족도를 판단하는 표준은 학습자체를 통하여 강화된다. 그런데, 이러한 표준에 의거하여 행위가 학습자에게 더욱더 만족스럽게 되는 상황이라면 그 어떠한 장소라 할지라도 학습은 성립되는 것이다.

  모든 학생들이 자기 자신과 자기 동료들에 의해 설정된 표준들에 따라 계속적으로 활동들을 평가하고 있는 반면에, 교사들은 자신들이 모든 평가를 한다고 생각하기 쉽다. 그러므로 평가란 학습과 교수 모두에 불가분리적으로 결합되어 있다 하겠다. 획득으로서의 학습은 교사를 권위에 있어서 지고하게 한다. 교사의 권위는 무엇을 학습시킬 것인가 어떻게 학습시킬 것인가, 언제 학습시킬 것인가, 그리고 만족스럽게 학습되고 있는가의 여부에 대한 책임에서 성립한다. 평가는 교사가 학생들의 수행 사항들에 대해 점검하고 측정하는 일이다. 성장으로서의 학습은 학생들과 교사가 학습활동들의 관리에 대해 함께 책임을 지도록 한다. 교사는 학생들과 함께 모든 활동들을 계획하고 실행하고 평가하는 지도자이고 보조자이다. 이리하여 학생이 자신이 바람직하다고 여기는 목표를 성취하기 위한 자신의 과정을 판정하고자 하는 불가피한 경향은 학생 자신의 학습의 성공과 의미충실을 증가시키는 데 사용된다. 교사는 평가 절차들을 자기 자신에 의해서만 사용되는 어떠한 것으로서 자신의 노력의 결과들을 판정하는데 있어서 계속적으로 더욱 자기 지도적으로 되는 것과 자신의 학습의 진보를 판정하는 데에 계속적으로 더욱 좋은 수단들을 사용하는 것을 돕는다.

1. 평가의 유형과 대리자 및 프로그램

학습과 교수에 대한 참된 평가는 결코 단순한 일이 아니다. 그것은 실제적인 지식의 양과 발달된 기술들의 수, 그리고 완성된 활동의 범위에 관한 단순한 측정보다 훨씬 더 많은 것을 포함한다. 교수의 목적은 학생의 행위를 바람직하게 변화시키는 것이다. 평가는 이러한 변화의 양과 방향 및 비율을 결정하는데 쓰이는 수단이다. 단순하게 말하면, 이는 학습평가에 있어서 학생이 중심이 된다는 것을 의미한다. 그러나 교수는 학생들에게서 바람직한 변화를 가져오는 상황을 마련해 주는 일이다. 간단하게 말하자면, 교수와 학습은 그야말로 한 과정이긴 하나 한 활동의 두 측면인 것이다. 그러므로 평가는 학습을 통하여 생겨난 변화의 성격과 정도뿐만 아니라 교수의 과제들과 교수 방법의 효과에 대한 판정을 포함한다.

평가는 당연히 다음 사항의 모든 것들에 대해 개별적으로 관계를 가져야 한다.

(1) 학습의 모든 영역, 즉 신체적, 지적, 정서적, 개인적, 사회적, 도덕적, 영적 등, 모든 영역의 학습에서부터 성립되는 과제들.
(2) 비공식적인 관찰과 주관적인 판단 및 객관적인 측정에 의해 획득한 자료.
(3) 마지막 시험뿐 아니라 다소 비형식적인 간격으로 실시되는 시험의 결과들.
(4) 그리고 공식적인 교수의 결과에 의한 것이 아니라 일반적으로 학생의 생활에서 확증되는 정보 등에 관계해야만 한다.

평가활동을 수행하는데 있어서는, 학생이 하나의 완전한 유기적인 단위라는 사실과 항상 한 단위로서 기능한다는 사실을 염두에 둘 필요가 있다. 신체발달이나 정신발달 및 다른 측면의 발달은 단지 총체적인 통일태의 양상들에 불과하다. 학생의 모든 행동들은 총체적인 유기조직에 의해 지배된다. 그러므로 완전한 평가를 하는 데에는 광범위한 기초 연구가 요구된다. 평가 활동은 학생의 총체적인 경험 및 총체적인 환경만큼이나 광범위해야 한다.

교사가 평가적으로 가져야 하는 최초의 관심은 그의 가르침이 학생이 가장 바람직한 방식으로 발달하는 데에 어느 정도로 효과적으로 도움이 되었는가에 대한 것이다. 이러한 효과를 잘 평가하기 위해서는 학생의 관심과 욕구와 능력 및 태도에 대한 이해, 학생이 자신의 학습경험을 통하여 이룬 학습 및 성장의 질에 관한 지식, 그리고 보충적인 도움에 대한 학생의 요구 등이 필요하다. 교사가 가져야 하는 또 하나의 관심은 자기 자신과 효율적으로 가르치는 법을 어느 정도로 발달시켰는가에 대한 것이다. 좋은 교사는 자기가 성공한 정도를 비판적으로 판단하고 개선해야 할 사항들을 분석하면서, 학생들의 성장은 물론 자기 자신의 성장을 계속적으로 평가한다. 이러한 부류의 교사는 언제나 평가의 의미를 캐내는 사람이며, 학생들이 자기 평가를 할 수 있도록 하는 기교에 대해 더욱 완전하게 이해하려 하는 사람이며, 집단 평가에 있어서 학생들을 잘 지도하고자 노력하는 지도자이며, 학생들의 활동을 평가하는 기술을 개발하는 사람이며 그리고 자기 자신의 교수법을 분별력 있게 평가하는 사람이다.

평가에는 두 가지의 일반적인 유형이 있다. 하나는 일상적이며 친숙하고 쉬우나 체계적이지 못한 것이며, 다른 하나는 정규적이고 규칙적이며 체계적인 것이다. 전자는 개개인 자신과 동료들 혹은 집단에 속해 있지 않은 누군가에 의해 내려진 단순하고 본질상 우연적인 판단들로 구성된다. 후자는 질서 잡힌 방법론적 방식으로 평가가 구체적으로 의식적인 일일 때에 행해진다. 이는 평가를 목적으로 하는 절차와 기교의 활용에 대해 훈련받은 사람에 의해 잘 수행될 수 있다. 이러한 절차와 기교에는 검사, 시험, 등급 평가, 명부 점검, 앙케이트, 바이오그램, 주제별 활동 기록부, 소시오그램, 생활기록부 등의 장치들이 포함된다.

일상적인 익숙한 평가는 자유롭고 용이함으로써 협조적인 활동을 고무시킨다. 개인적인 관심, 사고, 목적 그리고 표현에는 어떠한 장애도 없다. 일상적인 평가가, 평가를 위해 구체적으로 별도의 고려함이 없이 그저 우연히 행해짐으로써, 활동을 수정하고 그 방향을 재조정하는 것이 현명한 상황에서 직접적이며 자발적으로 활용될 수 있다. 일상적인 평가는 학생들을 부당하게 비교하여 열등감이나 당혹감 혹은 좌절감을 느끼지 않도록 한다는 점에서 학생들 간에 건전한 관계를 유지시킨다. 이것은 때때로 집단적인 작업에 응용될 수도 있지만 대체로 개인적인 작업에 연관하여 활용된다.

정돈된 체계적인 평가는 외적인 권위를 형성하며 집단 내에서 수행된 성취의 차이에서 비롯되는 표준에 근거한다. 그것은 주관적이라기보다는 객관적이다. 그곳에는 사적인 것은 아무것도 없다. 개인의 일이 자기 자신에 의해서나 동료들에 의해서 평가되지 않는다. 이 평가방법은 한 개인의 성취를, 마찬가지로 공식적인 평가에 속한 일을 한 다른 사람들의 성취와 비교하며 성취의 질적인 정도를 미세하게 구분한다. 이것은 개개인의 학생들의 능력이나 관심의 다양성이나 이것을 사용함으로써 학생들에게 미칠 수 있는 가능적인 영향에 대해 거의 주의를 기울이지 않는다. 본질적으로 이 평가는 판정한다기보다는 측정하는 경향이 있다. 그런 점에서는 학습과 성장으로부터 다소 유리된 평가 방법이다. 분명히 이러한 평가는 바람직한 학습활동을 자극하고 진작시키는 데에는 거의 가치가 없다.

평가는 측정보다 훨씬 광범위한 방법이다. 측정은 수적이나 양적인 용어로 표현될 수 있는 것들에 한정된다. 그 자체에서 볼 때 측정은 비판적인 판단을 사용하기 위한 기반을 전혀 제공하지 않으며, 학습과 성장에 있어서 가장 큰 가치를 지닌 느낌과 태도 그리고 가치관과 같은 주관적인 요소들을 판단하기 위한 수단도 제공하지 않는다. 평가는 적절한 자료에 많이 의존한다. 그러나 그것의 근본적인 관심은 목적과 가치 및 목표에 관계된 일에 있다. 측정이 지식과 기술에 역점을 두는 데에서 발전된 반면에, 평가는 가치와 가치화에 강조점을 둔다. 지성과 성취에 대한 측정이 유용한 것은 틀림없다. 그러나 그 유용성은 측정된 특수한 일에 연관된 것을 넘어설 수는 없다. 지성과 성취에 대한 검사로써 측정되지 않는 발달의 측면들이 있는 것이다. 창의성과 자기 신뢰, 발명의 재간과 독창성, 이해와 평가, 태도와 이상, 그리고 다른 사람들과 조화롭게 일할 수 있는 능력 등은 지성과 학문적인 성취만큼이나 중요한 것들이다. 이러한 것들은 이제껏 고안된 어떠한 측정 기교에 의해서는 판정될 수 없다.

평가는 모든 상황의 모든 시간에 이루어지며 또한 검사에서 얻은 결과들을 이용한다. 측정도 검사의 결과를 사용하지만 정기적이다. 평가는 주관적이며 개인적이다. 측정은 객관적이며 일반적이다. 평가는 인간적이며 변화 가능하다. 측정은 기계적이며 고정적이다. 평가는 학습자의 내적인 조건들에 주의를 기울인다. 측정은 점수와 성적 및 공적과 같은 외적인 것들을 강조한다. 평가는 태도, 느낌, 정서 그리고 가치를 고려한다. 측정은 지식, 기술 그리고 습관에 관심을 집중시킨다. 평가는 사실과 기술 그리고 경험에 의미가 있을 때에만 중요시한다. 측정은 사실과 기술들을 그 자체에 있어서 중요한 것으로서 강조한다. 평가는 건전한 협동을 장려한다. 측정은 불건전한 경쟁을 자극한다. 평가는 상태와 과정에 영향을 미치는 원인들에 관심을 지향한다. 측정은 학생의 현재 상태에 관계한다.

본 장의 초두에서 말한 바와 같이 모든 사람들은 계속적으로 자기 자신과 자기 주위의 사람들의 활동과 심지어 목적까지도 평가한다. 평가의 질은 판단하는 사람에게 달려 있다. 분명히, 우리들의 대부분은 어떤 일의 가치를 평가하는 데에는 좋은 자질을 갖추고 있으나, 어떤 다른 일을 정당하게 판단하는 데에는 충분한 배경을 가지고 있지 않다. 물론, 모든 개개인은 자기 자신의 행동이 그 일을 하는데 있어서 자기와 연관된 사람들에 의해 평가되지 않는다 하더라도 자기는 자신의 행동을 평가해야 한다. 또한, 우리들 각자는 자기 자신의 성장뿐만 아니라 자기가 속한 집단의 구성원들의 발달도 평가할 수 있는 기술을 획득할 책임이 있다. 젊은이들의 성장과 발달을 평가하는 기능을 가진 대리자에는 네 부류가 있는 것 같다.

첫째, 외부적인 권위에 의한 평가가 있다. 부모, 친척, 교사, 친구, 이웃, 상인 등 학생이 접촉하는 모든 사람들이 그 학생의 행동에 대한 판단을 내린다. 학생이 어릴수록 그는 더욱 더 외부적인 권위에 의해서만 평가받는 대상이 된다. 유년의 어린이는 그보다 나이 많은 사람들이 그에 대해 설정해 놓은 가치의 표준을 의문 없이 받아들이는 경향이 있다. 만약에 어린이가 정상적으로 발육하면 그는 일찍이 자기 자신의 표준들을 형성하면서, 자랄수록 점점 더 자기 지도적으로 변한다. 학생이 자기 평가의 능력을 증강하도록 하고 외부적인 권위에 의한 평가에 덜 의존하도록 지도하는 것이 교사의 책임이다.

두 번째의 평가 대리자는 자기가 속한 사회집단의 구성원들이다. 즉, 자기의 연령이나 성숙도에 있는 사람들이다. 어린이는 자라면서 자기 연령에 있는 사람들의 존재를 더욱 더 깨닫게 되고, 그들에 의한 판단에 더욱 더 종속된다. 사춘기 초기에는 동료들의 판단이 어떤 다른 사람들의 판단보다 그 자신에게 더 많은 것을 의미한다. 일생에 있어서 이때에, 사람은 외부적인 권위에 대한 의존에서 벗어나게 되지만, 그가 자신할 수 있는 자기 평가의 표준들을 아직 개발하지 못하고 있다. 그러므로 그는 자기가 신뢰하는 자기 또래의 태도와 의견에서 가치를 발견한다. 학생들은 성인들이 일반적으로 인식하고 있는 시기보다 더 일찍이 자기 자신의 노력을 비판할 수가 있다. 아주 어린 학생이리 할지라도 자기의 일이 행해지고 있는 동안이나 완료되고 난 뒤에 개선해야 할 점이 무엇인가를 확인하기 위하여 자기의 일을 검토하도록 인도될 수도 있다. 학생들이 그들 자신의 기량에 대한 태도에 있어서 비판적일 수 있다는 것은 건전한 일이다. 그러한 태도는 교사가 실시할 수 있는 어떠한 검사보다 더 나은 일을 하게 하는데 더욱 더 자극적이다.

활동에 대해 실제적인 관심과 실현된 욕구와 개인적인 목표에 비추어 자기 평가적인 것은 성장과 발달에 대해 큰 도움이 된다. 그것은 학생이 성장할수록 증가되어야 한다. 사춘기가 끝날 쯤에는 자신의 동료들에 의한 평가에 현저하게 의존해서는 안되며, 비교적 외부적인 권위에 의한 평가의 필요성도 거의 느끼지 않도록 해야 한다. 교수의 주된 목적은 정확하게 자기를 평가할 수 있는 개인의 능력을 발달시키는 것이다. 그러므로, 효율적인 교수는 학생들이 올바르게 자기를 판정하는 능력을 키워나가는 것을 돕는 일을 포함한다.

마지막으로, 평가가 최선의 결과를 가져오기 위해서는 협동적인 작업이어야 한다. 판단 받는 사람이나 집단의 욕구나 목적에 대한 고려가 없이, 어떤 사람이나 어떤 집단이 다른 어떤 사람이나 다른 어떤 집단을 판정하는 일 이상의 아무것도 아니라고 할 때, 그것은 크게 잘못 생각된 것이다. 삶 자체가 그렇듯이, 사람들은 서로 도움이 되고 협조적인 관계를 맺으면서 함께 살아야만 하며, 따라서 공통된 활동들을 평가하는 과정에서도 함께 해야 한다. 이는 사람들이 활동의 과제나 목표의 가치에 대하여 목표를 달성하기 위해 필요한 활동들의 가치에 대하여, 그리고 따라야 할 절차의 적절함에 대하여 함께 결정해야 함을 의미한다. 각자가 다른 사람들에 대해 반응하고 다른 사람들과 함께 협조하는 역량을 키워가면서, 또한 그들은 집단적 평가를 함께 더욱더 잘 할 수 있게 된다. 효율적인 교수는 정확하게 자기를 평가할 수 있을 뿐만 아니라 공통적으로 받아들여지는 교제들에 연관하여 집단적 작업의 가치를 잘 판단하는데 있어서 자기 동료들과 함께 협조할 수 있는 성인을 길러낸다.

이 단원을 결론짓는데 있어서 건전한 평가의 프로그램의 주된 특징들을 간단하게 제시하는 것이 좋을 것이다.

(1) 평가절차들은 교수의 모든 과제들과 좋은 균형을 유지하여야 한다. 하나의 과제도 무시될 수 없으며 다른 과제가 과도하게 강조될 수도 없다. 평가는 받아들일 만한 가치가 있다고 여겨지는 모든 과제들과 조화를 이루어야 한다.

(2) 학생 개개인은 과제들을 선정하고 판단하는데 있어서, 절차들을 결정하는데

있어서, 그리고 결과를 해석하는데 있어서 나름대로의 역할을 지닌다. 학생 개개인이 자기 자신의 일을 평가하고 집단적 평가에 있어서 협조적이어야 한다는 사실은 아주 중요하다.

(3) 평가는 월말이나 사분기 말 혹은 학기말이나 연말에 단 한번의 시험으로 완성되는 무엇이 아니라 연속적인 과정으로서 인식된다. 학생들에게서의 변화는 수년을 기간으로 하여 생기며 이러한 변화의 기록은 수년간에 걸친 많은 판정들의 결과를 포함하는 누적적인 기록부의 형식으로 개개의 학생들을 따라다닌다.

(4) 평가는 자의적으로 기간에 맞추어 각기 독립적으로 이루어지는 것이 아니라 날마다, 심지어는 시간마다, 혹은 더 자주 이루어지면서 교수-학습과정에 불가분리적으로 연결되어 있다.

(5) 과제들에 대한 진술이 특수해야 한다고 인식된다. 학생에게 기대되는 규정적인 일들을 이해하고 행하는 것은 학생과 교사 모두에게 도움이 된다. 평가의 입장에서 보면, 과제가 출발점이 된다. 과제는 특수하게 설정됨으로써 그 세부 사항들도 명백하게 밝혀질 수 있어야 한다.

(6) 평가의 수단은 시험과 등급판정과 목록의 점검에 한정되어 있지 않고 많이 다양하다. 그러한 수단에는 평가를 위한 자료들을 수집하는 모든 적절한 유형의 것들이 포함된다.

(7) 시험의 결과의 가치는 기능적인 것으로 인식된다. 다양한 측정의 기교는 도움이 되는 정보를 제공할 수 있다. 그러나, 이 정보는 교수의 과제와 학생들의 성숙도에 맞는 표준에 비추어서 해석되어야 한다.

(8) 평가는 포괄적이다. 그것은 단순하게 객관적으로 계산되거나 측정될 수 있는 성과만 포함하는 것이 아니라 모든 중요한 성과들을 포함한다. 태도와 이상과 같이 손으로 만질 수 없는 것들도 사실과 기술과 같은 손으로 만질 수 있는 것과 마찬가지로 중요한 위치를 차지한다.

(9) 기도하는 바는 학생이 자신의 능력과 관심에 맞는 목적에 연관하여, 행한 것에 대해 평가함으로써 성장을 측정하자는 것이다.

(10) 평가의 순서에 사용되는 절차와 기교는 학습과 성장을 향상시킨다. 건전한 순서에는 효과에 있어서 정당하지 못하고 잘못 판단되고 파괴적이거나 인격에 해롭거나 최선의 교육적 가치를 파괴하는 평가 절차가 차지할 자리는 결코 없다.

2. 협동적인 평가에 대한 학생지도

앞에서 언급된 바와 같이 집단이 협동적인 평가에 가담할 때 최선의 결과가 준비된다. 이러한 류의 평가는 용이하지 않다. 계획과 절차, 일반화의 형성 그리고 변화와 성장에 대한 증거가 지니는 비중에 대한 판정은 단순하지 않은 기술을 요구한다. 학생들은 잘 지도된 실행을 통하여서만 개별적이거나 집단적인 행동에 대해 계획하는 것과 집단의 가치가 실현되고 있는가를 결정하는 것, 또는 그러한 집단적인 가치가 다른 가치를 위하여 보류되어야 하는가의 여부를 결정하는 것을 배울 수가 있다. 평가의 기술을 획득하기 위해서는 학생들이 평가의 기반과 평가에 사용되는 기교 모두를 결정하는데 함께 참여하여야 한다. 모든 학생들은 그들의 진보를 판정하는 일에 확실히 흥미 있게 참여하게 함으로써, 교사는 성취감의 발전과 목표들을 학생들에게 주지시키는 일에 성공할 수 있다.

협동적인 평가를 발전시키기 위해서는, 교사가 학생들의 처지에서 시작해야 한다. 평가활동에 있어서, 어떤 학생들은 많은 경험을 가지고 있고 또 어떤 학생들은 적은 경험을 가지고 있을 것이다. 스스로 선택하고 판단할 기회를 상당하게 경험한 사람들은 그들이 사용해 본적이 없는 절차에 대해서도 익숙해질 수 있고, 그들이 사용해 본 적이 있는 절차를 바탕으로 도움을 얻을 수도 있다. 경험이 없는 사람들은 단순한 판단이나 사용하기에 쉬운 기교들로써 시작해야 한다. 행동적인 평가가 학생들의 학습에 어느 정도로 도움이 되느냐 하는 것은 주로 집단의 구성원들이 지니고 있는 평가의 능력 수준에 맞추어 그 집단에게 행해지는 지도에 달려 있다.

또한 학생들이 교사를 심판자나 과제의 분배자로서가 아니라 친구나 협조자, 그리고 리더로서 간주하는 것은 근본적으로 핵심이 된다. 처음에는, 좋은 친분을 확립하기 위하여 교사가 너무 건전하지 못한 것이 아니라면 학생들의 판단을 받아들이는 것이 득책이 될 수 있다. 다른 조건이 동일하다면, 학생들이 판정하기에 너무 어려운 일에 대한 판단을 요구하지 않으면 학생들은 교사에게나 판단하는 자기의 능력에 대해 자신감을 갖게 될 것이다. 학생들은 건전하지 못하고 불확실한 판정에서, 보다 건전하고 정확한 평가에로 옮겨갈 수 있도록 지도될 수 있다.

모든 평가에 있어서는, 과제나 목표가 고려의 대상으로 설정되어야 한다. 분명히, 어떠한 집단이 그 구성원들의 능력과 이해의 수준에 적합한 과제를 지녀야 한다. 학생들이 어릴수록, 목표는 더욱 직접적이고 더욱 구체적이어야 한다. 나이 많은 학생들은 광범위하고 보다 주관적인 목표를 생각할 수 있다. 그러나, 집단의 목표는 달성하기에 가능해야 하며 관심에 비추어 보아 의미가 있어야 하며 구성원들의 능력과 욕구에 적용될 수 있어야 한다. 어떤 목표들은 한 가지 문제에만 적용될 수 있는가 하면, 어떤 목표들은 잠시 동안 집단에 관계하기도 하고, 또 다른 어떤 목표들은 장기간에 걸쳐 지속되기도 한다. 학생들이 과제와 목표를 설정하는데 있어서 함께 참여하지 않으면, 그들은 그들의 진보를 평가하는 일에 능동적으로 개입할 수도 없고 개입할 의사도 전혀 생기지 않는다.

활동의 과제와 이러한 과제를 성취하기 위한 일반적인 계획에 대해 명확하게 이해하기 위해서는 학급의 그 자체를 사회적 집단으로서 알 수 있어야 한다. 집단 내의 올바른 관계와 목표와 진보의 평가를 지향한 일에 대해 학생들이 책임을 지는데 있어서, 공통된 관심 하에서의 집단적인 통일성이 있어야 한다. 집단에 지도자들을 둠으로써 생겨나는 영향은 다른 학생들의 행동을 지도하는 데에 강력한 요인이 된다. 이러한 영향을 이용함으로써, 교사는 협동적인 평가의 보다 확실한 성공을 기할 수가 있다. 또한 교사는 집단에 의해 이미 성취된 특수한 목표에 주의를 기울임으로써 앞으로의 노력을 자극할 수 있다. 만약에 교사가 참된 협동과 진실된 우정의 정신으로 재치 있게 이끌어 가면 집단은 구성원들이 집단의 과정을 평가하는 일에 참으로 함께 참여하고 있음을 인식할 것이다. 이러한 사실에 대한 확신은 그 자체로서 평가에 대한 자극이 된다.

집단은 자기 자신의 진보를 평가하는데 사용할 절차와 기교를 결정해야 한다. 이것들은 간단해야 한다. 집단적 평가에 활용될 수 있는 좋은 기교에는 다음과 같은 것들이 있다.

(1) 목표, 활동, 평가 기준, 행한 일의 질적인 측면, 원인의 결정, 개선 방안 그리고 다음에 해야 할 일 등에 관한 일반적인 집단적 토론.
(2) 등급과 자질과 이것들이 적절하게 적용되는가를 기록해 놓은 명부를 집단적으로 사용하는 것.
(3) 비판적인 반응을 겸한 실제로 행한 일에 대한 집단적 분석.
(4) 그리고 검사의 결과와 성취도의 측정을 사실의 해석과 평가기준의 적용을 위한 출발점으로써 집단적으로 사용하는 것 등이 바로 그것들이다.

협동적 평가의 많은 부분은 학생 개개인의 일에 대한 평가와 관계된다. 장점과 단점에 대한 고찰과 함께 집단의 성취도를 시험한다는 것은 불가피하게 십난을 ㅜ

성하는 개개인의 기여도에 대해 판단하게 한다. 잘 지도하기 위해서는 교사가 다음과 같은 방향으로 학생들을 도와야 할 것이다.

(1) 민감한 학생들이 다른 학생들의 비판을 원망하지 않고 받아들이도록 고무하는 것.
(2) 학생들을 파괴적이지 않고 건설적으로 비판할 수 있도록 지도하는 것.
(3) 집단에 의해 배척받는 학생들에 대하여 너무 많은 비판을 가하지 않도록 하는 것.
(4) 지도 학생들과 모든 학생들이 선호하는 학생들의 일에 대하여 정당한 비판이 부족하지 않도록 지도하는 것.
(5) 집단이 다소 능력이 부족한 학생들에 의하여 이루어진 조그마한 소득에 대해서도 그 진가를 인정하도록 지도하는 것.
(6) 많이 공헌할 수 없는 학생들에게 자신감을 길러주는 것
(7) 학생들이 건전하고 균형 잡힌 판단을 내리는 능력을 개발하는 것을 돕는 것.
(8) 그리고 집단 행동에 대한 적절한 표준을 세우는데 있어서 학생들과 함께 일하는 것.

3. 평가의 계속적인 활용

평가를 계속적으로 활용할 수 있도록 지도하는 것이 아주 필요하다. 모든 개개의 학생들은 그가 지도를 받고 있든지, 받고 있지 않든지 간에 자신의 진보를 계속적으로 평가한다. 그는 모든 경험과 모든 학습단계를 옳을 수도 있고 옳지 않을 수도 있는 자기 자신의 표준에 따라 판단한다. 따라서 그가 내리는 판단의 질은 좋을 수도 있고 좋지 않을 수도 있다.

적어도 두 가지 이유 때문에 모든 학생들은 평가지도를 받아야 한다. 첫째, 평가는 학생이 그의 일생을 통하여 사용하게 될 과정이다. 그가 평가를 잘 하면 할수록 그는 세상에서의 자기 위치를 효과적으로 만족시킬 수 있다. 둘째, 평가는 효과적인 학습에 대해 본질적인 과정이다. 과거의 경험에 대한 평가는 새로운 상황에 대처하고 새로운 문제들을 해결하기 위하여 준비하는 기반으로서 필요하다. 평가는 절차의 개선을 가능하게 하며 선택에 대하여 검사를 가능하게 하며 그리하여 실수의 반복을 방지할 수 있게 한다. 평가는 학생들이 개인들로서 그리고 집단으로서

자기 지도를 발전시키는 데에 도움이 된다. 학생이 적절한 평가에 참여하지 않고서는 그의 학습이 쉽게 요약되고 일반화되고 통합되지 않으며, 가치가 쉽게 시험되지 않으며, 그리고 성공과 실패에 대한 정확한 이해와 상대적인 균형을 쉽게 취할 수가 없다. 평가가 이루어지기 전에는 학습이 사실 완료된 것이 아니다.

과제나 목표는 평가를 위한 출발점이다. 과제는 실현되거나 성취할 수 있는 그 무엇이다. 그것은 연습을 하거나 활동에 참여하거나 문제를 해결하거나 어떤 요구에 응하는 것이 아니다. 과제는 거의 즉시 성취되어야 할 소 목표일 수도 있고, 성취하는 데에 수 주일이나 수개월의 노력을 필요로 하는 장기적인 목표일 수도 있다. 정상적인 모든 학생들은 자기 나름대로의 목표를 가지고 있다. 이러한 목표들은 학습목적에 아주 부합하거나 적절한 목표를 발전시키는 출발점이 될 수도 있다. 어쨌든, 학생이 성취하고자 일할 책임을 느끼며 그가 알 수 있고 이해할 수 있는 과제가 있어야 한다. 학생이 지니고 있는 그에게 가치 있는 과제를 성취하고자 하는 의욕의 힘은 그의 평가활동의 질에 많은 영향을 미친다. 학생이 지니는 표준의 수준과 학생이 자기 자신의 적합한 목적을 받아들이고 올바른 목표를 설정하는 것을 돕는 한 가지 방법은 현재 그에게 문제가 되고 있는 것으로써 시작하는 것이다. 또 다른 한 가지의 방법은 그의 개인적인 관심과 활동을 통하여 접근하도록 하는 것이다. 또한 그가 얻고자 하거나 실행하고자 하는 것을 통하여 접근이 이루어질 수도 있다. 교사와 학생간의 관계가 좋을 때에는 교사가 학생들이 자유롭고 공감적인 토론을 통하여 그들의 문제를 이해하고 그 문제를 해결하기 위한 방법을 모색하는 것을 지도할 수가 있다. 문제 자체에 대한 건설적인 분석과 고려하고 있는 각각의 해결 방법에 대한 비판적인 평가는 당연히 토론의 일부분이 될 것이다. 비슷한 방식으로 교사는 학생들이 바라고 있는 목표를 성취하거나 원하는 것을 얻기 위하여 자신의 관심을 향상시킬 수 있는 최선의 방법을 선택하거나 계획을 세우는 일을 지도할 수 있다. 모든 학습이 학습자 편에서의 활동을 포함한다는 원리는 모든 학습의 다른 측면에 적용되는 것처럼 평가과정에도 적용된다. 학생은 그가 계획과 실행과 평가를 통하여 자신의 경험을 재구성할 때 배운다. 목표들이 자기 자신의 것이어야 할 뿐만 아니라, 학생은 자신의 목표를 향한 자신의 과정을 판단하며 이러한 과정을 성취하면서 따라야 할 절차를 평가하는 것에 책임을 느껴야 한다. 기계적으로 행해야 할 일을 기계적으로 배당하고 공부 내용을 선택하는 교사는 적절한 평가에서 이득을 얻는 학생들을 지도하고자 하지 않을 것이다. 그리고 학습의 절차와 성과가 학습자 자신에 의해 잘 평가되기까지는 학습이 완료된 것이 아니다. 학습자는 자기가 한 일의 최종적인 성과뿐만 아니라, 그가 학습하는 동안 이루어놓은 갖가지의 결과들을 확인해야 한다.

분명히 평가가 과제의 완성에 유익하긴 하나 평가가 그것만을 위하여 이루어진다고 생각하는 것은 일종의 실수이다. 평가는 그 결과가 유익한 학습과정의 모든 측면에 사용되어야 한다. 교사가 학생들이 평가하는 것을 도울 수 있는 한 가지 방법은 그들이 이루어지고 있는 일을 어떻게 느끼는가에 대해 토론하고 그들의 계획과 절차들을 판정하는 것을 지도하는 것이다. 학생들에게 다음과 같은 질문에 임하게 하는 것은 그들이 그들의 일에 대해 계속적으로 평가할 필요성을 확인하는 데에 도움이 된다.

(1) 우리는 좋은 일을 하고 있는가?
(2) 어떠한 절차가 더 올바른 것이었는가?
(3) 어떠한 절차가 그처럼 좋지 않았는가?
(4) 무엇이 우리를 가장 많이 방해하였는가?
(5) 어디에서 우리는 실패하였는가?
(6) 어디에서 우리는 성공하였는가?
(7) 우리의 계획을 어떤 방식으로 변경해야 했는가?
(8) 어떤 방법으로 우리는 우리가 하고 있는 일을 개선할 수 있었는가?

분명한 것은 학생의 성숙도가 효율적인 평가에 있어서의 역량의 한계를 결정한다는 사실이다. 학생이 어리고 경험이 없을수록 능력과 성취사이의 관계를 이해하고 다른 사람들에 의하여 성취된 결과와 비교하여 그가 성취할 수 있는 일의 질을 측정하는 일에 힘들게 된다. 그러나 정상적인 학생은 누구나 자기의 발달 정도에 비추어 다음과 같은 사항들에 연관된 자신의 성장을 판단하는 일에 가담할 수 있다.

(1) 다른 사람들과의 바람직한 관계를 이해하고 실행하는 것.
(2) 개인적인 자질을 발견하고 발전시키는 것.
(3) 비판적인 사고의 습관을 개발하는 것.
(4) 가치 있는 활동의 진가를 인정하고 그러한 활동을 바라는 것.
(5) 지식과 기술을 공통적으로 통합하는 능력을 획득하는 것.

(6) 건전한 신체와 정상적인 정신적 태도를 발전시키는 것.
(7) 그리고 도덕적이며 영적인 이상을 이해하고 성취하는 것.

모든 평가는 성취의 과제와 기준 혹은 표준에 맞추어 진행된다. 외견상으로는 세 가지의 일반적인 표준이 있다. 즉, 절대적인 완성, 다른 사람들이 한 일에 대한 상대적으로 본 성과, 그리고 개인의 능력을 기반으로 한 성과 등, 세 가지가 있다. 규칙을 반복한다거나 단어를 외운다거나 역사의 연대를 제시하는 것과 같은 학습 단계들에는 절대적인 완성이라는 표준이 쉽게 적용된다. 논문을 작성한다거나 생각을 표현한다거나 혹은 태도를 판단하는 등의 영역에서는 성취의 측정이 정확하고 구체적일 수가 없다. 일반적으로, 완성의 표준은 학생이 자기에게 요구되는 것에 어느 정도로 잘 반응하는가에 달려 있다. 이는 집단 내의 몇몇 학생들만 높은 평가를 얻는다는 것을 의미한다.

표준화된 검사가 활용될 때에는, 절대적인 완성의 기준 대신에 집단의 평균적이거나 중간적인 성과가 적용된다. 즉, 학생 개인이 다른 학생들과 상대적으로 판단된다. 정상적인 확률의 곡선이 학생들을 성취도에 따라 분류하는 기초가 된다. 상대적인 성과의 표준을 엄격하게 적용하는 것은 그 효과에 있어서 절대적인 완성의 표준을 사용하는 것과 마찬가지로 나쁘다. 우선, 중간 이하에 대해서는 악평이 따르고 중간 이상에 대해서는 시기가 따른다. 둘째로, 개인이 무시된다. 즉, 통계적인 장치에 연관하여 개인에게 자의적인 입장이 주어진다. 셋째로, 정상 곡선의 실제적인 가치는 실천적이기보다는 이론적이다. 그것이 아주 광범한 수의 사람들에 대해 표준화되지 않은 도구에 의해 소수의 학생들에게 적용될 때에는 신빙성을 지니지 않는다.

어떠한 적절한 평가 프로그램에서든 개인과 그 가치가 제일 먼저 고려되어야 한다. 정상적인 모든 사람들은 삶에 다소의 기여를 할 수가 있다. 즉, 참된 표준에 의해 측정될 경우에는 "소용없거나 비천한 것이라곤 아무것도 없다." 인위적이며 부자연스러운 기반을 설정하는 대신에, 각자가 자신의 특정한 능력과 재능으로써 무엇을 할 수 있는가에 대한 인식이 있어야 한다. 쟈니와 메리가 절대적인 완성의 표준에 도달하거나, 쟈니와 메리가 어느 한 경우라도 도달하지 않으면 실패한 것이라는 불치의 의식으로써 그들이 집단의 다른 학생들에 비교하여 어느 정도로 잘하였는가를 판단하는 것이 문제가 아니다. 정작 중요한 문제는 그들이 그들의 성장역량에 비교하여 어느 정도로 성장하였는가, 그들이 그들 자신의 목적에 연관하여 무엇을 배웠는가, 그들이 그들의 환경에 얼마나 잘 적응하였는가, 그들의 욕구가 어느 정도로 충분히 만족되었는가, 그리고 그들이 모든 사람의 복지를 위하여 어느 정도로 기여할 수 있는가 하는 것들이다.

학생들은 서로 다르며 개개인이 이룬 다양한 수준의 성취들은 각기 참된 가치를 지니고 있다는 인식, 학생 개개인을 한 인격체로서 진정으로 존중하는 것, 모든 학생들에게서 건전한 인격의 발달을 향상시켜야 한다는 필요성, 그리고 성장이란 학생 개개인이 그들이 소유하고 있는 능력에 따라 적절한 진보를 이루었을 때 만족스러운 것이라는 인식 등, 이 모든 것들은 유능한 교사가 연속적인 평가과정에서 학생들을 지도할 때에 염두에 두어야 할 것들이다.

4. 학생들이 평가 기교를 사용하는 것을 돕는 것

평가는 과거적이다. 그러나 평가는 아마도 과거보다 훨씬 더 위대한 미래에 관계될 것이다. 이전의 교수 결과에 대한 평가의 목적은 학생들에게 주어질 성적을 결정하고 그들을 향상시키고 분류하기 위한 기초로서의 정보를 획득하는 것이었다. 그리고 평가를 하는 유일한 담당자는 교사라고 인식되었다. 즉, 학생들은 평가에 아무런 역할도 하지 않았던 것이다. 검사와 시험이 정보를 얻기 위해 사용되었던 주된 수단이었다.

이러한 생각들이 아직도 너무 많이 퍼져 있긴 하지만, 오늘날에는 학생의 전체적인 발달을 체계적으로 판정하는 과정으로서의 평가를 강조하고 있다. 실제적인 내용학습에서의 성취를 측정하는 일에 우선적으로 관심을 두고 있는 현행의 기교들은 전적으로 부적합하다는 인식이 점점 더 확대되고 있다. 이러한 부적합성을 확신하고 있는 많은 전문가들은 개개의 소년 소녀들이 어느 정도로 성장하였으며 어떠한 방면으로 발달하였는가를 결정하기 위한 수단을 강구하고 있다. 몇 년이 지나면 현재의 측정 도구를 개선하는데 많은 진전이 있을 것이며 학습과 성장의 과정을 평가하는 새로운 방법들이 개발될 것으로 기대되고 있다. 유능한 교사는 학급에서 유용한 최선의 도구를 계속 선택하여 활용한다.

최근의 평가에서의 발달로서는, 평가가 학습과 불가분리적이며 학습자가 자신의 학습을 평가하는 과정에 능동적으로 한 몫을 담당해야 한다는 인식이 있다. 앞으로 이러한 생각에 아주 강한 역점을 둘 것이라는 사실은 거의 의심할 여지가 없다. 그러므로, 학습자들이 학습을 효율적으로 평가하는 것을 돕고자 하는 교사는 많은 평가 기교들을 학생들에게 가르쳐야 한다. 이러한 기교들은 다양한 성과들을 평가하는 데에 적절하게 사용할 수 있도록 학생들을 지도해야 한다는 문제를 지닌다.

평가 기교들은 달성할 목표로서 받아들여지는 목적에 관련하여 발달되어야 한다. 그리고 그것들은 교수-학습활동들과 조화를 이루어야 한다. 평가 과정에서 준수되어야 하는 순서는 목적과 절차 그리고 기교들이 어떻게 상호 의존하는가를 보여준다. 첫째, 학습의 목적이나 과제는 명료하고 구체적으로 명시되어야 한다. 그렇지 않으면 평가할 것이 아무것도 없게 된다. 둘째, 과제는 일반적인 행위보다는 특수한 학생의 행위에 관한 용어로써 표현되어야 한다. 셋째, 학생의 행위를 측정하는 데에 적합한 도구는 선택적으로 사용되어야 한다. 넷째, 측정을 통하여 수집된 증거는 과제에 관련하여 연구되고 해석되며 판단되어야 한다. 즉, 학생이 과제를 어느 정도로 수행하였는가가 결정되어야 한다. 다섯째, 교수와 학습에서의 절차는 평가결과에 비추어 수정됨으로써 과제에 대하여 더 나은 진전이 이루어질 수 있도록 해야 한다.

평가가 기계적으로 행해져서는 안 된다. 평가는 교사에게나 학생에게 있어서 무의미한 절차가 되어서는 안 된다. 평가의 목적 중 한 가지는 학습과 성장을 진작시킨다는 것이다. 평가에는 측정이 포함되어 있다. 그러나 평가란 측정보다 훨씬 이상의 것이다. 측정의 주된 도구인 검사는 교실에서의 여러 좋은 용도를 지닌다. 그러나, 검사는 평가의 수단이라기보다는 교수와 학습의 성과를 평가하기 위하여 자료를 얻는 수단이라 할 것이다. 검사가 학생의 행위를 측정하는데 적절한 도구가 될 수는 있다. 그러나, 검사를 올바르게 사용하고자 한다면, 검사에서 얻은 결과들이 학생 개개인의 성장과 발달에 연관되어 탐구되고 해석되고 평가되어야만 한다.

오늘날 출판되는 검사용지들은 거의 모든 양상이 생활과 모든 분야의 학습에 대해 사용할 수 있다. 그것들은 세 가지 일반적인 명칭으로 분류될 수 있다. 즉, 능력 혹은 지능검사와 표준화된 성취도 검사와 인격발달의 측정이 바로 그것이다. 출판되는 검사용지 외에 대부분의 교사들은 학생들의 성취도를 측정하고 학생들의 진보를 결정하기 위하여 그들 나름대로의 검사용지를 만들어 쓴다.

검사용지를 만들고 채점하고 해석하는 바로 그것이 공부가 된다. 개개의 유형의 검사들은 나름대로 각각의 분석을 요구한다. 검사는 본질적으로 교사의 일이다. 그러나 학생들이 검사에 대해 바른 태도를 가지게 하고 그 결과들을 정확하고 유익하게 적용하는 것은 교사의 임무이다. 검사와 결과가 인격에 해를 끼치는 차별대우의 기반이 아니라고 할 때, 학생들은 검사를 치르는 것을 즐겨야만 하며 사실 즐기는 것이다. 공평하고 객관적이며 독특한 검사는 학생들이 싫어하지 않는다. 모든 검사의 점수는 학생들에게 의미 있는 용어로써 번역되어야 하며, 성공과 실패에 대한 해석이 있어야 하며, 그리고 개선책과 앞으로의 지도를 위한 방안이 개발되어야 한다. 단적으로 말해서, 학생이 측정에서 자신의 학습을 개선하는 데에 가치 있게 사용할 수 있는 도구를 발견해야 한다. 평가에서 집단적으로 협동하는 문제를 다룬 단원에서, 집단적 평가를 위한 기교들을 열거했고 아울러 학생들이 그것들을 잘 사용하도록 지도하는 방안도 제시되었다. 개인적 평가나 집단적 평가에 사용될 수 있는 또 다른 평가 기교에는 다음과 같은 것이 있다. 일기 관찰, 작업, 표본 등급 평가, 명부점검, 연대 표본, 자술서, 투사장치, 최근의 성취와 이전의 성취의 기록의 비교, 역사, 일화집, 충족되어야 할 욕구의 목록, 수립된 계획과 행해진 일의 비교, 성취된 결과와 설정된 과제의 비교, 교사가 지니고 있는 평가 기록서의 연구, 극복되어야 하는 결점들의 목록작성, 시간을 정하여 노력하는데 있어서 자신과 타인의 행위에 대한 관찰, 자서전적 보고서, 바이오그램, 소시오그램, 일지 등이 바로 그것들이다. 학생들은 이러한 평가기교들을 특정한 기교의 성격에 입각하여 활용하는데 있어서 분명히 도움을 필요로 할 것이다.

마지막으로, 지적할 것은 좋은 평가는 시간을 필요로 한다는 사실이다. 평가는 여타의 할 일이 아무것도 없을 때에만 효율적으로 행해질 수 있는 것이 아니다. 평가활동을 위해서는 규정된 시간이 있어야 한다. 학생이 평가를 하기 위해서는 적절할 시간을 가져야 한다. 학생은 일기, 진술서, 등급평가 그리고 명부 점검과 같은 평가적인 기교를 사용할 때에 서두르거나 혹은 다른 일에 관계하게 되면, 주의 깊게 생각하거나 철저하게 일할 수가 없다. 교사는 학생들과 회합하는 시간을 가져야 한다. 평가의 중요성은 활동의 순서에서 평가가 구체적인 위치를 차지하는 것을 정당화한다.

평가가 그러한 위치를 차지하지 못할 때 그리고 평가는 남은 시간에 행할 것이라고 기대할 때 그 결과는 대체로 평가가 아예 행해지지 않거나 행해지더라도 형편없이 행해진다는 것이다. 현명한 교사는 평가를 위한 정규시간을 마련함으로써 교수-학습 활동에서 너무나 중요한 이 평가의 측면이 무시당하는 것을 방지한다.

5. 기독교 학습의 평가

기독교 교수는 모든 교수들과 마찬가지로 학습과정을 통하여 영향을 받아 이루어진 변화에 관심을 둔다. 만약에 학생이 이전 그대로 변하지 않고 있다면, 기독교 교수의 효과는 전혀 없는 셈이 된다. 학생에게서 아무런 변화도 일어나지 않을 경우에는 아무런 교수도 행해진 것이 아니다. 기독교 교사는 학생들에게서 어떤 변화를 일으키고자 한다. 그는 그의 설정된 목적을 성취하기에 적합하다고 여겨지는 자료와 방법들을 활용한다.

성과에 대한 평가는 그것이 여느 다른 학습과 교수에서 한 부분을 차지하는 것처럼, 기독교 교수와 학습에서도 한 부분을 차지한다. 예수님은 "너희가 그것들의 열매를 보고 그것들을 알리라"고 당신 스스로 말씀하셨다. 이는 모든 기독교 교수의 최종적인 시금석이다. 성경이나 일반 풍습은 성과에 대한 고찰이 없는 활동을 강조하지 않는다. 유능한 기독교 교사는 자기가 지시하는 학습과정에서 선한 것이 나오리라고 함부로 바라지 않는다. 또한 그는 그의 학생들이 그들 자신에 의해 고안된 판단의 기준에 의거하여 평가하면서 일하도록 내버려두지 않는다. 대신에 그는 우의 있고 상호 부조적인 관계 안에서 그들과 함께 생활하고 일함으로써 학생들이 그들의 학습을 잘 평가하도록 지도한다.

물론, 만약에 교수가 내용 중심적이라면 평가는 학생이 검사에서 기억할 수 있는 성경이나 다른 자료들의 양을 측정하는 일 이외의 아무것도 아닐 것이다. 그러한 교수는 학생들이 구두시험이나 에세이, 진위 문답, 선다형 시험 및 단성형 시험과 같이 표본을 기초로 하여 구성되는 서술시험에서 제시한 정답의 숫자에서 교수 성공의 척도를 얻는다. 그러나, 효율적인 기독교 교수는 가르친 내용적 지식보다 훨씬 더 복합적인 과제를 지닌다. 효율적인 기독교 교수는 어떤 종류의 경험, 태도, 가치, 동기, 충실함 그리고 행동 등을 발전시키고자 한다. 그리하여 평가는 보다 복잡하고 포괄적인 과정이 된다.

기독교 교수가 진정으로 효과적일 때에는 배우는 사람들의 생활에서 다음과 같은 성과를 가져온다.

(1) 하나님, 그리스도, 죄, 구원, 그리고 그리스도인의 경배와 품행과 일에 관하여 명백한 생각과 바른 태도를 지니고서, 예수 그리스도를 구주로 영접하는 믿음을 통하여 하나님에 대해 개인적이며 체험적인 지식을 갖는 것.

(2) 성경내용에 접하되 그저 실제적인 지식으로서가 아니라 실제적인 일상생활의 빛과 지침으로서 좋은 지식을 얻는 것.

(3) 하나님의 시각에서 옳고 그름을 구분하고 기독교 원리와 세상적인 욕심을

구분하고 기독교적인 사랑과 애욕적인 태도를 구분하는 것을 포함하는 기독교적 생활을 영위하는 것이 의미하는 바에 대한 이해.

(4) 그리스도와 교회와 동료 그리스도인들에게 대한 의무를 수행함과 아울러 기독교적 친교의 의미와 실제에 대한 이해.

(5) 그리스도의 구속하시는 사랑에 관한 메시지를 모든 사람들에게 전하는 일에 실제로 참가하여 증거할 필요성에 대한 인식.

분명히, 기독교 학습의 평가는 쉬운 일이 아니다. 시 한편을 잘 학습하였는가를 알기 위해서는 그저 암송하는 것만으로 충분할 수도 있다. 또한 요리기술을 평가하고자 한다면, 마련된 음식을 맛보는 것만 필요할 것이다. 그러나, 기독교적 체험의 깊이나 개인적인 생활에서 성경을 활용하는 정도를 어떻게 평가할 수 있는가? 물론, 최종적인 검사는 생활 자체이다. 모든 교수의 최종적인 검사기준은 그 교수의 영향을 받아 배출된 사람이 어떠한 사람인가 하는 것이다. 기독교 교수의 검사기준은 그것이 기독교적인 사람들을 만들어내느냐의 여부이다.

그러나, 평가는 생활하는 상황에서의 성과를 기다리지 않으며 기다릴 수도 없다. 우리는 우리의 일상적인 활동에서 개인의 수행 능력을 평가한다. 즉, 이미 언급된 바와 같이, 어떤 종류의 평가는 학습과정에 내재되어 있다. 더군다나 학생들이 성인 남녀로 이미 성장한 후에, 그들의 교수-학습 활동에서 개선이 이루어질 수 있었다는 사실을 배운다는 것은 너무 늦다. 그럴 때에 우리는 다른 방법으로 그 일을 다시 시작할 수는 없다. 그러므로, 우리가 주일마다 우리가 행한 일을 점검함으로써 모든 성공적인 측면은 그 방향으로 새로운 노력에 이어가고, 모든 실패의 측면은 가능한 한 빨리 고쳐나가는 것이야말로 불가피한 임무이다. 평가에 내재해 있는 목적은 교사와 학생 모두가 학습 노력의 방향이 어느 정도로 효율적인가를 발견함으로써 새로운 학습이 이미 행한 것을 바탕으로 삼을 수 있도록 하는 것이다. 평가는 학생이 현재 행하고 있는 일의 방향을 정하는데 도움이 되며 학생이 현재 하고 있는 노력에 방향을 제시해 준다.

기독교 교수는 "사람들이 기독교적 신앙생활 안에서 살아가며 성장할 수 있도록 행동"을 지도하는 것이라고 정의되어 왔다. 우리가 가질 수 있는 모든 지식은 신앙에 따라 함께 결합된다. 그리스도가 모든 생활의 중심이며, 기독교 교사는 그리스도 안에 함께 결합되어 있다. 기독교 교사의 정신은 지식이 그리스도에게서 마무리된다는 것이다. 교사의 목적이 그저 성경을 제시해 주는 것이 아니다. 그것도 중요하다. 그러나, 더욱 중요한 것은 교사가 그리스도를 전한다는 것이다. 이러한 점에 있어서 교사에게서 기독교적인 특징이 최고인 것이다.

그리스도에게 인도되는 학생들은 지도와 가르침을 필요로 한다. 중생은 성장되어야 할 새로운 성경의 시작을 나타낸다. 기독교적 신앙생활은 많은 유형의 활동들로 이루어진 하나의 체계이다. 각각의 활동들은 학생의 전 인격을 포함한다. 어떠한 활동들은 지적인 측면이 강하고, 어떠한 활동들은 감정적인 측면이 우선하고 그리고 또 다른 어떤 활동들은 본질적으로 의지적인 것들이다. 그러나, 전적으로 지적이거나 감정적이거나 혹은 의지적인 활동은 아무것도 없다. 전 인격적인 존재로서의 학생은 통합적인 방식으로 가능한 한 단위로서 생각하고, 느끼고, 뜻하는 것이다.

기독교 교수를 통한 변화는 전 인격을 포함하는 사고와 느낌과 말과 행동에서의 변화이다. 학습하는 학생은 이전의 활동을 제거하거나 최소한 그러한 활동의 수행을 감소시킨다. 그는 다소 새로운 활동을 시작하거나 적어도 이전의 활동의 실행을 증가시킨다. 그는 다소 새로운 활동을 시작하거나 적어도 이전의 활동의 실행을 증가시킨다. 그리고 그에게서 일어난 변화는 교수와 학습의 과제를 성취하는 중에 성장에 도움이 된다.

교사와 학생 모두는 그들의 작업 결과에 대한 객관적인 자료를 이용함으로써 평가 과정에서 도움을 얻을 수 있다. 함부로 생각하거나, 피상적인 판단에 의존하거나, 편견이나 선호하는 것을 따르거나, 혹은 추측하여 진보를 지적하거나 성취를 측정하는 것은 충분하지 않다. 기독교 교수에 있어서, 인간 정신에 의해 최선으로 산출된 것이라 할지라도 과도하게 좋다는 사태는 없다. 분명히 우리들은 기독교 교수의 성과에 연관하여 검사와 측정방법을 사용하는 문제를 고려할 때 실제적인 난관에 봉착한다. 기독교적 경험과 기독교적 생활은 너무나 복잡하기 때문에, 기독교적 태도와 판단 및 행동에 대한 검사는 한정적인 조건을 충분히 인식하고 주의 깊은 추론을 근거로 하여 행해져야 할 것이다.

세속적인 교수용으로 개발된 많은 도구와 기교들이 기독교 교사에 의해서도 아주 유익하게 활용될 수 있다. 종교 교육가들은 학습결과를 측정하기 위한 다양한 수단을 고안했다. 이러한 수단들 중의 여러 것들은 기독교 학습과 교수의 성과를 평가하는데 있어서 참된 가치를 지니고 있다. 활용할 만한 도구와 기교에는 앙케이트, 등급평가, 성경지식 테스트, 태도평가, 행동 테스트, 진술서, 진위시험, 인격검사, 성격 성장 검사, 사례별 연구, 일기문, 자서전적 기록 등이 있다.

이와 같은 가치 있는 객관적인 측정에서 얻은 자료를 사용하는 것에 상관없이 기독교 학습평가는 다음과 같은 사항에 대한 활동의 성장 변화에 관심을 둔다.

(1) 하나님께 지고의 충성을 보이는 것.
(2) 예수님과 함께 하는 제자 정신을 유지하는 것.
(3) 진정으로 예배하는 것.
(4) 성경을 성과 있게 활용하는 것.
(5) 다른 사람들의 영적인 행복에 대한 관심을 확증하는 것.
(6) 죄악에 반대하는 양심을 북돋우는 것.
(7) 다른 그리스도인들과의 친교를 추구하는 것.
(8) 기도생활을 심화시키는 것.
(9) 청지기 정신의 실행.
(10) 다른 사람들과 선한 뜻으로 협동하는 것.
(11) 그리고 자아의 잠재성을 최고로 실현하는 것.

··· 기독교 교육 원리 ············

제23장 교수에 관한 교사의 자기 평가

　교수는 학습과 마찬가지로 평가가 없이는 불완전하다. 세심한 교사는 그의 학생들의 학습뿐만 아니라 자기의 교수도 마찬가지로 계속해서 평가한다. 모든 교수 상황은 교사로 하여금 어떤 류의 자기 평가를 하도록 강요한다. 앞장에서 언급한 것처럼, 평가에는 용이하고 비체계적인 유형과 규정적이며 체계적인 유형의 두 일반적인 유형이 있다. 교사가 자기의 일을 평가하는 연속적인 과정이 더욱 객관적이며 구체적이고 의식적일수록 그는 자기 예술, 즉 교수의 완전성과 불완전성을 더 쉽게 알 수가 있다. 또한, 교사가 교수라는 예술을 행할 때에 사용하는 절차와 활동과 내용이 학생의 학습과 성장에 미치는 전체적인 영향에 대한 통찰력이 더욱 강해질 것이다.
　예술가의 첫째가는 책임은 그가 작업하는 재료에 형식이나 형상 혹은 응집력을 부가하는 것이다. 형식이 있는 곳에는 그 형식을 만든 사람에게 속한 균형의 의미가 있다. 균형의 의미가 좋은 곳에서는, 재료와 그 완성된 형태를 떠나서 내적인 조화뿐만 아니라 외적인 관계를 알 수 있는 내적 지각의 명료성이 존재한다. 참된 예술가는 자기의 재료를 통제한다. 그러나, 재료가 자기를 통제하지는 않는다. 예술은 항상 의도적이며, 계획적이며 또한 계산되는 것이다. 가장 효율적인 교수는 교수의 절차와 활동과 성과에 많은 판정과 평가에 의해 이루어져 왔다.
　예술가로서의 교사에게 본질적인 생생한 재료는 학생들이다. 교사가 우선적으로 관심을 두는 것은 학생들 자신, 그들의 학습, 그들의 성장 및 그들의 생활이다. 그의 모든 활동-평가적인 활동이든 여타의 활동이든지 간에-이 한 유일한 목표로서 지니고 있는 것은 교수의 목적에 입각하여 학생들의 발달을 진작시킨다는 것이다. 성실한 교사는 자신의 성공을 측정하며, 자신의 활동을 평가하고 자기가 가르치는 사람들에게 최선의 유익을 줄 수 있는 것이라고 간주되는 것에 비추어 자기가 개선해야 할 점들을 고찰한다. 자신의 교수를 평가할 때에, 근본적으로 관심을 두어야 하는 것은 여러 방법이나 장치 혹은 기교의 효과가 아니라, 자기가 학생들의 욕구를 충족시키기 위하여 학습을 어느 정도로 잘 구성하고 지도하였는가 하는 것이다.

효율적 교사는 그가 학생들을 만나기 전에 미리 세우는 계획을 포함한 모든 계획에 있어서 절차에 속한 각각의 예정하는 과정의 가능적 가치들을 세심하게 판단한다. 또한, 그는 교수-학습 과정의 매 단계에서 자신이 수행하고 있는 활동의 영향과 성과를 다소 의식적으로 가늠한다. 그는 교수하는 도정에서 멈추는 곳마다 계속해서 결과들을 비판적으로 검토하여 교수가 학생들을 얼마나 잘, 그리고 얼마나 많이 도움을 주고 있는가를 확인한다. 단위나 과정이 완료된 후에 그는 전체적인 교수 과정을 아주 철저한 평가의 대상으로 넘긴다. 그는 그의 일의 모든 단계를 세밀하게 조사하여 그것들이 어떠한 점에서 학생들에게 더 큰 유익을 줄 수 있었는가를 결정한다. 이때, 그가 조사하는 작업 단계에는 교실의 조성, 일의 부과, 학생들에 대한 자극, 연구지도, 교실에서 일의 관리, 지도 계획 및 구성, 분담, 질문, 토론, 구술, 전시, 연습, 학습 평가 등이 포함되어 있다.

교사는 자기의 교수에 대한 지적이며 계속적인 평가를 통하여 어느 점에서 성공했으며 어느 점에서 실패하였는가를 알 수 있다. 그리하여, 그는 성공을 이용할 수 있고 실패는 수정하거나 피할 수가 있다. 교수는 자기의 교수에 대한 평가를 통하여 개인으로서 그리고 교사로서의 자기 자신의 학습과 성장을 향상시킨다. 자기 평가는 교사가 그의 교수하는 노력이 어느 정도로 효과적이었는가를 발견할 수 있도록 하여 그가 오래된 방법은 개선하고 자기의 일을 향상시키는 새로운 방법을 배울 수 있게 한다는 점에서 가치가 있다. 학생에게 있어서와 마찬가지로 교사의 경우에도 평가는 자신의 노력에 방향을 부여하는데 도움이 된다. 평가가 철저하지 않으면 교사는 다소 맹목적으로 일하는 것이 된다. 평가가 잘 수행되는 정도에 따라, 교사는 자기의 예술의 실행에서 더욱 효과를 발휘할 수 있게 된다.

1. 교수 평가의 방법

평가는 어떤 것의 가치를 판정하거나 판단하는 것을 의미한다. 교사가 자기의 교수를 평가할 때, 그는 그 가치에 대해 판단을 내린다. 판단의 기준이나 표준이 없이는 어떤 것에 대한 판단이나 평가도 있을 수 없다. 어떤 것을 판단하는 사람은 그것에 관한 사실과 자료들을 그것에 대해 설정된 표준이나 기준에 연관시켜 양자가 어떻게 비교되는가를 알아야 한다. 분명히, 평가과정의 건전성은 기준의 정당성과 자료의 본성 그리고 양자의 관계에 대한 해석이라는 세 가지 요소에 달려 있다.

모든 다른 사람들과 마찬가지로, 모든 교사는 자신의 활동을 평가한다. 명성이 있는 교사는 아무도 낮은 표준이나 결과에 대한 추측이나 원하는 생각을 바탕으로 한 부주의하고 피상적인 판단 혹은 모든 일들이 다 잘된 것으로 판명되고 있다는 근거 없는 믿음 등에 만족하지 않는다. 오히려, 그러한 교사는 효율적인 교수에 대해 그가 고안할 수 있는 최선의 기준을 설정하고, 그의 교수 활동과 그 성과를 가능한 한 객관적으로 파악하며, 할 수 있는 한 편견이 없는 태도로 그 효과를 판단한다.

기본적으로 말해서, 교수의 효과를 측정하는데 있어서 교사가 가질 수 있는 최선의 기준은, 교사에게 있어서 학생들이 실제적으로 그리고 유익하게 배우고 성장하는 것을 돕는 데에 최선으로 가능한 지침을 구성하고 있는 일련의 교수 원리에서 발견된다. 비록 이러한 원리들에 관한 진술이 개인에 따라 다소 다양하긴 하지만, 그 원리들이 학생들이 진실로 그리고 실제적으로 배우는 방식에 근거해야 한다는 것은 사실이다. 그러므로, 교사가 자기의 교수를 평가한다는 것은 그 교수의 방법과 절차와 내용 그리고 성과를 이러한 원리들에 비교하는 일이 된다.

평가의 한 방법은 교사가 자기 자신의 교수를 가능한 한 객관적으로 관찰하는 일이다. 말하자면, 자기 자신을 구석에 세우고 마치 그가 활동 중에 있는 다른 교사를 보듯이 공평하게 자기 자신을 바라보는 것이 자신의 교수가 어떠한 점에서 좋고 어떠한 점에서 부족한가를 아는 데에 도움이 될 수 있다. 또한 교사는 다른 교사들이 가르치고 있는 동안 그들의 일을 관찰하여 자신의 교수와 비교함으로써 자기의 교수의 질에 관하여 많은 것을 배울 수 있다.

자기 자신의 것이든지 다른 사람의 것이든지 간에 교수를 관찰하는데서 최선의 것을 도출해내기 위해서는 교사가 본질적인 것과 비본질적인 것에 대한 지적인 분별력을 가지고서 관찰해야 한다. 교수 상황의 중요한 양상을 간과하고 의미 없는 세부사항에 주의를 집중하기 쉽다. 파악되어야 할 것은 좋은 학습을 만들거나 좋은 학습이 성립되지 않도록 하는 요소들이다. 관찰자는 학생들이 학습하는 것을 도와주는데 있어서 교사가 어떻게 어느 점에서 성공하고 있으며 어떻게 어느 점에서 실패하고 있는가를 보아야 한다. 이는 관찰자가 교사의 활동에 주의를 집중할 것이 아니라 학생들의 행동에 주의를 집중해야 함을 의미한다. 학생들이 어떻게 반응하며 그들이 무엇을 행하는가 하는 것이 교사가 행하는 것보다 훨씬 더 중요하다. 왜냐하면, 학생들의 학습이 교수의 성공에 대한 척도가 되기 때문이다. 관찰자가 자기의 선입견에 정복되지 않는다는 것은 아주 중요하다. 모든 판단은 그것이 좋은 것이든지 나쁜 것이든지 간에 어떤 사람의 호불호(好不好)에 관련해서가 아니라 실제적인 조건을 기반으로 내려질 필요가 있다. 끝으로, 관찰자는 자기가 보고 있는 것에 연관된 어떤 생각을 해야 한다. 그는 스스로 질문을 해야 한다. 그리고 그는 그가 보고 있는 것을 반성해야 한다.

관찰보다 다소 더 객관적인 것은 지도 활동에 대한 맹세서를 검토하거나 교수의 효율성에 대한 등급평가를 활용하는 것이다. 때때로 이러한 것을 사용함으로써 교사가 자기의 일의 질을 평가하는 데에 좋은 기반을 얻을 수 있다. 또한 교사는 자기의 교수를 교수 능력에 대한 진술서와 비교하여 측정할 수 있다. 교수에 관한 좋은 논문과 서적의 내용에 비추어 자기의 일을 주의 깊게 검토하는 것도 평가의 한 수단이다. 교수에 관한 회합에 참석하고 다른 교사들과 자주 자유롭게 담화하는 것도 교사에게 평가의 자료를 제공할 수 있다. 교사가 자기 자신의 교수에 관해 좋은 안목을 가질 수 있는 탁월한 방법은 그에게 새로운 분야가 다루어지는 학급에 학습자로서 참가하는 것이다.

학생들의 태도와 의견이 교사가 자기의 교수를 평가하는데 있어서 도움이 될 수 있다. 민감한 교수는 이러한 것들을 정상적인 교수를 행하면서 주관적으로 살핀다. 연령이 높은 학생들에게는 그들의 의견을 서면으로 제출하도록 요구할 수도 있으며 혹은 교수를 평가해 주도록 구할 수도 있다. 그러한 것들이 완전한 익명으로 작성될 때, 교사는 자기의 교수에 대한 학생들의 반응으로부터 많은 것을 배울 수가 있다.

자기가 하고 있는 일에 대해 진심으로 알기를 원하는 교사는 다른 교사에게 때때로 자기의 교수를 관찰하여 평가하도록 할 수도 있을 것이다. 마찬가지로 그는 행정관이나 교감 및 학부모와 같은 다른 사람들의 비판적인 반응으로부터 많은 이득을 얻을 수 있다. 진정으로 유능한 교사는 자기의 교수 능력을 완성하고자 하는 일에 심혈을 기울임으로써 표현된 판단이 교사가 자기의 교수의 질에 대해 더 좋은 자기 진단을 하는 법을 배우는 데에 약간의 기초를 제공하는 한에서는 어떠한 사람의 평가로부터도 기꺼이 배울 수 있다.

2. 성과의 평가

어떠한 분야의 예술에 있어서도 평가는 과정에 대한 것이 아니라 당연히 성과에 대한 것이다. 회화는 단순히 회화작업 자체를 위한 것이 아니라 그림이 완성되도록 하는 것이다. 조각가는 조상을 만들어내기 위하여 조각한다. 교수는 그 자체를 위한 것이 아니다. 교사는 학생들이 배울 수 있도록 하기 위하여 가르친다. 그러나, 학생이라고 해서 학습을 위해서만 학습하는 것은 아니다. 학생은 성장하기 위하여 배운다. 그리고 학생은 성장 그것만을 위하여 성장하지 않는다. 그는 뭔가가 되기 위하여 성장한다. 또한, 뭔가가 되는 것이 최종목표는 아니다. 그는 자신의 본성에 있는 잠재성을 현실성으로 실현하기 위하여 뭔가가 된다. 뭔가가 되는 것의 성과, 즉 완전하고 적절하게 형성된 인격이야말로 교수활동의 최종적인 성과이다. 다른 예술들의 경우가 그러하듯이 교수도 그 성과를 떠나서 생각될 수는 없다.

성과가 판단되는 기준은 완전한 행동인이다. 학생은 교사인 예술가의 재료이며, 학생의 완전히 형성된 인격은 교수의 성과이다. 교수는 신체와 정신, 지성, 정서 및 의지를 넘어서서 인격에 도달해야 하며, 그 인격을 형성시켜야 한다. 교수가 학생의 인격의 완전성을 어느 정도 산출해 내느냐에 따라, 교수는 성공적이며 효과적이었다고 판단될 수 있다.

이는 본서의 초두 부분에서 언급되었던 것, 즉 교수는 학생의 본성과 그의 생활의 목적을 고려하면서 수행되어야 한다는 것을 바로 의미한다. 학생이 자신 내에 두 가지의 본성을 결합하고 있다는 사실은 결코 부정할 수 없다. 학생은 타고날 때부터 교수에게 인식될 수 있는 잠정적으로 선한 특질과 나쁜 특질을 지니고 있다. 선으로 향한 경향들은 그를 들어 세우고 악으로 향한 경향들은 그를 밀어낸다.

학생의 본성에 대한 인간적인 생각은, 내재된 가치는 자기 탓으로 돌리고 생활에서 나타나는 악은 환경적인 영향의 결과로 삼는다. 학생은 선을 택하고 악을 거부할 수 있는 능력을 지니고 있기 때문에, 정당한 환경적 여건 하에서는 선의지가 악의 가능성을 이기고 올라선다. 학생은 자기의 나쁜 경향들을 억압하거나 재조정할 수 있으며 바른 경향들을 장려할 수 있다. 학생은 바르게 배우고 지도 받으면 도덕적인 이상을 향하여 반응하고 완전한 행동인으로 발전할 것이다. 이러한 생각은 교수 과정의 중심에 사람을 놓는다. 그리고 그 사람의 올바른 발전은 교수의 유일한 성과이다.

이러한 인간적인 생각에 대해서는 여러 반대가 제기될 수 있다. 첫째, 인간은 이

성적 동물 이상의 존재라는 사실이다. 선을 행할 줄 안다는 것은 선을 행할 수 있는 능력과 의지를 함의하지 않는다. 행위는 주로 인간이 통제할 수 없는 뿌리 깊은 충동에 의해 결정된다. 인간이 선을 선택할 수 있는 능력과 아울러, 또한 동료의 이익을 희생시켜 자신의 자기 이익을 추구하는 막대한 역량을 지니고 있다. 인류사 전체를 돌이켜 보면, 인간은 수천수만의 사람들에게 고통을 주는 자연적으로 가능한 비인간성을 지닌 존재자였다. 둘째, 인간은 인간의 척도가 아니다. 인간은 자기가 받은 것 외에는 아무것도 가진 것이 없는 한정되고 의존적인 존재이다. "인간은 저절로 존재하거나 자기 자신을 통하여 존재하지 않는다. 따라서 인간은 스스로 존재할 수 없다."

그러므로, 인간의 목적은 인간보다 높은 것이다. 인간 내의 모든 것은 그가 그 속에 한 부분을 차지할 뿐인 보다 높고 이상적인 세계를 지시한다. 본질적인 성격으로 보아 인간은 육체와 정신이라기보다는 영이다. 인간은 영혼 아니면 영이다라고 말하는 것보다 잠시 육체 안에 거하는 영이다라고 말하는 것이 더 정확하다. 인간의 모든 오만한 자기만족과 독립에도 불구하고, 인간은 자기의 한계들을 느끼며 절대를 향하여 뻗어간다. 혼자 스스로 존재하는 인간을 교수의 중심과 과제로 삼는 교수는 교수의 주제인 학생들에게 폭력을 행하는 것이다.

교수의 대상인 학생은 본질적으로 초자연적인 존재이다. 인간은 하나님의 창조물이다. 그의 인격은 무한자이신 하나님의 인격의 반영이다. 인간이 비록 유한하긴 하지만, 그는 그의 조성자의 형상이다. 교수의 목적은 유일한 인격을 무한자이신 하나님의 인격의 완전한 형상으로 형성하는 것이다. 만약 학생이 그의 조성자의 형상을 지니고 있다면, 그의 두 가지 본성 중 악은 어디에서 오는 것인가? 악은 개인의 존재를 관통하는 보편적이고 혐오스러운 실재이기 때문에 무시될 수가 없다. 악은 모든 학생에게 잠정적으로 내재해 있다. 그 본질을 교정하고자 하는 모든 어떠한 인간의 노력도 교수의 바람직한 과제를 성취하는데 있어서 실패로 귀결된다.

교수에 대한 기독교적인 개념에서는 학생을 있는 그대로, 즉 하나님에 의해 창조된 존재로서 하나님의 형상으로 지음을 받았으나 그 형상이 죄로 말미암아 훼손되어 어떠한 인간의 능력으로서도 다시 회복할 수 없는 그러한 존재로 본다. 아무리 많은 양의 교수와 아무리 나열해 놓은 교사와 학생의 자원으로서도 유한한 인격을 무한자이신 하나님의 인격의 형상으로 만드는 데에는 아무 소용이 없다. 그러나 비록 훼손되긴 했지만 본래의 형상이 파괴된 것은 아니다. 하나님은 당신의 초자연적인 능력으로 타락한 사람들과 접촉하실 수가 있다. 하나님이 당신의 영으로써 인도하시면 학생은 죄로부터 돌아설 수가 있으며, 그리스도를 믿는 믿음을 통하여 새로운 피조물이 될 수 있다. 그리고 난 후에 비로소 새로운 피조물로서의 발달이 기독교 교사의 관심의 대상이 된다.

기독교 교수는 타고난 인간을 대상으로 시작하여 은총을 통하여 새롭게 될 수 있는 방향을 향하여 진행된다. 예수님께서 당신의 제자들에게 주셨던 명령식의 표현에는 두 가지 양상이 함축되어 있다. 하나는, "그러므로 너희는 가서 가르쳐" 배운 자들이 구속받은 가족 안에서 새로운 피조물이 되도록 하라는 것이며, 다른 하나는 "내가 명한 모든 것을 가르쳐 지키게 하여" 그들이 소유한 생명 안에서 성장하도록 하라는 것이었다.

학생들을 새로운 피조물로 만드는 것은 하나님의 능력이다. 아무리 완전한 교수라 할지라도 그들을 소생시킬 수는 없다. 생명은 그리스도 안에 있다. "아들을 믿는 자는 영생이 있고 아들을 순종치 아니하는 자는 영생을 보지 못하고 도리어 하나님의 진노가 그 위에 머물러 있느니라"(요3:36). "아들이 있는 자에게는 생명이 있고 하나님의 아들이 없는 자에게는 생명이 없느니라"(요일 5:12). 기독교 교수는 "인간 본성자체로부터 교육을 짐짓 도출하고자 하거나 인간 자신의 독립적인 힘으로써 전개하고자"하지 않는다. 기독교 신앙은 인간 정신에 의해 발견된 것이 아니며, 학습과정을 통하여 받아들일 수 있는 것도 아니다. 그것은 그리스도를 통하여 하나님께서 드러내신 것이다. 성령의 작용으로써 학생의 생활 속에 실제화 되는 것이다. 기독교 교수의 첫 걸음은 그리스도를 구주로 제시하여 가르침을 받는 자가 성령이 작용할 때 그 사실을 믿고 믿음으로 받아들여서 사망에서 생명으로 옮기도록 하는 것이다.

일단 학생이 중생하고 나면 그 새로운 생명이 양육되어 성장하도록 해야 한다. 모든 생명과 마찬가지로 이 새로운 생명도 양식을 취해야 한다. 그 새로운 생명의 성장의 방향과 활력은 그것을 받아먹는 양식의 질에 달려 있다. 적당한 양으로 그리고 적당한 방식으로, 적당한 양식을 제공하는 것이 효율적인 기독교 교수의 과제이다. 이러한 교수는 성령에 완전히 의존하며 효과적인 기도 가운데서 수행되어야 한다. "나 자신으로서는 아무것도 할 수 없다"고 예수님께서 말씀하셨다. 도대체 자기의 주님보다 뛰어난 교사가 있는가?

그리스도 예수 안에서의 새로운 피조물인 학생은 배우고 성장하며 그리스도의 인격 안에서 온전한 자가 되어야 한다. 기독교 교수의 위대한 예술가들 중의 한 사람에 의해 표현된 기독교 교수의 목표는 "각 사람을 그리스도 안에서 완전한 자로 세우는"(골 1:28) 것이다. 기독교 교수의 효율성을 판단하는 기준이나 표준은 다름 아니라 "모든 선한 일을 행하기에 온전한" 하나님의 사람이다(딤후 3:17). 요약하자면, 기독교 교사가 그의 교수의 성과를 평가하면서 그의 학생의 인격과 생활에서 나타나는 것을 발견하고자 할 때, 그가 당연히 찾아야 할 특징들은 다음과 같다.

 (1) 잘 교육된 학생은 그가 믿고 있으며 자신이 자기의 모든 사고방식과 동기들을 물들이고 있는 하나님의 뜻에 맡긴 분이 어떠한 자인가를 안다. 그는 지식과 이해의 모든 측면들에 대해 확실한 느낌을 느끼지 못할 수도 있다. 그러나, 그는 지도의 의미를 안다. 그는 그가 어디로 가고 있으며 왜 가고 있는가를 안다.
 (2) 하나님의 사람은 영적인 분별력을 지니고 있다. 그는 일시적인 가치와 영원한 가치를 분명하게 구별한다. 그가 성숙할수록, 그는 양자간에 선택을 해야 할 때 전자보다는 후자를 더 좋아하게 되는 경향을 더욱 많이 지니게 된다.
 (3) 그는 영적인 생활에 있어서 점점 더 성인의 역량을 획득하고, 그리스도 안에 있는 아기들이 음식으로서 먹어야 하는 우유 대신에 밥을 먹으면서 무럭무럭 자랄 수 있게 된다.
 (4) 하나님의 사람으로서 완전하면 할수록 그는 하나님의 말씀을 그의 일상생활에서 실제로 번역하는 법을 더 잘 알게 된다. 그는 계속해서 기독교 고백과 기독교적 실제 사이의 간격을 좁혀간다.
 (5) 그는 선한 일들을 따라 행하는 자이다. 그는 한편으로는 진정한 경건과 다른 한편으로는 건전한 지식과 진정한 문화 양자간의 유기적인 통일을 계속 유지한다. 그는 오로지 하나님의 영광을 위하여 그리스도께 봉사하는 데에 있어서 그가 소유하고 있는 모든 재능과 역량을 사용한다.
 (6) 하나님의 사람은 전체로서의 예수 그리스도의 교회에 충성한다. "나는 바울파요", "나는 아볼로파요" 하는 것이 그의 진술이 아니다. 왜냐하면, 그의 성숙한 정도에 따라서 그는 파벌주의자가 아니기 때문이다.
 (7) 하나님의 사람은 이 세상의 가정에 있지 않다. 그는 세상 것들을 소유하고 있지 않은 양 사용한다. 그는 그의 공동사회의 시민이며 그의 나라에 충성한다. 그러나, 그의 바램은 "더 나은 나라, 즉 천국이다."
 (8) 하나님의 완전한 사람의 생활의 질은 두 가지의 핵심적인 기독교적 실천인 성경 읽기와 기도에 뿌리를 둔다. 그가 성숙해 갈수록 그는 더욱더 하나님의 말씀을 규칙적으로 많이 읽게 되며 더욱더 끊임없는 기도에 임한다.

(9) 성숙한 사람은 생산적이다. 그는 다른 사람들에게 증거하고 하나님의 일을 하는 책임을 맡으며, 하나님을 위하여 성실하게 일한다. 성숙한 사람은 어린이가 하듯이 삶을 놀이로 삼지 않는다.

(10) 완전의 정도가 높을수록 개인생활에서 이기적인 것이 덜하며 하나님이 자기의 생각과 목적에서 첫 번째 자리를 차지할 수 있도록 더욱더 열성적으로 바라고 구한다.

(11) 기독교적 완전함으로의 성장은 더욱더 성령에게 의존하는 것으로 특징된다. 성숙한 사람은 덜 성숙한 사람보다 힘이나 능력으로써가 아니라 성령으로써 이루어진다는 사실을 더 많이 깨닫는다.

(12) 하나님의 완전한 사람은 하나님께 복종한다. 그가 하나님께 의탁하는 정도는 시간이 흐를수록 더욱더 커진다. 그리고, 그는 생활과 행동에 있어서 전심으로 하나님께 헌신하는 원리를 더 많이 적용한다. 그에게는 안일함과 방종함이 없다. 오히려, 그는 하나님의 완전한 뜻이 자기 안에서 그리고 자기를 통하여 성취될 수 있도록 역경을 참아낸다.

3. 기독교 교수 절차

존 밀톤(John Milton)은 이렇게 말한다. "학습의 목적은 하나님을 바로 아는 것을 회복함으로써 우리의 첫 조상의 타락을 복구하고, 그러한 지식을 바탕으로 참된 덕스러운 심령을 소유함으로써 최대한 하나님을 사랑하고 그를 닮아 가는 것이며, 그리하여 하늘에서 오는 믿음의 은총에 하나가 되어 최고의 완전함을 이루는 것이다." 학습과 교수는 학생들을 하나님의 자녀로 만들 수 없다. 그러나, 교수를 떠나서는 학생들이 하나님을 알고 그들의 삶에 대한 하나님의 목적을 실현하는 법을 배울 수가 없다. 기독교 교사의 큰 임무는 하나님을 위한 인격을 형성하도록 도와 그가 가르치는 사람들이 하나님께서 그들에 대해 의도하는 섭리를 충족시킬 수 있도록 하는 것이다.

이 언명은 한 명의 자기의 학생이라도 "숙련되지 못한 노동자의 흉한 표본"이 되지 않도록 하려는 모든 교사에게 심대한 의미를 주고 있다. 성실한 교사는 무엇보다도 먼저 자기의 학생들의 학습에 대하여 관심을 철저히 가진다. 왜냐하면, 학생들이 이 세상이나 혹은 다른 세상에서 어떠한 운명을 지녔다 할지라도 그들의 학습이 그 운명의 출발점이기 때문이다. 교사는 교수를 행하기 전에 학생들이 어떻게 배우는가를 먼저 알아야 한다. 학습에는 학생들이 세속 학교에서 배우거나 기독교 학교에서 배우거나 상관없이 그리고 그들이 역사를 배우거나 산수를 배우거나 상관없이, 그들이 성경을 배우거나 혹은 다른 내용을 배우거나 상관없이, 학생들에게 적용되는 법칙이 있다. 교수 내용의 성격이 어떠하든지 간에 기본적으로 교수의 과정은 동일하다.

효율적인 교수는 교사가 학생들의 학습에 대한 자기의 역할을 발견하고 그 역할을 잘 수행하는 일이다. 교수라고 불린다고 해서 모두다 교수가 아니다. 학습이 전혀 없는 곳에서는 아무런 교수도 없다. 형식적인 절차는 구술, 즉 교사에 의한 말을 강조한다. 많은 기독교 교수에 있어서 가장 많이 배우는 사람은 교사이다. 왜냐하면, 활동하고 있는 자가 바로 교사이기 때문이다. 학생들은 흩뿌려지는 관념들에서는 결코 배울 수가 없다. 개인이 적당하게 능동적인 방식으로 반응하지 않으면, 어떠한 학습도 이루어질 수 없다.

교사가 자기의 역할을 잘 수행하기 위해서는 학생이 학습하는 것을 최선으로 도울 수 있는 절차 방식을 사용해야 한다. 유능한 교사는 어떤 기교나 장치에 노예적으로 의존하는 것을 지양하고 교수 과정의 활동 순서를 체계적으로, 철저하게 계획한다. 그에게 있어서 방법은 목적에 대한 수단이며, 학습을 만들어내는 법을 발견하는 균형 잡힌 방식이며, 학생들이 학습하는 방식에 기초한 건전한 교수 원리를 적용하는 방편이다. 그는 일하면서 교수 문제들에 접근하는 방법들을 개발해낸다.

이것이 방법이란 전적으로 개인적인 일이라는 것을 의미하지 않는다. 교사의 인격과 방법은 상호보완적이다. 절차로서의 방법은 의미 있고 성실한 연구를 통하여 배울 수밖에 없다. 방법이 좋으려면 그 방법이 아주 잘 학습된 것으로써 그것이 교사의 인격의 자발적인 표현이 되도록 해야 한다. 방법이 교사의 인격의 생생한 표현일 때에만 학생들의 학습에 생동적으로 영향을 미칠 수가 있다. 그 속에 교사에게 한 것이 전혀 없는 형식적 방법은 다른 것들을 아무리 자극할 수 있다 하더라도 학습 행위만은 자극하지 못한다. 그 자체에 있어서 그렇게 완전한 방법이 아니라 할지라도 유능한 교사에 의하여 좋은 결과를 가져올 수 있는 반면에, 최상의 방법이라 할지라도 무능한 교사에 의해 사용됨으로써 효과를 거두지 못하는 것이다.

위에서 시사된 바와 같이, 방법은 교수 원리들을 활용하기 위해 고안된 절차들로 구성된다. 비록 "방법"이라는 용어가 기교와 장치와 더불어 동의어처럼 사용되고 있긴 하나, 사실 방법은 그것들보다 훨씬 기초가 되는 것을 지시한다. 본질적으로, 방법은 기교와 장치의 활용을 포함하고 있는 진행방식이다. 이러한 방식은 본질적으로 학습될 내용과 학생 그리고 교사의 인격이라는 세 가지 요소들에 의해 결정된다. 어떤 방법이 내용과 학생에게 아무리 잘 적용된다 하더라도 교사의 인격이 그 방법에 역동성을 부여하지 않는 한 비효과적일 수밖에 없다. 참된 교수 상황은 학생과 교사간의 인격적인 관계이다. 즉, 교사가 그가 채용하고 있는 모든 방법들보다 우월한 관계이다.

심리에 관한 지식에 의하면 교수는 가르쳐지는 내용에 상관없이 마찬가지로 교수이다. 어느 한 분야나 과목에 있어서, 그것이 영어나 역사나 지리나 성경이나 혹은 여타의 어떠한 것이든지 간에, 학습을 지도하는 교수 절차는 내용의 성격이 절차에 대해 영향을 미치는 것을 제외하고서는 다른 모든 과목과 동일하다. 성경지식도 본질적으로는 다른 모든 지식과 동일한 방식으로 정신에 가서 닿는다. 인쇄된 실재로서의 성경은 그 내용의 교수를 다른 지식의 교수와 학생의 정신에 대해 다르게 할 수 있는 마력을 지닌 것은 결코 아니다.

한편, 성경은 하나님의 말씀이며 성령의 영광스러운 지도 하에 학생들을 그리스도 안에 있는 새로운 피조물로 만들고 그 새 생명을 양육할 수 있는 능력을 지닌다. "영은 살리는 것이다"라고 바울은 말했다(고후 3:6). "암흑에서 빛이 비치게 명하시는" 하나님께서 학생들의 마음에 "예수 그리스도 앞에서 하나님의 영광에 관한 지식의 빛"을 비추지 않는 이상 기독교 교사가 사용하는 절차는 영적으로 아무 소용이 없다. 기독교 교사는 그의 학생들의 정신에 진리를 가져다주는 성령에게 완전하게 그리고 절대적으로 의존한다. 정신적인 지식은 하나님께 의해서만 진리로 변형될 수 있다. 어떠한 교사도 학생들을 그리스도인으로 만들 수 없다. 어떠한 교사도 그가 성령의 능력과 영향 하에서 일하지 않는 한, 그리스도인인 학생들을 양육할 수 없다. 그러나, 기독교 교사에게는 학생들이 그리스도에게 나아오도록 하며 그리스도 안에서 양육되도록 하며 그리스도를 위하여 파송될 수 있도록 가르칠 책임이 부과되어 있다. 성실하고 신실하게 노력하면서 자신의 능력이 닿는 한 가장 효과 있는 교수를 행하고 인간의 능력으로 할 수 없는 것은 성령에 따라 하나님께 의뢰하고 하나님께서 자신의 노력을 사용하시도록 항상 기도하는 모든 교사들은 복 받을 것임이며, "우리의 근면함이 없이는 어떠한 것도 위대한 미와 질서와 충만함과 성숙을 이룰 수 없다. 그러나, 하나님의 은총의 이슬이 그 위에 내리지 않으면 실로 그러한 일이 불가능하다." 영원하신 하나님의 축복이 없이는 기독교 교사의 가장 효율적인 교수라 할지라도 "비가 풍족하지 못한 때의 농부의 수고와 마찬가지로 거의 성공하지 못할 것이다."

›› 기독교 교육 원리 ››››››››››››

참고문헌

Adams, John. *Exposition and Illustration in Teaching* (New York: The Macmillan Co., 1910)

Almack, J. C. and Lang, A. R., *The Beginning Teacher* (Boston: Houghton Mifflin Company, 1928)

Athearn, W. S. *The Minister and the Teacher* (New York: The Century Co., 1932)

Baker, E. D. *Kindergarten Method in the Church School* (New York: The Abingdon Press, 1925)

Baldwin, J. L. *Worship Training for Juniors* (Chicago: Methodist Book Concern, 1972)

Barclay, W. C. *The Adult Worker and His Work* (Chicago: The Methodist Book Concern, 1914)

Benson, C. H. *A Guide for pedagogy (Student's Manual)*, (Chicago: The Evangelical Teacher Training Association, 1935)

Betts, G. H., and Hawthorne, M. O. *Method in Teaching Religion* (New York: The Abingdon Press, 1925)

Betts, G. H. and Hawthorne, M. O. *Method in Teaching Religion* (New York: The Abingdon Press, 1925)

_____. *How to Teach Religion* (New York: The Abingdon Press, 1919)

_____. *Teaching Religion Today* (New York: The Abingdon Press, 1934)

Bitting, W. C. *The Teaching Pastor* (Philadelphia: The Judson Press, 1923)

Boring, E. G. Langfeld, H. S. Weld, H. P., et al. *Introduction to Psychology* (New York: John Wiley and Sons, Inc., 1939)

Brederveld, Jacob. *Christian Education* (Grand Rapids: Smitter Book Company, 1928)

Bryant, S. C. *How to Tell stories to Children* (Boston: Houghton Mifflin Co., 1905)

Burton, W. H. *Supervision and the Improvement of Teaching* (New York: D. Appleton and Co., 1922)

_____. *The Nature and Direction of Learning* (New York: D. Appleton and Co., 1929)

Cady, M. E. *The Education that Educates* (New York: Fleming H. Revell Co., 1937)

Carrier, Blanche. *How Shall I Learn to Teach Religion?* (New York: Harper and Brothers, 1930)

_____. *How Shall I Learn to Teach Religion?* (New York: The Abingdon Press, 1925)

Charters, W. W. *The Teaching of Ideals* (New York: the Mac-millan Co., 1928)

Chave, E. J. *Supervision of Religious Education* (University of Chicago Press, 1931)

Coe, G. A. *A Social Theory of Religious Education* (New York: Charles Scribner's Sons, 1918)

Commins, W. D. *Principles of Educational Psychology* (New York: The Ronald Press Company, 1937)

Corzine, J. L. *Looking at Learning* (Nashville: The Sunday School Board of the Southern Baptist Convention, 1934)

Crawford, C. E. *How to Teach* (Los Angeles: Southern California

School Book Depository, 1938)
Dashiell, J. F. *Fundamentals of Objective psychology* (Boston: Houghton Mifflin Co., 1928)
De Blois, A. K. and Gorham, D. R. *Christian Religious Education* (New York: Fleming H. Revell Co.,1939)
Dobbins, G. S. *How to Teach Young People and Adults in the Church School* (Nashville: Sunday School Board of the Southern Baptist Convention, 1930)
_____ . *Working With Intermediates* (Nashville: Sunday School Board of the Southern Baptist Convention, 1926)
_____ . *How to Teach Young People and Adults in the Sunday School* (Nashville: Sunday School Board of the Southern Baptist Convention, 1930)
Douglas, O. B. and Holland, B. F. *Fundamentals of Educational Psychology* (New York: The Macmillan Company, 1938)
Dunlap, Knight. *Elements of Psychology* (St. Louis: The C. V. Mosby Company, 1936)
Eakin, M. M. *Teaching Junior Boys and Girls* (Chicago: The Methodist Book Concern, 1934)
Eggleston, M. W. *Use of the Story in Religious Education* (New York: Harper & Bros., 1936)
Fergusson, E. M. *Teaching Christianity* (New York: Fleming H. Revell co., 1929)
Fiske, G. W. *Purpose in Teaching Religion* (New York: The Abingdon Press, 1927)
Freeland, G. E. *The Improvement of Teaching* (New York: The Abingdon Press, 1939)
_____ . *The Improvement of Teaching* (New York: The Macmillan Co., 1925)

Garrison, N. L. *The Technique and Administration of Teaching* (New York: The American Book Co., 1933)

Gregory, J. M. *The Seven Laws of Teaching* (New York: The Pilgrim Press, 1886)

Griffith, C. R. *Psychology applied to Learning and Teaching* (New York: Farrar and Rinehart, Inc., 1939)

Harner, N. C. *The Educational Work of the Church* (New York: The Abingdon Press, 1939)

Hickman, F. B. *Can Religion Be Taught?* (Nashville: Cokesbury Press, 1929)

Horne, H. H. *Jesus the Master Teacher* (New York: The Asso-ciation Press, 1920)

_____ . *Story-Telling, Questioning, and Studying* (New York: The Macmillan Co., 1916)

_____ . *This New Education* (New York: The Abingdon Press, 1931)

Kent, C. F. *The Great Teachers of Judaism and Christianity* (New York: Eaton and Mains, 1911)

Kuist, H. T. *The Pedagogy of St. Paul* (New York: Geo. H. Doran Co., 1925)

Lotz, P. H. and Crawford, L. W. *Studies in Religious Education* (Nashville: Cokesbury Press, 1931)

Mathewson, L. B. *The Illustration* (New York: Fleming H. Revell Co., 1936)

McCallum, E. B. *Guiding Nursery Children In Home and Church* (St. Louis: The Bethany Press, 1934)

McCoy, C. F. *The Art of Jesus as a Teacher* (Philadelphia: The Judson Press, 1930)

McKibben, F. M. *Improving Religious Education Through Super-vision*

(Chicago: Methodist Book Concern, 1931)

_____ . *Intermediate Method in the Church School* (New York: The Abingdon Press, 1926)

McLester, F. C. *Our Pupils and How They Learn* (Nashville: Cokesbury Press, 1930)

Miller, E. E. *Dramatization of Bible Stories* (Chicago: The University of Chicago Press, 1918)

Moore, M. A. *Senior Method in the Church School* (New York: The Abingdon Press, 1929)

Munkres, Alberta. *Primary Method in the Church School* (New York: The Abingdon Press, 1930)

Munro, H. C. *The Pastor and Religious Education* (New York: The Abingdon Press, 1930)

Myers, A. J. W. *Teaching Religion* (Philadelphia: The Westminster Press, 1930)

_____ . *Teaching Religion Creatively* (New York: Fleming H. Revell Co., 1932)

Plummer, L. F. *The Soul Winning Teacher* (New York: Fleming H. Revell Co., 1934)

Powell, M. C. *Junior Method in the Church School* (New York: The Abingdon Press, 1931)

Raffety, W. E. *The Smaller Sunday School Makes Good* (Philadelphia: The American Sunday School Union, 1927)

_____ . *Religious Education of Adults* (New York: Fleming H. Revell Co., 1930)

Reagan, G. W. *Fundamentals of Teaching* (Chicago: Scott, Foresman & Co., 1932)

Retan, G. A. *Management and Teaching Technique in the Elementary School* (New York: Prentice Hall, Inc., 1936)

Rice, W. F. *The Psychology of the Christian Life* (Chicago: Blessing Book Stores, Inc., 1937)

Richardson, N. E. *The Christ of the Classroom* (New York: The Macmillan Co., 1931)

Roberts, S. L. *Teaching in The Church School* (Philadelphia: The Judson Press, 1930)

Schmauk, T. E. *How to Teach in Sunday School* (Philadelphia: The United Lutheran Publication House, 1920)

Shaver, E. L. *How to Teach Seniors* (Boston: The Pilgrim Press, 1927)

_____ . *The Project Principle in Religious Education* (Chicago: University of Chicago Press, 1924)

Sherrill, L. J. and Purcell, J. E., *Adult Education in the Church* (Richmond: Presbyterian Committee of Publication, 1936)

Shields, E. M. *Guiding Kindergarten Children in the Church School* (Richmond: The onward Press, 1939)

Smith, R. S. *New Trails for the Christian Teacher* (Philadelphia: The Westminster Press, 1934)

Smither, E. L. *Teaching Primaries in the Church School* (Chicago: Methodist book Concern, 1930)

Smither, E. L. *The Use of the Bible with Children* (Chicago: Methodist Book Concern, 1937)

Squires, W. A. *Psychological Foundations of Religious Education* (Philadelphia: Westminster Press, 1926)

_____ . *The pedagogy of Jesus in the Twilight of Today* (New York: Geo. H. Doran Co., 1927)

St. John, E. P. *Stories and Story Telling* (Boston: The Pilgrim Press, 1910)

Stalker, Jas. *The Life of Christ* (New York: American Tract Society, 1909)

Stevenson, J. A. *The Project Method of Teaching* (New York: The Macmillan Co., 1921)

Stormzand, M. J. *Progressive Methods of Teaching* (Boston: Houghton Mifflin Co., 1927)

Suter, J. W. *Creative Teaching* (New York: The Macmillan Co., 1924)

Thayer, V. T. *The Passing of the Recitation* (Boston: D. C. Heath and Co., 1928)

Thomas, F. W. *Principles and Technique of Teaching* (Boston: Houghton Mifflin Co., 1927)

Trumbull, H. C. *Teaching and Teachers* (Philadelphia, John D. Wattles & Co., 1897)

Verkuyl, Gerrit. *Christ in American Education* (New York: Fleming H. Revell Co., 1934)

Vieth, P. H. *How to Teach in the Church School* (Philadelphia: The Westminster press, 1935)

_____. *Objectives in Religious Education* (New York: Harper & Brothers, 1930)

Vieth, P. H. *How to Teach in the Church School* (Philadelphia: The Westminster Press, 1935)

_____. *Teaching for Christian Living* (St Louis: The Bethany Press, 1929)

Wardle, A. C. *Handwork in Religious Education* (Chicago: The University of Chicago Press, 1916)

Wilson, H. B. and Wilson, G. M. *The Motivation of School Work* (Boston: Houghton Mifflin Co., 1921)

Woodworth, R. S. *Psychology* (New York: Henry Holt & Co., 1934)

Young, P. T. *Motivation of Behavior* (New York: John Wiley and Sons, Inc., 1936)

CHRISTIAN LITERATURE CRUSADE

사단법인 기독교문서선교회는 청교도적 복음주의신학과 신앙을 선포하는 국제적, 초교파적, 비영리 문서선교기관 입니다.

사단법인 기독교문서선교회는 한국교회를 위한 교육, 전도, 교화에 힘쓰고 있습니다.

만일 당신이 예수 그리스도와 그리스도인의 생활에 대하여 알기를 원하시면 지체 말고 서신 연락을 주십시오. 주 안에서 기쁜 마음으로 도움을 드리겠습니다.

서울시 서초구 방배동 983-2
Tel. (02)586-8761~3

사단법인 기독교문서선교회

기독교 교육 원리
Principles of Teaching for Christian Teachers
& The Art of Effctive Teaching

저 자	·	벤톤 이비
역 자	·	박 영 호
초 판 발 행	·	2003년 3월 15일
발 행 처	·	사)기독교문서선교회
주 소	·	서울시 서초구 방배동 983-2
전 화	·	(02)586-8761~3
		(031)923-8762~3(영업부)
E-mail	·	clc@clckor.com
홈페이지	·	www.clckor.com
F A X	·	(02)523-0131
		(031)923-8761(영업부)
온 라 인	·	국민은행 043-01-0379-646
		기업은행 073-021367-06-023
등 록	·	1980년 1월 18일 제16~25호

〈낙장·파본은 교환해 드립니다〉
ISBN 89-341-0075-3(03230)